DA SALVAÇÃO A UM PROJETO DE SENTIDO

Dados Internacionais de Catalogação na Publicação (CIP)
(Câmara Brasileira do Livro, SP, Brasil)

Estrada, Juan Antonio
　　Da salvação a um projeto de sentido : como entender a vida de Jesus/ Juan Antonio Estrada ; tradução de Gentil Avelino Titton. – Petrópolis, RJ : Vozes, 2016.

　　Título original: De la salvación a un proyecto de sentido : por una cristología actual.
　　ISBN 978-85-326-5211-9

　　1. Cristologia 2. Teologia I. Título.

16-00112   CDD-232

Índices para catálogo sistemático:
1. Jesus Cristo : Cristologia   232

Juan Antonio Estrada

DA SALVAÇÃO A UM PROJETO DE SENTIDO

Como entender a vida de Jesus

Tradução de Gentil Avelino Titton

EDITORA VOZES

Petrópolis

© 2012, Editorial Desclée De Brouwer S.A., Bilbao, Espanha

Título original em espanhol: *De la Salvación a un proyecto de sentido – Por una cristología actual*

Direitos de publicação em língua portuguesa – Brasil:
2016, Editora Vozes Ltda.
Rua Frei Luís, 100
25689-900 Petrópolis, RJ
www.vozes.com.br
Brasil

Todos os direitos reservados. Nenhuma parte desta obra poderá ser reproduzida ou transmitida por qualquer forma e/ou quaisquer meios (eletrônico ou mecânico, incluindo fotocópia e gravação) ou arquivada em qualquer sistema ou banco de dados sem permissão escrita da editora.

Diretor editorial
Frei Antônio Moser

Editores
Aline dos Santos Carneiro
José Maria da Silva
Lídio Peretti
Marilac Loraine Oleniki

Secretário executivo
João Batista Kreuch

Editoração: Fernando Sergio Olivetti da Rocha
Diagramação: Sheilandre Desenv. Gráfico
Capa: Felipe Souza | Aspectos
Ilustração de capa: Basílica de Santo Apolinário Novo em Ravenna, Itália: "Cristo cercado por anjos e santos". Mosaico de uma oficina italiano-bizantina ravennate, concluído no prazo de 562 dC, pelo chamado "Master of Saint'Apollinare".

ISBN 978-85-326-5211-9 (Brasil)
ISBN 978-84330-2615-6 (Espanha)

Editado conforme o novo acordo ortográfico.

Este livro foi composto e impresso pela Editora Vozes Ltda.

*Para Miguel a partir de um projeto
compartilhado de vida e de uma amizade
que já dura cinquenta anos.*

Aparece às vezes sobre a terra uma espécie de prolongamento do amor, no qual o desejo que dois seres experimentam um pelo outro dá lugar a um novo desejo, a um novo anseio, a uma sede superior comum: um ideal que ultrapassa a ambos. Mas quem conhece este amor? Quem já o viveu? Seu verdadeiro nome é *amizade*. NIETZSCHE. *A gaia ciência.*

A nossa fé nos outros revela aquilo que desejaríamos crer em nós mesmos. O nosso desejo de um amigo é o nosso delator. [...] Se se quiser ter um amigo, é preciso também guerrear por ele; e para guerrear é mister poder ser inimigo. [...]. Seja a tua compaixão uma adivinhação: é mister que, primeiro que tudo, saibas se o teu amigo quer compaixão. Talvez em ti lhe agradem os olhos altivos e a contemplação da eternidade. NIETZSCHE. *Assim falava Zaratustra.*

Sumário

Introdução, 9

1 Origens e a identidade de Jesus, 21
    1 Jesus e as cristologias, 23
    2 As origens de Jesus, 33
    3 O código familiar de identidade, 45

2 Vocação e evolução de Jesus, 53
    1 Jesus como discípulo de João Batista, 53
    2 O batismo como vocação de Jesus, 59
    3 Jesus, o homem do Espírito, 64
    4 As tentações de Jesus, 72
    5 Como Jesus foi mudando, 85

3 O projeto de sentido de Jesus, 93
    1 O senhorio de Deus na sociedade, 93
    2 Um projeto iniciado e incompleto, 103
    3 O código de felicidade de Jesus, 109
    4 Reformular a religião, 119

4 A fé de Jesus posta à prova, 133
    1 A "última ceia" como prólogo da paixão, 135
    2 O medo e a oração no horto, 148
    3 A traição dos discípulos, 158

5 Uma morte sem sentido?, 165
    1 O julgamento religioso de Jesus, 165
    2 O processo político, 175

3 O absurdo da crucificação em Marcos, 185

4 A culpa coletiva em Mateus, 194

5 O perdão de Deus e o perdão dos homens, 197

6 A realeza do crucificado, 204

6 Do fracasso à esperança, 209

1 O significado da ressurreição, 209

2 A ressurreição nos evangelhos, 216

3 A narrativa de Marcos como referência, 222

4 A apologética do evangelho de Mateus, 230

5 A identidade do ressuscitado em Lucas, 236

6 O Cristo exaltado do evangelho de João, 245

7 As diferentes cristologias, 253

1 A ressurreição a partir da perspectiva atual, 253

2 A cristologia de Paulo, 266

3 A ressurreição em chave eclesiológica, 277

4 As novas consequências teológicas, 282

8 A oferta de sentido do cristianismo, 293

1 A necessidade de modelos e a promessa de plenitude, 296

2 A imitação e o seguimento de Cristo, 306

3 A crise atual da Igreja, 313

4 O cristianismo como oferta de sentido, 322

Introdução

Como encontrar sentido para a vida, quais são os critérios para discernir o bem e o mal na própria experiência, como viver uma vida bem-sucedida, que valha a pena e responda às carências e necessidades humanas. Estas são algumas das perguntas fundamentais do ser humano e todas elas se resumem na seguinte: O que é ser pessoa? A racionalidade e a liberdade serviram para responder à pergunta pela essência humana e para estabelecer as diferenças entre o animal humano e o resto dos seres vivos. Diferentemente dos animais, que regem sua conduta seguindo seus instintos naturais, o homem precisa considerar qual é o caminho experiencial que irá percorrer, já que os instintos são insuficientes para guiá-lo. É preciso fazer um plano de vida que produza sentido, plenitude e felicidade[1].

A personalidade humana está marcada pelo contexto cultural, pela família, pela educação, pela religião e pelo código sociocultural em que vivemos. Aprendemos a ser pessoas, como também uma linguagem e uma maneira de comportar-nos. Ou seja: adquirimos uma personalidade, uma identidade que depende da sociedade e do ambiente cultural em que vivemos. Por outro lado, a identidade pessoal é o resultado das próprias opções, dos compromissos que assumimos, da maneira como reagimos diante das situações e das atitudes que tomamos. O homem é um produto social, já que a sociedade e suas estruturas moldam a identidade. Mas o ser humano também se produz a si mesmo, cria para si uma personalidade ao longo de sua história. Vivemos sempre a tensão entre a sociedade, a família, a educação e a religião a que pertencemos e na qual nos socializamos, e o risco de um projeto pessoal que é preciso realizar e assumir. A tensão entre nossa condição social e nossa individualidade singular é constitutiva da personalidade.

A partir de diferentes perspectivas analisou-se a condição humana, sublinhando a tensão entre a pertença e o projeto; entre o nós, o grupo do qual pro-

---

1. ESTRADA, J.A. *El sentido y el sin sentido de la vida* – Preguntas a la filosofía y a la religión. Madri, 2010. O presente livro é oferecido como um complemento e aplicação deste texto, que é o ponto de partida. O que serve de inspiração é o projeto de vida de Jesus.

viemos e o eu pessoal que se constitui; entre a busca de segurança, que nos leva a seguir o comportamento da maioria, e a liberdade, que põe em primeiro plano a autonomia do eu, a criatividade própria e a autenticidade. Cronológica e evolutivamente, a primeira coisa é a dependência, o crescer e ser a partir da relação com os outros, a necessidade de sentir-se acompanhado, protegido e tutelado numa progressiva abertura ao mundo e às relações pessoais. A cultura e a educação são os caminhos normais para humanizar o animal, de acordo com Adorno, os determinantes da especificidade humana. Por isso, a pertença é essencial. A segunda coisa, mas não menos necessária do que a primeira, é o amadurecimento pessoal, a vocação da liberdade que leva a buscar novas relações e a entrar em contato com outras realidades, saindo do âmbito familiar e selecionando a herança cultural, educativa, ideológica e religiosa recebida. A relação com os outros é determinante na constituição da liberdade pessoal; esta, porém, não se reduz a essa vinculação, mas se plasma num projeto pessoal, guiado pela razão e pela liberdade, que vai configurando o processo da vida de cada pessoa.

Este processo é universal, pertence à constituição humana e é válido para todos; mas é também pessoal, já que se desenvolve a partir de uma personalidade própria e num contexto social e histórico determinado. Pertencemos à sociedade, mas não podemos entregar-nos aos ditados desta, aos costumes, tradições e ideologias e formas de agir dos outros. A identidade humana precisa realizar-se num projeto pessoal, fugindo das patologias e desvios que a ameaçam. Por um lado, precisa superar a tentação do "destino". A vida é um destino, na medida em que nos são impostas certas circunstâncias e maneiras de ser que não escolhemos, que fazem parte de nossa identidade natural, biológica e sociocultural, a começar pela família. As circunstâncias influem na identidade pessoal, inclusive antes de nascermos e tomarmos decisões próprias. Como feto humano, vivemos no ventre materno e começamos a receber o influxo da sociedade através da mãe que atua como ponte. O caráter trágico do homem é que, já antes de nascer, começa a estar condicionado e que a infância é determinante do projeto que se realiza na fase adulta. Quanto menos personalidade e capacidade de liberdade temos, já estamos influenciados e precondicionados. A liberdade de que gozamos é limitada e marcada pelas circunstâncias, que fazem parte de nosso eu, como recordava Ortega y Gasset. Mas o destino que nos é imposto e que não escolhemos dá lugar à vocação pessoal e às capacidades que a liberdade possibilita. O destino do homem não está escrito pela "moira", a sorte ou o destino cósmico de planetas e signos do zodíaco.

Cada pessoa precisa percorrer seu próprio caminho. Dependendo da maneira como enfrentar as situações e circunstâncias de seu ambiente, assim também desenvolve seu projeto de vida. E como é insuficiente o projeto global e social, aquele que é oferecido pelo código cultural, existe uma indeterminação e variedade de possibilidades que tornam imprevisíveis as maneiras de realizar a vida. Surge aqui o problema do sentido e das perguntas que o acompanham. Cada pessoa planeja, de maneira reflexiva e temática, como viver e que projetos lhe permitiriam realizar-se. Se existe uma natureza humana que transcende a mera animalidade, é inevitável que surja a pergunta pelo sentido, pela direção que a pessoa vai dar à sua vida e pelas necessidades materiais e culturais, naturais e espirituais, que é preciso satisfazer. O animal não se pergunta pelo sentido da vida, porque já o tem resolvido; e, quando o homem o formula de forma expressa e refletida, é porque ele se tornou problemático. A diversidade abre espaço para a riqueza humana e a multiplicidade de formas de realizar-se, mas é também causa de insegurança, porque é preciso escolher entre várias condutas e códigos socioculturais. Quando ocorrem momentos históricos de mudanças rápidas e profundas, como está acontecendo agora, aumentam as possibilidades de criatividade e de liberdade, e também seus riscos, por causa da necessidade de escolher uma forma de vida equivocada.

Este é o contexto em que vivemos. O de uma sociedade em transição numa época de evolução universal, que se agrava na sociedade espanhola, que mudou completamente no espaço de cinquenta anos. O mundo está mudando e se torna cada vez mais difícil prognosticar, a curto e médio prazos, o que é preciso fazer, quais são os objetivos preferenciais que é necessário atender e como satisfazer as necessidades humanas. Por isso, multiplicam-se as crises, a começar pela da família, da escola e da educação, marcada pela especialização e pela subordinação das humanidades às ciências. Há uma mudança global da sociedade, marcada pela mobilidade e pela irrupção de novos grupos culturais. As estruturas econômicas, políticas e sociais estão ultrapassadas pelas mudanças e não são capazes de oferecer caminhos para assimilá-las. Estamos encerrando uma era, como ocorreu em 1492 ou em 1789, e começando outra, na qual mudaram para nós as perguntas e problemas, ao mesmo tempo em que resultam insuficientes as velhas respostas e soluções.

Neste contexto é preciso abordar também a atual crise da religião, concretamente a do cristianismo em suas diversas confissões. No início da mudança econômica e sociocultural, na década de 1960, o Concílio Vaticano II tentou adiantar-se à crise que se aproximava e oferecer novos caminhos aos cristãos. Segundo uma intuição certeira de João XXIII era preciso atualizar a Igreja (*aggiornamento*) e revisar sua herança histórica e cultural. A estrutura e a organização eclesiais ficaram defasadas e eram inadequadas para responder aos novos desafios da sociedade democrática e secularizada. A crise atual está condicionada pelas limitações do Vaticano II, que precisou assumir compromissos por causa da polarização interna entre renovadores e tradicionalistas. Além disso, houve mudanças e retificações no pós-concílio, conduzidas por uma elite episcopal conservadora, diferente da que foi maioria conciliar nos anos de 1960. O resultado é a crise atual, encenada no jubileu do segundo milênio. A Igreja precisa evangelizar uma sociedade secularizada, laica e, em grande parte, pós-religiosa a partir de estruturas e instituições que, basicamente, são as mesmas que havia em Trento e no Vaticano I. Algo mudou, para que no fundo nada mude. As instituições eclesiásticas estão ultrapassadas e não são capazes de responder a necessidades diferentes daquelas para as quais foram criadas. É preciso oferecer alternativas a uma sociedade que surgiu no século XIX com a oposição majoritária da Igreja católica. Neste marco entra em crise a oferta de sentido da Igreja, que perde irradiação e influência.

Para renová-la é preciso voltar a inspirar-se nas origens do cristianismo. O projeto de Jesus[2] é a fonte de inspiração dos cristãos, mas é compreendido hoje de forma diferente a partir das mudanças na exegese e na teologia. Tradicionalmente, a imitação e o seguimento de Cristo constituem o eixo estrutural da experiência cristã, mas é preciso atualizar ambas as formas para o novo modelo de sociedade. A época histórica atual entende de maneira diferente das anteriores a identidade humana e em que consiste o projeto de sentido de cada pessoa. As perguntas pelo sentido são universais e valem também para o próprio Jesus. Por isso, analisar a sua vida e as diferentes interpretações que surgiram depois de sua morte pode servir de orientação e de referência para os que buscam hoje um projeto de sentido para sua vida.

A pergunta pelo sentido responde à oferta de salvação das religiões. Estas querem mostrar como viver a partir de seus fundadores. A partir da perspectiva cristã, Jesus é o novo homem, que vem mostrar como realizar o plano de Deus para a humanidade e o caminho da salvação. Esta não se refere apenas ao além-morte, mas se atualiza numa vida com sentido, numa forma de existência que vale a pena. A cristologia é o referente para a antropologia, já que Jesus mostra como e em que consiste a humanização do homem. E a novidade é que realizar a própria humanidade é a melhor forma de aproximar-se de Deus, de divinizar-se. Jesus mostra como ser pessoa em função de certos valores, os do reino de Deus, que são também divinos, porque atualizam o que Deus quer. O elemento radical do projeto de Jesus está em sua humanidade como a forma histórica da filiação divina. Sua compreensão de Deus transtorna as concepções religiosas acerca do divino e do humano. Os preceitos religiosos subordinam-se a valores humanos a defender, que são também os valores de Deus. A humanização de Jesus é seu crescimento divino, porque ambos convergem. Seguir este projeto e refletir sobre sua atualida-

---

2. CASTILLO, J.M. & ESTRADA, J.A. *El proyecto de Jesús*. 7. ed. Salamanca, 2004.

de é o propósito deste livro, que responde à demanda atual do cristianismo como um projeto de vida.

A estruturação e conteúdo do livro

O ponto de partida é a própria vida de Jesus, que é a referência a partir da qual foram construídas as cristologias, ou seja, as interpretações globais que os cristãos apresentaram a respeito do significado de Jesus. O cristianismo responde ao sentido da vida com uma forma concreta de existência, a de Jesus de Nazaré, vista a partir da perspectiva de sua morte e ressurreição. Esta tripla perspectiva – a de uma forma de vida concreta e a do significado de sua morte e ressurreição – constitui o núcleo da oferta cristã, atualizada ao longo da história. A forma de vida cristã é reformulada hoje: O que pode trazer para a problemática atual uma vida vivida há dois mil anos atrás? É possível inspirar-se nas narrativas bíblicas? Pode-se encontrar nelas um sentido vital que interesse inclusive aos que não se consideram cristãos? Dados os condicionamentos sociais e culturais da vida de Jesus, podemos inspirar-nos em seu projeto de vida para aplicá-lo à nossa sociedade?

Para responder a estas perguntas é preciso estabelecer o significado do Jesus histórico e sua relação com os evangelhos, que a fé da Igreja reflete. Levaremos em conta os problemas do método histórico-crítico e as questões formuladas pelos diferentes movimentos e buscas acerca de Jesus, mas sem fazer referências explícitas às discussões mais especializadas a respeito, exceto em algumas indicações pontuais em notas de rodapé. Partimos dos consensos estabelecidos pelo método histórico-crítico sobre autores, fontes de cada evangelho, influências e trabalho redacional de cada obra, utilizando a bibliografia indicada para cada temática, que refletimos nas notas. São analisados os conflitos e convergências resultantes dos quatro evangelhos, que são biografias teológicas, mais interessadas em contar-nos o significado de Jesus do que em contar fatos históricos. A partir daí é preciso compreender as cristologias ascendentes e descendentes, ou seja, as duas tipologias tradicionais para interpretar Jesus; a relação entre as Escrituras do Novo Testamento e as tradições eclesiais posteriores; e a continuidade e descontinuidade entre a maneira atual de compreender Jesus e a visão que dele tinham as igrejas primitivas.

Tudo isto é esclarecido a partir das origens de Jesus, ou seja, a partir dos evangelhos da infância de Lucas e Mateus, e do prólogo do evangelho de São João, que apresentam a identidade divina de Jesus como o ponto de partida para sua vida pública. E, antes de começar a falar de Jesus, afirma-se que Ele é o Filho de Deus, sendo esta filiação o núcleo fundamental dos relatos sobre sua concepção e nascimento e sobre a encarnação da palavra divina no Jesus terreno. O problema, no entanto, não é só se podemos ou não chamar Jesus de filho de Deus, mas o que entendemos por filiação e como concebemos quem e como é Deus. E é a isto que procuram responder as diferentes cristologias do Novo Testamento. As origens de Jesus fornecem as chaves teológicas de cada evangelho para compreender o sentido da vida de Jesus, além de apresentar-nos seu conflito familiar e as tensões entre seus familiares e vizinhos, e os discípulos, que desempenharam um papel na narrativa de cada evangelho. O ambiente familiar é uma chave para a identidade de cada pessoa e seu projeto de vida, sendo também determinante para compreender a vocação de Jesus e sua maneira de entender a vida pública.

Esta vocação, que pressupõe mudanças, é analisada no capítulo segundo, referente à evolução e crescimento de Jesus, que aprende como ser Filho de Deus a partir de sua progressiva tomada de consciência como filho do homem. O batismo é a chave para compreender sua transformação, como Ele sai do anonimato e se converte no missionário do reinado de Deus. Perfila-se assim seu projeto de vida, o sentido que Ele oferece à sociedade e à religião, e a progressiva identidade que Ele vai adquirindo num crescimento humano marcado pela graça e pela unção do Espírito. A vocação de Jesus é esclarecida à luz das tentações, que explicitam suas tensões internas e iluminam as dúvidas e conflitos de seus discípulos e, depois, da Igreja cristã. Avalia-se a progressiva clareza de Jesus a respeito de sua vocação e de sua missão. Ele se abre à vontade de Deus, com o qual se relaciona a partir de uma paternidade maternal e espiritual. Jesus está ungido pelo Espírito, que o guia, inspira e motiva num processo que o leva a distanciar-se de Israel, como povo da aliança, em favor de uma abertura aos pagãos, que se consuma na ressurreição. Jesus aprende do livro da vida e começa a re-interpretar as antigas escrituras e a reformular as demandas da religião. Vai surgindo um projeto de sentido no qual existe crescimento cognitivo e santificação, produzidos pela semelhança com Deus proposta pela tradição hebraica como meta do ser humano.

Desta consciência identitária surge a missão, centrada na instauração do reinado de Deus na sociedade judaica e na consequente transformação da religião hebraica. É o que se analisa no capítulo terceiro, que mostra o que é que Jesus entende por reinado de Deus, quais são os valores que o determinam e que consequências tem para as relações dos discípulos entre si, com Jesus e com Deus. A dinâmica do reino de Deus, que adquire outro significado após sua morte e ressurreição, obriga a reformular a religião judaica. A inversão da concepção tradicional de salvação consiste no seguinte: abandona-se o ir para o céu, como o além depois da morte, e passa-se a proclamar que o reino dos céus se faz presente na história. A encarnação de Deus passa pela irrupção histórica da salvação, que é oferecida como um projeto de vida e uma oferta de sentido para todo aquele que se abre à mensagem de Jesus.

Neste marco, a missão de Jesus transborda o âmbito da religião judaica, que ela transforma, e se abre a todos, para além das fronteiras de Israel. Por outro lado, ocorre um deslocamento no centro tradicional de interesse da religião, mais preocupada com a honra de Deus e com o pecado como atentado à majestade divina do que com o sofrimento humano e sua necessidade de sentido. O que interessa a Jesus é a situação dos homens e a salvação não se circunscreve à esfera do sagrado ou ao âmbito do religioso, mas se realiza na vida cotidiana e no meio das circunstâncias nas quais as pessoas vivem. Daí a fascinação que sua mensagem desperta e os medos que ela produz nas autoridades religiosas e políticas. Outra religião e outra sociedade são possíveis a partir da perspectiva do reinado de Deus. E este projeto de Jesus evolui, precisa ser atualizado e aplicado nas situações mutáveis da história. Para isto Deus convoca o homem, chamado a ser cocriador e agente da mudança religiosa e social. Assim ele se assemelha a Deus pela mediação de Jesus, que chama a seu seguimento e imitação, como também a deixar-se inspirar pela ação do Espírito. A mensagem do reino de Deus põe o acento mais na vida do que na religião. Esta é avaliada a partir de sua potencialidade de oferecer sentido e plenitude, que é a premissa a partir da qual se pode falar de uma esperança de salvação para além da morte.

Uma vez analisado o projeto de vida do reinado de Deus, é preciso analisar os obstáculos para sua realização e as causas que levaram à execução de Jesus. O capítulo quarto concentra-se no significado da última ceia, que é ao mesmo tempo a conclusão de sua vida pública e o começo da paixão. Este relato está contido nos evangelhos de forma diferente, é explicado a partir de tradições autônomas e ocupou sempre um lugar central na vida cristã. Encena-se a oblação última de Jesus que culmina sua pró-existência, sua vida entregue aos outros, agora simbolizada pelo cordeiro pascal, seu corpo dilacerado e seu sangue derramado. Jesus se oferece a Deus por seu povo e por muitos. Identifica-se com uma refeição que corresponde às necessidades mais profundas do homem, à sua ânsia de salvação e de sentido. A atitude de Jesus na ceia anuncia os traços específicos da paixão em cada evangelista. Nela se explica a forma de sua inserção na aliança entre Israel e Deus. Também a comunhão de vida, simbolizada na refeição compartilhada, que transforma os discípulos e os faz mudar, como ocorre com o pão e o vinho. O relato da última ceia dá início ao processo da paixão e da subsequente entrega do Filho do homem por seus discípulos. O fato de uma refeição compartilhada transformar-se num ato simbólico central para o cristianismo, num sacramento maior, deve-se a uma maneira de entender o que é o ser humano e o serviço que a religião deve prestar.

Esta perspectiva se completa com outra cena carregada de simbolismo e densidade teológica: a oração no horto. Ela marca o momento-chave para Jesus, que sente o medo do sofrimento e da morte, recorre à oração e procura a companhia de seus discípulos. Estas três dimensões estão marcadas pela prova, pela deserção dos que lhe são próximos, que dói mais do que a perseguição por parte dos inimigos, e pela solidão radical e definitiva do homem diante de um destino histórico que lhe é imposto. É a consequência da atividade que ele desenvolveu e das metas que perseguiu, não de um plano divino que o predestina. Para Jesus é um momento de profundidade, sozinho diante de Deus e dos outros. Ele se sente questionado em sua fidelidade e tentado a buscar uma ação milagrosa que o livre do sofrimento e da morte. Não existe em Jesus impassibilidade e domínio de si, na linha de Sócrates ou de Buda, mas aceitação e pedido a Deus a partir da fidelidade àquilo pelo qual Ele lutou e viveu. Chegou para Jesus o momento da verdade, que cada evangelista narra a seu modo, desde a crueza de Marcos, que não alude a nenhum consolo divino, até o senhorio e aceitação plena do evangelho de João, que elimina os elementos de provação que ocorrem na paixão.

Estas duas cenas são chaves hermenêuticas para compreender os posteriores relatos da paixão. São completadas com a prisão e o abandono por parte de seus discípulos. Estes não o compreenderam durante sua vida pública e o abandonam quando chega o momento-chave. Neste contexto é preciso compreender a traição de Pedro, representante de todo o grupo, a partir de uma mal-entendida fidelidade a Jesus. Ele é também o protótipo dos ministros e autoridades cristãs, que vivem da herança petrina e são advertidos das possibilidades de traí-lo. Os que seguiram a Jesus afastam-se do mestre, até à fuga final, simbolizada na prisão. O medo se impõe à fé e é simbolizado na tríplice negação de Pedro, que mostra a distância de seu passado de seguimento. O cristianismo está marcado pela ambiguidade dos discípulos e pela deserção de suas autoridades, tanto mais vulneráveis à tentação quanto mais autossuficientes se proclamam, como Pedro na última ceia. Daí a importância da lavação dos pés dos discípulos e da imitação de Jesus ao humanizar-se a partir do abaixamento (*kenôsis*). É preciso ver tudo isto a partir da vida pública, que continua sendo o referente de sentido para compreender os acontecimentos da última ceia, o Getsêmani e a fuga dos discípulos. A chave da paixão não está nela mesma, mas no que a antecede, nas lutas de Jesus para instaurar o reino de Deus e mudar a religião e sociedade judaica.

O duplo processo religioso e político que levou à condenação de Jesus é objeto do capítulo quinto. Trata-se de uma história mil vezes repetida no "matadouro da história" (Hegel). A vitória dos verdugos sobre as vítimas; o assassinato daqueles que querem mudar a sociedade e a religião; a vitória do mal e da injustiça que triunfam sobre o bem. O triunfo do mal é a grande prova de sentido para o cristianismo e para todos os homens. O grande perigo da paixão é que as cristologias posteriores, sobretudo de Paulo e de Hebreus, desloquem o significado dos evangelhos que contam por que, como e quando Jesus foi justiçado. Por isso é preciso analisar as dimensões do processo: primeiramente sua vertente religiosa, que ilumina a patologia das religiões e os perigos da autoridade religiosa quando quer defender a Deus. Em seguida, é preciso estudar o processo político, a aliança entre o poder secular e as autoridades religiosas, a crítica dos evangelhos à razão de Estado e como o povo se deixa arrastar pelas autoridades e comete um assassinato coletivo. À luz da paixão, questiona-se a própria vida de Jesus. Vale a pena uma liberdade que leva a um final tão trágico? Pode-se falar de um paralelismo entre o que significa a cruz para o cristianismo e o que implicou o holocausto no século XX para os judeus? Pode-se crer em Deus e em sua aliança à luz do silêncio e não operatividade de Deus na história?

Uma vez analisado o complexo processo teológico que leva à condenação de Jesus à morte, é preciso estudar o significado da crucificação, que levanta de novo o problema do mal na história e a não intervenção divina. A cruz foi um choque para a comunidade de discípulos, porque implica o fracasso do projeto de Jesus. É o "sem-sentido" último de sua vida e de sua obra, que o põe à prova. É preciso abordá-lo a partir da solidão radical, de sua família, dos discípulos e do próprio Deus. Jesus morre derrotado e com a pergunta se não era um blasfemo, abandonado por Deus no momento final. Esta apresentação é mais radical no evangelho de Marcos do que nos outros e é preciso analisar como cada evangelista procura explicar a morte de Jesus. Examina-se também o problema da culpa e do perdão, já que só as vítimas podem perdoar os culpados e ninguém pode substituí-las. Um caso que merece um estudo à parte é o do evangelista João, que sublinha a realeza e senhorio de Jesus no momento de seu maior fracasso. A identidade filial de Jesus irradia, dando motivos a cristologias populares posteriores como as de Jesus nosso Pai, o Grande Poder e Cristo Rei, paradoxalmente crucificado. Destes relatos surge um novo significado para a morte e uma oferta de sentido para a vida. A salvação se faz presente naquilo que, a partir da racionalidade histórica, é seu maior contrassinal.

O capítulo sexto concentra-se nos relatos evangélicos da ressurreição. Primeiramente, é preciso enquadrar a ressurreição no contexto da fé do povo judeu. É preciso também analisá-la como resposta à morte, que todas as religiões interpretam, cada qual com seu próprio imaginário ou encenação. Existe uma rejeição comum à morte como fato último e definitivo, o que explica boa parte do fascínio exercido pelas religiões. A salvação buscada por toda pessoa ultrapassa a fronteira estabelecida pela morte. A pergunta é se esta dinâmica corresponde a uma intuição humana, à inspiração de Deus, ou é apenas uma criação fictícia e ilusória. Por outro lado, a ressurreição corre o perigo de tornar-se, isoladamente, o centro da mensagem cristã, em detrimento da vida de Jesus. Levanta também um problema novo: o projeto de sentido de Jesus tem valor porque existe ressurreição, e com isto esta seria uma recompensa pela maneira como se viveu, ou, pelo contrário, a vida de Jesus tem valor em si mesma, haja ou não ressurreição? Neste marco enquadra-se o anúncio cristão que corresponde a uma visão unitária e não dualista do homem. Num segundo momento, são analisados os aspectos comuns dos quatro relatos evangélicos, já que seguem um esquema que trata da ressurreição, da exaltação ou glorificação de Cristo, simbolizada pela ascensão, e da doação do Espírito. Todas estas são dimensões de um processo único, que cada evangelista narra de maneira diferente. O fato de ter-se imposto a formulação lucana não significa que não seja necessário levar em consideração as outras versões dos evangelhos.

A partir daí estuda-se cada relato da ressurreição de forma diferenciada. Mais uma vez, o relato de Marcos é o mais duro e exigente, o que mais problemas apresenta aos cristãos. Em grande parte, os evangelhos posteriores tentam retocá-lo, completá-lo e suavizá-lo, já que deixa em má situação os discípulos e em parte as mulheres que foram as primeiras testemunhas da ressurreição. Sublinha-se o pano de fundo cósmico do evangelista Mateus, em estrita correspondência com a descrição da morte de Jesus, como também sua clara apologética em relação aos judeus. Também sua insistência em que Cristo ressuscitado permanece na comunidade de discípulos, sem alusão a uma ascensão. Lucas, pelo contrário, diferencia entre ressurreição, ascensão e pentecostes, marcando o tempo de Jesus e o tempo da Igreja. Ele condiciona tudo à missão da Igreja, que já está em pleno desenvolvimento. João, o último evangelista, é o que melhor recolhe a identidade divina filial de Jesus, o que mais ressalta a doação do Espírito e o que apresenta um plano de vida, obra de Cristo e do Espírito.

Finalmente, o capítulo sétimo se concentra nas diferentes interpretações que foram feitas sobre Jesus, sua vida, morte e ressurreição, por autores que não foram testemunhas de sua vida. Pertencem a uma nova geração, que recebe uma tradição das testemunhas oculares e que recria o significado de sua vida e morte. O fato de não serem os primeiros discípulos os que mencionam o sentido e significado de sua morte e ressurreição realça a contingência de Jesus enquanto ser humano e sua dependência de seus seguidores, que se constituíram como Igreja primitiva. Deus não substitui o homem para salvá-lo; mas, pelo contrário, o inspira e motiva para que contribua para a salvação de todos. É uma nova versão da aliança entre Deus e Israel, que agora é a aliança de Deus com toda a humanidade. Analisa-se também a ressurreição a partir da experiência atual, cotejando as preocupações dos redatores dos evangelhos com as perguntas que fazemos sobre a ressurreição no contexto da modernidade. Neste marco é preciso examinar qual é o significado último da ressurreição para o homem de hoje, que tem preocupações diferentes das preocupações que havia no século I.

A partir daqui pode-se desenvolver a concepção paulina da ressurreição e o significado dado por Paulo à sua cristologia, bem como com a concepção apresentada por outros textos do Novo Testamento, como a carta aos Hebreus. É preciso analisar a influência da personalidade de Paulo em sua interpretação da morte de Jesus, os condicionamentos de sua teologia e as consequências que ele extrai a respeito de seu próprio apostolado e de seu lugar na Igreja nascente. As consequências da ressurreição são diferentes para os diversos escritos, embora haja um núcleo comum em todas as teologias, e deixam espaço para a criatividade posterior. Da mesma forma que existe uma mudança no que se refere à concepção do reino de Deus, também existe uma mudança a respeito do próprio Jesus, cuja identidade plena se revela agora. Mas existe um perigo latente nas cristologias dos que não conheceram Jesus, como Paulo ou o autor da carta aos Hebreus, e é o perigo de que a nova especulação teológica por eles apresentada, a partir de algumas coordenadas diferentes dos evangelhos, desloque o centro de gravidade do cristianismo e inclusive deforme a síntese de cada um dos evangelistas. Se o novo eixo do cristianismo é o binômio morte-ressurreição, pode ficar bloqueado o projeto de construir o reino de Deus em Israel e na humanidade. Pode ocorrer também uma marginalização do Jesus terreno em favor da cristologia do Cristo ressuscitado.

O Novo Testamento não está circunscrito à mensagem e à vida de Jesus, mas recolhe as novas contribuições de seus seguidores, incluídos aqueles que não o conheceram pessoalmente. A mensagem cristã precisa continuar sendo criativa e produzir novas formas de aplicação e ofertas de sentido para os cristãos nos séculos posteriores. A imitação e o seguimento de Cristo assinalam uma dinâmica evolutiva, que tem um referente fundamental no Novo Testamento, mas não se limita a ele. Abrem-se para novas contribuições e concreções, como quando o cristianismo se desenvolveu na sociedade romana e se inculturou na cultura helenista. O processo continua em aberto e constitui o desafio fundamental para hoje. Por isso, não existe uma cristologia que englobe todas as outras, nem sequer a que posteriormente deriva do desenvolvimento dos dogmas cristológicos. Existem diferentes dimensões na vida, morte e ressurreição de Cristo que levam, já no Novo Testamento, a uma pluralidade de explicações sobre quem é Jesus, qual é sua relação com Deus e que significado Ele tem para os homens.

A partir desta perspectiva é preciso analisar "A oferta de sentido do cristianismo", que é o capítulo final. Este capítulo se concentra numa análise da sociedade contemporânea e parte da necessidade de modelos que sirvam de referência e de imitação. Sobre esta necessidade mimética se constitui boa parte do código cultural atual. A sociedade utiliza personagens famosos, estimulando a copiá-los comprando os objetos que estes patrocinam. Desta forma apresenta uma oferta de sentido, baseada na aquisição de bens de consumo. O homem do ter impõe-se ao homem do ser e os desejos são canalizados para o material, deixando em segundo plano as necessidades espirituais. Daí a banalidade e a superficialidade do modelo de vida de nossas sociedades pós-modernas e a vacuidade de sentido produzida pelo código cultural que nos é imposto.

O cristianismo não pode integrar-se neste modelo social e precisa oferecer uma alternativa de sentido. Ele se estrutura em torno da imitação e do seguimento de Cristo, que é preciso analisar a partir da perspectiva de sua vida e morte. É preciso estudar ambas as dinâmicas, assinalar seu potencial para atualizar a mensagem cristã e advertir sobre seus perigos e patologias. Neste contexto analisa-se a crise atual da Igreja, os desafios e possibilidades que ela precisa enfrentar no terceiro milênio e a oferta alternativa que pode apresentar aos cidadãos. Cristo é o modelo para os cristãos, também no que se refere à maneira de relacionar-se com a Igreja e com a religião. Jesus viveu, lutou e morreu por certos valores humanos, contidos sinteticamente no Sermão da montanha e nas bem-aventuranças. Em função deles é preciso avaliar as igrejas, e não o contrário. É preciso aprender a comportar-se, tomando como exemplo a maneira como Jesus se relacionou com sua religião e sua sociedade. Promovem-se certos valores humanos que estão de acordo com a história de Jesus, valores que precisam ser renovados e aplicados a um contexto social diferente do contexto em que ele atuou. Aqui está a tarefa fundamental das igrejas no terceiro milênio, tanto no nível estrutural e institucional quanto no que se refere a seu código de vida como oferta de sentido. O cristianismo deixou de ser uma oferta de salvação no além e passou a ser um projeto de sentido nesta vida, aberto à ação final de Deus após a morte. Mas defende-se um modelo de vida que vale em si mesmo, ainda que não houvesse nenhuma ressurreição, e que pode ser compreendido por todos. Jesus teve uma vida com sentido, a partir da qual nos oferece sua oferta de salvação. A ressurreição é o anúncio da vitória final sobre a morte, vitória que alcança o próprio Jesus. Ela responde assim às necessidades existenciais humanas e se apresenta como uma promessa de sentido baseada num plano de vida.

1

Origens e a identidade de Jesus

A pergunta pelo sentido da vida, por aquilo que faz com que a existência valha a pena, é uma questão universal, mas as respostas dependem da cultura, da sociedade e do momento histórico. São soluções penúltimas para perguntas últimas. As questões são formuladas de maneira diferente conforme o contexto, apontando para a felicidade, a plenitude e a realização pessoal e coletiva. As perguntas pelo sentido fazem parte do código cultural, no qual se integram as religiões, que oferecem critérios, normas, mandamentos e comportamentos para dar um sentido à vida, incluindo a morte. Respondem a necessidades fundamentais do ser humano, materiais e espirituais, racionais e afetivas, oferecendo orientação para uma vida bem-sucedida. O cristianismo responde ao sentido da vida com uma forma concreta de existência, a de Jesus de Nazaré, vista a partir da perspectiva de sua ressurreição. Este enfoque – uma forma de vida concreta e o significado de sua morte e ressurreição – constitui o núcleo da oferta de salvação, atualizada ao longo da história. A forma de vida cristã é reformulada hoje: O que uma vida vivida há dois mil anos atrás pode trazer para a problemática atual? É possível inspirar-se nas narrativas bíblicas? Pode-se encontrar nelas um sentido vital que interesse inclusive aos que não se consideram cristãos? Dados os condicionamentos sociais e culturais, existe um projeto que possa ter relevância para outras sociedades e épocas?

Abordaremos o projeto de Jesus a partir dos textos do Novo Testamento, especialmente dos evangelhos. Neles encontramos não só a fé da comunidade em Cristo, já que os escritos têm sempre um pano de fundo de cristologia, mas também o testemunho de uma vida que procura realizar-se, vinculando Deus e o sentido último do homem. Esta forma de vida é determinante para revelar quem e como é Deus e qual é o caminho de realização humana. O cristianismo parte de uma interpretação da vida e a oferece como modelo, personificada no judeu Jesus de Nazaré. Jesus mostra como ser pessoa, cumprindo o plano de Deus a partir de um projeto histórico que combina a liberdade e a inspiração divina. Sua humanidade é a chave para chegar à sua identidade e à sua evolução, que serve de referência para seus seguidores. E a partir dela é preciso captar também quem e como é Deus, bem como sua concepção dos seres humanos. A salvação se atualiza como sentido da vida e as cristologias precisam sintetizá-la. O projeto de sentido de Jesus é a referência para o projeto da Igreja, o qual não é uma mera continuidade do primeiro. É preciso prestar atenção à evolução de Jesus e à posterior transformação da comunidade de discípulos na Igreja cristã. Sua vida é o fundamento e o ponto de partida; as cristologias a interpretam à luz da ressurreição e das sínteses posteriores feitas pelos autores dos escritos do Novo Testamento.

Cada uma das narrativas organiza a vida de Jesus com critérios teológicos e interesses biográficos diferentes, relacionados com a situação das comunidades a que pertenciam os autores. Não existe uma sinopse que possa harmonizar os diferentes evangelhos, embora tendamos inconscientemente a fazê-lo e a completar cada um com os outros. Também não existe equivalência entre o que Jesus viveu e o que se conta nas narrativas, já que o Jesus real é muito maior do que aquilo que se diz nos relatos. Lucas afirma que quer compor um relato baseado em testemunhos oculares e orais, depois de informar-se adequadamente (Lc 1,1-4), enquanto João acrescenta que Jesus fez muitas coisas que, se fossem escritas, não caberiam em todos os livros (Jo 21,25). Existe uma grande diversidade de tradições sobre um personagem que se tornou famoso, muitas delas contidas nos escritos do Novo Testamento, embora haja também escritos posteriores, sobretudo dos séculos II e III, entre os quais se destacam os evangelhos apócrifos. O Novo Testamento contém as tradições mais confiáveis e mais próximas dos acontecimentos para entrar em contato com aquilo que deu sentido à vida de Jesus. O fato de cada evangelho ser uma "biografia teológica"[1] implica que é preciso relê-los criativamente e aplicar a cada situação histórica o que Jesus disse e fez. Esta dinâmica constitui a tradição e explica a constante reinterpretação e atualização dos evangelhos.

---

1. ALETTI, J.N. "Quelles biographies de Jésus pour aujourd'hui? – Difficultés et propositions". *RSR*, 97, 2009, p. 410-412. • AGUA PÉREZ, A. "El Jesús histórico y el Cristo de la fe: Ante el final de una abstracción metodológica?" *Estudios Eclesiásticos*, 86, 2011, p. 449-480.

1 Jesus e as cristologias

Desde as confissões de fé sobre a morte e ressurreição (Rm 1,3-4; 1Cor 15,3-4; Fl 2,8-9; At 2,22-36; 3,14-15; 4,10; 5,31; 10,39-40; 13,32-33) até os relatos de sua infância, passando pelas narrativas sobre sua vida pública (At 10,37-41), existe um longo processo. É possível que os evangelhos tenham sido escritos retrospectivamente, começando por um relato que apresentava uma síntese de sua morte e ressurreição, que depois foi ampliado para explicar como e por que se chegou ao final. Ou seja, em lugar de começar narrando as origens, para depois mostrar sua evolução pessoal até sua morte, começou-se pelo final, para depois buscar os primeiros acontecimentos. Se a primeira coisa foi anunciar sua morte e ressurreição, a seguinte foi especificar os fatos mais significativos de sua vida pública, que explicavam por que ele acabou crucificado, para, finalmente, encenar sua infância, oferecendo as chaves existenciais e religiosas para compreender sua vida e morte. No último evangelho, o mais tardio, teológica e cronologicamente, um hino sobre o Verbo de Deus, encarnado e presente em Jesus, precede sua vida pública. A nova perspectiva, aberta pela ressurreição, encontrou assim uma explicação última, na qual culminaram as tentativas dos outros evangelhos de explicar o significado último de Jesus. Desde o primeiro momento sublinhou-se sua condição filial e a diferença ontológica que o tornava diferente dos outros, embora todas as pessoas sejam chamadas a serem filhos de Deus (Jo 1,12).

O centro dos evangelhos é a vida pública, que o tornou famoso e da qual conservamos muitos dados, sempre vistos a partir da perspectiva da fé comunitária no ressuscitado. A fé em Jesus como o Messias, o Cristo e o Filho de Deus está vinculada à ressurreição, que foi uma teofania, uma revelação divina para os discípulos, que os obrigou a reformular para si a identidade e o significado de Jesus. Uma nova consciência de sua identidade foi projetada sobre o personagem histórico e impregnou a maneira de apresentá-lo e de entender suas ações e palavras. Os evangelhos falam de Jesus, mas na narrativa Ele se transfigurou, e sua identidade oculta, o "segredo messiânico", se revela de forma indireta nos acontecimentos de sua vida. O leitor dos evangelhos conhece desde o primeiro momento (Mc 1,1) a "verdadeira" personalidade de Jesus, antes de serem contados seus feitos. Esta identidade oculta impregna os relatos de sua vida. De acordo com Marcos, a revelação de Jesus como Filho de Deus só acontece na cruz (Mc 15,39), mas o evangelista começa seu evangelho deixando claro que trata de "Jesus Cristo, filho de Deus" (Mc 1,1), para que os leitores saibam desde o início quem é a pessoa da qual ele vai falar. Mateus, pelo contrário, alude à filiação divina de

Jesus durante sua vida, corrigindo passagens de Marcos (Mt 14,33 corrigindo Mc 6,51-52; Mt 16,16 corrigindo Mc 8,29), mas ela se manifesta plenamente na hora de sua morte (Mt 27,54). Lucas, por sua vez, só revela a personalidade plena de Jesus com a ressurreição (Lc 24,5-6.25.37), embora já tenha oferecido as chaves em seu evangelho da infância. Ao passo que João salta pontualmente da vida pública para sua preexistência divina (Jo 8,58; 10,30; 14,9; 17,5). Às narrativas evangélicas não interessa tanto a biografia de Jesus quanto mostrar sua identidade messiânica e filiação divina e explicitar o significado de sua missão.

Os autores dos evangelhos são narradores posteriores, não testemunhas diretas de sua vida. Seus relatos expressam a fé das suas comunidades. Todos os escritos do Novo Testamento foram escritos a partir da fé e não existe nenhum relato sobre os feitos do personagem, independente destas composições. Só temos acesso a dados históricos fragmentários, que estão integrados em relatos teológicos sobre a maneira como seus seguidores entendem a vida dele. Ou seja, os textos fazem parte de uma tradição que vai crescendo progressivamente e, com ela, vai mudando também o significado de Jesus. Não existe uma separação estrita entre o que Jesus disse e fez e o que depois as comunidades dos evangelistas interpretaram e deduziram, mas ambas as coisas estão misturadas nos escritos. Estes testemunham o Jesus da história a partir da perspectiva do Cristo da fé e não existe acesso ao Jesus real se não se assume a mediação destes escritos. A tentativa atual de reconstruir um Jesus "verdadeiro", que sirva de alternativa científica ao Jesus dos evangelhos, leva a uma reconstrução tão subjetiva ou mais do que aquela que se critica nos evangelhos. A leitura cética dos textos, buscando evidências empíricas, leva ao beco sem saída de uma subjetividade plural e projetiva, que quer prescindir deles sem poder apresentar outras fontes de conhecimento. As narrativas são relatos testemunhais, nos quais se mistura a fidelidade a uma tradição recebida e a criatividade das comunidades que completam e aplicam essas tradições, e nelas se inspiram para transformá-las. Os fatos interpretados são plasmados nos relatos, próximos da história testemunhal da época clássica[2].

Não existe uma "*sola scriptura*" (a "escritura sozinha" ou "escritura somente") e uma "tradição" posterior e independente, mas a primeira é escrita a partir da segunda, com interação de ambas, que se condicionam mutuamente. O predomínio das Escrituras condiciona as tradições; mas estas, por sua vez, incidem sobre elas e intervêm ao selecionar e interpretar acontecimentos da vida. O que os autores

---

2. BAUCKHAM, R. *Jesus and the Eyewitnesses*. Grand Rapids, 2006, p. 1-11, 473-490.

conheceram historicamente no fim (a filiação divina) foi projetado teologicamente nos inícios (a partir do nascimento), como chave de interpretação da totalidade de sua vida. Ou seja, apresentou-se o Jesus judeu a partir do pano de fundo do Jesus Cristo cristão. Os problemas dos evangelistas e de suas comunidades foram determinantes na hora de selecionar e interpretar os ditos sobre Ele. Sua história, tal como foi contada por seus seguidores, foi inevitavelmente influenciada por eles e quase não temos dados independentes que possam esclarecer seus feitos e ditos. Não há outra saída senão encontrar Jesus a partir da fé da Igreja em Jesus Cristo. Todos os evangelhos partem de uma teologia de filiação e messianidade, embora cada um a interprete de forma diferente.

Duas explicações cristológicas

Existe uma longa discussão na teologia sobre desenvolver uma cristologia ascendente ou uma cristologia descendente[3]. A cristologia ascendente parte da vida de Jesus para mostrar como se chegou a vê-lo como Cristo e Filho de Deus, sendo sua morte e ressurreição o eixo fundamental para dar este passo. A outra, pelo contrário, prefere partir das especulações teológicas sobre o Verbo de Deus, o Cristo preexistente, o Filho de Deus, que se encarna no homem Jesus e se comunica a todos. Na cristologia ascendente ocupa um lugar central o binômio morte-ressurreição, vinculadas ambas à vida de Jesus. Na cristologia descendente, pelo contrário, o acento é posto no binômio encarnação-preexistência divina, baseado numa reflexão teológica sobre o significado de ser Filho de Deus. É evidente que os evangelhos sinóticos misturaram as duas teologias, embora a primazia tenha cabido à primeira. O que se conheceu posteriormente, a filiação divina, foi apresentado como o ponto de partida nos evangelhos da infância. Se se parte da humanidade de Jesus, apresentando-o como modelo, é preciso procurar como vinculá-la à sua divindade durante a vida pública, para que sua filiação não apareça como um acréscimo final à sua condição humana. Por isso, Mateus e Lucas puseram a divindade de Jesus em seu nascimento, enquanto na vida pública há cenas pontuais nas quais transluz e irradia sua condição divina. A vida pública de Jesus forneceria razões e motivações para confessá-lo como o Cristo e o Filho, e com isso a ressurreição seria apenas a confirmação e revelação última do que foi percebido inicialmente. Haveria assim uma evolução e um progresso histórico, culminado na revelação final. Mas esta identidade será embrionária e confusa,

---

3. GUNTON, C.E. *Yesterday and Today* – A Study of continuity in Christology. Londres, 1983.

estaria marcada pelas dúvidas e pelas perguntas dos discípulos acerca de quem é realmente Jesus. Só com a morte e ressurreição havia já compreensão e clareza daquilo que germinalmente começou a ocorrer na vida terrena.

A linha alternativa é a cristologia descendente. Mas, se já se parte de uma identidade plena e consolidada, a do Filho de Deus encarnado, não haveria progresso na tomada de consciência da identidade, nem em Jesus nem em seus discípulos. Poderíamos falar dos evangelhos como relatos que já partem da filiação divina e que nos contam como esta foi se mostrando. O ponto de partida não seria a biografia de Jesus, mas a confissão de fé acerca de sua vinculação com Deus, a cujo serviço foi posto o relato de sua vida. A cristologia joanina foi a mais explícita neste modelo de uma divindade latente, e muitas vezes patente, mas a irradiação do divino no humano está presente nos sinóticos. Se pressupomos a divindade e a projetamos em sua vida desde o começo e como eixo continuado de sua biografia, corremos o perigo de deixar em segundo plano sua condição humana: a dinâmica que foi orientando sua evolução pessoal; as opções, dúvidas e inseguranças que Ele teve de enfrentar; a evolução que Ele teve em sua consciência e identidade, e como foi desenvolvendo e mudando o significado de sua missão, a partir de sua vinculação com Deus e de sua relação com os homens. Em nome do divino, questionou-se inclusive se Jesus tinha "alma", porque a especulação teológica não sabe como combinar o *logos* divino e a plena natureza humana sem menoscabo de alguma delas. Apresentou-se a corporeidade de Jesus como uma máscara de sua divindade, abrindo espaço para especulações sobre o divino que anulavam o humano[4]. A tradição católica tendeu ao monofisitismo, ou seja, a um Cristo tão divino que sua condição humana ficava esvaziada de conteúdo. Se de alguma coisa não há dúvida, é da plena humanidade de Jesus, enquanto sua filiação divina é uma afirmação de fé, que não pode entrar em contradição com seu ser humano.

De outra forma, passaria a um segundo plano a evolução e o crescimento de Jesus, reduzido a um mínimo como homem, já que gozaria da plenitude do conhecimento próprio da divindade. Este modelo, paradoxalmente, afastaria Jesus do resto dos mortais e invalidaria, em boa parte, seu testemunho de Deus e sua exemplaridade, da qual deriva a imitação e o seguimento. Se a divindade de Jesus altera radicalmente sua humanidade, então Ele perde muito em valor e em significado para os simples mortais, já que sua diferença o tornaria inimitável e incomensu-

---

4. Continuam sendo atuais as reflexões de KÜNG, H. *La encarnación de Dios*. Barcelona, 1974, p. 667-732. As tensões provocadas pela fórmula de Calcedônia favoreceram o monofisitismo. Agravam-se hoje no contexto de uma antropologia e de uma exegese renovadas.

rável para nós. Muitos evangelhos apócrifos caíram nesta tentação e apresentaram um personagem tão maravilhoso que dificilmente poderíamos vê-lo como um "dos nossos". O super-homem Jesus esvaziaria de conteúdo o Jesus humano, que, com sua vida, ensina como ser pessoa e relacionar-se com Deus e com os outros.

No curso pessoal da vida descobrimos seu sentido último, que aclaramos com os anos. Conhecer alguém é captar sua história, com as mudanças e transformações que ele experimentou. É preciso aprender a ser pessoa e a maneira de entender Deus e o homem vai mudando com o tempo. A condição humana é evolutiva e progressiva, dinâmica e incompleta, marcada pelas carências e em busca da própria identidade, vinculada ao projeto de vida que se aplica e ao sentido que se vai dando à existência[5]. Não partimos de uma natureza já dada, consolidada e inamovível, mas nos integramos num projeto de vida no qual aprendemos a ser pessoas. Diferentemente do animal, não seguimos simplesmente a dinâmica dos instintos, mas somos seres livres e temos que aprender a viver. A cultura não é nossa segunda natureza, mas temos uma natureza "culturalizada" e um código cultural que tem bases naturais. E isto se aplica também a Jesus. Sua humanidade está constituída por esta dinâmica evolutiva de aprendizado, consubstancial a cada pessoa. Se a eliminamos, deixaríamos de falar de encarnação e de presença de Deus no homem. Quanto mais superior Jesus fosse ao resto dos homens, menos serviria como exemplo, caminho e orientação. Só um Jesus plenamente humano pode ser um testemunho que atraia universalmente. Se a divindade serve para excluir tudo o que na vida existe de insegurança, dúvidas, opções e perguntas sem respostas, então Jesus deixaria de ser um referente válido na hora de perguntar-nos pelo sentido da vida.

Entender a divindade de Jesus à margem de sua humanidade implicaria abstraí-la da história, quando é precisamente esta que nos revela o que e como Deus é. Uma divindade concebida à margem da vida de Jesus anularia seu significado. Levaria a partir de uma determinada concepção de Deus, aquela oferecida pela filosofia grega ou pela religião judaica, para ajustar a vida de Jesus ao que concorda com ambas. Se para dar lugar ao divino precisamos prescindir do humano, ficamos sem a revelação de um Deus encarnado. Também deixaria de haver interação entre a vida de Jesus e a tradição eclesial, já que a segunda, que partiria de uma concepção do divino, mutilaria a primeira, neutralizando a revelação daquilo que é divino, que só conhecemos a partir da vida de Jesus. Um

---

5. ESTRADA, J.A. *El sentido y sin sentido de la vida*. Madri, 2010, p. 25-38.

elemento intrínseco dos evangelhos é corrigir a imagem de quem e como é Deus, a partir da vida de Jesus. As crenças teológicas e as doutrinas cristãs incidem em nossa leitura e compreensão dos evangelhos, mas precisam deixar-se impugnar por eles quando buscam atualizar a mensagem cristã. Por isso, a última palavra não são os dogmas cristológicos do século IV, mas as Escrituras enquanto palavra de Deus à qual é preciso submeter as confissões de fé das Igrejas.

Dar prioridade às Escrituras sobre a tradição

As formulações dogmáticas correspondem aos problemas de uma época histórica e pretendem responder a eles interpretando as Escrituras. Por isso são formulações históricas, condicionadas e dependentes da teologia e da sensibilidade da época em que foram compostas. Se mudam as circunstâncias e a sensibilidade do tempo e ocorre outra maneira de interpretar as Escrituras, é preciso transformar também as formulações, cuja literalidade é muitas vezes equívoca. Existem afirmações do passado que deixaram de ter significado para nós, não porque sejam errôneas, mas porque correspondem a problemas e enfoques que já não temos. Uma nova hermenêutica dos evangelhos, como a fornecida pelo método histórico-crítico moderno, precisa necessariamente influir na compreensão dogmática e fazê-la evoluir. Mas não existe *sola scriptura*, nem esta é compreensível à margem da tradição teológica e dogmática, que tem raízes nas narrativas evangélicas. Ao interpretar hoje os evangelhos precisamos levar em consideração as leituras feitas anteriormente, embora sem deixar-nos aprisionar por elas. Tampouco existe uma dogmática isolada, abstrata e imutável. Se hoje compreendemos a Escritura de maneira diferente da maneira como era compreendida no século IV, é preciso também reinterpretar os dogmas cristológicos para que correspondam à leitura diferente que fazemos.

A filosofia atual discutiu muito o problema da interpretação dos textos e a hermenêutica fenomenológica transformou-se numa das correntes fundamentais do pensamento ocidental[6]. Não existem fatos e depois interpretações, mas as duas coisas estão fusionadas. Os textos são lidos a partir das tradições que se foram criando em torno deles, contra a *sola scriptura* da primeira tradição protestante. Não existem fatos brutos, já que a própria seleção de fatos para escrever sobre um acontecimento implica certos pressupostos interpretativos. Cada evangelista

---

6. Gadamer está próximo de uma hermenêutica "católica" pela ênfase que põe na prioridade dos textos e da tradição que eles produzem. Habermas enfatiza a crítica da tradição, que leva a compreender o texto melhor do que o próprio autor. Uma boa síntese de ambos é apresentada por AGUIRRE, J.A. *Raison critique ou raison herméneutique?* Paris/Vitoria, 1998.

narra de maneira diferente a vida de Jesus. A seleção que ele faz dos fatos, bem como a interpretação que lhes dá e o acento que põe em alguns de seus aspectos, determinam qual é sua teologia. Ao mesmo tempo, interpreta-se o passado a partir do presente e vice-versa, num círculo hermenêutico insuperável[7]. As Escrituras serviram de pano de fundo para interpretar os fatos da vida de Jesus e, vice-versa, foram estes últimos que iluminaram o significado do Antigo Testamento. Os evangelistas compuseram as narrativas levando em consideração os escritos bíblicos e, por sua vez, os leram adotando a vida de Jesus como chave interpretativa.

A partir da reflexão crítica sobre a Escritura compreende-se melhor a esta, que revela muitos sentidos ocultos ou latentes que só são percebidos posteriormente. Na realidade, uma vez fixada por escrito uma tradição, esta escapa ao controle de seu autor e à intencionalidade a partir da qual ele escreveu. Cada um diz mais do que pretende e não há nenhum autor que possa estar consciente dos significados e interpretações que seu próprio texto sugere. Existe uma autonomia da obra em relação ao autor. A intencionalidade do autor não esgota a criatividade do texto, que revela novos sentidos em contextos diferentes. Por um lado, é preciso manter a primazia do texto sobre a tradição que ele produz, ou seja, a primazia dos escritos do Novo Testamento sobre as exegeses e interpretações eclesiais posteriores. Por isso, o dogma e o ensino eclesiástico precisam subordinar-se à Escritura, e não vice-versa. Mas, por outro lado, é preciso recriar constantemente os textos e lê-los nos diversos contextos históricos, para atualizá-los e para que surjam novos significados. O resultado é o progresso teológico, as mudanças de compreensão e as formulações novas, enquanto outras perdem valor e significado com o passar do tempo.

Não podemos pretender que nossa compreensão atual de Jesus seja a mesma do século I e que possamos captar a intencionalidade de cada evangelista à margem de nossas interpretações, já que existe fusão das duas perspectivas. Quando um texto da Escritura é posto em relação com um contexto histórico novo, surge uma compreensão diferente das anteriores. O Jesus do cristianismo é sempre o mesmo e diferente, já que em cada época histórica se atualiza de maneira diferente seu significado e o sentido de sua vida. No Novo Testamento existe uma pluralidade de cristologias, ou seja, existem diferentes leituras acerca de quem foi Jesus, e esta diversidade aumenta com o curso da história e as diferentes formulações de cada época. O esforço do magistério hierárquico católico consistiu em

---

7. RICOEUR, P. *Mémoire, l'histoire, l'oubli*. Paris, 2000, p. 209-224, 436-448. • *Historia y verdad*. Madri, 1990, p. 23-40.

controlar a interpretação e as tradições que surgem acerca de Jesus. Privilegiou-se a unidade sobre o pluralismo e tendeu-se mais à uniformidade do que a conciliar tradições heterogêneas sobre uma mesma pessoa e um significado de sua vida compartilhado por todas. O esforço de unidade, no entanto, pode anular o valor da pluralidade de perspectivas. Na Igreja antiga pensou-se em compor uma vida de Jesus única, que servisse de alternativa às diferentes versões dos evangelhos. Isto foi rejeitado porque seria um quinto evangelho, junto aos outros quatro. Não é necessária uma uniformidade na interpretação da vida de Jesus, porque nenhuma perspectiva abarca todo o seu valor e significado. A unidade é conseguida a partir da comunhão entre versões plurais, como ocorre com os evangelhos.

A ruptura eclesial produzida pela Reforma e pela Contrarreforma do século XVI levou a maximizar o controle da autoridade hierárquica sobre a criatividade dos teólogos. Este procedimento ajudou, historicamente, a superar o caos provocado pelo conflito de interpretações, embora o custo tenha sido uma divisão da Igreja que dura até hoje. Os maiores problemas começaram a ocorrer quando a sociedade foi passando do regime de cristandade para o regime de sociedade secularizada, plural e crítica. A unidade uniforme foi se tornando cada vez mais difícil e a necessidade de buscar novos caminhos e abrir-se a outras interpretações, para assim corresponder ao novo modelo emergente de sociedade, foi bloqueada pelas instâncias teológicas e eclesiais que temiam um novo conflito de interpretações. Inicialmente, o método histórico-crítico, que apresenta uma nova leitura da Bíblia, foi obra principal dos protestantes, que não precisavam lutar contra uma hierarquia centralizada que controlava a interpretação da Bíblia. Posteriormente, transformou-se também numa metodologia própria dos católicos, embora continue havendo um abismo entre a compreensão predominante nos teólogos e a leitura feita pela maioria do povo cristão e, inclusive, por uma parte da hierarquia católica.

O atraso do catolicismo na abordagem da Bíblia e na tomada de consciência da diversidade de teologias e interpretações do Novo Testamento pode ser sentido nos problemas-chave das cristologias e das eclesiologias. Também em muitos cristãos que têm uma ideia preconcebida do divino, a ideia oferecida por seu código cultural e pessoal, e que se sentem questionados ao relacioná-la com a que nos é oferecida pela vida de Jesus. Escandalizam-se com apresentações da vida de Jesus que, embora reflitam aspectos essenciais dos evangelhos, não se encaixam com suas ideias sobre o que Deus é. Os evangelhos provocam e obrigam a revisar as ideias que temos sobre o divino e o humano. Quando nos fechamos a estas interpelações, deixamos de ler os evangelhos como uma revelação divina, que manifesta o Deus encarnado. As próprias tradições eclesiais podem substituir a revelação plural inicial e, em vez de deixar-se interpelar por ela, mudá-la para que se ajuste ao que as doutrinas eclesiais defendem. O catolicismo combinou a fidelidade criativa com o tradicionalismo, que trai os próprios evangelhos. Então já não existe prioridade da Escritura, mas da tradição, e esta deixa de ser fidelidade criativa aos evangelhos para converter-se em ideologia eclesiástica, que os substitui ou os neutraliza[8]. A patologia protestante é contrária ao tradicionalismo católico e consiste no fundamentalismo bíblico, que rejeita as tradições. Por sua vez, a perversão católica é o integrismo, que impõe uma tradição sem história, essencialista e entendida literalmente acima da própria Escritura. Em lugar de tradições criativas e evolutivas dogmatiza-se não a Escritura, como fazem os protestantes, mas uma interpretação delas, como a interpretação tridentina. O protestantismo tende, em sua versão patológica, a absolutizar a palavra de Deus, compreendendo-a de maneira literal e a-histórica; o catolicismo tende a subordiná-la à palavra eclesiástica, entendida da mesma maneira essencialista.

Os evangelhos não partem de uma essência divina pressuposta, mas mostram quem e como é Deus, apresentando a maneira de viver de Jesus e de relacionar-se com Ele. Não existe uma teologia à margem da narrativa evangélica, mas só podemos captá-la a partir desta. O sentido da vida de Jesus se encontra em seu projeto histórico e no significado que Ele deu à relação com Deus e com o homem. Não existe contraposição entre Deus e o homem, e sim revelação do primeiro no segundo, porque Deus não é exterior à humanidade, mas se revela nela e a partir dela. O devir de Jesus revela Deus na história a partir de acontecimentos humanos que são comunicações divinas. O cristianismo encontra o sentido da história na vida e morte de Jesus, nas quais se expressa o absoluto divino, sem eliminar o contingente da existência humana. O mundo de relações, vivências, ações e ensinamentos de Jesus revela o divino no temporal histórico. Não se baseia num além contraposto a um aquém, mas capta-se o divino no humano e à maneira humana. O que revela Deus é uma história concreta, não certos predicados absolutos de uma presumida essência divina, como a pretendida pela filosofia grega. Em vez de partir de uma definição de quem e como é Deus, como é usual em muitos manuais teológicos, remete-se a uma forma de vida, a acontecimentos, palavras e fatos, que remetem a uma concepção de Deus que vai se clarificando ao longo da história analisada. Ao falar de Jesus como palavra de Deus, passa-se a contar sua história, para que ela revele quem é Deus e o que é o divino.

---

8. CASTILLO, J.M. *La humanización de Dios*. Madri, 2009. O autor realça o não saber sobre Deus. Os evangelhos revelam quem e como é Deus, a partir de Jesus.

Nietzsche lutava contra a concepção cristã do homem e buscava o sentido da vida em instantes de plenitude, de eternidade, que lhe permitiam afirmar a vida e o curso da história. Ele é um dos grandes referentes da época atual, porque afirmava que a vida não tem sentido e que todos os valores e critérios com que julgamos são subjetivos e sem fundamento. Mas Nietzsche tinha consciência de que não podemos viver sem valores e não podemos suportar uma vida sem sentido, pelo que não nos resta outra solução senão produzi-lo nós mesmos. Havia nele uma mistura de fascínio e rejeição em relação a Jesus de Nazaré, porque este era quem melhor oferecia uma vida com sentido. Da mesma forma como os cristãos viam nele o divino, assim também Nietzsche criou seus próprios valores e projeto, oferecendo-os como alternativa à proposta de Jesus. A partir de sua criatividade pessoal, mais próxima da estética que da ética, e a partir da aceitação de que a vida não tem sentido e que é preciso assumi-la tal como ela é, ele oferecia sua interpretação do homem e do mundo[9]. A morte do Deus judeu-cristão o deixava sem um referente que servisse de orientação. Daí seu "Zaratustra", no qual ele personifica outro mensageiro, um projeto de vida e certos valores, contrapostos aos perdidos com a morte de Deus. Nietzsche captou muito bem a crise que se avizinhava no Ocidente, qualificada por ele como "morte de Deus", e a necessidade de um projeto de sentido que suprisse o projeto cristão.

Os cristãos se inspiram na vida de Jesus, a partir da qual propõem uma hermenêutica da existência humana, afirmando o significado divino de sua pessoa, apresentada pelos evangelistas com traços específicos próprios. Nietzsche ofereceu um sentido da vida em clara contraposição ao que encontrava no cristianismo, o de um Deus moral e do além, sentido que o cristianismo atribuía equivocadamente ao próprio Jesus. Mas este não ofereceu uma mensagem centrada no além, porque quis que Deus se fizesse presente na sociedade judaica de seu tempo. Também não se concentrou na moral e no pecado, como pensava Nietzsche, mas no sofrimento e nas necessidades humanas. Os cristãos precisam oferecer, em cada época histórica, um projeto de sentido que se inspire no de Jesus e que, ao mesmo tempo, seja uma criação pessoal, individual e coletiva, que responda às perguntas, buscas e lutas do momento histórico. A história de Jesus serve como fonte de inspiração e como testemunho para uma "fidelidade criativa", na qual cada geração deixe suas próprias pegadas e reflita sua própria sensibilidade.

---

9. ESTRADA, J.A. *El sentido y el sin sentido de la vida.* Madri, 2010, p. 163-188. • "La religión en una época nihilista – El caso Nietzsche". In: AVILA, R. & RUIZ, E. (eds.). *Itinerarios del nihilismo – La nada como horizonte.* Madri, 2009, p. 417-438.

2 As origens de Jesus

Os evangelhos sinóticos coincidem em colocar o começo da vida ativa de Jesus em seu batismo. Sabemos muito pouco, quase nada, sobre os anos anteriores ao batismo. Os dois relatos que temos sobre a infância trazem incoerências claras entre si, além do fato de que é preciso interpretá-los como cristologias construídas a partir do ressuscitado. São relatos com uma clara intencionalidade teológica: mostrar Deus na pessoa de Jesus desde o início de sua vida. Não sabemos, com certeza, a data e o lugar do nascimento e da morte de Jesus. Poderíamos falar dos evangelistas como diretores de cinema que precisam fazer uma película sobre um personagem famoso, cuja infância é quase totalmente desconhecida, mas da qual precisam falar para identificar o protagonista, cuja identidade plena conheceram após sua morte. Por outro lado, circulavam relatos fragmentários sobre Jesus, que misturavam alguns elementos históricos com lendas, mitos, boatos e comentários, surgidos quando Ele se tornou famoso. Os evangelhos apócrifos posteriores foram mais receptivos a elementos legendários e ampliaram os relatos sobre os poderes de Jesus já desde sua infância. Quase todos os evangelhos apócrifos encenaram a divindade de Cristo com relatos de prodígios e maravilhas em sua infância, tanto mais extensos quanto mais distantes estavam os relatos das origens históricas. Por outro lado, na vida pública dos sinóticos não se alude a nenhum nascimento extraordinário nem se encontram alusões aos acontecimentos narrados nas infâncias.

É inevitável que apresentassem a infância de Jesus à luz da ressurreição, que revelou a identidade nova e escondida do personagem, e que apresentassem, já na infância, algumas chaves fundamentais acerca do que iriam explicar depois, ao relatar a vida pública[10]. Ou seja, o que ocorre com a teologia de cada evangelista, que é plasmada em sua maneira de contar a história, ocorre também com a infância que eles apresentam. No nascimento de Jesus são dadas chaves de interpretação que correspondem ao que depois se vai relatar. Os evangelhos são mais composições teológicas do que narrativas históricas que esclarecem o significado do personagem. Isto não se aplica ao evangelho mais antigo, porque Marcos fala de "Jesus Cristo, filho de Deus" (Mc 1,1), sem contar detalhes de sua infância, embora se inspire em textos de Isaías e de Malaquias para encenar sua atividade missionária (Is 40,9; 52,7; Ml 3,1). A carência de notícias sobre Jesus é suprida

---

10. Cf. BROWN, R.E. *El nacimiento del Mesías*. Madri, 1982. Nos evangelhos da infância sigo, em seus grandes traços, a interpretação apresentada pelo autor.

com referências ao Antigo Testamento, que servem como pano de fundo para o relato de sua vida pública. Diante da falta de dados históricos, os evangelistas tendem a inspirar-se em cenas e personagens do Antigo Testamento para apresentar acontecimentos de Jesus em paralelo com estes grandes personagens. A ideia de que Jesus levou à sua plenitude as expectativas e promessas do Antigo Testamento ajudou os evangelhos a se apropriarem de muitas passagens bíblicas para contar seus feitos e ditos. No evangelho de Marcos não há nenhuma referência a Belém, mas parte-se de Nazaré e da filiação davídica de Jesus (Mc 10,47-48). Não se pode compreender Jesus fora da tradição hebraica, e sua missão precisa ser enquadrada no que aconteceu antes dele. Desde o primeiro momento, acentua-se sua dependência de um código cultural e religioso, o de sua sociedade e religião, ao mesmo tempo em que se aponta para origens vinculadas a uma filiação judaica.

A chave davídica no evangelho de Mateus

O evangelho de Mateus, ao narrar a infância de Jesus, queria ressaltar que a hostilidade das autoridades políticas e religiosas judaicas contra Ele, constante durante toda a vida pública até à paixão (Mt 27,41-44), havia começado já com seu nascimento (Mt 2,16-18.20-22). Mas não podemos precisar o que existe de histórico nos relatos sobre os adversários de Jesus. A hostilidade de alguns grupos judeus contra os cristãos, depois de sua morte, influiu na apresentação da vida de Jesus. O relato de Mateus precisava servir de orientação para as comunidades, e isso fez com que os conflitos eclesiais se misturassem com os de Jesus e influíssem na descrição das narrativas. Na época cristã, os fariseus foram os que exerceram a liderança contra os cristãos. Não se pode dizer o mesmo a respeito da época de Jesus, embora o evangelista Mateus, o mais preocupado com a doutrina, os apresente como os adversários por antonomásia (Mt 21,12-46; 22,15.34.41; 23,2.13.15.23.27.29). São também o grupo dominante no evangelho de João, ao passo que não têm esse papel em Marcos e só em menor medida em Lucas. De fato, não são um grupo relevante na paixão e alguns estão próximos ao próprio Jesus (Lc 7,37; Jo 3,1-2)[11]. Não se deve esquecer que os atuais evangelhos foram compostos quando já havia começado a ruptura entre o judaísmo e o cristianismo. A hostilidade das autoridades contra os judeu-cristãos convertidos adquiriu um novo significado ao se ressaltar que ela já ocorreu contra Jesus. Sua luta para mudar o código de sua religião adquiriu um novo significado ao se mencionar a

---

11. MEIER, J.P. *Un judío marginal.* III. Estella, 2003, p. 346-357.

hostilidade das autoridades religiosas e políticas contra o messias esperado, como ocorre na infância de Mateus.

O evangelista Mateus compôs uma história com elementos da tradição judaica, projetando sobre as origens os conflitos da vida pública de Jesus. O simbolismo de um nascimento marcado pela marginalização, pela pobreza e pela perseguição expressa a ideia que o autor tinha sobre Deus e sua maneira de fazer-se presente no mundo. Em todo o seu evangelho, especialmente nos capítulos sobre a infância, existe uma proliferação de citações do Antigo Testamento, que lhe servem para apresentar Jesus como o messias anunciado, como o ponto alto da história judaica (Mt 1,1-17). A genealogia davídica e abraâmica de "Jesus Cristo" (Mt 1,1.18) aponta já para o título cristológico, que ressalta seu significado e substitui o nome do personagem, Jesus. As genealogias servem como sinal de identidade e pertença. Servem também como legitimação, porque situam a pessoa num contexto familiar que faz parte de sua personalidade e a identifica. Mateus faz a genealogia preceder a história de Jesus, como ocorre no Gênesis com Abraão (Gn 11,10-26), que lhe serviu de referente, enquanto Lucas opta por colocar a genealogia consecutiva (Lc 3,23-28), depois de contar sua infância, como ocorre com Moisés (Ex 6,14-27), que é o outro grande modelo do judaísmo. Conta-se a história de Jesus a partir destes personagens, como modelos e protótipos, superados por Jesus (Jo 8,5-11.53-58; 9,28-33). Nas figuras que servem de referência identitária personifica-se o contraste entre o judaísmo e o cristianismo. Jesus é judeu, filho de Davi, descendente de Abraão e novo Moisés, que, como ele, liberta o povo e lhe oferece uma nova identidade. Paulo, por sua vez, apresentou Jesus como novo Adão (Rm 5,12-21; 1Cor 15,21-22), como superior a Abraão e Moisés (Gl 3,16-25.29; 2Cor 3,12-16) e como salvador de toda a humanidade como Lucas (Lc 2,11). Os diversos autores do Novo Testamento veem nele o enviado de Deus, mas cada um o conta de forma diferente.

Era inevitável que, ao contar as origens de Jesus, se recorresse a influências e paralelismos de grandes personagens judaicas, que serviram de inspiração para os evangelistas. Ressaltou-se, no evangelho de Mateus, o paralelismo entre Jesus e Moisés, que o faraó quis matar (Ex 1,15.18.22), como Herodes quis matar a Jesus (Mt 2,8.13.16). A figura de José, do qual temos ainda menos notícias do que sobre Maria, é apresentada em paralelismo com o outro José do Antigo Testamento, que teve Jacó como pai (Gn 35,24) e interpretou sonhos inspirados por Deus (Gn 37,5.9.19; 40,8-20; 41,25-36), além de ser o salvador do seu povo (Gn 45,4-13; 46,2-5). Mateus tem especial interesse em José para reforçar a origem messiânica davídica de Jesus; por isso modifica Marcos para sublinhar que Jesus é o filho de

José, nunca mencionado por Marcos, e não só de Maria (Mt 13,55 sobre Mc 6,3). O evangelho lucano, pelo contrário, concentra-se em Maria, que é o personagem central da infância de Jesus, embora depois não desempenhe nenhum papel na vida pública, nem tampouco a mencione na paixão, diferentemente do evangelho de João (Jo 2,1-11; 19,25-27).

Mateus apresenta o nascimento de Jesus, a partir do pano de fundo da vida de Moisés, como o novo fundador e libertador de Israel, já desde sua infância. Suas origens foram construídas retrospectivamente, misturando tradições orais e escritas, reflexões sobre a Escritura ("para que se cumprisse o que foi escrito pelos profetas": Mt 1,22-23; 2,5-6.15.17-18.23) e elementos lendários populares, entre os quais podiam estar os relatos sobre os magos e sobre a matança dos inocentes, dos quais não temos nenhuma outra referência no Novo Testamento, nem nas crônicas históricas sobre os judeus. Mateus constrói sua própria infância, antepondo-a à vida do personagem, indicando já sua identidade: "Emanuel, Deus conosco" (Mt 1,23). O que se manifestou na vida pública, ele o antepõe aqui, como carta de identidade de suas origens. Por outro lado, realça sempre que Ele é descendente de Davi, para que se cumprissem nele as promessas do Antigo Testamento referentes a um messias real davídico (Mt 2,2.8). Apresenta Belém como seu lugar de nascimento, recolhendo uma profecia sobre o messias (Mq 5,1; Mt 2,5.6), embora nos evangelhos sempre se fale de Jesus Nazareno (Mc 1,24; 6,1-6; 16,6; Mt 21,11; 26,71; Lc 4,16; 18,37; 24,19; Jo 1,45-46; 18,5) e não haja a menor alusão histórica ao censo com que Lucas (Lc 2,1-5) explica por que ele nasceu em Belém.

Ambos os evangelistas coincidem quanto ao lugar do nascimento, mas surge a interrogação se porventura se baseiam em dados, desconhecidos pelos historiadores, ou apenas obedecem a motivos teológicos. A história dos magos (Mt 2,1-12), que Mateus utiliza para mostrar a realeza de Jesus e a universalidade de sua salvação, pode estar inspirada em relatos do Antigo Testamento (Nm 22–24; Is 60,3-6; 1Rs 10,2.10.14; Jr 31,15), enquanto a matança dos inocentes (Mt 2,16-18) lembra a do faraó contra Moisés (Ex 1,15-22). O relato de Mateus é uma encenação teológica, que serve de chave hermenêutica para a posterior leitura do evangelho, com dados sobre a vida de Jesus que o próprio Lucas desconhece, já que em seu evangelho (Lc 2,51-52) não existe fuga para o Egito até à morte de Herodes, mas a criança é circuncidada e apresentada no templo de Jerusalém, no qual Ele discute com os doutores da lei, e cresce e vai amadurecendo em Israel. A oposição de Herodes, e a cumplicidade dos escribas e sacerdotes, prenuncia no evangelho de Mateus a hostilidade das autoridades contra Jesus em sua vida pública e em sua morte, enquanto Lucas acentua a superioridade de seu saber sobre ambos[12].

As chaves da cristologia lucana

O relato lucano é também uma encenação teológica que ressalta Maria como o protótipo da serva do Senhor. Da mesma forma que João Batista é o último dos profetas do Antigo Testamento (Lc 16,16), ao qual sucede Jesus, que inaugura uma nova época (Lc 4,16; At 10,38)[13], assim também ele subordina o Batista, junto com sua mãe Isabel, a Maria e Jesus, apresentados por ele como seus parentes (Lc 1,36-39), algo também desconhecido para o resto do Novo Testamento. Cada evangelista encena o nascimento e infância de Jesus de acordo com suas intenções teológicas. Lucas colocou o acento no "Filho do Altíssimo", que reina sobre o trono de Davi e de Jacó (Lc 1,31-33), e no fato de que "o filho gerado será santo e será chamado Filho de Deus" (Lc 1,35). O Sl 2,7 serviu como pano de fundo para a gênese de Jesus, o batismo e a ressurreição (At 13,33; Rm 1,1-3). A concentração de títulos pressupõe a reflexão ocorrida após a ressurreição e reflete o significado universal de Jesus, cuja genealogia remonta a Adão, filho de Deus (Lc 3,38), que traz a salvação a todos os homens (Lc 2,11.14).

O relato da anunciação a Maria (Lc 1,26-38), paralelo ao de Zacarias (Lc 1,5-23), segue o modelo de outros nascimentos, com alguns traços característicos, como a aparição de Deus mediante um anjo, que provoca desconcerto e medo; o anúncio do personagem e do nome que ele vai receber, assim como a profecia sobre seu futuro papel; as objeções do destinatário que recebe a visão e a indicação de um sinal profético sobre a presença do Senhor (Gn 17,1-3.15-19; Jz 13,3-5.20-22). São contadas em paralelo as duas histórias de concepção, a do Batista e a de Jesus, mas sublinha-se já a superioridade do segundo sobre o primeiro, porque a Maria são dadas explicações para sua pergunta, ao passo que Zacarias é repreendido e castigado. Da mesma forma, Lucas estabelece um esquema único para o nascimento do Batista (Lc 1,57-80) e o de Jesus (Lc 2,1-40), depois de ter deixado claro a supremacia do segundo com a visita de Maria a Isabel. Os traços comuns aos nascimentos são a alegria comum e os cantos de Zacarias e de Simeão, aos quais se acrescenta o "Magnificat" de Maria. Nos dois casos, conclui-se a história dos dois nascimentos dizendo que eles cresciam e se fortaleciam em espírito e gra-

---

12. BROWN, R.E. *El nacimiento del Mesías*. Madri, 1982, p. 177-230.

13. Remeto ao texto clássico de CONZELMANN, H. *El centro del tiempo*. Madri, 1974.

ça (Lc 1,80; 2,52). Tanto neste caso, como no de Mateus, trata-se de uma construção teológica e não de um relato histórico, que contradiria o do outro evangelista.

Lucas é o mais historiador dos evangelistas e tem um maior sentido biográfico do que Mateus, muito mais preocupado em encenar as origens de Jesus de acordo com o esquema de profecias e cumprimento. O estilo de Lucas, que busca sistematizar e pôr em paralelo os dois personagens, mostra que se trata de uma construção pessoal e não de uma mera narrativa biográfica. São relatos que refletem a teologia lucana, centrada em Nazaré e em Jerusalém, não em Belém e na Galileia, como é o caso de Mateus. O nascimento de Jesus é uma boa notícia universal, que é anunciada de maneira preferencial aos pastores. Esta maneira de apresentá-lo concorda com a ênfase social de seu evangelho, que concretiza sempre a boa notícia aos pobres como um elemento nuclear de sua vida. Também os fatos aludidos presumidamente históricos – um censo de Cirino, governador da Síria, para justificar a longa peregrinação a Belém – não são atestados em outras fontes. Tampouco sua genealogia de Jesus (Lc 3,23-38), incompatível com a de Mateus (Mt 1,1-17), é verossímil.

Nos dois evangelistas da infância há um consenso sobre o significado de um homem que desde o começo tem filiação divina, embora eles divirjam na maneira e no contexto na hora de explicá-lo. São duas narrativas com uma intencionalidade teológica clara, sem que possamos saber de onde vêm, quando e como foram compostas e que elementos históricos há nelas, apesar de seu caráter lendário e teológico. É preciso lê-las em chave simbólica e teológica, como a criação do homem na Bíblia. Poder-se-ia pensar que, ocupados em encenar o nascimento do messias, os autores escolheriam símbolos e referências de realeza e majestade, próprios do Deus Altíssimo. No entanto, ao optar por um nascimento em condições infra-humanas e por um anúncio às pessoas pobres e simples, representadas pelos pastores (Lc 2,8-9.20), já fornecem as chaves de identidade que depois vão marcar sua vida pública. Da mesma forma, o simbolismo dos magos já aponta para a epifania, para a revelação do salvador a todos os povos, que é também um dos elementos-chave da mensagem da ressurreição (Mt 28,19-20). Contam histórias sobre a origem de Jesus que correspondem mais a elementos teológicos sobre sua vida pública do que a uma apresentação de informação sobre as condições históricas de seu nascimento e infância.

Não sabemos quais foram as circunstâncias reais do nascimento de Jesus e tampouco a data e o lugar em que nasceu, embora a tese mais provável seja a de que foi Nazaré. A escolha de 24 de dezembro como o dia de seu nascimento, de acordo com o calendário ocidental da Igreja católica e da Igreja latina na Antiguidade, comemora o solstício de inverno, o dia mais curto do ano, no qual os cidadãos romanos celebravam a festa do sol que triunfa sobre as trevas quando estas pareciam alcançar seu apogeu. Os cristãos identificaram a celebração do triunfo do sol, símbolo da divindade na Antiguidade, com o triunfo de Jesus Cristo, como a luz que vem ao mundo (Jo 1,9). A inculturação da mensagem cristã no Império romano e na cultura helenista da época começa a ocorrer já nos próprios escritos evangélicos.

A concepção e a filiação divina de Jesus

O relato sobre a concepção de Jesus inspira-se num texto de Isaías (Mt 1,22-23; cf. Is 7,14) sobre uma donzela, que desde o século III foi interpretada como uma virgem, que concebe por intervenção divina (está grávida de "espírito santo", sem o artigo pessoal). Mateus conhece bem o Antigo Testamento e busca passagens que possam ser aplicadas a Jesus, neste caso à desconhecida infância do messias enviado por Deus. O que lhe interessa não é como Jesus nasceu fisicamente, mas que Ele vem de Deus, por intervenção divina, sendo a concepção e o nascimento virginal o sinal da atuação divina. A tradição posterior leu estes relatos pondo o acento literalmente na virgindade de Maria, embora isto não tenha sido ressaltado até o final do século II. O básico está em seu nascimento por obra do Espírito, que passou a fazer parte da fé cristã. Não cabe dúvida que o núcleo do relato é mostrar a filiação divina de Jesus, simbolizada como nascimento virginal. Lucas apresentou do mesmo modo o anúncio do anjo a Maria (Lc 1,26-38). O problema surge quando se utiliza a história do nascimento virginal como a prova histórica que revela a filiação divina de Jesus, substituindo a ressurreição, em vez de ver aquela história como uma derivação da ressurreição. Ao colocar o acento na natureza e identidade de Jesus, no contexto das discussões teológicas, deslocou-se o significado e a função do relato do nascimento virginal[14]. O que preocupou as cristologias posteriores era como tornar compatíveis a humanidade e a filiação divina de Jesus, enquanto os relatos evangélicos não se interessam por esta problemática, mas apenas mostram que Ele é o Filho de Deus desde o início de sua vida.

O tema da virgindade de Maria e de sua concepção virginal está bem-assentado na tradição cristã, mas surgiu uma problemática nova com o método histórico-crítico, que rejeita a interpretação literal dos evangelhos e estabelece uma

---

14. MOINGT, J. *El hombre que venía de Dios*, I. Bilbao: Desclée de Brouwer, 1995, p. 62-72; II, p. 264-269.

diferença entre o conteúdo teológico das narrativas e a maneira simbólica de contá-las[15]. Da mesma forma que os relatos das origens do homem não podem ser interpretados como fatos históricos, mas são duas narrações míticas que pertencem ao código cultural da época, nas quais se expressa a origem última divina do homem (Gn 1,26-30; 2,7-25) e do mundo (Gn 1,1-3; 2,4-25), assim também se pode perguntar se os dois relatos das origens de Jesus não expressam apenas uma verdade de fé: a filiação divina de Jesus a partir de suas origens humanas, mediante um relato com traços míticos que pertence ao código religioso da época. Encenar sobrenaturalmente o nascimento de personagens famosos era usual na época em que foram escritos os evangelhos. Falar da concepção de "Jesus-Cristo", uma denominação da ressurreição, refere-o a Deus, enquanto sua filiação messiânica, especialmente importante para Mateus, baseia-se no reconhecimento legitimador de José (Mt 1,19.24), que salva a honra de uma mulher que podia ser repudiada. Na vida pública, Jesus aparece como o salvador dos repudiados e excluídos, em nome de Deus. Existem elementos que permitem captar as suspeitas e o receio de seus adversários a respeito do nascimento de Jesus (Jo 8,41). Afirma-se que Deus esteve presente em seu nascimento e que, desde suas origens, sua existência esteve referida a Deus. Esta afirmação degenerou em suspeitas de ilegitimidade para seus adversários. O nascimento sobrenatural de Jesus pode ter sido também a causa dos boatos e desconfianças sobre suas origens por parte de seus inimigos, que procuravam desacreditá-lo (Jo 8,41). Mas também se poderia explicar isto como uma resposta judaica às pretensões cristãs acerca da filiação divina de Jesus

A doutrina oficial católica afirma a filiação divina e a concepção virginal de Maria, entendidas literalmente de acordo com a tradição. Esta afirmação se inscreve no marco da mulher como protagonista no pecado e na salvação. Maria desempenha um papel essencial e a concepção de Jesus expressa sua filiação última em seu nascimento humano, que se impôs literalmente na tradição posterior. Na atualidade abundam hermenêuticas, sobretudo nas igrejas protestantes e evangélicas[16], que sublinham o simbolismo da linguagem, embora não se negue a verdade última que proclamam: que o Espírito de Deus se fez presente na concepção e

---

15. BROWN, R.E. *The virginal conception and bodily resurrection of Jesus*. Londres, 1973, p. 21-68. • *El nacimiento del Mesías*, p. 121-164. • CRISP, O.D. "On the 'fittingness' of the Virgin Birth". *The Heythrop Journal*, 49, 2008, p. 197-221. Um antigo texto de Alonso esclarece pedagogicamente a discussão teológica. Cf. ALONSO, J.M. "La concepción virginal de Jesús, historia o leyenda?" *Ephemerides Mariologicae*, 21, 1971, p. 161-216, 257-302.

16. SHELBY SPONG, J. *Jesus for the Non-Religious*. Nova York, 2005.

no nascimento de Jesus. Como nos relatos da ressurreição, a divergência não está em afirmar a autoria divina, mas em como ela ocorreu. Esta autoria divina foi expressa com a afirmação de que Maria "havia concebido do Espírito Santo" (Mt 1,18) e que José "não a *conheceu*, até que ela deu à luz um filho" (Mt 1,25). O simbolismo de uma virgem aberta à intervenção do Deus-Espírito se expressa num nascimento sobrenatural, que os católicos interpretam de acordo com a tradição posterior de virgindade real e não apenas simbólica de Is 7,14. É preciso não esquecer, no entanto, que estamos em cristologia pós-pascal: a ressurreição ilumina a vida de Jesus e leva à afirmação da encarnação, que diferencia Jesus de todos os profetas e enviados anteriores.

O núcleo de Mateus não está no biológico, já que, por um lado, afirma a presença de Deus-Espírito na origem de Jesus. Por outro, sublinha que é José quem o legitima enquanto descendente messiânico de Davi (Mt 1,20.24), embora depois substitua as relações familiares por aquelas criadas pela relação com Deus (Mt 12,47-50). A insistência de Mateus e Lucas em inserir Jesus nas genealogias que remetem à ascendência judaica (Mt 1,1-17: culmina em José, o esposo de Maria) e à origem terrena (Lc 3,23-38: filho de José) não só responde aos gnósticos e hereges que questionam sua corporeidade e humanidade, mas o diferencia das divinizações dos grandes personagens da Antiguidade que eram apresentados como filhos dos deuses. Jesus "nasceu de mulher e sob a lei", lembra Paulo (Gl 4,4), apesar de sua concentração no Cristo ressuscitado. A filiação divina não é estabelecida a partir da rejeição de sua filiação humana – Ele é Filho do homem – e o nascimento virginal põe o acento na manifestação de Deus num ser humano. Está mais em função da cristologia do que da mariologia.

O acento no biológico se impôs na tradição teológica no contexto da depreciação da sexualidade considerada algo impuro e como resposta aos gnósticos e maniqueus, que negavam a encarnação. Isto influenciou na tradição posterior e realçou-se que Deus evitou a sexualidade para o nascimento de seu filho. Esta interpretação, porém, esquece que a sexualidade não tem nada de pecaminoso, mas faz parte do plano de Deus criador para o ser humano. Se Jesus é plenamente um de nós, não haveria por que depreciar o fato de Ele ter nascido como todos os seres humanos. O fato de a tradição católica assumir seu nascimento virginal e a intervenção de Deus não autoriza a manter uma visão negativa da sexualidade humana. Por sua vez, a convergência entre a maternidade e a virgindade no concílio de Éfeso (em 431) tenta realçar que Jesus foi gerado como homem, embora fosse Filho de Deus. Trata-se de uma afirmação teológica, como a da assunção da

Virgem, sem precisar interpretá-la necessariamente a partir de uma perspectiva biologicista, como a que se impôs na tradição[17].

O ser filho de Deus não depende do biológico nem da maneira de ser concebido e nascer. É uma afirmação de identidade (ontológica) que se revela na ressurreição e é projetada retrospectivamente nas origens de Jesus. Os relatos da infância são mais teológicos do que históricos e são criados para encenar a identidade divina de Jesus, antes de começar a falar sobre sua vida. Os textos se prestam a leituras diferentes e produzem um conflito de interpretações que não podem ser resolvidas com base nos próprios textos. É preciso prestar atenção às tradições e interpretações teológicas que os textos produziram. No catolicismo, assim como na Igreja oriental, sempre prevaleceu uma concepção literal, que enfatiza a origem divina de Jesus, que é o núcleo dos relatos, e também a maneira de contá-la, de contar o excepcional e sobrenatural de seu nascimento. Outras igrejas cristãs e algumas correntes teológicas assumem o núcleo, embora rejeitem a literalidade de um nascimento virginal, preferindo assumir que a encarnação de Deus assume em tudo a natureza e a condição humanas. Em todo caso, seria um erro pôr o acento na maneira como Jesus nasceu, como aconteceu posteriormente, e não no fato de seu nascimento ser o resultado de uma presença divina em sua personalidade humana. As divergências atuais entre os cristãos não dependem tanto de afirmar sua filiação divina quanto da maneira como essa filiação é expressa.

A tendência ao Jesus super-homem, própria dos evangelhos apócrifos, deixou rastros nas teologias posteriores. Mas quando o sobrenatural se opõe ao natural, em vez de fazer-se presente no humano, ele não só perde credibilidade, mas também perverte-se a própria concepção de Deus e de sua atuação no humano. A heresia oculta do catolicismo sempre foi a de desvalorizar ou neutralizar a humanidade de Jesus, com a ideia errônea de que assim se assegurava o sobrenatural. Esta contraposição é mais própria da filosofia grega do que da concepção judaica e do Novo Testamento. O divino de Jesus se mostra numa forma de ser pessoa na qual, ao humanizar-se, Ele se faz mais semelhante a Deus. A convergência entre humanização e divinização leva à autonomia do ser humano, sem menosprezar a inspiração do Espírito divino. Por outro lado, faz da mediação humana, da relação interpessoal, a chave para a vinculação com Deus, em vez de postular uma abertura vertical ao divino que não levasse em conta a horizontalidade dos encontros

---

17. É este o enfoque de MOINGT, J. *Dios que viene al hombre* II/2. Salamanca, 2011, p. 60-63. Jesus está vinculado às leis da natureza humana, e eximi-lo delas seria um obstáculo para sua verdadeira humanidade. O autor distingue entre o empírico e historicamente verificável e o teológico-simbólico, que expressa uma verdade de fé (Maria, mãe do Filho de Deus).

pessoais. A filiação divina de todos os seres humanos tem em Jesus seu ponto culminante, sendo a cristologia a plataforma para a antropologia. O que em Jesus é uma realidade plena, que o diferencia dos outros, converte-se numa promessa já realizada para todas as pessoas.

A cristologia da palavra encarnada

Em paralelo com os evangelhos da infância pode-se pôr o prólogo de São João, cuja origem e natureza não conhecemos, já que sempre se discutiu sobre as possíveis influências da filosofia grega e das tradições gnósticas em sua composição, embora provavelmente seja mais aparentado com as especulações judaicas sobre a preexistência da sabedoria e do *logos* divino. Os predicados da divindade foram substanciados e apresentados como entidades subsistentes e anteriores à criação do mundo e do homem, já que pertenciam à eternidade divina[18]. A sabedoria e o *logos* divino, anterior à criação e ao homem, adquiriram um caráter pessoal e foram aplicados a Jesus a partir de sua ressurreição e exaltação à vida divina, constituindo a base do desenvolvimento posterior acerca da encarnação e de Jesus como palavra de Deus, como filho de Deus e filho do homem. A ressurreição não só produziu uma reflexão sobre Jesus e sua identidade oculta, mas também sobre quem e como é Deus, à luz de sua atuação em e por meio de Jesus Cristo. Ambas, reflexão sobre Deus e sobre Jesus, revelação de um Deus trino e de um Jesus-Cristo e Filho, estão correlacionadas e inter-relacionadas, fazem parte de um processo de reflexão conjunto e progressivo, que se iniciou no cristianismo desde o começo e que durou vários séculos[19]. A palavra é criadora de conteúdos cognitivos e representações que não existem sem ela. Nisto se apoia a encenação da criação como ordenação que produz sentido num mundo caótico que não o tem (Gn 1,3-31), aludindo, além disso, ao Espírito que pairava sobre a superfície das águas (Gn 1,1-2). O evangelista se concentra no Verbo de Deus, que se é co-

---

18. HABERMANN, J. *Präexistenzaussagen im Neuen Testament*. Frankfurt, 1990, p. 317-414. • SCHIMANOWSKI, G. "Die frühjüdischen Voraussetzungen der urchristlichen Präexistenzeschatologie". In: LAUFEN, R. (ed.). *Gottes ewiger Sohn*. Paderborn, 1997, p. 31-56. • HURTADO, L.W. *Señor Jesucristo*. Salamanca, 2008, p. 47-104. • "Jesusverehrung und die Frömmigkeit des Judentums zur Zeit des zweiten Tempels". *Evangelische Theologie*, 68, 2008, p. 266-285. • DEANE-DRUDMOND, C. "Shadow Sophia in christological perspective". *Theological Science*, 6, 2008, p. 13-32.

19. Kuschel pretende que existe uma reflexão interna cristã sobre a divindade independentemente da reflexão de Jesus e da cristologia. Mas não apresenta dados que garantam a separação que ele pretende. Existem diversos acentos dentro de uma evolução marcada pela pergunta "Quem e o que é Jesus?" Cf. KUSCHEL, K.J. *Geboren vor aller Zeit?* Munique, 1990.

municado aos profetas e orienta Israel em sua história. Esta culmina na palavra divina que se humaniza e se apresenta em Jesus (Jo 1,14), vinculando palavra e Espírito (Jo 1,33; 3,34; 14,16-17.26; 15,26; 16,7.13-15) ao contar a vida da palavra encarnada. Por isso o evangelho de João está todo orientado para a doação do Espírito, o paráclito que completa aquilo que Jesus iniciou. A cristologia do Verbo é também a cristologia do Espírito. A melhor maneira de mostrar a presença divina em Jesus é uma cristologia do Espírito, que remete à unção de Jesus por Ele desde o início de sua atividade pública.

Os dois relatos da infância, desconhecidos para Marcos e João, são tão teológicos como o prólogo do evangelho de João, que é uma leitura criativa do livro do Gênesis sobre a palavra criadora de Deus, que vem ao mundo encarnada num homem que ensinou a ser "filho de Deus" (Jo 1,1-16)[20]. A palavra, mais do que a visão, é característica da revelação divina nos profetas e o meio simbólico para criar e gerar vida. Poder-se-ia entender o prólogo como uma recriação do início do Gênesis, no qual a palavra criadora adquire um novo significado porque surge de dentro da história humana. Também aqui são dadas as chaves da identidade de Jesus e se resume a história que vai ser contada: Ele veio para os seus, mas estes não o receberam (Jo 1,11), porque Ele é palavra divina e sujeito humano. A palavra de Deus deixou de ser preferentemente a Escritura e a lei judaica, em favor de uma história pessoal. Já não se trata de especular sobre Deus, que escapa às nossas ideias, sistemas e doutrinas, mas de viver de acordo com certos valores e certa forma de vida, que para os cristãos é a do Deus humanizado. Antes de falar da vida de Jesus conhecida, a vida pública, o evangelista João proclama sua missão: gerar filhos de Deus. O universo é uma explosão de vida no planeta terra, apesar de vigorar a lei entrópica da morte e do aumento do caos. A palavra criadora se humaniza e surge a partir de um dos nossos, que nos ensina a enfrentar a vida com confiança e esperança, testemunhando, com sua maneira de viver, aquilo que é importante e os valores com os quais é preciso comprometer-se. Se a palavra criadora gera ordem no caos, a encarnação desta palavra cria filiação divina a partir de um processo de humanização.

O significado da missão de Jesus serve como eixo condutor para sua vida. É preciso distinguir entre fatos e valores, entre o que se conta sobre Ele (o que Ele disse e o que Ele fez) e o significado de suas ações e pregações. Jesus, no último evangelho, já é o Cristo e o Verbo encarnado, cuja identidade não é revelada

---

20. DUNN, J.D.G. *The Evidence for Jesus*. Louisville, 1985, p. 30-52.

com predicados teológicos e atributos filosóficos, mas por sua maneira de viver e atuar. Os títulos cristológicos no começo dos evangelhos mostram uma "cristologia dada", que impregna o personagem. Mas são conclusões a que se chegou após a morte de Jesus e não podem substituir a investigação sobre como Ele viveu sua vida e que sentido lhe foi dando. João é o evangelista que mais peso deu à divindade de Jesus como chave para sua vida terrena. Proclama sua identidade, no início da narrativa, e a revela ao contar sua vida. Por isso é preciso prestar atenção mais à história de Jesus do que a especulações abstratas sobre sua divindade. Não se trata apenas de afirmar a filiação divina, mas de mostrar o que é e como é ser filho de Deus. É preciso crer em Deus; mas, para isso, é preciso concretizar o que é ser Deus, cuja essência se mostra numa forma humana de existência.

O conteúdo cristológico da ressurreição impregnou a vida de Jesus nos evangelhos. Todos os relatos da origem pertencem à cristologia pós-pascal, que procura esclarecer o significado e a identidade de Jesus à luz de sua morte e ressurreição. Os dados históricos a que aludem são pouco confiáveis; são antes encenações inspiradas nas tradições do Antigo Testamento, tendo Jesus como ponto culminante da tradição. Sobre a vida anônima do judeu Jesus temos apenas alguns dados concretos, sem podermos distinguir com clareza o que é mera construção teológica, lenda popular ou alusão a eventos reais de sua vida. O caráter limitado destas tradições obriga a tomar consciência de que os escritos do Novo Testamento, e em concreto os evangelhos, não podem ser interpretados de forma literal e que o caráter inspirado da Bíblia, enquanto palavra de Deus, não implica eliminar as limitações das tradições que eles recolheram. Deus se revela a partir do humano, concretamente a partir da vida de Jesus, mediante relatos plurais e limitados, nem sempre concordantes entre si. Mais do que concentrar-nos na verdade literal de relatos cuja origem última nos escapa, é preciso atender ao significado e à mensagem que eles nos transmitem, mensagem que pretende ser fiel ao conteúdo da pregação, dos fatos e da vida de Jesus.

3 O código familiar de identidade

A família é uma das chaves da identidade humana, o lugar onde aprendemos a dar um sentido à vida. Inicialmente dependemos do ambiente familiar para compreender o mundo e alcançar uma identidade pessoal. Aprendemos a ser pessoas mediante as relações pessoais que nos cunham afetiva e cognitivamente, sendo a imitação um mecanismo fundamental no processo de aprendizado. Nós nos identificamos com um estilo de vida que resulta atraente, encarnado numa pessoa que dá testemunho de vida. Por isso, a influência dos pais é determinante para a evolução da criança e, em grande parte, do adulto posterior. A autonomia do adulto surge a partir da heteronomia da criança, que aprende a ser pessoa e a comportar-se como tal no seio da família e na infância. A partir da maioridade torna-se possível uma seleção da herança educativa que recebemos e a tomada de iniciativas que possibilita distanciar-se da família e assumir um projeto de vida pessoal. Mas a experiência primeira é determinante e, em boa parte, indelével. Ainda mais no contexto de uma sociedade patriarcal e tradicional, na qual havia pouca individualidade e autonomia. Por isso, o conhecimento da família de Jesus, de seus pais, irmãos e parentes, nos traria luz para conhecermos o contexto no qual Ele foi criado e no qual foi construída sua personalidade.

No caso de Jesus, quase não temos dados. Houve um grande esforço para esclarecer o contexto judaico de Jesus, de sua sociedade e de seu ambiente, mas carecemos de informação sobre sua família. Os evangelhos da infância fornecem dados muito fragmentários, inconciliáveis em alguns aspectos, e sem paralelismos no resto dos escritos do Novo Testamento. Por isso têm escassa confiabilidade histórica. A identidade primeira de Jesus, anterior à sua vida pública, é desconhecida, e quase não temos notícias sobre seu pai e sua mãe, que são as personalidades determinantes do âmbito familiar. Existe um contraste entre a valorização de Maria na tradição e seu escasso papel nos relatos da vida pública de Jesus e na própria Igreja primitiva (At 1,14)[21]. É possível que tenha havido tensões com os parentes de Jesus, contrapostos à autoridade dos apóstolos, e que isso fosse um motivo para silenciar a família ou reduzir as notícias sobre ela. Na vida pública houve um claro distanciamento de Jesus em relação à sua família (Mc 3,21.31-35, cf. Mt 12,46-50; Lc 8,19-21; Mc 6,1-6 par.). O sentido que Jesus deu ao seu projeto chocou seus familiares, irmãos e vizinhos (Mc 6,2-3; Lc 4,28-30; Jo 7,5), que não entendiam seu comportamento. O contraste entre sua pertença familiar e vicinal e a rejeição posterior de sua pregação precisa ser situado na evolução pessoal do próprio Jesus, ao sentir-se chamado por Deus, sendo o batismo o momento-chave.

Na realidade, do Jesus anterior à sua vida pública não conhecemos nada. Não há nenhum relato nem acontecimento importante transmitido à posteridade, provavelmente porque não houve nada que chamasse a atenção de seus coetâneos. Jesus foi um homem normal, que depois surpreendeu seus parentes, vizinhos e conhecidos por uma maneira de viver e de comportar-se que não es-

---

21. BROWN, R.E. (ed.). *María en el Nuevo Testamento*: una evaluación conjunta de estudiosos católicos y protestantes. 4. ed. Salamanca, 1982.

tava de acordo com a imagem prévia que tinham dele. Neste sentido, Ele foi um judeu comum, integrado na tradição e na vida do povo hebreu e sem conotações especiais. O silêncio sobre seus primeiros trinta anos faz parte da "revelação" que os cristãos posteriores encontraram em sua vida. Ele foi um judeu a mais, um "filho do homem" (Ez 2,1) sem especiais poderes nem sabedoria, que tenham permanecido na memória de seus contemporâneos. Sua procedência de Nazaré (Mc 1,9.24; 6,1-6; 16,6; Mt 2,23; 21,11; 26,71; Lc 1,26; 2,4.39.51; 4,16; 18,37; 24,19; Jo 1,45; 18,5), suas modestas origens sociais (filho de um carpinteiro artesão) e geográficas (Galileia), trouxeram-lhe o menosprezo de seus coetâneos (1Jo 1,45-46), e a elas acrescentaram-se as suspeitas sobre a legitimidade de seu nascimento (Jo 8,19.41)[22]. O anonimato e a insignificância de sua vida anterior contrastam com os relatos dos evangelhos apócrifos dos séculos posteriores, que apresentaram um Jesus "super-homem" idealizado já desde criança. A tendência popular cristã foi a de idealizar o personagem que o imaginário cristológico messiânico criara em substituição ao judeu real. Nos evangelhos, quando há alusões ao ambiente familiar e vicinal de Jesus, não se diz nada sobre os feitos extraordinários que os apócrifos narram sobre sua infância.

Ninguém pode prescindir de sua herança familiar, que marca para toda a vida, mas o sentido da existência é o resultado das opções autônomas do homem. Jesus se mostra como um ser livre, também em relação a seus familiares (Jo 6,42). Não nos é contada nenhuma cena concreta de ruptura que explicasse o distanciamento em relação à sua família. Provavelmente foi o resultado de um estilo de vida itinerante, no qual Ele defendia afirmações sobre Deus, sobre a religião e sobre sua própria identidade, que causavam embaraço e medo em seus parentes. O pano de fundo da honra familiar, determinante para as culturas mediterrâneas à época[23], fazia com que qualquer pronunciamento de Jesus implicasse sua família. Por isso esforçavam-se para detê-lo, alegando que Ele estava fora de si, que havia perdido a cabeça (Mc 3,20-21), enquanto seus adversários o acusavam de

---

22. Os judeus nunca criticaram a pretensão de que Jesus descendia de Davi. Por outro lado, sempre negaram sua filiação divina e atacaram os cristãos, afirmando a ilegitimidade de seu nascimento. Orígenes (*Contra Celso*, I, 28; 32,69) afirma que, de acordo com Celso, Jesus nasceu do adultério de Maria com um soldado e que Jesus se tornou um mago no Egito. As duas acusações encontraram eco nos escritos judaicos contra os cristãos dos séculos II e III, como também recorda Tertuliano (*De spectaculis* 30,3). A pretensão cristã de uma intervenção divina foi interpretada como uma tentativa de encobrir um suposto adultério.

23. MALINA, B. *El mundo social de Jesús y los evangelios*. Santander, 2002. • *El mundo del Nuevo Testamento*. Estella, 1995. • AYÁN CALVO, J.J. (ed.). *Filiación*: cultura pagana, religión de Israel y orígenes del cristianismo. Madri, 2005.

estar endemoninhado (Mc 3,22). Jesus rompeu o marco familiar que o constituía, porque teve uma experiência de Deus que o levou a uma nova atividade, com uma mensagem revolucionária sobre a sociedade, a religião e a própria família, mensagem esta que chocava o conservadorismo tradicional de seus parentes. Em última instância, Jesus deu a preferência aos que acolheram sua mensagem, antepondo a comunidade de discípulos aos vínculos familiares.

Nós não escolhemos a família na qual nascemos, mas escolhemos sim aqueles com quem compartilhar um projeto de vida. A identidade está marcada pela tensão entre a heteronomia, porque dependemos de uma família, da educação e dos valores recebidos, e a autonomia, meta a alcançar em função da experiência pessoal. A autenticidade da vida, por sua vez, passa por um direito à diferença e à alteridade que implica rupturas com as maneiras como as pessoas mais próximas veem a vida[24]. Mas não se deve esquecer que os evangelhos também acentuam, em diversas ocasiões, a falta de fé de seus discípulos e sua incompreensão a respeito da missão e da identidade messiânica de Jesus (Mc 8,32-33), do mesmo modo como ocorria com seus parentes. A desconfiança e a rejeição de Jesus ocorreram tanto entre seus parentes e conhecidos quanto em seus discípulos posteriores, que acabaram abandonando-o depois que um deles o traiu. As pretensões de Jesus foram demasiadamente revolucionárias para todos os seus, inclusive família e discípulos. Não é que os evangelhos pretendam denegri-los, mas põem o acento na identificação com sua pessoa e sua missão, independentemente dos laços de amizade, família ou pertença ao judaísmo[25]. A relação com Deus estrutura os desejos e opções de Jesus, sendo também a fonte de rupturas familiares e conflitos sociais.

Jesus precisou enfrentar a incompreensão e a rejeição dos que o rodeavam, que o decepcionaram até o final de sua vida. A família dá sentido de pertença e segurança emocional e afetiva, enquanto a liberdade pessoal está em tensão com ela, embora Ele não tenha negado as raízes identitárias familiares nem tenha sido um personagem isolado, um filósofo cínico[26]. Por outro lado, o silêncio biográfico en-

---

24. Meier acentua a marginalidade de Jesus, que abandonou seu ambiente e assumiu um ministério profético à custa de ver-se rejeitado por seu ambiente familiar e seus concidadãos. Cf. MEIER, J.P. *Un judío marginal*, I. Estella, 1998, p. 36.

25. MOXNES, H. (ed.). *Poner a Jesús en su lugar*. Estella, 2005. • GUIJARRO, S. "La familia en el movimiento de Jesús". *Estudios Bíblicos*, 61, 2003, p. 65-83.

26. Contra a apresentação de CROSSAN, J.D. *El Jesús de la historia*: vida de un campesino judío. Barcelona, 2007. • MACK, B.L. *A Myth of Innocence*: Mark and Christian Origins. Mineápolis, 1998, p. 68-73. Uma boa análise crítica, que rejeita que Ele fosse um filósofo cínico, é a de EVANS, C.A. "The Misplaced Jesus: Interpreting Jesus in a Judaic Context". *The Missing Jesus*. Boston, 2002, p. 11-40. • CHILTON, B. "Mapping a Place for Jesus". *The Missing Jesus*. Boston, 2002, p. 41-44.

tre a narrativa de seu nascimento e sua primeira infância e a posterior irrupção do batismo e da vida pública, já em sua idade adulta, impede de contextualizar e analisar as tensões dos parentes, vizinhos e conhecidos em relação a Jesus. O Jesus dos evangelhos radicalizou esta tensão e antepôs a abertura ao reinado de Deus a qualquer compromisso familiar (Mc 10,28-30 par.), embora não conheçamos os condicionamentos históricos e o contexto a partir do qual os evangelistas compuseram os relatos. É provável que, na época em que são escritos os evangelhos, houvesse problemas familiares para os judeu-cristãos em relação aos que permaneciam fiéis à sinagoga e suas autoridades (Mt 10,17: "vos açoitarão em *suas* sinagogas").

Nos chamados ao seguimento existem exigências que ultrapassam o caráter radicalmente humano de Jesus, exigências que Ele antepõe a qualquer dever religioso. Enterrar o pai ou despedir-se da família são apresentados literalmente como obstáculos para seguir Jesus (Lc 9,59-62), embora façam parte das exigências humanas e religiosas mais imperiosas, já que os pais são nossos próximos mais próximos e o código religioso judaico exigia honrar pai e mãe (Ex 21,15; Dt 5,16; 21,18-19; 27,16; Lv 19,3; 20,9). É preciso interpretar estas passagens como uma mostra da abertura radical ao seguimento de Jesus exigida pelos evangelhos, abertura esta que leva a descentrar-se e deixar a própria família (Mc 10,29-32; Mt 10,34-36), talvez como um reflexo de suas tensões familiares. A filiação divina é anteposta à família de sangue (Lc 2,48-50), sendo a vontade de Deus o critério último para ser família de Jesus (Mc 3,35). As "duas origens" de Jesus, a humana e a divina, apontam para um conflito do adulto: o conflito de fidelidade ao seu código familiar, sociocultural e religioso, e o de abertura e seguimento do Deus que é comunicado a Ele e o envia. Sua própria experiência pessoal de Deus, que foi encenada sublinhando que Ele possuía o Espírito divino e que este o guiava em sua vida pública, o levou a questionar sua identidade familiar e religiosa. Por isso seus parentes e vizinhos se opuseram a Ele. (Seus parentes ficaram sabendo e foram buscá-lo, porque diziam: "Ele está fora de si": Mc 3,31; 6,4-6; Jo 7,5: "Nem mesmo seus irmãos acreditavam nele".) A tensão entre pertença e vocação, entre heteronomia e autonomia, entre a segurança dada pelo código familiar e social assumido e a busca de autenticidade e liberdade, é característica de todo ser humano. É preciso encontrar o equilíbrio próprio entre a coletividade à qual se pertence e a singularidade da própria vocação, história e personalidade.

Só depois da morte de Jesus houve uma reconciliação de sua família com sua mensagem, integrando-se alguns na comunidade cristã, como Tiago (1Cor 15,17; Gl 1,19). Marcos, Mateus e Lucas narraram a vida e a morte de Jesus sem mencionar seus parentes, embora Lucas conte Maria e seus irmãos entre os que esperavam a chegada do Espírito (At 1,14; 1Cor 9,5), sendo a comunidade a verdadeira fraternidade de Jesus. Por sua vez João, que escreveu o último dos evangelhos e podia ter uma maior perspectiva histórica, mitigou a rejeição da família de Jesus durante sua vida pública (Jo 2,1.12; 7,3-10) e reconciliou a ambos na cruz, confiando sua mãe a seu discípulo mais simbólico (Jo 19,25-27). A revalorização de Maria como mãe de Jesus começou já na comunidade primitiva e sua maternidade refletia a do próprio Deus, num contexto cultural marcado pelo patriarcalismo e pela desvalorização da mulher. O evangelista Lucas prefere a denominação "filho de Maria" a "filho de José", usada por Mateus, e apresenta Maria na infância como protótipo simbólico do Israel fiel, que proclama a grandeza divina, porque humilha os poderosos e exalta os humildes (Lc 1,46-55). Não sabemos se a família de Jesus provinha, em sentido amplo, da descendência de Davi (Mc 12,35-37; Jo 7,42), embora seja provável, se considerarmos o processo contra os parentes de Jesus por ordem do César Domiciano[27]. A importância de Maria nos evangelhos da infância e na tradição cristã posterior e as escassas alusões contidas nos relatos da vida pública podem também enquadrar-se nos conflitos internos da Igreja cristã, depois da morte de Jesus. Na tradição judaica, como em outros povos semitas e nos povos árabes, são os parentes do líder religioso os que o sucedem por ocasião da morte deste. Algo assim poderia ter ocorrido nas origens do cristianismo. Os discípulos precisariam lutar contra os que tentavam uma espécie de "califado" cristão, protagonizado por irmãos que sucediam ao Senhor[28].

Quando mais tarde Maria é declarada "mãe de Deus" em Éfeso (431), o que se defende é que Jesus foi gerado como homem, contra os que o negavam por causa de sua filiação divina. A virgindade perpétua de Maria está fundada na tradição (virgem antes do parto, no parto e depois do parto), mas não na própria Escritura (Mt 1,19; 12,47). A tradição enalteceu a figura de Maria, contra o realismo crítico dos próprios relatos (Mt 12,47-48; Lc 1,18-20.29.34; 2,35.48.50-51; Jo 2,4-5.11). O exagero popular e teológico a respeito de Maria na tradição posterior esteve condicionado pela perda da referência à presença do Espírito como aquele que

---

27. THEISSEN, G. & MERZ, A. *El Jesús histórico*. Salamanca, 1989, p. 224-227.

28. JOCHUM, U. *Der Urkonflikt des Christentums*. Regensburgo, 2011, p. 110-112. Tiago, irmão do Senhor, é sucedido à frente da Igreja de Jerusalém por Simão, um parente de ambos (EUSÉBIO. *História da Igreja*, III, 11). No tempo do César Domiciano (81-96) são perseguidos parentes do Senhor, como descendentes de Davi, os quais dirigem as igrejas como mártires e parentes do Senhor (EUSÉBIO. *História da Igreja*, III, 20; III, 32,6; IV, 22,4). É possível que tenha havido uma tentativa frustrada de disputar a autoridade eclesial aos apóstolos e seus sucessores, o que reforçou a apresentação negativa da família de Jesus durante a vida pública.

completa a obra de Jesus. Serviu também de contrapeso a uma pastoral do terror que ofuscou a imagem divina e tornava necessário um contrapeso de misericórdia próxima, simbolizado por Maria. Mas não se deve esquecer que tanto a virgindade quanto a imaculada concepção e a ascensão são afirmações teológicas e não fatos históricos comprováveis[29].

Existe, no final do evangelho da infância lucano, uma conclusão que ressalta a inegável condição humana de Jesus: ele crescia em "sabedoria, idade e graça" diante de Deus e diante dos homens (Lc 2,52). Não se trata de um versículo conclusivo dito ao acaso, já que o evangelista alude a este crescimento em outras ocasiões (Lc 1,80; 2,40). Jesus foi um homem como os demais, aprendendo e crescendo, porque não sabia tudo. Os evangelhos mostram como ele aprendeu do livro da vida e como ele foi mudando algumas de suas percepções, surpreendido pela fé de pagãos e pecadores. Por outro lado, o crescimento é cognitivo e espiritual. Jesus aparece, especialmente em Lucas e João, como o homem do espírito, no qual está o Espírito de Deus. Crescer em santidade implica maior conhecimento e proximidade de Deus, contra um Super-homem que já sabe tudo e não muda. A ideia de um Deus impassível, unida a conceitos teológicos posteriores como a "união hipostática" e a "visão beatífica", que foram aplicados a Jesus já em sua vida terrena, bloquearam a ideia de que Jesus precisava crescer e aprender, apesar das referências explícitas dos evangelistas. Acontece que, se Jesus é Filho de Deus, Ele também evolui no que concerne à sua consciência de filiação e à sua própria identidade.

Da mesma forma, não se conhece a paternidade divina ao longo da vida, mas é preciso considerar a experiência da vida adulta. Se não existe crescimento humano, pode-se falar de uma regressão por estancamento: a pessoa é sempre a mesma, mas ela é dinâmica e a personalidade evolui. Para responder ao sentido da vida é preciso considerar a evolução de Jesus, como a de toda pessoa, que o leva a revisar seus conhecimentos e experiências. Não só existe uma tomada de consciência da própria identidade a partir de uma relação com Deus que vai crescendo e aprofundando-se, mas a identidade se faz a partir das relações e experiências com as quais Ele aprende. Jesus se insere numa cultura e a supera com uma liberdade que culmina na cruz. Ele precisa aprofundar-se no que é ser filho de Deus no contexto de uma sociedade que acaba rejeitando-o. Aprendeu a conhecer a Deus cada vez melhor e mais profundamente, até receber o ensinamento final com sua falta de intervenção na cruz. Lucas afirma que Jesus não só cresceu em suas capacidades

---

29. MOINGT, J. *Dios que viene al hombre*, II/2. Salamanca, 2011, p. 45-63.

cognitivas, mas também em santidade. Suas ações e decisões levaram-no a aprofundar-se em sua filiação, marcando assim um caminho de humanização como divinização, válido para todos os homens. O Jesus do final de sua vida se enriquecera com a progressiva comunicação divina, a partir da qual aprofundou-se em seu saber filial a respeito de Deus, com momentos culminantes como os do monte das Oliveiras e do Gólgota.

É preciso ver o processo de crescimento de Jesus, o processo de sua humanização, a partir da dupla dimensão cognitiva e religiosa para a qual já aponta o evangelho da infância de Lucas. A mudança e a transformação são inerentes à condição humana. Se faltassem em Jesus, não poderíamos falar de um ser de nossa raça, marcada pelo aprendizado e pela educação. O que define a identidade pessoal não é um ser estático, mas o devir e a evolução, sendo a cultura nossa segunda natureza constitutiva. Se assumimos a condição plenamente humana de Jesus, que não é um super-homem que supera os limites da história e da natureza, não nos resta outra saída senão assumir a evolução e a tomada de consciência como inerentes à sua própria identidade. O *slogan* "conhece-te a ti mesmo" é um dos princípios antropológicos desde os inícios da filosofia grega. E Jesus teve que aprender a conhecer-se a si mesmo a partir de suas reações e das experiências da vida, e a encontrar Deus nelas, inspirado por seu Espírito.

2

Vocação e evolução de Jesus

O desconhecimento dos primeiros trinta anos da vida de Jesus, bem como de seu ambiente familiar e local, obriga a concertar-nos na vida pública, para captar sua identidade pessoal e o projeto que deu sentido à sua vida. É preciso analisar como surgiu sua missão, como esta afetou sua identidade e como Ele foi se aprofundando em sua relação com Deus. Sua consciência de filiação progrediu e se tornou clara em torno à sua missão. Desta forma Ele mudou sua compreensão da aliança entre Deus e Israel, abriu-se ao reinado de Deus e o foi realizando na sociedade judaica. Seu projeto de salvação traduziu-se numa proposta para uma vida plena de sentido, na qual convergiam o plano de Deus e a realização humana. A dinâmica do dom de Deus, como ponto de partida, tornou-se convergente com o protagonismo do ser humano que dá um sentido à sua própria vida. A tomada de consciência de sua filiação e de sua missão trouxe consigo inevitavelmente uma transformação do conceito de Deus que Ele havia herdado da religião judaica.

1 Jesus como discípulo de João Batista

"Dize-me com quem andas e dir-te-ei quem és", diz o provérbio. A identidade de uma pessoa é captada ao narrar sua vida. E este é o sentido dos relatos evangélicos, que mostram a evolução de Jesus desde o início de sua vida pública até sua morte. Neles podemos captar os acontecimentos que o marcaram, suas respostas aos diferentes problemas e o sentido que Ele foi dando à sua existência. O ponto de partida está no batismo. Mas este remete a um fato anterior a Jesus, a uma iniciativa divina acerca de João Batista, que os evangelhos apresentam como enviado de Deus (Mc 1,2; Mt 3,3; Lc 3,2), caracterizando-o com traços semelhantes aos profetas Isaías (Is 40,2-4), Elias (2Rs 1,8) e Malaquias (Ml 3,1-5). As narrativas descrevem os personagens evangélicos a partir do pano de fundo das figuras bíblicas (Mc 1,6; Mt 3,4), que serviram de referência para encenar a vida de Jesus. A distância temporal e sociocultural dos autores dos evangelhos em relação aos fatos por eles narrados é suprida com uma invenção criativa que utiliza personagens e relatos do Antigo Testamento para encenar os acontecimentos que eles querem narrar. Eles se apropriam da herança religiosa judaica para apresentar Jesus como o messias, o mestre e o profeta último esperado.

O ponto de partida dos evangelhos não é Jesus, mas João Batista. Dele partiu (Mt 3,2: arrependei-vos, porque o reino de Deus está próximo) o movimento de conversão de Israel e o anúncio do tempo messiânico (Lc 3,15), o tempo da intervenção divina em Israel. Os evangelhos relatam o batismo a partir da perspectiva de Jesus e de seus discípulos, não a partir da perspectiva dos seguidores do Batista, que veem Jesus como um discípulo do primeiro. Jesus surge neste círculo de seguidores e simpatizantes, respondendo ao chamado à penitência e à conversão (Mc 1,4), na linha dos profetas anteriores. A primeira imagem de Jesus na vida pública é a dependência e a subordinação a outra figura, que serve para mediar entre Ele e a comunicação divina. O Batista suscita o movimento messiânico de conversão e Jesus é atraído por esta mensagem e aparece entre a multidão, da qual Ele emerge mudado. A pregação atrai o povo e, entre eles, o próprio Jesus, sem se fazer alusão a alguma diferença entre os dois quanto às respostas que dão ao chamado do Batista. Sempre aparece a mediação do outro, neste caso a de João Batista, já que Deus não intervém na história substituindo a pessoa, mas deixa que esta seja o protagonista. Deus atua através de suas testemunhas, que Ele inspira e motiva a partir de um processo interior vivencial, emocional e cognitivo. Jesus não escapa a esta lei humana e à forma de atuar de Deus, respeitosa do protagonismo humano. Depois Jesus precisará de uma comunidade de discípulos para implantar o reino de Deus, que aqui parte de uma relação com outro, que serve de ponte para o encontro com Deus. Esta dinâmica horizontal de relação interpessoal é a que marca a concepção cristã acerca da maneira de comunicar-se com Deus.

A proximidade da época messiânica se caracteriza pelo chamado à conversão do povo e pela oferta do perdão dos pecados (Mc 1,4-5). João Batista relativiza as pertenças e o estatuto social e religioso dos que acorrem, porque o julgamento de Deus corresponde ao comportamento diferenciado de cada pessoa (Mt 3,7-10; Lc 3,7-9). O anúncio de um tempo último, o tempo de Deus e de seu chamado à penitência, ele o completa com a alusão a alguém maior do que ele, que seria uma figura messiânica, embora não saibamos se esta afirmação é do próprio Batista (Mt 11,3; Lc 7,20) ou se os cristãos a puseram na boca dele, para realçar sua dependência salvadora, e não cronológica, em relação a Jesus. Lucas distingue entre o tempo de Israel, que chega até João Batista (Lc 16,16), e o tempo de Jesus, que começa com o batismo (At 1,22; 10,37-38; 11,16), e, antes de falar da atividade de Jesus, conta a prisão do Batista (Lc 3,18-20; 4,14-16; 9,9). Lucas apresenta uma história de salvação com etapas claras: a etapa preparatória veterotestamentária, que culmina com o Batista, e a etapa de plenitude com Jesus; e, por isso, sua atividade começa quando o primeiro está no cárcere (Lc 7,18-19.33-34). Também Marcos começa a missão de Jesus após a prisão do Batista (Mc 1,14-15) e omite a simultaneidade das duas atividades ressaltada por Mateus (Mt 11,1-14) e João (Jo 4,1-3). Cada evangelista descreve a relação entre João e Jesus de acordo com sua própria teologia sobre a história da salvação e sobre o significado de Israel para os cristãos. Todos ressaltam a dignidade do Batista, reconhecida pelo próprio Jesus (Mc 9,9-13; Mt 21,32; Lc 7,24-35), embora João acrescente que Jesus não necessita de nenhum reconhecimento humano (Jo 5,33-34.36). Procuram combinar a autoridade do Batista, que iniciou o movimento no qual Jesus se integrou, e a independência deste.

Todos os evangelistas estão preocupados em deixar clara a superioridade de Jesus, embora tenha sido batizado pelo Batista, como sublinha o quarto evangelho (Jo 1,27.30-34; 3,22-30). Fazer do Batista uma testemunha indireta de Jesus, que o evangelista transforma em testificante direto (Jo 1,26.32.35-36), encaixa-se no contexto das disputas entre cristãos e judeus. Existe uma discussão milenar acerca do grau de proximidade, dependência ou afiliação de Jesus em relação ao Batista (At 19,3-7) e existiam grupos que, até o início do século III, sustentaram a tese de que Ele era um discípulo de João e, portanto, subordinado a ele[1]. Também subsiste a tradição de que alguns de seus próprios discípulos pertenciam ao círculo do Batista (Jo 1,35.37.40-41; 3,26), com o que aumentaria mais a dependência de Jesus em relação a ele. Desde o início os evangelhos fazem do Batista o primeiro legitimador de Jesus, mas depois dão a entender que ele não tem clareza sobre quem é Jesus e se interroga sobre Ele (Mt 11,1-6; Lc 7,18-23). Quando João afirma que Jesus batizava com seus discípulos (Jo 3,22-25) ao mesmo tempo em que o Batista (Jo 3,23), aponta para a rivalidade e a discussão sobre as competências de ambos. Um batismo de penitência para a remissão dos pecados (Mc 1,4) era a característica própria do Batista, antes de João apresentar Jesus como quem tira os pecados (Jo 1,29; Mc 2,5). Em ambos os casos existe um desafio indireto à religião judaica, já que o perdão dos pecados estava associado ao sacerdócio, ao templo

---

1. PSEUDO-CLEMENTE. *Recognitionum* I, 54.60.

e aos sacrifícios. Lucas acentuou ainda mais este contraste, já que apresentou o Batista como filho de um sacerdote (Lc 1,5), com o que ressaltava a superioridade de Jesus sobre a dimensão cultual e sacerdotal judaica.

O quarto evangelho faz o Batista proclamar desde o primeiro momento a superioridade de Jesus (Jo 1,29-34) e referir-se a Ele a partir de uma cristologia descendente (Jo 1,33-34; 3,26–4,3), que é específica de seu evangelho. A ideia da descida de Deus, vinculada ao Cristo glorioso ressuscitado, é colocada já no início do evangelho e faz, paradoxalmente, de João Batista o anunciador do Filho de Deus no início da vida pública. O evangelista omite contar como Jesus é batizado por João (Jo 1,29-34), porque transforma o relato numa exaltação cristológica, aludindo ao fato de que o Espírito Santo, que é o dom da ressurreição, desce sobre Ele. Além disso, precisa que não era o próprio Jesus quem batizava, mas seus discípulos (Jo 4,2), depois de dizer que Jesus batizava mais do que João e fazia mais discípulos do que ele. A polêmica tardia entre judeus e cristãos é projetada nos evangelhos (Mc 1,7-8; Mt 3,13-15; Jo 1,19-28; 10,40-42), que querem dirimi-la, cada um à sua maneira. O fato histórico é indubitável: Jesus foi batizado por João e aparece respondendo ao seu chamado. Os discípulos do Batista mantiveram-se por muito tempo junto aos cristãos (At 19,1-5) com os quais rivalizaram até o século II. A avaliação teológica insiste na superioridade de Jesus e em elementos diferenciais de seu chamado, como o batismo do espírito. A ideia de um Jesus discípulo e não só mestre resultava embaraçosa para muitos cristãos e dava motivo para os ataques judeus. No entanto, o fato de que o movimento de Jesus deriva do de João Batista é congruente com a afirmação posterior que apresenta a Igreja primitiva como uma seita judaica (At 24,5.14; 26,5; 28,22). Que o cristianismo não seja um movimento autárquico e independente, mas dependa de tradições anteriores, incluindo o próprio Jesus, mostra que uma revelação divina não é incompatível com heranças e condicionamentos culturais e religiosos. A contingência de todo ser humano inclui Jesus, que rompe com sua família e seu predecessor religioso, depois de ter dependido deles.

Jesus não parte do zero na história, mas se integra numa tradição que o antecede, da qual inicialmente faz parte, e que Ele reforma. Enquanto judeu, Ele se integra na concepção religiosa e na história hebraica, da qual o Batista é a última expressão. Os evangelhos procuram reafirmar a independência e superioridade de Jesus, contra os que realçam sua identidade subordinada. Mas o dado de partida é o de todo homem. Não partimos do zero, mas o ponto de partida é a dependência dos outros, a recepção e assimilação de um código cultural, familiar e religioso, que faz parte de nossa identidade. Jesus se inscreve num movimento, a corrente penitencial do Batista, que o afeta e o condiciona. Está entre a multidão que acorre para ouvi-lo, convencida de que Ele é uma testemunha de Deus. A experiência do batismo o muda, fazendo-o passar de receptor da palavra do Batista a anunciante do reino. Jesus não se encaixa no projeto de seu precursor e desenvolve um projeto alternativo com outras chaves acerca de Deus e do homem. Assim como viveu um distanciamento em relação à sua família e pessoas próximas, fez o mesmo com o círculo em torno do Batista, do qual Ele provinha (Mt 11,6: feliz aquele que não se escandalizar de mim!).

Nunca saberemos em que consistiu a relação pessoal de Jesus com o Batista, que também provavelmente estava perplexo com uma atuação de Jesus que não se encaixava com seu ensinamento e expectativas (Mt 11,2-3). Não há dúvida da rápida independência do primeiro em relação ao segundo e de que eles tinham diferenças em sua concepção de Deus e em sua forma de vida (Mt 11,18-19; Lc 7,33-34), repercutindo ambas na maneira de entender sua missão. A proclamação do "batismo de penitência para o perdão dos pecados" (Mc 1,4 par.) está vinculada às imagens do deus justiceiro e castigador do Antigo Testamento em Mateus e Lucas (Mt 3,7-12; Lc 3,7-15), embora haja outras maneiras de entender a Deus no judaísmo. Este imaginário, condicionado pelo confronto posterior com os judeus, se diferencia, em parte, do imaginário de Jesus ("arrependei-vos e crede no evangelho": Mc 1,14), ao qual se atribui um batismo diferente, o do Espírito Santo (Mc 1,8), que é o batismo dos cristãos posteriores. João e Jesus chamam à conversão e estão convencidos da intervenção divina em Israel. Mas Jesus destaca o "ano da graça do Senhor" (Lc 4,16-21) em contraste como o Batista. Este se move no esquema do pecado (Mc 1,5; Mt 3,7-10; Lc 3,7-9), que em Jesus depende do juízo último de Deus (Mc 13,19-27 par.; Mt 25,31-46).

O medo de Deus paralisa o homem e o torna servil; por isso a pastoral do medo é incompatível com a imagem de Deus anunciada por Jesus. Mas também persistem em sua mensagem advertências sobre os riscos da liberdade, que se decide em relação com os outros. Existe continuidade entre o Batista e Jesus, que anunciam uma intervenção próxima e definitiva de Deus, embora cada um dê um conteúdo próprio à tradição do Antigo Testamento sobre o castigo pelos pecados. O peculiar de Jesus é acentuar o caráter filial da relação com Deus, em vez de concentrar-se na culpa e no pecado. Mas Jesus louva o anseio de justiça nas bem-aventuranças de Mateus e não omite a responsabilidade pecadora do homem insolidário (Lc 10,30-37; 16,19-31). Ele tem uma orientação diferente da do Batista, não porque rejeite o anúncio deste sobre o castigo dos pecados, mas porque quer oferecer de Deus uma imagem próxima e misericordiosa, em contraste com o rigorismo de João e de boa parte da tradição profética. De fato, no cristianismo prevaleceu muitas vezes a pregação de João Batista sobre a de Jesus.

A ideia de culpa e castigo faz parte das tradições religiosas, mas frequentemente por trás delas está a ânsia de vingança. Usa-se Deus como castigador dos que se comportam de maneira diferente de nossos desejos e ideias. A indignação pelo pecado se orienta para a rejeição do pecador, que é identificado, às vezes, com aquele que procede de maneira diferente. E então se recorre a Deus, apropriando-se dele, para recriminar os outros. O ódio ao pecado se desloca para o pecador e este fica caracterizado desta maneira enquanto difere de nossa maneira de entender a religião e de considerar o que é pecado. De fato, Jesus foi caracterizado como pecador pelas pessoas religiosas, porque atuava de maneira diferente da sua maneira de pensar (Jo 9,16.24). E então surgiu o desejo de acabar com Ele. O ódio ao outro, ao que age de maneira negativa e diferente da nossa, se dissimula como ânsia de justiça. Por sua vez, a defesa do castigo divino esconde uma utilização narcisista da divindade, utilização esta que abre espaço ao domínio sobre as consciências. O medo do castigo divino tem sido uma forma histórica universal usada pelas personalidades religiosas para dominar as consciências dos fiéis. A referência do Batista à raça de víboras, à ira prestes a chegar e ao machado para cortar a árvore que não dá frutos (Mt 3,7-12) é ambígua, tanto em suas motivações como em suas consequências. Representa uma maneira universal de abordar as relações entre Deus e o homem a partir da polarização entre castigo e culpa, maneira esta que identifica ambos negativamente.

A religião como ameaça, em contraste com a religião da oferta gratuita de salvação de Deus, põe o acento no medo de Deus e não na confiança nele. O peculiar de Jesus é concentrar-se no positivo de Deus, numa relação filial que supera a dinâmica natural que produz no homem um Deus fascinante e tremendo. Jesus vem para que aqueles que o recebem possam chamar Deus de Pai (Jo 1,12), vencendo seus temores e remorsos. As diferenças entre os dois batismos de penitência foram reforçadas pelas comunidades para assegurar a superioridade de Jesus, enquanto os pontos em comum tiveram menos relevância, porque pareciam menosprezar a originalidade de Jesus[2]. A experiência de Deus no batismo foi expressa como uma doação do Espírito, que serviu para definir o posterior batismo da Igreja. Ao encenar o fato, levou-se em conta a praxe batismal das comunidades cristãs já

---

2. BERMEJO RUBIO, F. "Juan el Bautista y Jesús de Nazaret en el judaísmo del segundo templo: paralelismos fenomenológicos y diferencias implausibles". *Ilu* – Revista de Ciencias de las religiones, 15, 2010, p. 27-56.

existentes. As tradições posteriores não duvidaram em apresentar o batismo cristão como perdoador dos pecados (At 2,38; 1Cor 6,11; Rm 3,25) em continuidade com o do Batista (Mc 1,4-5), embora com o dom do Espírito, uma consequência da ressurreição e um sinal da superioridade do cristianismo.

Quando questionam sua autoridade, e com ela seu próprio batismo, Jesus pergunta a seus interlocutores se o batismo de João era ou não do céu, vinculando sua legitimidade à do Batista (Mc 11,27-33). Daí a estranheza dos cristãos pelo parentesco que Jesus estabelece com o Batista e pela legitimidade que dele recebe. Isto escandalizava porque parecia pouco condizente com seu caráter divino, que os evangelistas projetaram já em sua vida pública[3]. Por isso, Mateus justifica o batismo de Jesus como cumprimento da justiça (Mt 3,14-15), com um presumido protesto do Batista, que reconheceria a superioridade de Jesus. São João introduz outra passagem, na qual o apresenta como o cordeiro de Deus que carrega o pecado do mundo (Jo 1,29), ressaltando seu batismo como substituto do culto judaico. A ideia de um Jesus subordinado e dependente continua suscitando rejeição em muitos cristãos. Em boa parte é uma rejeição mais emocional do que teológica, como quando se acentua sua humanidade. A criatividade de uma pessoa, a de Jesus em relação a seu predecessor, não está na ausência de influências, mas em sua capacidade para elaborar novas sínteses criativas e alternativas às outras. E isto teve a ver com as comunicações divinas experimentadas por Jesus, que o inspiraram e motivaram. O medo de ressaltar as dependências de Jesus em relação à sua família, ao Batista ou às tradições judaicas e às Escrituras está de acordo com a tendência dos evangelhos apócrifos a apresentá-lo como um super-homem e a maximizar o sobrenatural e divino de sua personalidade às custas de sua condição humana plena.

2 O batismo como vocação de Jesus

O momento crucial da vida de Jesus, o que mudou sua maneira de existir e o levou a converter-se no iniciador do reino de Deus em Israel, foi seu batismo. O batismo foi para Ele uma revelação divina, uma teofania pessoal, que inicialmente só Ele captou (Mc 1,10). Nos outros evangelhos o batismo foi desenvolvido como um anúncio público que o proclamava diante de todos (Mt 3,16-17), em resposta à sua própria oração (Lc 3,4). O que Marcos apresenta como uma vivência pessoal

---

3. THEISSEN, G. & MERZ, A. *El Jesús histórico*. Salamanca, 1989, p. 226-242.

de Jesus, só por ele experimentada e conscientizada, transforma-se nos outros sinóticos numa proclamação pública de sua filiação divina. Marcos mostra como Deus irrompe na vida de Jesus e o transforma, como depois faz Lucas com Maria na anunciação. Os outros dois sinóticos deixam isto em segundo plano, porque escrevem a partir da ótica da ressurreição e querem apenas apresentá-lo ao povo judeu como o Messias esperado. O que inicialmente foi uma vivência pessoal, uma irrupção que catalogaríamos como mística, transforma-se em Mateus e Lucas numa declaração pública feita por Deus acerca de Jesus, numa "teofania" ou revelação para o povo. É uma economia do dom, já que no batismo existe uma irrupção da graça divina. Trata-se de uma comunicação que muda sua vida, tirando-o do anonimato e impulsionando-o a pregar a chegada do reino. Quando Deus entra na vida de uma pessoa, Ele a complica e lhe abre novos horizontes. O Deus cristão rompe com as seguranças daquele que tem uma vivência de Deus. Porque todo dom é para a missão, para o serviço aos outros. E o batismo é um chamado que desperta em Jesus uma vocação e produz nele um dinamismo, fazendo de sua vida uma entrega a seu povo. Por isso, na vida de Jesus, o batismo marca o final da época do anonimato, na qual viveu como um judeu qualquer, sem nada que chamasse a atenção para Ele.

O Filho amado, em quem o Pai se agrada (Mc 3,17), se revela como tal no momento em que sai das águas e desce sobre Ele o Espírito de Deus (Mt 3,16). A surpresa que Jesus provocou nas pessoas próximas e em sua família (Mc 3,21; 6,1-6; Mt 13,54-58; Lc 4,22.36) está vinculada ao batismo, que lhe mudou a vida. Surpreendeu não só a Ele mesmo, mas também a sua família e seu ambiente. O batismo de Jesus e o posterior batismo cristão estão vinculados ao reconhecimento da identidade oculta de Jesus e desempenharam um papel crucial nas diferentes tradições judeu-cristãs que procuravam encaixar sua filiação no monoteísmo divino[4]. Jesus se abre à revelação, encenada de acordo com as teofanias do Antigo Testamento, como o céu que se abre, a voz divina, a descida do Espírito etc. Não é possível delimitar o que pertence à experiência própria de Jesus e o que se deve à redação do evangelista, ao contar esta comunicação divina. Não temos acesso ao processo interior despertado em Jesus e à sua vivência de ser enviado por Deus. Trata-se da experiência inicial que precisa ser completada e processada com as ulteriores, que lhe irão esclarecendo em que consiste sua vocação e como precisa realizá-la.

---

4. VIGNE, D. *Christ au Jourdain*. Paris, 1992, p. 107-132. • "La filiation divine de Jésus dans le judéo-christianisme". *Bulletin de Littérature Ecclésiastique*, 109, 2008, p. 339-366.

Inicia-se assim um processo de amadurecimento e assimilação pessoal de Jesus, que transformou sua identidade e potencializou sua missão. A iluminação pessoal de Jesus (Mc 1,9-11) mudou sua vida de anonimato e pôs em funcionamento um processo: o anúncio do reino, no qual aprofundou-se em sua própria identidade, vinculada à sua missão. Foi um chamado, uma vocação divina; e Ele precisou aprender da experiência o que Deus queria, iluminado pelo Espírito. Não temos notícias sobre sua prática religiosa anterior e não podemos saber se sua vivência do Espírito divino teve antecedentes (além daquilo que se conta nos evangelhos da infância). A apresentação do evangelista acentua o elemento repentino e inesperado desta visão ("no instante em que saía da água, viu os céus abertos, o espírito que descia sobre Ele, e ouviu uma voz": Mc 1,10-11). A ideia do céu aberto expressa a comunicação nova que se estabelece entre a divindade e a humanidade, a abolição do dualismo da Antiguidade entre o Deus transcendente, que está no céu, e o homem que vive na terra. O evangelho de Marcos, que serviu de referência aos outros, sublinha a iluminação e a vivência pessoal de Jesus a partir do batismo.

O evangelista João, que não conta o batismo de Jesus, refere-se ao Espírito que desce sobre Ele (Jo 1,32-33) e afirma que veremos o céu abrir-se e os anjos de Deus subindo e descendo sobre o Filho do homem (Jo 1,51). O novo lugar da presença de Deus na humanidade é o Jesus batizado e, para saber o que Deus quer da humanidade, é preciso olhar o que Ele faz e diz. Na tradição judaica afirmou-se a transcendência de Deus e se iniciou um processo de dessacralização do cosmos, em favor dos grandes personagens do judaísmo. A epifania de Deus já não acontece em lugares santos, mas em pessoas: os patriarcas e os profetas. Do cosmocentrismo da Antiguidade passou-se ao antropocentrismo, já que o homem é imagem e semelhança de Deus (Gn 1,27). Agora o processo de dessacralização, aquilo que podemos chamar também de desencantamento do mundo[5], inicia uma nova etapa. A partir do batismo, Jesus é o ungido pelo Espírito, no qual Deus se faz presente, às custas de uma dessacralização da própria religião judaica, que vai perder seu valor salvífico e seus referentes sagrados. Começa a perda de significado das grandes instituições judaicas, que dão lugar à alternativa que o movimento de Jesus vai promover. Já não serão os rituais, os tempos e os lugares santos que irão determinar a presença divina no mundo, mas uma forma de proceder e viver que se inicia com o batismo. As relações cotidianas pessoais adquirirão uma nova densidade religiosa,

---

5. GAUCHET, M. *El desencantamiento del mundo*. Madri, 2006.

como também a ética, às custas da primazia do culto, do templo e do sacerdócio. Começa o que depois se chamará o sacerdócio existencial de Jesus, que está vinculado com a missão que Ele recebe e com seu projeto de reino de Deus.

O batismo marcou um antes e um depois, foi um acontecimento comparável ao da queda do cavalo sofrida por Paulo de Tarso e aos processos de conversão e iluminação narrados pela literatura cristã a respeito de pessoas que tiveram uma experiência de Deus que lhes mudou a vida. A vivência pessoal de Deus por parte de Jesus, que dá início à comunicação plena (Jo 1,51), transformou sua própria identidade e assinalou o começo de sua vocação como instaurador do reinado de Deus. A chave com que Lucas concluiu seu relato sobre a infância – que Ele crescia em sabedoria e graça aos olhos de Deus e dos homens – cristaliza-se aqui num acontecimento singular, que o transformou e deu um novo sentido à sua vida: instaurar o reinado de Deus na sociedade judaica. A abertura constitutiva do homem a Deus adquire um novo significado a partir da irrupção do batismo. A ideia do Deus-homem tem como reverso a ideia do homem-Deus e, como afirmou Ireneu de Lião, a glória do homem consiste em ter experiências de Deus. A transcendência divina, para a qual aponta todo o Antigo Testamento, dá lugar à imanência divina, expressa na irrupção de Deus no batismo. Por isso os cristãos viram em Jesus a plenitude da relação entre Deus e o homem, o ponto culminante da humanidade e a ponte para a divindade, a mediação por excelência para encontrar-se com Deus. O Deus transcendente se faz imanente e, paradoxalmente, a iniciativa divina não diminui o protagonismo do ser humano, mas faz dele, mais do que nunca, o agente da história. Deus quer estabelecer seu senhorio na sociedade, mas para realizá-lo precisa do protagonismo da pessoa. E daí surge um Jesus mudado e renovado, o judeu anônimo do passado dá lugar ao protagonista da vida pública que toma a iniciativa e se deixa levar por Deus.

Podemos associar a ideia de batismo com a de renascer a partir do simbolismo de imersão e ascensão, que simbolizam o final de um modo de existência humana e o surgimento de outro. A resposta de Jesus ao chamado do Batista, um batismo de penitência para perdoar pecados (Mc 1,4; Lc 3,3), implica que Ele participa da condição humana, que ninguém pode justificar-se diante de Deus e que Ele é parte integrante da humanidade pecadora, com a qual é solidário. Nunca se menciona que haja em Jesus uma atitude diferente da atitude dos outros que seguem o Batista. O chamado à conversão responde à condição pecadora de toda pessoa e Jesus, que foi em tudo fiel a Deus, é um homem que, ao responder ao chamado do Batista, reconhece sua indigência existencial. A imersão na água implica morrer para uma forma de vida e ressurgir para outra (Rm 6,3-11;

13,12-14). E isto marca o próprio Jesus. Tudo é referido a Deus, superando a polarização entre o sagrado e o profano. O que para as pessoas religiosas foi visto como uma profanação da religião, foi para Jesus a consequência de seu envio. No batismo, a experiência religiosa surge da vida e é retirada do templo, mas continua sendo necessária a relação com Deus, tempos, espaços e experiências fortes que mantenham esta vinculação divina no meio dos acontecimentos. A proximidade divina se vincula a um projeto de sentido, porque a salvação se faz presente dentro da história. O batismo de Jesus constitui a base do sacramento cristão que expressava a identificação com Ele. Proclama a identidade de Jesus (Mc 1,11; cf. Is 42,1) e a vincula à paixão (Mc 10,38; Lc 12,50). É o sacramento-chave da Igreja, junto com a Eucaristia, e era precedido por uma longa preparação não só doutrinal, mas também existencial.

Daí o caráter testemunhal e libertador que os cristãos viram em seu batismo. Ao compreendê-lo como uma identificação com o crucificado, interpretavam-no como a chave martirial da vida de todo cristão, que se expressava também como um renascer (Jo 3,5-7; 19,34-35). Este caráter de compromisso vinculante foi se perdendo quando se generalizou o batismo das crianças e se pôs o acento na purificação do pecado original, que foi interpretado como uma mancha a ser apagada. Deu-se um sentido moral àquilo que inicialmente foi um símbolo existencial que expressava a consagração a Deus, seguindo as pegadas de Jesus. O simbolismo do batismo está vinculado ao preceito final de batizar em nome do Pai, do Filho e do Espírito (Mt 28,19), que é uma cristologia tardia, pós-pascal. Ser batizado leva a comprometer-se, e o batismo produz testemunhas e seguidores de Jesus. A ideia posterior da vida religiosa como consagração, e inclusive como um segundo batismo, desgastou ainda mais o significado do batismo de Jesus para a vida cristã.

O novo contexto de privatização e individualização tirou do batismo a dimensão social que ele tinha, tanto no Batista como em Jesus. O batismo foi também um sinal de pertença que substituía a circuncisão e anunciava o núcleo do cristianismo, uma existência sacerdotal, que imitava a de Jesus, contraposta ao sacerdócio e ao culto judaico para o perdão dos pecados. Na atualidade, o Sacramento da Confirmação procura recuperar as dimensões esquecidas do batismo, lutando contra a concepção mágica que ainda existe. Enquanto compromisso livremente aceito, o batismo é dom e imperativo, compromete a um plano de vida no seguimento de Jesus. A importância que adquiriu na religião cristã deve-se à interpretação global que se fez deste acontecimento como chave para Jesus e para os cristãos, seguindo as linhas traçadas por São Paulo (Rm 6,3-4). A diferenciação entre um batismo que confere o espírito e o batismo penitencial do Batista contribuiu para realçar sua importância.

3 Jesus, o homem do Espírito

Os evangelhos vinculam a filiação de Jesus e a recepção do Espírito antes de contar sua vida (Mc 1,1; cf. Mc 9,7). A ressurreição cedeu lugar à doação do Espírito (Jo 7,39), que teve o protagonismo na Igreja primitiva, como Jesus o teve na comunidade de discípulos. O credo da Igreja católica afirma que "[o Espírito] procede do Pai e do Filho", enquanto a Igreja ortodoxa sustenta que Deus envia o Filho e o Espírito, e só Deus Pai é o princípio e origem de ambos. Na tradição católica fala-se também do Filho e do Espírito como "as duas mãos do Pai" (S. Ireneu de Lião), ressaltando que Deus entra na história humana através de Jesus Cristo e do Espírito. O ser humano não conhece a Deus e todas as imagens, conceitos e representações que dele temos são inadequados. Deus não é "pessoal" como os homens, embora a maneira humana mais adequada de falar com Deus seja pessoal. Jesus mostra como falar com Deus e entender sua atuação. Chama Deus de Pai, por exemplo no Pai-nosso, e se dirige a Ele pessoalmente. Mas quando se fala da presença de Deus no ser humano, os cristãos se referem a Ele como Espírito, com metáforas como o vento, a força, a energia etc. Deus motiva, inspira, ilumina e potencializa o ser humano.

O Espírito Santo (a *ruah* hebraica, o *pneuma* grego ou o *spiritus* latino) é a força divina, o vento que atua na criação (Gn 1,2) e na história, inspirando profetas e testemunhas de Deus, que atuam e falam em função de sua experiência[6]. Mediante o Espírito se pode falar da maternidade de Deus. Tanto em hebraico como em aramaico o Espírito é expresso com um termo feminino, de tal modo que a revelação do batismo e o simbolismo da pomba que desce sobre Jesus querem expressar que Deus é um pai maternal, como acontece também no nascimento de Jesus. A imagem de paternidade que experimentamos condiciona a imagem que temos de Deus. Jesus precisava romper com a estrutura patriarcal e masculina da sociedade judaica e mudar a imagem paterna. Para isso recorre também ao Espírito e à sua fecundidade maternal no ser humano. E esta atividade, cuja essência é o amor, é a força que move o mundo e produz um renascer de Jesus e sua resposta à ação de Deus. A "santa energia" divina, num universo no qual tudo é energia, é a que cria e produz

---

6. KITTEL, G. "Pneuma". *ThWNT*, V, p. 357-373, 394-449.

ordem e sentido no cosmos e na história humana. No Gênesis, Deus cria mediante o Espírito e sua palavra; nos evangelhos ambos estão presentes em Jesus de Nazaré.

Ao vincular Deus ao Espírito, falamos de uma unção de Jesus e eliminamos a tendência de a filiação divina substituir o ser humano de Jesus e uma "essência" abstrata do divino anular o humano. Lucas é o evangelista que mais ressalta a importância da ação do Espírito para o próprio Jesus e começa seu evangelho mencionando que o Batista e Jesus têm a plenitude do Espírito Santo desde o seio de suas mães (Lc 1,15.35) e que terminarão movidos pelo Espírito (Lc 1,17; 2,40.52; 4,1.18). O protagonismo absoluto do Espírito vem depois da ressurreição. Nos Atos menciona-se 70 vezes o Espírito, 37 vezes nos dois primeiros capítulos, o que é a maior concentração do Novo Testamento. Ao morrer, Cristo entrega o espírito a Deus; depois o espírito volta a Ele na ressurreição e é dado aos discípulos, sendo o guia e protagonista da evolução da Igreja[7]. Jesus precisa do Espírito para relacionar-se com Deus, e o que salva é sua humanidade transfigurada e impregnada pelo Espírito. A atividade criadora e vivificante de Deus fecunda o próprio Jesus, o potencializa, o capacita para responder à sua vocação batismal. A tomada de consciência filial está vinculada a esta manifestação interior, presente nele desde o início de sua vida, como afirmam Lucas e Mateus, e desde o começo de sua atividade (Marcos). A vinculação entre Deus e Jesus é mediada pelo Espírito e a filiação divina de Jesus necessita do complemento da ação do Espírito para revelar Deus aos homens. A filiação cresce espiritualmente e se atualiza a presença divina no humano.

Existem duas correntes teológicas: a primeira acentua a presença do Espírito em Jesus, de tal modo que é anterior a este, enquanto a segunda o apresenta como uma consequência da ressurreição e exaltação de Cristo, que deixa o protagonismo ao Espírito. A primeira acentua a presença divina na humanidade de Jesus e a segunda acentua a divindade de Cristo, atestada pelo Espírito, e ambas convergem (2Cor 3,17; Rm 8,9; Gl 4,6). Estas teologias se complementam e, se prescindirmos de uma delas, caímos numa perda de relevância da ação de Jesus, subordinada de forma absoluta ao Espírito, ou num monismo cristológico que desvirtua o significado do Espírito como aquele que inspira o homem[8]. Sem a referência ao Espírito, não se compreende bem quem é Jesus e sua evolução pessoal.

---

7. BROWN, R.E. "Diverse Views of the Spirit in the New Testament". *Worship*, 57, 1983, p. 225-236.

8. KASPER, W. "Espíritu, Cristo, Iglesia". *Concilium*, 1, 1971, num. esp., p. 30-47. • HAIGHT, R. "Defensa de la cristología del Espíritu". *Selecciones de teologia*, 135, 1975, p. 175-192. • *The future of Christology*. Londres, 2005, p. 165-179. • *Jesús, símbolo de Dios*. Madri, 2007, p. 469-490. • SCHOONENBERG, P. *Der Geist, das Wort und der Sohn*. Regensburgo, 1992, p. 49-94.

O Espírito desempenha um papel fundamental em Jesus, já desde sua concepção (Mt 1,18; Lc 1,35), e é o referente-chave para compreender momentos fundamentais de sua vida (Mc 3,29; 12,36; 13,11): o batismo (Mc 1,8-11 par.; Jo 1,32-34), as tentações (Mc 1,12) e o início de sua atividade em Nazaré (Lc 4,18-21). Jesus é o ungido pelo Espírito (At 4,26-27; 10,37-38), de acordo com o que foi predito nas Escrituras, o que influenciou na leitura e interpretação dos evangelistas sobre sua missão (Is 11,2-5; 42,1-4; 61,1-2; cf. Lc 4,17-21). Ele tem consciência de estar inspirado pelo Espírito (Mt 12,28; Lc 11,20), atua com sua força (Lc 11,19-20) e rejeita os que blasfemam contra ele (Mt 12,31-32), aconselhando os discípulos a pedirem o Espírito (Lc 11,13; 24,49). Se Jesus é um mestre carismático, com poder de expulsar espíritos, curar enfermos e perdoar pecados, é porque nele reside o Espírito divino.

A revelação de Deus encontramo-la na vida de Jesus; mas a chave de identidade dele e a comunicação de Deus dependem do Espírito, e a oração é a mediação para atualizá-lo. O discernimento é parte integrante de sua atuação e é fundamental a inspiração do Espírito. Nos evangelhos, Jesus tem o espírito de Deus para lutar contra o mal (Lc 3,21-22; 4,18; 10,21; 11,20), vinculando a chegada do reino e a expulsão dos espíritos maus (Mt 12,28; Lc 10,17-18). Lucas realça a importância da oração para as ações de Jesus (Lc 3,21; 5,16; 6,12; 9,16.18.28-29; 10,21; 11,1; 22,17.19.32.41.44; 23,34.46). É um elemento constante na vida cotidiana de Jesus, que ensina seus discípulos a orar a Deus Pai (Mt 6,9; Lc 11,2; 22,40). A tensão que seu próprio projeto lhe traz precisa ser alimentada no contato com Deus. É uma oração que surge da vida, da experiência que se apresenta diante de Deus e que leva ao cotidiano para pôr em prática o que foi experimentado e concretizado na relação com Ele (Jo 17). O que o Espírito realiza em Jesus e depois em seus discípulos constitui a revelação. Não se deve teorizar sobre um Deus externo ao homem, que seria inacessível e irrepresentável por ser transcendente, nem separar a humanidade de Jesus da pessoa do Filho de Deus, porque isto implicaria deslocar o Espírito para a vida interna de Deus, em vez de vê-lo a partir de sua atualização no Jesus humano[9]. A referência ao Espírito é a chave para estabelecer uma vinculação entre a cristologia ascendente, como Cristo vai assumindo a filiação divina, e a cristologia descendente, como Deus se encarna na carne humana e nela habita, guiando-a. E isto, que é válido para todo homem, tem sua expressão máxima na vida de Jesus de Nazaré.

---

9. PIKAZA, S. *Espíritu de Dios y hondura humana*. Madri, 1999, p. 5-11.

O cristianismo se baseia num Deus único e pessoal que se revela mediante Cristo e o Espírito; mas a cristologia, ou seja, a afirmação da filiação divina de Jesus, não pode ser entendida sem a pneumatologia, a teologia do Espírito. A ânsia de Deus e a filiação canalizam a vida de Jesus e lhe permitem não cair nas tentações. Um Jesus sem Espírito não pode ser referente para o cristão, porque se mutila a teologia e ela fica impossibilitada de ser o modelo da antropologia. A diferença qualitativa entre o humano e o divino é intermediada com a presença do Deus Espírito, vinculado à filiação divina de Jesus. O centro do Novo Testamento é Deus, a partir do qual se compreende e para o qual se orienta a teologia de Cristo e do Espírito[10]. Na história de Jesus, o cristão encontra o modelo a seguir, que lhe serve de referência para sua vida; mas para captar a essência do dinamismo de Jesus e de sua identidade é necessária a experiência do Espírito.

O dom do Espírito ao homem e à Igreja

É preciso aplicar isto a todos os homens, apesar das diferenças na filiação divina. Jesus é o modelo por antonomásia, sendo a cristologia o ponto culminante da antropologia, a meta para a qual tende toda pessoa. Não temos outra saída senão falar humanamente de Deus, ao qual nos referimos como criador e senhor da história e como Espírito, que a partir da interioridade alenta e inspira a vida humana. Estas duas maneiras de falar derivam do mistério e transcendência divinos, porque Deus não é conceitualizável nem integrável num sistema de pensamento. Toda teologia é insuficiente e inadequada para falar de Deus. A partir da perspectiva cristã, o Espírito de Deus habita nos homens e lhes ensina a filiação (Rm 8,9-17; Gl 4,6-7), da mesma forma que Jesus (Jo 1,12-13; 14,23.26; 15,16; 16,25; 17,3.6.21.26). Deus se revela ao homem por meio do Filho e do Espírito, e ambos lhe ensinam a relacionar-se com Deus e a conhecê-lo. O temor de Deus é normal, dada a diferença qualitativa infinita entre o Absoluto e o homem finito. A revelação de Jesus baseia-se em perder o medo diante de Deus e receber o espírito de filiação, mas isto não pode ser alcançado com uma doutrina que fala da bondade divina. É preciso sensibilizar-se para isto, ter vivências que o confirmem e que sirvam de alternativas às dinâmicas naturais do homem que tem medo da divindade. Uma doutrina não pode motivar nem inspirar; é necessária uma empatia experiencial, uma inabitação de Deus que transforme a interioridade do ser humano. É preciso aprender a saborear a experiência divina.

---

10. RAHNER, K. "Theos en el Nuevo Testamento". *Escritos de teologia*, I. 5. ed. Madri, 2000, p. 89-156.

Existe no ser humano uma busca, muitas vezes não refletida nem sistematizada, do absoluto, do transcendente, da divindade em sentido amplo. Esta orientação humana, que contrasta com sua contingência e limitação, dá origem às religiões e às espiritualidades. Mas esta busca de Deus transcende qualquer religião e não se canaliza necessariamente através do religioso. A abertura à transcendência divina caracteriza todo ser humano e é a chave que explica a origem das religiões, mas é possível viver esta experiência mesmo sem pertencer a nenhuma religião. O cristianismo vincula esta dinâmica ao Espírito Santo e à figura de Jesus, que é o mediador para canalizar a ânsia de Deus e o revelador de sua paternidade maternal. Nós nos dirigimos a Deus por Cristo a partir da experiência do Espírito, que ultrapassa a própria Igreja e a religião cristã. A dupla referência a Cristo e ao Espírito caracteriza o cristianismo como uma religião diferenciada de outras e a constitui como uma oferta de sentido e salvação. Em vez de afirmar apenas o senhorio de Deus, criador e senhor da história, ao qual se dirigem as religiões com diferentes nomes e representações, sublinha-se a importância absoluta de Jesus, como mediador histórico para aproximar-se de Deus, e a necessidade de uma experiência divina, a experiência do Espírito, para interpretar corretamente a vida e a obra de Jesus e conhecer a Deus.

Não se trata de um Deus externo que dá ordens ao homem, o qual seria mero receptor, mas de um Espírito que motiva e inspira. O homem é sempre o agente da história, sem ser substituído pela ação divina. Pode-se falar de um Deus interior, na linha de Santo Agostinho, que busca Deus nas raízes da identidade pessoal. A "inabitação" de Deus no humano tem como precedente Jesus ungido pelo Espírito. Karl Rahner afirma que toda pessoa é capaz de ter uma experiência de Deus e que a mística não é privilégio de alguns superdotados[11]. Ele se permite inclusive falar de uma encarnação de Deus no homem, em analogia com Jesus. E a partir daí se pode assumir o humanismo ilustrado, que ressalta a fidelidade do homem à sua própria consciência, em vez de depender de uma norma externa. O discernimento pessoal é não só a consequência de uma maioridade do homem, mas o imperativo que resulta da experiência do Espírito. A autoridade da fé substitui a fé

---

11. RAHNER, K. "Espiritualidad antigua y actual". *Escritos de teología*, VI. Madri, 1967, p. 25. ("É a mistagogia que haverá de proporcionar a verdadeira 'ideia de Deus', partindo da experiência aceita da referência essencial do homem a Deus, a experiência de que a base do homem é o abismo, de que Deus é essencialmente o Incompreensível, de que sua incompreensibilidade, em vez de diminuir, aumenta na medida em que a pessoa o vai conhecendo melhor"). • COFFEY, D. "The Incarnation of the Holy Spirit in Christ". *Theological Studies*, 45, 1984, p. 466-480.

nas autoridades, porque é uma convicção pessoal, a de Jesus como Filho revelador de Deus, que se impõe e relativiza as autoridades e normas externas.

A antiga doutrina teológica da "comunicação de idiomas", ou seja, que a filiação divina de Jesus inspira e ilumina sua humanidade, muda com a mediação do Espírito. Ele atua a partir da humanidade, avivando o anseio de absoluto e transcendência que existe na pessoa. Deus se comunica a partir da interioridade, embora a plenitude divina não possa ser assumida por ela; por isso pode-se falar de uma "cristificação" crescente como chave do progressivo crescimento cristão. Nem tudo o que é humano é válido, porque existem caminhos equivocados de buscar um sentido na vida; mas tudo o que é cristão é humano, porque se baseia na experiência de Jesus e em sua maneira de viver. A partir da antropologia ilumina-se a vida de Jesus, mas sua vivência de Deus é a chave para compreender a ação humana. O Espírito medeia entre Deus e o homem, diviniza o segundo enquanto humaniza o primeiro. Ao crescer em humanidade (Lc 2,52), Jesus se capacita para sua filiação divina, que o impregna e o orienta cada vez mais para Deus e para os outros.

Mediante a cristologia do Espírito pode-se apresentar uma filiação divina que não prejudique a plenitude de sua condição humana de Jesus. Por estar ungido pelo Espírito, Jesus vai se abrindo à sua filiação divina, que impregna sua condição humana. O homem precisa seguir os ditados de sua consciência e avaliar para onde o orientam seus desejos, assumindo o protagonismo em sua vida. Seu ser no mundo obriga-o também a levar em consideração seu contexto sociocultural, que intermedeia seus conhecimentos e desejos. A revelação divina não é exterior e alheia a esta experiência pessoal e comunitária, mas o Espírito inspira, motiva, ilumina e fortalece para canalizar adequadamente os desejos e integrar as buscas num projeto de sentido que executa o plano de Deus para o homem. A espiritualidade trata da inabitação, da energia espiritual que o orienta e o capacita. Sua autonomia é também "teonomia": Deus atua no homem sem tirar-lhe seu protagonismo, porque a irrupção da graça não anula a liberdade, mas a potencializa e obriga ao discernimento, que é prévio e necessário para a obediência a Deus. E isto fica claro para o cristão ao ver o papel do Espírito e a unção de Jesus como o modelo para a antropologia cristã.

Acontece o mesmo também com a Igreja. O Espírito Santo é o Deus protagonista após a morte e ressurreição de Jesus. É preciso recorrer ao ressuscitado para receber o dom do Espírito (Jo 1,12; 7,37-39; 20,21-23) e seu papel é acentuado após a morte de Jesus (Jo 7,39; 14,16-17; 15,26; 16,12-15; 19,30; 20,22). Pentecostes representa o poder de Cristo ressuscitado e a nova maneira de Deus se fazer presente aos discípulos, uma vez que Jesus foi ressuscitado e sua humanidade integrada na vida divina. À missão do Filho no Espírito (Mc 1,10.12) corresponde a missão da comunidade (Mt 28,19) e a posterior missão da Igreja, que, inspirada pelo Espírito, toma iniciativas que vão além de Jesus (At 2,4.18; 8,14-15.39; 10,44-48; 11,15-18; 15,8). Ao escrever os evangelhos, parte-se desta doação do Espírito e recua-se para a vida de Jesus. O Espírito Santo já estava atuando antes da ressurreição, porque esteve presente na vida de Jesus desde o início[12]. A universalidade de Jesus, que ultrapassa o contexto judaico, está vinculada à ação de seu Espírito, que Ele doa à comunidade de discípulos. Existe uma união interior que depois leva a afirmar a identidade entre a ação de Cristo e a ação do Espírito (2Cor 3,17).

Existe um paradoxo na teologia católica em relação ao Espírito, o Deus esquecido. Por um lado, a teologia insistiu na morte e ressurreição de Cristo, como núcleo do cristianismo, com o perigo de deixar em segundo plano a vida de Jesus. Ou seja, coloca-se a origem da Igreja na ressurreição, e inclusive falou-se dela como uma prolongação da encarnação do Verbo. Tende-se a realçar a divindade de Cristo como aquilo que legitima a Igreja. Mas, por outro, ressaltou-se a fundação da Igreja por Jesus e pretendeu-se derivar de sua vida a estrutura ministerial e sacramental da Igreja. Esta afirmação é feita às custas do Espírito, que é aquele que transforma a comunidade em igreja e que a abre aos pagãos. No primeiro caso, dilui-se a referência a Jesus e à sua história, para centrar-se nas reflexões e especulações cristãs sobre a ressurreição; no segundo, marginaliza-se a ação do Ressuscitado mediante o Espírito, para pôr tudo num Jesus origem da Igreja e de todas as suas estruturas e dimensões. Por um lado, reconhece-se que a Igreja surge de um processo trinitário, guiado pelo Espírito. Por outro, existe um medo da criatividade carismática e ministerial da comunidade e se procura assegurar suas estruturas mediante os apóstolos e estes se referem ao que Jesus disse e fez. Existe um medo de afirmar que todas as estruturas eclesiais, os ministérios e os sacramentos, são uma criação histórica da Igreja, inspirada pelo Espírito[13].

Este duplo procedimento está a serviço de uma má eclesiologia, porque se caiu numa "jesuologia" que vai além de sua morte e numa cristologia sem espírito. Levou a uma concepção da Igreja na qual o Espírito Santo desempenha um papel marginal ou é represado dentro das estruturas cristológicas. Tem-se receio da criatividade carismática e de assumir o protagonismo do Espírito. Por isso, limi-

---

12. DUNN, J.D.G. *Christology in the Making*. Londres, 1980, p. 136-149. • *Jesus and the Spirit*. Filadélfia, 1975. • VIVES, J. "Jesús el Cristo: ungido con el Espíritu". *Iglesia Viva*, 130-131, 1987, p. 357-372. • MILANO, A. "La pneumatologia del Nuovo Testamento". *Augustinianum*, 20, 1980, p. 429-469.

13. ESTRADA, J.A. *La Iglesia*: institución o carisma? Salamanca, 1984, p. 215-236. • *Del misterio de la iglesia al pueblo de Dios*. Salamanca, 1988, p. 78-84, 120-136.

ta-se o papel criativo deste, que é um papel central no livro dos Atos, e procura-se subordiná-lo a algumas estruturas sacramentais e ministeriais que derivariam de Jesus, através dos apóstolos[14]. A afirmação do quarto evangelho de que os discípulos farão coisas maiores do que as de Jesus quando receberem o Espírito (Jo 14,12-18) fica bloqueada pelo medo da livre inspiração deste. Tradicionalmente, o catolicismo tendeu a desvalorizar Jesus para pôr o peso no Cristo ressuscitado. Por outro lado, no que concerne às estruturas eclesiais, desconfia-se do Cristo glorificado, que dá o Espírito à Igreja, e se procura fundar a Igreja e suas estruturas em Jesus. E isto apesar de que nos evangelhos é Jesus sozinho que tem o Espírito e remete à ressurreição para que os discípulos o recebam.

O pouco peso da espiritualidade, da dinâmica carismática e do profetismo na Igreja católica, sobretudo no segundo milênio, deve-se a uma cristologia deficiente e ao fato de o Espírito Santo ter-se transformado no marginalizado do catolicismo. Estas carências redundaram num empobrecimento da representação de Deus, mais próxima ao monoteísmo judaico do que à renovação trinitária, e prejudicaram a imagem de Jesus, de Cristo, da Igreja e do homem[15]. As Escrituras do Novo Testamento são palavra de Deus enquanto revelam a identidade filial de Jesus; mas são também obra do Espírito, que inspira os diversos escritos, que são obra humana. Ele motiva e capacita a Igreja para criar um cânone das Escrituras e para constituir-se a partir delas. Sem Espírito não é possível afirmar a filiação divina de Jesus (1Jo 2,20-23; 4,2-3) nem explicar a passagem da comunidade de discípulos para a Igreja[16]. O cânon do Novo Testamento, os sete sacramentos e a tríade ministerial são criações eclesiais feitas sob a inspiração do Espírito. Isto foi marginalizado na teologia do segundo milênio, que inclusive, quando falava da graça, a referia à cristologia (*De gratia Christi*; *De gratia Capitis*), omitindo o Espírito Santo. Caiu-se numa cristologia objetivada e desvinculada dos feitos de Jesus e numa desvalorização do Espírito, reduzido a mera graça transmitida por Cristo.

Da mesma forma que um Jesus sem Espírito tende a ser absorvido por uma cristologia sem raízes no Jesus histórico, assim também a humanidade da Igreja

---

14. HAYA, G. *Impulsados por el Espíritu*. Salamanca, 2011.

15. CONGAR, Y. "Pneumatologie ou 'Christomonisme' dans la tradition latine?" *Ecclesia a Spiritu Sancto edocta (Mélanges G. Philips)*. Gembloux, 1970, p. 41-63. • TILLARD, J.M.R. "L'Esprit Saint dans la réflexion théologique contemporaine". *Credo in Spiritum Sanctum*, II. Cidade do Vaticano, 1983, p. 905-920. • COLOMBO, G. "Cristomonismo e pneumatologia o Cristocentrismo e Trinità?" *Theologia*, 9, 1984, p. 189-220. • SHERRARD. P. *The Greek East and the Latin West*. Londres, 1959.

16. ESTRADA, J.A. *Para comprender cómo sugió la Iglesia*. Estella, 1999, p. 63-71.

tende a ser marginalizada e facilmente se cai numa divinização de suas estruturas e representantes, quando se esquece que a Igreja é uma criação do Espírito e precisa viver atenta a Ele e dependente dele. Não se deve pôr o Espírito a serviço da Igreja, mas o contrário, sem que as testemunhas (inspiradas) e a comunidade sejam substituídas pelos ministros e pelos representantes institucionais. Em vez de falar de um ministério instituído por Jesus, sem poder precisar quando isto ocorre nos evangelhos, e anterior à Igreja, que só existe a partir da ressurreição, é preciso partir da ação do Espírito na comunidade para derivar daí sua estrutura sacramental, ministerial e carismática. O carismático não se opõe ao institucional, mas o Espírito está presente na comunidade e não só nas estruturas ministeriais, que derivam da primeira. Não se deve considerar o Espírito apenas como o garante da autoridade magisterial, cultual e pastoral da hierarquia, mas é preciso vê-lo como a alma da Igreja que inspira toda a comunidade e interpela os próprios ministros. O Espírito atualiza e recria a comunidade discipular, instituída por Jesus, e provoca uma evolução dos discípulos em direção à Igreja. Em vez de falar de uma fundação da Igreja por Jesus, é preciso referi-la a um processo trinitário.

4 As tentações de Jesus

Jesus recebe o Espírito e sua experiência religiosa é a chave de seu dinamismo e da nova vida que Ele inicia. Com Ele Jesus começa sua missão e sua vocação. Depois de contar o batismo, os evangelistas aludem a uma estadia no deserto, com assistência dos anjos (Mc 1,12-13), na qual foi tentado pelo espírito do mal. A experiência batismal foi acompanhada por um processo de interiorização, reflexão e amadurecimento, como aconteceu com Paulo de Tarso (Gl 1,15–2,2). Os dois são diferentes, já que Jesus não passou de perseguidor a defensor de uma nova causa, nem existe em seu batismo referências a uma conversão moral, embora respondesse ao chamado penitencial do Batista. Mas pode-se, sim, falar de uma crise pessoal, de uma reestruturação de sua identidade, que deu lugar a uma nova etapa em seu devir. Uma experiência intensa de Deus, como a que Jesus teve no Batismo, na qual lhe é revelada sua identidade e sua relação com Deus, que precisa ser assimilada, conscientizada e aprofundada.

A contingência humana e as tentações

Aludir às tentações implica que, depois da experiência pontual, há um processo de amadurecimento, de assimilação e de reestruturação pessoal, por causa do caráter dinâmico da experiência. Falar de uma conversão, de uma mudança de vida depois de uma vivência concreta de Deus, não exclui que a inspiração precise de um processo de elaboração pessoal, como ocorreu a Paulo (At 9,8.19.22.26-30). Provavelmente, antes da transformação da pessoa existe um processo interior preparatório, consciente ou não, que depois se cristaliza e culmina no que chamamos de conversão, à qual segue-se outra etapa de assimilação e integração. Mudou a vida de Jesus e o judeu anônimo começou sua vida pública. O batismo foi a coluna vertebral da nova dinâmica, precedida por sua experiência anterior e pela do movimento penitencial do Batista. A etapa "penitencial" de Jesus com o Batista é o único dado apresentado pelos evangelistas. Encontramos isto em todas as experiências de mudança e nas vivências místicas, nas quais existe uma iluminação ou esclarecimento pessoal. Segue-se o processo de assimilação e de amadurecimento daquilo que foi experimentado.

Existe uma proximidade de Deus, que subjaz aos "céus abertos", à "descida" do Espírito com a voz divina (Mc 1,10-11) e aos anjos que o serviam (Mc 1,13). As visões, as emoções e o novo conhecimento de Deus precisam ser assumidos pessoalmente. Surge uma nova sensibilidade, que se estrutura na experiência do deserto. É necessária uma unificação da personalidade e um novo equilíbrio para superar as tensões que a vivência de Deus produz no psiquismo humano, tanto nas representações conscientes como nas forças inconscientes. A partir da experiência sobrenatural reestrutura-se a identidade pessoal, mas o processo é muito complexo e é preciso prestar atenção às consequências que derivam da experiência e à interpretação que se faz dela. Uma coisa é a vivência que se tem de Deus e outra os efeitos que depois se produzem, intermediados pela personalidade que os recebe e pelo código cultural no qual se integram. O engano de uma vivência religiosa assenta, entre outras coisas, na dificuldade de distinguir entre a inspiração divina e as projeções da própria subjetividade. A presença divina é o cerne da mística, enquanto as derivações e aplicações dela deduzidas estão mais abertas ao engano e dependem mais da personalidade que experimenta essa presença e de seu contexto cultural. Todos os grandes autores da mística procuraram estabelecer uma demarcação entre o que se experimenta e as conclusões que se tiram dessa experiência[17].

---

17. INÁCIO DE LOYOLA. *Exercícios Espirituais* – Regras para o discernimento dos espíritos, 4-8 (EE 332-336): discernir o tempo próprio da consolação do tempo seguinte, em que se discorre com conceitos, julgamentos e propósitos que já não são dados por Deus. Cf. tb. ALBRECHT, C. *Das mystische Erkennen*. Mainz, 1982, p. 269-325. • *Psychologie des mystischen Bewusstseins*. Bremen, 1951. • JAMES, W. *Las variedades de la experiencia religiosa*. Barcelona, 1986.

Nas narrativas evangélicas alude-se a uma experiência batismal, seguida por um tempo de provação, no qual é preciso combater tentações que ameaçam perverter a experiência vivida. Os evangelhos mostram como Jesus vive um processo no qual se articulam tentações, que ameaçam sua experiência divina, e suas próprias reflexões, fruto do discernimento pessoal e da tradição do Antigo Testamento. O pano de fundo das tentações é a vulnerabilidade humana, sendo o pecado o resultado de uma opção que afasta de Deus e conduz por um caminho destrutivo. A tentação está vinculada aos desejos e carências humanas, à dupla necessidade de segurança e de liberdade, à tendência a deixar-se arrastar pela sociedade e pelo código cultural, em detrimento da autenticidade e da autonomia, ao anseio por algo que atrai e que, ao mesmo tempo, entra em contradição com o que se percebe como bom ou santo.

Os evangelhos, escritos por seguidores seus, sublinham, desde o início, que Jesus não pecou e não se desviou de Deus. Enquanto somos filhos de uma sociedade na qual existem estruturas de pecado e pecados coletivos, não podemos afirmar a impecabilidade pessoal sem levar em conta a sociedade. A ideia de uma independência individual, que eximiria da pressão interna da sociedade, é antropológica e sociologicamente inviável. Estamos configurados pela sociedade, cunhados intimamente por ela, e a dinâmica de participação e de imitação, inerente a qualquer ser humano, impede que nos libertemos da pressão social. Numa sociedade em pecado, ninguém pode pretender estar isento dele; por isso ninguém pode manter-se de pé diante de Deus. Mas Jesus elogia o publicano que se relaciona com Deus a partir da aceitação de sua condição pecadora, em contraste com aquele que se sente superior aos pecadores (Lc 18,14). O membro de uma sociedade pecadora nunca pode presumir impecabilidade. Jesus, inserido na multidão, que ouve o chamado à conversão, experimenta a pertença a uma sociedade de pecadores.

As tentações mostram a vulnerabilidade humana, confrontada com forças contraditórias que revelam dinâmicas e necessidades de sua própria personalidade. Somos dependentes dos outros desde o nascimento e temos necessidade de que eles nos protejam, nos acompanhem e nos amem. A partir daí é preciso evoluir para a maturidade pessoal. Jesus transforma os desejos e necessidades humanos, canalizando-os para um projeto de sentido, relacionado com a maneira de vincular-se com Deus. Para isto é preciso deixar que surjam as indigências e buscas, pessoais e coletivas, que precisam ser canalizadas. Daí a fragilidade e o caráter evolutivo da identidade, sempre ameaçada por opções e compromissos equivocados. Jesus "foi tentado em tudo à nossa semelhança, com exceção do pecado" (Hb 4,15; 2,18) e "está afetado por fraqueza" e tribulações (Hb 5,3; 2,10). Esta debilidade é constitutiva da personalidade e necessita de experiências nas quais sustentar-se, no marco de seu projeto sobre o reino de Deus. A carta de Tiago lembra que Deus não tenta ninguém, mas "cada um é tentado por suas próprias concupiscências, que o atraem e seduzem" (Tg 1,13-14). A tentação faz parte da estrutura humana (Tg 1,2.12) e bem-aventurado é aquele que a supera. Está vinculada à insegurança pessoal, necessitada de apoios e seguranças que neutralizem a angústia existencial, provocada pela precariedade existencial.

Para compreender o significado das tentações precisamos prestar atenção às complexas contradições da natureza humana, tanto a partir da perspectiva do código sociocultural ao qual pertencemos quanto a partir da maneira singular como todo homem busca canalizar seus desejos, alcançar a autonomia e fazer opções. Toda vivência divina acontece num marco cultural determinado, e as possíveis interpretações que se apresentam dependem de fatores alheios à própria experiência. As estruturas sociais e o imaginário cultural intermedeiam a interpretação da vivência e exigem um discernimento pessoal. Ser tentado e resistir à tentação faz parte da identidade humana, como possível perversão da vontade livre. Jesus é tentado porque sofre as influências da sociedade e se submete a elas. A partir deste estar situado Ele precisa dar uma resposta às solicitações representadas pelas tentações. A cultura impõe um "dever ser" que não pode anular a necessidade pessoal de discernir, avaliar e decidir. Mas o homem tem medo de sua liberdade e das exigências da autenticidade e prefere com frequência submeter-se ao código estabelecido, cultural e religioso. Opta assim pela segurança da sociedade e se deixa levar pelas canalizações sociais, em prejuízo dos valores e convicções que personalizam. A debilidade da natureza humana foi uma prova também para Paulo, que precisou assumir sua conflitividade apoiando-se numa graça divina com a qual precisava colaborar (2Cor 12,7-10; Gl 4,13).

O que escandaliza em Jesus é sua liberdade e autonomia em relação ao código religioso e social, às leis e às Escrituras sagradas, às autoridades e às tradições. O discernimento e a reflexão pessoal testemunham sua liberdade interior. Ele luta por uma nova ordem do espírito e resiste à tentação de fechar-se nos desejos do eu, de refugiar-se nas práticas sociais ou na segurança do código religioso. Por isso escandaliza, porque é fiel a si mesmo e à missão para a qual se sabe enviado. Nas tentações, Jesus percebe o desajuste entre o que o homem é e o que ele é chamado a ser, entre a falibilidade humana e o anseio de absoluto, entre o chamado interior de Deus e a indeterminação ambígua dos desejos, que leva à inadequação entre o que queremos e o que fazemos (Rm 7,15-20), entre o ser e o desejar. Descobrimos que somos falíveis e limitados, mas condenados à liberdade, que vai muito além de nossas necessidades naturais. Precisamos escolher a partir da dependência em relação aos outros e distanciar-nos das exigências narcisistas de nosso eu, que são a outra face da busca de relações. Pecar não é a mera transgressão de uma norma, mas a ruptura do eu contra si mesmo, a opção que desumaniza, porque impede de crescer. Existe mal no ato criador do homem falível que se decide[18]. O eu apegado a si mesmo se incapacita a abrir-se aos outros, à reciprocidade, e se recusa a viver a relação com Deus a partir da gratuidade e da generosidade.

Este fechamento do eu subjaz ao pecado na tradição bíblica, que procura esclarecer o porquê do pecado e o significado da tentação. O relato mítico do paraíso (Gn 3) remete à angústia existencial do homem e ao desejo de autoafirmação com que reage à sua precariedade[19]. A perda da relação com Deus é a outra face do desejo de autodivinização. A tomada de consciência da contingência produz angústia e insegurança, agravadas pela falta de reconhecimento da parte do outro, pelo isolamento e pela solidão a partir do distanciamento. O relato bíblico baseia-se na confiança em Deus, e esta, ao romper-se, produz a sensação de um Deus externo e rival, ao qual apela a serpente, símbolo do mal. Quando o homem se alienar, Deus se torna ameaçador (Gn 3,5), em contrapartida à afirmação humana, dona do conhecimento do bem e do mal. Rompe-se a relação com Deus e também com o outro (Adão que acusa Eva) e se radicaliza o desarraigamento, porque se perdeu a confiança em Deus (Gn 3,8-12) e no outro, sobre o qual se lança a culpa. A angústia existencial baseia-se na indigência de ser, na consciência de fragilidade e falibilidade, agravada quando os outros são rivais. Então a liberdade se transforma num peso pesado, a autenticidade numa fonte de conflitos e o discernimento numa armadilha. Porque se pressupõe conhecer o bem e o mal, sem confundi-los com o bem e o mal para mim. E então se cai na armadilha do narcisismo, da projeção subjetiva dos próprios valores.

A fé de Jesus o leva a superar as tentações e a proclamar um Deus de vida que canaliza os desejos do homem. Para isso Ele precisa superar as falsas interpretações de sua vivência de filiação, a partir do conhecimento de seu código religioso. Uma mesma experiência desemboca num conflito de teologias, a de Jesus e a do espírito do mal, e, por trás deste conflito, ocultam-se duas maneiras de entender Deus e a religião. O que se experimentou precisa ser interpretado, já que a ilumi-

---

18. NABERT, J. *Ensayo sobre el mal*. Madri, 1997. • FROMM, E. *El miedo a la libertad*. Buenos Aires, 2005.

19. DREWERMANN, E. *Heilende Religion* – Überwindung der Angst. Friburgo, 2006.

nação divina não elimina a tarefa humana. E, conforme for a maneira de compreender esta revelação, disso resulta a antropologia e a maneira de viver que se propõe. A oferta de um Deus amoroso, que cuida do homem e o estimula à ação, depende da chave de interpretação que se adotar. É preciso "purificar" a experiência e dar-lhe uma orientação, estabelecer uma relação entre o sujeito e a divindade que o inspira. Esta chave remete à moção e inspiração no homem, à unção do Espírito e à reflexão crítica, racional e afetiva. A conjunção de ambas leva a situar-se no mundo, na sociedade e na religião, sobre a base da interpretação adotada[20].

Jesus tentado pelos seus

Jesus experimenta Deus e recebe o Espírito a partir de sua fé e cultura judaicas. Uma iluminação divina o leva a transformar a religião e a modificar o código cultural a que Ele pertence. O evangelista Marcos criou um cenário inicial – ser levado ao deserto e ser tentado pelo diabo – em paralelo com as tentações de Israel no deserto. Marcos não explica o conteúdo das tentações (Mc 1,12-13), diferentemente de Mateus e Lucas, porque ele as descreve na vida pública. Em Marcos, as tentações concretizam-se em interpretações fornecidas pelos seus próprios discípulos, nas perguntas das autoridades religiosas e na solicitação popular, que mudariam o significado de seu messianismo e seu plano de vida. A experiência do deserto, para onde foi levado pelo Espírito, mostra como se prolonga o batismo (Mc 1,12: os anjos o serviam), enquanto as tentações se prolongam e concretizam em sua vida pública. Seu plano de vida é entregar-se aos outros, o que culmina na cruz, enquanto os discípulos o admoestam a distanciar-se de seu messianismo de serviço.

Daí a sistematização oferecida por Marcos entre o tríplice anúncio de sua paixão e as rixas de seus discípulos que competem pelo poder (Mc 8,31-33; 9,31-35; 10,32-45). Os discípulos, sob a liderança de Pedro, tentam Jesus, precisam tomar posição diante de sua identidade (Mc 8,32.38) e são rejeitados como instrumentos de satanás (Mc 8,33). Conhecem a personalidade oculta de Jesus em sua transfiguração (Mc 9,2-13), diante da qual reagem a partir de uma perspectiva triunfal,

---

20. A partir da perspectiva de Heidegger, seria necessário apontar para a dupla estrutura do cuidado e do amor como determinantes da relação do homem com os outros e consigo mesmo. A mística aponta para uma terceira via, orientada para a relação com o ser, que é experimentado como uma realidade envolvente e impregnante do sujeito. É uma realidade última que precisa ser discernida, avaliada reflexivamente. Heidegger opta por um ser impessoal e uma hermenêutica cósmica, embora, paradoxalmente, o interprete com categorias pessoais tomadas da mística cristã. Cf. ESTRADA, J.A. "Crítica de la ontoteología y criptoteología de Heidegger". In: PEÑALVER, P. & VILLACAÑAS, L. *Razón de Occidente*. Madri, 2010, p. 137-166.

a de permanecer com o Jesus glorificado (Mc 9,5). Existe um contraste com Jesus, que reitera sua futura perseguição (Mc 9,9.12-13) e constata a pouca fé dos discípulos (Mc 9,19). Esta mesma cena se repete quando Jesus prediz novamente sua paixão e morte (Mc 10,32-34) e eles respondem competindo entre si para ocupar um lugar em sua glória (Mc 10,37). O nítido contraste entre Jesus que caminha para a cruz e uns discípulos que não o entendem, e, quando o compreendem, o rejeitam, deve-se ao fato de eles se terem deixado seduzir pelo mal e se terem convertido em tentadores. É o paradoxo de um discipulado que tenta Jesus, como faz a Igreja quando busca o poder, o prestígio e o dinheiro, traindo a Jesus[21]. O âmbito religioso é não só uma mediação para encontrar-se com Deus, mas também um lugar de tentação.

Marcos contrapõe o messianismo do serviço, que culmina na cruz, e a ambição do prestígio. Jesus se apega à palavra de Deus para resistir à tentação, protagonizada pelas autoridades que "o tentam" (Mc 10,12; 12,13-15; 14,38) e que, "para pô-lo à prova, lhe pediram um sinal vindo do céu" (Mc 8,11-12). Ele está em luta constante com o espírito do mal (Mc 3,23-30) e com os demônios que revelam sua identidade oculta (Mc 1,23-28; 5,6-8; 9,17-29), a fim de desviá-lo de seu serviço. Sempre se silencia o testemunho de filiação divina dado pelos demônios (Mc 3,11-12) porque são "epifanias demoníacas". Procuram desviar Jesus para um messianismo de poder e prodígios, que faria dele um super-homem, em vez de assumir sua plena condição humana, com todas as limitações que ela comporta. O "segredo messiânico de Marcos" procura preservar a missão de Jesus das intromissões das autoridades e das ambições religiosas do povo (Mc 11,8-10; Jo 6,26). Os "demônios" utilizam a busca de Deus para perverter seu projeto. Deus é objeto do desejo e Jesus canaliza esta ânsia para o compromisso com os mais pobres e marginalizados. A divindade que os espíritos maus proclamam é idolátrica, porque encerraria Jesus em si mesmo, num messianismo narcisista. Deus escapa de projeções egocêntricas que querem utilizar Deus em vez de servi-lo nos outros.

A insistência evangélica no título "Filho do homem", que é quase uma exclusividade dos evangelhos (66 citações), tem um pano de fundo messiânico e escatológico (Dn 7,2-14), mas pode ser interpretada também como uma reafirmação de sua condição humana, contra os que recorrem à sua filiação divina para Ele escapar das provações e dificuldades inerentes a qualquer pessoa. A expectativa de um profeta escatológico, como Elias na tradição judaica, estava bem assentada na

---

21. VON BALTHASAR, H.U. "Casta Meretrix". *Ensayos teológicos*, II. Madri, 1964, p. 239-354.

época de Jesus e pôde fundir-se com os textos sobre o futuro Filho do homem do tempo final. Jesus se opõe ao endeusamento, à autojustificação de si mesmo, que levaria a uma economia de intercâmbio com Deus, em vez da economia do dom. De fato, Jesus contrapôs o título Filho do homem à afirmação triunfalista messiânica (Mc 8,29-33; 14,61-62), redimensionando assim, sem negá-la, a expectativa sobre a chegada final do reino de Deus, já presente germinalmente[22].

As Escrituras do Novo Testamento ressaltam a fidelidade de Jesus, que viveu os mesmos processos que os outros viveram. A condição humana é universal e Jesus foi igual em tudo, sentiu a tentação e a ambiguidade da vida, precisando discernir e optar. Esta conflitividade é constitutiva do homem e explica por que o chamado à conversão é a outra face da fragilidade, já que nunca estamos certos de até onde cedemos à tentação. Jesus não se exime disto ao participar com os outros da complexidade do humano e responder ao chamamento do batismo. Se não experimentasse os mesmos problemas que o resto das pessoas experimenta, Ele deixaria de ser um modelo válido para os outros. Uma filiação divina que fizesse dele um ser sem tentações impossibilitaria a afirmação de que Ele foi um homem verdadeiro.

Por isso, Jesus nunca proclama sua santidade e, quando os demônios a afirmam, Ele os manda calar-se (Mc 1,24-25)[23]. Marcos está longe da idealização posterior e da apologética que a motiva, buscando harmonizar a humanidade de Jesus com sua filiação divina. Quando é chamado "mestre bom", Jesus rejeita esta qualificação, enfatizando que ela só compete a Deus (Mc 10,18), como também só Ele pode decidir o posto de cada um em seu reino (Mc 10,40). Por isso proíbe a seus discípulos chamar alguém de pai ou mestre (Mt 23,8-10). Quando é tentado, Ele precisa provar sua fé e sua fidelidade a Deus, na qual se cumpre a afirmação lucana sobre seu crescimento em graça. O mesmo acontece quando lhe pedem prodígios e milagres que mostrem seu poder, os quais são outra forma de tentação (Mc 8,11). Jesus proclama a soberania de Deus (Mc 12,28-29), para, logo depois, perguntar pelo significado do Sl 110, no qual Deus escolhe o messias e o coloca à sua direita (Mc 12,36), combinando o senhorio divino e o serviço do Messias.

Uma forma dissimulada das tentações é a busca da evangelização a partir do poder. É o que subjaz à tentação dos discípulos e o que se repete abundantemente na Igreja. Criam-se instituições fortes que exigem muitos meios para evangelizar

---

22. THEISSEN, G. & MERZ, A. *El Jesús histórico*. Salamanca, 1989, p. 592-604. • VERMES, G. *Jesús el judío*. Barcelona, 1977.

23. THEISSEN, G. "Le Jésus historique et le kérygme". *De Jésus à Jésus-Christ*. Paris, 2010, p. 217-224.

a partir da excelência. É o que subjaz a tantas instituições de elite de religiosos, que procuram educar a minoria dirigente para assim evangelizar a sociedade. Esta dinâmica tinha certa lógica na época do século XVI, quando quem determinava a religião dos súditos eram os príncipes (*Cuius regio, eius religio*). Hoje a situação é diferente, mas também subsiste a necessidade de usar meios custosos com vistas a uma boa formação, para a partir daí evangelizar. O problema se coloca a partir da perspectiva das tentações. O uso do dinheiro, do prestígio e do poder acaba voltando-se contra os que o utilizam, que frequentemente tornam-se presa deles. Não somos indiferentes às coisas e a relação com elas influi sobre o homem. O problema não está nas coisas e sim em seu uso; mas existe uma dinâmica diabólica pela qual o poder acaba apoderando-se dos que o detêm e os corrompe. Ocorre então a tentação na qual caíram os discípulos, que procuravam evangelizar a partir do triunfo. Por isso, a tentação do poder é mais perigosa para a Igreja do que as perseguições. E isto não é só um problema institucional e coletivo, mas também pessoal e individual[24].

O conteúdo das três tentações

Se a comunicação do batismo abriu para Jesus um novo horizonte missionário, as tentações lhe revelaram a indigência radical do homem e a necessidade da graça, da qual não é excluída sua humanidade tentada. Mateus e Lucas deram conteúdo objetivo às tentações do deserto e estabeleceram as chaves interpretativas que eles foram mostrando durante a vida pública dele. Diferentemente de Marcos, eles não explicam as tentações de Jesus a partir de sua vida pública, mas as colocam no começo, como chaves daquilo que depois contam. Agem como os diretores de cinema que, antes de contar a história do filme, colocam as cenas que servem para entender o que é contado depois. Se tomamos o núcleo das tentações na versão de Mateus e Lucas, temos um fio condutor da evolução da vida pública de Jesus. O deserto é um cenário simbólico e o pano de fundo que eles utilizam é bíblico: os quarenta dias em que Moisés tratou com Deus (Ex 24,18; 34,28; Dt 9,9-18). Baseiam-se também no relato dos quarenta anos de Israel no deserto (Dt 8,2) e na figura de Elias, fortalecido pelo pão dos anjos (1Rs 19,8), que é um personagem bíblico que serviu aos cristãos para falar de acontecimentos de Jesus.

As tentações do deserto respondem a necessidades profundamente experimentadas por toda pessoa: a fome, que simboliza a condição oral, as necessidades

---

24. ESTRADA, J.A. *Religiosos en una sociedad secularizada*. Madri, 2008, p. 242-250.

materiais, que produzem violência (Mt 4,4; Lc 4,3-4). Existe no ser humano indigência, desde as carências físicas até às espirituais, que o espírito do mal aproveita para propor a Jesus milagres e prodígios. Procura-se um Deus milagroso, que supere a miséria humana. A concupiscência do ter produz orgulho e desvia de Deus (1Jo 2,16). Cada ser humano está marcado pela experiência do mal, que se traduz em necessidades não resolvidas, na luta pela sobrevivência a partir da busca de alimentos. Daí o simbolismo da comida (Jo 6,27.33.35) e da sede (Jo 7,37), que Jesus utiliza para expressar o anseio de Deus (Jo 4,34), inerente à pessoa. Todo homem tem fome e sede, necessidades materiais, que são primeiras e fundamentais; mas tem também outras, enraizadas na busca de sentido: fome e sede de justiça (Mt 5,6). Uma absolutização dos bens materiais, para além das necessidades básicas, faz com que eles se transformem numa causa de alienação humana, em vez de produzir plenitude. A opção de Jesus pelos pobres é clara nos evangelhos, mas também sua denúncia do afã de acumulação e do luxo material, que contrasta com a indigência dos outros. A fome pode ser canalizada de maneiras diversas, corresponde a uma necessidade e pode ser armadilha para comportamentos alienantes. Quanto mais insegurança pessoal existe, mais necessidade temos de possuir coisas e mais medo de reconhecer nossa vulnerabilidade e necessidade. Deixar-se levar por isto leva a uma cultura do ter e a uma confiança fictícia contra a qual luta o próprio Jesus (Mt 6,19-21; Lc 12,15-20). Por isso Ele resiste à tentação, colocando sua confiança em Deus (Mt 4,4; Lc 4,4).

A isto se acrescenta a segunda tentação: o anseio de prestígio, contrapartida às carências que sentimos de valorização por parte dos outros (Mt 4,5-7; Lc 4,9-12). O reconhecimento por parte do outro, saber-se valorizado e estimado pelos demais, é determinante para a vida. Dependemos dos outros e, na medida em que nos sentimos estimados, podemos sentir autoestima e proclamar nossa dignidade. O problema está em absolutizar esta necessidade interpessoal, que leva à busca incessante de prestígios e de honras, a ser tentado por uma entrada triunfal na praça do templo. Quanto menos segurança em si mesmo, maior é a necessidade de honras e mais se depende do elogio alheio. A personalidade própria se constitui a partir da relação pessoal com os outros; para que haja um "eu" são necessários os "tus", e ninguém pode isolar-se da opinião dos outros, que fazem parte da opinião que temos de nós mesmos. Mas esta dinâmica é também uma armadilha, que leva à inautenticidade e à hipocrisia, mais ao aparentar do que ao ser, a representar papéis sociais e adotar formas de conduta que produzem aplauso social à custa das próprias convicções. Quando o espírito do mal tenta Jesus com uma descida triunfal, está apontando para um traço fundamental do comportamento humano. E esta aparição espetacular o afastaria da horizontalidade com os outros, traria consigo a assimetria de sentir-se superior, admirado e respeitado, à custa da igualdade e fraternidade que Ele buscava para sua comunidade de discípulos. O prestígio desviaria seu messianismo e o levaria a uma forma de comportamento concordante com as projeções narcisistas do homem, que quer ser mais do que os outros, que quer ser invejado.

A Igreja e seus representantes caíram frequentemente nesta tentação, simbolizada pela tríplice tiara imperial com que os papas imitaram o César de Roma, em nome de uma presumida doação de Constantino. Gregório XVI (1831-1846) enobreceu o clero e dispensou uma grande quantidade de títulos nobiliários, pensando que o prestígio aumentava a irradiação da Igreja. Muitos dos títulos e honras eclesiásticas que hoje proliferam na Igreja católica provêm desta concepção do século XIX, que atualizou muitas condutas anteriores[25]. Mas este prestígio que atrai os homens afasta de Deus (At 14,14-18). Jesus não só rejeita esta tentação, mas chama a abaixar-se e colocar-se a serviço dos outros, como corresponde ao plano divino. As honras debilitam, em vez de fortalecer. As adulações e afagos levam ao endeusamento por falsa consciência e distanciamento da realidade. Ambas as tentações, o afã de riquezas e de honras, levam gradualmente à terceira tentação, a do poder.

A ânsia de poder, o ser mais do que os outros, é uma das formas que o endeusamento assume (Mt 4,8-9; Lc 4,5-8). Jesus não usa a dimensão religiosa para colocar-se acima dos outros, porque não busca a assimetria do poder, mas o serviço à fraternidade e a consciência de igualdade. A fascinação pelo poder é especialmente perigosa nas personalidades religiosas, porque elas mandam nas consciências em nome de Deus. Em vez de buscar a vontade divina, pedindo-a na oração e escutando os outros, identifica-se Deus com a vontade própria, e com isso se acaba na idolatria do eu. Confunde-se Deus com a representação que a pessoa se faz

---

25. Gregório XVI: "Para estimular a todos na prática da virtude e no desejo da religião, costumamos com prazer conceder títulos de nobreza" (AG I, 133). Daí a proliferação de vestes luxuosas e insígnias para os clérigos, para que "a honra e a pompa diante dos homens levem à prática da virtude". Cf. CASTILLO, J.M. "Gregorio XVI y la nobleza". *Miscelánea Augusto Segovia*. Granada, 1986, p. 285-302. Pio XI queria dar aos bispos a mesma honra que Mussolini dava a seus prefeitos com o título de "excelência" em 1931. Cf. CONGAR, Y. *Pour une église servante et pauvre*. Paris, 1963, p. 119; 127. Numa linha oposta está o Papa Paulo VI (Alocução de 06/12/1965): "Quem não vê que [...] as insígnias do bispo eram de superioridade, de exterioridade, de honra e às vezes de privilégio, arbítrio e suntuosidade? Então essas insígnias não provocavam escândalo; pelo contrário, o povo gostava de ver seu bispo adornado de grandeza, poder, pompa e majestade. Mas hoje não é assim e não deve ser assim. O povo, longe de admirar-se, fica admirado e se escandaliza se o bispo aparece revestido com soberbos distintivos anacrônicos de sua dignidade" (*Ecclesia*, 1.277, 1966, p. 13).

dele e subordina-se Deus aos próprios desejos e interesses. Uma forma dissimulada desta tentação é a proclamação do serviço, ao mesmo tempo em que se exerce o domínio sobre os outros. É típica das autoridades seculares e das religiosas, que se apresentam como servidores das comunidades (como ministros), mas adotam atitudes e práticas de domínio que Jesus rejeita taxativamente (Mt 20,25-26). O afã de sobressair e a vanglória escondem muitas vezes uma consciência de inferioridade que é compensada com o contrário. Por isso, o poder precisa ser adulado e constantemente reconhecido, além de exigir uma atenção permanente para que não surjam rivais que o pretendam. Quem se sente inferior busca fazer-se valer e chamar a atenção, identificando-se com os que têm poder. É uma dinâmica típica do "carreirismo" eclesiástico, político e profissional. Jesus se distancia desta dinâmica e procura levar os discípulos a imitá-lo em sua atitude de serviço aos outros. Só a renúncia ao poder pode tornar possível a fraternidade.

Nietzsche fez da vontade de poder o eixo de sua concepção antropológica, em clara contraposição ao mandamento do amor de Jesus. De acordo com Adler, esta vontade de poder esconde um complexo de inferioridade e é uma neurose que tem raízes infantis[26]. Nietzsche não escondeu nunca seu afã de ser Deus[27], sua necessidade de sentir-se superior e seu menosprezo dos fracos. A tentação de ser como Deus está ligada ao poder e a imagem mais popular da divindade é a onipotência. A luta por ser mais do que os outros leva a uma polarização extrema entre o superior e o inferior, o forte e o fraco, o masculino e o feminino, que acaba afastando da realidade. Nietzsche a aplicava também ao sacerdote como "pai do Ocidente", já que era o dominador das consciências, embora ele próprio se submetesse ao domínio divino, visto como a imposição de um Deus onipotente. O poder é a tentação que leva a cabo as anteriores[28], embora a erótica do poder, a do prestígio e a do dinheiro estejam vinculadas. É a tentação que Jesus precisa enfrentar na cruz, quando as autoridades e os soldados zombam do rei dos judeus e lhe pedem que desça triunfalmente da cruz, para confirmar seu messianismo (Mc 15,29-32; Mt 27,39-44; Lc 23,35-38). Jesus replica à tentação proclamando que só se deve adorar a Deus.

---

26. ADLER, A. *Psicología del individuo*. 3. ed. Buenos Aires, 1961, p. 28-38, 59-75.

27. "É melhor nenhum Deus, é melhor cada um construir seu destino à sua maneira, é melhor ser um insensato, é melhor ser o próprio Deus" (NIETZSCHE, F. *Así habló Zaratustra*. Madri, 1972, p. 351, 394).

28. Santo Inácio comenta as tentações a partir de uma gradação. Em primeiro lugar vem a cobiça de riquezas, em segundo a busca da honra, em terceiro a soberba. E daí vêm todos os outros pecados (EE 142).

Dostoievski captou muito bem as tentações no relato do *Grande Inquisidor*, mostrado por ele como o representante de uma hierarquia que se diviniza e oferece segurança aos fiéis, em troca da obediência e da submissão. A liberdade é uma carga pesada, que o homem não quer, e por isso é preciso descobrir os defeitos de Jesus e sacrificá-la para alcançar a segurança religiosa. Quando a relação de fé, gratuita e amorosa, é substituída por uma relação de temor, surge a obediência idolátrica à autoridade, religiosa ou secular, e com ela a pastoral do terror que alimenta os sentimentos de culpabilidade. Então a imagem de Deus se opõe ao crescimento humano, porque exige uma obediência que despersonaliza, aumenta o isolamento do indivíduo e renuncia ao próprio julgamento para alienar-se no coletivo. O medo e não o amor dá sentido à existência e a religião "canibaliza", exigindo o sacrifício próprio e dos outros. É o contrário do significado da vida de Jesus, voltada para que todos vivam, cresçam e recuperem a confiança no Deus que salva.

A base comum das tentações é instrumentalizar a Deus, usá-lo em vez de servi-lo e louvá-lo. A religião está próxima da magia quando busca Deus para que Ele satisfaça as necessidades humanas. Não se procura a maior glória de Deus, mas que Ele se ponha a serviço dos desejos do orante. E esta é a tentação diabólica: apelar às necessidades de Jesus para que ponha Deus a seu serviço. Então se produz a graduação progressiva da tentação, do ter ao valer, e de ambos ao ser mais do que os outros. É também o que está por trás da crítica paulina da lei, que vê em seu cumprimento uma tentativa chantagista de fazer exigências a Deus. As três tentações levam a uma forma de vida hipócrita, de pura aparência e distância da realidade (Mt 4,1-11; Lc 4,1-13). A vida pública de Jesus atesta estas tentações. Ele não utiliza sua "influência junto a Deus" para conseguir benefícios pessoais, nem reclama intervenções extraordinárias para sua missão, como aconteceu a Israel no deserto (Ex 16,1-14). Jesus não está isento do conflito pessoal. A diferença está em que Ele se liga a Deus e encontra ali o sentido que orienta sua eleição, resistindo ao mal.

Jesus nos aconselha a pedir a Deus que não nos deixe cair em tentação (Mt 6,13; Lc 11,4) e Mateus acrescenta o "livra-os do mal". É preciso buscar o mal na própria interioridade, em vez de projetá-lo nos outros. Porém, o sentido da vida não se alcança por mera introspecção, mas passa pela relação com os outros. Ao aceitar que precisamos deles para viver com sentido, abrimos espaço para o descentramento do eu, para recuperá-lo enriquecido, ao compartilhar o que somos e temos. A mediação do outro é o caminho mais curto para chegar a Deus. Daí o simbolismo do morrer para si mesmo (Mt 16,24; Jo 12,24-25), para reencontrar-se em plenitude. Ao dar-se aos outros, o eu não se empobrece, mas cresce em plenitude. A generosidade é um sinal da pessoa que aprendeu a dar-se, contra as tentações que levam a recolher-se em si mesmo (Mt 5,38-42). A vida pública de Jesus mostra o caminho de realização pessoal como uma pró-existência, uma forma de vida dedicada aos outros, que coincide com a entrega a Deus.

5 Como Jesus foi mudando

Não temos acesso à consciência de Jesus, não existem afirmações sobre sua identidade nos sinóticos, nem sabemos em que Ele mudou e o que foi que Ele sempre manteve. Só indiretamente, a partir de seus feitos e palavras (Mt 11,27; Jo 5,17; 11,41-42), podemos conhecer algo sobre o que Ele pensava de si mesmo, embora não seja possível separar sua consciência de si mesmo e a consciência que tinham dele os evangelistas. Suas referências pessoais concentram-se mais no reino de Deus do que em si mesmo (Mc 3,27; Lc 11,19-20). Existe um contraste entre as confissões explícitas de fé das narrativas evangélicas e a reserva de Jesus a respeito de si mesmo. Em parte isto se deve a que o problema central não era esclarecer sua identidade, mas convidar para o projeto de construir o reino de Deus na sociedade.

A referência à paternidade divina (Mc 13,32; 14,36; Mt 11,27; 26,39.42) expressa uma relação especial com o pai, assim como a distinção joânica entre seu pai e o pai de seus discípulos (Jo 20,17). Nos evangelhos Jesus chama Deus de "Pai" 170 vezes, em contraste com a raridade do termo no judaísmo de sua época. O uso deste apelativo na oração parece ser próprio de Jesus, mas é mais discutida sua tradução como "papai, paizinho"[29]. O judaísmo é muito reservado ao falar da paternidade divina, velando sempre por sua transcendência, o que impedia inclusive de nomear a Deus. Jesus é filho de Deus de forma plena e diferente de seus discípulos, aos quais dá a conhecer que também eles são filhos de Deus e podem chamá-lo de pai (Jo 1,12; Rm 8,15; Gl 4,6). O significado concreto de ser filho culmina com a experiência da ressurreição (Rm 1,4) e evolui durante sua vida terrena. A ressurreição teve consequências para o próprio Jesus, não só para os discípulos que a partir dela refletiram sobre sua identidade. Ele sabe que é filho,

---

29. Cf. MERKLEIN, H. *Jesu Botschaft von der Gottesherrschaft*. Stuttgart, 1983, p. 84. • JEREMIAS, J. *Abba y el mensaje central del Nuevo Testamento*. Salamanca, 1981, p. 70. • BARR, J. "Abba isn't Daddy". *Journal of Theological Studies*, 39, 1988, p. 28-47. Cf. tb. SCHILLEBEECKX, E. *Jesús*. Madri, 1981, p. 232-246. • GONZÁLEZ FAUS, J.I. *La humanidad nueva*, I. Madri, 1974, p. 114-123. • *Acceso a Jesús*. Salamanca, 1979, p. 44-58. • KASPER, W. *Jesús, el Cristo*. Salamanca, 1976, p. 122-138.

mas está submetido a um processo de aprendizado pessoal, já que a paternidade e a filiação são vividas de maneira diferente nas diferentes etapas da vida humana.

Existe uma tomada de consciência progressiva de sua identidade humana e de sua filiação divina, que não exclui novas maneiras de compreender a presença de Deus em sua vida. Ele não esconde sua ignorância sobre a intervenção última e definitiva de Deus (Mc 13,32), mas confia nele quando se sabe destinado à paixão. A crença na intervenção última de Deus se manteve até sua morte (Mc 1,15; 9,1; 13,28-30; Mt 10,23). O saber filial não o impede de colocar-se nas mãos de Deus e estar aberto às lições da vida para cumprir sua missão. Ele conjuga a consciência de sua pertença judaica, de seu envio (messiânico) e de sua radical filiação. A teologia interessou-se pela compreensão que Jesus tem de si mesmo e pela maneira como conciliou sua filiação divina e sua condição humana, sem que possamos ter dados confiáveis acerca de suas interrogações e convicções[30]. A autoridade com que interpreta a Escritura e os grandes personagens bíblicos baseia-se nesta consciência de si mesmo. Mas sua relação com Deus está aberta ao progresso, a etapas de consciência, e está condicionada por seu contexto. O que os outros afirmam a respeito dele, assim como suas reações, fazem parte de sua consciência pessoal (Mc 8,27; Lc 9,17; Mt 16,13), já que ninguém pode isolar-se da opinião dos outros. Nós dependemos em grande parte dos outros. Por isso Jesus evolui influenciado pelo comportamento de seus discípulos e precisa lutar contra a incompreensão que eles têm de sua missão e contra a ambiguidade com que o veem como mestre.

A proximidade com Deus, revelada na experiência mística, é consciência de intimidade e de vinculação, tende à fusão e à unidade, sem que haja uma consciência subjetiva e muito menos plena. O mistério divino escapa a qualquer representação ou intuição humana; por isso o Mestre Eckhart pede a Deus que o liberte de Deus, ou seja, de nossas concepções e representações. É o que também subjaz ao simbolismo da nudez, do despojamento e da doutrina mística dos nadas em São João da Cruz. É preciso abrir-se a uma alteridade absoluta, a alteridade divina, que relativiza, quando não nega, todas as concepções sobre Deus. Por isso Jesus lê criativamente as próprias Escrituras hebraicas e nelas adquire consciência de sua própria identidade relacional. É um conhecimento não reflexivo nem temático,

---

30. RAHNER, K. & THÜSING, W. *Cristología*. Madri, 1975, p. 31-39. • BROWN, R.E. *Jesus God and Man*. Milwaukee, 1967, p. 38-68. • "Did Jesus know he was God?" *Biblical Theology Bulletin*, 15, 1985, p. 74-79. • KERESZTY, R. "Psychological Subject and Consciousness in Christ". *Communio*, 11, 1984, p. 258-277. • GUILLET, J. *Jésus devant sa vie et sa mort*. Paris, 1971. • *Jésus Christ dans nôtre monde*. Paris, 1974, p. 29-38.

já que Deus não pode ser objeto da consciência. Existe crescimento se a pessoa se abre à presença divina, que é imediata e a transcende, e a leva a superar suas percepções da divindade.

Se aplicamos isto à experiência de Jesus, podemos afirmar seu crescimento em conhecimento e graça, sua crescente intimidade e profundidade ao sentir-se filho. Como afirma K. Rahner[31], a humanidade de Jesus se abre a um processo de divinização, na qual avança para sua plenitude, inacabada até à morte. Sua alteridade e sua unidade com Deus crescem em proporção direta. Paradoxalmente, a maior dependência de Deus é a que implica sua crescente autonomia, a partir da qual sua vida é palavra de Deus. A fidelidade de Deus ao homem é permanente e alcança sua plenitude na consciência subjetiva de Jesus. A relação entre o divino e o humano é também mutante, porque respeita as leis da evolução da personalidade e da história. E Jesus se realiza quando se entrega cada vez mais a Deus e aos outros, até integrar-se plena e totalmente nele. Os discípulos vão captando o progressivo dinamismo da impregnação divina de sua humanidade, com episódios como o da transfiguração, que apontam para a irradiação de Deus (Mc 9,7.13). Na profundidade do humano aparece o divino e a liberdade de Jesus manifesta Deus. Por isso sua vida é fundamental para as afirmações cristológicas posteriores, que não podem concentrar-se no binômio morte-ressurreição, à custa do que vem antes. A tradição cristã viu aqui o modelo da união com Deus. O que Jesus viveu de forma singular é o dom que Ele oferece a todos (Jo 17,11.17.22.26).

Não é possível conhecer a dinâmica íntima de Jesus. Mas sua abertura a Deus precisou passar pelo teste das provações às quais se viu submetido (Mc 10,38-39; 14,36-38; Jo 15,21). O trato com as pessoas mudou Jesus e o obrigou a revisar seus projetos e a corrigir as Escrituras (Mt 5,21-22.27-28.31-32.33-34.38-39.43-44). Jesus precisou aprender do livro da vida, buscando nela a vontade divina. Esta percepção está por trás dos sinais dos tempos e da busca de Deus neles (Mc 8,11-12; Mt 11,5-6; 16,3-4), como propôs o Vaticano II (GS 4). Ou encontramos Deus nos acontecimentos da vida ou Ele nos escapa, e Jesus vincula Deus à vida cotidiana. Por isso pode ser um motivo de inspiração para hoje na busca de respostas para a nova situação cultural. O não saber de Jesus e sua capacidade de evolução servem de inspiração para uma época de incerteza, de perda de identidade e de crise de

---

31. RAHNER, K. "Jesus Christus". *LThK*. Friburgo, 1960, p. 953-961. • "Problemas actuales de Cristología". *Escritos de teología*, I. 5. ed. Madri, 2000, p. 157-206. • "Para la teología de la encarnación". *Escritos de teología*, IV. 4. ed. Madri, 2002, p. 131-148. • "Ponderaciones dogmáticas sobre el saber de Cristo y su conciencia de si mismo". *Escritos de teología*, V. Madri, 1964, p. 221-243.

sentido. Da mesma forma que Jesus, também o cristão de hoje precisa abrir-se a uma mudança de suas imagens e conceitos de Deus. Uma nova hermenêutica pode derivar de uma releitura atualizada de sua maneira de proceder, que sugere novas perspectivas e aplicações diferentes para responder aos desafios do terceiro milênio. A tradição também evolui com a história e é preciso combater o integrismo religioso e o fundamentalismo bíblico, seguindo o exemplo de Jesus em relação aos rabinos e às autoridades religiosas.

O crescimento humano é um processo baseado na experiência. Jesus encontrou seu próprio caminho distanciando-se do código cultural judeu e de seu imaginário religioso. Nem podia prescindir de sua identidade judaica, da continuidade com sua história e tradições, nem escondeu sua ruptura com tradições arraigadas[32]. Teve as expectativas normais de um judeu, mas as revisou diante do comportamento de seu povo e das autoridades. Como instaurador do reinado de Deus, buscou a restauração messiânica de Israel, não o rompimento com ela. Não quis fundar uma igreja à parte do judaísmo, e sim mudá-lo. A Igreja surgiu do Israel que se abriu à sua mensagem, porque a maioria do povo seguiu seus dirigentes na rejeição a Jesus. Em torno dele formou-se uma comunidade de discípulos e daí surgiu a Igreja; mas sua intenção primeira esteve marcada pela mensagem a Israel e limitou sua missão aos judeus (Mc 7,24-29; 12,6; Mt 10,5-6; 15,24; Lc 4,18; Rm 15,8). O próprio Jesus se identificou a partir da continuidade com os profetas (Mc 6,4; 8,28 par.; Mt 23,34; Lc 4,24-27; At 3,2-23; 7,37) e manteve a diferença entre seu povo ("laos") e os outros povos ("ethnê"). Seguiu a tradição do povo eleito, sem romper com ela, embora a tenha reformado. As passagens que sublinham o caráter judaico de sua missão têm base histórica e vão em direção contrária à missão posterior aos pagãos. Refletem o ponto de partida de Jesus, filho de um povo, de uma religião e de uma família que o situava numa tradição de sentido.

O particularismo judeu inicial de Jesus era equilibrado com a tentativa de abrir Israel a um Deus universal, na linha da tradição profética. Mais tarde Paulo repetirá o mesmo processo e, como Jesus, relativizará a pertença ao judaísmo para abrir-se às expectativas dos outros povos. Esta dinâmica universalista implicou questionar o absolutismo religioso judaico e suas pretensões[33]. Sendo ele profundamente judeu, a vida e a mensagem de Jesus adquiriram um perfil cada vez mais

---

32. A evolução de Jesus e de seus diferentes projetos é uma coluna vertebral de VIDAL, S. *Los tres proyectos de Jesús y el cristianismo naciente*. Salamanca, 2003. • *Jesús el Galileo*. Santander, 2006.

33. ESTRADA, J.A. *Para comprender cómo surgió la Iglesia*. Estella, 1999, p. 69-72.

universal. O Jesus dos evangelhos incluiu também os outros povos no banquete do Reino (Mc 13,10; Mt 8,11-12; Lc 11,30-32; 13,28-29; 14,23), embora esta inclusão já fizesse parte da expectativa judaica posterior ao exílio da Babilônia. Em Mateus, inclusive, se anuncia que o reino de Deus passa de Israel para outros povos (Mt 21,42-44), embora esta afirmação possa ser uma conclusão do evangelista quando escreve após a ruptura com Israel. Há também nos evangelhos alusões claramente universais (Mt 21,41-43; 24,14; 28,19; Mc 11,17; 12,9-11; 13,10; Lc 2,32; 21,24; 24,27), sem dúvida influenciadas pela situação das comunidades cristãs posteriores. O aspecto inovador em Jesus seria a gradual abertura aos gentios, superando os limites estabelecidos pela religião, influenciado pela acolhida deles (Mt 21,31-32). Se, no evangelho de João, Maria adianta "sua hora" nas bodas de Caná, em Marcos é a fé dos pagãos que lhe arranca milagres e o obriga a mudar de postura (Mc 7,24.29). Também a passagem da Samaritana mostra como Jesus se envolve progressivamente no que acabou sendo uma missão aos samaritanos (Jo 4,10.26.30.39-42), embora inicialmente fosse um passar ao largo (Jo 4,4). O que acontece o leva a pensar e muda seus planos. Não devemos escandalizar-nos com o fato de Jesus aprender da experiência e se adaptar às novas circunstâncias, já que este aprendizado é consubstancial à identidade de todo ser humano. Jesus mostra uma personalidade aberta, que se relaciona com os outros e se deixa levar pelo Espírito a fim de discernir e avaliar os acontecimentos.

O universalismo não implica questionar as raízes comunitárias de cada pessoa, porque não há oposição entre as duas coisas, mas a própria identidade cultural se abre em contato com os outros. A abertura ao universal confirma o perfil próprio de cada cultura, sem negá-la. É preciso apoiar-se as próprias raízes culturais, que dão identidade, e é preciso distanciar-se delas para que não aprisionem e se fechem em si mesmas. Individualmente, a primeira coisa é a pertença a uma comunidade, na qual socializamos nossa identidade, e a segunda é emergir dela para abrir-se a novas influências. Esta dinâmica marcou a evolução de Jesus e tornou obsoleta a limitação inicial ao povo de Israel. Chama a atenção a dureza inicial de Jesus diante dos pedidos de não judeus (Mt 15,24-26: não é bom pegar o pão dos filhos e lançá-lo aos cachorrinhos"), por trás do que está a tradição nacionalista hebraica e seu menosprezo pelos outros povos. Proíbe também aos doze pregar a samaritanos e pagãos (Mt 10,5-7). Alude à pregação em Israel, até que venha o Filho do homem (Mt 10,23) e ao julgamento dos doze sobre as tribos (Mt 19,28; Lc 22,28-30). São textos pouco concordantes com a missão pós-pascal da comunidade cristã, que reafirmariam as reservas dos judeu-cristãos em relação aos não hebreus. Ninguém parte do zero, e a evolução é o resultado de um aprendizado que muda a pessoa. A causa da mudança de Jesus é preciso vê-la em sua surpresa diante da fé e da receptividade dos pagãos (Mc 7,24-30 par.; Mt 8,5-13 par.; Lc 7,1-10; 10,30-37; 17,15-19). Em vez de fechar-se diante do que não se encaixava no esquema religioso, Jesus se deixa surpreender e interpelar pela fé dos outros.

Não devemos esquecer que a Palestina era um território onde coexistiam populações misturadas, especialmente na "Galileia dos gentios" (Mt 4,15; Mc 1,14.28.39; 3,7; 6,21; 9,30; 15,41) e na "Samaria" (Lc 9,52; 10,33; 17,11.16; Jo 4,4-5.7.9.39; 8,48). São regiões e pessoas com as quais Jesus teve contato (Mt 6,32; 10,18; 12,18.21; 20,19.25; 24,9; 25,32), que o levaram a uma progressiva abertura aos pagãos. Jesus se surpreendeu com a receptividade de pessoas marginalizadas pela religião e pela sociedade e também com a dureza dos representantes da religião e de muitos judeus fervorosos, como os fariseus. A fé das pessoas mudou seu projeto missionário e o obrigou a distanciar-se da missão exclusiva a Israel. Também Pedro teve que mudar seu posterior projeto missionário diante de uma inspiração do Espírito (At 10,14-15.28.34-35.44-48). De certa maneira, a evolução de Jesus corresponde à de Israel no Antigo Testamento, que deixou de lado um Deus nacionalista particular e, após o exílio na Babilônia, passou a vê-lo como um Deus único e de todas as nações. O fracasso transformou-se na ocasião de uma revelação divina, como aconteceu a Jesus ao constatar a rejeição de seu povo. A ideia de uma pessoa que se surpreende e muda de atitude está vinculada à cristologia do ungido de Deus, e o Espírito é aquele que o transforma interiormente. Isto contradiz a ideia de muitos cristãos de um super-homem que sabe tudo, sem nada para aprender nem mudar. Se fosse assim, romper-se-ia o princípio cristão da plena condição humana de Jesus e de um esvaziamento de Deus.

Os textos confirmam que em Jesus houve uma evolução, atribuída por Lucas ao crescer em sabedoria e graça (Lc 2,40.52). É um Jesus que aprende da vida, reage diante das atitudes dos outros (Mc 3,5; 6,6; 9,19; 10,14) e recorre a Deus, que se revela aos pequenos (Lc 10,21-22; Mt 11,25 par.; cf. 1Cor 1,18-25). É muito provável que tenha captado também a dinâmica destrutiva do nacionalismo judeu, predito sua ruína (Mc 13,1-37 par.) e prevenido sobre a violência que estava prestes a desencadear-se (Mc 13,7-8 par.), embora o texto completo e a redação dos sinóticos se devam aos evangelistas. A ideia de aliança foi a base do nacionalismo religioso, que desprezava os povos "impuros". Sua ambiguidade, que persiste até hoje, está no complexo de superioridade que ela promove e na apropriação que faz de Deus, o que implica a legitimação religiosa da guerra santa. Este nacionalismo faz com que Deus seja "dos nossos", à custa dos outros, que precisam sofrer as consequências da agressão e o menosprezo por parte do povo eleito. Todos os povos que se sentiram eleitos por Deus, seguindo as pegadas de Israel, acabaram usando Deus para agredir outras nações e justificar suas conquistas e guerras. A partir da identificação com seu povo, Jesus se entristeceu com seu fracasso e com as consequências nefastas da incompreensão religiosa (Mt 23,37-39; Lc 13,31-35). O clima nacionalista que levou à guerra era claro na época de Jesus. Depois de entrar em Jerusalém, chorou ao contemplá-la, porque ela havia ignorado o envio de Deus (Lc 19,41-44). Existem anúncios de futuro que refletem a consciência comunitária do fracasso final do nacionalismo judeu.

Acontecimentos posteriores a Jesus, como a guerra e o fracasso do levante antirromano, foram vinculados a seus ditos sobre o fim dos tempos. A derrota judaica e a destruição de Jerusalém avivaram em seus discípulos a convicção de que o fim dos tempos estava próximo. O evangelho de Mateus ressalta o contraste entre a missão exclusiva a Israel (Mt 15,24) e a rejeição de Jesus (Mt 8,11-12; 27,25), que culminou no envio universal do ressuscitado (Mt 28,18-20) e no fracasso final de Israel (Mt 27,25.51-53). Outros textos universalistas aludem a acontecimentos posteriores à sua morte (Mc 16,15-16; Mt 8,11-12; 28,19-20; Lc 13,29-30; 24,47). Provavelmente são citações criadas pela comunidade após a ressurreição (Mc 10,45; 13,10; 14,22-24; Jo 3,16). O fracasso de Israel os fez superar seu particularismo religioso e eles o conectaram à abertura de Jesus aos não judeus (Jo 4,42; 10,16; 12,20-23). Quando foi escrito este evangelho já ocorrera a ruptura com os cristãos e havia uma perseguição por parte das autoridades.

3

O projeto de sentido de Jesus

A vocação batismal de Jesus, as tentações, a separação de João Batista e o processo de interiorização de sua experiência são os diferentes momentos da evolução de Jesus, com uma progressiva consciência de filiação, enriquecida pela vivência do Espírito. Ele vive do projeto do reino de Deus e seu plano de vida foi determinante para a posteridade. Seu projeto de sentido transformou-se na concretização do plano de salvação para Israel. Jesus se insere na tradição profética, que Ele supera, ensinando a Israel o plano divino para a criação. Sua vida é uma vida com sentido, na qual se fez presente a salvação. Por isso é preciso analisar o projeto de sentido de Jesus, inspirar-se nele e atualizá-lo, adaptando-o ao novo contexto sociocultural e religioso em que vivemos.

1 O senhorio de Deus na sociedade

A atividade de Jesus, sua pregação e seus feitos concentram-se na chegada do reinado de Deus (Mc 1,14-15; 3,24; 4,11; Mt 4,17.23; Lc 4,43; 6,20; 8,1), com 162 citações no Novo Testamento (129 nos sinóticos e nos Atos). "Reino dos céus" é a formulação do evangelho de Mateus (32 vezes), que evita nomear diretamente a Deus[1]. É um conceito que ocorre também no Antigo Testamento (1Cr 28,5; 2Cr 13,8), que alude a Javé como rei (Sl 22,29; 47; 93; 96; 99; 103,19; 145,1.11-13). João Batista anunciava a proximidade do reino dos céus (Mc 3,2), como Jesus (Mt

---

1. SCHMIDT, T. *Das Ende der Zeit*. Bodenheim, 1966, p. 183. • MERKLEIN, H. *Jesu Botschaft von der Gottesherrschaft*. Stuttgart, 1983, p. 17-18. • LINDEMANN, A. "Herrschaft Gottes/Reich Gottes IV". *TRE* 15 (1986), p. 196-218. • SCHNACKENBURG, R. "Basileia". *LThK*, 2, 1958, p. 25-31. • CONZELMANN, H. "Reich Gottes im Judentum und Neues Testament". *RGG* 5, 1961, p. 912-918. • KNAPP, M. *Gottesherrschaft als Zukunft der Welt*. Würzburg, 1993. • TAMAYO, J.J. *Para comprender la escatología cristiana*. Estella, 1993, p. 111-160.

4,17; 10,7; 11,11-14), enquanto os outros sinóticos vinculam a Jesus o anúncio do reino. A proximidade do dia de Javé contextualiza a mensagem do Batista, já que a tradição do Antigo Testamento combina as duas expectativas – a da soberania divina sobre Israel e a do tempo final de sua intervenção – e ambas fazem parte de sua missão (Mt 11,11-12; Lc 16,16). A experiência de libertação do Egito foi a experiência determinante, e a partir dela se passou a falar do Deus criador e de sua providência na história. Tudo o que acontecia, tanto a Israel quanto aos outros povos, era visto como o cumprimento dos desígnios divinos. Esta leitura teológica da história, reforçada pela experiência concreta de um povo pobre e subjugado, levou a uma síntese, à esperança de uma intervenção última divina na qual se poria fim ao sofrimento de Israel e se consumaria a soberania divina sobre todas as nações. Israel viveu desta promessa até à dura provação do holocausto no século XX e nela se enquadra o anúncio feito por Jesus da chegada do reino de Deus. Por mais dura que seja a realidade, o ser humano não renuncia à esperança e mantém sua fé num Deus que satisfaça o déficit de sentido que existe na história.

Por isso, a chegada do reino é também a chegada do juízo final e definitivo de Deus sobre o povo judeu e sobre cada pessoa. A fome de justiça, que contrasta com as situações históricas de opressão, especialmente fortes no século I de nossa era, contextualiza o anúncio do Batista e depois o de Jesus. O conceito de juízo não falta nas parábolas de Jesus; mas, diferentemente do Batista, Jesus ressalta sempre o perdão e o dom de Deus, que supera qualquer cálculo baseado no rendimento (Mt 20,16). Esta universalidade incondicional da salvação desconcerta o povo judeu e seus próprios discípulos, que dificilmente podiam subtrair-se ao mal-estar produzido pelas situações de opressão. Os discípulos de Jesus estavam convencidos de que havia começado a ansiada intervenção divina, para impor o senhorio em Israel (Lc 19,11; At 1,6). O senhorio de Deus apresentava-se como uma realidade dinâmica, presente e crescente (Lc 17,20-21), vinculada à irrupção histórica de Jesus, como mostram as parábolas do Grão de mostarda, do Fermento, da Semente na terra, da Rede cheia de peixes, do Tesouro escondido e da Pérola preciosa etc. São narrativas sobre o Deus que vem e se manifesta como e onde não é esperado. O anúncio de salvação não guarda proporção com nosso sentido da justiça, do dever e do pecado, como mostram as parábolas do Filho pródigo ou da Ovelha perdida. Jesus respondia ao anseio de Deus de seu povo, mas também o questionava porque seu anúncio rompia com expectativas de vingança e ódio contra os opressores, tanto os internos como os odiados romanos. Que Deus reine em Israel era a meta última da atividade e da pregação de Jesus, mas Ele oferecia elementos novos e inesperados que chocavam a concepção tradicional da religião judaica.

O reino não é uma realidade de além-túmulo, a salvação no além, depois da morte, mas irrupção no aquém, diante da qual é preciso tomar partido e agir. Não se trata de preparar-se para "ir para o céu", mas que o reino dos céus se faz presente na sociedade judaica (Mt 13,38.41; 22,2.12-14; 25,34.41; Lc 10,11-12). A esperança numa salvação de além-túmulo é enganosa, se não há certeza de que este Deus pode salvar já no presente histórico. Esta é uma das questões fundamentais apresentadas pela existência do mal na história. Como confiar numa salvação futura, se hão há nenhuma salvação presente? O problema continua sendo atual, dois mil anos depois de Jesus, o que revela que sua vinda não deixou esclarecidas todas as perguntas sobre a existência do mal. Sua resposta é que Deus reina através de relações, atitudes e valores humanos, aos quais se subordinam todos os valores religiosos, e não o contrário. Jesus não vem para apresentar novos mandamentos religiosos que substituam os já existentes, mas para implantar valores humanos básicos que respondem ao plano divino de salvação. Por isso o acento é posto nos comportamentos sociais e nas relações interpessoais e é representado com cenas da vida cotidiana. A dimensão secular da mensagem de Jesus apoia-se no fato de que ela não só aborda problemas internos de sua religião, mas atende às formas de conduta de seus concidadãos, judeus e pagãos, religiosos ou não. Sua mensagem ultrapassa o religioso, embora a religião não fosse um âmbito separado da vida judaica, como ocorre atualmente nas sociedades modernas. Existem maneiras de viver e agir que possibilitam a realização do reinado de Deus na sociedade. E isso vale tanto para as pessoas religiosas como para as que não o são.

Com Jesus começa um processo de dessacralização, ou seja, de relativização, das tradições religiosas. A criatividade se faz sempre a partir de um determinado código cultural e religioso, e as limitações das tradições de sentido não invalidam sua necessidade. Nunca se parte do zero e é preciso entender Jesus a partir do contexto do judaísmo. A espiritualidade é uma maneira de viver a cultura e Jesus propõe um caminho pessoal e coletivo de realização, que realiza o plano de Deus. Contemplando as palavras e ações de Jesus, começamos a compreender o que é a divindade, porque elas mostram o que Deus é para o homem. Deus se revela ao homem e Jesus comunica Deus. Em vez de partir de Deus, pressupondo que já o conhecemos, para integrar nesta concepção da divindade a conduta de Jesus, assistimos a uma forma de conduta, a de Jesus, que revela quem e como é Deus, e sua maneira de fazer-se presente na vida. E esta comunicação é crescente e progressiva para o próprio Jesus, e o leva a mudar e a enfrentar o código religioso e social de sua época. Na realidade, Jesus comunica que Deus não é religioso, mas humano, e que não lhe interessa tanto a religião quanto o que ocorre na vida. E

Jesus vai descobrindo uma forma de transcendência que o muda, rompendo com os hábitos de conduta dos trinta anos vividos. Deus se comunica a Ele a partir de sua relação com os discípulos e com o povo e irradia esta divindade como num espelho. Todos nós, como um espelho, refletimos a glória do Senhor, afirma São Paulo (2Cor 3,18). Ele contrapõe a missão de Moisés, em cujo rosto resplandece a glória de Deus, à de Cristo e seu Espírito, que transforma os cristãos em imagem que irradia Deus (2Cor 3,12-18). Em Jesus já resplandece a glória divina, que depois é comunicada em plenitude com a ressurreição. Porém, a proximidade da experiência divina não exime das mediações sociais e interpessoais, mas as ilumina. Existe um caminho que não só é exemplar para os que o seguem, mas também revelador para Ele próprio.

Nossa sociedade atual é muito diferente da judaica, mas tem em comum com ela o fato de combinar a crença religiosa, para Israel a consciência de ser o povo eleito, com certas estruturas socioculturais e econômicas muito diferentes do credo religioso que ela proclama. Apesar da religiosidade da sociedade, suas formas de vida estavam muito longe do que prescrevia o código religioso, como afirmava toda a tradição profética. A práxis de Jesus, mais que um projeto teológico ou um sistema de crenças, possibilitava uma revelação de sentido e uma oferta de salvação. E sua mensagem não deixou ninguém indiferente, nem as autoridades religiosas e políticas, nem os judeus religiosos, nem o conjunto da população. No final todos estarão contra Jesus por motivos diferentes, mas convergentes, já que sua maneira de entender Deus e a religião chocava-se com o que já estava estabelecido. A chegada do reino obrigava a discernir e optar, mas isto era como um julgamento, que interpelava e comprometia a todos. Ignorá-lo já era uma forma de reagir diante dele.

A rejeição da oferta de salvação

Um elemento inovador é que a religião judaica vincula o perdão ao arrependimento, que o precede, enquanto Jesus provoca o culpado e inverte o processo. A primeira coisa é o perdão de Deus que é oferecido a todos (Mt 22,1-14: todos podem participar do banquete do reino); a segunda é a resolução de cada um, que leva ao arrependimento ou a persistir no pecado. Uma opção livre, diante de uma oferta de graça universal, decide sobre Jesus e Deus (Mc 12,1-12; Mt 23,37-39; Lc 10,13-15; 11,29-32). O perdão incondicional e prévio, inclusive prévio ao arrependimento, e que é radicalizado na cruz, é provocador e molesto para muitas pessoas religiosas. A generosidade divina aparece como uma injustiça, quando tudo é olhado a partir da perspectiva do mérito próprio (Mt 20,1-16). O reinado de Deus cria uma situação nova diante da qual o homem precisa decidir-se, com consequências trágicas para a geração de Jesus (Mt 12,39-45). Quando questionam sua oferta, Jesus lhes recorda o anúncio do Batista, que eles haviam rejeitado. Não escutaram nem o pregador penitente que exigia arrependimento e reparação prévia, nem a Ele, que oferecia a graça a partir de um comportamento generoso com os pecadores (Mt 11,16-19). A religião tende sempre a sublinhar o lado ascético, o sacrifício e a moral, e a separar o sagrado do profano. Pelo contrário, tem dificuldade para a festa e a celebração no cotidiano, e muito mais se vive a partir da abertura a todos, religiosos ou não. Jesus é um provocador porque faz o bem a todos, não só às pessoas religiosas (Mt 11,2-6), e se comporta "como um comilão e beberrão, amigo de publicanos e pecadores" (Mt 11,19). São expressões nas quais o evangelista recolhe algumas acusações contra Jesus. A reação de Jesus é louvar o Pai que se dá a conhecer às pessoas simples e se esconde dos sábios e entendidos da religião (Mt 11,25-27). A pessoa religiosa tende a confinar-se num âmbito de rigidez moral e de distanciamento em relação aos que não procedem como ela.

É isto que Jesus apresenta e os escandaliza, como a muitos rigoristas atuais. Não cabe dúvida de que seu procedimento rompia com muitos esquemas religiosos, embora não possamos afirmar com precisão o que realmente procede do Jesus histórico e o que foi acrescentado pelos evangelistas, que escreviam após a ruptura entre o judaísmo e o cristianismo. Esta delimitação é especialmente complicada no que diz respeito às consequências do fato de Israel ter rejeitado a oferta de salvação apregoada por Jesus[2]. A guerra dos judeus contra os romanos no ano de 70 foi vista pelas comunidades como uma confirmação do juízo divino negativo sobre Israel, porque eles haviam rejeitado a oferta de salvação de Jesus. Elas se apoiaram na tradição profética anterior que, de acordo com eles, legitimava Jesus, para explicar a deserção da maioria. Jesus exortou os discípulos a saber olhar e escutar e não só a ver e ouvir (Mt 13,16-17), a captar a mensagem das parábolas, para não desperdiçar a oferta de salvação que se lhes oferecia. Eles não eram capazes de captar o significado de seus ensinamentos sobre o reino, como havia predito o profeta Isaías (Is 6,8-13; cf. Mc 4,10-12; Mt 13,10-16), que alude ao endurecimento e ao fechamento como um castigo divino ("para que não entendam em seu coração e se convertam, e assim eu os cure": Mt 13,15). É uma citação ambígua do evangelista Mateus, que pressupõe que o comportamento hu-

---

2. SCHWAGER, R. *Jesus im Heilsdrama*. Innsbruck, 1990, p. 76-83, 87-94.

mano está vinculado a uma ação negativa de Deus em relação aos pecadores. Para os discípulos, todos os comportamentos humanos eram resultado de desígnios divinos, na linha da predestinação e do destino que os deuses impunham. Isto se encaixa mais com o Batista do que com a mensagem de Jesus, que capta a dificuldade de suas propostas para seus próprios discípulos (Mc 4,13-20). Uma bondade divina prévia à resposta humana, prévia ao arrependimento, não se encaixava nos parâmetros religiosos de sua época, como também não se encaixa nos de agora para muitas mentalidades judaizantes.

Mas Deus não castiga o homem endurecendo-o, porque isto vai contra sua oferta de salvação; mas é o ser humano que se fecha à oferta divina e, ao fazê-lo, interpreta-a mal. Foi o que aconteceu aos adversários de Jesus ao acusarem-no de endemoninhado, embora Ele fizesse sinais de salvação (Mt 9,34; 12,24.31-32; Lc 11,15). Não há pior surdo do que aquele que não quer ouvir (Mc 45,23), como lembra o provérbio. O fanatismo religioso traz consigo o endurecimento e leva a pessoa a rejeitar todos aqueles que não adotam as suas posições. Como Jesus contradizia princípios e normas estabelecidas, os adversários o rejeitavam e se incapacitavam para aceitar a salvação e o bem que Ele trazia. Não se deixavam questionar pelo dissidente que fazia obras divinas e não assumiram o princípio de que é preciso avaliar pelos frutos produzidos e não só pelas doutrinas que se defende (Mt 7,16). O fanático da doutrina se incapacita para captar a verdade daquele que pensa e age de maneira diferente. Todas as religiões estão cheias desta maneira maniqueia de proceder, que incapacita para o exame e a autocrítica, para a abertura diante daquele que pensa de maneira diferente. A pressão das ideologias incapacita a pessoa para abrir-se aos que não são "dos nossos".

Só é possível captar a dinâmica de Jesus quando se atende aos seus resultados de salvação, embora se pense que sua doutrina seja heterodoxa. Muitas vezes não se consegue mudar as ideias por falta de sensibilidade para entender as pessoas e as situações. As crenças se impõem à avaliação das condutas e a falta de sensibilidade incapacita para captar o bem. Identificar-se com os que sofrem é o que determina a doutrina de Jesus; e aquele que se fecha à experiência não consegue assumi-lo. O cristianismo viveu um processo de endoutrinação (Hegel) e de moralização (Kant) que lhe tornou difícil apresentar-se como uma oferta de salvação, tanto mais universal quanto mais aberta estiver aos mais pecadores e afastados da religião. Fé, crença e religião são sinônimos no Ocidente, por causa da intelectualização que substituiu a experiência religiosa. Mas por trás da pessoa que se aferra a certas crenças e a certas pautas morais, a partir das quais ela desqualifica os outros, existem muitos elementos de insegurança, complexos de inferioridade e desconfiança de Deus. Existem muitas pessoas que não confiam em Deus e que só têm confiança em sua presumida observância religiosa.

Este é o contexto para compreender as advertências sobre o juízo e o inferno, como ameaças para aquele que não responde ao dom de Deus e que não perdoa, sendo também ele devedor (Mt 18,34-35; 25,28-30). Adotam a ideia tradicional de que, se não se procede por amor, faça-se por temor, como motivação religiosa. É um enfoque perigoso porque historicamente favoreceu a imagem do Deus vigilante que perscruta a vida e anota os pecados do homem, produzindo assim um sentimento de medo e de culpa. A mensagem de Jesus nunca põe ali o acento, mas em ver o pecado a partir da perspectiva de Deus, que é a perspectiva do bem do próximo, para entendê-lo de maneira diferente. O fator decisivo é o comportamento, não a teoria; e o que se faz com os homens determina a relação com Deus (Mt 25,41-46). Nem sequer é importante fazer as coisas por Deus ou lembrar-se dele ao fazê-las (Mt 25,38.44), mas ser vulnerável diante das necessidades humanas. Se fosse preciso escolher entre esquecer-se de Deus ou esquecer-se do homem, dever-se-ia optar pelo segundo, contra a pessoa religiosa. Evidentemente, não é preciso esquecer-se de ninguém, e o afastamento do Deus de Jesus prejudica a aproximação ao outro. Mas, a partir da perspectiva de Jesus, Deus perdoa a quem se esquece dele, se a pessoa se lembra de seu irmão e se compromete com seus sofrimentos. Ao passo que lembrar-se de Deus a partir da indiferença em relação ao outro leva a afastar-se dele e também de Deus (Lc 16,19-31).

Por trás da ideia do juízo final existe uma expectativa humana universal, à qual respondem todas as religiões: a exigência de sentido. A carência de significado da vida está marcada pelo triunfo do mal. Muitas vezes o malvado triunfa, as pessoas boas fracassam e o pecado resulta rentável. Por isso existe na pessoa fome e sede de justiça (Mt 5,6), sempre insatisfeita. Daí o anseio de Deus, o desejo de que o verdugo não triunfe sobre a vítima (Horkheimer), a necessidade de que Deus atue contra o mal e os opressores. O problema da teodiceia não é só como justificar a existência do mal e torná-la compatível com um Deus bom, mas responder à fome insatisfeita de justiça que existe no ser humano. Existe uma demanda de sentido, um grito que chega ao céu no "matadouro" da história (Hegel), grito do qual, em maior ou menor medida, todas as religiões se fazem eco. Nesta linha poder-se-ia compreender as referências à possibilidade do castigo para o homem, que fazia parte do código religioso judaico e que é mantida no evangelho. Embora nunca se afirme de ninguém que foi condenado por Deus e se admoeste aos moralistas e religiosos que não julguem os outros (Lc 6,37; Rm 2,1-3). Mas o castigo do pecado está implícito na destrutividade imanente que ele acarreta já nesta vida. O céu e o inferno não são lugares de além-túmulo, mas formas de vida (com Deus ou contra Ele), que são vividas já na história. O que há de terrível no pecado é que ele destrói, tanto quem o comete quanto os outros. Por isso existem pessoas que fazem de sua vida e da vida dos outros que as rodeiam um "céu" e um "inferno". A partir desta consequência imanente à ação boa ou má é preciso compreender a linguagem das recompensas e dos castigos, no aquém e no além. Se Deus abandonasse o pecador aos resultados de sua própria escolha, este seria seu castigo (Rm 1,18.24-25).

O anúncio do reino guarda a ideia judeu-cristã de um juízo final, bem como o imaginário escatológico do inferno (Mt 5,22; 8,12; 13,41-43.50; 18,8-9; 22,13; 24,51; 25,30.41), com os quais se expressa, simbolicamente, a esperança na justiça que não encontramos na vida. É preciso insistir que são afirmações teológicas que respondem à nossa demanda de sentido e não descrições de supostas penas e castigos, como as que Dante reflete na *Divina comédia*.

Jesus participa de seu código religioso e o evangelista Mateus é o que mais recolhe esta tradição, embora ponha os acentos de forma diferente e ressalte a vinculação do juízo com o comportamento que se tem em relação aos outros. O caráter simbólico e as representações míticas com que se expressa esta necessidade não lhe diminuem a força expressiva e admonitória, já que ela responde à pergunta humana pelo sentido. A representação do castigo de Deus no Antigo Testamento e em João Batista procura fazer com que não se minimize o pecado e que não fique sem resposta a exigência de justiça que o homem tem. Deus não é indiferente ao pecado, mas não busca a perdição e sim a salvação (2Pd 3,9). Outra coisa são as imagens aterrorizantes de Deus que ocorreram nas religiões a partir desta concepção da divindade.

Por outro lado, também aqui seria possível ver uma evolução no Novo Testamento, que afetaria a pregação do próprio Jesus. Se o imaginário escatológico de juízo e inferno busca ressaltar a gravidade do pecado e das opções livres do homem, seu objetivo não é explicar o que será a situação dos pecadores após a morte. Uma coisa é a possibilidade do inferno, enquanto ameaça que pode frear a destrutividade humana, e outra a condenação real e definitiva dos pecadores, sobre o que não existem dados na pregação de Jesus. E se poderia acrescentar, com Von Balthasar, que os textos ameaçadores são mais abundantes durante a vida de Jesus, enquanto após a ressurreição se ressalta a universalidade da salvação e a esperança no triunfo final de Cristo que atrairá o próprio Israel[3]. A possibilidade do mal e da

---

3. VON BALTHASAR, H.U. *Tratado sobre el infierno* – Compendio. Valência, 1999. • "La Iglesia y el infierno". *Communio*, 13, 1991, p. 122-127.

condenação subsiste como advertência e exigência de justiça (2Ts 6,9), assim como a variedade de posturas dos cristãos diante das consequências do pecado (Jo 3,35-36; At 5,3-5; 7,51-53). Mas a ressurreição é uma mensagem de esperança, não de condenação (1Tm 2,4-6) e, a partir dela, pode-se falar de uma evolução da mensagem cristã (Rm 5,12-21; 11,26.32; 2Cor 5,20-21; Ef 1,10.22-23; Cl 1,20)[4].

No próprio iluminismo filosófico europeu consta um déficit de sentido que se choca com a moral e que leva Kant a postular uma fé racional em Deus, enquanto é a garantia do triunfo final do sentido e da justiça, contra nossas experiências vitais. Esta exigência de sentido diante da experiência da injustiça explica as referências ao juízo e castigo divinos, que fazem parte da cultura religiosa a que Jesus pertence. Hoje o imaginário cristão do além vive uma profunda crise e precisa de uma atualização e reformulação, para corresponder à nova sensibilidade diante da exigência de justiça e de perdão, que faz parte do ensino de Jesus. Tradicionalmente esse imaginário foi utilizado no marco de uma pastoral do medo, em vez de vê-lo a partir da perspectiva de uma promessa que responde ao anseio insatisfeito de justiça do ser humano.

A maneira não religiosa de entender a presença de Deus desconcertou a sociedade. Jesus evita a tentação de projetar a culpabilidade nos outros, imputando-lhes a culpa pelo que acontece no mundo. Pelo contrário, remete à interioridade própria e ao perdão dos outros (Mt 7,1-5). A autenticidade de vida e a sinceridade consigo mesmo é o que capacita para entender a própria vulnerabilidade. De acordo com Kant, é preciso descer ao inferno do próprio autoconhecimento para escapar da armadilha da autodivinização, de sentir-se superiores aos outros e da presunção moral[5].

A tendência projetiva humana leva a procurar bodes expiatórios sobre os quais descarregar a culpa, enquanto Jesus apela à autocrítica e à generosidade em relação aos outros. Mais do que reprimir o pecado, Ele incita a uma forma nova de comportamento, que abre um novo horizonte de sentido. Para isto Ele comunica uma experiência, a sua experiência, em vez de oferecer um código doutrinal. Por isso sua oferta religiosa é criativa, não meramente reativa à que é oferecida pelas autoridades. E este convite é válido em si mesmo, haja ou não um além, porque é o que permite ao homem crescer e viver. Por isso Ele irradia

---

4. RAHNER, K. "Principios teológicos de los enunciados escatológicos". *Escritos de teología*, IV. Madri, 2002, p. 373-400. • *Curso fundamental sobre la fe*. Barcelona, 1979, p. 495-513.

5. KANT, E. *Kantswerke* VI, 441,14 [Metafísica dos costumes].

e fascina, inclusive seus adversários. Quando a religião não é uma parte da cultura, que apenas descreve nossas obrigações em relação a Deus, mas uma maneira de entender a vida que recusa contrapor Deus ao homem e é crítica de todas as instituições sociais e religiosas, ela se transforma numa bênção e não num fardo. Só então é uma fonte de inspiração e de criatividade que desperta o interesse de todos e não apenas de seus seguidores.

Esta dinâmica implica uma nova definição da santidade e transcendência divinas. Da mediação sacerdotal e cultual entre o sagrado e o profano, Jesus passou a situar Deus no homem e na vida diária. Buscar Deus no quotidiano da vida, sem pôr o acento na dimensão religiosa e cultual, implicava uma revolução religiosa, que afetava Israel e as religiões do Império romano. Não é de estranhar que esta nova mensagem provocasse hostilidade reativa, primeiro das autoridades religiosas, e depois das autoridades políticas, que posteriormente acusaram os cristãos de ateus e de menosprezar as tradições religiosas[6]. Para os que queriam definir a religião como uma esfera própria, sagrada e separada do quotidiano, como ocorria com as religiões mistéricas do Império romano, o cristianismo era uma forma de ateísmo. Era uma mensagem nova, que continua sendo revolucionária para qualquer religião, inclusive a cristã, e que perdeu grande parte de sua força quando o cristianismo triunfou e se constituiu na religião oficial do Império romano. Inclusive, inicialmente, o cristianismo se apresentou no império como a verdadeira filosofia (Justino), como o saber que melhor correspondia às necessidades humanas e não como um saber religioso equiparável aos outros. Havia sintonia entre a oferta cristã de sentido e as buscas dos cidadãos romanos.

O projeto do reino canalizava as necessidades humanas e se apresentava como oferta de sentido universal a partir da qual era preciso avaliar todos os códigos sociais e religiosos. Quando irrompe a transcendência divina, desloca-se a atenção para as necessidades do homem, ressaltando o convite para o banquete do reino, a generosidade da oferta divina. Existe uma transfiguração dos valores, como pretendia Nietzsche, mas em sentido oposto a ele, na qual se ressalta a gratuidade de Deus. O contraponto do Reino é a exclusão do outro por motivos sociais ou religiosos, ou ignorá-lo, como na Parábola do samaritano (Lc 10,25-37). Na comunidade do reino não há exclusão e o inferno não são os outros (Sartre), mas

---

6. "Por isso nos dão também o nome de ateus; e, se se trata destes supostos deuses, confessamos ser ateus" (JUSTINO. *Apologia* I, 6; 13). Remeto ao estudo clássico de VON HARNACK, A. *Der Vorwurf des Atheismus in der drei ersten Jahrhunderten.* Leipzig, 1905. • NESTLE, W. "Atheismus". *RAC*, 1, 1941, p. 866-870.

estes constituem os referentes a partir dos quais outro mundo e outra religião são possíveis. Daí o simbolismo do cego, que reconhece Jesus (Jo 9,16.24-25.30-41; Mc 10,47-52) porque ele faz sinais que dão vida, e a cegueira dos dirigentes, que ignoram os sinais de salvação. Aceitar Jesus como enviado de Deus permite descobrir o plenamente humano e, ao comportar-se assim com os outros, ocorre a semelhança com Deus. Isto deixou pegadas na tradição ocidental, que assimilou muitos valores cristãos e os aplicou de forma secularizada e, às vezes, antirreligiosa. Os direitos humanos constituem, hoje, o código do Ocidente secularizado e derivam da premissa fundamental da dignidade humana. Jesus foi o grande defensor da dignidade humana diante das prescrições e autoridades religiosas. Avaliou os religiosos em função de sua aposta pelo homem e sua salvação (Mc 3,1-6), não por suas doutrinas. Por isso o critério avaliador de todas as religiões não é a doutrina, mas a conduta que elas prescrevem. No Ocidente a carta dos direitos humanos é um referente absoluto para avaliar as próprias religiões.

2 Um projeto iniciado e incompleto

Jesus é filho de Deus, porque Deus está nele. O que é divino e humano se revela em Jesus. Neste sentido seria necessário reinterpretar as formulações dogmáticas posteriores, nas quais a teologia filosófica explica com categorias ontológicas o que antes era histórico e relacional, vendo suas raízes na história de Jesus[7]. Não só é preciso compreender a filiação divina a partir da divindade, mas Jesus revela o que é ser criador e salvador. Havia uma clara consciência de que o senhorio final divino se realizaria no futuro, embora fosse esperado num tempo próximo (Mc 1,15; 9,1; Lc 21,31-33: para esta geração). Jesus pede que venha o reino (Mt 6,10; Lc 11,2), mas confessa sua ignorância sobre o como e o quando da vinda final de Deus (Mc 13,32 par.). Esta convicção provém de Jesus, dado que não iriam atribuir-lhe expectativas que não se cumpriram, como esperava a geração coetânea de Jesus. Sua experiência do Espírito e sua relação de proximidade com Deus o levaram a imaginar que estava próxima a consumação do reino. As comunidades cristãs, inclusive o próprio Paulo, viveram desta mesma expectativa e precisaram enfrentar, como os primeiros discípulos, seu adiamento indefinido (2Pd 3,8-9).

Jesus foi visto por seus contemporâneos como o profeta do fim dos tempos, no qual se cumpriam as promessas do Antigo Testamento. Provavelmente o próprio

---

7. HENRIKSEN, J.O. *Desire, Gift and Recognition.* Michigan: Grand Rapids, 2009, p. 218-220, 155-202.

Jesus participava desta visão, na qual desempenhavam um papel as referências a Elias, esperado para o fim dos tempos e vinculado a João Batista e ao próprio Jesus (Mc 6,15; 8,28; 9,4-5.11-13; 15,35-36 par.; Jo 1,21.25; Rm 11,2). No evangelho de João, pelo contrário, ressalta-se Cristo rei (Jo 18,36) e só se alude ao reinado de Deus para vinculá-lo ao batismo e ao espírito (Jo 3,3-5). O quarto evangelho, o último a ser redigido, vê o reino de Deus vinculado à encarnação e à ressurreição, como uma realidade plena que se faz presente na história, incluída a própria crucificação. O anúncio do Cristo exaltado deslocou tardiamente o reino de Deus e a parusia substituiu a expectativa messiânica inicial. Iniciou-se um processo de interiorização do reino de Deus como uma realidade espiritual e pessoal, realizada já com a ressurreição. O que era um projeto de sentido que implicava uma mudança de sociedade, a sociedade judaica, logo passou a ser um projeto de vida individual, moral e espiritual, dentro das coordenadas da sociedade imperial romana, à qual se adaptou a mensagem de salvação de Jesus. A inculturação no Império romano não só possibilitou distanciar o cristianismo de suas raízes judaicas, mas impregnou e mudou alguns conteúdos e significados da mensagem inicial cristã. E isto é perceptível nos primeiros escritos do Novo Testamento, os paulinos.

Jesus e o reino de Deus estão intimamente conectados, mas existem diversas interpretações sobre a chegada do senhorio de Deus[8]. Alguns teólogos puseram o acento no compromisso de Jesus com o reino e em sua tentativa de forçar o seu cumprimento com a ida a Jerusalém, que daria lugar à intervenção definitiva de Deus. Outros sublinham que foi uma realidade já presente na vida pública de Jesus, embora a comunidade posterior à ressurreição tenha acentuado sua dimensão futura. Maior consenso obteve a postura intermédia entre os dois extremos, a do reino de Deus como uma realidade germinal vinculada à atividade de Jesus e a de uma expectativa de futuro, porque o tempo messiânico se havia iniciado, mas não seu cumprimento final. Parece claro que Jesus (Mc 9,1; 13,28-31; 14,25; Mt 10,23; 16,28; Lc 22,16) e depois a comunidade de discípulos, incluindo Paulo e outros autores (1Ts 4,15.17; Rm 13,11; 1Cor 7,29-31; 15,51-52; Fl 4,5; 1Pd 4,7; 1Jo 2,18; Tg 5,8; Hb 10,25.37; Ap 22,20), esperavam a consumação próxima do tempo messiânico. Esta expectativa inaugurava as tarefas do presente, à luz da chegada do reino, que está "dentro (no meio) de vós" (Lc 17,20-23), embora ainda não se tenha consumado. O anúncio do reino desencadeou uma grande expectativa e despertou uma grande esperança, assegurada e transformada com o anúncio da ressurreição.

---

8. CASTILLO, J.M. *El reino de Dios*. Bilbao: Desclée De Brouwer: 1999.

Podemos compreender a expectativa desencadeada pela mensagem de Jesus num povo que vivia sob a opressão social e política. O horizonte messiânico abria Israel ao futuro e era produtor de sentido, proporcionalmente à experiência de mal que ele carregava e à sua impotência para mudar a realidade opressora. Aferrar-se à religião é às vezes o último refúgio dos oprimidos, que se sentem impotentes para mudar a situação. E pode desempenhar um papel positivo, alentando a esperança, o inconformismo e a capacidade de luta, como também um papel negativo na linha acusatória de Marx à religião como ópio para o povo. Os milenarismos e as correntes radicais escatológicas têm sido uma constante na história do cristianismo, inspirando-se em alguns aspectos da Igreja primitiva[9]. Têm significado diferente, porque favoreceram tanto a *fuga mundi*, para concentrar-se na preparação para o iminente dia final, quanto uma dinâmica revolucionária e radical, que leva a conquistar o mundo e impor o reino de Deus, para acelerar a tão ansiada vinda. Nos dois casos existe um projeto de sentido para a vida do homem, embora as consequências sejam opostas. Frequentemente foi a primeira que se impôs com um espiritualismo desvalorizador das tarefas de mudar a sociedade e a religião. A dinâmica de uma libertação já presente e iniciada, e de uma tarefa por realizar e inconclusa, não só marcou as teologias cristãs, mas serviu como fonte de inspiração para muitas correntes filosóficas, projetos políticos e propostas de reforma social.

Jesus destaca que nem Ele próprio conhece o dia e a hora do cumprimento final (Mc 13,30-32; Mt 24,32-36; Lc 21,31-32). Era preciso estar atentos para quando esse dia chegasse de surpresa (Mc 13,35-37; Mt 24,27; Lc 21,34-36). O pano de fundo é sempre a economia do dom, já que o reino é uma doação divina, com a qual o homem precisa colaborar e predispor-se para recebê-la. Provavelmente estas admoestações têm pleno significado no contexto da guerra judaica contra os romanos, muito próxima da composição dos evangelhos sinóticos, e no das correntes messiânicas que proliferaram nesta época. Era preciso manter a expectativa de Jesus por fidelidade a Ele e não cair na armadilha dos falsos messias e dos que viam a guerra como um sinal de que havia começado o tempo final. Esta incerteza se manteve na primeira geração de discípulos (Lc 22,16-18), com insistentes apelos a manter esta esperança, apesar de seu adiamento (Hb 3,6.14; 10,23.36; 1Jo 2,28; Tg 5,7; 2Pd 2,4). Gradualmente foi se impondo a ideia de que o cumprimento final das expectativas messiânicas era adiado no tempo (2Pd 2,8-10), o que favoreceu a situação atual em que já quase ninguém espera a chegada de

---

9. TAMAYO, J.J. *Para comprender la escatología cristiana*. Estella, 1993, p. 161-186.

um reino de Deus e se afasta o horizonte de sua irrupção histórica. O cristianismo mantém a esperança na salvação, que só pode vir de Deus e transcende as fronteiras da morte, mas já vive do sentido que lhe deu a vida de Jesus. Desaparecem muitas imagens míticas, que faziam parte do código cultural e religioso judaico, e é mantida a esperança que surgiu do anúncio e da práxis de Jesus.

O desvio de curso, passando-se da expectativa sobre o reino de Deus para a segunda vinda de Cristo, deve-se à ressurreição e é uma criação da Igreja primitiva. Nele há uma clara esperança de sentido e um projeto de vida. Passou-se a ver Jesus como o próprio reino, com o Cristo rei substituindo a expectativa messiânica do próprio Jesus. Esta problemática se perdeu, porque não existe hoje uma consciência comunitária de esperança da chegada do Senhor. Em sua maioria, os cristãos atuais instalaram-se em suas sociedades, como as igrejas a que pertencem, e não vivem esta localização como provisória e conflitiva na medida em que está em tensão com o reinado de Deus que Jesus quis. A escatologia foi reduzida, muitas vezes, a um saber sobre "as últimas coisas" do "além", à custa de perder o dinamismo e a radicalidade da mensagem de Jesus. Por trás do milenarismo e do profetismo messiânico está a consciência de que Jesus veio para mudar o mundo, sua sociedade judaica, e de que a postura cristã mais consequente é a de viver criticamente na sociedade, sem deixar-se moldar por ela. A transformação da sociedade, e com ela a transformação da cultura e da religião, é um imperativo da mensagem de Jesus. Permanece seu testemunho acerca da maneira como é preciso viver a vida e a esperança de um encontro último com Deus que responda às exigências de sentido não resolvidas. O atraso da chegada do reino favoreceu a crise cristã e as carências da teodiceia, em paralelo com a dinâmica de incorporar-se na sociedade e tornar-se semelhantes aos outros. Desta maneira, se enfraquece radicalmente a mensagem de Jesus, que se transforma numa ideologia moral e individualista. Mas a marca desta dinâmica permanece na história do cristianismo e suscita constantemente correntes que a recordam e atualizam, como fez a teologia da libertação.

A distância entre as expectativas e a realidade histórica pôde se superada pelo anúncio da ressurreição de Cristo, que permitia confiar na ação de Deus e legitimava sua práxis do reino. Também foi justificada com a nova missão universal que se abria à Igreja nascente (Mc 13,19; Mt 24,14). Deixou-se de lado o "*Maran athá!*" (1Cor 16,22: "Vem, Senhor Jesus!"; "O senhor vem!") e passou-se a rezar para que Deus desse tempo à missão e possibilitasse a conversão de todos. Algumas correntes minoritárias acentuaram o contraste entre os cristãos e o mundo, enfatizando que era preciso viver como estrangeiros e manter a tensão escatológica até à vinda do Cristo (1Pd 1,1.13-16; 2,11-12; 4,7-10; Tg 1,21; 2,13; 5,7-12;

1Jo 2,15-17.28-29; 4,17). Mas o acento já não foi posto na mudança social nem na mudança religiosa, e sim num estilo de vida moral e de virtudes, que permitia viver piedosa e sobriamente no mundo (1Tm 3,16; 5,23; 6,8; Tt 1,1; 2,12-13) para que não houvesse um castigo de Deus (1Ts 4,1-7). A conflitividade provocada pela mensagem e pela práxis de Jesus (Lc 9,23-26; 12,49-53; 14,25-27; Mt 10,33-39; Mc 8,34-38) se perdeu, ao mesmo tempo em que se impunha a ideia de que o reinado de Deus se atrasava. Exortou-se a fazer preces por todos os homens, pelos reis e por todos os que têm autoridade, "a fim de gozarmos de vida tranquila e sossegada com toda piedade e honestidade" (1Tm 2,1-2). O concentrar-se na pessoa individual marcou o projeto do reino. A religião como fonte de virtudes morais é mais fácil de ser integrada no *status quo* das sociedades do que o projeto de Jesus. Este questiona não só a práxis individual, mas também as estruturas dominantes na sociedade.

A espiritualização e a idealização da expectativa sobre o reinado de Deus solaparam a dimensão reformadora da sociedade e a potencialidade do cristianismo. A perda progressiva da escatologia, da expectativa do reino e, em seguida, da vinda triunfal de Cristo facilitou a transformação do reino de Deus numa instância moral e espiritual, ligada ao esforço humano virtuoso, no marco da inculturação na sociedade romana[10]. Esta mudança reflete outra maneira de entender a mensagem de Jesus após a morte da primeira geração de cristãos, bem como a mudança produzida na cristologia, na maneira de entender Jesus e sua filiação. Se o reinado de Deus é o marco para Jesus, a esperança da vinda do Cristo triunfante marcou a primeira geração da Igreja primitiva, para depois dar lugar a uma consciência de missão sem escatologia. Logo que se viu consumada a cristianização do Império romano, o cristianismo perdeu parte de seu ímpeto missionário e de sua expectativa sobre o fim. As predições sobre a proximidade do reinado de Deus passaram da grande Igreja para os grupos radicais, rejeitados como sectários. Uma Igreja bem acomodada na sociedade não tem espaço para uma corrente que relativiza o presente e se abre para o futuro. O reino de Deus passou a depender mais do esforço moral humano do que da crença numa intervenção próxima de Deus[11].

Continuamos esperando uma vinda triunfal de Cristo que é sempre adiada, do mesmo modo que muitos judeus continuam aguardando a chegada do Messias prometido. Alguns acusam os cristãos de milenaristas frustrados, que compensa-

---

10. ESTRADA, J.A. *Para comprender cómo sugió la Iglesia*. Estella, 1999, p. 255-264.

11. SCHWEIZER, A. *The Kingdom of God and Primitive Christianity*. Nova York, 1968, p. 88-99.

ram a morte de seu messias com uma renovada expectativa escatológica, depois de anunciar que Ele havia ressuscitado[12]. Existe um núcleo de verdade nesta afirmação, pelo peso que adquiriu o anúncio da ressurreição como legitimação da mensagem de Jesus. No entanto, não é necessário interpretar esta mudança, do anúncio do reino à proclamação da ressurreição, como uma compensação psicológica e alucinada de pessoas que, reativamente, se aferraram a uma fé impossível. Elas se sentiram identificadas com a pessoa e sua mensagem e acreditaram em sua ressurreição; por isso mantiveram sua fé e seu compromisso em circunstâncias históricas mutantes. Em tempos recentes, também Israel viveu a tragédia da *Shoah*, o holocausto, que pôs à prova sua fé em Deus, na aliança e na esperança do Messias[13]. E, no entanto, muitos judeus mantêm esta fé religiosa, em torno da qual constituíram sua identidade coletiva e seu sentido de pertença, à margem da constituição do Estado de Israel. Sua tradição religiosa faz parte de seu projeto de vida e eles não renunciaram a ele, apesar das trágicas provações a que se viram submetidos. Algo parecido pode-se dizer dos cristãos, que mantiveram a confiança em Deus, apesar da cruz, e que viram na doutrina e na práxis de Jesus as senhas de como precisavam viver.

O fato de não se cumprirem as esperanças relativas a um iminente final da história, no qual se consumaria a aliança de Deus com Israel, faz parte hoje da consciência cristã. É preciso ressaltar a dimensão contingente de Jesus e dos seus. Um projeto de sentido não está isento de erros e falsas apreciações a respeito do curso histórico; e uma inspiração divina não exclui os desacertos de seus protagonistas, que a recebem e interpretam condicionados por seu contexto social e religioso. O cristianismo vive de esperança e de memória histórica. Recorda-se o que Jesus fez, como Ele viveu, os valores pelos quais lutou e o projeto de sentido com o qual se sentiu comprometido. Este é o elemento decisivo, para além das perspectivas sobre o triunfo próximo deste projeto. Trata-se de construir uma sociedade na qual seja possível o senhorio de Deus, vinculado à sorte dos mais pobres e necessitados, corporal e espiritualmente. Daí surgiu uma dinâmica crítica da sociedade e da religião. Os problemas apareceram depois da morte de Jesus, quando sua comunidade viveu um processo de transformação, até converter-se em igreja contraposta à sinagoga, e precisou inculturar-se em outro marco histó-

---

12. FESTINGER, L.; RIECKEN, H. & SCHACHTER, S. (eds.). *When Prophecy fails*. Mineápolis, 1956. • PUENTE OJEA, G. *Elogio del ateísmo*. Madri, 1995, p. 188-216.

13. FACKENHEIM, E. *Reparar el mundo*. Salamanca, 2008. • *God's presence in History*. Nova York, 1970. • RUBENSTEIN, R. *After Auschwitz*. Baltimore, 1999.

rico e social, o da sociedade greco-romana. Então surgiu um novo projeto de vida, passando para segundo plano alguns elementos do reino de Deus. Permanecia, no entanto, a memória histórica sobre Jesus, que seria sempre um elemento crítico para a Igreja posterior.

3 O código de felicidade de Jesus

Jesus "lhes ensinava muitas coisas em parábolas" (Mc 4,2). "E com muitas parábolas [...] lhes dirigia a palavra segundo podiam entender. E não lhes falava sem parábolas; mas a seus discípulos explicava-as todas em particular" (Mc 4,33-34; 12,1.12). São relatos tomados da vida cotidiana, para comparar o reino de Deus a realidades já presentes (Mc 4,3-8), como imagens em palavras, que encenam seu significado (Mc 4; Mt 13; Lc 15–16)[14]. Estas narrativas incidem na vida porque têm uma referência crítica que é comunicada aos que as ouvem[15]. A doutrina é ensinada em parábolas, mas há outros discursos de Jesus nos quais Ele explica sua maneira de entendê-la. Entre todos estes discursos se destaca o conjunto do Sermão do monte (Mt 5–7), que não deixa ninguém indiferente. Sobretudo as bem-aventuranças, que não são ideais objetivos e intemporais, nem imperativos morais, mas propõem um estilo de vida, uma oferta de sentido para a existência. Partem da felicidade, "bem-aventurados!", expressão que corresponde à "boa notícia". O ponto de partida é o que há de positivo no evangelho e somente a partir daí se pode passar a ver o negativo, as carências e as limitações. Pelo contrário, se partimos da negatividade da vida, surge facilmente a depressão e o lamento, como acontece aos "profetas de calamidades", que João XXIII denunciou no concílio Vaticano II. A eles se deve a moralização do cristianismo e o fato de no discurso eclesiástico abundarem mais as queixas pelos pecados do que a apresentação do cristianismo como uma oferta de esperança e de felicidade.

Tanto em Mateus como em Lucas são acentuadas as atitudes vitais, embora sejam descritas também situações objetivas que merecem elogio ou rejeição. Tra-

---

14. Uma síntese clara e pedagógica de seu significado teológico é apresentada por DODD, C.H. *Las parábolas del reino*. Madri, 1974. Cf. tb. CROSSAN, J.D. "Parable". *The Anchor Bible Dictionary*, 5. Londres, 1992, p. 146-151.

15. Arens interpreta as parábolas como ações linguísticas inovadoras e críticas de Jesus num contexto comunicativo e argumentativo, analisado por ele filosoficamente. Cf. ARENS, E. *Kommunikative Handlungen* – Die paradigmatische Bedeutung der Gleichnisse Jesu für eine Handlungstheorie. Düsseldorf, 1982, p. 109-170. • *Christopraxis* – Grundzüge theologischer Handlungstheorie. Friburgo, 1992. • *Gottesverständigung* – Eine kommunikative Religionstheologie. Friburgo, 2007.

ta-se do programa do reino de Deus, que indica como e onde ele é encontrado. Propõe-se um estilo de vida contracultural e inconformista (Mt 7,13-14). Um cristianismo instalado na sociedade é o contrário do dinamismo do Sermão do monte. Em nome da prudência e do realismo se desqualifica a expectativa do reino, na qual outro mundo é possível. O Sermão do monte é a utopia cristã por antonomásia, que serve de referente e regulador inspirador de como é preciso comportar-se no presente e por que é preciso apostar no futuro. O anúncio de Jesus respondia às esperanças de salvação dos mais fracos, e por isso nas bem-aventuranças louva-se Deus porque está do lado dos pobres (vosso é o reino de Deus: Mt 5,3). Os pobres são os que têm Deus como rei (Lc 6,20-23). A importância e o peso da pobreza levam Jesus a louvar os que têm fome de justiça e sofrem por ela (Mt 5,6), porque são os que canalizaram seus desejos e aspirações para o reino de Deus, em vez de orientar-se para o dinheiro. Mateus sublinha a atitude – ter espírito de pobre – porque existem pobres com mentalidade de ricos. A convicção de que Jesus está com os deserdados deste mundo, com os empobrecidos das sociedades, exige uma prática e um comportamento. Mas a mera pobreza material não produz esta atitude, como se vê na Parábola do servo ingrato (Mt 18,23-35). Mateus insiste numa atitude, o que não o impede de entender os pobres materialmente. Lucas, por sua vez, radicaliza a bem-aventurança em relação aos ricos, pelo contraste da mensagem que alegra os pobres e preocupa os ricos (Lc 6,24-25).

Pode-se afirmar que toda a história do cristianismo está marcada pela atitude defensiva dos cristãos para defender-se desta provocativa bem-aventurança, que transtorna as concepções da sociedade e da própria Igreja, como mostrou a história de Francisco de Assis. Trata-se da bem-aventurança mais exigente para nossos países prósperos, já que a maioria dos cidadãos ricos do mundo se declara cristã e canalizou seus desejos e necessidades em função da acumulação de bens de consumo. Toda a exegese sobre os textos de Mateus está marcada por uma interpretação dos "pobres de espírito" que torne possível sua compatibilidade com a riqueza real, apesar de isto contradizer outros textos de Mateus que esclarecem o que ele entende pela expressão "pobres de espírito" (Mt 6,24.34: não podeis servir a Deus e às riquezas; 19,23-24; 25,31-46: o que se fizer aos pobres determina o juízo divino). Os cristianismos históricos estiveram sempre na defensiva e procuraram mitigar a bem-aventurança, e dar-lhe inclusive um sentido contrário ao dos evangelhos. Em última instância, o dinheiro se transforma numa oferta global de sentido. Quem o tem pode, supostamente, ser feliz e conseguir tudo, o que leva a pessoa a retrair-se em si mesma e instrumentaliza os outros. O paradoxo é que quanto mais se tem, mais se cobiça; que a posse do dinheiro não o torna menos necessário, mas, pelo contrário, coloca a pessoa na defensiva em relação aos outros, porque não se quer compartilhar, e sim acumular mais para sentir-se mais seguro. É o que dramatizamos com a figura da avareza e da cobiça, na qual o homem está subjugado por um impulso que o domina. A oposição entre Deus e o dinheiro corresponde à contraposição entre dois absolutos que impregnam a vida humana.

Além disso, Jesus louva os misericordiosos e pacíficos (Mt 5,7-8), porque renunciam à violência e sabem assumir sua vulnerabilidade. Eles têm o coração puro, e por isso podem ver a Deus e reconhecê-lo nos outros. A bem-aventurança aos perseguidos porque o seguem (Mt 5,11-12; Lc 6,21-22) tinha uma clara ressonância para a Igreja primitiva na época em que foram escritos os evangelhos. Tem também um significado atemporal, já que os seguidores de Jesus estão sempre em conflito com um mundo que rejeita sua mensagem (Jo 16,2-4.8-11.20.33; 17,14-16). A irrupção de Jesus em Israel não só representava um desafio novo para a religião, mas implicava uma transformação do código cultural. Daí a potencial reação violenta contra Ele, causa determinante de sua crucificação. Jesus lutou contra a violência religiosa (Mt 5,3-12.21-26.38-48), apelando para o fato de que Deus faz chover sobre bons e maus e afirmando que seus discípulos devem proceder de forma semelhante (Mt 5,44-48).

Esta dinâmica de violência religiosa acontece também na passagem da mulher adúltera (Jo 8,3-11), que, de acordo com a lei de Moisés (Lv 20,10; Dt 22,22-24; cf. Jo 8,5), devia ser apedrejada. Impunha-se o código religioso, que apelava para que todos a apedrejassem, reafirmando assim o valor às normas. Jesus exige que aquele que se acredita sem pecado atire a primeira pedra, consciente da importância de quem toma a iniciativa e arrasta os outros. Apela para a consciência de culpa, a fim de salvar a mulher, questionando também a superioridade moral que pretendem contra ela. Assim, Jesus rompe a dinâmica dos que imitam o chefe ou modelo (Girard), pois sabe que, se um dos líderes assume a responsabilidade da violência, legitimada pela religião, outros o seguirão. E começam a retirar-se os mais velhos, seguidos pelos outros, porque a multidão não tem iniciativa própria. Os líderes religiosos têm a maior responsabilidade moral na violência religiosa, como ocorre na paixão. Jesus rompe com uma norma religiosa que sacraliza o apedrejamento, assumindo o risco de que a violência das autoridades se volte contra o transgressor que os desafia. Para romper com as patologias religiosas e políticas é preciso ter liberdade de consciência e superar o medo de desobedecer, antepondo a própria liberdade de consciência. Por isso, as autoridades têm medo dos que não se integram na dinâmica de seguimento da massa. Jesus proclama com os fatos que Deus não quer a morte do pecador e rejeita a violência.

Mas, a partir do pano de fundo da morte, ressurge a ideia da ameaça do castigo para Israel (Mt 21,41-46; 22,1-14; 26,52), que, por sua vez, provoca mais violência (Mt 23,29-32.34-36). Mateus se apoia na tradição do Deuteronômio e apresenta a destruição de Jerusalém, já realizada quando escreve seu evangelho, como um juízo e um castigo divino (Mt 22,7; 27,25). O círculo de violência já está presente na irrupção do reinado de Deus, e a violência (Dt 7,1-4; 20,10.16-18; 25,17-19) não é suprimida totalmente na interpretação oferecida por Mateus. Os textos do Novo Testamento encenam um novo código nas relações humanas e uma nova concepção de Deus, mas restam elementos residuais dos textos antigos, que adquiriram mais força no cristianismo histórico quando este se inspirou no Antigo Testamento para opor-se às religiões pagãs do Império romano. Os próprios escritos do Novo Testamento se debatem entre a exposição dos projetos de Jesus e avaliações sobre sua morte influenciadas pela antiga concepção de Deus. A dificuldade que os discípulos têm de assimilar seu projeto, que finalmente os levou à deserção, a têm também os que o interpretam e aplicam a acontecimentos posteriores à vida de Jesus.

O Sermão do monte e as bem-aventuranças condensam o núcleo da mensagem do reino, que mostra um Deus parcial, que toma partido pelos que sofrem, e um Jesus que, no evangelho lucano, maldiz os que causam sofrimento ou passam ao largo dele (Lc 6,24-26; Mc 10,25-27; Mt 25,31-46). Parte-se da realidade das pessoas que sofrem e de um mundo marcado pelo pecado e se anuncia a chegada de Deus como uma boa notícia. Existe uma inversão dos valores e uma descentralização do eu, simbolizada pela exortação a dar ao outro mais do que ele pede e a oferecer a outra face (Mt 5,39-42). O egocentrismo desumaniza o homem e é um obstáculo para uma plenitude baseada nas relações interpessoais. São estas que marcam o sentido da vida, não instantes isolados vividos a partir de um eu absolutizado e indiferente aos outros. A mensagem de Jesus é a da generosidade para com os outros (Mt 6,22-23), no compartilhar e dar-se, para depois encontrar a surpresa de que esta atitude não redunda em prejuízo daquele que a pratica, mas o enriquece. Dar-se aos outros, fazer algo pelos outros, é o que produz criatividade e plenitude. O caráter relacional do ser humano exige a relação com os outros. Nesta pode-se experimentar que a generosidade e a partilha, não só material, mas também espiritual, enriquecem aquele que as vive, da mesma forma que o egocentrismo isola e empobrece.

A felicidade e uma vida de sentido não evitam que alguém tenha dificuldades e problemas (Mt 5,12; 10,22), mas permitem saber viver com eles a partir de um processo de abertura. Lucas sublinha o compromisso fático, as realidades que Jesus bendiz ou maldiz, determinantes para as convicções e ideias de cada pessoa. Kierkegaard, antes de Marx, afirmava que o evangelho não é lido da mesma maneira a partir de um palácio e a partir de uma choça. Aquele que não vive de acordo com suas convicções as adapta à realidade, e o lugar em que vivemos nos sensibiliza e motiva, porque a realidade não é neutra. É uma das armadilhas em que se cai quando se quer viver pessoalmente como "pobre de espírito" num ambiente abastado, que acaba impondo-se e inspirando os que nele habitam. Jesus vive sua vida pública em contato com os pobres e a partir daí avalia e julga a sociedade.

A mudança não acontece por uma ideologia à qual aderimos, mas por uma sensibilização a partir de uma experiência compartilhada. Por isso existem pessoas que resistem à mudança. Embora lhes sejam apresentados argumentos conclusivos, elas os rejeitam porque não tiveram as experiências que tornam possível pôr-se na pele do outro e ter empatia. Jesus não oculta a conflitividade da vida e rejeita o conformismo: deixar-se levar pela maioria social, ou transformar sua mensagem num conjunto de preceitos religiosos, à margem da maneira como se vive a vida. Os valores cristãos são os valores humanos expressos pelo Sermão do monte; a eles se subordinam os valores religiosos, e não o contrário. Jesus fala a partir da profundidade, a partir do humano vulnerável, e alude a experiências que não são religiosas e sim humanas. Ele procura transmitir um modo de vida que produz alegria e prazer, sem cair no moralismo que, às vezes, impregna a linguagem eclesiástica. Não se trata de consolar com uma recompensa no além, mas de promover crescimento e vida pessoal a partir de certos comportamentos concretos.

Por outro lado, ao sublinhar a felicidade toma-se distância da ambiguidade suscitada pela relação com Deus, fascinante e tremendo, atraente e ameaçador ao mesmo tempo. Jesus procura levar as pessoas a crer em sua mensagem, porque ela produz crescimento pessoal e alegria vital, porque fecunda e situa o plano de vida (Mt 7,24-27; 19,29-30). Não se deve sacrificar o homem a uma vontade divina alheia a ele, sacrificando-o, mas Deus oferece um caminho para viver com plenitude (Mt 6,24.33; 7,13-14). O sacrificar-se pelos outros está no cerne de sua mensagem: quem vive aberto para os outros, vive para Deus. O dom de Deus inspira e motiva a pessoa, para que se assemelhe a Ele e aprenda a dar-se aos outros. Jesus vive um "teocentrismo" humanizador, que chama a dar-se para encontrar-se; que chama à generosidade com os outros que enriquece, em vez de empobrecer; que chama ao descentramento que liberta e mobiliza. A dinâmica egocêntrica leva a acumular e possuir, para assim resistir à insegurança da vida, no contexto da competitividade social e da necessidade de defender-se das exigências dos outros.

A isto Jesus contrapõe a generosidade do compartilhar, na qual há um enriquecimento pessoal em lugar do temido empobrecimento. E a partir daí, sem negar as necessidades materiais, Ele ensina a confiar na Providência e a viver o presente, como atitude contrária a aferrar-se a certas seguranças precárias (Mt 6,19-20.25-34). Mas não se trata de ver na referência à Providência um chamado ao conformismo social ou à resignação, já que isso seria uma universalização descontextualizada do projeto de Jesus. A referência à Providência é o contraponto para aquele que depende das riquezas e procura a segurança na acumulação, mas não é um programa sobre como organizar a sociedade e comportar-se nela.

Atender às necessidades humanas

As refeições de Jesus com os pecadores, a multiplicação dos pães e as parábolas do banquete (Mt 22,1-10; Lc 14,15-24) encenam a realidade presente do reinado de Deus. As referências às refeições ocupam um lugar central nos evangelhos (137 vezes), enquanto simbolizam a participação universal de todos na mesa do reino (Mt 8,11; Lc 6,20; 14,23; Mc 14,25), sem excluir os pagãos nem os pecadores (Mc 2,15-17). Isto foi objeto de escândalo em Israel e, posteriormente, para a teologia que defendeu uma concepção estreita do "fora da Igreja não há salvação". Nas refeições se concretiza a ideia da comunidade como uma família, que depois serviu de referência para a Igreja e a Eucaristia. Os relatos da multiplicação dos pães mostram a preocupação de Jesus com as necessidades materiais básicas, como também sua exortação a convidar os que nada têm, em vez de convidar os ricos ou os parentes (Lc 14,12-13). O simbolismo da refeição serviu também para mostrar a comunhão do ressuscitado com seus discípulos (Lc 24,30-31.41-42; Jo 21,8-14; At 1,4; 10,41). Uma experiência cotidiana, o alimento, adquiriu um significado salvador à luz do senhorio de Deus nos homens. O seguimento de Jesus passa pela preocupação com as necessidades dos outros, sobretudo as necessidades primárias que dizem respeito à sobrevivência[16]. A antropologia judaica não assumia a divisão entre corpo e alma, dando prioridade às necessidades espirituais à custa das materiais. Numa sociedade pobre, na qual a luta pela sobrevivência é radical, as necessidades básicas corporais são as primeiras necessidades espirituais. Sem pão o homem não consegue viver, embora haja outras necessidades fundamentais. Jesus conhecia bem as necessidades materiais da maioria do povo e sua boa notícia estava vinculada ao compromisso com eles.

---

16. Remeto ao estudo de CASTILLO, J.M. *La humanización de Dios*. Madri, 2009, p. 219-236.

Jesus rejeitou também a vinculação entre pecado e sofrimento, como se Deus castigasse os pecados com os males (Jo 9,2-3; Lc 13,1-5). Na época de Jesus, como no Antigo Testamento (Ex 20,5) e na atualidade, havia uma teologia moralista da história, que via os acontecimentos como castigos divinos pelos pecados dos homens. O dualismo de pecado e castigo servia para justificar o mal sofrido, culpabilizando o homem para exonerar o deus castigador. As igrejas cristãs se preocuparam mais com a defesa da presumida honra e do procedimento divino, contra qualquer queixa humana, do que com o sofrimento humano[17]. Foi este o procedimento dos amigos de Jó, que o acusavam de ter cometido um pecado, já que sofria o castigo divino (Jó 4,7-9; 8,11-13.20; 20,4), embora Jó não tivesse nenhuma consciência de ter pecado. Partia-se de pressupostos que continuam vigentes. Por um lado, que Deus castiga os maus, e às vezes também os bons, como mostram as pastorais do terror. Investem brutalmente contra a fraqueza humana, porque o homem pode cometer um pecado mortal no último instante, dando assim oportunidade ao castigo divino, independentemente da fidelidade mantida ao longo da vida. A esta teoria da retribuição acrescentava-se a ideia de que tudo o que acontece tem uma causa e que Deus está por trás de todo o mal que existe na vida. Tanto os amigos de Jó como ele próprio buscavam um culpado, o próprio Deus, porque não aceitavam que há coisas que acontecem na vida sem culpa de ninguém e que Deus não está por trás de tudo o que acontece, nem por ação nem por permissão. A visão moralista do mundo busca sempre culpados e ignora a interpelação do homem inocente (Jó 9,21; 13,18.23; 23,10; 27,5-6).

A ideia subjacente é que na vida tudo tem uma causa ou fundamento, o divino, e que é vontade divina aquilo que acontece a cada pessoa. Spinoza refutou com acuidade esta concepção, mostrando que nós recorremos à vontade divina para explicar o inesperado e incompreensível, quando esta suposta vontade de Deus seria ainda mais enigmática e inexplicável do que aquilo que queremos solucionar ao aludir a ela. É que a pessoa religiosa utiliza constantemente o nome de Deus em vão, confundindo seus raciocínios e intenções com a suposta responsabilidade divina. Na Bíblia, Deus justifica o procedimento de Jó, o qual rejeita sua culpabilidade, porque não tem nenhuma consciência de ter cometido algum pecado (Jo 42,7-9). Deus não só se distancia de um paradigma religioso baseado na submissão à imposição divina, mas rejeita a teologia que silencia o protesto por causa do sofrimento. Deus nunca acusa Jó por ter-se queixado, nem

---

17. CASTILLO, J.M. *Víctimas del pecado*. Madri, 2004, p. 11-18.

por rejeitar um pecado que ele não conhece. É preciso descartar que as desgraças e males que acontecem sejam consequência dos pecados, e o próprio Jesus rejeita esta concepção (Jo 9,2-3; Lc 13,1-3). Todos buscam um bode expiatório sobre o qual descarregar a culpa da própria desgraça, seu próprio pecado, o dos outros, ou o castigo divino. Deus enfrenta Jó com a obra da criação e argumenta que está lutando contra o mal que nela existe.

A apologética divina apoia-se no criador que se impõe ao caos com uma ordem boa (Gn 1-2; Jó 38,4–39,30). O mal pertence à criação e Deus o combate, sem esclarecer sua origem, seu sentido, nem por que a criação é como ela é. O conhecimento do bem e do mal (Gn 2,16-17) continua escapando ao ser humano no que concerne à sua origem e finalidade última. O problema do mal suscita muitos problemas para a fé em Deus, mas não se resolve com a teoria da retribuição. Os sofrimentos não são castigos divinos pelo pecado. Tanto a natureza como a história são autônomas e têm o homem como sujeito agente. Deus não é a causa de todos os acontecimentos. Muitos acontecimentos ocorrem sem que Deus os queira nem os permita, mas porque são o resultado das leis da natureza e da liberdade humana. A ideia de uma intervenção constante da divindade em sua criação, corrigindo-a, e de uma liberdade divina que restringe a liberdade humana, obedece a uma concepção infantil e narcisista da onipotência[18].

O programa do senhorio divino dá cumprimento ao anseio de um mundo diferente. Deus não é neutro e toma partido pelos fracos e pelas vítimas da história. Pode-se falar de seu reino como uma intervenção que corrige o que há de imperfeito na criação, lutando contra o mal. Javé se limita e deixa o protagonismo ao homem, com o qual faz uma aliança, chamando-o a combater o mal, especialmente o mal causado pelo agente humano. Ele respeita as leis do mundo criado e a autonomia da pessoa na história. Faz-se presente em Jesus, enviado para curar e salvar (Lc 4,18-19; Mc 2,10; At 2,22). Daí o significado de suas curas, que estão vinculadas à pregação do "evangelho do reino" (Mt 4,23-25; 9,35) e que atestam sua chegada (Mc 1,32-34; 3,22-30 par.; Mt 12,26-28; Lc 8,1-3; 10,9.17-18.23-24; 11,19-20). Na tradição do Antigo Testamento (Lv 26,16-17; Nm 12,10-12; Dt 28,20-22) e na do Novo Testamento (Jo 5,14; 9,2; 1Cor 11,29-30; Tg 5,15) havia uma conexão entre enfermidades e pecados (Jo 5,14). Muitas curas eram vistas como uma "purificação" (Mc 1,40-44; Lc 17,14), a partir do pano de fundo do

---

18. ESTRADA, J.A. *El sentido y el sin sentido de la vida*. Madri, 2010, p. 189-238. • "El mal y la creencia en Dios". *Misterio del mal y fe cristiana*. Valência, 2012.

Antigo Testamento (Lv 13; 2Rs 5,10-15). O contato com Jesus era o meio para alcançar a cura (Mc 1,31.41; 5,27; 7,33; 8,22) e a expulsão de demônios a prova da chegada do reino (Lc 10,19-20; 11,14-20 cf. Jo 12,31). Daí o inevitável caráter milagroso de suas curas para a sociedade de seu tempo. Jesus foi um curandeiro milagroso, já que os judeus nunca discutiram suas curas, mas sim que elas fossem obras de Deus, como seus exorcismos (Mt 12,24). Mas não se deve ver os milagres como uma ruptura das leis da natureza, descobertas pela ciência. Esta seria a ótica científica, alheia às propostas de Jesus. São acontecimentos que asseguram a fé e a confiança em Deus. O importante não é o meio, natural ou extraordinário, a partir do qual se produz o milagre, mas que há acontecimentos, como sinais da presença de Deus na vida, que respondem às necessidades e súplicas[19].

Na época de Jesus eram manifestações e sinais da presença de Deus no mundo. Os exorcismos (Mt 12,26-28; Lc 10,18; 11,19-20) mostravam como Jesus combateu o espírito do mal, que se apossava dos homens, como era crença usual na época. As possessões demoníacas eram frequentes e Jesus compartilhava a mentalidade que vinculava determinadas enfermidades a demônios (Lc 11,20; Mt 12,28; Mc 3,27). Isto era frequente na Antiguidade, e inclusive enfermidades mentais como a epilepsia eram vistas como sagradas. O sentido da vida de Jesus está nesta luta (Mc 1,24; 3,26; 5,7-10). Não é possível estabelecer uma demarcação clara entre as curas e expulsão de demônios por Jesus e os acréscimos e interpretações posteriores das comunidades, mas é indubitável sua ampla atividade taumatúrgica (Mt 11,5; Lc 7,22; Mc 3,9). Sua popularidade era devida, em boa parte, a esta eficácia que o legitimava como enviado de Deus (Lc 10,17-18).

Posteriormente houve uma dramatização da história, que culminou no Apocalipse, marcado pelo enfrentamento entre Deus e satanás (Ap 12,1-17). Nos evangelhos, Cristo é o enviado de Deus para lutar contra o mal, porque tem o espírito divino (Mc 1,8.10.12; 2,8; 3,29-30), que lhe dá poder sobre os espíritos impuros. E convida a identificar-se com Ele (Mc 8,38; Mt 6,33; 8,21-22; 19,12; Lc 9,60-62), assumindo que é preciso segui-lo nesta luta. Ele não prega uma mensagem de além-túmulo, a salvação da alma, mas que Ele vem para salvar o homem integral, afligido por necessidades corporais e espirituais. A antropologia hebraica era unitária e psicossomática. Nós somos corpos espiritualizados e espíritos corporalizados, sem cair no dualismo grego. Lutar contra o mal afeta tanto o corpo

---

19. Um resumo pedagógico pode ser encontrado em BÉJAR, S. *Dios en Jesús* – Ensayo de cristología. Madri, 2008, p. 87-103.

quanto a alma, porque o homem tem necessidades corporais e espirituais às quais precisa responder conjuntamente. Esta atividade de Jesus – curar enfermidades e expulsar espíritos – mostra que a religião desempenha um papel libertador na vida do homem, caso contrário não pode apresentar-se como querida por Deus.

A preocupação com a morte e a salvação final é inerente à condição humana e parte substancial de todas as religiões, cada uma delas com sua correspondente representação do além. Mas o cristianismo não é uma religião ultraterrena, e sim histórica, e se legitima com fatos que libertam e salvam. Tradicionalmente, isto foi entendido como "obras de misericórdia", no marco da imitação e seguimento de Jesus. Hoje, pelo contrário, somos mais conscientes da importância das estruturas de pecado, que é preciso mudar, e da vinculação entre a libertação do homem, a luta contra as injustiças e a salvação evangélica. É preciso manter a dupla dinâmica de uma salvação do homem, que vai além de sua promoção e libertação humanas, mas que não pode ocorrer à margem delas, e sim as inclui como condição necessária, embora não suficiente (PAULO VI. *Evangelii Nuntiandi*, 30-35). Não se trata de salvar almas, mas pessoas, atendendo às necessidades humanas, corporais e espirituais. Se a religião não salva, enquanto promove sentido no aqui e agora da história, como podemos esperar que sirva para consegui-lo no além?

A partir da perspectiva filosófica atual lembramos que os avanços na libertação da humanidade são sempre fragmentários e parciais e que a expectativa messiânica recorda sempre a carência de uma salvação total na história[20]. O sonho prometeico do paraíso como meta da história é incompatível com o cristianismo, como também o é o espiritualismo, que põe o acento numa salvação da alma, desligada do corpo e dos sofrimentos históricos da pessoa. Walter Benjamin lembra que o progresso moral e histórico está sempre incompleto e ameaçado. As conquistas atuais são o resultado das lutas das gerações passadas e a história não pode ser vista a partir dos vencedores, ignorando o sofrimento das vítimas. A destrutividade está atuando e o oprimido de ontem pode ser o opressor de hoje. Por isso Jesus adverte ao sujeito que luta pela emancipação que esta só é plena com a chegada do Messias, que sempre se atrasa na história. Desconfia dos triunfos sobre o mal e está consciente de sua parcialidade, caráter fragmentário e reversibilidade. O sonho do paraíso, sob a versão da fraternidade, igualdade e justiça, é apenas um ideal motivador, nunca realizado, embora possa haver aproximações históricas a este ideal.

---

20. BENJAMIN, W. "Tesis de filosofía de la historia". *Discursos ininterrumpidos*, I. Madri, 1973, p. 177-191.

O projeto moderno de sociedade emancipada, versão secularizada do programa do reino de Deus, está marcado pela luta contra o mal, que, por sua vez, redunda na transformação das estruturas sociais, na configuração de um novo código cultural e em outra canalização dos desejos e necessidades humanas. Neste marco do mal histórico e social, adquire mais força ainda a referência Deus e a seu projeto contra o mal. É preciso superar a imagem do deus intervencionista, já que, paradoxalmente, sua atuação à margem do homem, que ele motiva e inspira, acaba indo contra a própria divindade. É que, se Deus anulasse a liberdade humana para evitar o mal, eliminaria o livre-arbítrio, que faz do homem sua imagem e semelhança. E se Deus interviesse pontualmente, sempre poderíamos perguntar por que não intervém em outras ocasiões. É preciso revisar a perspectiva de um deus intervencionista e milagreiro, que é necessário conquistar com orações. Jesus rejeitava a busca de prodígios, milagres e sinais (Mt 16,1.4; Jo 4,48), que fazia parte também das tentações do deserto. O deus salvador não anula as leis da natureza nem a autonomia do homem, que é o agente da história. A busca de milagres responde à necessidade humana, estimulada pelo mal, mas também a uma concepção mágica da religião e a uma perspectiva utilitarista e legalista na relação com Deus. Por isso Jesus rejeita os pedidos de milagres por parte da multidão, enquanto os cristãos, e com eles a Igreja institucional, continuam fazendo deles a chave para atestar a santidade de uma pessoa.

4 Reformular a religião

Jesus quase não fala diretamente de Deus, apesar de sua relação pessoal. Ele se sente e se sabe inspirado pelo Espírito e o busca na solidão e na oração (Mc 1,35: muito antes do amanhecer, saiu para orar; Mt 14,23: ao anoitecer Ele estava sozinho a rezar). Assume as imagens bíblicas de Deus, concretamente a ideia de um criador e senhor da história, mas mantém a proibição judaica de falar dele diretamente ou representá-lo. Suas afirmações sobre como Deus atua, com cenas da vida cotidiana para explicar esta atuação, mantêm a reserva sobre sua essência e identidade. Persiste o mistério sobre um Deus inatingível, o "Altíssimo" (Lc 1,32), mas não sobre sua maneira de entender a vida, sua presença na história e sua rejeição do sofrimento e da injustiça. A linguagem sobre Deus é majoritariamente indireta e se reflete no procedimento de Jesus, do mesmo modo que Moisés irradiava a glória divina após o encontro com Deus (Ex 34,29-35; 1Cor 13,12; 2Cor 3,7). Jesus não fala diretamente dos predicados divinos e não ensina uma doutrina sobre o quê e o como da divindade. Sua maneira de comportar-se manifesta como

Deus é. A transcendência de Deus, que se faz presente em Jesus, está vinculada à sua unção, mas Jesus nos ensina qual a transcendência que devemos buscar e os meios para consegui-la. Não existe neutralidade divina, nem indiferença, nem impassibilidade e distanciamento dos acontecimentos, mas uma clara tomada de posição personificada em Jesus. Mais do que crer em Deus, existe fé no aspecto divino de uma maneira de proceder.

Reformular as normas religiosas

O sentido da vida de Jesus está em lutar contra as mil formas de mal que se apresentam, sem relegar a salvação ao futuro, já que o processo de libertação do homem se inicia no presente. Este é o marco para estudar a relação de Jesus com sua religião. Como bom judeu, Ele participa das tradições, crenças e práticas religiosas de seu povo e em nenhum momento impugna os escritos e a história do Antigo Testamento. Mas reivindica sim sua autoridade para interpretá-los, contra os escribas e fariseus, e dar-lhes uma nova orientação (Mt 7,28-29). Todo o evangelho de Mateus está marcado pela referência ao próprio Moisés e apresenta Jesus com uma autoridade maior (Mt 5,17.21-22.27-28.34.43; 19,7-9), como realçam outros escritos do Novo Testamento (Jo 5,46; Hb 3,3-6). A renovação de Israel passava pela reforma e revitalização da religião, dado o lugar central que esta ocupava na identidade pessoal e na ordem social. No século I, a religião era um componente essencial e público, do ponto de vista antropológico, social e cultural, e nem sequer se sonhava com uma religião interior ou privada. Por outro lado, é necessário entender a perspectiva religiosa de forma histórica e contextualizada. Jesus adotou uma perspectiva ao abordar a religião: a perspectiva dos últimos da sociedade, a dos marginalizados pela religião, a dos pecadores a quem Ele trazia a boa notícia de um Deus próximo e perdoador.

Esta opção de Jesus, a partir do reverso da história, condicionou sua interpretação da religião, incompatível com a interpretação dos que a viam a partir do poder. A religião dos poderosos é irreconciliável com a dos mais pobres da sociedade e as igrejas precisam optar onde e como se situam. O universalismo de Jesus fundamenta-se em salvar os mais fracos. Se estes podiam salvar-se, recuperar sua dignidade e abrir-se à esperança de um Deus com eles (Emanuel), então todo homem podia ser salvo. A universalidade de Deus se mostra qualitativamente na medida em que alcança os mais afastados e os que mais sofrem. Esta dinâmica, geradora de sentido para as vítimas da história, constituiu a coluna vertebral do projeto de Jesus. Contra o fatalismo predominante no povo, oprimido pelas autoridades romanas e judaicas, Jesus despertava o sentido da própria dignidade, convertia-os em destinatários da mensagem de Deus e potencializava a esperança.

Esta é a perspectiva a partir da qual é preciso compreender a interpretação da lei por parte de Jesus. A lei religiosa não é negada, mas submetida a uma relativização e contextualização radical, a partir das exigências do reino (Mt 5,17-20.43-48; 18,23-35; Mc 12,28-34). Jesus se baseia em sua experiência de Deus, acima das interpretações oficiais, que punham em primeiro plano as exigências da religião. Enquanto Jesus subordina os critérios religiosos aos valores humanos, explicitados no Sermão do monte, as autoridades atuavam em sentido inverso. Jesus aceitou a lei religiosa, mas entrou numa discussão teológica, moral e prática sobre seu significado e aplicações. Por isso assume a Torá, que serve como pano de fundo para sua pregação, como quando alude ao amor ao próximo como o maior dos mandamentos (Mc 12,28-34, cf. Lv 19,18) e ao fato de estar escrito na lei (Lc 10,26; cf. Dt 6,4-5). Jesus não rejeita o código religioso a que pertence, mas sim a rigidez com que o interpretam as autoridades religiosas e o fato de elas anteporem preceitos religiosos aos valores humanos que a instauração do reinado de Deus em Israel acarreta. A mesma coisa ocorre também com a observância do sábado (Mc 2,27-28). Diferentemente dos outros sinóticos, Marcos não argumenta contra os escribas no que concerne à observância do sábado. Mas dá uma resposta global ao rigorismo interpretativo dos fariseus e escribas (Mc 7,1-23), a quem acusa de hipócritas, de contrariar os preceitos divinos com a própria tradição religiosa, que, de fato, adquire mais importância do que a vontade salvadora de Deus. No evangelho de Marcos, como mais radicalmente no de João, realça-se o confronto entre Jesus e o código religioso judaico. Aponta-se assim a patologia das religiões que amontoam preceitos e mandamentos, criados pelos homens, e deixam em segundo plano o bem e a salvação destes, que é o que Deus quer.

Mateus (Mt 12,11-12) e Lucas (Lc 13,14-17; 14,3-5; cf. Ex 31,15) defendem a postura de Jesus e a baseiam em argumentos compreensíveis aos escribas, porque já se encontram em sua própria tradição. Mateus reafirma o caráter judeu de Jesus, que vem cumprir a lei (Mt 5,17-19) e reduz sua crítica a casos pontuais nos quais ele discorda da postura de seus adversários (Mt 15,1-20), porque a distingue da Torá. Assume a afirmação de Marcos de que "o Filho do homem é o Senhor do sábado" (Mc 2,28; cf. Mt 12,8), mas a interpreta a partir da afirmação profética de que Deus prefere misericórdia aos sacrifícios, de que Davi comeu os pães do templo (Mt 12,3-7) e de que em Jesus há algo maior do que o templo. Como Jesus é mais do que Davi, pode fazer o mesmo que ele. Mateus é muito mais condescendente com a lei do que Marcos, como também a respeito do judaísmo. As discussões intracristãs nas cartas paulinas e nos Atos dos Apóstolos mostram as divergências e o pluralismo teológico da Igreja primitiva e têm antecedentes na diversidade de enfoques que vemos nos evangelhos. Nem todos avaliam da mesma maneira a conduta de Jesus, e os mais aferrados à tradição judaica, como Mateus, procuram mitigar o contraste entre Jesus e as Escrituras e tradições hebraicas. Sempre que possível, Mateus se apoia no pano de fundo judaico de Jesus, na linha de uma interpretação que leva as Escrituras a seu cumprimento pleno, contra as hermenêuticas disformes de seus adversários. Tenta salvar o preceito bíblico, mostrando que a conduta de Jesus se baseia numa exceção da norma, que recolhe o espírito desta[21].

É preciso compreender Jesus a partir do código religioso ao qual Ele pertence e que Ele transforma, já que o significado das Escrituras só pode ser captado a partir de Jesus, que lhes dá outro sentido diferente do sentido que lhes é dado pelas autoridades religiosas. Daí os ensinamentos de Jesus a seus discípulos, que não compreendem o que Jesus ensina (Mc 4,10-13). Empregando anacronicamente a linguagem tradicional eclesiástica de magistério, Jesus desautoriza a linguagem oficial e oferece uma linguagem alternativa. Mas não se pode compreendê-lo à margem da tradição e pertença judaica da qual ele provém. Somente o quarto evangelho rompe de forma clara com o judaísmo e projeta na vida de Jesus a separação entre cristianismo e judaísmo, consumada no final do século I.

Jesus afastou-se do código estabelecido em algumas questões, como o divórcio (Mc 10,11; Mt 5,31-32; Lc 16,18) e os juramentos (Mt 5,33-37), nos quais assumiu uma postura radical. Não fez diferenças entre o varão e a mulher na questão do repúdio, exigindo de ambos a fidelidade a um projeto de vida assumido e compartilhado (Mt 19,4-9). A Igreja posterior assumiu este princípio, quando ainda não existia o matrimônio eclesiástico (1Cor 7,10-16), mas tentou conciliá-lo com o princípio de misericórdia e a subordinação da lei ao homem (Mt 5,32: exceto em caso de fornicação; 19,9), e não o contrário[22]. Existe sempre uma tensão entre a proclamação de uma norma universal, que marca um horizonte de sentido ao qual se deve tender, e a casuística concreta das situações pessoais, que, na práti-

---

21. O pano de fundo judaico do Jesus de Mateus e do problema do sábado é analisado por BASSER, H. ("The Gospel and Rabbinic Halakah") e EVANS, C.A. ("Reconstructing the Halakah of Jesus"). *The Missing Jesus*. Boston, 2002, p. 77-100, 101-106. Basser destaca a importância da literatura rabínica para compreender muitos ditos de Jesus.

22. VARGAS MACHUCA, A. "Casos de divorcio em San Mateo". *Estudios Eclesiásticos*, 50, 1975, p. 5-54. • FRANZEN, P. "Divórcio depois de adultério no concílio de Trento". *Concilium*, 55, 1970/5, p. 602-610.

ca, podem chocar-se com a validade da norma abstrata. A Igreja antiga seguiu o princípio de que a lei está a serviço do homem e não o contrário. Interpretou as palavras de Jesus buscando conciliar o princípio de misericórdia, quando um matrimônio se rompeu, e o ideal da indissolubilidade apontado por Jesus. Daí a práxis, que a Igreja ortodoxa mantém até hoje, de admitir à vida sacramental os cristãos divorciados que haviam refeito sua vida em novos matrimônios, embora rejeitando outro matrimônio eclesiástico (sacramental), enquanto vivessem os cônjuges do primeiro (Rm 7,2-3; 1Cor 7,39). O ideal de indissolubilidade era compatível com a atenção aos que haviam fracassado em seu primeiro projeto matrimonial e procuravam apoiar-se na comunidade para refazer sua vida.

A Igreja ortodoxa é mais tolerante do que a católica, ao permitir um novo matrimônio por causa de adultério e outras coisas semelhantes[23]. O catolicismo procurou conciliar a atenção às situações particulares com a norma universal, ampliando os casos em que se podia declarar nulo o matrimônio por falta de maturidade e capacidade dos contraentes. Ao longo do segundo milênio aumentaram também as razões pelas quais os papas podiam anular matrimônios já consumados. O aspecto inovador do projeto de Jesus é o caráter absoluto do ideal, que o leva a revogar normas religiosas, e a humanidade com que atende as pessoas que, por diversos motivos, não são capazes de assumi-lo. A força dos princípios, concretamente das bem-aventuranças, é compatível com a subordinação de todas as leis religiosas ao homem concreto e sua possibilidade de salvação. Esta tensão se mantém como problema ao longo da história do cristianismo. Hoje, devido à maior duração da vida matrimonial, à autonomia das pessoas, à emancipação da mulher, à separação entre sexualidade e procriação, à atenção aos fatores psicológicos e à geral falta de preparação de muitos casais para o matrimônio sacramental, aumentam os casos de cristãos divorciados e recasados, que não podem integrar-se na vida sacramental. É necessário encontrar um novo equilíbrio entre o ideal cristão, a subordinação da lei às necessidades humanas e a inspiração na práxis e no ensino de Jesus[24]. No entanto, prevalece o medo de romper com uma

---

23. SOTOMAYOR, M. "Tradición de la iglesia con respecto al divorcio". *Proyección*, 28, 1981, p. 49-57. • VAN DER WAL, N. "Aspectos do desenvolvimento histórico no direito e na doutrina". *Concilium*, 55, 1970/5, p. 591-596.

24. Em outras épocas históricas, a Igreja católica relativizou o ideal de indissolubilidade do matrimônio em favor das necessidades humanas e eclesiais, como nos privilégios petrinos e paulinos do papa. Cf. HUIZING, P. "Direito canônico e casamento fracassado". *Concilium*, 87, 1973/7, p. 788-795. A práxis ortodoxa, que o concílio de Trento não quis condenar, adquire hoje muita atualidade. Cf. LÓPEZ AZPITARTE, E. *Praxis cristiana* 2. Madri, 1981, p. 459-488. • LEGRAIN, M. *Les divorcés remariés*. Paris, 1987.

longa tradição histórica e teológica, sem considerar que mudou a concepção da pessoa, da sexualidade e do matrimônio.

As discussões entre judeus e cristãos sobre pontos controversos da lei e das purificações rituais e alimentícias foram frequentes na Igreja primitiva e se inspiraram em Jesus (Mc 1,44; Lc 5,14; 11,41; Jo 3,25; 13,10-11). Mas as formulações posteriores das comunidades cristãs (Hb 1,3; 9,22-23; 1Pd 1,9) também influenciaram nos evangelhos. Jesus interpretou a lei e as Escrituras com a intenção de apresentar seu sentido original, corrompido em seguida pela tradição posterior. Não existem alusões diretas ao reino de Deus em muitas das suas interpretações, mas não cabe dúvida de que refletem sua consciência do tempo final messiânico e profético[25]. Jesus procurou reformar a religião e o essencial está em sua práxis concreta. O problema fundamental das autoridades, na teoria e na práxis, é que elas estabeleciam normas de conduta nas quais a religião era anteposta às necessidades da vida. Jesus radicalizou o confronto com sua religião, porque antepôs o sofrimento e as necessidades humanas aos preceitos religiosos. Daí o princípio de que o homem não foi feito para o sábado, e sim o contrário (Mc 2,27-28). Embora não tenhamos certeza sobre a literalidade desta formulação feita por Jesus, sem dúvida ela contém sua compreensão humanitária das leis, como ocorria a outros rabinos moderados. E isto é assim porque Jesus não nega o código religioso, nem impugna globalmente a lei, como Paulo mais tarde, mas o transformou e relativizou. Quando a observância dos preceitos religiosos estabelecidos é anteposta ao bem do homem, como o não curar em dia de sábado (Mc 3,1-6) ou antepor preceitos purificatórios e ascéticos às necessidades cotidianas (Mc 2,23-25), a religião deixa de ser uma instância de salvação.

A conflitividade com as autoridades

Esta dinâmica explica os conflitos concretos de Jesus com as autoridades religiosas[26]. Para Mateus, o decisivo é sua doutrina, que provocou um enfrentamento com sua família e pessoas próximas (Mt 13,53-58), com o povo e as autoridades. Seu ensinamento é dirigido exclusivamente aos judeus, excluindo samaritanos e pagãos (Mt 10,5-7.22-23). Só depois de sua morte abriu-se a perspectiva de evangelizar o mundo (Mt 28,18-20). Lucas, por sua vez, completa a missão (Lc

---

25. Remeto à análise de MEIER, J.P. *Un judío marginal IV* – Ley y amor. Estella, 2010.

26. CASTILLO, J.M. *Símbolos de libertad*. Salamanca, 1981, p. 31-80. • *La humanización de Dios*. Madri, 2009, p. 93-118.

9,1-6) com a dos setenta e dois discípulos (Lc 10,1-20), realçando os milagres e curas e a luta contra o espírito do mal (Lc 10,18). Cada evangelista interpreta a vida de Jesus com acentos diferentes[27]. Leis, purificações, rituais, observâncias, tempos e lugares sagrados são subordinados às necessidades da vida, marcada pelo sofrimento e pela onipresença do mal. Alguns conflitos tiveram especial relevância, como o do templo (Mc 11,15-19; Mt 21,12-17; Lc 19,45-48; Jo 2,13-22), denunciado como um covil de ladrões; ou as polêmicas sobre curas em dia de sábado (Jo 5,1-9; 9,1-7), embora estejam redigidas levando em conta os problemas das comunidades dos evangelistas. Estas ações convergem para uma dessacralização do culto e da lei, para uma denúncia da religião que procura controlar e submeter seus fiéis, para uma secularização do sentido. Se o centro da vida não é o comportamento religioso, tampouco podem ser absolutas suas prescrições. O importante não é a religião e suas prescrições, mas os valores humanos que atualizam o senhorio de Deus.

O paradoxo é que esta impugnação de crenças e práticas religiosas veio acompanhada por uma radicalização de exigências éticas concretas. O amor é a chave teológica com que os evangelhos justificam as discrepâncias de Jesus (Mt 5,43-48; Lc 10,25-37). O duplo mandamento (Mc 12,28-34) e a prescrição de amar os inimigos (Mt 5,44; Lc 6,27) são os princípios diretores da aplicação dos evangelistas e dos outros escritos do Novo Testamento. As afirmações posteriores – que Deus é amor e que aquele que ama já conhece a Deus, e vice-versa – confirmam a perspectiva de Jesus (1Jo 4,7-13). A força que move o mundo e o ser humano é o amor, e não o dinheiro ou o poder. A partir de uma perspectiva moderna, poderíamos dizer que Jesus foi um dissidente judeu, mais humanista e atento à vida do que cumpridor dos preceitos religiosos, apesar de seu respeito global pela religião e de que, de acordo com Mateus, veio dar pleno cumprimento à lei religiosa (Mt 5,17-20). A religião pode potencializar o melhor e o pior de cada pessoa, uma vez que a referência a Deus transforma a vida humana, para o bem ou para o mal. Jesus não insiste no que é ou não é pecado, mas na opção pelo homem, que o leva a lutar contra o mal integral. Evidentemente o pecado e o mal estão vinculados, já que os pecados são causa de sofrimento e de destrutividade. É preciso avaliar os obstáculos que são destrutivos para a pessoa e para os outros.

Por isso, quando existe tensão ou contradição entre a observância da lei religiosa e a atenção às necessidades humanas, é preciso relativizar a primeira para

---

27. CHITE, J.M. *De Jesús al cristianismo*. Estella, 2007, p. 139-144.

privilegiar a segunda. E Jesus apresenta isto como uma exigência do próprio Deus, porque o humanitário é também o divino. Não há oposição entre Deus e o homem, que levaria a sacrificar o segundo em favor do primeiro; mas, pelo contrário, Deus é o garante da vida humana e é preciso colocar em função dela a religião. Esta dinâmica se baseia na liberdade e na capacidade de discernimento de Jesus e de seus seguidores; e, nesta dinâmica, o que tem a última palavra não é a norma religiosa, mas a atenção ao homem. Se aplicássemos isto às situações atuais, seria necessário revisar muitas normas religiosas existentes.

Podemos enquadrar Jesus na tradição profética judaica. O que chamamos de regra de ouro ("Tudo que desejais que os homens vos façam, fazei-o também vós a eles. Esta é a Lei e os Profetas": Mt 7,12) se encontra no ensino rabínico e na tradição judaica, embora a formulação seja mais negativa (não fazer ao outro o dano que não queremos que nos façam), como também na Didaqué cristã (Did 1,2) e no evangelho apócrifo de Tomé (Evangelho de Tomé 6). É também uma formulação conhecida na literatura romana[28]. Jesus revela a patologia do homem religioso, hierarca ou leigo, que subordina o homem à religião, à custa de esta tornar-se uma carga que é preciso assumir em vez de ser uma força salvadora. Em vez de utilizar a religião para submeter o homem, Jesus a relativiza, estimulando a consciência pessoal e o discernimento, ou seja, a intencionalidade, a respeito das normas externas. O recurso a Deus pode legitimar o que há de mais injusto e ignominioso, porque se supõe que Deus o pede e que se exige do homem obediência absoluta. Quando isto acontece, já não se pode falar de uma revelação divina, por mais ortodoxa que pretenda ser, e a religião se converte numa mediação opressora. Ao abdicar da própria consciência, assume-se o código cultural e religioso estabelecido à custa da autenticidade e da autonomia. A denúncia do sistema religioso e a rejeição de uma forma concreta de viver a religião fazem parte da luta de Jesus por dar um sentido à vida. E foram também a causa última de sua rejeição por parte do povo, arrastado por suas autoridades.

O preço a pagar foi o enfrentamento com as autoridades, a hierarquia religiosa, os rabinos e mestres da lei, e os sacerdotes. Jesus encontrou um sentido para a vida de seus concidadãos na luta contra as patologias da religião. Esta, facilmente, se transforma num poder, que não serve a Deus e ao próximo, mas que, pelo contrário, se serve de ambos em benefício próprio, no de suas autoridades e hierarquias. Jesus criticou as autoridades, que amarravam pesadas cargas e as punham

---

28. SÊNECA. "Epístolas morais", 103,3. • SEXTO EMPÍRICO. "Sentenças", 89. Um estudo dos diversos textos em EVANS, C.A. "The Misplaced Jesus". *The Missing Jesus*. Boston, 2002, p. 27-30.

nos ombros dos homens e viviam buscando honras e dinheiro à custa dos fiéis (Mt 23,1-12). Esta perversão da religião é constante na história e o comportamento de Jesus serve de referente para avaliar o cristianismo[29]. Se Jesus é um modelo permanente, para além da conjuntura histórica em que lhe coube viver, sua maneira de entender a religião e os critérios que utiliza para com as autoridades deveriam servir de inspiração para os cristãos. Às vezes existe medo de distanciar-se ou criticar doutrinas e comportamentos da Igreja em seu conjunto ou de suas autoridades, que não resultam convincentes nem evangélicos. E, no entanto, Jesus ensinou a discernir e enfrentar a religião, quando contradizia os valores e formas de proceder do reinado de Deus, apesar de ver a sua religião como a verdadeira. As religiões têm um papel essencial para inspirar projetos de sentido de vida, mas são também grandes obstáculos para realizá-los quando se convertem num sistema de domínio sobre as consciências e dificultam o crescimento de seus fiéis em liberdade, discernimento e profundidade humana.

Uma convergência entre a vontade de Deus e o bem do homem impede a mera submissão a uma lei externa. Nossa pretensão contemporânea de autonomia a respeito de normas e autoridades (Kant: *Sapere aude!* – Atreve-te a saber!) só é compatível com o cristianismo quando anuncia a vontade divina como o bem do homem. O referente da consciência pessoal é a instância última de discernimento e obediência. É preciso relativizar a obrigatoriedade moral religiosa diante da capacidade humana de perverter os ideais mais nobres. A patologia religiosa faz com que o ideal de servir a Deus se transforme num ideal mortífero, fonte de niilismo e causa de desmobilização moral. Quando a religião é um obstáculo para viver, seria necessário livrar-se dela para afirmar a vida, como propunha Nietzsche[30]. Jesus não defende a mera obediência à lei, mas a avalia a partir do princípio do amor, a força que rege seu próprio projeto. A perspectiva do reino de Deus faz da relação com os outros o critério determinante da vinculação com Deus. O paradoxo do evangelho é sempre o mesmo: é preciso morrer para si, para reencontrar-se consigo mesmo, porque o caminho mais curto para a felicidade é a entrega aos outros (Jo 12,24-25). Produzir sentido na vida dos outros, à imagem e semelhança de Deus, faz com que a vida seja vivida em plenitude. Mas uma vida

---

29. Remeto ao estudo clássico de VON BALTHASAR, H.U. "Casta Meretrix". *Ensayos teológicos*, II. Madri, 1964, p. 239-354.

30. VALADIER, P. *Elogio de la conciencia*. Madri, 1994. • "Morale pour le temps du nihilisme". In: GESCHÉ, A. & SCOLAS, P. (eds.). *Et si Dieu n'existait pas*. Paris, 2001, p. 95-109. • RICOEUR, P. "Théonomie et/ou autonomie". *Archivio di filosofia*, 62, 1994, p. 19-36. • KNAUER, P. *Handlungsnetze* – Über das Grundprinzip der Ethik. Frankfurt, 2002, p. 141-168.

bem-sucedida não equivale a uma ausência de sofrimentos e de conflitos, integrantes da condição humana. Jesus prediz que seu seguimento acrescentará um adicional de perseguições e de hostilidade aos seus (Lc 21,12-18; 22,35-38; Jo 15,20-21; 16,2-3; 17,14-21), e isto ocorre quando foram escritos os evangelhos. Viver como Jesus implica assumir a rejeição por parte das próprias pessoas religiosas.

Um projeto historicamente fracassado

Diante da contradição existente entre o projeto do reino e o da sociedade é necessário abrir-se à existência de Jesus em favor de seus concidadãos, que determina seu trágico fim. A onipotência divina dá lugar ao enviado de Deus imerso na luta de interesses humanos. As parábolas mostram um Deus antropomórfico, ou seja, atribuem-se a ele certas maneiras de comportar-se vinculadas às de Jesus, que é quem o revela. Falamos analogicamente de Deus, já que Ele é irrepresentável; mas a maneira como Jesus fala leva a corrigir a maneira judaica de entender a relação entre Deus e a humanidade. A onipotência daquele que intervém diretamente na história e faz dos grandes personagens um instrumento de seu domínio, que era a maneira judaica de falar de sua providência, dá lugar a um Jesus fraco confrontado com a sociedade. Precisa lutar contra a pressão da sociedade e da religião (Mc 8,11; 11,28-33; 12,12-38; 14,1), de seus discípulos (Mc 5,31; 6,52; 7,17; 8,17-21; 9,14.18.28) e do povo (Mc 1,22.27; 2,10; 3,15; 4,2; 6,7; 11,18; 12,37-38), que está fascinado por sua doutrina, mas é ávido por prodígios e sinais. Jesus precisou viver contra a corrente, com uma forma de vida alternativa e contracultural. Uma vida autêntica aumenta quando não há suportes e ajudas sociais. Quanto menos pode apoiar-se em estruturas religiosas que o ajudem a viver seu plano de vida, mais Ele precisa da interiorização e aprofundamento pessoal. Daí a importância de sua vivência pessoal de Deus, que o capacita para adotar o projeto do reino sem claudicar nem assumir os compromissos de um messianismo triunfalista[31].

Mas o projeto de Jesus depende também da comunidade e dos discípulos que Ele mesmo constituiu. O reino passa por relações interpessoais e é a comunidade que precisa refleti-lo. Por isso Jesus se concentra progressivamente em seus seguidores, à medida que vai compreendendo seu fracasso em converter a sociedade judaica. No evangelho de Marcos, os ensinamentos de Jesus ao povo, seus milagres e curas se concentram nos primeiros oito capítulos do texto. De seus catorze

---

31. ALEGRE, X. "Marcos o la corrección de una ideología triunfalista". *Revista Latinoamericana de Teología*, 2, 1985, p. 229-263.

milagres, doze estão nestes capítulos iniciais e os outros dois têm um caráter simbólico, anunciando o fracasso de Israel por não reconhecer o Messias (Mc 10,46-52; 11,12-14). A chave é a passagem em que Jesus estabelece um confronto entre o que o povo pensa dele e o que confessam os discípulos (Mc 8,27-30; Mt 16,13-20; Lc 9,18-21). O título "Jesus Cristo", que encabeça o evangelho de Marcos, só é mencionado depois da confissão de Pedro, como revelação de seu evangelho (Mc 9,41; 12,35-37; 13,21; 14,61; 15,32). Este episódio foi chamado também de "a crise da Galileia" (Jo 6,60-71), que pode ser a versão joaneia do episódio dos sinóticos, que põe à prova seus discípulos. Marcos vincula a rejeição de Jesus em Nazaré (Mc 6,1-6) com a missão dos discípulos a todo o Israel (Mc 6,7-13). Gradualmente, Jesus toma consciência do fracasso de seu projeto na sociedade judaica. Daí sua mudança de estratégia. Por um lado, termina sua atividade na Galileia para fazer uma última tentativa em Jerusalém. Por outro, deixa a evangelização direta do povo (Mc 1–8) para concentrar-se em seus discípulos (Mc 8–15), apesar de o tentarem para desviar sua missão (Mc 8,11; 10,2; 12,15). A comunidade de discípulos, em concreto os doze, representa todo o Israel (Mc 3,13-19; 4,10.34; 6,7; 9,35; 10,32; 11,11; 14,10.17.20.43; 16,14). Eles precisam continuar a missão de Jesus depois de sua morte[32].

A partir da confissão de Pedro, sucedem-se os anúncios premonitórios de sua morte e se realça o contraste entre Jesus e os seus, que continuam sonhando com o messianismo triunfante (Mc 8,33; 9,34; 10,41-43). A incompreensão dos discípulos é pior do que a do povo, porque a eles foi dado conhecer os mistérios do reino (Mc 4,10-13; 7,17-18; 9,10-11.28-29; 10,10) e o significado de sua doutrina é esclarecido ao aproximar-se de seu fim (Mc 12,12.34; 13,3-4.28-29. Em última instância, não souberam resistir à tentação de um messianismo de triunfo (Mc 14,38) e por isso desertam. Lucas reforça seus anseios de triunfo, pondo na última ceia uma discussão sobre o poder (Lc 22,24-30), que ainda subsiste depois da ressurreição (At 1,6). Ou seja, Jesus fracassa nas duas etapas de sua missão, primeiro em sua tentativa de mudar o povo, depois na conversão de seus discípulos. Tanto o povo quanto os discípulos estão apegados ao código religioso e às suas tradições e se tornam incapazes de abrir-se a uma mensagem que os atrai. Por outro lado, o lance de Jesus de deixar de centrar-se no povo e passar a concentrar-se nos discípulos que o seguem, que estrutura o evangelho de Marcos, pode servir de inspiração para as igrejas cristãs no contexto da crise atual. Assistimos

---

32. MINETTE DE TILLESSE, G. *Le secret messianique dans l'évangile de Marc.* Paris, 1968.

à perda de um catolicismo sociológico, de nascimento e de massas, em favor de um catolicismo minoritário baseado na convicção e na opção pessoal. É preciso criar células do reino de Deus na sociedade, e isto exige uma reconversão da Igreja rumo à criação de comunidades. As estruturas da época de cristandade, ainda vigentes, são cada vez mais inadequadas para a situação de missão em que vivemos.

Quanto mais cresce o contexto de violência e a proximidade da paixão, com múltiplos anúncios por parte do evangelho, mais se revela "o segredo messiânico" de Jesus e sua filiação divina. Marcos acentua a identidade secreta de Jesus, que se revela, gradualmente, ao aproximar-se da paixão. Contrasta com o evangelista João, que proclama sua filiação divina e evita as limitações do Jesus humano durante a vida pública. A segunda parte de Marcos mostra que a atividade de Jesus provoca a cruz e que este final faz parte do plano de salvação, porque Jesus é o enviado por Deus (Mc 9,12; 14,21.49), sem que este o exima dos custos de sua fidelidade. Seu fracasso com Israel põe à prova seu projeto e questiona o sentido que Ele deu à sua vida. Tudo aquilo que construímos na vida está destinado a perecer, de tal maneira que uma ou duas gerações depois da nossa tudo se desvanece, inclusive a lembrança do que fomos e fizemos. O que pode permanecer é a obra das grandes personalidades, que deixam um legado à humanidade. No caso de Jesus, sua obra se identifica com seu modo de vida e ambos fracassam historicamente, porque Israel em conjunto nunca aderiu à sua mensagem.

Daí o risco assumido por Jesus, que pagou com sua própria vida. Ele não utiliza a religião para escapar do sofrimento, recorrendo a um Deus mágico que concede favores, mas pede forças para enfrentar as consequências de sua ação livre. O sobrenatural não atua como escape, como *fuga mundi*, mas como instância que capacita a enfrentar a realidade, o aquém. Jesus vem para ensinar a ser pessoa, de acordo com o plano de Deus, e por isso a tradição posterior o chama de novo Adão (Gn 5,1; Rm 5,14-15; 1Cor 15,22.45). Seu projeto de sentido produz unificação e clareza pessoal, a partir de uma relação harmoniosa consigo mesmo, com os outros e com Deus, relação que não esconde a finitude e contingência próprias. Quando isto falta, produz-se a patologia da religião. Ele mantém o monoteísmo judaico, aguçado pelas exigências éticas do reino, mas faz de Deus o garante da felicidade e do sentido do homem, pondo a religião a serviço deste projeto.

Jesus não conseguiu restaurar Israel nem renovar a sociedade judaica, atualizando nela o reino de Deus. Historicamente, fracassou na Galileia e depois em Jerusalém, como havia acontecido a João Batista. O paradoxo final, motivado pela ressurreição, é que o Jesus historicamente fracassado se transformou no modelo de uma nova vida. A fé num messias crucificado é paradoxal, já que, por si mesma, impugna a ordem social histórica estabelecida, que inevitavelmente produz vítimas, sem segurança alguma de triunfo. Remete a um futuro de sentido, que está nas mãos de Deus, mas que depende da ação humana, protagonizada por Jesus. O fracasso confronta o homem com sua própria indigência, agravando sua angústia e insegurança histórica diante de um Deus silencioso. Pode-se pedir a Ele forças para enfrentar os acontecimentos, mas não que o exima da condição humana e do sofrimento que ela acarreta. Por isso a vida de Jesus é a chave do cristianismo, que não pode aceder a Deus sem a mediação de Jesus. Quando não se dá valor a isto, para concentrar-se no binômio morte-ressurreição, perde-se a novidade cristã e o que ela implica a respeito do homem e de Deus.

4

A fé de Jesus posta à prova

As narrativas evangélicas mostram como Jesus se consagrou a uma missão que deu sentido à sua vida. Os evangelhos a apresentam como o projeto de vida que o levou à cruz. Ele não procurava mudar as doutrinas da religião judaica, mas viver um projeto existencial com o qual se sentia comprometido e que mudaria a religião. Não há dúvida de que nesta história, narrada de maneira diferente em cada evangelho, existe um sentido e um compromisso que, dois mil anos depois, continua fascinando muitas pessoas. Na história de Jesus existe um projeto de sentido, cujo núcleo é religioso, que paradoxalmente leva a uma reinterpretação radical da relação com Deus. Por isso o centro da mensagem cristã não pode ser simplesmente sua morte e ressurreição, como foi apresentado muitas vezes, já que ambas são incompreensíveis sem o pano de fundo de sua vida. Não se trata apenas de que Deus legitima o estilo de vida de Jesus, mas que esta possibilita crer em Deus. O sentido pelo qual Ele viveu é decisivo, porque Jesus morreu por Ele. Mostrou como e por que viver, no contexto de uma sociedade tradicional de dois mil anos atrás.

Conforme se entender a vida de Jesus, assim também se deve entender o significado de sua morte, e vice-versa, já que os relatos finais confirmam os critérios últimos pelos quais Ele viveu. Os evangelhos explicam o porquê da paixão, que é um eixo estrutural das narrativas sobre sua vida pública. Não se pode compreender seu final sem atender ao que ocorreu anteriormente, que dá as pistas essenciais sobre o motivo por que ele acabou mal. Por outro lado, o que aconteceu em sua paixão e morte lança, retrospectivamente, luz sobre o que Ele viveu antes. Conforme se entender a morte, assim também se interpreta a existência, e vice-versa. A vida é também um preparar-se para morrer, que adquire força especial no caso de Jesus. Nos evangelhos sucedem-se episódios nos quais a violência vai crescendo em torno dele, e a cruz, a forma de morte mais ignominiosa do Império romano, se delineava, cada vez mais, como seu horizonte último. Pode-se falar da "crônica de uma morte anunciada", contada pelos evangelistas a partir de uma perspectiva diferente, na qual são apresentadas suas chaves de interpretação.

Não conhecemos o processo interno de Jesus e ignoramos como Ele foi tomando consciência da proximidade da morte; mas há motivos suficientes para afirmar que Ele previu e profetizou seu final (Mc 8,31; 9,31; 10,33-34 par.; Lc 4,28-29), à luz do anterior assassinato do Batista (Mc 6,14-16; Mt 14,1-12), tendo como pano de fundo a perseguição dos profetas na história judaica. Houve uma progressiva tomada de consciência sobre a crescente hostilidade das autoridades religiosas e políticas. Naturalmente, as predições sobre sua morte estão formuladas a partir do conhecimento do que lhe aconteceu; os fatos influenciaram na redação, mas não é convincente que Jesus ignorasse seu trágico final, à luz dos enfrentamentos que Ele vivia. Por outro lado, é indubitável o núcleo histórico de sua execução, que desde o começo despertou o interesse de seus discípulos. Houve um grande interesse em obter um relato o mais detalhado possível de suas últimas horas e em especificar as causas últimas de sua morte. Por isso existe uma pluralidade de redações, cada uma com sua própria teologia, em torno de um fato comum: a execução de Jesus pelas autoridades políticas e religiosas.

O final de Jesus não foi contado a partir de uma perspectiva histórica e biográfica, mas a partir das chaves teológicas com as quais foi composto cada evangelho[1]. Os relatos da paixão começam com as narrativas da "última ceia", que são a ponte entre o final de sua vida pública e o começo de sua paixão. Foram encenadas tendo como referência o processo de seu julgamento e crucificação. Refletem a teologia de cada evangelista e seus acentos ao narrar a vida pública de Jesus. São relatos que não só diferem em detalhes concretos, mas na avaliação global teológica que dão ao seu final. Assumimos como ponto de partida a prioridade do evangelho de Marcos, que serviu de referente a Mateus e a Lucas, que o corrigiram, completaram e transformaram para sublinhar, cada um, aspectos e significados que lhes pareciam importantes. O evangelho de João, o mais tardio, tem sua própria autonomia na ceia e na paixão, como a teve ao narrar a vida de Jesus. Este evangelho está muito marcado por uma cristologia triunfal, consequência

---

1. BROWN, R.E. *La muerte del Mesías*, I-II. Estella, 2005-2006. Entre a imensa bibliografia exegética e teológica sobre a paixão e morte de Jesus, esta obra de Brown é, em conjunto, a mais completa. Em geral remeto à sua exegese, embora, logicamente, as avaliações teológicas e comentários que apresento não possam ser atribuídos a ele. Cf. tb. ESTRADA, J.A. "Por qué mataron a Jesús? – Historia y teología". In: CASTILLO, J.M. & ESTRADA, J.A. *El proyecto de Jesús*. 7. ed. Salamanca, 2004, p. 61-81.

da ressurreição, que o leva a apresentar uma teologia muito diferente da teologia dos sinóticos. Mas também estes diferem entre si, cada um contando de maneira diferente o que aconteceu.

Na vida pública, os milagres, exorcismos e curas de Jesus estavam avalizados por Deus. Na paixão, sua atividade deu lugar à sua passividade diante de acontecimentos que a Ele se impunham e que pareciam contradizer suas pretensões messiânicas, proféticas e filiais. A paixão se impõe a Ele, embora não por vontade divina, já que não é Deus o agente de sua morte, mas como consequência de sua maneira de viver e agir. Cada relato da paixão precisava responder a estas interrogações e, ao mesmo tempo, esclarecer como os cristãos deviam enfrentar o mal, o sofrimento e a morte, inspirando-se em Jesus. E isto num momento histórico complicado, marcado pelas tensões e pela guerra de Israel com o Império romano, e pela crescente hostilidade dos judeus contra os judeu-cristãos. Na encenação da paixão e morte de Jesus, apesar de terem tradições comuns, cada evangelista as narra levando em conta os problemas de suas comunidades quando foram redigidos os evangelhos. A situação dos cristãos após a guerra de setenta diferia muito da situação da comunidade de discípulos de Jesus. As autoridades e comunidades judaicas os denunciavam como hereges e como antipatriotas, já que, enquanto grupo, não participaram do levante contra os romanos. Esta situação influiu na apresentação da paixão.

Os evangelistas não eram historiadores, mas procuravam apresentar a vida e a morte de Jesus como um modelo que inspirasse a conduta de seus discípulos, hostilizados pelos judeus. Jesus havia sido apresentado como um mestre de vida; agora é mostrado como o modelo que enfrenta a perseguição e a morte. As cenas não só refletem o que aconteceu, mas também seu significado teológico para os judeu-cristãos, quando eram perseguidos e expulsos das sinagogas. O contexto histórico dos evangelistas foi determinante na apresentação teológica da paixão e morte de Jesus. Sua oferta de sentido não só servia para a vida, mas também para a morte, tornando-se estes textos as referências fundamentais do cristianismo ao longo da história. Cada geração de cristãos busca neles significado e sentido, ensinamentos sobre como enfrentar o mal e o sofrimento.

1 A "última ceia" como prólogo da paixão

Os relatos sobre a ceia mostram as atitudes, feitos e reações de Jesus de uma maneira coerente com a maneira como o apresentaram em sua vida pública. Põem também novos acentos e dimensões que lançam luz sobre os acontecimentos anteriores. A maneira de narrar a paixão permite captar aspectos importantes da teologia de cada evangelista. Cada um tem uma concepção própria e diferenciada sobre Jesus como messias, profeta, mestre, Filho do homem e Filho do Altíssimo. Nos relatos da paixão perfilam-se os significados destes títulos, que mudam seu significado, como ocorre com o Filho do homem triunfal de Daniel (Dn 7,13-14), que aqui é aquele que é entregue nas mãos dos pecadores (Mc 14,41; cf. 10,45; 14,62). Em cada narrativa existe uma cristologia (uma concepção de Deus e de Jesus) que dá sentido ao que foi mostrado na vida pública. Jesus continua sendo o modelo, o enviado de Deus, seu representante por antonomásia. O paradoxo está em mostrá-lo como tal, precisamente quando mais se ressalta a distância e a ausência da divindade. Isto serviu às autoridades para confirmarem que Jesus foi um sacrílego e um impostor, justamente castigado e abandonado por Deus. Se Deus estava com Ele, por que permitiu a tortura e a morte a que foi submetido? Esta é a pergunta que todos faziam aos cristãos e da qual participavam eles próprios. Precisavam mostrar o porquê e para quê de sua morte e apresentar um testemunho convincente de como enfrentá-la, seguindo seu exemplo. E isto já começa a ser exposto nos relatos sobre sua última ceia.

A última ceia é o elo final da vida pública de Jesus e serve, além disso, de gancho entre o que Ele havia vivido e a paixão que acabou com Ele. Wright tem razão quando estabelece uma conexão entre o anúncio do fim do templo, centro da vida de Israel, e a ceia como encenação do banquete pascal do reino de Deus, já que ambos simbolizam o lugar sagrado por excelência do judaísmo dos tempos de Jesus e do cristianismo[2]. A ceia de despedida de Jesus tornou-se o centro de uma nova tradição judaica, a tradição judeu-cristã, pondo fim ao templo como lugar sagrado por antonomásia. Daí surgiu um novo culto (Jo 4,20-24), uma maneira diferente de entender o sacerdócio, já que Jesus não pertencia à classe sacerdotal nem à tribo de Levi, e uma diferente concepção da aliança entre Deus e Israel. Nos evangelhos a "última ceia" foi narrada a partir da perspectiva de sua morte e ressurreição, dando-lhe um significado que ia além do fato da reunião de Jesus com seus discípulos. Na ceia há uma clara referência à paixão, já que os sinóticos e Paulo falam da aliança ratificada com seu sangue, o que adquire significado no contexto da celebração judaica da páscoa (Ex 24,8) e da nova aliança de Javé com seu povo (Jr 31,31-33). A partir da perspectiva cristã, a ceia é o símbolo de uma nova etapa, na qual mudou a presença de Deus em Israel, compreensão que trouxe

---

2. WRIGHT, N.T. *El desafío de Jesús*. Bilbao: Desclée de Brouwer, 2003, p. 109-119.

novos sentidos ao relato do evento[3]. Já se anuncia o novo Israel, fortalecendo as esperanças populares e dando pleno sentido à história de Jesus. A ceia é uma pista fundamental de sua vida e fornece chaves importantes para os relatos da paixão.

Existem cinco relatos diferentes sobre a ceia e três grandes tradições no Novo Testamento. Por um lado, a tradição de Marcos (Mc 14,12-26) e Mateus (Mt 26,17-30); por outro, a de Lucas (Lc 22,7-39) e Paulo (1Cor 11,17-34); finalmente, a tradição independente do quarto evangelho (Jo 13,1–18,1). É preciso situar cada episódio em seu contexto, que esclarece os diferentes acentos e interesses das narrativas, com alguns traços comuns a todos eles, como o de preparar, e inclusive antecipar, acontecimentos da paixão a partir das advertências proféticas de Jesus a seus discípulos, concretamente a Judas e a Pedro. É preciso ressaltar três dimensões: Em primeiro lugar, a de uma ceia de despedida (Mc 14,25; Mt 26,18.29; Lc 22,15-16; Jo 13,1.33; 14,3.18). Em segundo lugar, o anúncio das traições imediatas de Judas (Mc 14,18.20; Mt 26,21.25; Lc 22,21-22; Jo 13,18.21.27; 1Cor 11,23), de Pedro (Mc 14,27-31; Mt 26,31-33; Lc 22,31-34; Jo 13,36-38) e dos discípulos, que Marcos e Mateus deslocam para o caminho em direção ao monte das Oliveiras (Mc 14,27; Mt 26,31). A terceira temática é a da própria celebração, que deu motivos para a instituição eclesial do Sacramento da Eucaristia (Mc 14,22-26; Mt 26,26-30; Lc 22,14-22; 1Cor 11,23-27)[4]. Todos falam de um fato histórico, mas o contam de maneira diferente. Nem sequer sabemos quando a ceia foi celebrada, já que não há coincidência entre os sinóticos, que a vinculam à páscoa (Mc 14,12; Mt 26,17; Lc 22,1.7.14), e João, que a situa antes (Jo 13,1). Provavelmente Jesus celebrou a ceia da véspera da páscoa, foi preso nessa mesma noite, condenado e executado. João a antecipou em um dia para fazê-la coincidir com a matança do cordeiro no templo, ressaltando assim que Jesus é o verdadeiro cordeiro de Deus (Jo 1,29.36; 19,34). Indiretamente propõe assim que começou uma nova etapa de libertação de Israel, com um novo salvador. E que a ceia substitui o sacrifício por antonomásia da tradição judaica.

O "fazei isto em memória de mim" (Lc 22,19; 1Cor 11,24-26) vincula a Eucaristia posterior, a comunhão com o corpo do ressuscitado, à entrega de Jesus, a entrega de sua própria vida. O ambiente da celebração não é um lugar cultual, mas uma casa na qual se reúnem, no contexto familiar judaico que celebra uma

---

3. BETZ, J. "La Eucaristía misterio central". *Mysterium Salutis*, IV/2. Madri, 1975, p. 187-191.

4. SCHÜRMANN, H. *Le récit de la dernière cène* – Une règle de célébration eucharistique, une règle communautaire, une règle de vie. Paris, 1966.

festa constitutiva de sua identidade nacional. Compartilham a refeição, com pratos nos quais molhavam o pão (Jo 13,26), expressão de amizade e união, que é preciso ler no contexto dos anúncios de Jesus sobre o banquete do reino e de suas refeições com o povo, que incluíam pecadores (Mc 2,15-17 par.; Lc 5,27-32). Os relatos mostram o ritual judaico, com a comunhão do pão no começo e a do vinho no final, que adquire novo significado para os cristãos, embora não possamos estabelecer concretamente o que é que provém de Jesus e o que se deve à celebração posterior das comunidades[5]. No relato da ceia subsiste o ritual judaico transformado, no qual se dá graças ao Deus da vida, se oferece o pão e o vinho e se bendiz o Deus que concede dons aos homens. O louvor, a memória e a intercessão se unem numa oferenda simbólica, na qual se mistura a adoração e o sacrifício, que exige que os dons sejam consumidos. O pano de fundo é o de Deus salvador e libertador, ao qual o próprio Jesus se consagra e se oferece, selando uma nova aliança com sua vida entregue.

Cada autor inclui seus matizes próprios e específicos: Marcos e Mateus falam que "este é meu corpo" (Mc 14,22; Mt 26,26), ao que Paulo acrescenta "que se dá por vós" (1Cor 11,24), em paralelo com o lucano "que será entregue por vós" (Lc 22,19). Quanto ao que está na taça, Marcos e Mateus afirmam: "este é o meu sangue da aliança, que é derramado por muitos" (Mc 14,24) e Mateus acrescenta "para remissão dos pecados" (Mt 26,26), enquanto Paulo (1Cor 11,25) e Lucas aludem à nova "aliança em meu sangue, derramado por vós" (Lc 22,20). A oferenda e a bênção judaicas adquiriram novo significado na ceia de despedida de Jesus, e depois se acrescentaram novos elementos ao considerá-la à luz da paixão e da ressurreição[6]. Jesus promete não beber mais até que seja instaurado o reino (Mc 13,25), ao que corresponde a afirmação paulina de que, ao beber a taça, se proclama a morte do Senhor até que Ele venha (1Cor 11,26). Tratava-se de atualizar o simbolismo do cordeiro, sinal de um deus libertador da opressão do Egito, e a aliança entre Deus e Israel, expressada pelo pão e o vinho, que, por sua vez, remetiam à vida entregue de Jesus. A ceia, vista retrospectivamente a partir da paixão, antecipa o sangue derramado por Jesus na cruz, que substitui o sangue ritual da aliança judaica (Ex 24,8). Este é também o ponto de contato com a interpretação sacrificial oferecida por Paulo e pela carta aos Hebreus, que influenciaram a teologia dos evangelhos. O sacrificial e expiatório é determinante para marcar a conti-

---

5. VERHEUL, A. "L'Eucharistie, mémoire, présence et sacrifice du Seigneur d'après les racines juives de l'Eucharistie". *Questions Liturgiques*, 69, 1988, p. 125-154.

6. JEREMIAS, J. *Die Abendmahlsworte Jesu*. 3. ed. Göttingen, 1960.

nuidade e descontinuidade entre a fé judaica e a fé cristã; o problema é estabelecer concretamente o que se deve a Jesus e o que se deve às interpretações posteriores. Por outro lado, confirma-se a vinculação de Jesus ao reino de Deus entrante. Se, em sua vida pública, Jesus vivia de uma missão de sentido, agora é sua entrega que consuma o reino e oferece uma salvação última.

O significado da paixão é antecipado na Eucaristia ("Desejei comer esta páscoa convosco antes de sofrer": Lc 22,15), com uma perspectiva escatológica, orientada para o banquete no reino ("não beberei do fruto da videira até o dia em que o beberei no reino de Deus": Mc 14,25). Existe um antagonismo entre o protagonismo da atividade de Jesus na ceia e sua passividade na paixão, após ser entregue e perder a liberdade. Na liturgia cristã posterior estabeleceu-se uma conexão entre o ato livre do homem e o dar-se aos outros, entre o pão compartilhado, identificado com seu corpo, e a oferenda de si mesmo a Deus. O pão e o vinho simbolizam uma vida entregue aos outros, na qual se "universaliza" o judeu Jesus, que adquiriu um significado para além do âmbito hebraico ("por vós": Lc 22,19-20; "por muitos": Mc 14,24; Mt 26,28). Há aqui uma dimensão sacrificial existencial e implícita, vinculada ao cordeiro pascal, que é desenvolvida pela carta aos Hebreus ("Não queres vítimas nem oferendas, mas preparaste-me um corpo; aqui estou para fazer a tua vontade": Hb 10,5-10). A Eucaristia adquire significado a partir da vida de Jesus, a partir do projeto de sentido já vivido. Por isso celebramos o memorial de sua vida, morte e ressurreição, não só do final cruento, já que toda a sua vida foi agradável a Deus, no sentido dado por Paulo ao escrever aos cristãos (Rm 12,1-2). Não é só a morte e ressurreição de Cristo que nos salva, como insistentemente repete a liturgia eucarística, mas também sua vida, que foi um continuado sacrificar-se pelos outros.

A paixão se vincula à disposição total diante de Deus. Se a vida de Jesus foi uma oblação existencial, agora ela se cristaliza na ceia. A tradição cristã vinculou as oferendas existenciais e os sacrifícios à Eucaristia e ao Batismo (Jo 19,34; Rm 6,3-5; Cl 2,12; 1Jo 5,6-8), que são os sacramentos principais. O costume da vida religiosa de fazer os votos no marco de uma eucaristia guarda uma das dimensões da ceia, que pertence à celebração de todos os cristãos. Existem oferendas e oblações que Deus aceita e que depois se traduzem em experiências de vida crucificantes, nas quais é preciso dar testemunho, seguindo o exemplo de Jesus. Quando Jesus se oferece a Deus, a partir do pano de fundo do cordeiro pascal, símbolo judaico da libertação do povo, Ele está fazendo uma ação que tem consequências trágicas. Poder-se-ia aplicar a Jesus o refrão "quem semeia ventos colhe tempestades". Sua maneira de viver foi uma afronta à sociedade e à religião, e ambas foram causa de sua morte. O pão repartido e o vinho derramado simbolizam o que havia sido uma vida provocativa, na qual Ele não viveu para si, mas para Deus e para os outros. Esta existência culmina no ato da ceia, na qual Jesus manifesta sua disposição de que sua vida seja sacrificada a partir da fidelidade à sua causa, o reino de Deus, e à sua missão, seu envio por Deus. E isto culmina na cruz e em sua morte, sem que Deus intervenha num curso histórico que foi, simbolicamente, provocado pela própria ação de Jesus, por sua disposição de viver a condição humana até o extremo. O homicídio do justo e a ingratidão daqueles que Ele procurava libertar fazem parte da condição humana.

Deus concluiu sua doação aos homens em Jesus e o revelou plenamente na ressurreição. Na leitura cristã posterior, a Eucaristia remete à oblação da comunidade que oferece o sacrifício da vida e morte de Cristo e se vincula a ele. A liberdade do homem que se oferece a Deus é a outra face da transformação da comunidade de discípulos na incipiente Igreja primitiva, após a ressurreição. O sentido último da Eucaristia vincula a vida e a morte num ato último de liberdade, que confirma uma forma de existência. É um dom e uma bênção de Deus ao homem, e também deste, como ação de graças e oferenda pessoal. A ceia se transforma no ato cristão de consagração por antonomásia, junto com o batismo. Por isso a concepção da Igreja está marcada por sua maneira de compreender e realizar a Eucaristia. O sentido que se dá à Igreja é explicitado no simbolismo da estrutura eucarística. A salvação se traduz numa mudança de vida; sua dimensão social se traduz no compartilhar comunitário; seu significado eclesial se traduz no pão e no vinho; e seu sentido existencial se traduz na transformação dos discípulos, que ultrapassam o marco do judaísmo.

Jesus e os discípulos saíram mudados da celebração e iniciou-se um dinamismo que culminaria na paixão. Passa-se da dinâmica egocêntrica, marcada pela necessidade humana de sobrevivência, à dinâmica do desprendimento por uma causa nobre, a causa de Deus e do homem. Da pastoral do terror diante do Deus fascinante e temível, passa-se à entrega confiante da liberdade, consciente de que as dinâmicas humanas permanecem. Jesus procura transformá-las, ao dar-se Ele próprio. Seu oferecimento pessoal conclui sua vida pública e abre espaço aos discípulos, para que também eles façam sua oblação a partir da identificação com o Jesus que se oferece. O crescimento de Jesus, anunciado por Lucas, continua até a paixão, para a qual quer preparar também os seus. A tradição joaneia é especialmente importante, já que omite a refeição do pão e do vinho, acrescentando a lavação dos pés dos discípulos por Jesus (Jo 13,1-17). Desta forma, João realça a preocupação de Jesus em ressaltar a atitude de serviço e de entrega aos outros que a Eucaristia implica. E, entre o anúncio da traição de Judas (Jo 13,18-32) e a negação de Pedro (Jo 13,36-38), Jesus lhes propõe o mandamento de amar-se uns aos outros (Jo 13,34-35). Esta substituição adquire ainda mais sentido se for lida em contraste com o relato lucano. Lucas apresenta os discípulos brigando entre si a respeito de quem será o maior (Lc 22,24-29). Respondem assim à despedida, com a qual Jesus anuncia que será entregue. É a mesma coisa que ocorre depois da ressurreição (At 1,6): sonham com um reinado triunfal, porque continuam pensando na grandeza que Jesus lhes podia trazer. É possível que a exortação ao serviço precise ser lida também a partir do contexto de comunidades nas quais existem dissensões na refeição comum, como em Corinto (1Cor 11,17-34). A advertência de Jesus constituía um aviso, tanto para os que presidiam as celebrações eucarísticas como para os que delas participavam.

À margem da comunidade e tomando distância do compartilhar, perde-se a referência para discernir, avaliar e assumir compromissos. Judas representa o discípulo que se subtrai à comunhão e à refeição, já que comeu do prato de Jesus (Mc 14,18-20), esvaziando de conteúdo este compartilhar. Marcos não mencionou o nome do traidor, diferentemente de Mateus e Lucas, e com isso a advertência a respeito de um discípulo que irá traí-lo levaria cada um a interrogar-se a si mesmo sobre que consequências tirar do fato de ser comensal na Eucaristia. Lucas, além disso, fala da traição de Judas, depois de fazê-lo participar da bênção do pão e do cálice, diferentemente de Mateus e Marcos (Lc 22,20-22), e com isso radicaliza ainda mais as advertências sobre uma possível traição, ao distanciar-se de Jesus, de sua vida e gestos de entrega. As deserções são possíveis para todos, especialmente para os que têm maior autoridade. Por isso alude-se às provações posteriores que todos irão sofrer (Lc 22,31-34), como também o sublinha João em seus discursos (Jo 15,18–16,4), para pedir-lhes que mantenham sua vinculação com Jesus e com seu plano de vida. Judas se excluiu da comunidade e esta traição pode repetir-se, como ocorreu a Pedro, que na ceia se vangloriou de sua indissolúvel fidelidade ao Senhor. A autossuficiência de quem crê que não precisa dos outros e ignora sua vulnerabilidade volta-se contra o cristão independente, que não precisa nem de comunidade nem de Eucaristia compartilhada.

O silêncio e a omissão dos comensais pode ser uma forma de cumplicidade em processos de perda de identidade cristã, e antecedem a traição e o abandono concreto. A traição final de Judas e de Pedro, um porque o entregou e o outro porque negou ser discípulo de Jesus, vem precedida por um longo processo de distanciamento interior, porque ambos procuravam em Jesus algo muito diferente daquilo que Ele vivia e exigia. Não se deixa de ser cristão num momento determinado, mas esta deserção final costuma ser fruto de uma longa experiência, na qual a pessoa se isolou e deixou de participar, pelo menos interiormente, da comunidade eclesial à qual pertence. A partir do distanciamento pessoal, abre-se espaço para a substituição dos valores cristãos iniciais por outros humanistas e sociais, para finalmente perder também estes, algumas vezes, e acabar acomodando-se aos valores da sociedade. A história do cristianismo tem muitas destas histórias pessoais, que passam da deserção eclesial para a traição aos valores evangélicos iniciais. Da mesma forma que a conversão exige um longo processo de preparação e amadurecimento, como aconteceu ao próprio Jesus e depois a Paulo de Tarso, assim também a deserção não é algo repentino, mas tem antecedentes. Judas simboliza o traidor que acabou mal e sempre despertou interesse por saber qual foi o processo interior, psicológico e afetivo, que o levou a desligar-se daquele que foi seu mestre.

Existe uma pretensa contraposição entre o mandamento do serviço e a busca do poder; entre a vinculação teológica de apostolado e diaconia prática e a práxis competitiva para ser o maior. Pedro e João, os discípulos principais na ceia, são os que a preparam (Lc 22,8), embora a iniciativa última seja de Jesus (Mc 14,13-16; Lc 22,7.11-12), que é o servidor por antonomásia. A maneira de comportar-se é determinante para a Eucaristia, e para isto aponta também o lava-pés do evangelista João, seu mandamento do amor, e a advertência lucana de que "o maior" é aquele que serve (Lc 22,27). A diferente dinâmica de Jesus e de seus discípulos explica a deserção destes na paixão. Também é uma chave para compreender a ambiguidade do cristianismo histórico e de seus ministros, que caíram na tentação do poder, que leva ao domínio sobre os outros. É preciso "transubstanciar" o homem, transformar seu significado e sua identidade, para passar das tentações do poder à identificação com Cristo na ceia. A posterior celebração eucarística apelará ao Espírito, para que Ele transforme uma comunidade pecadora, e cada um de seus membros, numa comunidade universal de discipulado, marcada pelo ser para os outros. Externamente nada muda na ceia nem na Eucaristia, mas a partir da fé pode surgir uma nova hermenêutica da existência, tendo como referência a vida de Jesus, a ceia e o processo da paixão.

O relato paulino é diferente, mas tem também pontos de contato com a tradição lucana, já que a Eucaristia é narrada no contexto de uma comunidade dividida e cheia de desavenças, na qual uns se entregavam a comilanças enquanto outros passavam fome (1Cor 11,18-22.34). Era preciso aprender a compartilhar a mesa e a vida, porque só a solidariedade pode responder às carências e ao déficit pessoal de cada um. Na medida em que existe relação, surge a comunidade e nela se atualiza a mensagem do reino de Deus, já que as pessoas vivem os valores pretendidos por Jesus. Da mesma forma como Jesus compartilhou o alimento com os pecadores, assim acontece agora também com o núcleo de seus discípulos, criando fraternidade e coesão. Daí a importância de vincular a Eucaristia posterior com a trágica refeição de despedida de Jesus antes de morrer. A Igreja posterior proibia o acesso à Eucaristia a pessoas que haviam rompido com a comunidade. Do mesmo modo Jesus proibiu aproximar-se do altar e apresentar sacrifícios, antes de as pessoas se reconciliarem umas com as outras (Mt 5,23-24). A verdade da vida é a condição prévia para a celebração.

Lucas ressalta que dar de comer aos pobres faz parte da mensagem de Jesus (Lc 14,12-14; 15,2) e da prática da Igreja (At 2,45; 6,2). A Igreja dos primeiros séculos tirou consequências práticas destes símbolos. Desenvolveu-se uma longa doutrina que tornava a celebração da Eucaristia incompatível com a injustiça e os pecados sociais. E instaurou-se a "caixa dos pobres" em conexão com a comemoração da última ceia[7]. O patrimônio eclesiástico só pode ser justificado a partir das necessidades dos pobres e para atender às comunidades e ao culto eucarístico. Ambos estão vinculados e não podem ser dissociados. Não é possível separar o sentido da Eucaristia da práxis cotidiana, separar o culto da vida, separar o discipulado da superação das diferenças socioeconômicas (Tg 2,1-9). É um ideal irrealizável numa sociedade baseada na propriedade privada e na acumulação, mas precisa ser a referência contrafactual para a Igreja e os cristãos. Se isto não ocorrer, invalida, em boa parte, o significado testemunhal do cristianismo. A celebração eclesial tem incidências na vida profana ou se esvazia de conteúdo, porque o sentido da "nova aliança" não se reduz ao âmbito litúrgico, embora tenha nele uma fonte fundamental. Deve traduzir-se numa forma de vida congruente com a de Jesus.

Por isso Lucas defende o ideal de uma comunidade que tinha "tudo em comum" e na qual "se repartia a cada um segundo sua necessidade" (At 4,32-35). A solidariedade cristã representa um ideal de "comunismo" primitivo, que serviu de inspiração a movimentos cristãos, como a fraternidade franciscana inicial, e a muitos grupos sociais. Enganar a comunidade porque não estavam dispostos a compartilhar tudo era um pecado grave (At 5,1-4). Punha-se o acento não no ficar com uma parte, mas na desonestidade de dizer uma coisa e não fazê-la, procurando enganar os outros cristãos. O simbolismo do compartilhar da última ceia

---

7. VV.AA. *Fe y justicia*. Salamanca, 1981. • DUSSEL, E. "O pão da celebração, signo comunitário de justiça". *Concilium*, 172, 1982/2, p. 196-208.

dinamizou o cristianismo desde os inícios[8]. Afastar-se da comunidade eucarística e da comunidade eclesial que a celebra levaria a perder a orientação e o Espírito e levaria também a um cristianismo individualista e sem relações, contrário ao reinado de Deus, expresso na fraternidade eucarística.

Da última ceia à celebração posterior

Era inevitável que a liturgia cristã posterior influenciasse profundamente o marco no qual era narrada a ceia e os acentos de cada evangelista correspondem às suas comunidades de pertença[9]. O símbolo da comunhão fraterna se transformou no referente principal, traduzido como "fração do pão" (At 2,46), tanto para a Igreja, como comunidade em comunhão, quanto para a Eucaristia, enquanto culto cristão. A Eucaristia é um ponto de partida para a fraternidade eclesial, do ponto de vista cultural e eclesial. O reino de Deus produz comunhão e participação, e estas marcam a concepção de Jesus sobre a comunidade de discípulos e sua maneira de entender a última ceia. Este simbolismo está historicamente ameaçado pela institucionalização e ritualização posterior que obscureceram dimensões essenciais da última ceia, a começar pela separação entre refeição comunitária e sacramento, o qual tendeu a transformar-se numa encenação cultual e sagrada diante do povo, que assistia passivamente a um ato protagonizado pelo clero[10]. A clericalização da Igreja ocorreu em dois níveis: o nível da desvalorização da comunidade como Igreja, em favor dos eclesiásticos (a Igreja como hierarquia), e o nível de potencializar o protagonismo destes, à custa do povo, na celebração sacramental[11]. O próprio fato de pôr em primeiro plano a celebração da ceia como fundação do sacerdócio ministerial, em vez de dar o protagonismo à comunidade de discípulos e ao sacerdócio existencial de Jesus e dos seus, mostra que a práxis

---

8. CASTILLO, J.M. "Eucaristía". *Conceptos fundamentales del cristianismo*. Madri, 1993, p. 431-445. • "Eucaristía". *Nuevo Diccionario de Teología*. Madri, 2005, p. 342-348.

9. Uma síntese das diversas tradições é oferecida por DELLING, G. "Abendmahl II". *Theologische Realenzyklopädie I*. Berlim, 1977, p. 47-58.

10. A melhor síntese continua sendo a de JUNGMANN, J. *El sacrificio de la misa*. Madri, 1953. Cf. tb. CASTILLO, J.M. *Símbolos de libertad*. Salamanca, 1981.

11. A partir do concílio Vaticano II multiplicaram-se os estudos sobre o aspecto comunitário e de comunhão da Igreja. Cf. FORTE, B. *La Chiesa nell'Eucaristia*. Nápoles, 1975. • PLANK, P. *Die Eucha- ristieversammlung als Kirche*. Würzburg, 1980. • KUNZ, E. "Eucharistie – Ursprung von Kommu- nion und Gemeinde". *Theologie und Philosophie*, 58, 1983, p. 321-345. • ZIZIOULAS, J. *L'Être ecclé- sial*. Genebra, 1983. • *Being as Communion*. Nova York, 1999.

posterior da Igreja influenciou decisivamente a leitura e interpretação da última ceia, reduzindo seu simbolismo e significado inicial.

Havendo um mandato de celebrar em memória de Jesus, deu-se uma base substancial à estrutura sacramental da Igreja e à comunidade como lugar de encontro entre Deus e os homens, atualizado na Eucaristia. Para a Igreja primitiva e para a da época patrística a Eucaristia era o sacramento eclesial por excelência, junto com o batismo. A Eucaristia era o que melhor refletia a Igreja como povo de Deus e corpo de Cristo. Daí o trágico paradoxo do altar vazio por falta de ministros que presidissem a Eucaristia. À custa de deixar as comunidades sem cumprir o mandamento do Senhor de celebrar em sua memória, já que Ele não o faria até poder celebrá-la com eles no reino do Pai (Mc 14,25; Mt 26,29). É preciso inovar criativamente para que as comunidades não fiquem sem eucaristia. É preciso modificar as leis eclesiásticas mutáveis para adequá-las às exigências de cada época histórica. As prescrições atuais sobre a necessidade de que a Eucaristia seja presidida por ministros celibatários teriam impossibilitado a celebração da última ceia durante o primeiro milênio do cristianismo[12].

A sacralização cultual da ceia e sua objetivação, pondo o acento na consagração como poder sacerdotal, levou a uma preocupação, exacerbada na Idade Média, pelo como da presença real de Cristo na Eucaristia. Este interesse quase não se percebe nas narrativas evangélicas. Categorias teológicas como transubstanciação, transignificação ou transfinalização sugerem uma ideia que só pode ser insinuada nos relatos a partir da preocupação posterior pelo como da presença. O significado simbólico do pão e do vinho, e da celebração judaica, adquiriu um novo significado quando Jesus os identifica com seu corpo e sangue. Isto só se percebe a partir da fé num marco de celebração e recordação que não tem a ver com a realidade física do vinho e do pão. O sentido da vida de Jesus foi concretizado no simbolismo de uma vida entregue, como o pão partido e o cálice derramado, que expressam o sentido martirial de sua vida, numa linha próxima às profecias sobre o Servo de Javé (Is 53). É preciso compreender o sentido sacrificial no contexto de uma vida entregue pelos outros, sentido que já se realizou em sua vida pública e culminou na ceia e na paixão. O significado salvador de Deus para o povo judeu remete à libertação do Egito e adquiriu uma nova dimensão com a oferenda que Jesus pagou com sua vida. Ele transformou a antiga relação entre

---

12. Remeto a LOBINGER, F. *El altar vacío*. Barcelona, 2011. • *Equipos de ministros ordenados* – Una solución para la Eucaristía en las comunidades. Barcelona, 2011.

Deus e o homem, mediada pelo culto sacrificial e pela lei religiosa, para dar-lhe um significado novo, expresso no mandamento do amor, com o qual João supriu o relato da Eucaristia. O litúrgico ultrapassa os limites de seu âmbito e se transforma numa fonte daquilo que é preciso realizar. O cultual simboliza uma prática da vida, ou deixa de ter significado.

A Igreja ou é comunidade ou não é. Identificá-la com o clero, em prejuízo da comunidade dos fiéis, é um desvio do cristianismo histórico. A velha teologia cristã, concretamente inaciana, de "sentir com e na Igreja" precisa ser entendida a partir do contexto comunitário e não só em função do contexto hierárquico, que é o que se impôs histórica e teologicamente. Da mesma forma que o clero foi equiparado com a Igreja, em detrimento da comunidade, assim também a celebração eucarística foi sacralizada e individualizada, e assim afastada da vida cotidiana e comunitária. No século IV já se consumara a perda das refeições eucarísticas nas casas, em favor das eucaristias dos templos, que já não faziam parte de uma refeição comunitária. O mesmo acontece com o caráter festivo, livre e espiritual das celebrações durante os primeiros séculos, até o imperador Constantino prescrever a missa dominical (em 321) e proibir o trabalho nesse dia, enquanto os sínodos, por sua vez, exigiam dos fiéis a assistência à missa, castigando os que faltassem por três domingos seguidos. O que inicialmente era uma refeição recordativa e testemunhal foi se transformando, progressivamente, numa celebração eclesiástica imposta[13]. O tornar-se obrigatória e ser sancionada civilmente devia-se ao fato de o cristianismo ter-se convertido na religião do Império romano, substituindo as religiões pagãs[14]. Esta juridicização e politização reduziam seu significado cristão e sua vinculação com a práxis e a paixão de Jesus. Ao não haver uma comunidade que compartilhava, foi preciso suprir com um mandato político e religioso cuja influência chega até hoje.

A espontaneidade e a liberdade iniciais da comunidade de participar e expressar a fé deram lugar a certas fórmulas canônicas estabelecidas, recitadas pelo

---

13. BÄRENZ, R. *Das Sonntagsgebot*. Munique, 1982. • "Zur theologischen Dimension des Sonntagsgebotes". *Catholica*, 37, 1983, p. 73-93. • BEINERT, W. "Der Sonntagsgottesdienst". *Theologie und Glaube*, 68, 1978, p. 1-22. • TAFT, R. "Frequência da Eucaristia ao longo da história!" *Concilium*, 172, 1982/2, p. 139-155. • CALLAM, D. "The frequency of Mass in the Latin Church ca. 400". *Theological Studies*, 45, 1984, p. 613-650.

14. Karl Rahner realça que a obrigação dominical é um mandamento eclesial que pode ser anulado, porque não pertence à essência do sacramento. Cf. RAHNER, K. "Eucharistiefeier der Kirche und Sonntagspflicht der Christen". *Fragen der Kirche heute*. Würzburg, 1971, p. 35-49.

clero[15]. A espontaneidade e a livre comunicação da fé, que tornavam a Eucaristia uma confirmação e potenciação da vocação cristã, ficaram muito reduzidas. Abriu-se assim o caminho para sua progressiva ritualização e, com esta, a uma crescente objetivação formal. Aumentou, além disso, a incompreensão do povo, que assistia em silêncio a um culto expresso numa linguagem ininteligível, com certos ritos e símbolos cada vez mais distantes dos de Jesus e da comunidade que celebrava. A institucionalização foi necessária para que a Eucaristia sobrevivesse e servisse de referência para todas as igrejas cristãs. Mas ela se transformou num espartilho ritual sacralizado, que reduziu o significado da ceia e a ordem dada por Jesus de que se lembrassem dele e repetissem a refeição em seu nome. A oferta a Deus de uma vida entregue aos outros também recuou, ao colocar-se em primeiro plano o sacrifício centrado na morte. As eucaristias cristãs se impregnaram de alusões a um sacrifício salvador, deixando em segundo plano o programa que marcou a vida de Jesus, recolhido nas leituras de cada celebração. A partir desta teologia, se Deus se tivesse encarnado para morrer na cruz e ressuscitar, isso teria bastado para a salvação do homem. Ficaria em segundo plano a oferta de sentido da vida de Jesus. A cruz salva enquanto final de uma vida salvadora, não isolando-a dela. Um retorno integral à última ceia, revisando a evolução histórica, mudaria a celebração eucarística e a estrutura da Igreja. E esta reformulação favoreceria a unidade das igrejas cristãs, divididas também no que concerne à Eucaristia.

A sacralização e objetivação da Eucaristia mudaram-lhe o significado, favorecendo sua clericalização e a erosão da dimensão comunitária, que é essencial. A refeição possui por si mesma o símbolo da união, da confiança e da espontaneidade. Enquanto isso o rito sagrado, representado diante do povo, perde este caráter e com ele o poder de expressar livremente a fé, para que sirva de confirmação e de pertença. Este distanciamento aumenta quando a Eucaristia foi utilizada para ornamentar grandes acontecimentos eclesiais, aos quais assistem multidões de cristãos e de pessoas que não são cristãs. Em vez de ser uma celebração da fé dos cristãos, a Eucaristia se transforma com facilidade num ato cívico, ao qual assistem todos, cristãos ou não. O testemunho martirial cede em função dos interesses políticos e sociais representados pelos assistentes, e o espetáculo de massas dilui o sentido de comunidade. A Eucaristia transforma-se, facilmente, num espetáculo midiático, no qual se perde o significado originário da última ceia. Ela deixa de ser uma celebração dos cristãos e para os cristãos e se transforma num ato eclesial e social com significado político e cultural.

---

15. BOULEY, A. *From Freedom to Formula*. Washington, D.C., 1981.

O caráter massivo da celebração serve para confirmar a pertença a uma Igreja universal, mas desgasta seu significado como memória testemunhal na qual todos compartilham e expressam sua fé, no contexto de uma comunidade de vida. Inicialmente toda a doutrina sobre a Igreja se baseava na Eucaristia; era uma eclesiologia eucarística, de tal modo que a maneira de celebrá-la repercutia na maneira de entender a Igreja, e vice-versa. Havia uma analogia entre a comunhão eclesial e a comunhão eucarística. A excomunhão é um ato simbólico para afastar da Igreja alguém que cometeu uma infração grave; esse cristão é afastado da celebração e da comunidade. E o lugar e momento da reconciliação era também a Eucaristia. O ato de massas e a indiscriminação dos assistentes impossibilitam proceder assim. A mudança posterior na maneira de celebrar refletiu a passagem de uma Igreja comunidade a uma Igreja clerical; de uma refeição compartilhada a um culto ritual; de uma celebração testemunhal e martirial a uma celebração entendida como sacrifício que reconcilia com Deus e perdoa os pecados; de uma memória que recorda um fato histórico de uma vida a uma oferenda em torno do sangue derramado que serve de expiação. A passagem do religioso, no marco de uma sociedade de cristandade, ao cívico-religioso, no contexto de uma sociedade secularizada e pós-religiosa, aumenta a distância em relação às origens. Integrar as diferentes dimensões a partir da coerência entre a vida pública, a ceia e a paixão de Jesus continua sendo uma tarefa para os cristãos e as igrejas de hoje.

A tradicional consagração a Deus na vida religiosa, simbolizada pelos votos, deriva da identificação com Jesus, que aceita que sua vida se rompa, literalmente, contanto que se converta em salvação para os outros. Não é, porém, uma dimensão exclusiva da vida religiosa, mas faz parte da condição do cristão. O martirológio, a longa lista de mártires do século XX não se reduz aos clérigos e religiosos que testemunharam sua fé com a vida, mas contém uma longa lista de cristãos leigos que defenderam o homem da opressão e da injustiça e propugnaram uma Igreja libertadora, seguindo as pegadas de Jesus. Que não tenham sido compreendidos pelas autoridades civis e religiosas, ou que estas os tenham compreendido e por isso tenham lutado contra eles, isso faz parte também da história de Jesus. Por isso a Eucaristia é oferenda que comemora o homem que se entregou aos outros e se colocou nas mãos de Deus. Daí o elo entre a vida e a paixão de Jesus.

2 O medo e a oração no horto

O primeiro grande cenário da paixão é o do monte das Oliveiras, com duas grandes subdivisões: a da oração no horto (Jo 18,1), embora os sinóticos só falem de Getsêmani, e a prisão de Jesus e seu abandono pelos discípulos. A esta deserção massiva segue-se o duplo julgamento diante das autoridades religiosas judaicas e da autoridade política romana, para concluir com o relato da crucificação. Em cada um dos três blocos fica clara a teologia dos evangelistas, a maneira como eles entendem o significado de Jesus e sua relação com Deus. Os acontecimentos narrados estão impregnados de simbolismos teológicos, sobressaindo o significado que se quer transmitir sobre a própria história. O ponto de partida é "a oração no horto" (Mc 14,32-42; Mt 26,36-46; Lc 22,40-46), que é ignorada pelo quarto evangelho (Jo 18,1-2) porque não se enquadra em sua cristologia triunfal da paixão, apesar ter sido um relato carregado de significado para os cristãos, ao qual se aludiu fora dos evangelhos (Hb 5,7-10). A oração no horto é a que mais nos aproxima da interioridade de Jesus, de sua maneira de enfrentar o sofrimento e a violência, de sua maneira de entender a Deus e de lutar contra a tentação. E é isto que não se encaixa no quarto evangelho, que apresenta, desde o primeiro momento, um Jesus senhor, que caminha para a morte conscientemente e cumpre um plano de salvação que Ele já conhece, sem ter dúvidas nem perguntas. São João encena de forma clara como a paixão é lida a partir da ressurreição. A partir do final, ele muda alguns significados da vida e morte de Jesus e seleciona, entre os fatos históricos, o que melhor se adapta à mensagem que ele quer transmitir.

São João introduz no final da vida pública uma cena (Jo 12,27-29), na qual Jesus assume livremente a paixão antes de esta começar, sem pedir a Deus que o livre dela (como fazem os sinóticos). O evangelista sublinha que Deus vai glorificá-lo (Jo 12,30) e que esta provação precisa ser encaixada no contexto do julgamento divino sobre Israel e da luta contra o espírito do mal (Jo 12,31-32; 14,30). O evangelista não quer mostrar um Jesus fraco diante da paixão e, por isso, omite o relato da paixão que obscurece seu senhorio nos sofrimentos. O Cristo ressuscitado o leva a "transfigurar" o crucificado, que é sempre o Cristo rei marcado por sua filiação divina. Esta maneira de proceder deixou marcas na piedade cristã, que transformou a "Dolorosa" na paixão, ao mesmo tempo em que transfigurou o Jesus sofredor no "Grande poder", "Nosso pai Jesus Nazareno", como os andaluzes chamam muitas vezes as imagens da paixão. A intuição de fundo é a de João: que o crucificado é o ressuscitado; que no meio da dor irradia sua glorificação; que a cruz, símbolo ignominioso, é o testemunho último de seu triunfo. Os sinóticos seguem outra linha muito mais próxima do núcleo histórico dos acontecimentos.

Cada relato tem sua própria especificidade e é preciso tomá-la em consideração. Frequentemente caímos na armadilha de harmonizar os diferentes relatos e completá-los uns com os outros, sem dar-nos conta das diferenças que existem entre eles. Inconscientemente existe um desejo de uma vida completa de Jesus que complete os relatos fragmentários e teologizados de que dispomos. É preciso levar em consideração que, quando um evangelista conta a paixão, ele não pressupõe que os cristãos irão completá-la ou corrigi-la com outro evangelho, escrito em outro momento histórico, por outro autor diferente e num cenário geográfico, social e eclesial diferente. Cada relato é autônomo e autossuficiente, embora Mateus e Lucas se apoiem no evangelho de Marcos e em alguns testemunhos comuns (o que chamamos fonte Q). Novamente podemos aludir a diretores de cinema que apresentam uma visão diferenciada de um fato histórico, o da paixão e morte de Jesus de Nazaré. E cada um sublinha o que lhe parece mais importante, sem haver um consenso ao selecionar.

O radicalismo do evangelho de Marcos

O relato dos sinóticos questiona os que sustentavam a messianidade e filiação divina de Jesus. Apresenta um homem angustiado, que busca Deus e o apoio dos seus, e que, nos dois casos, precisa enfrentar a solidão mais radical, realçada pela ausência de seus discípulos, que dormem[16]. As diversas interpretações sobre o significado da oração no horto suprem a ausência de dados históricos em que se basear. De acordo com os narradores, não existem testemunhas diretas do que Jesus experimentou, nem é possível um testemunho oral sobre a literalidade do que Ele disse e do que experimentou em sua oração. Os diferentes relatos são composições teológicas dos evangelistas, que só podem apoiar-se em indícios e observações indiretas de seus discípulos. Marcos sublinha o temor e a angústia de Jesus e a tristeza de sua alma até à morte (Mc 14,33-34). Jesus pede que Deus o livre da morte e sua petição não foi atendida (Mc 14,35-36.39). O contraste entre a fraqueza de Jesus, a busca de apoio na oração, seu medo do sofrimento e a não intervenção de Deus, resultou escandaloso para os próprios cristãos. Novamente precisavam mudar sua concepção divina e assumir que a vida de Jesus os obrigava a repensar a relação com Deus. O Jesus humano questiona as ideias utilitaristas sobre a divindade, porque o mais duro do relato é que Deus mantém silêncio e não existe nenhum anjo nem experiência sobrenatural alguma. O radicalismo de Marcos se mantém: um Jesus trêmulo recorre à oração para pedir a Deus que o livre da provação e do mal, como no Pai-nosso, sem experimentar consolo algum

---

16. BROWN, R.E. *La muerte del Mesías*, I. Estella, 2005, p. 201-302.

e sem resposta de Deus. Jesus é solidário com a situação de orfandade de muitas pessoas, com seu medo e suas preces sem resposta.

A oração é necessária para o homem porque atualiza a relação com Deus e essa experiência dá sentido à vida do homem. Marcos permanece na mera oração sem respostas. Os outros sinóticos tentarão mitigar esta crueza introduzindo elementos explícitos de consolação e fortaleza, que faltam em Marcos. Ele é quem melhor apresenta a solidão última da pessoa; a dureza de enfrentar um fracasso pessoal, o de sua missão, sem nada nem ninguém em quem apoiar-se; a necessidade instintiva de que pelo menos outras pessoas, os discípulos, se façam presentes. O sofrimento compartilhado e comunicado consola, oferece a possibilidade de desabafar e ajuda a viver a solidão sem isolamento. Tudo isto falta no relato de Marcos, que sublinha o papel de Pedro adormecido (Mc 14,37), o qual reforça mais o pano de fundo simbólico da oração como meio para resistir à tentação, porque o espírito está pronto, mas a carne é fraca (Mc 14,38). O sono dos discípulos reflete não só a distância física deles em relação a Jesus, mas também a distância espiritual, que os impede de estar preparados para a prisão. O contraste entre o Jesus orante e o Pedro dormente é reforçado quando vemos como ambos reagem de maneira diferente na prisão. O sono dos discípulos contrasta com a tensa vigilância de Jesus e reflete duas dinâmicas opostas, duas maneiras de entender o sentido do reino (Mc 6,52; 8,17-18.21.31-33; 9,33-34; 10,32.38-41). A solidão é radical não só porque os outros dormem, mas porque eles têm outras pretensões acerca do messianismo e do que Jesus pode lhes trazer. A sensação de abandono por Deus e pelos homens deve-se a que Jesus capta como seus discípulos estão distantes da tragédia interior que Ele está vivendo. Se durante a vida pública Ele se sentiu incompreendido pelos seus, agora se sente abandonado.

Por um lado, Jesus oscila entre o "para Deus tudo é possível", e por isso lhe pede que afaste dele o cálice e passe dele esta hora, e, por outro lado, "pedia que, se fosse possível..." (Mc 14,35-36). Não há segurança a respeito, nem no evangelho nem provavelmente em Jesus. O desejo humano o leva a pedir uma salvação, fruto de seu medo e indigência, que sua razão podia indicar-lhe que talvez não fosse possível. O Jesus que enfrentou sua missão, sem esperar que Deus o livrasse dos perigos que essa missão acarretava, provavelmente pressentia que Ele também não iria intervir para deter a dinâmica de violência que Ele havia experimentado em sua vida. Na versão de Mateus fala-se apenas "se for possível", se o cálice não pode passar sem que Ele o beba, no condicional (Mt 26,39.42.44); enquanto em Lucas se diz: "se queres" (Lc 22,42). Em João não há alusão ao pedido de Jesus; Ele tem consciência de que deve beber o cálice, sem resistência alguma (Jo 18,11). Os diferentes matizes de uma oração pessoal e supostamente privada de Jesus, sem nenhuma testemunha que a ateste, refletem as diferentes teologias dos autores, que eles projetam na oração de Jesus. O problema de fundo é: O que é possível para Deus? Será que Ele pode tudo, na linha tradicional e maximalista da onipotência divina? Ou existem limitações à ação de Deus, partindo da autonomia e liberdade do homem? Será que o sofrimento é inevitável para o homem, tanto a partir das perspectivas do universo fático em que vivemos como a partir das dinâmicas da história, que têm o homem como agente? É o sofrimento uma parte que precisamos pagar para crescer como pessoas? "Se for possível...": os evangelistas não estão seguros sobre o que Deus pode e deve fazer. E ninguém o está, porque Deus escapa ao predizível.

Surgem aqui as perguntas da teodiceia sobre o mal humano e o silêncio de Deus. E também a tentação de fazer de Deus o culpado, como se Ele fosse o causador de tudo o que acontece. O preço seria um Deus agente da história, que intervém constantemente nela e que não aceita a liberdade humana, o dinamismo da imanência e suas causas intra-históricas. Do mesmo modo que o Criador respeita as leis da natureza criada, sem corrigi-la com repetidos milagres que vulnerariam sua autonomia, assim também acontece com o curso da história, cujos protagonistas são os homens e não Deus. Jesus respeita esta dinâmica, ao aceitar que se faça a vontade divina e não a sua (Mc 14,36), a do homem sofredor, aterrorizado diante da morte. É preciso pedir a Deus forças para resistir na tentação, como faz Jesus, mas também aceitar que nem tudo o que acontece é vontade de Deus, mas às vezes a contradiz. Remeter à vontade de Deus o que acontece é querer explicar o inexplicável e incompreensível com algo ainda mais obscuro. (Donde sabemos que Deus quer o que causa sofrimento?) O homem é o ser no mundo e na história, capaz de enfrentar a realidade e transformá-la se for possível. Não precisa assumi--la como algo que lhe é imposto pela divindade, como acontecia na tragédia grega ou nas modernas teorias secularizadas sobre o destino. Não existe um destino cósmico, nem sinais e conjunções dos astros, que determinem os acontecimentos, como afirmam os autores dos horóscopos, adivinhos e outros supostos defensores do determinismo celestial.

Não é que Deus queira a morte de Jesus, nem a permita; mas a consagração a Deus, que Ele repete e culmina na ceia, o levará a ser assassinado pelos que não aceitam seu testemunho. Sua entrega a Deus e aos homens é confirmada e culmina na ceia. Se Deus a aceita, Jesus precisa viver a autonomia humana e as consequências de sua maneira de proceder diante dos que rejeitam seu projeto de vida. Uma sociedade afastada dos valores do evangelho não suporta a provocação profética dos que a desafiam com fatos e atitudes. Mas não é Deus quem mata os profetas, e sim os seres humanos, e uma intervenção divina para protegê-los e isentá-los das reações por eles provocadas diminuiria radicalmente o valor testemunhal de sua maneira de viver. O mal na história é um escândalo e o silêncio divino resulta muitas vezes incompreensível. A inspiração divina não precisa necessariamente ir contra as leis naturais nem ser uma alternativa à liberdade. Deus atua a partir da consciência humana, inspirando e motivando. A força da graça foi vista tradicionalmente na teologia como o meio pelo qual Deus se faz presente. Mas é uma graça insuficiente sem a livre ação do homem. Jesus precisou assumir o mal humano; só podia contar com a graça divina que o fortalecia, e aceitar sua fragilidade pessoal.

O fato de Deus não impedir o sofrimento de Jesus transformou-se em mais uma amostra de sua condição humana, de sua solidariedade com as vítimas que não podem evitar o mal. Se Deus tivesse enviado legiões de anjos para impedir a prisão, Jesus teria perdido relevância e validade para todos os homens, já que enfrentaria a vida com a vantagem de contar com um Deus milagreiro. Mas o não intervencionismo divino, que não obstaculiza as ações dos homens, não legitima imputar-lhe o que acontece na história. A liberdade e a autenticidade são dois valores-chave para a tradição ocidental e constituem exigências irrenunciáveis na sociedade moderna. Se Deus atuasse eliminando-as, nós deixaríamos de ser pessoas e seríamos marionetes em suas mãos. Jesus precisa aceitar um preço demasiadamente alto pela liberdade e sempre surge a pergunta do porquê de tanta dor e do custo a pagar pela autonomia do agente histórico. O dinamismo de sua liberdade, confirmado na última ceia, teve um preço trágico, que nos leva a perguntar se vale a pena uma liberdade que precisa pagar tão alto preço. A abertura e aceitação total de Jesus é a chave para compreender os acontecimentos concretos que lhe aconteceram. A disponibilidade perante Deus e os outros é trágica numa paixão na qual Ele se sentiu abandonado, por Deus e pelos outros. Mas soube manter sua entrega, sem renegar o como e o porquê havia vivido. A identificação com Cristo passa por uma oblação, à qual se unem todos os cristãos, oferecendo-se eles próprios a Deus.

Existe também no relato um novo avanço na compreensão filial de Jesus. Enquanto filho, Ele vai crescendo na compreensão de Deus, como sublinha Lucas na infância, no momento-chave de sua existência. Na Bíblia judaica se mostra como o exílio na Babilônia, que foi a pior experiência de Israel como povo e nação, foi o momento em que Ele se aprofundou na concepção de Deus. Israel evoluiu do politeísmo inicial para a monolatria (a adoração de seu Deus e a afirmação de sua superioridade sobre os outros). Depois do exílio passou a afirmar que Javé é o Deus de todos, não só o Deus nacional judeu, e que havia apenas um único Deus que regia a história humana, inclusive Babilônia e o Império persa. A impotência política, militar e social é compensada, paradoxalmente, com um fortalecimento de sua crença em Deus, em vez de bandear-se para o lado dos vencedores e crer em seus deuses. Pelo contrário, proclama-se a universalidade de um Deus, que os havia tirado da escravidão do Egito, por meio de Moisés, mas que não havia evitado o cativeiro da Babilônia. O monoteísmo universalista se afirma no momento de maior prostração hebraica. Também Jesus mantém sua filiação e chama a Deus de Pai (Mc 14,36), quando começa sua experiência de maior abandono. Marcos sublinha sua indigência, "temor e angústia" (Mc 14,33-34) e em seu evangelho não existe um anjo consolador, nem alusão alguma a uma resposta divina. Mas Jesus se mantém, assume o inevitável e anuncia a seus discípulos adormecidos que se aproxima a hora em que será entregue (Mc 14,41-42).

A cena no Getsêmani está carregada de simbolismos e de interrogações. Contrasta a predição da ceia sobre a entrega do homem e o sangue derramado (Mc 14,21-23) e o pedido de que seja afastado o cálice (Mc 14,36). Reflete um processo pessoal: a resistência do instinto de sobrevivência, sua angústia até à morte (Mc 14,33), que contrasta com as escassas informações dos evangelhos sobre a consciência subjetiva de Jesus e o que Ele experimenta ao longo de sua vida. Não existe nele impassibilidade nem domínio diante da morte, como por exemplo em Sócrates, o que levou os adversários do cristianismo, como Celso, a zombar de Jesus, porque aparecia muito distante da fortaleza que os gregos exigiam. A valentia do ser humano, pelo contrário, não consiste em enfrentar imune o sofrimento e a morte, sem sentir medo, mas em assumir os custos da coerência com sua forma de vida, embora sentindo a repugnância instintiva diante da dor e o medo da tortura e da morte. Conscientizar o medo não é uma covardia, mas um sinal de inteligência e de realismo diante de uma realidade que o provoca.

Jesus não é um necrófilo que busca a morte, mas não recua diante dela. Algumas leituras posteriores caíram numa irracional revalorização da cruz, como se esta fosse o que Jesus buscou e pretendeu. Esquece-se que a cruz está marcada pelo sinal da impotência, do que sucede de forma inesperada e imprevista, do que não é planificado, mas que acontece, frequentemente, por parte das pessoas de quem menos se espera. Não existe busca da morte, e sim amor à vida e vulnerabilidade e medo diante do sofrimento. O desfalecimento de Jesus diante de algo que o horroriza levou a se questionar sua vinculação com Deus, que Lucas,

Mateus e João ressaltaram por meios diversos. Marcos é radical, a partir de sua tese de que é preciso vigiar e orar para não cair na tentação (Mc 14,38) e ser livrados da provação, que é o pedido do Pai-nosso de Mateus e Lucas (Mt 6,9-13; Lc 11,1-4). Parte desta provação é o isolamento emocional de Jesus, que se sente só num momento crucial e não pode apoiar-se nas pessoas próximas. O silêncio dos próximos em momentos de dificuldade é muito mais duro do que as chacotas e a satisfação dos inimigos. Jesus é o protótipo do homem sozinho diante de Deus e dos outros, que busca apoio na oração, porque já não pode contar com ninguém. Os amigos do triunfo são os ausentes na experiência do fracasso, como constatou Jesus em sua paixão.

As outras narrativas

Ter experiências de Deus nos momentos de maior fracasso pessoal resulta paradoxal, mais ainda dada a tendência humana a utilizar a divindade e pô-la a serviço dos próprios interesses. Jesus sai fortalecido da oração nos outros sinóticos, porque experimentou a presença divina e a consolação simbolizada pelo anjo. Por um lado, a oração de petição, que apresenta diante de Deus sua própria fraqueza e medo do sofrimento, encontra uma resposta se Ele sai dela confortado e com capacidade para enfrentar a realidade (Lc 22,43.46). Não é atendida uma petição que busca a intervenção de Deus para corrigir a liberdade humana, mas é acolhida sim sua súplica, porque Ele sai reconfortado e com capacidade para assumir a realidade. Se não é possível mudá-la, pelo menos haja fortaleza para assumi-la. Mas Jesus está também mais consciente da solidão humana e da necessidade de enfrentar pessoalmente um momento trágico de sua vida. O próprio fato da oração o conforta, porque se consolida a relação com Deus em vez de romper com Ele. No final da oração, Ele assume como Jó seu sofrimento de outra maneira, após ter tido uma experiência de Deus (Jó 42,5: "Eu só te conhecia por ouvir dizer, mas agora meus olhos te viram"). Jó questiona Deus a partir do sofrimento, mas a experiência de Deus o capacita a manter sua fé nele (Jó 40,33-35; 42,5-6), apesar da falta de respostas sobre o porquê de uma criação cujas estruturas e leis possibilitam o mal (Jó 38,1-4; 40,6-9). A radicalidade de Marcos, em vez da versão mais consoladora dos outros evangelhos, volta a repetir-se na cruz com um Deus que não responde ao grito lancinante do abandono.

Mateus, que é fiel a Marcos ao apresentar a cena, introduz um versículo em que aparece Jesus como dominador da situação, aludindo a que Deus atenderia seu pedido de enviar-lhe legiões de anjos, se o pedisse (Mt 26,53). Conclui que isto aconteceu para que se cumprissem as Escrituras (Mt 26,56). Desta forma, ele mitiga a radicalidade do abandono de Jesus e apresenta a paixão como algo anunciado e predito pelos profetas. Jesus faz parte do plano de Deus e conhecia o preço que precisava pagar por sua fidelidade. Contra a intenção de Mateus, este argumento será utilizado mais tarde para culpar Deus pela execução de Jesus e denunciar sua crueldade, como se Deus o tivesse predestinado à cruz, em vez de Ele morrer pela livre ação humana. Lucas, por sua vez, suaviza o relato com uma resposta divina, já que Deus lhe envia um anjo que o conforta (Lc 22,43-44). Este relato tem o pano de fundo das alusões ao cálice que Ele teria de beber (Mc 14,36; Jo 18,11) e pode também ser lido a partir das tentações do deserto, como o pedido para que Deus envie anjos que o protejam (Lc 4,10-11). Lucas concluiu o relato das tentações, indicando que "terminada toda a tentação, o diabo se afastou dele até um momento oportuno" (Lc 4,13). E este momento é o da paixão, mas agora existem sim anjos que o apoiam, diferentemente do que dizem Marcos e Mateus. A tradição cristã posterior conservou a memória de que Ele foi tentado, como os demais homens (Hb 4,15). Marcos narra também três pedidos de apoio de Jesus a seus discípulos adormecidos, que Lucas suaviza e transforma num só (Lc 22,45). Ele procura sempre deixar numa boa situação os discípulos e mitigar a radicalidade da sensação de abandono de Jesus.

As diferentes versões do texto mostram a estranheza comum de Mateus e Lucas diante do não saber e da angústia e impotência de Jesus, além da inexplicável passividade divina, realçada por Marcos. Lucas suaviza também a cena e troca o Jesus prostrado de Marcos por um Jesus ajoelhado, que ora apenas uma vez (Lc 22,39-42.45-46). Seu temor está em oposição à tese mantida por alguns teólogos sobre uma consolação permanente de Jesus e uma segurança inabalável, devida à sua filiação divina. Se fosse assim, Jesus estaria longe da insegurança, da angústia e do conflito, produzidos pelo silêncio de Deus em momentos-chave de sua vida. A solidão última do homem consiste em que ele não pode vivenciar a presença de Deus no momento da tentação, que põe à prova não só a fé na bondade divina, mas também a fé na própria existência de Deus. Por isso a oração no Getsêmani é uma verificação de fé para Jesus, como o é também a cruz, na qual se põe em questão sua fidelidade e convicção filial. Estes elementos fazem parte da condição humana e, se Ele não os experimentasse, não poderíamos falar de um Jesus humano, mas de um super-homem. A carta aos Hebreus reforça sempre a semelhança de Jesus com os homens e que essa experiência não se opõe à sua filiação divina ("como Ele próprio sofreu sendo tentado, Ele é capaz de ajudar os que são tentados": Hb 2,18; 4,15).

É preciso sobreviver às situações difíceis, inerentes à condição humana, a partir de uma solidão radical, na qual a pessoa precisa assumir sua maioridade, a necessidade de enfrentar as circunstâncias e de lutar contra o mal. Jesus experimenta que a fé em Deus, a confiança diante da Providência, não serve para escapar da dor. Ele precisa assumir o fracasso de seus projetos sobre Israel, que lhe custa a vida. Pode-se falar de uma transformação de Jesus, como ocorreu no batismo, em que Ele precisa aprender a relacionar-se com um Deus não interventor, num contexto de abandono ao mal e ao pecado no mundo. Jesus consuma a oblação do projeto do reinado de Deus, não a partir de um sofrimento masoquista procurado, mas a partir de um seguimento profético que o aproxima da figura judaica do Servo de Javé (Is 52,13–53,11), sem que Deus seja agente de seu sofrimento, que foi causado pelo homem. Não sabemos com certeza quais eram as expectativas últimas de Jesus sobre seu final e sobre o papel de Deus, mas na oração Ele aprende a relativizar seu próprio projeto e a colocar-se nas mãos divinas. A fé de Jesus precede a dos discípulos. É preciso assumir um messianismo de serviço, contra a ideologia messiânica dos discípulos que dormem, adorando a Deus em verdade, sem escapismos. Por isso a oração no horto é uma antecipação do que se narra na paixão posterior.

Por outro lado, mostra a validade da oração, que foi uma constante na vida pública de Jesus, e a da prece de petição, na qual Ele insistia (Mc 11,24; Mt 7,7-8; 18,19-20; 21,22; Lc 11,9; Jo 14,13-14; 15,7.16; 16,24)[17]. Ao mostrar sua vulnerabilidade diante de Deus, Jesus legitima e limita, ao mesmo tempo, o valor da oração de petição. Não se trata de obter algo de Deus, mas de mostrar-se diante dele e expressar o que se experimenta. A comunicação do homem com Deus fortalece e capacita para enfrentar as dificuldades e responde à realidade psicossomática do homem[18]. A oração capacita para enfrentar a vida e dar um sentido às situações em que o mal domina. Por isso a oração de petição é necessária, embora não haja intervenção divina que mude os acontecimentos. Assumir que há petições que são fruto do narcisismo humano e às quais Deus não deve responder não impede que na oração Deus busque inspirar e transformar o orante. Não é Deus quem necessita da oração, nem a de petição nem a de ação de graças, olhando-se a partir da perspectiva humana; mas deve fazê-la aquele que quer viver a vida na presença divina e relacionando-se com Deus. Por isso recorre-se a Deus com o que há de bom e de mau na vida, com a petição e o agradecimento, com a prostração das

---

17. CABA, J. *La oración de petición*. Roma, 1974.

18. ESTRADA, J.A. *El sentido y el sin sentido de la vida*. Madri, 2010, p. 136-140.

próprias penas e a ação de graças. É o ser humano quem se transforma e cresce na petição, que pode capacitá-lo a enfrentar o que resulta inevitável. O silêncio divino é a outra face do protagonismo humano, remete a uma fé que não busca favores nem um deus utilitário, e capacita para transformar o desejo do orante e ressaltar a alteridade e o mistério de Deus.

Vista assim, a oração de petição é o contrário do "ópio para o povo" e reforça a perspectiva relacional do homem, na qual o tu a quem ele se dirige o capacita para assumir sua própria identidade. Interpela-se o transcendente a partir de uma experiência viva, sem que a oração se transforme numa tentativa mágica de domínio para obter algo. O silêncio divino é também um ensinamento sobre o que podemos esperar ou não da oração e da relação com Deus. "É verdade que não sabemos pedir o que nos convém, mas o próprio Espírito intercede por nós com gemidos inefáveis" (Rm 8,26). O ser humano tende a orações egocêntricas, muitas vezes manipuladoras de Deus, mas o fato de haver petições infantis e interessadas, criticadas pelo próprio Jesus (Mt 6,7-15; Lc 11,1-13; 18,11-14), não diminui o valor de um pedido como o de Jesus no horto. Deus não necessita da oração de petição nem das outras, mas sim o homem Jesus no horto. Deus também a quer, enquanto confirma a vinculação filial de Jesus e mantém sua disponibilidade e a confiança que ela comporta. Para além do concreto que se pede, fruto de nossa vulnerabilidade pessoal, está a certeza do crente de que pode contar com Deus na vida e de que a relação com Ele pode melhorar a partir da indigência e dos desejos manifestados. Jesus se expôs diante de Deus e saiu da oração capacitado para a paixão que o aguardava.

3 A traição dos discípulos

O cenário inicial da paixão se completa com a prisão de Jesus e o papel de seus discípulos (Mc 14,43-52; Mt 26,47-56; Lc 22,47-53; Jo 18,2-12)[19], duplamente representados por Judas e Pedro. Depois de mostrar o contraste entre Jesus, que se prepara para enfrentar a violência, e os discípulos, que dormem alheios ao que os espera, aparece um grupo armado enviado pelos escribas e anciãos (Mc 14,43), aos quais Mateus e Lucas acrescentam os príncipes dos sacerdotes (Mt 26,47; Lc 22,4.50.52). São, portanto, as autoridades religiosas e não as políticas que o prendem e o motivo da prisão aparece associado ao ensinamento de Jesus no templo

---

19. BROWN, R.E. *La muerte del Mesías*, I. Estella, 2005, p. 303-390.

(Mc 14,49; Mt 26,55; Lc 22,53). João, por sua vez, silencia esta menção e refere a prisão ao cálice que Ele deverá beber (Jo 18,11). O evangelho de João enfatiza sempre o senhorio do Jesus contra sua impotência, que é o que os sinóticos acentuam. O protagonismo das autoridades judaicas na captura e na paixão de Jesus é sublinhado no evangelho de Marcos (Mc 14,1.2.10-11.65-66; 15,1.10-14) e aumenta no evangelho de Mateus e no de João, enquanto Lucas transfere muitas destas acusações aos judeus para o livro dos Atos (At 2,23.36-37.40; 3,13-15.17; 4,10-11). A redação do evangelho de Mateus corresponde a uma época na qual cada evangelista considera que a missão de Jesus e de seus discípulos em Israel fracassou histórica e teologicamente[20]. O papel dos judeus na paixão e na morte de Jesus legitimou o posterior antijudaísmo cristão ao longo da história, esquecendo que Jesus e seus discípulos eram também judeus, que os romanos desempenharam um papel fundamental e que as gerações posteriores não podiam ser culpabilizadas pelo que fez a geração de Jesus.

A crescente insegurança de Jesus aumentou com sua prisão e a imediata deserção dos discípulos. O medo de Jesus no horto está presente já em sua vida pública, na qual Ele sente angústia até que se cumpra seu batismo (Lc 12,50) e São João sublinha sua perturbação diante da provação (Jo 12,27; 13,21). A carta aos Hebreus o fundamenta porque, aceitando a morte, Jesus "livrou aqueles que, pelo medo da morte, estavam sujeitos à escravidão" (Hb 2,15). A progressiva tomada de consciência o aproximou de uma crescente impotência, na qual Ele precisava vencer a ânsia de segurança e a tentação da violência reativa (Mc 14,47), inerentes à condição humana. Deus não é um fiador e Jesus precisou assumir isto a partir da fé. Ele não está protegido de seus adversários, mas encontra-se indefeso diante deles. O contrário ocorre a seus discípulos, que procuravam convencê-lo de que Deus e eles o protegeriam (Mc 8,32; 14,29.31), para depois fugir no momento do conflito (Mc 14,50: "abandonando-o, todos fugiram"). O medo bloqueia e paralisa os discípulos e, concretamente, a Pedro, que na vida pública responde ao chamado de Jesus, mas começa a desmoronar ao sentir o medo (Mt 14,27-31), como depois no Getsêmani e na casa do pontífice (Mc 14,66-72). São cenas simbólicas, independentemente de seu núcleo histórico, nas quais Marcos os apresenta como homens sem fé (Mc 4,37-41), enquanto Mateus mitiga a coisa e a transforma em

---

20. O estudo mais completo sobre o antijudaísmo que impregna o evangelho de Mateus é o de LUZ, U. *Das Evangelium nach Matthäus*, I-IV. Neukirchen, 1985-2002. • "Der Antijudaismus im Matthäusevangelium als historisches und theologisches Problem". *Evangelische Theologie*, 53, 1993, p. 310-327.

pouca fé (Mc 8,25-26). O distanciamento dos discípulos em relação a Jesus, quando anuncia seus sofrimentos na vida pública, prepara o abandono final.

Na fuga fala-se de resistência violenta por parte de um dos presentes, que cortou a orelha de um do grupo (Mc 14,47), e de um jovem que o seguia, envolto num lençol, e que fugiu nu quando tentaram prendê-lo (Mc 14,51-52), sem esclarecer a identidade e o significado dos dois personagens. Talvez simbolize o discípulo que não soube seguir Jesus (Mc 10,50), em sua nudez (abandono) e no uso da violência[21]. Ressalta-se a fuga do grupo e o simbolismo da resistência inicial do discípulo, que acaba deixando a roupa na fuga. Mateus, por sua vez, enquadra a prisão no cumprimento genérico de profecias das Escrituras (Mt 26,56), mas sem dizer quais. Lucas sublinha que Jesus se opôs à resistência violenta de seus discípulos e que curou a orelha do agredido (Lc 22,51), acrescentando que era a hora e o poder das trevas (Lc 22,53). João ressalta novamente o contraste entre a realeza e o domínio de Jesus, que se lhes manifesta ("Sou eu": Jo 18,5.8), e o espanto dos agressores que recuam diante de sua confissão (Jo 18,6). Ninguém tira a vida de Jesus, mas é Ele que a dá, como corresponde à sua filiação divina no evangelho joaneu. Além disso, este evangelho suaviza a deserção de Pedro, fazendo-o cortar a orelha do agressor (Jo 18,10), e não menciona a fuga por parte dos discípulos, substituindo-a por um pedido de Jesus para que os deixem ir embora (Jo 19,8-9).

Os significados mais importantes têm a ver com a fuga de todos os discípulos, predita após a ceia (Mc 14,27), com a traição de Judas e com a atitude de Pedro, que se completa com a cena das negações. O protagonista principal é Judas, cuja traição é encenada com um beijo (Mc 14,43-45, cf. Pr 27,6), sinal de intimidade, como na ceia, quando molhava o pão em seu prato (Mc 14,20). Contrasta com a encenação do seguimento (Pedro recorda que eles o seguiram, deixando tudo: Mc 10,28), enquanto no final todos fogem e deixam a roupa, exceto Pedro, que o segue de longe (Mc 14,54; Mt 26,58; Lc 22,54). O medo é a chave fundamental da fuga, sendo a traição de Pedro o que mais impressionou os cristãos[22]. Por isso todos os evangelhos a contam. Marcos mostra como se radicalizam suas negações (Mc 14,66-72), passando de uma evasiva diante da mulher que o acusa ("não compreendo o que dizes": Mc 14,68) a uma reiteração de sua rejeição, para terminar praguejando e jurando que não conhece o homem de quem lhe falam (Mc 14,71). Marcos utiliza o distanciamento físico como símbolo de afastamento espiritual

---

21. MARCUS, J. *El evangelio según Marcos*. Salamanca, 2011, p. 1.151-1.152.

22. BROWN, R.E. *La muerte del Mesías*, I. Estella, 2005, p. 703-748.

(Mc 14,54; 15,40), bem como o contraste entre "estar com Ele" (Mc 3,14-15) e a acusação da criada (Mc 14,67), que o leva a negar Jesus.

Lucas personalizou a traição a partir de uma perspectiva relacional: voltando-se, o Senhor olhou para Pedro (Lc 22,61), que se lembrou da palavra do Senhor e saiu, chorando amargamente (Lc 22,62). Em Marcos e Mateus há uma sincronia entre Jesus, que no Sinédrio confessa ser o Messias, o Filho do homem escatológico e o filho de Deus, e a não confissão de Pedro, que desconhece aquele que Ele confessou como messias e filho de Deus (Mt 16,16). Pedro rivaliza com seus companheiros e protesta que não irá abandonar seu mestre Jesus (Mt 26,33.35), enquanto agora, ao negar conhecê-lo, com juramento (Mt 26,70.72.74), se soma ao grupo de judeus que o acusam de ser um deles. Ele se integra na fila dos acusadores, como antes se integrara na fila dos discípulos, mostrando assim a inconsistência de seu seguimento e a dinâmica de rivalidade e imitação que o levaram jurar fidelidade. Jesus conhece e profetiza sua debilidade e inconsistência pessoal, que reflete a de todos os discípulos (Mt 26,34). Em todas estas passagens existe um contraste entre a covardia e a presunção anterior dos discípulos, e a consciência que Jesus tem de ambas, que não o impedem de perdoar-lhes e aceitá-los.

João, por sua vez, faz interagir as confissões de Jesus com as negações de Pedro (Jo 18,15-18.25-27) de tal maneira que ambas se relacionam entre si. Além disso, sublinha que junto com Pedro estava "outro discípulo", que o introduziu na casa do pontífice (Jo 18,16). O "discípulo amado", nunca mencionado como tal nos sinóticos, é o que contrasta com Pedro no evangelho de João: é o que tem o protagonismo na ceia, o que nunca nega Jesus (ao contrário de Pedro), o único presente na cruz, o que chega primeiro ao seu sepulcro e o que viu e creu (Jo 20,8). Se Pedro simboliza a liderança e o cargo, marcados por sua traição, o outro discípulo significa o seguimento e a identificação por amor. É um personagem simbólico e com significado teológico, que representa o discípulo fiel e sempre próximo a Jesus, diferentemente dos sinóticos que ressaltam a traição de todos, sem exceção. O simbolismo do evangelho de São João não se dirige contra Pedro, negando sua liderança, que é atestada por todos os evangelhos (Mc 1,16; 16,7: é o primeiro e último discípulo nomeado). Mas é um aviso aos dirigentes sobre as possíveis traições no seguimento. O contraste entre o cargo e o carisma, simbolizado pelo outro discípulo joaneu, também ressalta as tensões posteriores entre o ministério hierárquico e o seguimento carismático, nas quais está em jogo boa parte do dinamismo cristão. Pedro representa o cristão envergonhado, que dissimula sua identidade ou busca limitá-la ao âmbito da vida privada. Também é um exemplo dos perigos do cargo, do afã de carreira e do ser mais que os outros e da autossuficiência (uma forma de endeusamento) que o afasta da realidade (a vulnerabilidade humana) e lhe cria um complexo de superioridade (ainda que os outros falhem, eu não falharei: Mc 14,29; Mt 26,33; Lc 22,33).

O relato da prisão tem como pano de fundo a situação histórica dos evangelistas, que conhecem a situação dos cristãos expulsos das sinagogas judaicas (Jo 9,22; 12,42; 16,7) e perseguidos pelas autoridades romanas, ao menos desde a época de Nero. No início do século II, os cristãos são admoestados a renegar Jesus para salvar-se, como diz Plínio o Moço em sua carta a Trajano. Pedro e os discípulos representam os que têm medo e estão tentados a negar a Cristo (1Tm 6,12-14; 2Tm 2,12-13). O problema da apostasia preocupou os cristãos desde o começo, já que eram uma corrente perseguida por judeus e romanos. O papel dos primeiros discípulos e sua deserção lhes serviu de aviso e de consolação. Se eles haviam falhado a Jesus, como não ocorreria o mesmo aos cristãos posteriores! Quando as traições de Pedro e dos outros são vistas a partir da perspectiva da história, adquire maior significado a crítica ao culto à personalidade e o exagero que adquiriu a teologia petrina no segundo milênio. Deixou-se em segundo plano a figura do discípulo amado, que representa o discípulo fiel sem poder algum, em favor do engrandecimento do papado no segundo milênio. Toda a teologia católica centrou-se na herança petrina, realçando os poderes de Pedro, em detrimento de uma liderança de unidade e de serviço universal, ao qual obedece a herança petrina originária. Um Pedro fraco é o que melhor representa as aporias de um ministério de serviço e os perigos do poder, que tanto mais corrompe quanto maior é.

Os textos fundacionais do cristianismo advertem para as dificuldades dos que vivem do projeto de Jesus com responsabilidades eclesiais. Existe um pretenso simbolismo, no qual a teologia impregna os relatos, que se transformaram em referências permanentes para os cristãos. Na teologia posterior a Jesus, embora cronologicamente anterior aos evangelhos, o apóstolo Paulo recorda que é preciso ter os mesmos sentimentos de Cristo, que, tomando a forma de servo, se assemelhou aos homens, e na condição de homem se humilhou (Fl 2,5-8). Paulo joga com a contraposição entre Deus que o exaltou e Jesus que se abaixou. E é isto mesmo que recorda a passagem do lava-pés, com a qual João substitui o relato da última ceia (Jo 13,1-11), contrastando a atitude de Jesus com a rejeição de Pedro (Jo 13,13-17). São duas maneiras diferentes, mas convergentes, de sublinhar que os máximos ministérios são um serviço, numa linha coerente com a ideia de Jesus de que Deus se comunica aos pobres e simples e que tomar sobre si sua carga e seu jugo é algo leve (Mt 11,25-29). A transformação da religião passa por transformar o papel dos que mandam, para que se convertam em servidores de todos, e especialmente dos mais vulneráveis. Foi isso que Jesus tentou comunicar a seus discípulos, fracassando com eles como depois continuou falhando no cristianismo histórico. É preciso não esquecer, no entanto, a irradiação permanente que teve esta mensagem nas diferentes épocas da Igreja. A traição de Pedro foi vista como um aviso permanente a todas as autoridades cristãs. É o que captou São Gregório Magno, quando recusava títulos honoríficos para o papado, optando pelo título mais evangélico e próximo da herança petrina, o de "Servo dos servos de Deus".

5

Uma morte sem sentido?

O núcleo histórico e teológico da paixão é o julgamento de Jesus: o duplo papel convergente das autoridades romanas e judaicas, o consentimento final da multidão, arrastada por seus dirigentes, e o final de Jesus na cruz. Este núcleo está carregado de infiltrações teológicas, jurídicas e políticas. Não se narra o fato nu e simples de sua paixão e crucificação, mas são oferecidos relatos que contam uma história interpretada, de acordo com os esquemas dos evangelistas. A interpretação não pode ser desvinculada do próprio fato, como ocorre também ao contar a vida de Jesus a partir de perspectivas cristológicas diferentes. Esta vida está marcada, em cada relato, pela compreensão que os autores tinham, várias décadas depois, de sua morte, vista a partir da perspectiva da ressurreição. Novamente encontramos a fé da Igreja como mediação a partir da qual podemos conhecer os fatos finais da vida de Jesus, sem ser possível desvinculá-los. A interpretação dos textos precisa atender à intencionalidade de cada evangelista e ao significado de cada relato, respeitando sua pluralidade. Trata-se da crônica de uma "morte anunciada", compreendida de maneira teológica pelas diversas narrativas.

1 O julgamento religioso de Jesus

O julgamento de Jesus pelas autoridades religiosas judaicas (Mc 14,53-65; Mt 26,57-68; Lc 22,54-65; Jo 18,12-14.19-24)[1] lança luz sobre os motivos de sua crucificação. É um julgamento sobre sua vida, no qual se articulam as causas imanentes e as interpretações teológicas de sua morte. Cada evangelho desenvolve sua própria teologia global do processo, sem que se possa fundir os evangelhos num único relato. Desde o início, os cristãos se negaram a substituir as narrativas por

---

1. BROWN, R.E. *La muerte del Mesías*, I. Estella, 2005, p. 391-674.

uma vida comum de Jesus, que englobasse todos eles. Todos falam do processo religioso, mas diferem nos detalhes. O processo religioso ocorreu no sinédrio, a assembleia judaica na qual estavam presentes as autoridades, os príncipes dos sacerdotes, os anciãos e os escribas. Marcos e Mateus falam de um único processo, concluído ao amanhecer, no qual se misturaram o político e o religioso. Lucas fala de um processo durante o dia, embora Jesus tenha sido preso ao anoitecer (Lc 22,54.63-66). Diferentemente dos outros sinóticos, Lucas não faz um paralelismo entre as negações de Pedro e o interrogatório de Jesus. Todos procuram uma prova para matá-lo, um fato importante e indiscutível, sem encontrá-lo (Mc 14,55-56). João, por sua vez, situa a resolução de matá-lo em sua vida pública, já que as pessoas iam atrás dele (Jo 11,47-53), para depois dar o protagonismo ao conselho do sinédrio (Jo 18,19-23), acrescentando que Jesus foi conduzido à casa de Anás (Jo 18,13.24).

A intenção homicida de seus juízes é clara desde o primeiro momento. Em Marcos desempenhou um papel essencial a predição sobre a destruição do templo (Mc 14,58), radicalizada por Mateus ("Este falou: posso destruir o templo e em três dias reedificá-lo", Mt 26,61). Esta profecia de Jesus, assim como sua anterior irrupção violenta no templo, qualificado como covil de ladrões, desempenhou um papel determinante no ódio dos judeus, já que o culto do templo era o centro da religião até sua destruição posterior pelos romanos. Além disso, era uma importante fonte de renda, tanto para os líderes religiosos como para a cidade de Jerusalém. Pode-se qualificar esta profecia como causa histórica principal da morte de Jesus, mas não temos certeza se fez parte específica do interrogatório jurídico e político, já que Lucas e João a omitem. O simbolismo do templo está ligado ao debate sobre a realeza de Jesus, seu messianismo e sua divindade, que suscita o problema do onde está Deus, qual é o lugar de sua presença no mundo e em que consiste a separação entre o sagrado e o profano. O templo era o centro da vida de Jerusalém numa época em que a religião impregnava todas as esferas da vida. Em todas as religiões há uma separação e predomínio entre o sagrado (*fanum*) e o pro-fano (diante do *fanum*), estabelecendo assim espaços e tempos para a divindade e outros diferentes para o homem. A diferenciação pressupõe separação e contraposição, já que o sagrado é o santo, por ser o âmbito da divindade, enquanto o profano está marcado por conotações negativas, como o não saber, o que mancha, o não consagrado. O elemento revolucionário de Jesus é que Ele desloca o sagrado do templo para a vida cotidiana. Ele torna Deus presente no profano e sacraliza a relação com os homens, da qual faz depender a conformidade com Deus. Em troca, o cultual, o sacerdotal e o sacrificial, próprios do templo, perdem valor e importância e ficam subordinados à práxis cotidiana. Esta maneira de proceder não só atenta contra a estrutura religiosa judaica, seguindo a tradição dos profetas, mas questiona a ênfase das religiões em separar o sagrado e o secular. Em todas as religiões existe um processo de evolução; no caso judaico o processo é claro: ressaltar a transcendência divina, para que não seja manipulada, e reforçar o elemento ético. Jesus levou ao auge as duas dinâmicas.

O processo de Jesus mostra uma divindade silenciosa e vulnerável, que não defende seu enviado, e sem poder mundano para impor-se. Mas ela não está ausente, porque aquele que é julgado é o "Filho de Deus" (Mc 14,61-62; Mt 26,63-64; Lc 22,70-71), embora esta filiação não tivesse ainda o significado dogmático posterior. Não se pode compreender o Transcendente sem o mundo, que é sua criação; mas também o mundo não pode ser compreendido sem referi-lo a Ele. Existe uma total dependência do mundo, da natureza e da história em relação ao criador providente, e uma diferença absoluta entre Deus e o ser humano. Por isso Deus não é um agente a mais na história, embora seja o maior; nem é uma causa a mais que interfere com outras. Daí o processo iníquo e a não intervenção divina, que mostra como o senhorio de Deus, já iniciado, ainda não se realizou em Israel. O poder mundano religioso se impõe, facilitando a afirmação ateia de que não existe Deus. A divindade se esconde e já não reside no templo, porque se fez presente na pessoa e na vida de Jesus. Mas ver Deus não processado judicialmente exige uma fé comprometida e um distanciamento em relação ao conceito usual de onipotência. Jesus é julgado pelos representantes da religião, que mantêm a velha separação entre o sagrado e o profano e rejeitam quem a questiona. Quem atenta contra a religião, núcleo do código cultural da época, provoca a violência religiosa e precisa morrer. Em todas as religiões existe este potencial e os críticos do templo e do culto, como os profetas de Israel, arriscam a vida ao desafiar o poder religioso.

Na paixão existe uma rejeição da religião utilitarista e uma avaliação do templo como um mercado do espiritual. Mais ainda, se se atende às estruturas de pecado que pervertem o religioso ao mundanizá-lo. O protesto de Jesus contra uma religião mercantilizada, que criou um covil de bandidos (Mc 11,17), adquire um novo significado no processo religioso. O ser humano anseia por Deus e as religiões servem de mediação entre Deus e o homem, daí sua força e sua irradiação. Mas podem ser instrumentalizadas e usadas por seus representantes para obter dinheiro e privilégios. E é isto que Jesus percebia no templo, que se transformara num centro econômico capital para o Israel do século I. Do templo dependia a economia de Jerusalém e atentar contra ele implicava impugnar o *statu quo* da sociedade judaica. Jesus não só denunciava a mercantilização da religião, posta a serviço dos negócios, mas também a perversão implícita no reconciliar Deus com as riquezas, contra a oposição formulada por Jesus (Mt 6,24). A dinâmica absolutista de Deus, que pede tudo, e a dinâmica do dinheiro, que impregna todas as dimensões da vida, são irreconciliáveis. A riqueza é um dos fatores decisivos para a patologia das religiões. E os representantes da religião se defendem e procuram matá-lo. Na paixão de Jesus está presente o Deus marginalizado pelas mediações religiosas.

A religião, que é sempre uma construção humana, pode transformar-se em idólatra quando se torna um fim em si, substituindo a subordinação a Deus. Qualquer sistema religioso é potencialmente perigoso e está aberto às patologias. Nada de imanente pode ser sacralizado, nem sequer o santuário, porque Deus se revela nas pessoas, sacralizando-as ao fazer delas as mediações para relacionar-se com o divino. A paixão revela o peso esmagador do mal na religião e torna aguda a pergunta pelo onde está Deus e como Ele se faz presente quando não intervém para salvar as vítimas das religiões. Questiona-se o valor absoluto de qualquer projeto histórico de sentido e se põe em questão a própria religião "verdadeira", à qual pertencia o judeu Jesus. As estruturas de pecado estão onipresentes e as religiões não escapam delas, a começar por seus líderes e representantes. A paixão representa a luta entre Jesus e a religião, que continua depois nos cristianismos históricos.

Ao mesmo tempo, a inocência e a verdade da vítima, que desautoriza os algozes, aguçam a fome e sede de justiça das bem-aventuranças. A paixão pode ser canalizada para o desespero, para a rejeição de Deus e a desconfiança em sua providência, diante do fracasso das mediações que deviam prevenir o mal, em vez de causá-lo. De fato, muitas pessoas deixam de crer em Deus porque a religião que o prega os escandaliza. A religião pode transformar-se no grande obstáculo para crer em Deus. Talvez nesta linha dever-se-ia interpretar a famosa afirmação de E. Bloch[2] de que "só um bom ateu pode ser um bom cristão", ou seja, alguém capacitado para enfrentar a religião. A isto ele acrescenta: "mas certamente também só um bom cristão pode ser um bom ateu", ou seja, um impugnador e relativizador de todos os absolutos criados pelo homem, incluída a religião. Bloch captou muito bem elementos do profetismo de Jesus a respeito de sua religião. Sua afirmação de que "o melhor da religião é que ela produz hereges" se confirma no caso do herege Jesus, que morre por criticar a sua religião. Às vezes os que não pertencem a uma religião captam melhor algumas de suas dimensões do que os crentes. "Onde há esperança, há também religião", afirma Bloch, mas nem sempre há esperança na

---

2. BLOCH, E. *El ateísmo en el cristianismo*. Madri, 1983, p. 16.

religião. Porque esta pode ser repressiva e desmotivadora. Em vez de religar a Deus e relativizar-se a si mesma, ela pode desesperar e desgastar a fé em Deus. E então ela religa a si mesma, se impõe e se interpõe no caminho para o transcendente.

Isto subjaz à crítica da religião feita por Jesus. O ateísmo está vinculado à rejeição da religião, de seus representantes e de suas formas de atuar. A repulsa dos sacerdotes e das pessoas religiosas, como eram os fariseus, facilmente se desloca para a rejeição de Deus e de sua mensagem. Jesus captou esta dinâmica e chamou a atenção de seus discípulos para que fizessem o que as autoridades religiosas lhes diziam, mas não se comportassem como elas. Porque desdiziam com seus atos o que proclamavam com as palavras (Mt 23,1-7: dizem e não fazem, impõem cargas pesadas e se eximem de tomá-las sobre si). Este comportamento religioso pervertido continua sendo atual. E exige que os cristãos estejam abertos a avaliar sua religião e criticá-la com os argumentos usados por Jesus. É preciso muita fé em Deus e, no caso cristão, comprometer-se com a vida de Jesus, para enfrentar as instituições essenciais da religião a que se pertence. E muito mais para assumir a insegurança da pertença e a dureza do enfrentamento, sem abdicar de relativizá-la e subordiná-la aos valores do reino de Deus. E é isto que está presente no cenário da paixão.

O Jesus manso e pacífico só deixou de sê-lo diante da corrupção do templo (Jo 2,13-29), que simbolizava toda a religião. Seria necessário perguntar-se pela religião como fonte de negócios, pelas cumplicidades pessoais e coletivas como formas de religião denunciadas por Jesus. Nós cristãos temos medo de atualizar a paixão e suas consequências. Boa parte do mal-estar de muitas pessoas contra o cristianismo se deve ao fato de elas verem nas igrejas de hoje condutas, atitudes e maneiras de abordar os problemas que eram criticados por Jesus. A rejeição do templo deveria levar a avaliar os santuários cristãos e a concepção de religião que eles representam. A própria ideia de que a Igreja é pecadora, além de santa, é rejeitada por muitos, como ocorreu no concílio Vaticano II[3]. Daí a rejeição das críticas, embora tenham uma parte de verdade. Tende-se a ver os críticos como traidores da Igreja, esquecendo que Jesus não se calou diante das dinâmicas patológicas das instituições religiosas de seu tempo. Hoje temos mais consciência do pecado

---

3. Paulo VI mudou o texto sobre a Igreja pecadora para "o pecado de seus membros" (UR 3). Houve teólogos contrários, como Karl Rahner, padres conciliares e grupos episcopais, como o alemão. Só se manteve, restritivamente, que a Igreja necessita de purificação (LG 8). No pós-concílio foi ganhando força a ideia de uma Igreja globalmente pecadora, à luz da teologia sobre o pecado coletivo e as estruturas de pecado. Cf. ESTRADA, J.A. *El cristianismo en una sociedad laica*. 2. ed. Desclée De Brouwer, 2006, p. 38-40.

coletivo e das estruturas de pecado, que influem nas religiões. Mas existe muito medo de avaliar as igrejas com os critérios utilizados por Jesus. Mutila-se assim a ideia de imitação e seguimento de Cristo, que se deveria assumir também no que diz respeito à relação com as instituições religiosas.

As dimensões do processo em cada evangelho

Os três sinóticos ressaltaram as questões concernentes à identidade pessoal de Jesus. Daí a pergunta do pontífice sobre se Ele era o Messias e o "Filho do Bendito" (Mc 14,61) ou o "Filho de Deus" (Mt 26,63; Lc 22,70), à qual Jesus respondeu afirmativamente, anunciando sua vinda futura com poder (Mc 14,62). A acusação era ambígua, já que havia uma grande heterogeneidade de expectativas judaicas a respeito do Messias, e seus próprios discípulos tinham uma concepção diferente da sua (Mc 8,31-32). O mesmo ocorre no que diz respeito ao título de Filho de Deus, que se impôs após a ressurreição, e com o qual os espíritos maus o tentavam (Mt 4,5; Lc 4,3; Mc 1,24). O título mais difundido é o de Filho do homem, mencionado oitenta vezes nos evangelhos, título que remete à expectativa última judaica (Dn 7,13-14). Esta tradição pode ter inspirado a confissão de Jesus sobre sua vinda com o poder de Deus (Mc 14,6; Mt 26,64). Mas não sabemos se esta alusão provém do próprio Jesus ou é uma interpretação teológica da comunidade, acrescentada às acusações sobre suas pretensões messiânicas. Sempre temos insegurança acerca dos títulos de Jesus nos evangelhos, por não sabermos se Ele próprio realmente os usou ou se são os títulos dados a Ele retrospectivamente por seus discípulos, iluminados pela experiência da ressurreição.

O significado desta titulação de filiação, imputável também ao Messias e ao próprio povo de Israel, foi um dos problemas não resolvidos do cristianismo inicial, que demorou vários séculos para dar-lhe um conteúdo preciso, em chave mais helenista do que hebraica. Ambos os títulos, Messias e Filho, desempenharam um papel na vida, no julgamento e na morte de Jesus, mas eram ambíguos e poderiam ser tentações que o afastassem de sua missão. O judaísmo nunca passou do Messias ao sentido literal de Filho de Deus, porque isto contradizia seu monoteísmo estrito e sua teologia da transcendência. Os cristãos fizeram dele um título-chave a partir da ressurreição, título que Mateus projetou em sua vida pública (Mt 14,33; 16,16). O homem Jesus sempre foi filho de Deus e o Espírito de Deus esteve presente nele desde sua concepção. Nele se encarnou a palavra divina, que anteriormente se dirigiu aos profetas e grandes personalidades judaicas. E esta filiação não impedia sua condição de Filho do homem e sua pertença a uma família. A novidade estava em que, ao realizar-se como ser humano, aprofundando-se em sua condição mortal, mais Ele se tornava imagem divina encarnada. A conciliação entre seu ser filho do homem e fazer-se filho de Deus foi a que as autoridades consideraram blasfema.

A experiência adquirida na ressurreição marcou retrospectivamente todas as narrativas sobre a paixão, a mesma coisa que ocorreu com os evangelhos da infância. João centrou o debate no processo, político e religioso, a respeito da realeza de Jesus, do significado dele e o do reino de Deus anunciado e, paradoxalmente, já realizado (Jo 18,33.36-37; 19,12.14-15). O especificamente religioso tem menos peso em seu evangelho e o pontífice só pergunta por sua doutrina e por seus discípulos (Jo 18,19). Mas, desde o primeiro momento, sublinha-se sua intencionalidade homicida (Jo 18,14.31), que os sinóticos também destacam (Mc 14,1-2; Mt 26,4-5; Lc 22,2). Já antes do julgamento havia uma determinação de condená-lo. As autoridades haviam feito um prejulgamento contra Ele, independentemente do que Ele dissesse ou pensasse, e o acusam de blasfemo e réu de morte (Mc 14,64). O pano de fundo destas acusações é sua vida pública, na qual Jesus falava e agia com uma autoridade que lhe vinha de Deus. Perdoava os pecados, sem submeter-se às leis religiosas; interpretava livremente a Escritura, contrapondo sua autoridade à das personalidades da Bíblia; falava com autoridade, apesar de ser um leigo e não ter estudos rabínicos; e proclamava a chegada do reino de Deus testemunhado através de curas, milagres e exorcismos, contra as acusações demoníacas das autoridades.

A partir de uma perspectiva sociológica, Jesus foi o protótipo do dissidente que questiona a autoridade institucional de sua religião, propondo uma visão alternativa de seus ensinamentos e da práxis religiosa. O fato de ser um leigo e de não ter estudado as Escrituras e as leis, como os rabinos, tornava mais provocativas suas pretensões. Em outras épocas históricas voltou a repetir-se o mesmo dinamismo de desconfiança. Quando Inácio de Loyola começou a pregar os exercícios espirituais, nos quais condensava sua própria experiência de Deus, as autoridades hierárquicas suspeitavam dele porque falava de Deus e da religião sem ter feito estudos de teologia. O saber erudito e técnico dos especialistas levava a desprezar uma teologia baseada na experiência, cujo sujeito último são pessoas sem bagagem acadêmica. As autoridades sempre desconfiam das iniciativas que partem do povo e rejeitam qualquer "teologia popular", porque esta escapa ao controle hierárquico e acadêmico. E isto também desempenhou um papel no julgamento de Jesus.

Além disso, a situação se agravava pelo êxito que Jesus tinha junto ao povo, o que o transformava em elemento perigoso. Os guardiões da ortodoxia se preocupam quando opiniões contrárias às suas são aceitas entre os fiéis. E Jesus não foi uma exceção a esta norma universal de todas as religiões. Os evangelhos sublinham o perigo que Jesus representava para o *statu quo* religioso e político, que exigiu sua execução. Jesus era odiado sem motivo (Jo 15,25) e rejeitava-se que a palavra de Deus estivesse nele (Jo 1,10-11). No Gênesis conta-se a expulsão do homem do paraíso (Gn 3,24), agora se combate o enviado de Deus, que vem reconciliar a humanidade. Assassina-se o enviado de Deus, que é a pedra rejeitada (Lc 20,17) sobre a qual Deus constrói uma nova humanidade. Por isso, o prólogo de São João tem paralelismos com o Gênesis, enquanto mostra a criatividade da palavra divina que ilumina as sombras e conta como ela foi repudiada. O pano de fundo da luta entre o espírito do mal, satanás, e o ungido pelo Espírito de Deus marca toda a vida pública e ressurge no pano de fundo da paixão. Jesus lhes recorda que esteve todos os dias com eles no templo, sem que o prendessem. "Mas esta é a vossa hora e o poder das trevas" (Lc 22,53).

A proposta de Caifás, de que era necessário um homem que morresse pelo povo (Jo 11,50; 18,14), tinha uma clara concreção política, já que nesta época era perceptível o descontentamento que levou à guerra várias décadas depois, além de sua implicação religiosa. O êxito de Jesus acarretaria a ruína das autoridades sacerdotais, dos rabinos e, em menor medida, dos fariseus, todos eles desprestigiados pela sua doutrina e práxis. A história do cristianismo teria sido diferente caso se tivesse mantido como uma seita herética (At 24,5.14; 28,22) e um caminho dissidente intrajudaico (At 9,2; 16,17; 18,25-26; 19,9.23; 22,4; 24,14.22), seguindo a linha de Jesus na vida pública. Foi a ressurreição que abriu um novo horizonte e deu relevância universal ao comportamento de Jesus. A posterior violência física e moral dos cristãos contra os judeus não só foi uma resposta à hostilidade hebraica inicial contra os judeu-cristãos, mas também repetiu elementos da paixão. Esqueceu-se que Jesus foi assassinado por uma acusação religiosa e política e que os evangelhos desautorizam a violência, especialmente a violência religiosa. O anticristianismo inicial dos judeus e o antissemitismo posterior dos cristãos expressam a tragédia de dois povos e religiões, vinculados pelo judeu Jesus, que não só tomaram caminhos divergentes, mas opostos.

Indiretamente, Jesus se havia apresentado com uma identidade messiânica, profética e filial, que punha em questão toda a tradição. A acusação contra Ele, Jesus a voltou contra os representantes da religião, que divinizavam suas normas e prescrições em detrimento da misericórdia e do amor ao próximo (Mt 9,13).

A filiação divina não é algo conquistado pelo homem, mas um dom divino no qual convergem humanização e divinização. Estas não estão separadas (como o sagrado e o profano), mas intimamente unidas na pessoa de Jesus. A filiação divina inscreve-se numa dinâmica do dom e numa economia da graça, que levam a dar-se aos outros, como fez Jesus em sua vida. O Jesus processado e condenado reverte a assimetria daquele que se diviniza mediante o poder. Ele se mostra como Filho do Deus bendito (Mc 14,61-63) a partir da humilhação do processo, quando já não há tentações de poder como pretendiam os demônios. Jesus se faz igual a Deus e utiliza seu nome e seu poder, afirmam os acusadores (Mc 14,64), mas não defende seus próprios interesses. Simboliza a pessoa esmagada pelo poder da religião e Deus está com Ele, como está com todas as vítimas da violência religiosa. E com isto muda a maneira de entender a religião e o sentido que damos a uma vida realizada.

Os acusadores se vingaram executando-o como blasfemo, já que falava em nome do próprio Deus. Não toleravam suas palavras e entraram na dinâmica da difamação e da calúnia, com a qual as instituições e pessoas religiosas, frequentemente, aniquilam moralmente seus adversários. O fim justifica os meios e era preciso desacreditar o que está sendo processado, embora o que se dizia não fosse verdade. Quanto maior é o ideal e mais religioso o fim que se pretende, neste caso defender a ortodoxia, tanto mais fácil é admitir todo tipo de meios, que, por sua vez, desmentem a verdade da finalidade pretendida. O importante não era aquilo que Ele realmente havia dito e pregado, mas o que Ele era e pretendia ser. A morte cruenta de Jesus é precedida pela tentativa de destruí-lo moral e religiosamente. Por isso não hesitaram em inventar falsas acusações, em descontextualizar o que Ele havia dito e feito. Compreendiam a religião de maneira diferente e procuravam preservar as tradições e instituições religiosas que Jesus questionava. Já que não sabiam como argumentar e responder a Jesus, queriam acabar com Ele. A falta de argumentos foi suprida com o argumento de autoridade, que exigia a morte do dissidente. Todas as religiões tendem a absolutizar suas hierarquias, independentemente da verdade do que se discute. O ódio é frequentemente mascarado como defesa da religião e zelo por Deus. Por isso Jesus advertiu que quem odeia seu irmão é um homicida em potência (Mt 5,21-22.44.47; 1Jo 2,11; 3,15). O comportamento da pessoa religiosa, que para defender sua compreensão de Deus utiliza todos os meios, inclusive o aniquilamento moral do outro, é trágico. Pretendem defender a Deus voltando-se contra Ele, ao impor-se ao outro e destruí-lo. Isto aconteceu com Jesus e, no evangelho de João, Ele anuncia que acontecerá também com os seus (Jo 15,18–16,4).

A patologia da violência é a outra face da divinização da religião. Quando absolutizada, a religião se torna uma carga pesada para seus membros e uma ameaça mortal para os que discordam dela. A dinâmica assassina da pessoa religiosa é muito mais cruel com o dissidente, como Jesus, do que com o ateu, que não pertence à religião. São João contrapôs a verdade de Jesus, que se havia manifestado publicamente, às ofensas sem motivo de seus adversários (Jo 18,19-23). Marcos e Mateus, por sua vez, sublinharam o papel dos falsos testemunhos e das falsas testemunhas das autoridades religiosas (Mc 14,56; Mt 26,59-60). Haviam transformado as Escrituras num instrumento a serviço de seus interesses ideológicos e políticos. A religião havia deixado de ser uma mediação de salvação, transformando-se num entrave, que impedia de fazer o bem e salvar a vida como ocorria com as curas (Mc 3,3). A institucionalização da experiência religiosa é necessária para transmiti-la à posteridade, mas é também uma ameaça potencial, que pode acabar com a vivência inicial. Daí o contraste entre a não violência de Jesus e a violência que acabou com Ele.

O julgamento da religião (judaica) contra Jesus constitui uma advertência para o cristianismo. Os critérios com os quais Jesus enfrentou o poder religioso adquiriram um significado permanente, para além de sua referência concreta ao judaísmo. A patologia religiosa leva a defender o sistema religioso em seu conjunto, contra todas as críticas, independentemente de serem justificadas. Cai-se na perversão dos ideais nobres, tanto mais perigosos quanto mais santos. A dinâmica do fim (o zelo por Deus e pela religião) justifica a validade de procedimentos jurídicos imorais e ilegais (Mc 14,1), contanto que se acabe com os dissidentes religiosos (Jo 15,19-20; 16,2). Sempre ressurgem os meios tradicionais: acabar com os críticos, física ou moralmente, mediante a mentira, a difamação e a calúnia. As pessoas religiosas são propensas a este dinamismo. Poder-se-ia escrever a história do cristianismo a partir da perspectiva dos injustamente denunciados e suprimidos pelo poder religioso, apesar da validade evangélica de seus pronunciamentos. Jesus desobedeceu ao sistema religioso, precisamente porque obedecia a Deus, ao Espírito que o ungiu e o inspirava e motivava. Tradicionalmente a espiritualidade prestou pouca atenção a esta dimensão conflitiva. Realça-se a importância da obediência religiosa, aludindo ao exemplo de Jesus, mas silencia-se que ela se estrutura em torno da liberdade. Jesus desobedeceu às autoridades, porque via que elas contradiziam o que Deus queria[4].

---

4. ESTRADA, J.A. *Religiosos en una sociedad secularizada*. Madri, 2008, p. 251-256.

Historicamente as religiões têm pretensões de salvação, mas podem transformar-se em causas de falta de sentido na vida, bloqueando o acesso a Deus em vez de possibilitá-lo. Então a mediação para chegar a Deus acaba substituindo-o; uma instância de vida se transforma em causa de morte; uma entidade com potencial para produzir o melhor do ser humano produz nele o pior. É a ambiguidade de toda religião, refletida no processo de Jesus. O cristianismo teve muitos problemas para assumir o sentido teológico do confronto de Jesus com a religião. Por isso, quase não se fala da "desobediência" de Jesus à sua religião e aos seus representantes, e evitam-se paralelos entre o que Jesus fez e o que teria que fazer agora. Sublinha-se que Jesus denunciou uma religião concreta, mas não que esta patologia é extensiva a todas as religiões porque tem um valor permanente. Histórica e teologicamente preferiu-se anatematizar o judaísmo, porque sua religião assassinou Jesus, em vez de revisar criticamente o potencial assassino subjacente à própria religião.

2 O processo político

O processo foi completado pelo poder político romano (Mc 15,1-15; Mt 27,1-26; Lc 22,66–23,25; Jo 18,28-40)[5], também encenado de maneira diferente em cada evangelho. Havia uma forte vinculação entre o Estado e o poder religioso, como era comum na época. A religião se transformara num poder mundano e eles precisavam entender-se. "Todo o sinédrio" o leva e entrega a Pilatos (Mc 15,1; "todos": Mt 27,1 e Lc 23,1; Jo 18,28: "eles"). Os relatos acentuam o aspecto corporativo da entrega, que se anunciava já na vida pública (Mc 10,33; 14,64; 15,1.15). Ressalta-se assim a culpa coletiva judaica no processo político, sublinhada também por São João (Jo 18,22.24; 19,6). A diferença entre os evangelistas está na avaliação do papel de Pilatos e de Herodes, que representam o poder imperial.

Em Marcos (Mc 15,1-15), Pilatos pergunta a Jesus se Ele é o rei dos judeus (Mc 15,2.13), com o pano de fundo da entrada dele em Jerusalém (Mc 11,9), e a resposta de Jesus ("tu o disseste": Mc 15,2) e seu silêncio posterior o assombram. Os sacerdotes o acusam insistentemente, mas Pilatos sabe que o entregaram por inveja (Mc 15,10) e procura salvá-lo, usando seu poder de anistia, próprio dos governadores. (Mc 15,9.12.14: "Que mal Ele fez?") Acaba entregando-o para ser crucificado (Mc 15,15: "para satisfazer a multidão"). Impõe-se a razão de Estado, a necessidade de

---

5. BROWN, R.E. *La muerte de Jesús*, I. Estella, 2005, p. 787-1.030.

contentar o povo e o medo de tomar medidas impopulares, embora as exigências do povo fossem injustas. Em Marcos, os instigadores são as autoridades judaicas e o povo, com os quais Pilatos condescende. Existe um paralelismo entre a postura de Herodes, que resiste em anuir ao pedido de entregar a cabeça do Batista, e a de Pilatos (Mc 6,20.26), que resiste inicialmente aos pedidos dos sacerdotes e do povo. Ambos cedem por temer o desprestígio e a rejeição da multidão.

O significado teológico de Barrabás ("o filho do pai"), a quem escolhem para ser libertado, aumenta se seu nome é Jesus-Barrabás, como se menciona em alguns códices[6]. Implicaria dois "Jesus", o justo e o criminoso, do qual a religião se faria cúmplice, em seu afã de acabar com o outro Jesus. Não conhecemos o núcleo histórico desta tradição, já que não há dados sobre este costume das autoridades romanas. Mas o contraste entre um preso anistiado, que era um criminoso (Mc 15,7), e um Jesus executado, apesar de ser inocente, é verossímil. Mas tinha, sobretudo, uma clara carga simbólica e teológica para os cristãos. A absolutização da razão de Estado é uma forma de divinizá-lo. Prefere-se um criminoso confesso a um inocente perigoso para o poder político e religioso. A colaboração da religião com o Estado, uma necessidade permanente do poder religioso, pode transformar-se numa grande tentação quando leva à injustiça e ao abuso de autoridade.

O enfoque de Mateus

Mateus, que duplica a extensão do relato de Marcos (Mt 27,1-2.11-26), une à acusação de realeza a de ser o messias (Mt 27,11.17.22). Além disso, introduz a mulher de Pilatos, que o avisa de que se trata de um homem justo (Mt 27,19), e simboliza a cumplicidade de Pilatos com sua lavação das mãos, ao mesmo tempo em que se proclama inocente do sangue de Jesus (Mt 27,24). Diante da paixão, não há possibilidade de permanecer neutro: a omissão é uma forma de cumplicidade e deixar-se arrastar pela maioria é uma abdicação moral. Diante da injustiça é preciso romper com a identidade grupal, com o sentido de pertença e com a identificação política e religiosa, para não abandonar moralmente a vítima, para não lavar as mãos e deixar fazer, deixar passar. Existe medo das maiorias, da opinião pública, de atuar de maneira diferente. Peca-se por omissão e legitimam-se os maiores crimes. Torna-se muito difícil fazer uma autocrítica das próprias posições ideológicas, políticas e religiosas, porque tendemos a enxergar a palha no olho

---

6. MARCUS, J. *El evangelio según Marcos (Mc 8,22–16,8)*. Salamanca, 2011, p. 1.185-1.186, 1.194-1.195.

alheio e não a trave no nosso (Mt 7,3-5). Busca-se então uma forma de legitimação no que os outros fazem, embora haja consciência da própria injustiça.

Boa parte do êxito da teologia da libertação consistiu em revitalizar esta dinâmica que desempenhou um papel na paixão. Os teólogos da libertação procuravam denunciar a cumplicidade dos eclesiásticos nos abusos de direitos humanos por parte do Estado. Muitos dos problemas que eles tiveram deveram-se à dupla frente do poder político e do poder religioso, que se uniram contra os que protestavam contra os abusos estatais. Na América Latina existe uma grande lista de cristãos (leigos, religiosos, sacerdotes e também bispos) que se sentiram questionados por sua fé e enfrentaram a perseguição, seguindo o exemplo de Jesus. Desde a doutrina contra o tiranicídio, até aos apelos a desobedecer ao Estado quando oprime o povo, como fez Oscar Romero[7], há uma teologia que mantém a memória perigosa do processo político de Jesus. Algo disto aconteceu na Europa durante a época das ditaduras e dos fascismos, mas foi mais uma exceção do que regra geral, porque as igrejas estavam instaladas na sociedade e não queriam enfrentar o Estado. Os que não admitem que as igrejas se metam na "política", mesmo que haja opressão e violação de direitos elementares, precisam marginalizar o processo político de Jesus e silenciar a longa tradição cristã que o continuou.

Jesus manteve sempre sua autonomia em relação às instituições e aos poderes, algo que eles também não podiam suportar. O dinamismo da pressão política e religiosa pode desembocar numa forma de anemia moral, numa "prudência" desculpadora que só admite adesões privadas ao perseguido, combinadas com o desejo de não comprometer-se em público. Surge assim a desproporção entre o convencionalismo social e religioso e a denúncia das patologias e dos fatos atentatórios contra o ser humano. A desistência do bem, a omissão do espectador, se transforma na outra face do deixar fazer o mal. Muitos exemplos do pecado estão relacionados com a omissão (Mt 25,26-28.44-45; Lc 7,44-46; 10,25-37), com o não agir e deixar fazer. Diferentes formas de covardia pessoal e coletiva levam à cumplicidade dos "bons" com os malvados[8]. Por isso, a revelação do Gólgota afeta a

---

7. No domingo, 23 de março de 1980, na catedral de San Salvador, Oscar Romero dirigiu-se ao exército e ao governo com as seguintes palavras: "Em nome de Deus, portanto, e deste povo sofrido, cujos lamentos sobem até ao céu cada dia mais estrepitosos, suplico-lhes, rogo-lhes, ordeno-lhes em nome de Deus: cesse a repressão!" Na segunda-feira seguinte, 24 de março, foi assassinado, quando celebrava a Eucaristia.

8. Remeto ao excelente ensaio de ARTETA, A. *El mal consentido* – La complicidad del espectador indiferente. Madri, 2010.

todos, vítimas e verdugos, e também os observadores presumidamente neutros. Já não é possível afirmar a Deus, independentemente das vítimas, pelas quais somos todos responsáveis, embora nem todos no mesmo grau. É o final da inocência culpável, que revela as patologias dos sistemas de valores, religiosos ou não. E também a responsabilidade de todos, tanto maior quanto mais poder social se tem e mais capacidade de atuar. O dinamismo da santidade passa pela solidariedade com os desprotegidos e a cruz de Jesus é um chamado moral, muito além do legal.

Mateus conclui a cena radicalizando a culpa dos judeus, que por duas vezes resistem à tentativa de Pilatos de libertar Jesus (Mt 27,17.20-21). Concluem com a expressão: "Seu sangue caia sobre nós e sobre nossos filhos" (Mt 27,25). A culpa coletiva adquire um significado permanente, converte-se numa maldição trágica do povo contra si mesmo. Se é uma profecia, cumpriu-se abundantemente na história. Levou a interpretar a destruição do templo e de Jerusalém como consequência do sangue inocente derramado. Em Mateus o relato da paixão tem um caráter premonitório. Em seu evangelho não há uma clara diferenciação entre a culpa própria dos protagonistas e a responsabilidade moral de todo o povo. O perigo estava em acentuar a culpa do povo, ou seja, a chave do pecado, sem pôr o acento na paixão libertadora de Jesus, cujo sofrimento se opõe a qualquer dinâmica revanchista ou de vingança. A exortação é trágica porque deu legitimidade à perseguição do "povo deicida" por parte dos cristãos, favorecida também pela teologia joaneia, marginalizando, em troca, o papel desempenando pela autoridade romana. A postura de Paulo, por outro lado, foi mais matizada, porque manteve a fidelidade de Deus a Israel e a expectativa de uma futura abertura do judaísmo a Cristo (Rm 9,1-5; 11,1-5.11-12.23-26.29-32), que os evangelistas já não tinham algumas décadas mais tarde.

Existe em ambos os poderes, o político e o religioso, um paralelismo e uma sincronia intencional, que mostra nos personagens o paralelismo entre a razão de Estado e as conveniências do sistema religioso. A preservação de ambos está acima da inocência da vítima. Por serem poderes deste mundo, aliam-se para defender seus próprios interesses. Nos dois há uma política sem moral (que Ele morra para que eles subsistam), que torna inviável uma ética de intenções e responsabilidades. Renuncia-se à verdade e à justiça em função dos próprios interesses. Justifica-se o injustificável, o aniquilamento físico, moral e emocional do processado, em nome da razão religiosa e da razão política. Quando o interesse de Estado se impõe à dignidade das pessoas, abre-se a porta ao terror. A paixão é uma encenação do poder último do Estado sobre a vida e a morte. A gestão última da vida a partir do poder caracteriza a soberania estatal, que detém o monopólio legal da violência. Expressa também a impotência da religião diante do poder, já que é inútil recorrer a valores eternos ou à dignidade humana diante de poderes totalitários. A condenação de Jesus revela o caráter atroz dos mecanismos do poder. A debilidade e impotência da vítima favorecem a crueldade da repressão, encenada na crucificação após a tortura. A consciência moral cede diante das exigências do poder e o próprio Pilatos precisa assumir uma devida obediência à razão de Estado, à custa de sua destruição moral. Existe, inclusive, medo de revelar os mecanismos operantes por parte do poder estatal e religioso, e os evangelistas tentam mostrá-lo. Por isso os relatos evangélicos são subversivos, porque desnudam o poder e o mostram.

O paralelismo entre Judas e Pilatos

Mateus reforça a complementaridade e o paralelismo entre a culpa religiosa e a política[9]. Menciona que Jesus é conduzido a Pilatos (Mt 27,1-2) e interrompe o processo para contar o arrependimento e suicídio de Judas (Mt 27,3-10), para depois narrar o resto da atuação de Pilatos. Brown[10] mostra os paralelismos dos relatos de culpa a partir do pano de fundo da figura de Judas. Ambos, Judas e Pilatos, afirmam a inocência de Jesus (Mt 27,3-4.18-19) e procuram distanciar-se das autoridades judaicas. Pilatos culpa o povo ("O problema é vosso": Mt 27,24) e os sacerdotes culpam Judas ("O que nos importa? O problema é teu": Mt 27,4). Judas joga as moedas e Pilatos lava as mãos. Nos dois casos eles se referem ao sangue de Jesus (Mt 27,6.8.24.25). Procedem criminalmente, sentem sua culpa e procuram descarregá-la sobre os outros. O evangelista apresenta dois personagens simbólicos, prisioneiros ambos de uma dinâmica que os leva a entregar à morte um inocente. Judas é apresentado como avarento (Mt 6,15), mas a cobiça não é o único elemento, já que ele larga o dinheiro, e inclusive reconhece que pecou ao entregar Jesus (Mt 27,4). O que o leva a trair Jesus não é isto, embora apareça como a causa imediata e precedente, e sim a história total de sua identificação e rejeição de Jesus. Marcos ressalta que tanto os adversários de Jesus (Mc 14,1) quanto Judas (Mc 14,11) esperavam o momento de prendê-lo e de entregá-lo. Existe uma gênese da traição, que é preparada pelos desencantos e frustrações vividos em relação a Jesus, ao seu projeto e ao grupo dos discípulos.

---

9. THEISSEN, G. & MERZ, A. *El Jesús histórico*. Salamanca, 1989, p. 496-516. • MOLTMANN, J. *El Dios crucificado*. Salamanca, 1975, p. 157-220.

10. BROWN, R.E. *La muerte del Mesías*, I. Estella, 2005, p. 759-788; II. Estella, 2006, p. 1.633-1.660.

Os desejos irreais, que não criam possibilidades de vida, voltam-se contra o homem reativamente e o destroem. Mateus afirma que para Judas teria sido melhor não ter nascido (Mt 26,24). Daí a importância de canalizar os desejos e avaliar para onde são dirigidos, que meta lhes oferecemos. É provável que Judas tenha captado que o projeto de Jesus estava destinado ao fracasso, já que podia perceber que aumentava o círculo de violência em torno dele. Isto poderia ter-lhe aberto um novo horizonte, rejeitando desligar-se de Jesus, que não buscava seu triunfo pessoal, mas abrir a sociedade à ação de Deus, como fizeram os profetas anteriores. Mas isto ia contra seus interesses e expectativas, que ele havia alimentado em companhia do suposto messias. Faltava-lhe descentramento e a abertura aos outros, que Jesus exigia para o senhorio divino. Quando depois se arrepende de tê-lo entregue, ele não é capaz de assimilar o que fizera e de renovar sua confiança no mestre. Em vez de reconhecer seu pecado e confiar na oferta de perdão que Jesus oferecia aos pecadores, ele se desespera. Pela segunda vez renega seu mestre e afasta-se dele. Com Judas Jesus fracassa pela segunda vez; não conseguiu uma relação que superasse a própria traição. A individualidade própria de Judas poderia tê-lo ajudado a distanciar-se de seu ato, como aconteceu com Pedro, mas ele carecia de autonomia pessoal. Revelava sua incapacidade para uma relação personalizada com Jesus, depois de seu desencanto ideológico. A identificação com um projeto, político e religioso, é peculiar das pessoas ideologizadas e acaba destruindo-as, como aconteceu com Judas. Ele se matou a si mesmo ao entregar Jesus à morte.

Jesus fracassa com Judas, que não lhe permite fazer-se presente na solidão da traição. Judas não consegue aceitar que sua vinculação com Jesus era mais forte do que seu próprio pecado. Poderia ter sido um segundo Pedro e encarnar em sua história o amor incondicional de Deus através de Jesus. Seu fracasso lhe teria possibilitado crescer e aceitar sua própria limitação a partir da fé que lhe faltou. Seu final trágico é também uma lição para todos os traidores e covardes – e todos nós o somos alguma vez na vida – condenados ao desespero e à humilhação, agravados pelo narcisismo de cada pessoa. Pedir perdão e reconhecer o mal causado abre para um renascimento da pessoa. E isto faltou a Judas, que decepcionou Jesus mais ao não ser capaz de aceitar seu amor e seu perdão do que pelo próprio fato de tê-lo entregue. Já não podia confiar em si mesmo, e tampouco em Jesus e no Deus que este proclamava. Talvez tenha havido um bloqueio emocional, influenciado por antigas imagens de um Deus justo e castigador, apresentado por tantas páginas do Antigo Testamento. Se prevaleceu o terror diante da divindade, era lógico o desespero, porque ele se via como aquele que entregou o enviado de Deus. Sentiu-se abandonado e caiu na tentação. Por isso se suicidou. Seu desespero tornou inviável a oferta do possível perdão, fazendo fracassar o próprio Jesus.

Não conhecemos o processo interior que levou Judas a desiludir-se com Jesus, a quem ele chama de "mestre" na ceia e no momento da prisão (Mt 26,25.49), apesar de Jesus lho ter proibido (Mt 23,8). Provavelmente influiu o fato de o messianismo de Jesus não ser o messianismo triunfal que ele esperava, como aconteceu com os outros discípulos. O desencanto diante do ideal frustrado é o reverso do processo de idealização exagerada, que produz reatividade ao ser desmentido pela realidade. Do instinto de sobrevivência se passa à exigência de reconhecimento e, quando este não ocorre, suscita-se a inveja. Não sabemos como Judas viveu seu processo de desencanto e como cresceu sua agressividade contra Jesus e os seus. Pode-se falar de uma desproporção entre os motivos que ele poderia ter e as consequências que deles derivaram; entre seu sentimento de agravo e a entrega de Jesus. Quando se sentiu deslocado, tornou-se mortífero, porque a necessidade de reconhecimento é essencial para a pessoa. Foi uma traição que deve ter afetado profundamente Jesus, já que Judas era um dos escolhidos, um dos doze e dos mais próximos (Mc 14,20; Mt 26,23.25; Lc 22,21; Jo 13,21.27). Não sabemos se ele tinha também expectativas nacionalistas e antirromanas. A identificação com uma ideologia coletiva, neste caso patriótica e religiosa, desgasta a autonomia pessoal. Inclusive a identificação com o grupo pode facilitar a carência de sentimentos de culpa e de ressentimento. Se os teve foi porque, apesar de tudo, não era indiferente ao mestre traído. Não estava totalmente cego em relação ao que ele chegara a ser e a fazer, como ocorre frequentemente com os que se identificam com uma ideologia religiosa ou política. Era ainda capaz de amar, apesar de sua ideologização; mas se sentiu isolado, sem reconhecimento possível por parte do Jesus traído.

O quarto evangelho se interessa especialmente pela índole satânica do personagem. Rebaixa sua individualidade e o descreve antes como um agente de satanás, já durante a vida pública (Jo 6,70-71; 13,2.27; cf. tb. Jo 8,44-45.48-52). Jesus tentou romper as dinâmicas que "despersonalizam" o ser humano, criando uma comunidade diferente na qual era possível sentir-se amado e amar os outros. Mas fracassou com Judas, que optou por identificar-se com as estruturas sociais e religiosas, convertendo-se num agente do mal que nelas existia. A proximidade da relação pessoal com Jesus, simbolizada por comer do mesmo prato (Mt 26,23), fracassa, e então satanás se apodera dele (Jo 13,26-27). O suicídio de Judas não é resultado do castigo divino, ao qual nunca se alude, mas o resultado da própria dinâmica autodestrutiva, que se move contra o iniciador depois de ter produzido morte para os outros. Poderia haver aqui também uma mensagem do evangelho aos cristãos do último quartel do século I, que haviam desertado diante das perseguições judaicas e romanas da época. Houve um confronto teológico acerca do que fazer com os apóstatas, que haviam abjurado sua fé para escapar ao tormento e à perseguição. Esta problemática ocorreu já no século I, devido à hostilidade de judeus e romanos, embora não possamos saber a influência que teve nos redatores dos evangelhos. O chamado ao arrependimento dos apóstatas estava vinculado ao pedido de perdão.

A apologética lucana e de João

O enfoque de Lucas é diferente e está condicionado por seu desejo de apresentar uma imagem positiva da autoridade romana, numa época em que já estava em curso a missão no império. Seu interesse, presente também no livro dos Atos, é legitimar o cristianismo diante do Império romano, mostrando que ele não é perigoso politicamente. Isto se traduz num esforço por desculpar os romanos no processo, pondo a ênfase no papel dos judeus. Pilatos afirma três vezes que Jesus é inocente (Lc 23,4.14.20.22) e o envia a Herodes (Lc 23,6-12). Este, por sua vez, o devolve a Pilatos, sem mencionar que tenha culpa alguma (Lc 23,15). Pilatos o entrega à cruz, após reiterar sua inocência (Lc 23,4.14-16) e tentar aplacá-los com a flagelação (Lc 23,16: "Eu o castigarei e soltarei"). Assim exime de culpa a autoridade romana, que o entrega por pressão judaica. Lucas apresentou da mesma forma, mais tarde, o processo contra Paulo. O prefeito romano não concorda em entregá-lo, diferentemente de Pilatos (At 25,25; 26,31-32). Lucas realça sempre favoravelmente as autoridades e seu comportamento em relação aos cristãos (At 19,35-40; 23,26-30; 28,31). Ele é um dos propulsores da tendência histórica a acentuar a culpa judaica na execução de Jesus e a deixar em segundo plano o papel dos romanos.

Outros interesses teológicos condicionam o quarto evangelho. O relato (Jo 18,28–19,16) concentra-se em torno da realeza (Jo 18,33.36-37; 19,3.5) e da verdade (Jo 18,37-38) de Jesus, que Pilatos menospreza e questiona[11]. Jesus afirma que seu reino não é deste mundo e que Ele dá testemunho da verdade, a qual se choca com o ceticismo do político. Pilatos teme por sua carreira política (Jo 19,12), apesar de saber que Jesus é inocente (Jo 18,38; 19,4.6), e procurava libertá-lo (Jo 19,12). Além disso, fica com medo ao saber que o acusam de ter-se feito filho de

---

11. BROWN, R.E. *The Gospel according to John*. Nova York, 1970, p. 843-896. • SCHLIER, H. "Jésus et Pilate d'après l'évangile de Saint Jean". *Le temps de l'Église*. Paris, 1961, p. 68-84.

Deus (Jo 19,7-8). Acaba indagando sobre a identidade e procedência de Jesus (Jo 19,9) e se assusta ainda mais quando Jesus questiona seu poder, do qual Pilatos se vangloria (Jo 19,10-11). Acaba entregando-o e se vinga dos judeus, fazendo-os proclamar César como seu único rei (Jo 19,14-15). Desta maneira simboliza a passagem de "povo de Deus" a uma mera etnia judaica, submetida a Roma. No evangelho joaneu consumou-se a ruptura com Israel. O autor fala sempre dos "judeus" como os inimigos de Jesus e do cristianismo, influenciado pela situação que ele vive no final do século I. A partir da perspectiva do evangelista, Israel já perdeu seu significado e papel salvador, que passou para a comunidade de Jesus. Por isso, quando fala deles, utiliza um apelativo étnico e profano, "os judeus", já sem relevância para os cristãos. Cada evangelista revela suas chaves teológicas e seus interesses próprios, que levam em consideração a situação de suas comunidades. Pilatos fica desconcertado diante da soberania de Jesus: ninguém lhe tira a vida, mas Ele a dá para que se cumpra a Escritura (Jo 10,17-18; 15,25; 18,32). O testemunho de Jesus é um referente para os cristãos perseguidos na época do evangelista (Jo 15,18-20; 16,2.20.33; cf. Jo 18,31; 19,7).

Pilatos é muito sensível às acusações de realeza e suas possíveis derivações antirromanas, apesar do Jesus impotente que lhe é apresentado e apesar de seu messianismo não ter pretensões políticas. A tipologia do homem de Estado, atento à sua carreira, com medo de seus superiores (César) e muito sensível às denúncias, se completa com o desejo de Pilatos de eximir-se de culpa, apesar de entregar Jesus a seus assassinos. O medo da multidão e de seus superiores foi mais forte, embora Pilatos não tivesse nada contra o indefeso Jesus. Seu medo uniu-se ao das autoridades religiosas, preocupadas em preservar o difícil equilíbrio político. O mal radical daquele que cumpre ordens superiores adquiriu uma trágica atualidade no século XX, a partir de genocídios como o holocausto judeu, os expurgos estalinistas ou conflitos como o de Kôsovo. Junta-se a isto abdicar de sua própria responsabilidade, "lavar as mãos" e justificar-se alegando como desculpa o pedido da multidão. Sua insensibilidade moral, na qual não há compaixão nem indignação diante dos que querem assassinar um inocente, faz parte da síndrome da "personalidade autoritária". Esta é fraca com os fortes e forte com os fracos, e subordina sua própria consciência às exigências da instituição que ela representa. O poder e a responsabilidade são proporcionais, mas Pilatos cumpre com o que espera o poder público, do qual faz parte. Refugia-se nas exigências da maioria e se deixa arrastar por ela, evitando suas responsabilidades pessoais. O refugiar-se no grupo é uma das formas que temos de diluir as exigências da própria consciência e a falta de coragem para enfrentar a maioria popular.

Pilatos não tem sentimento de culpa, mas medo diante de uma personalidade enigmática que alude a Deus e ao poder que vem do alto. Não quer protagonismo no crime, mas não consegue impedir de tornar-se ser culpado, apesar de sua tentativa de evadir-se. Esta patologia do poder secular se une à posterior pretensão religiosa de um poder terreno em nome da realeza de Cristo, que deu origem a diferentes teocracias no cristianismo histórico. O Cristo pantocrator e a soberania de Deus substituíram no imaginário religioso o crucificado e o Deus impotente diante da liberdade humana, gerando um ateísmo de protesto e agravando os problemas da teodiceia. Mais do que questionar a Deus diante do sofrimento de seu enviado, que é o que propõe a teodiceia, é preciso considerar como falar de Deus a partir do sofrimento. E isto impugna todas as projeções de nossa subjetividade acerca do que é a onipotência divina. Seria necessário reformular as promessas do Messias e da aliança judaica, já que Deus não se adapta às nossas expectativas, mas as muda. Já não é possível falar abstratamente sobre a divindade, mas o discurso teológico precisa passar pela prova da paixão. A partir da *memoria passionis* existe tensão entre a negatividade da história e a transcendência divina, presente no sofrimento. É preciso assumir este dinamismo interno para que não leve à resignação e ao derrotismo[12]. Então aconteceria o triunfo de César sobre o crucificado, do poder sobre o amor, como essência do divino. Em nome de Cristo rei, a hierarquia combateu o poder secular, assemelhando-se a ele. Por isso o julgamento de Pilatos contra Jesus foi paralelo ao do poder eclesiástico contra os que impugnavam o poder mundano da Igreja.

Esta tentação dos discípulos, ávidos de poder e riquezas (Mc 9,33-34; 10,37), persistiu até depois de Jesus, apesar de sua paixão. Os cristãos pretenderam evangelizar a partir do poder, diferentemente de Jesus, que é a vítima da injustiça, vítima que julga e reina, porque Deus não é neutro.

A sedução do poder, mesmo que seja para evangelizar, é mais perigosa para o cristianismo do que a perseguição. O Deus indigente precisa da colaboração da liberdade humana para reinar no mundo e o crucificado assume o martírio porque entra em confronto com os poderes do mundo. Por isso, na paixão, Jesus não responde ao poder que lhe pergunta donde Ele é (Jo 19,9). Este procedimento de Jesus questiona todos os seus seguidores, que precisam optar e decidir-se. Quando se silencia ou se marginaliza o distanciamento de Jesus em relação ao poder, a Igreja se prostitui, como afirmaram repetidamente os Pais da Igreja. Então ela

---

12. Este esquema é estrutural em METZ, J.B. *Memoria passionis*. Santander, 2007.

abandona seu Senhor na paixão, porque se converteu num poder secular. O relato da paixão é uma chave para atender ao sofrimento acumulado na história e às suas raízes sociais e religiosas. A memória cristã é perigosa, já que questiona a própria Igreja e as ofertas de sentido que não partem da paixão.

O simbolismo dos dois julgamentos, o religioso e o civil, adquire novo significado à luz dos cristianismos históricos, nos quais o poder secular buscou dominar a Igreja e vice-versa. As teologias posteriores à ressurreição ofereceram novas contribuições para esta confusão de âmbitos, à custa de neutralizar o dinamismo derivado do fato de Jesus ter sido assassinado em nome dos interesses da religião e do Estado. A privatização da religião, que alguns pretendem em nome da modernidade e do iluminismo, choca-se também com um homem que viveu de acordo com suas convicções e sua consciência religiosa, recusando limitar-se ao culto e à moral individual. A liberdade de consciência, o direito de viver em sociedade de acordo com as próprias convicções e a liberdade de lutar para que nela imperem valores concordantes com a dignidade humana são o elemento característico da consciência religiosa.

Quando se quer situar o cristianismo no meramente privado, cai-se na mesma dinâmica dos adversários políticos de Jesus. Se Jesus se tivesse limitado a reformar a religião, sem nenhuma incidência social, Pilatos não o teria sentenciado. Jesus, porém, veio mudar não só a religião, mas também a sociedade judaica, porque buscava implantar o reinado de Deus. Sua mensagem era religiosa, mas tinha consequências sociais, econômicas e políticas. Em nome da secularização, do Estado laico e do iluminismo, pretendeu-se limitar o direito das pessoas religiosas a manifestar-se e atuar no foro público. Confundiu-se a instituição eclesiástica com os cidadãos religiosos, que têm os mesmos direitos como os outros cidadãos. Viver de acordo com as próprias convicções é um direito universal, não privado. O Estado não pode impor uma ideologia, a dos detentores do poder, sobre o conjunto dos cidadãos e da sociedade civil. É inútil pedir aos cristãos que não tirem consequências sociais de sua maneira de entender a vida.

3 O absurdo da crucificação em Marcos

Os diversos significados da paixão de Jesus, narrada pelos evangelhos a partir de chaves diferentes, tentam dar respostas às perguntas que surgiram nas comunidades cristãs acerca do fracasso de Jesus. Interessava a história do final, que está em estreita relação com a paixão de cada uma das narrativas. Temos diversos relatos aos quais subjaz uma cristologia implícita, que em algumas passagens se torna explícita. A partir da consciência do Cristo ressuscitado, estes relatos refletem sobre sua morte, buscando suas causas históricas e seu significado teológico. O ponto de partida, como na paixão, é o evangelho de Marcos (Mc 15,20-47) para depois analisar as contribuições, correções e novos acentos oferecidos pelos evangelistas, que escreve depois de Marcos e em referência a Marcos. Os outros dois sinóticos apoiaram-se em seu evangelho, diferentemente do evangelho de João, que tem tradições independentes e uma cristologia diferente[13]. A tendência geral de completar um evangelho com os dados dos outros, própria de um leitor que conhece todos os relatos, pode distorcer e ocultar a teologia própria de cada um. É preciso ler cada relato da paixão de forma diferente, como aquilo que seu autor quereria que seus leitores soubessem, se tivessem apenas essa narrativa como fonte de conhecimento.

O evangelho de Marcos é o mais duro ao apresentar a paixão, possivelmente apoiando-se num relato anterior. A radicalidade da morte de Jesus corresponde ao que foi contado anteriormente sobre seu medo, seu abandono, seu silêncio e sua entrega ao povo. Em Marcos, a multidão pede que o crucifiquem (Mc 15,13-14), embora não possa responder à pergunta de Pilatos ("Que mal fez Ele?": Mc 15,14). A partir daí, o Jesus silencioso e passivo, em contrate com seu protagonismo na vida pública, é levado para a crucificação, ajudado por um transeunte, obrigado pelos romanos a carregar a cruz (Mc 15,21). Recusa-se a beber vinho com mirra, um calmante que aliviaria seus sofrimentos. Foi crucificado à hora terceira (Mc 15,25: pelas nove da manhã). Morre no meio das zombarias dos assistentes (Mc 15,29), dos sacerdotes e escribas (Mc 15,31) e dos que estavam crucificados com Ele (Mc 15,32). Os adversários de sua vida pública (Mc 3,6; 11,27; 12,12-13) são os que triunfam. Paradoxalmente reconhecem que Jesus salvou a outros (Mc 15,31), zombando porque Ele não pode salvar-se a si mesmo. Não há nenhuma menção aos discípulos, que haviam fugido (cf. Sl 38,12), e Ele morre à hora nona (três da tarde), com um grito que pergunta a Deus por que o abandonou (Mc 15,34.37). Marcos acrescenta que, depois que o véu do templo se rasgou (Mc 15,38), um centurião romano, vendo-o morrer, confessa que Ele é filho de Deus (Mc 15,39). Além disso, olhavam-no de longe algumas mulheres que o haviam assistido em sua vida pública (Mc 15,40-41), sem mencionar entre elas sua mãe. Finalmente, um judeu do sinédrio pediu seu corpo e o sepultou, sendo observado por duas das mulheres presentes (Mc 15,42-47).

---

13. BROWN, R.E. *La muerte del Mesías*, II. Estella, 2006, p. 1.057-1.546.

O relato de Marcos é o mais sóbrio e também o mais dramático, além de ser o mais antigo (Mc 15,20-47). Esta narrativa vai contra a sensibilidade cristã e favorecia as críticas e zombarias de seus adversários. Jesus morrera sozinho, abandonado por Deus e pelos homens, no meio das pilhérias da multidão e de seus inimigos. Todos estes dados são inconciliáveis com a ideia de um messias enviado de Deus que, conforme se supunha, o protegeria. O que mais impressionou seus discípulos foi seu grito final, no qual expressava seu sentimento de abandono, antes de morrer, provavelmente de desidratação por causa da perda contínua de sangue. O último clamor, em aramaico, de um moribundo deu lugar a diferentes interpretações teológicas. O queixume corresponde ao salmo do justo abandonado (Sl 22,2), que contrasta com a proximidade do "pai", termo com que Jesus se dirigia a Deus. Possivelmente, o grito de Jesus na cruz foi um gemido lancinante (Hb 5,7), próprio de alguém que morre torturado. A variedade de interpretações dos evangelistas deve-se às suas respectivas teologias. O que provoca mais interrogações é a sensação final de abandono que Jesus sente, em tensão com sua consciência de filiação. Não é plausível que este grito tenha sido inventado pelas tradições de Marcos e Mateus, já que vai contra a tendência idealizante e de identificação de Deus com Jesus, que se impôs após o anúncio da ressurreição. Embora tenha sido um grito inarticulado, cujo significado exato não conhecemos, Mateus e Marcos sublinham, simbolicamente, a sensação de abandono por Deus.

Talvez a dor pungente da agonia tenha levado a confundir a interpelação de Jesus a Deus (em aramaico) com um chamado a Elias (Mc 15,35-36; Mt 27,47.49), cuja volta era esperada para o fim dos tempos (Ml 3,23)[14]. Duas interpretações exegéticas oferecem um significado diferente do último grito. Por um lado, os que atribuem a Jesus um desfalecimento final, a consciência de sentir-se abandonado por Deus e o desespero que isto lhe causava. Esta hermenêutica, porém, contradiz os outros dados fornecidos por todos os evangelhos. Por outro lado, os que põem a ênfase na parte final do salmo, na qual o salmista louva a Deus (Sl 22,23), querendo apresentar um moribundo que vive uma situação de tortura como o iniciador de uma longa oração, que começa com sentir-se abandonado, para depois entregar-se nas mãos da divindade. Alguns põem a ênfase no final para mitigar a radicalidade do começo, o abandono, contra o que é enfatizado por Marcos e Mateus.

---

14. As diversas exegeses são analisadas por BROWN, R.E. *La muerte del Mesías*, II, p. 1.223-1.296. A tendência é mitigar sua morte, racionalizá-la, inspirando-se na cristologia do Servo de Javé. Cf. SOBRINO, J. *Cristología desde América Latina*. México, 1976, p. 137-185.

Possivelmente desempenhou um papel o Sl 22 sobre o justo sofredor, que foi uma das fontes de inspiração para encenar a paixão (Mc 15,20-34.38-39). Talvez esta confiança última do salmo foi o que levou Lucas a mencionar explicitamente a fé de Jesus em Deus (Lc 23,43.46), corrigindo Marcos. A carência de dados históricos confiáveis é suprida com referências às Escrituras, que, supostamente, legitimariam Jesus[15]. Nenhuma exegese é suficiente. Não sabemos o que Jesus experimentou no último momento, ao falecer, nem conhecemos o significado de suas palavras. A terrível agonia de um homem torturado se exprime num gemido inarticulado, aberto a diversas interpretações e comentários dos assistentes. Por isso Marcos dá sua própria versão ("que quer dizer: Meu Deus, meu Deus, por que me abandonaste?": Mc 15,34). Não lhe cabe dúvida sobre um Jesus abandonado e solitário, que não sente a presença de Deus em sua hora final e que rompe a concepção religiosa tradicional. Resulta pouco crível que um moribundo que morre entre dores atrozes, e mal e mal consegue falar, se expresse com um longo salmo cujo sentido último estaria no final não dito e que contradiria o que Ele literalmente disse. É bem possível que os evangelistas não soubessem como interpretar as palavras de Jesus. Diferentemente do livro de Jó, que viveu a experiência de uma dor injusta na qual interveio o próprio Deus, Jesus não rompeu a relação com Ele nem o acusou[16]. A pergunta expressa desamparo, mas não se rompe a relação que Ele mantém, ao dirigir-se a Deus.

As preces anteriores de Jesus, seu medo diante da morte e o grito final dirigido a um Deus mudo na cruz explicitam o enfoque de Marcos. Na agonia surge o grito da criatura oprimida, que busca uma divindade que não responde. Precisamente neste abandono por Deus (Mc 14,35-36) o evangelista proclama, pela boca do centurião, que "este homem era filho de Deus" (Mc 15,39). Causa-nos espanto a crueza de Marcos, que Lucas e João suavizam. Jesus morre abandonado e rompe todos os esquemas judaicos e religiosos. Existe uma epifania de Deus na cruz acessível a um pagão e que, no evangelho de Marcos, permaneceu oculta durante a vida pública. É possível afirmar a Deus na solidão, no abandono e na injustiça, causada pela fidelidade ao próprio Deus? É uma proposta contrária a uma religião utilitarista, que se vincula a Deus para obter benefícios e proteção. Alguns também perguntam: Será que não há fanatismo religioso? A cruz representou para o

---

15. Ponderou-se se o relato, mais do que uma memória histórica, não é uma profecia historificada. Na realidade, ele é as duas coisas. Cf. CROSSAN, J.D. *Who killed Jesus?* São Francisco, 1991, p. 4-13.

16. SAGNE, J.C. "O grito de Jesus na cruz". *Concilium*, 189, 1983/9, p. 1.116-1.126.

cristianismo um problema inexplicável, como aconteceu mais tarde aos judeus com o holocausto. Podia-se confiar no Deus da aliança, quando a fidelidade e a perseverança levaram à morte do enviado de Deus, no caso dos cristãos, e de todo o "povo de Deus", no caso dos judeus? Como interpretar a morte de Jesus e fazê-la coincidir com a afirmação de que Deus bendiz os bons e os protege? A tradição judaica propôs que o holocausto exigia dos judeus que renovassem radicalmente o conceito de aliança e de providência divina[17]. Também os cristãos se interrogam sobre a ação de Deus na história e sobre a maneira de entender sua presença.

É possível afirmar a Deus a partir do não saber? O problema não é só a fé em Deus, mas como testemunhar que Eele não esteve ausente no sofrimento. O evangelho de Marcos formula o problema-chave da teodiceia: o porquê de tanto mal humano e do silêncio de Deus. Assim como Jesus, antes e depois dele morreram muitos homens justos, que esperavam em Deus e viveram a provação do fracasso, sem que Deus interviesse. Racionalmente, a cruz é um sinal de impotência, que produz desconfiança. Se Deus não salva agora, como esperar a salvação futura? O paradoxo é que o cristianismo faz da cruz o lugar da revelação divina (escândalo religioso e loucura para a razão!), que produz identificação com o crucificado, ao contrário dos homicidas, que se revelam como deicidas. Cada vez que um homem é assassinado para, supostamente, defender a Deus, repete-se o processo do homicida, que no homem atenta contra o próprio Deus. É o paradoxo das vítimas da Inquisição, mais próximas do crucificado do que os inquisidores.

Ao falar da cruz, Marcos não faz alusão à ressurreição, diferentemente de Lucas, mas sublinha a debilidade de Jesus. Na mesma linha fala também a carta aos Hebreus, que ressalta os sofrimentos de Jesus, seus padecimentos e súplicas (Hb 5,7.9). Jesus participa em tudo da condição humana, que inclui a liberdade e suas consequências, que Deus não anula com suas intervenções. À luz da tragédia cristã, e muito mais a partir do holocausto judaico, é compreensível a pergunta se vale a pena uma liberdade absoluta, que implica um custo humano tão trágico. Mas recorrer à vontade de Deus para explicar a morte de Jesus seria identificar a visão de Deus com nossa perspectiva. Os relatos históricos esclarecem quem foram os protagonistas, sem permitir que se impute a Deus o que é claramente resultado da ação humana. A questão não é por que Deus o permite, muito mais se alguém é

---

17. É necessário sobreviver à tragédia do holocausto para que Hitler não triunfe postumamente, ao perecer o judaísmo porque perde a esperança em Deus. O problema é conciliar a fidelidade a Deus e às vítimas, não esquecer o sofrimento passado sem renunciar a um Deus vivo e presente no holocausto. Cf. FACKENHEIM, E. *Penser après Auschwitz*. Paris, 1986.

ateu, mas por que os homens o mataram e quais foram as causas da cumplicidade e omissão dos bons.

A exigência do povo e de suas autoridades é que Ele desça da cruz e mostre que Deus está com Ele (Mc 15,29-32). Seu pano de fundo é a tentação messiânica, protagonizada na vida pública pelos demônios. Estes revelavam a filiação divina de Jesus e alentavam as expectativas messiânicas triunfantes (Sl 110; Dn 7,13-18), que contrastam com sua impotência final. O problema se complicaria com o Deus milagreiro e intervencionista, frequentemente buscado: Se salva Jesus da morte, por que não o faz mais vezes e com outras pessoas? Um Deus milagreiro e intervencionista levantaria graves problemas por sua inatividade no restante dos casos. O cristianismo parte de um judeu historicamente fracassado, que aconselha a segui-lo. Daí a ambiguidade do seguimento de um crucificado, que pode ser sinal de fidelidade a seu testemunho de vida e de morte, mas também de um fanatismo religioso imune a qualquer impugnação. O que é que levaria a negar a Deus? Existe algo que poderia obrigar a não crer? Provavelmente um Jesus vingativo e amargurado diante de seu final injusto teria sido o que mais questionaria sua mensagem. E se Deus aparecesse respaldando o agressor, como pretendiam os sacerdotes que contemplavam sua morte, precisaríamos questionar a vida de Jesus como contrária a Ele.

A narrativa de Marcos foi, ao longo da história, uma fonte incessante de questões e interrogações. A esperança cristã não é uma esperança trágica? Vale a pena viver como Jesus, mesmo que não houvesse a ressurreição posterior? A vida e a morte de Jesus têm valor em si mesmas? Vale a pena uma vida que acaba na cruz? Se a morte de Deus e do homem convergem num mesmo fato histórico, pode-se continuar apelando a uma história com sentido e crer numa salvação cuja plenitude é sempre protelada no horizonte? Não correu mal para Deus a aventura de seu enviado, embora nunca se repita a imagem antropomórfica de um Deus que se arrependa da criação e do pacto com o homem? (Gn 6,6-7; 9,11.15). O fim trágico de Jesus pode anular o sentido de sua vida? Ou, pelo contrário, mesmo que os discípulos não tivessem tido essa experiência, poder-se-ia aceitar que o estilo de vida de Jesus e sua luta refletem o que é o homem, os valores que dão sentido à vida e o projeto que vale a pena, embora os que viverem como Ele precisem experimentar o fracasso pessoal? Jesus legitimou a Deus (morreu por lhe ser fiel), ficava pendente a legitimação divina. A força do amor sustentou Jesus e sua glorificação foi a resposta de Deus à tragédia da cruz. A história de Jesus serviu de referência e modelo para outros cristãos que viveram seu projeto, assumindo que ninguém iria evitar-lhes a morte (Martin Luther King, Oscar Romero, Ignacio Ellacuría etc.).

Eles viveram em função do projeto do reinado de Deus e não o renegaram, embora isso lhes custasse a vida. A fé destas testemunhas é a resposta livre diante do mistério de Deus, incompreensível e muitas vezes escondido.

Confessar o não saber diante de uma situação de opressão é coerente e, às vezes, necessário. Deus ainda não controla a história, apesar da promessa final de redenção, já que ainda não submeteu os poderes do mundo (1Cor 15,24-28; Hb 2,8-9). Há coisas que acontecem sem que Deus as queira, como o assassinato do inocente, porque sua vontade não se impõe independentemente do homem. Por outro lado, a morte de Jesus marca o final da teologia da retribuição, segundo a qual Deus premia os bons e castiga os maus. Frequentemente acontece o contrário: ganham os desalmados e são esmagados os mais justos. A cruz ensina a viver *etsi Deus non daretur*, como se Deus não existisse, já que o protagonismo humano é determinante. Na cruz não é Deus que morre, e sim um homem que se identifica como Filho de Deus. Descobre-o o centurião, que capta o que escapa às pessoas religiosas presentes. Se Deus estava com Ele, não se pode aludir a uma divindade que não intervém na história, como na concepção de Epicuro ou no deísmo do iluminismo. A encarnação e a ressurreição não são as únicas revelações de Deus, mas também a presença de Deus no fracasso de Jesus. O que mais parece contradizer a transcendência do Deus grande se transforma na maneira singular de revelação de um Deus que se esvazia a si mesmo na história (Fl 2,6-10). E se Deus é mais misterioso e incompreensível do que nunca na cruz, é preciso também admirar-se do homem que continua afirmando-o e crendo nele no momento de maior orfandade. O grito de Jesus na cruz expressa não só a solidão do homem, mas também sua autonomia e consistência última. Explicita a dissociação entre sua humanidade e sua filiação divina, a profundidade de um anseio de Deus que, em último caso, permanece insatisfeito. Jesus é profundamente humano em sua carência e sofrimento, o da humanidade em seu conjunto, desejando a Deus no momento derradeiro de sua existência. E enfrenta o mistério de Deus, uma transcendência incompreensível que não atua como o ser humano deseja e espera. Ele vive a tensão entre um Deus cuja energia última é o amor e uma vivência de abandono e solidão, na qual não transparece sua presença.

Neste sentido Marcos reforça o contraste entre a identidade oculta de Jesus durante a vida pública, que é captada pelos demônios e só parcialmente por seus discípulos, e a situação na paixão, na qual os discípulos o abandonam e um militar romano o confessa. A incompreensão dos discípulos reflete também o fracasso de Jesus em sua tentativa de oferecer-lhes outra interpretação da vida, outro horizonte a partir do qual enxergar Deus na história. Na cruz expressa-se a carência radical de sentido do homem, cujo ser está marcado pelo nada, pela contingência radical (Heidegger). Esta, paradoxalmente, lhe possibilita abrir-se ao Deus que vem e ao sentido que se lhe oferece. A partir da cruz já não há saída para os delírios narcisistas do ser humano, que precisa assumir seu nada biológico e histórico, pessoal e biográfico. A fé e a razão se integram na aceitação de fé de uma opção radical de sentido: que Deus sempre esteve com Jesus e com sua luta, e que continua estando presente no momento de sua prostração.

A cruz implica também a provação última para Jesus, confrontado com a interrogação radical da existência humana, que não é tanto a existência de Deus quanto assumi-lo como um salvador que ama os homens. Foi também a provação de Jó à pergunta se é possível continuar confiando em Deus apesar dos acontecimentos. O mistério de Deus rompe com as categorias da racionalidade histórica (Is 45,15: com certeza o Deus de Israel é um salvador escondido). A identificação com o crucificado é a mediação básica para abrir-se ao seu mistério. Esta empatia escandaliza a razão, de acordo com Paulo, e só pode ser assumida a partir do contexto daquilo pelo qual Jesus viveu e morreu. Sua vida explica o sentido de sua morte, que Deus confirma e esclarece a partir da ressurreição. Se vale ou não a pena morrer como Jesus, isso depende da validade do sentido que marcou sua existência, dos conteúdos que Ele deu a um reinado de Deus na sociedade humana.

A confissão espontânea do militar pagão agrava as interrogações sobre como preparar-se e dispor-se para uma abertura de fé à revelação de Deus. Poder-se-ia também interpretar a confissão como outra ironia dos soldados, que zombaram da realeza de Jesus, apresentando-o como rei (Mc 15,2.16-20.26-32) e que agora a repetem, apresentando-o como filho de Deus quando morre, no momento de maior contraste com a onipotência divina[18]. O paradoxo, então, seria que o pagão diz mais do que sabe, para o leitor do evangelho. Transforma-se num instrumento da revelação divina, como Caifás no quarto evangelho (Jo 11,49-52), quando profetizava a necessidade de que Ele morresse pelo povo. Acontece também com o próprio Pilatos quando, ironicamente, o proclama como rei dos judeus (Mc 15,2.9-14.18.26). Igualmente o sumo sacerdote provoca a confissão de filiação de Jesus (Mc 14,61-62). Em qualquer caso, embora estas pessoas não o percebam, seria a paixão o que revela a filiação de Jesus, a partir do pano de fundo do Sl 110 sobre o triunfo do Messias.

18. MARCUS, J. *El evangelio según Marcos (Mc 8,22–16,8)*. Salamanca, 2011, p. 1.220-1.222.

O contexto desta revelação é antitético ao sagrado e o evangelista colocou as bases da superação da tradição judaica. O lugar idôneo para a revelação divina não é o templo, mas as experiências fundamentais da vida. Existe uma universalidade da cruz e da salvação para além do povo judaico. Uma tradição posterior deu conteúdo a esta percepção, já que transformou a cruz, o símbolo maldito por antonomásia (Dt 21,23; Gl 3,13), num sinal de salvação. Do absurdo da cruz surgiu o sentido de uma vida entregue a Deus e aos outros. O horizonte da salvação se tornara realidade com as ações de Jesus e agora se atualizava a partir do ato criminoso do homem. O símbolo da cruz é equívoco: possibilita a humanização do homem, comovido diante da morte injusta, e também a desumanização dos espectadores que zombam do condenado. Também a transfiguração do sinal está marcada pela ambiguidade, já que pode levar a assumir a dureza da vida, a partir da solidariedade com os crucificados, ou transformar a cruz num sinal de poder e autoridade dos poderes deste mundo. Toda a história do cristianismo está marcada pelas duas versões contraditórias.

Todo homem tem medo da morte, porque ela põe fim ao projeto vital e abre espaço ao nada. Não se trata apenas de algo terminal, mas de um processo contínuo, marcado pelas carências que os entes queridos mortos deixam nos vivos. É o que Jesus viveu em relação a João Batista, cuja morte se atualizava em cada acontecimento no qual ele percebia a violência despertada por seu viver e atuar. A morte não pegou Jesus de improviso, embora ninguém possa estar plenamente preparado para enfrentar um final como o seu. Por isso era muito difícil, para Ele e para os seus, dar um sentido à sua morte e assumir a possibilidade de um fracasso que desfizesse tudo o que Ele havia construído em sua vida. A ameaça do absurdo último foi agravada por sua solidão pessoal. É preciso enfrentar a morte com realismo, como a pergunta radical última, que esclarece a contingência e finitude de toda existência e que questiona o valor daquilo pelo qual vivemos e lutamos. Esse discurso paradoxal é apresentado pelos evangelhos como instância de sentido, combinando o desejo insatisfeito de Jesus, que, em última instância, é o instinto de sobrevivência, com o anseio por Deus. O desejo de Deus a partir da carência dá um novo sentido às promessas messiânicas do Antigo Testamento. Não existe nenhuma retribuição e se rejeita qualquer recompensa pelos méritos contraídos.

Mantém-se, com realismo, a onipresença do mal na vida, deixando-a inconclusa, posta entregue nas mãos de Deus. A onipotência divina estaria em sua capacidade de extrair bem do mal; no sentido criado pela maneira como Jesus enfrentou a morte, sem abdicar de seu passado; na autonomia da ação humana, que põe limites ao Deus criador, dependente do homem como agente da história.

O silêncio de Deus obriga a buscar a verdade da vida a partir do protagonismo pessoal, sendo Jesus a testemunha que interpela. Quando Camus fala do cristianismo como uma esperança trágica, ele aponta para uma experiência pessoal, a de sentir-se acompanhado e inspirado por Deus na entrega à morte. Não existem apoios externos últimos e consuma-se a solidão da pessoa, protagonista de sua história. A ausência e o silêncio divino confirmam o protagonismo do homem e a exigência de dar um sentido pessoal à morte.

4 A culpa coletiva em Mateus

A narrativa de Mateus mantém a crueza do relato de Marcos, embora com elementos específicos de sua própria teologia (Mt 27,31-66). O mais significativo é o realce maior dado pelo evangelista aos sinais cósmicos que ocorrem após a morte de Jesus (Mt 27,45.51-54), que não são mencionados nem por Lucas nem por João. Estes sinais fazem com que a filiação divina de Jesus seja proclamada não só pelo centurião, mas também pelos que estavam com ele (Mt 27,54), embora tenha sido reconhecida antes também por seus discípulos (Mt 14,33; 16,16). Como no batismo, Mateus corrige Marcos para dar um maior perfil público ao que acontece. Há um contraste entre o céu aberto da proclamação no batismo (Mt 3,16-17) e o céu que se fecha (Mt 27,45), a terra que treme e os mortos que ressuscitam na morte (Mt 27,52-53). O Sl 22 é uma referência básica em sua encenação do abandono de Jesus por Deus (Sl 22,2/Mt 27,46; Sl 22,8/Mt 27,39; Sl 22,9/Mt 27,43; Sl 22,19/Mt 27,35)[19], ao que se seguem as manifestações escatológicas. São sinais simbólicos, que correspondem à cenografia antiga para exaltar grandes acontecimentos. As teofanias do Antigo Testamento revelam a grandeza do Onipotente com grandes sinais e mudanças no céu. Agora são teofanias de um Deus que assiste à morte de seu enviado e se manifesta apocalipticamente. Seu ocultamento e o grito de Jesus fazem parte do abaixamento (*kenôsis*) de Deus, que se distancia do Filho, entregue ao curso da história. A obscuridade de Jesus é o contrário da contemplação de Deus, da visão beatífica plena. O crucificado contraria a concepção tradicional de Deus (judaica e grega), baseada no triunfo de Deus, que fascina e aterroriza.

A afirmação de que Jesus desceu "aos infernos" para salvar os justos falecidos (Ef 4,8-10; 1Pd 3,18-19; 4,6) também faz parte desta cenografia. A morte de Jesus tem consequências supratemporais e incide nos "justos" já mortos. O dinamismo

---

19. WÉNIN, A. "Le Psaume 22 et le récit matthéen de la mort et de la résurrection de Jésus". *De Jésus à Jésus-Christ*. Paris, 2010, p. 59-78.

da esperança diante da morte passa por Jesus. O evangelista acrescenta que Ele foi sepultado num sepulcro novo e que foi posto um guarda a fim de vigiar para que seu corpo não fosse roubado (Mt 27,60.65.66). É sua maneira de responder à acusação judaica de que seus discípulos haviam levado embora o cadáver para anunciar a ressurreição. Como em sua infância, há uma colaboração entre o poder político e o poder religioso para assassinar o Messias, recém-nascido e no final de sua vida. Em Belém e na cruz toma-se distância do Deus que inspira distância e temor, em favor do Deus que se revela na fraqueza de uma criança e de um moribundo. Não se tem acesso a Deus a partir das projeções grandiosas da subjetividade humana, na linha de Feuerbach, mas a partir do mais inesperado e dessemelhante para a razão, o Deus menor, que se coloca nas mãos do homem. A vulnerabilidade divina se manifesta como a outra face do amor, já que comunica que precisa do homem para implantar seu reino, contra a suficiência do Onipotente.

Dado o caráter judeu do evangelista, cuja comunidade tinha muitos judeu-cristãos, Mateus dá especial importância ao simbolismo do véu rasgado do templo (Mt 27,51), que separa o santo do profano. Por um lado, implica uma dessacralização da religião, simbolizada pelo templo, núcleo de sua religiosidade sacrificial. Todo homicídio, e mais ainda o religioso, é um deicídio. O Deus violento de muitas páginas da Bíblia reflete a vinculação entre a divindade e a violência. E há uma sacralização por parte do homem, que reclama a violenta atuação divina. Mas não há legiões de anjos que mudem o rumo da história (Mt 26,53-54). Apresenta-se um Jesus, rei dos judeus, que é acusado de querer acabar com o templo. Exige-se que se apresente como Filho de Deus, descendo da cruz (Mt 27,40-44). O povo, representado pelos assistentes, pelos príncipes dos sacerdotes, pelos escribas e os anciãos, e os próprios bandidos crucificados zombam porque Deus não intervém. A tentação do deserto (Mt 4,5-6) reaparece na paixão e se consuma. E, quando Jesus morre, encena-se o fim da religião veterotestamentária, o começo da salvação e a confissão de Jesus como Filho de Deus, por alguém que não era judeu. Propõe-se assim que Israel perdeu sua categoria de "povo de Deus" e uma nova revelação muda a concepção divina.

Deus é vulnerável diante da liberdade, mas não é neutro, porque está com os crucificados. O lugar de encontro entre Deus e o homem não é o santuário, mas o sofrimento solidário, que religa Deus e o homem, não a violência legitimada religiosamente. O que sensibiliza o ser humano e o motiva a um comportamento solidário é a empatia e a dor compartilhada. A sintonia doutrinal não motiva, mas pode endurecer diante da dor das vítimas. A religião endurecida torna-se cega aos sinais dos tempos e aos enviados de Deus. Mateus vincula a paixão à tradição profética, que põe em primeiro plano a misericórdia e não os sacrifícios (Mt 5,23-24; 9,13; cf. Is 1,11-16; Jr 6,20; 7,21-23; Os 6,6; Am 5,21-22.25; Mq 6,6-8). A paixão de Mateus não é a de um sacrifício cruento, com que se aplaca a ira divina pelos pecados, mas uma história de perseguição do profeta de Deus, que mantém a exigência de amar os inimigos e rogar pelo perseguidor (Mt 5,43-45). Não há uma contradição entre as exigências do reino e o relato da paixão. O reinado de Deus inclui a renúncia à vingança contra aquele que pratica o mal (Mt 5,38-42). Por isso, a paixão não pode ser interpretada a partir da chave do castigo divino, mas a partir da imanência da destrutividade que gera a violência, à qual o povo judeu não renunciou[20]. Ao não reconhecer que assassinou os profetas, aos quais erigem monumentos depois de mortos (Mt 23,34-36), os escribas e fariseus mantêm a dinâmica homicida que acabou destruindo Israel. Jesus desmascara esse mecanismo inerente à religião judaica[21]. A dinâmica projetiva humana leva a culpabilizar os outros, enquanto o evangelho mostra a interioridade do ódio.

A cruz é uma oferta de perdão e uma advertência ao povo judeu sobre as consequências da violência religiosa, que se volta contra os assassinos. Jesus não morre nas mãos de Deus, mas nas mãos dos homens. Os sinais cosmológicos já anunciam a tragédia do povo que mata os enviados divinos. Por isso Mateus encena a vinda de Cristo ressuscitado no marco da perseguição contra os seguidores de Jesus (Mt 24,9-14), que a comunidade de Mateus já experimentava. Profetiza-se que haverá uma violência geral, com falsos messias e profetas que induzirão ao erro (Mt 24,21-26). O pano de fundo histórico da guerra judaica contra os romanos foi para os cristãos uma confirmação que os levou a crer na proximidade da vinda definitiva de Cristo. O milenarismo e a expectativa do fim da história são uma constante na história das religiões e dos grupos cristãos. As guerras e catástrofes tornam mais aguda esta crença. Os cristãos a viveram de forma intensa porque vinculavam estreitamente a morte de Jesus, o anúncio da ressurreição e a experiência da guerra judaica contra os romanos, que acabou com o centro cultual da religião judaica.

Os sinais cósmicos apontam para Deus. Não se encaixam no teísmo do Deus impassível e imune à ação humana[22]. Tampouco na ideia judaica do Deus onipo-

---

20. Moisés desce do Sinai com as tábuas da lei e, ao ver a idolatria do povo, manda que matem o irmão, o amigo e o parente. Os filhos de Levi cumpriram suas ordens e Moisés lhes anunciou que, por este feito, haviam recebido a investidura sacerdotal, à custa dos sacrificados (Ex 32,27-29).

21. Esta é uma chave do sistema sacrificial e da violência religiosa em GIRARD, R. *El misterio de nuestro mundo*. Salamanca, 1982, p. 188-210.

22. MOLTMANN, J. "O Deus crucificado". *Concilium*, 76, 1972/6, p. 724-734.

tente e violento. Os líderes religiosos viviam a ideologia do "Deus conosco", que respaldava as agressões contra dissidentes, ateus e outros inimigos de Deus, identificados com seus adversários. Era uma imagem idolátrica de Deus (Ex 20,4; Lv 26,1; Dt 4,16; Sl 16,3), porque o punha a serviço do homem religioso. Deus se manifesta cosmicamente, mas não intervém para mudar o curso histórico na morte de Jesus. Seculariza-se o sagrado judaico e pagão. Não há nenhum destino imposto pela divindade, nem sinais cósmicos ou celestes que eliminem a liberdade humana, mas causas imanentes que determinam os acontecimentos históricos. Hoje a perda do sagrado não é só a perda de referências cultuais, de lugares e tempos, mas a que leva a não reconhecer a dignidade humana, a dessacralizar as vítimas. A ausência dos valores do reino, pelos quais Jesus viveu e lutou, facilita a violência e a vingança, em detrimento da mensagem de Jesus. As guerras de religião são um desatino e um atentado contra o Deus de todos os homens. O antissemitismo posterior dos cristãos contra os judeus faz parte integral do esquecimento da mensagem de Jesus por parte do cristianismo histórico. Desta forma integrou-se a violência e a vingança divina num suposto plano de salvação. A cruz em Mateus desautoriza esta teologia que ainda subsiste em fundamentalismos de diferentes matizes e em utilizações patrióticas de Deus, que está conosco contra os inimigos.

5 O perdão de Deus e o perdão dos homens

No evangelho de Lucas (Lc 23,26-56) existem também traços próprios que ressaltam sua interpretação teológica própria. Boa parte da teologia cristã posterior ficou desconcertada diante do silêncio de Deus e pretendeu justificá-lo com diversas propostas. Lucas também sentiu este mal-estar e tenta favorecer os discípulos e mitigar a sensação de abandono que Marcos e Mateus ressaltam na crucificação. O "grito" da cruz é mudado para: "em alta voz, disse: Pai, em tuas mãos entrego meu espírito" (Lc 23,46), depois de ter afirmado ao bom ladrão que hoje mesmo estaria com Ele no paraíso (Lc 23,43), algo desconhecido para Marcos. Desta forma, Lucas muda a formulação de Marcos, que destaca a solidão e angústia de Jesus, e a transforma no ato derradeiro de confiança. Suprime um elemento-chave da crucificação, trocando o Sl 22,2, o abandono do justo, por outro em que se começa proclamando a confiança em Deus (Sl 31,6: "Em tuas mãos entrego meu espírito. Tu me resgataste, Javé, Deus fiel"). Lucas reflete bem a tendência cristã posterior por encaixar a cruz num plano de Deus, que mais tarde desembocou nas teologias da satisfação, e busca versículos bíblicos para pôr na boca de Jesus. Elimina também as alusões ao vinagre e a Elias, e prolonga as trevas da hora sexta (meio-dia) para a hora nona (três da tarde), em que Jesus morre (Lc 23,44-45). Não se deve procurar ali eclipses na hora central do dia, como propõem alguns, já que são contrastes simbólicos nos quais Lucas joga com Jesus como Luz para as nações (Lc 2,32) e as trevas na cruz, que expressam a rejeição divina.

As divergências estão na maneira como os evangelistas avaliam o silêncio e inatividade divinos e sua consciência de abandono, que serviu de base para as reflexões posteriores da carta aos Hebreus sobre a condição humana, assumida por Jesus até o extremo, como também para as formulações paulinas ambíguas sobre sua obediência até à morte. A tendência idealista, própria das redações pós-pascais, aconselha a levar a sério a formulação de Marcos e de Mateus, que são os que mais ressaltam a impotência de Jesus e seu apelo a Deus, em vez de dar prioridade às tradições divergentes, muito mais harmônicas, de Lucas e João. No evangelho lucano também se mitiga a rejeição da multidão diante do crucificado ("comoveram-se": Lc 23,27) e se afirma que todos batiam no peito depois de sua morte (Lc 23,48). Lucas também distingue entre o bom e o mau ladrão (Lc 23,41-42) e afirma que os conhecidos de Jesus e as mulheres que o haviam seguido desde a Galileia "estavam a distância e contemplavam tudo isto" (Lc 23,49), seguindo Marcos (Mc 15,40: "de longe"), ao contrário de João (Jo 19,25-26: "estavam junto à cruz de Jesus"). Marcos e Mateus desconhecem algumas afirmações lucanas, como a admoestação de Jesus à multidão e às mulheres, que "choravam e lamentavam-se por Ele" (Lc 23,27), para que chorem por elas e por seus filhos (Lc 23,28-30). Lucas apresenta isto como uma advertência profética, com o pano de fundo da guerra de 70 e da destruição de Jerusalém, que já havia acontecido quando escreveu seu evangelho.

Lucas ressalta a ideia do perdão, simbolizada no "bom ladrão" e em sua advertência à multidão sobre as consequências trágicas que os esperavam, sem hostilidade. Jesus proclama-o expressamente: "Pai, perdoa-lhes, porque não sabem o que fazem" (Lc 23,34), embora haja códices que omitem estas palavras. A temática do perdão diante da cruz suscita um problema importante. Jesus participa da condição das vítimas, massacradas no matadouro da história (Hegel). Daí também o significado de seu pedido de perdão para seus assassinos (Lc 23,34). A renúncia à vingança faz parte do seu colocar-se nas mãos de Deus, em coerência com a oferta de perdão do reino. Ninguém pode perdoar por outro, senão as vítimas. Quando perdoam, elas abrem espaço à humanização dos agressores, que podem reconhecer sua culpa sem que esta os devore. A tragédia de Jesus é que Ele perdoa os que o rejeitam e eles, ao desprezar sua oferta, se afastam de Deus, contra o desejo de Jesus de que se aproximem dele. Deus oferece seu perdão a todos e, quando a vítima, neste caso Jesus, também perdoa incondicionalmente, sem esperar o arrependimento, ela interpela o culpado.

A partir da perspectiva humana é algo quase impossível. Pode-se compreender que se perdoe o arrependido, simbolizado pelo bom ladrão, mas é possível fazê-lo com aquele que não se converte e persiste em seu pecado? O que acontece com o mau ladrão? Se o pecado é o resultado da destrutividade humana, que se volta contra o infrator e contra os outros, pode-se perdoar sem que mude esta destrutividade? A generosidade de Deus, que se abre a todos, apresenta interrogações quando o verdugo persiste em sua dinâmica assassina. Um perdão indiscriminado e sem arrependimento poderia atentar contra o anseio de justiça e de sentido, que não deve ser identificado com a revanche e a vingança. É preciso também distinguir entre o legal e o moral. Uma generalização indiscriminada do perdão poderia estimular a cometer delitos, sabendo que seriam anistiados ou subestimados. Mas uma coisa é a relação entre os homens e outra a que se tem com Deus, que propõe sua disponibilidade para salvar a todos, inclusive os criminosos.

Só para Deus é possível o perdão universal sem cair nas armadilhas que espreitam quem perdoa, como a de afirmar sua superioridade sobre o ofensor. Pode-se também perdoar por fraqueza, por uma piedade covarde que não exige justiça. Outra forma rejeitável é ignorar as emoções provocadas pela ofensa e pelos ressentimentos negados e subjacentes ao perdão concedido. A pessoa que reconhece sua culpa, diante do perdão oferecido sem exigência alguma de justiça e de reconhecimento, pode sentir agressividade contra aquele que perdoa. Veria no perdão uma forma de o outro afirmar a superioridade sobre ele. É que há maneiras de perdoar que podem ser vivenciadas como uma afronta. O perdão, para ser real, precisa tomar consciência da tensão afetiva que ele produz e do espontâneo sentimento de rejeição do ofensor. A indignação e a cólera do ofendido precisam ser reconhecidas e não negadas. O perdão é um ato de liberdade que se impõe aos sentimentos, procurando controlá-los em vez de deixar-se levar por eles, como ocorre com a lei do talião. O ressentimento diante da ferida recebida é conatural e a tendência a culpabilizar o outro é inerente ao ser humano. É preciso estar atento à dificuldade de perdoar e à agressividade inconsciente que sobrevive depois de perceber o mal sofrido, que atenta contra a própria estima e dignidade pessoal.

Por isso é necessário um processo interior de amadurecimento diante do dano recebido. Inclusive, às vezes, um procedimento externo para perdoar, que pode ser frustrado quando o outro se fecha (Mt 18,15-18). A proposta que exige disposição para perdoar o outro e assim preparar-se para o perdão divino (Lc

11,4) não elimina o papel do homem, que Deus não salva sem sua colaboração (Lc 16,19-31). Esperar a ressurreição tem a ver com o anseio de que o verdugo não triunfe sobre a vítima (M. Horkheimer), simbolizada pelo crucificado. Por isso o ideal do perdão é irrealizável para o homem, sobretudo a curto prazo, porque é preciso vencer a dinâmica do rancor. E sempre é preciso deixar espaço ao imperdoável, para Jesus a ofensa contra o Espírito Santo, ou seja, atribuir o bem ao mal e negar-se a reconhecer o bem recebido (Mt 12,31-32; Lc 11,18-20). E é também um ideal que se opõe à culpabilização incessante, que leva Judas ao desespero e o "mau ladrão" a exacerbar a dor da vítima. Na paixão encena-se a universalidade do mal, que pode apoderar-se tanto do ofensor quanto do ofendido. Então acontece a autodepreciação e a projeção constante de culpabilidade nos outros, como ocorre com as vítimas que chantageiam. Fazer-se de vítima é uma forma de agressão, não um reconhecimento da própria culpa. Jesus não exalta o sofrimento nem busca a compaixão dos espectadores, não utiliza sua paixão para chantagear emocionalmente os que o contemplam. Nem procurou a morte nem se concentra nela.

O perdão custa e, ao perdoar o outro, se transfigura o outro, se reconhece nele a ambígua condição humana. O excesso de culpa leva ao absurdo; pelo contrário, saber perdoar-se e acolher o perdão dos outros dignifica a pessoa. E não há nenhum castigo que possa curar o mal recebido ou ocasionado. O extraordinário da paixão é que o crucificado nem culpabiliza seus assassinos nem o Deus que não intervém. O que mais impressiona é como um homem, atrozmente torturado, pode morrer sem afã de vingança nem de revanche contra seus opressores (Lc 23,34). A chave está novamente em sua profunda vinculação com Deus, na convergência de sua perspectiva com a perspectiva divina. Jesus, que viveu a experiência do Deus perdoador, atualiza essa experiência com seu pedido de que Deus lhes perdoe, porque não sabem o que fazem. Ele atualiza assim a figura do Servo de Javé, que carrega a iniquidade humana sem afã de vingança (Is 53). Não sabemos se este texto influiu na representação da paixão por Lucas, já que não se alude a ele, ou se só foi utilizado posteriormente para confirmar que Jesus cumpriu as expectativas da fé judaica[23]. Em Jesus não existe vingança; Ele inclusive suaviza a culpa, atribuindo-a à ignorância. O perdão é uma das manifestações da profunda humanização do filho de Deus, que não quis sê-lo sem ser plenamente filho do homem, em tudo igual aos outros. O arrependimento do outro, simbolizado no bom ladrão, é o último triunfo e ato salvador de Jesus na cruz. A misericórdia

---

23. BASSET, L. *Le pardon originel*. Genebra, 1994, p. 273-372.

divina se expressa como a doação de perdão acontecida. O mal triunfa sobre a pessoa condenada injustamente quando se apodera dela e o espírito de vingança tende a ser desproporcional, impulsionado pela cólera, que a lei do talião tenta limitar. É possível perdoar? Só podem perdoar plenamente as vítimas, contra os julgamentos neutros. Mas perdoar não é esquecer; daí a importância da *memoria Jesu Christi*, em função da qual são escritos os evangelhos. É um perdão com uma grande carga emocional, não algo abstrato, genérico e neutro.

O chamado ao arrependimento produz rejeição hoje em favor de uma moral sem culpa. Rejeita-se o conceito de culpabilidade por causa de sua carga emocional, como uma vontade de expiação interiorizada e como uma autolesão patológica, que levaria a remexer voluptuosamente nos próprios pecados e a reprimir-se. Seria, portanto, um peso anímico enganoso, que poderia esconder uma vontade de vingança contra si mesmo. É isto que ocorre com os ideais superiores radicais, impossíveis de cumprir, que se convertem em causa de depressão e de desvalorização pessoal. Nada disto aparece quando há verdadeiro arrependimento. A tomada de consciência moral está marcada pela esperança. E o arrependimento liberta da história vivida. O passado, enquanto fato, já não pode ser mudado, mas sim seu significado e sentido último. A história da pessoa continua e não está encerrada. Por isso é possível superar a dinâmica destruidora do passado, que continua interferindo no presente, e abrir o horizonte experiencial, em contraste com o desespero de Judas. O arrependimento pode ser qualificado como um renascer[24], que permite agir de outra forma e que regenera quem o vive. E isto em sentido pessoal individual e coletivo, enquanto há uma culpa moral compartilhada. O arrependimento pode levar a um estado de consciência superior ao de antes da má ação. Por isso a tradição cristã fala de uma *felix culpa*, na qual se descobre a profundidade do compromisso de Jesus e se manifesta um Deus-amor, que pode perdoar os assassinos.

O perdão incondicional de Jesus na paixão, sem exigências prévias, impede de utilizar a cruz como referente para agredir os outros (judeus, pecadores, Israel em seu conjunto). Não tem a ver com fatos históricos: a inegável autoria dos dirigentes hebreus e romanos. Trata-se da responsabilidade moral coletiva do povo, que se deixou arrastar pelas autoridades para pedir a crucificação. É um pronunciamento moral e teológico sobre a conduta dos protagonistas. A memória é seletiva e fragmentária ao escolher o que deve permanecer. Precisa servir para libertar e

---

24. SCHELER, M. *Arrepentimiento y nuevo nacimiento*. Madri, 2007, p. 9-16, 41-48.

não para submeter, superando o chantagismo afetivo, derivado do ressentimento alimentado das vítimas. Não se trata de um perdão que eterniza nos outros a consciência de culpa, obrigando-os a uma autoacusação permanente. Há um contraste entre a memória da paixão, na qual é fundamental a ausência de vingança e o perdão incondicional, e o posterior antissemitismo cristão, que selecionava dessa memória o que podia denegrir o judeu. Por isso não pode haver uma comemoração obsessiva do passado, que seria eternizado e sacralizado. É preciso perguntar-se pelo uso que se faz da memória recuperada. Recordar compulsivamente pode servir de desculpa para esquecer o presente, porque a vítima de ontem pode ser o agressor de hoje. Boa parte do antissemitismo está prisioneira desta dinâmica. Ninguém quer ser uma vítima presente, mas muitos estão dispostos a assumir o papel de vítima do passado, para legitimar-se e justificar um comportamento agressivo no presente.

Pode-se utilizar as vítimas para encobrir a agressividade atual, o caráter homicida daquele que se apoia nelas. Jesus chama à solidariedade para com as vítimas atuais e a perdoar os verdugos de ontem[25]. Nietzsche mostrou a dinâmica psicológica das pessoas ressentidas que convertem sua sede de vingança em exigência de justiça e que dissimulam sua impotência como perdão, atrás do qual se esconde o ressentimento do fraco[26]. A experiência do sofrimento levaria a chantagear os agressores, sempre em dívida com os agredidos. Apela-se também para Deus como instância vingadora, que serve para o ressentimento das vítimas, para pedir o castigo dos ofensores. Sendo assim, encobre-se a incapacidade de superar o ódio reativo. Muitas vezes, por trás da pena de morte para os criminosos se esconde esta dinâmica hostil, que desempenhou um papel nos que exigiam que se crucificasse Jesus em lugar de Barrabás. Além de que a pena de morte encobre anseios de vingança e negação de que o outro possa ter mudado e estar moralmente reabilitado. Aquele que sofre busca culpados, inclusive ele próprio, e se castiga a si mesmo e aos outros. No relato lucano não há reatividade vingativa, nem sentir-se vítima, nem absolutização da culpa, mas perdão e confiança em Deus, que pode assumir o pecado humano sem rejeitar a liberdade.

---

25. Num contexto diferente, cf. TODOROV, T. *Los abusos de la memoria*. Barcelona, 2000, p. 54-55. O papel dos judeus, das autoridades e do povo na morte de Jesus é constatado em todos os evangelhos, embora alguns, como João, o enfatizem.

26. NIETZSCHE, F. *La genealogía de la moral*, I, § 14. Madri, 1966. Cf. CAUSSE, J.D. "La religion de l'amour: une résolution de la violence divine?" *Divine violence*. Paris, 2011, p. 175-207.

Daí a nova revelação da cruz. Se Deus está em Jesus, podem encher-se de esperança todas as vítimas deste mundo, incluídos os próprios criminosos que se abrirem ao dom do perdão. O cristianismo baseia-se num Deus vulnerável diante das vítimas e dos culpados. É um deus que necessita do homem para pôr fim à violência, e onipotente, porque pode extrair bem do mal, transformando a cruz num símbolo de amor e de perdão. No Antigo Testamento Deus quer misericórdia e não sacrifícios (Os 6,6; Mt 9,13; 12,7); agora surge o sacrifício de um homem, fiel a Deus, que se entrega aos outros. Não pode haver dúvida sobre com quem está Deus, que não é indiferente e se solidariza com Jesus. É a humanização de Deus, que assume as consequências da liberdade, mas permanece Deus em sua entrega, respeitando sempre a liberdade última do agressor. O crucificado mostra até onde pode chegar o ódio que pretende defender a Deus, ódio causador da morte do justo inocente e do próprio filho de Deus.

Lucas desenvolve aqui também o tema do seguimento de Jesus. O Cireneu não foi um voluntário, que se teria compadecido de Jesus, mas foi obrigado pelos romanos (Lc 23,26). É o que carrega a cruz de acordo com os sinóticos ("atrás de Jesus": Lc 23,26), diferentemente do evangelho de João. Depois ele foi integrado no cristianismo, já que Marcos o apresenta como o pai de duas pessoas conhecidas (Mc 15,21). João silencia sua figura porque cria obstáculos à sua cristologia do senhorio do crucificado, ao passo que os cristãos posteriores viram nele o simbolismo do discípulo que segue o Senhor (Mc 8,34; 10,52). Simão Cireneu simboliza o seguimento não buscado, mas forçado pelas circunstâncias, já que a vida coloca exigências inesperadas e ninguém está preparado para carregar a cruz, especialmente se ela se apresenta de forma repentina e imperativa. Inclusive a ajuda por motivos humanistas, por mera solidariedade com quem está passando por maus momentos, tem um valor evangélico (como sublinha Mt 25,37-40.44-45), porque o acento não é posto na motivação divina, fazê-lo por Jesus ou por Deus, mas no gesto de solidariedade humana. Na paixão há uma "teologia da cruz" contraposta à "teologia da glória", baseada no triunfo (Lutero). Isto não é captado pela multidão, aferrada a um messianismo triunfal.

Lucas assume esta perspectiva ao dizer que Jesus exige dos discípulos que carreguem a cruz e o confessem (Lc 9,23-24; 12,8-12; At 14,22). Apresenta Jesus como o modelo a imitar e procura associar os discípulos à paixão. Nos evangelhos não há privatização nem espiritualização da cruz, que não convida à ascética nem a uma espiritualidade individualista, mas ao seguimento comprometido. Não se trata de flagelar-se nem de atormentar-se, como às vezes se propôs na espiritualidade, mas de assumir as consequências da fidelidade a Deus e às próprias convicções. A cruz é consequência das bem-aventuranças, nas quais Lucas acentuou as imprecações contra os poderosos (Lc 6,22-26). A piedade cristã posterior tendeu a ressaltar as feridas e o sofrimento que suscita compaixão ("As chagas do coração de Cristo"), em vez de dar prioridade ao estilo de vida de Jesus, que acarreta perseguições e rejeições. Se a cruz foi resultado de certas dinâmicas de poder, arraigadas na religião, na política e na sociedade, não basta uma resposta privada e pessoal. Mas é necessário um compromisso social para mudar as estruturas e o exercício do poder. Por isso não se pode moralizar nem individualizar a cruz, já que, se forem eliminadas suas causas e consequências sociais, mutila-se o significado da paixão. É preciso redimir as vítimas da sociedade apesar da morte de Jesus, e não só por causa dela, captando a dinâmica exigente que está por trás dela. A fé cristã ajuda a carregar sua própria cruz e exorta a lutar contra os que a impõem. O mal e o bem fazem parte da vida e só podem ser neutralizados a partir da ajuda mútua e da solidariedade com os crucificados. Sobrino concretizou esta linha ao falar dos povos crucificados, que é preciso ajudar para que desçam da cruz[27]. É uma concepção do seguimento contrária às privatizações individualistas que abundaram na espiritualidade.

6 A realeza do crucificado

Por fim, o evangelho de João (Jo 19,16-42) ressalta outras dimensões[28]. É o mais tardio e desenvolve uma cristologia que dá mais realce à interpretação teológica do que à narração dos fatos, embora conserve um núcleo histórico. Ressalta o messianismo real de Jesus, porque Pilatos manda que coloquem o título na cruz em três línguas (Jo 19,20) e resiste aos pedidos para mudá-lo. Esta titulação tem um significado universal, com o pano de fundo de uma entronização real de Jesus em sua "hora", na qual começa a atrair todos a si. Não há zombarias religiosas e tudo se concentra em sua realeza e no pano de fundo do cordeiro pascal, vinculado ao hissopo de seu sangue que salva (Jo 19,14.29-30; Ex 12,22; Hb 9,18-20) e a seu caráter indiviso (Ex 12,46; Sl 34,21; Zc 12,10). O quarto evangelho conta como os soldados repartem entre si as vestes de Jesus, talvez com uma alusão cultual à

---

27. SOBRINO, J. *El principio-misericordia* – Bajar de la cruz a los pueblos crucificados. Santander, 1992.

28. BROWN, R.E. *The Gospel according to John*. Nova York, 1970, p. 918-931.

túnica sem costura do sumo sacerdote (Jo 19,23)[29]. O evangelista cria uma cena desconhecida dos sinóticos: uma fusão entre a família de Jesus, representada por sua mãe, e os discípulos, representados pelo "discípulo que Ele amava" (Jo 19,25-27). Os evangelistas acentuaram o contraste entre os dois grupos ao longo da vida pública (Jo 7,3-6). A família natural fez parte posterior da Igreja (At 1,14). João apresenta a cruz como aquilo que os levou a reconciliar-se em torno a ele.

Provavelmente crucificaram Jesus por volta da hora sexta (Jo 19,14), doze horas (meio-dia), e não à hora terça, nove da manhã, como propõe Marcos (Mc 15,25). Além disso, realça antes de morrer que tudo está consumado e que é preciso cumprir a Escritura (Jo 19,28). Cristo morre entregando o espírito (Jo 19,30), depois de ter anunciado na última ceia que ia dá-lo a seus discípulos. Não há nenhum acontecimento cósmico que ressalte o ocorrido. Só um breve relato que mostra que não lhe quebram as pernas e que de seu lado transpassado sai sangue e água (Jo 19,31-37), com alusões ao cumprimento da Escritura. Não há, portanto, silêncio e abandono de Deus, mas presença divina no crucificado (Jo 16,32). A sensação de abandono divino (Sl 22,2) é trocada pela ânsia de Deus (Sl 69,22; 22,16), que se expressa em "tenho sede", que não é só necessidade física, mas fome de Deus e ânsia de cumprir o que foi predito, porque é sua hora (Jo 12,27-28.31-33; 18,11; 19,28).

João mantém uma cristologia triunfal de Cristo como senhor e rei (Jo 18,33-37; 19,2-3.7.11.14-15.19), omitindo o pedido feito no horto para que passe o cálice (Mc 14,35), que é trocado pela glorificação do Pai (Jo 12,27-28). Não há a menor referência a um Jesus desamparado por Deus, já que o evangelista insiste em sua presença constante no crucificado (Jo 16,32). É Jesus quem oferece sua vida (Jo 10,17-18; 18,11; 19,28) para que se cumpra a Escritura (Jo 19,23-24). Os evangelistas, quanto mais distantes do acontecimento, mais interesse têm em amenizar a crueza do fracasso de Jesus e em sublinhar sua fidelidade final em sua morte (Lc 23,46; cf. Sl 31,6; Jo 19,30). Custa-lhes também aceitar a dureza do final do Messias e assumir a profundidade de sua orfandade diante de Deus e dos homens. As cristologias posteriores à ressurreição acentuam os poderes de Jesus e seu triunfo sobre a morte, que são projetados retrospectivamente nas narrativas da paixão e levam os evangelistas a amenizá-la.

João omite o papel do Cireneu, mas introduz o de Nicodemos, o discípulo medroso (Jo 19,38) preocupado em dar sepultura a Jesus. É um personagem que

---

29. MUSSNER, F. "Kultische Aspekte im johanneischen Christusbild". *Liturgisches Jahrbuch*, 14, 1964, p. 197-198.

pode simbolizar o bom judeu, que acabou convertendo-se em cristão. Analisa-se sempre a cristologia da paixão a partir da perspectiva da ressurreição, que permite ao evangelista interpretar simbolicamente os fatos, em detrimento de uma cronologia histórica detalhada. Seu evangelho expressa a fé comunitária no crucificado-ressuscitado[30]. Na paixão mostra-se a cristologia descendente e a cristologia ascendente, a que parte da reflexão sobre Deus e a que acentua o homem entregue a Deus. A crença em seu senhorio sobre a história exigia conciliar o plano de Deus, ao qual nada escapa, com a livre ação do homem. João culmina esta síntese com Cristo rei, em contraste com os sinóticos. Estes preferem a teologia do Servo de Javé (Is 50,6: Mc 14,65; 15,19) como chave para explicar sua morte (Is 53,4-7; Mc 14,60; Is 53,9-12: Mc 15,27.43; Mt 27,44.57; Is 53,12; Lc 23,34.39-43). As perspectivas das duas cristologias são diferentes.

É verossímil que os autores dos evangelhos tenham combinado o que sabiam sobre os fatos da paixão com versículos das Escrituras que a iluminavam e a tornavam compreensível, uma vez superado o choque da crucificação. João segue seu caminho e vê a paixão como o caminho do retorno ao pai Deus. Os sinóticos realçam um Jesus humano, que precisa lutar contra a tentação final de sentir-se abandonado. João impregna as cenas com a filiação divina daquele que se sabe enviado. Por isso, Jesus nunca duvida nem luta internamente, já que sabe que está fazendo o que Deus espera. Não há nenhuma rejeição da cruz, mas entrega amorosa a Deus. Os sinóticos estão mais próximos da verdade histórica, enquanto João apresenta o esquema do crucificado-ressuscitado que se impôs na tradição cristã.

O plano salvador de Deus é apresentado como um mistério que só Jesus conhece. Encena-se um elemento da teologia negativa: que Deus é imprevisível, incompreensível e inconceptualizável. Tudo o que dissermos sobre Deus, em analogia com o homem, precisa ser relativizado. Deus está acima de toda representação ou projeção, é o Diferente por antonomásia e se comporta de maneira inesperada. Esta dinâmica, presente desigualmente em todos os evangelhos, se acentua quando o lugar da revelação divina é um crucificado. A solidariedade de Deus com os que vivem na periferia da sociedade e da religião torna-se mais aguda quando Ele se mostra como um Deus que não corresponde às expectativas humanas. A cruz de Jesus não só foi objeto de interpretações diversas no cristianismo primitivo, mas continua sendo-o na realidade. Alguns veem a crueza do

---

30. ORIOL TUÑÍ, J. "La vida de Jesús en el evangelio de Juan". *Revista Latinoamericana de Teología*, 3, 1986, p. 3-44. • MARTIN, J.L. *History and Theology in the fourth Gospel*. Nova York, 1968.

relato como a história de um Jesus que perdeu a fé final e desmoronou. Outros põem o acento na cólera do deus da lei que se mostrou extremamente cruel em Jesus[31]. O evangelho de João está marcado pela filiação divina de Jesus. Em sua vida pública resplandece o selo da divindade, em cujo nome ele atua. O mesmo ocorre na paixão, já que sua maneira de comportar-se é a maneira de Deus se comportar na história. Por isso João acentua que a divindade irradia na paixão, sem precisar esperar a ressurreição[32].

O crucificado é um sinal vivo da presença de Deus na humanidade por sua maneira de assumir a cruz. Para João, basta saber captá-lo, vê-lo, porque os judeus estavam cegos e não sabem ler seu testemunho. A identificação de Deus com o crucificado implica uma revolução nas concepções veterotestamentárias de Deus, que falam de um criador onipotente e providencialista, senhor do cosmos e da história. Para São João, a cruz não é só o testemunho da incondicional doação de Deus ao homem, mas também a constatação do protagonismo histórico do ser humano, que pode opor-se à revelação. Os judeus não souberam ver o senhorio divino na vida e na morte de Jesus (Jo 3,14; 8,28; 12,32-34). Já que não souberam captar a humanidade de Deus, criam um bloqueio que os impede de captar a divindade na crucificação. De acordo com João, não é Jesus quem fracassa na cruz, mas os discípulos que não souberam ver.

---

31. Cf. FRANCINE, B. *Le cri de déréliction de Jésus en croix*. Paris, 2004.

32. Remeto a VERWEYEN, H. *Botschaft eines Toten?* Regensburgo, 1997, p. 64-82.

6

Do fracasso à esperança

Depois de analisar a vida e a morte de Jesus, passamos agora a outro marco diferente: o de seus discípulos, que anunciaram sua ressurreição após a morte e ofereceram dela diversas interpretações. A busca de sentido na vida inclui a exigência de entregá-la à morte, muito mais no caso de uma pessoa inocente e executada, que havia posto sua confiança em Deus. Vamos analisar as diferentes versões da ressurreição no Novo Testamento, cada uma com sua correspondente teologia, e também com as correspondentes cristologias. Ou seja, as diferentes propostas sobre a identidade e o significado de Jesus, à luz de sua ressurreição.

1 O significado da ressurreição

A paixão e a cruz são a expressão da vida malograda de Jesus. É preciso compreendê-las a partir do projeto do reinado de Deus em Israel, que surge de sua experiência de Deus. Jesus se sabe enviado e põe sua vida a serviço desta missão. Por isso seu fracasso último, já que não consegue a conversão de Israel, põe em questão a veracidade de seu envio e a legitimidade de sua autoridade, porque fala em nome de Deus. A cruz é o fracasso de seu projeto. Ao questionar este projeto, enfoca-se a validade de sua concepção de Deus, de sua interpretação das Escrituras e de sua proposta sobre os valores, atitudes e conduta que dão sentido à vida. A isto acrescenta-se a sensação de triunfo de seus adversários, sobretudo dos líderes religiosos, que o questionavam na cruz porque Deus não comparecia para salvá-lo. Marcos e Mateus, diferentemente de Lucas e João, ressaltaram as interrogações ao apresentar um Jesus angustiado, já desde o horto das oliveiras, que morre soltando um grito de abandono diante de um Deus silencioso.

A solidão última de Jesus, abandonado por seus discípulos, repreendido pela multidão, atormentado pelos soldados e censurado por sua ambígua pretensão messiânica, encontra seu ponto culminante na queixa derradeira. Seu fracasso histórico incidia em seus discípulos. É muito provável que se tenha iniciado um processo de dispersão, diante da ausência do mestre. A comunidade, que estava num estado de choque, começou a ver o período de Jesus como uma etapa provisória, que havia produzido um corte em suas vidas, e que agora se encerrava. A passagem dos discípulos de Emaús, mais simbólica do que histórica, revela a situação psicológica e emocional de seus discípulos após a cruz: foi um profeta poderoso em obras e palavras, do qual esperavam que resgataria Israel (Lc 24,19-24), mas a cruz pôs um ponto-final em suas aspirações. Estava ameaçada a obra de Jesus, questionada sua identidade messiânica e destinado ao desastre seu projeto do reino. Em última instância, os acontecimentos davam razão às autoridades religiosas e políticas, embora fosse injusto o processo que o matou. Sua morte implicava o fim de um projeto pessoal, religioso e social. O medo dos judeus e dos romanos, a sensação coletiva e pessoal de abandono e a consciência de fim de ciclo em suas vidas são traços característicos da comunidade de discípulos, após o assassinato de seu mestre. O peculiar movimento profético e messiânico que havia surgido na Galileia parecia próximo do fim.

Este final de Jesus torna mais agudas as perguntas universais acerca da morte. Por um lado, a consciência de finitude e de contingência leva o ser humano a relativizar a vida e seus êxitos. O instinto de sobrevivência e a ânsia de perdurabilidade se chocam contra o destino comum da morte, da qual tomamos consciência durante a vida. O paradoxo de pensar a morte durante a vida e de definir-nos como o "ser para a morte" (Heidegger) está vinculado à certeza de que todos os projetos são perecíveis. Em última instância está o nada, a evidência de que um par de gerações mais tarde ninguém recordará de seus antecessores; estes terão desaparecido da consciência coletiva, mesmo que tenham tido a sorte de que alguma contribuição própria perduraria historicamente. Unamuno se rebelava contra a morte de seu eu individual, diferentemente do budismo, que elimina o problema ao aceitar a morte como a verdade última, que faz do eu uma ilusão. Unamuno aceitava o inevitável da morte para a espécie humana e a resistência pessoal a morrer por parte de cada indivíduo, a persistência em defender a sobrevivência do eu. Daí o sentimento trágico da vida, marcado por uma ânsia irrealizável de sobrevivência[1].

---

1. UNAMUNO, M. *Obras completas* X. Madri, 2009, p. 328: "O específico religioso católico é a imortalização e não a justificação, à maneira protestante". E acrescenta: "A solução católica de nosso problema, de nosso único problema vital, do problema da imortalidade e da salvação eterna da alma individual, satisfaz a vontade e, portanto, a vida; mas, ao querer racionalizá-la com a teologia dogmática, não satisfaz a razão" (p. 337).

A contingência e a finitude pessoais subordinam-se ao ciclo da vida. E o retorno à natureza da qual provimos questiona radicalmente as expectativas, desejos e projetos do eu. No Ocidente, e não só por causa do cristianismo, existe uma absolutização do indivíduo e rejeita-se que a forma de vida humana, a maior que conhecemos, tenha um final igual ao da vida animal e dos outros seres vivos. A certeza de que fazemos parte do ciclo da vida e de que retornaremos à energia material da qual provimos está acompanhada pela preocupação de que a fecundidade espiritual e a criatividade exibida ao longo da vida tenham alguma forma de subsistência. O homem é um ser mortal que busca sua imortalidade, a pessoal e a de seus próprios êxitos e realizações. As tradições ocidentais partem sempre da resistência do eu pessoal a ser absorvido pela natureza ou pela coletividade, contra a linha clássica de Marx, para quem a morte é o triunfo da espécie sobre o indivíduo.

Há uma resistência contra a morte e diversas hermenêuticas para relativizá-la, ao que se acrescenta a expectativa de um para-além da morte que as religiões estimulam, cada uma de forma diferente. Precisamos dar sentido à vida e que ela perdure para além do nada absoluto, que é o que mais tememos. Já desde a época clássica realçou-se a vinculação das religiões com o fim último. De acordo com Lucrécio, o medo da morte é a base fundamental das religiões. Cada religião fala de outra dimensão e de outra forma de vida de acordo com seu próprio código cultural. Estes são imaginários criados pelo homem a partir da vida, para falar daquilo que a transcende. As representações são expressões da ânsia de imortalidade humana, formas de protesto diante da certeza do fim, não sabemos se meras ilusões produzidas pelo desejo. Falar de um além a partir do aquém é inevitável, mas também um contrassenso. Todas as especulações, reflexões e representações são feitas pelos vivos e se referem ao que acontece aos mortos.

Naturalmente as religiões abordam o tema a partir de sua experiência da divindade e de suas supostas revelações. Mas seu imaginário está sempre condicionado pelo código cultural do qual se parte, que é o contexto no qual se compreende a suposta revelação divina. A pessoa que se sente inspirada e motivada por Deus fala a partir de sua identidade cultural e de seu momento histórico. Por isso não há revelação pura, nada pode escapar ao contexto histórico-social, nem sequer os escritos bíblicos. As religiões apontam para um além, vinculado por elas à divindade pessoal nas tradições bíblicas. No budismo e outras religiões afins, busca-se um absoluto último e impessoal, no qual o sujeito se funde. Sobretudo quando se supera o ciclo das reencarnações, causado por uma forma de vida deficiente. A pecaminosidade levaria de um manter-se a uma degradação progressiva. Mas em todas as religiões existe uma busca de sentido último, para além da morte.

Para além de sua base tradicional e formulação cultural, que varia na história, todas apontam para um anseio de justiça, de bem e de sentido, que ocorre também na tradição hebraica e na tradição grega. O cristianismo assume os dois códigos culturais e os transforma[2]. Por isso, muda a compreensão sobre o além e o significado do imaginário cultural e religioso *post mortem*, embora se mantenham os termos e as imagens, vinculadas ao Antigo Testamento. Muda o significado dos conceitos, mas estes continuam se mantendo, embora tenha mudado seu conteúdo. O imaginário cultural de ressurreição, juízo, paraíso e inferno, purgatório e limbo, bem como outras imagens parecidas, varia também, em função da antropologia e das expectativas culturais. Mantemos estes termos, embora lhes demos um sentido diferente do tradicional. Além da pluralidade de hermenêuticas em cada época, é preciso prestar atenção à descontinuidade entre os momentos históricos e levar em conta o contexto social e cultural para precisar o que se quer expressar com estas imagens. Hoje a representação simbólica cristã do além-túmulo perdeu significado e credibilidade, obrigando a buscar novas reinterpretações e significados mais concordes com a sensibilidade atual. Persiste, no entanto, a exigência de sentido para além da morte. A ideia judeu-cristã de que a existência é uma passagem, algo curto e limitado em relação às ânsias de imortalidade, está unida à ideia generalizada de que no encontro final com Deus se reflete a globalidade da vida, com seus êxitos e fracassos. O significado moral destas expectativas está vinculado à exigência de sentido. A proliferação do mal, por sua vez, leva à representação da vida como uma provação da qual é preciso prestar contas diante de Deus e diante de si mesmo.

A concepção hebraica de morte e ressurreição

Na tradição judaica, a morte era assumida com realismo, como o limite natural da vida, e se sublinhava a contingência e finitude humanas (Sl 39,5-7; 90,4-6; 103,14-16; Jó 14,1; Is 40,6; Ecl 3,1-8). O que se via como desgraça era uma morte prematura, sendo a esperança média de vida trinta e tantos anos. Morrer não tinha um caráter privado, mas era um acontecimento público, como o luto, acompanhado de ritos que encenavam a perda, e o túmulo, do qual era preciso cuidar e que era visitado, sobretudo nos três primeiros dias após o falecimento. Omitir o luto e a sepultura implicava uma grave afronta, familiar e pessoal (Jr 22,10.18), assim como prescindir dos cuidados últimos do cadáver, que era lavado, ungido e

---

2. DÍEZ MACHO, A. *La resurrección de Jesucristo y la del hombre en la Biblia*. Madri, 1977, p. 27-92.

amortalhado para ser enterrado (Mc 16,1; Lc 7,12; Mt 23,29; Jo 11,44; 19,39-41). Morrer era, por um lado, um mal religioso, o resultado do pecado; por outro, um fato natural. Nunca basta o biológico; o religioso impregnava tudo, porque era o código cultural dominante. Constatava-se com naturalidade a finitude e a limitação da existência (Nm 16,29; Ecl 3,1-8; Sl 39,5; 103,15-16; Jó 14,1-14) e se via a vida longa como uma bênção (Gn 25,8; Sl 91,16; Jó 42,17). As enfermidades e desgraças demonstram a indigência humana e supõe-se a autoria divina das mesmas, já que Deus é autor da vida e da morte (Dt 32,39; Sl 6,6-8; 31,11; 38; 90,3-7; 104). Esta referência divina leva também ao problema da teodiceia, ao sofrimento imerecido do justo e à vida bem-sucedida dos malvados, núcleo do livro de Jó e preocupação clara nos Macabeus.

No que diz respeito ao além-túmulo, Israel participa das cosmovisões de seu entorno, que também influíram na concepção arcaica grega[3]. Existe um submundo dos mortos, o "Hades" ou o "Xeol" nas profundezas da terra, ao qual inicialmente nem Deus chega (Sl 6,5-6; Is 26,14; 38,17-19). Nem o "céu" nem o "Hades" dos falecidos são lugares físicos concretos, mas entidades cosmológicas religiosas, símbolos da vida depois da morte, metáforas e imagens referenciais para falar do além. O reino dos mortos e o dos vivos são estritamente separados e expressos espacialmente, sob o predomínio do imaginário babilônico e egípcio em todo o Oriente Próximo. Progressivamente aumenta a crença no poder divino no reino dos defuntos (Pr 15,11; Sl 139,7-8; Am 9,2; Jn 2,2.7), até que no judaísmo pré-cristão começa a delinear-se a ideia de ressurreição (Ez 37,1-14; Jó 19,25-26; Is 16,19; Dn 12,1-4; Os 6,2; 2Mc 7,9.11.14; 12,43-46). Esta doutrina, discutida no judaísmo da época de Jesus, completou a tradição sobre a morte. A confiança na vida após o falecimento foi a resposta última à ânsia de imortalidade das tradições hebraicas. A ressurreição remete às exigências de sentido após uma vida curta e, inevitavelmente, frustrada, a partir de uma antropologia integral e não dualista.

Sobrevivia uma concepção unitária do homem, própria da tradição semita, que tornava inviável o dualismo grego e a ideia de uma imortalidade da alma, sem o corpo. Este representa o homem todo, que é corpo espiritualizado e espírito corporalizado. Mas o dualismo de um corpo mortal e de uma alma imortal se fez sentir cada vez mais, por influência helenista, como vida eterna (Sb 3,1.4.13; 15,3; Mt 10,28; Jo 5,24-29; 6,68). Na Igreja dos primeiros séculos houve uma fusão entre

---

3. DIETRICH, W. & VOLLENDER, S. "Tod II". *Theologische Realenzyklopädie*, 33. Berlim, 2002, p. 582-600. • STEMBERGER, G. & HOFFMANN, P. "Auferstehung I/2-3". *Theologische Realenzyklopädie*, 4. Berlim, 1979, p. 443-467.

a tradição semita e a helenista, em torno da alma[4]. Esta unidade psicossomática pessoal, que revive ou desperta com a ressurreição, é entendida relacionalmente, já que o devir histórico está marcado pelas relações interpessoais, com Deus e com as demais pessoas. Não existe um eu isolado, como o da modernidade, mas uma vida baseada em relações interpessoais, nas quais se constitui a identidade. O processo da vida é contingente, depende das pessoas e das circunstâncias. A ressurreição aponta para a totalidade da vida humana, não para a ressurreição do corpo físico. O que criamos ao longo da vida nos identifica e a energia espiritual que produzimos, em interação com outros, faz parte de nossa identidade[5]. O que é julgado por Deus é o dinamismo da criatividade, que depende das relações interpessoais. De tal modo que se pode falar de uma personalidade espiritual, que tem sua base na corporeidade e na biologia, e que é fruto do próprio homem, que se realiza no processo histórico.

A partir do século III a.C. propagaram-se diferentes correntes que reforçaram as expectativas sobre o além-morte[6], embora já antes houvesse esperanças escatológicas de salvação (Is 25,6-8). Sobretudo os justos e os mártires esperavam o julgamento e a recompensa divina (Sb 3,1-9; 4,14–5,16; Jó 19,25-27). A pergunta sobre como conciliar o mal e Deus é um problema fundamental e não resolvido e a ressurreição é a tentativa de dar-lhe uma resposta. Neste contexto surgiram as primeiras afirmações pessoais individuais (2Mc 7,9.11.14.23.29.36; 4Mc 7,19; 16,25; Dn 12,1-4) e coletivas (Ez 37,7-14; Is 26,19) sobre a ressurreição. Jesus tomou uma posição clara em favor da ressurreição no debate com fariseus e saduceus (Mc 12,18-27 par.). Sua mensagem faz parte das expectativas judaicas sobre como alcançar a vida eterna ou entrar no reino dos céus (Mc 10,15-25 par.; Mt 6,19-20; 7,21; 11,22-24; 25,31-46; Lc 10,14; 11,31-32; 12,33; 13,28-29.33). A ideia de um julgamento de Deus e de uma recompensa foi aceita como evidente nos evangelhos, porque fazia parte do código religioso da época. Nela se inscreve a proclamação do reino de Deus por Jesus, que tem uma dimensão de futuro e de fim dos tempos.

Quanto mais dura era a situação histórica de Israel, colonizado e subjugado pelas grandes potências, maior era a tendência a buscar em Deus uma salvação

---

4. O rabinismo posterior assumiu sem problemas o dualismo corpo e alma, apesar da tradição unitária anterior. Cf. DÍEZ MACHO, A. *La resurrección de Jesucristo y la del hombre en la Biblia*. Madri, 1977, p. 102-122. • BOVON, F. "Retour de l'âme: immortalité et résurrection dans le christianisme primitif". *Études Théologiques et Religieuses*, 86, 2011, p. 433-454.

5. ESTRADA, J.A. *El sentido y el sinsentido de la vida*. Madri, 2010, p. 105-109, 124-127.

6. BRIGHT, N.T. *La resurrección del Hijo de Dios*. Estella, 2003, p. 127-176.

que desse uma resposta ao problema da injustiça e da morte. O judaísmo da época pré-cristã foi reforçando, cada vez mais, a preocupação com a morte e com o problema do mal, distanciando-se da teologia da retribuição que afirma que Deus bendiz os bons e castiga os maus. A experiência mostrava outra coisa e despertava interrogações. Mas aferrar-se à esperança e manter a promessa de uma intervenção última e definitiva de Deus é uma postura ambígua. Poderia implicar o irracionalismo daquele que não consegue aceitar a facticidade da morte e do niilismo definitivo que ela acarreta, e mantém uma desesperada fé em Deus. E poderia também ser a expressão daquele que persiste na utopia e no sentido último da existência, apesar das experiências que a contradizem e da verdade do absurdo. A fé na ressurreição professada pela tradição judaica, e depois pela tradição cristã, permite as duas versões interpretativas.

Jesus participou da crença dos fariseus e de boa parte do povo acerca da ressurreição, contra a opinião dos saduceus (Lc 20,27; At 4,2; 23,6-8) e dos gregos (At 17,18.32). Esta ideia inspirava também a tradição que se interrogava sobre a morte dos profetas e dos justos. Depois concretizou-se nos anúncios sobre a morte e ressurreição de Jesus (Mc 8,31; 9,31; 10,33-34 par.) e sobre Cristo como primogênito na ressurreição dos mortos (At 3,15; 26,23), a partir do pano de fundo da cristologia do Filho do homem. Poderiam ser *vaticinium ex eventu*, ou seja, após a ressurreição os evangelistas modificaram os anúncios sobre a paixão (Mc 10,33-34) e incluíram neles o anúncio da ressurreição, embora originalmente Jesus não tenha falado sobre isto. Esta teoria estaria próxima da que foi defendida pelos judeus para responder ao anúncio cristão, acusado por eles de querer enganar as pessoas (Mt 28,11-15). O desconforto da comunidade após a morte de Jesus dificulta esta interpretação, já que o texto reflete as escassas expectativas de seus discípulos sobre um final diferente. Se era uma criação comunitária, não se encaixa que eles tenham dito, ao mesmo tempo, que havia dúvidas e rejeições a respeito. Os diversos testemunhos acerca de Jesus expressam a crença própria acerca de uma intervenção divina após sua morte, no marco da fé comum judaica na ressurreição. Seja como for, a ideia de um ressurgimento final era bem conhecida na época de Jesus, fazia parte do código religioso estabelecido e facilitou a aceitação, por parte da comunidade de discípulos, dos anúncios sobre o que havia ocorrido.

Os relatos dos evangelhos são muito posteriores às afirmações das cartas paulinas, mas foram influenciados por elas. Historicamente deveríamos começar com as referências à ressurreição nos escritos paulinos, para depois falar dos evangelhos que encenaram as afirmações anteriores, que lhes serviram de base para seus relatos acerca de Jesus. Mas os evangelhos apontam para fatos históricos, a sepultura e os anúncios de ressurreição, que depois foram interpretados teologicamente por Paulo e os outros autores do Novo Testamento. Por isso começamos com a narrativa dos fatos, embora seja tardia, para depois analisar as diferentes interpretações, que nos evangelhos se misturam com o relato dos acontecimentos. Vamos concentrar-nos nestas histórias e esclarecer o parentesco destas teologias com as da paixão e da vida pública nos diferentes evangelhos, para ver a continuidade global dos escritos. Existe continuidade entre a interpretação que se oferece da vida e do projeto de Jesus, o relato teológico de sua morte e o significado que cada evangelista atribui à ressurreição. E é preciso diferenciar a hermenêutica de cada um deles, fugindo da armadilha de integrá-los todos num relato unitário, evitando suas diferenças. Em seguida estudaremos os outros escritos do Novo Testamento e seu significado sociológico, expressado com formulações teológicas que serviram de inspiração para as composições dos evangelistas.

2 A ressurreição nos evangelhos

A salvação trazida por Jesus traduziu-se numa vida com sentido, na qual a ação de Deus se fez presente na luta contra o sofrimento, no perdão dos pecados e na cura dos doentes. A salvação na história é uma resposta às necessidades espirituais e materiais do ser humano, abrindo espaço para uma vida cheia de esperança e de sentido. E é também uma confirmação da contingência e da finitude, contra a exaltação abstrata do homem e uma concepção religiosa a serviço do narcisismo. Jesus trouxe salvação e sentido a partir da abertura aos outros, contra o egocentrismo insolidário. Por isso sua pessoa fascinava e atraía, e Ele era perigoso para a sociedade e a religião constituída. Mas todo este esforço foi questionado por sua morte, que o deslegitimava aos olhos de seus contemporâneos e de seus próprios discípulos.

A interrogação dizia respeito ao sentido da vida de Jesus. A ressurreição responde a esta interrogação não a partir de uma salvação extrínseca a seu modo de vida, nem tampouco a partir de uma retribuição posterior, que compensaria o absurdo anterior. É preciso vê-la no contexto da criação imperfeita e não redimida que experimentamos e como confirmação da dinâmica de Jesus que viveu em função do reino de Deus. A partir do sentido já experimentado e aberto por Jesus, a ressurreição completa a salvação que Ele havia começado. Da mesma forma que a fé judaica vincula o Deus criador e salvador ao Deus da libertação do Egito, assim também a fé cristã vê na ressurreição a plenitude da libertação trazida por Jesus. E da mesma forma que a personalidade de Jesus precisa ser entendida a partir da relação com sua família, seu povo e seus discípulos, assim também a ressurreição de Jesus aponta para a esperança judaica de ressurreição dos mortos, a ressurreição de todos os homens. Esta se apoia na necessidade de uma resposta de sentido e de justiça, que só Deus pode dar. Salvação e sentido da vida são inseparáveis; remetem a Jesus e a seu compromisso com Deus e com homens[7]. A partir da ressurreição é possível chamar Jesus de "Emmanuel", Deus conosco.

Os evangelhos nunca encenam a ressurreição, mas contam as experiências que os discípulos de Jesus tiveram. Não há referências a uma cena que rompe os moldes de compreensão humana, o ressurgir para uma nova forma de existência pela ação vivificadora de Deus[8]. Apresentam-na como uma revelação, uma teofania, não como um fato empírico comprovável, já que nem sequer seus discípulos reconhecem inicialmente Jesus. Não houve nenhuma testemunha que pudesse falar do que havia visto e observado, nem se responde ao como da ressurreição, que é o que preocupa a mentalidade moderna. Nos relatos evangélicos há uma evolução progressiva a partir de Marcos até João, como ocorre com o relato unitário da paixão. Quanto mais modernos são os textos, mais próximos do final do século I, integram-se neles maiores detalhes, chaves teológicas, influência das Escrituras e elementos míticos. As primeiras confissões de fé aconteceram no marco das catequeses e celebrações cultuais. Fazem parte de uma tradição oral, anterior à tradição escrita, que se diversificou em diferentes relatos que incorporaram elementos de interesse para suas comunidades. A diversidade de textos, em vez de ir contra sua veracidade, confirma-a, já que todos falam dos mesmos fatos, embora cada um os conte a partir de sua memória histórica e de sua teologia. Em caso de fraude intencional, ter-se-ia recorrido a um único relato, não a vários relatos com acentos diferentes, e esse relato seria transmitido por todos os evangelistas sem variações. Cada relato tem pretensão de totalidade, sem esperar ser completado pelos outros.

Há dois tipos de estruturas nas narrativas: as narrativas que acentuam uma aparição de Jesus, que não é reconhecido pelos discípulos até Ele se manifestar e desaparecer (Lc 24,13-31; Jo 20,14-18; 21,1-14), e as que põem o acento na missão e no mandato que o ressuscitado lhes confere (Mt 28,16-20; Lc 24,36-49; Jo 20,19-

---

7. MOINGT, J. *Dios que viene al hombre*, II/2. Salamanca, 2011, p. 509-521.

8. A grande exceção é o evangelho de Pedro (EvPe 9,34–10,42), texto descoberto no século XIX e posterior aos evangelhos canônicos. É possivelmente de meados do século II, embora não haja consenso sobre sua datação exata. Cf. HOFFMANN, P. "Auferstehung, II/1". *Theologische Realenzyklopädie*, 4. Berlim, 1979, p. 497-513.

23)[9]. Os evangelhos combinam as duas tradições e pode-se constatar o aumento progressivo das encenações da ressurreição, para assim responder a situações e expectativas das comunidades dos evangelistas. Se a ressurreição tinha um significado e oferecia um sentido aos cristãos posteriores, é lógico que se procurasse atualizá-la com detalhes e simbolismos que tivessem a ver com problemas de suas igrejas. Os evangelistas agem com liberdade ao encenar o não encenável: a ressurreição de um morto que se comunica aos seus. No que diz respeito às narrativas é preciso concentrar-se, como na vida pública de Jesus e em sua paixão, nos evangelhos canônicos, que têm mais importância histórica e teológica do que os relatos apócrifos, em sua imensa maioria dos séculos II e III.

As diferenças narrativas dos evangelhos e as interpretações teológicas heterogêneas não eliminam uma tradição básica, sobre a qual foram criadas as narrativas[10]. Parte-se do abatimento dos discípulos, sem uma expectativa favorável à ressurreição, nem tampouco a uma reatividade antijudaica. Eles estão tristes e desconcertados, já que um messias morto e ressuscitado não entrava em seus esquemas, e por isso o abandonaram na paixão e começaram a dispersar-se após sua morte. Os doze, enquanto grupo simbólico, não aparecem nem na paixão nem no enterro de Jesus e reaparecem com as aparições na Galileia (Mc 16,7; Mt 28,16-20), que Lucas e João situam em Jerusalém (exceto Jo 21). Eles mudam e se convertem em protagonistas a partir de uma nova iniciativa, proclamando que Deus o ressuscitou, afirmação básica que todos compartilham. É uma nova experiência, encenada como uma visão sobrenatural, embora não exclua a tomada de consciência in-

---

9. A tipologia das aparições oferecida por Dufour, com uma tradição centrada em Jerusalém (Lucas e João) e outra na Galileia (Mateus), reflete bem as diferentes teologias usadas pelos evangelhos. Continua sendo uma obra clássica, apesar do tempo transcorrido. Cf. LÉON DUFOUR, X. *Resurrección de Jesús y misterio pascual*. Salamanca, 1973, p. 135-162.

10. Dentre a imensa bibliografia cito algumas obras importantes. Cf. LÉON DUFOUR, X. *Resurrección de Jesús y misterio pascual*. Salamanca, 1973. • PANNENBERG, W. *Fundamentos de cristología*. Salamanca, 1974, p. 67-142. • KÜNG, H. *Ser cristiano*. Madri, 1977, p. 434-482. • GONZÁLEZ FAUS, J.I. *Acceso a Jesús*. Salamanca, 1979, p. 111-141. • SCHILLEBEECKX, E. *Jesús historia de un viviente*. Madri, 1981, p. 293-351. • SCHÜSSLER FIORENZA, F. *Foundational Theology*. Nova York, 1984, p. 1-56. • KESSLER, H. *La resurrección de Jesús en el aspecto bíblico, teológico y pastoral*. Salamanca, 1985. • KASPER, W. *Jesús el Cristo*. Salamanca, 1985. • O'COLLINS, G. *Jesús resucitado*. Barcelona, 1988. • VERWEYEN, H. *Gottes letztes Wort*. 2. ed. Düsseldorf, 1991, p. 441-480. • MOINGT, J. *El hombre que venía de Dios*, II. Bilbao: Desclée de Brouwer, 1995, p. 49-88. • SOBRINO, J. *La fe en Jesucristo*. Madri, 1999, p. 25-168. • THEISSEN, G. & MERZ, A. *El Jesús histórico*. 2. ed. Salamanca, 2000, p. 523-560. • TORRES QUEIRUGA, A. *Repensar la resurrección*. Madri, 2003. • BRIGHT, N.T. *La resurrección del Hijo de Dios*. Estella, 2003. • KESSLER, H. *Den verborgenen Gott suchen*. Paderborn, 2006, p. 213-236. • HAIGHT, R. *Jesús, símbolo de Dios*. Madri, 2007, p. 135-168. • WRIGHT, N.T. *La resurrección del Hijo de Dios*. Estella, 2008.

terior, que é representada por meio de sinais escatológicos do fim dos tempos (Mt 27,51-53; cf. Ez 37,12-14). Uma experiência pessoal, repetida e compartilhada por muitos, pôs em andamento uma nova dinâmica que transformou a comunidade de discípulos em Igreja cristã primitiva.

Contra o que se podia esperar, o anúncio da ressurreição vem primeiramente das mulheres, que são o grupo menos confiável para despertar credibilidade e reforçar sua apologética. A convergência de tradições aponta para um núcleo histórico, como quando se fala delas na paixão, já que tinham mais possibilidades que os varões de estar próximas ao crucificado. Se fossem inventar, os cristãos não começariam a difundir que Deus havia ressuscitado Jesus baseando-se num testemunho feminino, que os desacreditava diante da opinião pública judaica e romana, como mostram as zombarias de Celso a respeito, dois séculos mais tarde. O ceticismo inicial com que foi recebido o testemunho das mulheres é também coerente com o desencanto e a dispersão que haviam começado a ocorrer na comunidade de discípulos. Não sabemos com certeza o que foi que Jesus disse aos discípulos ao anunciar-lhes a paixão, e as referências à sua ressurreição podiam facilmente ser entendidas como a crença comum numa ressurreição geral dos mortos realizada por Deus, como ocorre no relato de Lázaro (Jo 11,24-27). Que esta fosse antecipada em Jesus, muito mais depois de sua desconcertante morte e da sensação de abandono divino que nele perceberam, é o elemento inesperado e novo.

O elemento central das aparições está em que Jesus vive e está com Deus, sem detalhes nem testemunhas a respeito de como e quando Ele ressuscita. As implicações desta afirmação, de que existe uma vida após a morte e que Jesus está com Deus, subordinam-se à ressurreição como confirmação e legitimação da vida e do projeto de Jesus. Mostram também que é preciso reler sua paixão com outra chave diferente da do fracasso de um impostor. Comunica-se a outra dimensão da cruz, na qual Deus não estava ausente nem lhe era indiferente, que é o que tentavam expressar de diversas formas os evangelistas com alusões a sinais (Mc 15,39; Mt 27,51-52; Lc 23,43; Jo 19,34-35), que agora adquirem outro significado. Entendem a ressurreição a partir do pano de fundo das Escrituras e de sua própria antropologia psicossomática, unitária, sem o dualismo de corpo e espírito da tradição grega. Por isso anunciam que quem ressuscitou é o próprio Jesus que eles conheceram, embora afirmem que Ele se comporta de maneira diferente da maneira terrena de comportar-se. Por isso insistem que Ele não é um fantasma nem um mero espírito, com referências a seu corpo em Lucas e João, e inclusive com alusões a que Deus não permitiu que a morte dominasse sobre Ele e que Ele fosse sujeito à corrupção final (At 2,24.27.32; 10,34-37). Esta afirmação corresponde ao anúncio de Deus, por meio de seus anjos, e ao túmulo aberto e sem cadáver mencionado nas narrativas.

Não é, no entanto, um fato histórico, já que este se refere ao que acontece às pessoas até morrerem[11]. O histórico é que os discípulos, depois de titubear e de rejeitá-lo, afirmaram que haviam tido experiências de que Cristo vivia, seja através de um anjo (intermediários e símbolos da tradição judaica para falar de Deus, mantendo seu mistério e transcendência) ou por experiências diretas de encontro com o ressuscitado. É um acontecimento que se impõe a eles, seja qual for sua causa. Não é um mero milagre, porque não há cura nem reanimação de um cadáver. É algo que os desconcerta, não um acontecimento esperado, e para o qual não estavam preparados, como lhes ocorreu com a paixão, apesar da longa preparação que os evangelhos apresentam. No caso da paixão há um relato unitário básico, que se refere a fatos históricos comprováveis. Não acontece o mesmo na ressurreição, já que se fala de uma experiência vinculada à experiência de que um morto vive e se comunica com eles. A crença a respeito de encontros com os defuntos não remete tanto aos sujeitos que se manifestam quanto à experiência subjetiva, psicológica e emocional das pessoas que acreditam nisso. A pergunta não é se os defuntos se manifestam aos vivos, mas o que é que estes experimentam e que os leva a crer nesta comunicação.

Embora haja um núcleo básico subjacente a estas vivências, todas elas têm elementos nos quais é fácil demarcar a lenda, o mito, as convenções culturais e as motivações religiosas que os levaram à convicção de que Deus havia ressuscitado Jesus. Do mesmo modo que só podemos falar de Deus humanamente, porque não temos outra linguagem, assim também é expressa, inadequadamente, uma revelação inefável, que se refere a uma dimensão transcendente, com um código cultural herdado que é insuficiente. A nova experiência, sem comparação anterior, é expressa recorrendo a categorias do Antigo Testamento e do código cultural semita e grego. Os evangelistas precisam representar o irrepresentável: a irrupção do Deus transcendente na imanência da história, a de um morto que se comunica com os vivos. Apoiam-se em símbolos, tradições e elementos míticos e lendários próprios da antiguidade, sendo as Escrituras judaicas sua fonte principal de inspiração. Por isso, as aparições da ressurreição não podem ser interpretadas como fatos históricos a serem compreendidos literalmente, mas como o esforço de cada autor para falar de algo que foge às categorias humanas. Com a ressurreição acon-

---

11. Pannenberg defende a historicidade da ressurreição. Cf. PANNENBERG, W. *Fundamentos de cristología*. Salamanca, 1974, p. 122-123.

tece o mesmo que aconteceu com as representações de Deus, que utilizam uma linguagem finita e terrena para expressar algo que as transcende e que não pode ser conceitualizado. Fala-se de um "ser humano transformado", que se comunica com os discípulos. Esta visão exige uma atualização constante ao longo da história, ao mudar a compreensão da morte e as expectativas a respeito de Deus. O ceticismo moderno diante da fé na ressurreição tem a ver não só com o próprio fato, a pretensão de que nem tudo acaba com a morte, mas também com a estranheza cultural que produz em nós o código religioso no qual essa compreensão e essas expectativas são expressas e com os conceitos e símbolos por elas utilizados.

A grande discussão é sobre quais foram as causas ou motivos que levaram os discípulos a esta convicção pessoal e coletiva. A fé tradicional, expressa nos parágrafos precedentes, está relativizada pelo ceticismo da modernidade, pelos programas de desmitificação da fé e pela perda de uma leitura literal e ingênua da Bíblia. Apresentaremos primeiramente cada uma das narrativas evangélicas, tentando ressaltar alguns de seus elementos teológicos específicos, bem como as propostas de sentido expressas em cada relato, para depois oferecer algumas perspectivas da crítica moderna, tal como foi formulada nos últimos anos. É preciso ressaltar o significado deste testemunho convergente, do qual surgiu um novo agrupamento hebraico, que progressivamente se transformou em igreja cristã. As narrativas partem de uma experiência, subjetiva e pessoal, não de um fato objetivo para todos, e a partir desta experiência fazem uma leitura da paixão de Jesus e de sua vida. Os evangelhos não contam simplesmente o que aconteceu na história de Jesus, mas como a compreenderam à luz da ressurreição. A ideia de uma identidade oculta, que em Marcos se concretiza no "segredo messiânico" (Mc 3,11-12), se manifesta agora e os obriga a redigir os fatos de sua vida a partir de sua filiação divina, que lhes é comunicada na ressurreição. A pergunta sobre Jesus – Quem dizeis vós que eu sou? (Mc 8,29 par.) – adquire um novo significado, uma vez que se consuma o processo de tomada de consciência sobre sua identidade. Marcos sublinhou que eles não compreenderam quem Ele era durante sua vida pública – o único que o captou foi o centurião na cruz – e com isto radicaliza o desconhecimento de Jesus por parte dos discípulos. É uma revelação divina, escatológica (de fim dos tempos), que coloca as bases de uma nova compreensão do próprio Deus e que culmina nas confissões trinitárias posteriores, que Mateus prepara e antecipa, e que João, indiretamente, enquadra na vida pública de Jesus.

É uma revelação nova que, retrospectivamente, modifica os relatos sobre a vida de Jesus e o conteúdo do reinado de Deus que Jesus queria construir. Da expectativa do reinado de Deus, núcleo central da mensagem de Jesus, passa-se agora à expectativa da segunda vinda triunfal de Cristo ressuscitado, que faz parte do anúncio da Igreja posterior. A era final messiânica anunciada adquire um novo significado, a partir do qual se elabora toda a tradição judaica e se interpretam as Escrituras. O sentido da vida de Jesus é esclarecido em sua morte, a partir de um acontecimento que as engloba. O movimento cristão surge com uma dinâmica salvadora, libertadora e redentora, que muda o significado da paixão e oferece novos conteúdos ao projeto de Jesus. Não depende só do que se conta sobre a vida de Jesus, que, por sua vez, está impregnada pela fé e pela teologia dos redatores. É preciso referir-se aos testemunhos de seus discípulos, que transmitem sua convicção de que Deus lhes revelou o destino último e a identidade do crucificado. Não é simplesmente que sua mensagem continua, com novos acréscimos e significados, mas se fala de algo que concerne à própria pessoa de Jesus. Por isso a fé no ressuscitado ocorre no marco da fé da Igreja, da qual dependem os relatos. É ela, a comunidade, quem cria, em sentido amplo e global, a nova Escritura, que se tornou o fundamento último sobre o qual se assenta o desenvolvimento global do cristianismo.

3 A narrativa de Marcos como referência

O ponto de partida de Marcos é o enterro de Jesus e o fato de um conselheiro do Sinédrio, José de Arimateia, pedir a Pilatos o corpo de Jesus, recebê-lo, envolvê-lo num lençol e enterrá-lo (Mc 15,42-47). Fala-se de um túmulo concreto; de um incipiente cuidado do cadáver, seguindo as exigências judaicas; e de que este não ficasse abandonado às intempéries nos arredores de Jerusalém, contra as normas judaicas de purificação (Dt 21,22-23). Como ocorreu com o Cireneu, há uma progressiva idealização do personagem. Marcos afirma que ele esperava o reino de Deus (Mc 15,43), apesar de fazer parte do Sinédrio; Mateus afirma que era um discípulo de Jesus, que o envolveu num lençol limpo e o enterrou em seu próprio sepulcro, que era novo (Mt 27,57-60); Lucas diz que era um homem bom e justo, que não concordara com a condenação de Jesus e que esperava o reinado de Deus, e que o enterrou numa sepultura na qual ninguém havia sido enterrado (Lc 23,50-53); João também o apresenta como um discípulo secreto de Jesus. Conta que se fez acompanhar por Nicodemos com unguentos e aromas para embalsamá-lo, segundo o costume, num sepulcro novo e não usado (Jo 19,38-42). Não existe nenhum sepulcro comum, nem um abandono do cadáver, nem um desconhecimento do lugar onde o puseram.

Em Marcos, o relato original da ressurreição (Mc 16,1-8) concentra-se nas mulheres e em sua intenção de ungir o cadáver, completando assim o fato com seu sepultamento (Mc 15,46), tendo como pano de fundo a unção de Jesus em Betânia (Mc 14,8). A cena central é a do anjo (Mc 16,5), com o túmulo aberto, e sua revelação sobre o Nazareno (Mc 16,6: "Ele foi ressuscitado (levantado, despertado), não está aqui"). Realça-se que é uma ação de Deus, que o ressuscitou e que é o sujeito protagonista, diferentemente das confissões posteriores que põem o acento no próprio Jesus ("Cristo ressuscitou"). Marcos termina seu evangelho com a determinação de que os discípulos, especialmente Pedro, se dirijam à Galileia e precedam as mulheres (Mc 16,7), onde poderão vê-lo. Elas fugiram, porque ficaram com medo, e não disseram nada a ninguém (Mc 16,8). Aqui termina o relato inicial. Marcos as nomeia explicitamente, como menciona Alexandre e Rufo (Mc 15,21) ao falar de Simão de Cirene. Refere-se a elas com nomes reais, conhecidos para a comunidade, e diz que foram testemunhas de sua morte (Mc 15,40) e estiveram com Ele na Galileia, servindo-o (Mc 15,41). São as que olhavam como o punham na sepultura (Mc 15,47), as que compraram aromas para ungir seu cadáver (Mc 16,1), as que viram o sepulcro vazio e as que tiveram o encontro com o anjo (Mc 16,1-8). Há testemunhas de tudo o que ocorreu: não os discípulos varões, mas as mulheres, que anunciam sua ressurreição aos apóstolos depois de terem sido testemunhas de sua morte.

O evangelista sublinha a ambiguidade dos discípulos, e indiretamente das mulheres, que olhavam de longe na paixão (Mc 15,40), fugiram do túmulo sem conseguir superar o medo e, em contraposição à ordem do anjo (Mc 16,7), não disseram nada a ninguém (Mc 16,8). Por outro lado, Marcos apresenta Jesus na ceia anunciando que os precederia na Galileia (Mc 14,28). Assim corrige o silêncio das mulheres, fruto do pavor produzido nelas por uma experiência divina na qual se lhes falava da vida depois da morte. O encontro com Deus produz medo, porque é uma experiência fascinante e tremenda (Ex 20,18-20; Lc 1,12-13.29). É uma maneira pouco apologética de apresentar a ressurreição, já que se trata de mulheres assustadas, acovardadas e, em última instância, desobedientes. Não é estranho que outros testemunhos do Novo Testamento que falam do ressuscitado e de suas aparições omitam as mulheres, que não se enquadram no código sociocultural sobre possíveis testemunhas de um fato importante. Por isso o relato é verossímil, já que é plausível que as mulheres assistissem, embora de longe, à crucificação, que se sentissem movidas a visitar o túmulo depois da morte de Jesus e que as autoridades romanas e judaicas fossem mais condescendentes com elas do que com os discípulos varões. Independentemente de o fato ter acontecido, a referência às mulheres pode ser lida também como uma narrativa simbólica com valor teológico. As mulheres eram não cidadãos, pessoas de segunda categoria não aptas a desempenhar um papel no âmbito público. Daí a escassa valorização de seu testemunho por parte dos discípulos e mais ainda dos que não o eram.

Deus se manifestou na vida de Jesus como protetor dos pobres, dos fracos e dos marginalizados; e agora a primeira revelação sobre a ressurreição é reservada às mulheres. Existe coerência na predileção pelas mulheres à luz do que se conta na vida pública. Os últimos serão os primeiros, e Deus, para comunicar-se, escolhe o grupo menos valorizado pela sociedade e pela comunidade de discípulos. Esta escolha está também de acordo com o trato de Jesus com as mulheres, já que elas faziam parte de seus seguidores. Jesus se relacionava e falava com elas com liberdade e espontaneidade, rompendo códigos culturais de sua época. Além disso, em sua pregação sempre realçou a igualdade entre a mulher e o varão diante de Deus e diante das exigências religiosas. O fato de esta opção pelas mulheres ter sido depois silenciada ou desvalorizada, como aconteceu com Paulo e sua lista de aparições (1Cor 15,3-9), foi uma antecipação das dificuldades ocorridas na Igreja primitiva para potencializar o papel das mulheres na comunidade. Esbarrava-se no patriarcalismo e no machismo cultural e religioso da época, que desaconselhava reconhecer um valor igual para a mulher[12].

Marcos é o evangelista que melhor representa a ressurreição como uma comunicação que apela para a fé dos discípulos. Ela é uma iniciativa divina que exige uma resposta, não um fato objetivo, verificável. Não é tampouco um milagre apologético, mas um objeto de fé, sem nenhuma aparição em seu evangelho. Por outro lado, a ordem de que a comunicassem aos discípulos e a Pedro (Mc 16,7) supõe uma legitimação divina de ambos, em contraste com a crueza do evangelista ao relatar a traição do segundo. Há um interesse eclesiológico em reabilitá-los, especialmente a Pedro, como depois ocorre no evangelho de João. O temor suscitado pela revelação divina é também um elemento característico do Antigo Testamento. A comunicação com Deus dá medo, na linha do mistério fascinante e tremendo de que fala a fenomenologia da religião, ao descrever os encontros entre a divindade e o homem[13]. As diferentes tradições religiosas sublinham as emoções contraditórias que surgem diante de experiências marcadas pelo dualismo entre

---

12. SCHÜSSLER FIORENZA, E. *En memoria de ella*. Bilbao: Desclée de Brouwer, 1989. • ESTRADA, J.A. *Para comprender cómo sugió la Iglesia*. Estella, 1999, p. 272-279.

13. OTTO, R. *Lo santo*. Madri, 1980, p. 53-91. • GÓMEZ CAFFARENA, J. *El enigma y el misterio*. Madri, 2007, p. 36-49.

o divino e o humano, entre o sagrado e o profano, entre a consciência de pecado e a irrupção da santidade plena. Marcos recolhe estes elementos como um traço típico das mulheres, já que elas veem um jovem com vestes brancas, que não é chamado de anjo, o qual as sobressalta, as espanta e as faz fugir.

Ter medo é inerente ao encontro com o Transcendente. Prefere-se muitas vezes um Deus longínquo a um Deus próximo, já que, quando o divino entra na vida de uma pessoa, pode facilmente complicá-la. É possível ter consciência de uma experiência religiosa, na qual se intui, se pensa ou se vivencia uma inspiração e motivação divina, mas nunca se pode predizer o que vai acontecer depois dela. O desejo de Deus é igual ao medo suscitado pelo encontro com Ele. Sobretudo com um Deus que contradiz as expectativas humanas e complica a vida dos seus, como aconteceu a Jesus, que terminou na cruz, e a figuras relevantes judaicas, como o profeta Jeremias (Jr 18,10-11; 20,14-18). A apreensão instintiva diante de Deus aumenta quando transforma o ser humano e o torna sua testemunha. Deus é perigoso e imprevisível, atrai e também suscita desejo de distância, e inclusive de rejeição. Contra Feuerbach, que pensa que Deus é uma criação subjetiva fruto da orfandade humana, nos relatos cristãos ele não se põe a serviço das necessidades narcisistas de cada pessoa. Pelo contrário, ele as muda e promove nelas a liberdade e iniciativas próprias, para enfrentarem a dureza da vida. Não é tanto um Deus a serviço dos desejos humanos quanto uma instância que complica a vida daqueles aos quais se revela e envia a viver um conflituoso projeto de sentido.

No caso das mulheres prevaleceu o medo, o temor e o estupor. Fugiram sem dizer nada a ninguém (Mc 16,8), embora a revelação tivesse que ser completada por um Jesus que os precedia na Galileia, onde o veriam, como lhes fora dito (Mc 16,7). Marcos, que sempre sublinha a negatividade e incompreensão dos discípulos diante da mensagem de Jesus, conclui assim seu evangelho. No original do evangelho de Marcos não há mais do que isto, e os versículos de aparições, com o final de ascensão e exaltação à direita de Deus (Mc 16,19), são um acréscimo posterior de alguns códices e falta em outros manuscritos. Uma vez compostos os evangelhos de Mateus e Lucas, houve uma tentativa de "completar" Marcos com uma sumária indicação de aparições, em concordância com os outros evangelhos (Mc 16,9-20). O esquema do acréscimo é muito sumário e claramente marcado pelos outros evangelhos, já que conta a primeira aparição a Madalena (Mc 16,9-11), alude ao relato dos discípulos de Emaús de Lucas (Mc 16,12-13), conta a aparição e a missão universal aos onze (Mc 16,14-17.20) e conclui que Ele foi elevado aos céus e sentado à direita do Pai (Mc 16,19), combinando assim ascensão e exaltação. Não sabemos se a atual versão do evangelho foi composta assim, sem nenhuma aparição, como supõe a maioria dos especialistas, ou se havia outro final original que se perdeu, o qual ofereceu a ocasião para que copistas posteriores acrescentassem a versão de Mc 16,9-20, que todos aceitam como não sendo de Marcos[14].

Do mesmo modo que a sóbria narrativa da paixão provocou resistências, porque realçava o abandono divino de Jesus e sua comoção pela não intervenção divina, assim também o relato da ressurreição deixou perplexas as comunidades. Marcos não conta nenhuma aparição do ressuscitado, faz das mulheres as únicas protagonistas da ressurreição e as deixa em má situação, sublinhando o contraste entre a ordem do anjo e o procedimento delas. A sobriedade e o espírito crítico da narrativa de Marcos, tal como está, sem especular sobre possíveis finais perdidos que não conhecemos, não contam nenhuma aparição e deixam espaço para a pergunta sobre o túmulo vazio e a revelação divina de que o crucificado não está ali. O evangelho de Marcos começa e conclui com uma teofania, a do batismo e a do túmulo, que deixa em segundo plano uns discípulos incrédulos e medrosos, representados por umas mulheres que precisam comunicar aos outros que Jesus foi ressuscitado, acrescentando que elas não cumpriram esta missão. Não há nenhuma prova da ressurreição, nem sequer uma aparição explícita do ressuscitado. A morte continua sendo uma pergunta e um mistério insolúvel para o homem, e a afirmação de que nem tudo acaba com ela se baseia numa experiência de fé. Esta incerteza explica a necessidade que os leitores do evangelho sentiram de completá-lo com novos dados (Mc 16,9-19), corrigindo a dureza de Marcos em relação aos seguidores de Jesus, que precisariam esperá-lo na Galileia (Mc 16,7-8). A sensação de um evangelho inacabado, que além disso deixava em má situação os discípulos, como acontece no relato da paixão, fez com que se acrescentasse um epílogo que resolvesse este incômodo. Suas carências, vistas a partir da perspectiva dos outros evangelhos posteriores, são um sinal de fidelidade à tradição. Por outro lado, a necessidade de aparições, confirmatórias da comunicação divina, responde à exigência humana de seguranças. Não lhes basta o sinal do túmulo aberto e da mensagem angélica. Precisam de explicações complementares que forneçam mais argumentos para crer nas aparições. A crueza de Marcos consiste em concluir seu relato sem estes acréscimos.

---

14. Os códices Sinaítico e Vaticano, do século II, terminam em Mc 16,8, enquanto os do século V, encabeçados pelo Alexandrino, e a maioria dos posteriores já têm o final alongado de Mc 16,9-20, embora alguns manuscritos o apresentem com sinais e interrogações, como passagem duvidosa. O final acrescentado, que tem paralelismos e alusões a coisas que são ditas nos outros evangelhos, pode ter sido um relato independente, que foi acrescentado não sabemos quando nem por quem. Cf. BRIGHT, N.T. *La resurrección del Hijo de Dios*. Estella, 2008, p. 753-756.

Este relato, tal como está, coloca questões teológicas incômodas. Marcos termina a paixão com o grito de Jesus que sente ter sido abandonado por e com a deserção massiva dos discípulos. Agora há uma teofania, mediante o jovem vestido com uma túnica branca, à qual respondem as mulheres, sem que se mencione que os discípulos tenham ido depois para a Galileia a fim de encontrar-se com Jesus. Marcos apresenta um discipulado incoerente, carente de fé e cheio de medo, de acordo com o que Ele expôs na vida pública. A comunidade de discípulos simboliza a futura Igreja, porque aparece sob o signo de seu distanciamento em relação a Jesus e falha no momento da ressurreição. A história do cristianismo histórico é também a história das constantes traições dos discípulos de Jesus, que falham em momentos-chave, embora continuem sendo seus seguidores. O ideal de uma Igreja santa, porque nela está o Espírito de Deus, precisa ser completado com a comunidade pecadora, que não responde, ou o faz inadequadamente, ao próprio anúncio da ressurreição. Aceitar uma comunidade discipular inconsequente e, muitas vezes, distante do testemunho de Jesus faz parte de uma fé cristã madura e adulta. O amor à Igreja não tolera silenciar suas falhas e antitestemunho, coisa que Marcos, com sua visão realista dos discípulos, nunca faz.

Marcos reforça o caráter inesperado e insólito do anúncio da ressurreição, como antes a traição dos discípulos, apesar de estes traços irem contra a tendência idealizadora, que ganha força após a ressurreição. A fé na ressurreição surgiu apesar da cruz, não como algo anterior a ela, apesar das tentativas de convencê-los a respeito. E isto só se as predições da paixão, que incluem a ressurreição, remetem em sua totalidade a Jesus, sem acréscimos posteriores (Mc 8,31; 9,31; 10,34). Uma coisa é afirmar que Deus ressuscita os mortos, como defendia uma parte considerável da tradição judaica. Outra coisa é afirmar que esta ressurreição já acontecera, concretamente, numa pessoa, num intervalo muito pequeno após sua morte e depois de ter sido condenado como blasfemo. Jesus não foi, simplesmente, um mártir que morreu por causa de sua fidelidade a Deus, como João Batista, mas antecipa a expectativa hebraica de uma ressurreição geral dos mortos. Os textos do Novo Testamento interpretam o acontecimento com categorias de novidade última, de realidade que avisa do fim dos tempos, de nova criação etc. Por isso a crença veterotestamentária muda de significado. Não se trata apenas de que em Jesus se concretiza uma expectativa anterior, que agora se cumpre, mas existe um acontecimento novo, que ultrapassa a esperança do Antigo Testamento, muda a imagem de Deus e apresenta uma nova chave hermenêutica para assumir a esperança judaica.

O paradoxo está em que o anúncio da ressurreição é feito a partir da culminação do fracasso que a cruz implica. O Deus que ressuscita é aquele que não interveio nos acontecimentos históricos, e com isso o mal no mundo continua subsistindo. Outros evangelistas falam também das marcas da cruz no ressuscitado, mostrando que os efeitos do passado não desapareceram. E há esperança, enquanto a morte não é o acontecimento último. Mas há também desesperança para os que creem que Deus intervém na história, protege os seus e retribui nesta mesma história, de acordo com a conduta de cada um. O utilitarismo daquele que busca favores divinos, em troca de sacrifícios, promessas e devoções, precisa sentir-se frustrado. Deus está com aquele que morre lutando pela justiça e pelos mais fracos, mas a história continua sendo obra do agente humano, sem que Deus intervenha. É uma boa notícia e uma má notícia, de acordo com as expectativas, e leva a perguntar-se se vale a pena crer num Deus que não salva da morte os seus, embora se afirme que está com eles. A imagem dos discípulos cheios de medo e desconcertados diante da revelação divina é mais crível do que a imagem oferecida por outros relatos evangélicos. A pergunta sobre o sentido último, à luz da injustiça e do triunfo do mal sobre o bem, faz parte da condição humana. A ânsia de Deus deita raízes nesta luta última por um sentido, sempre questionado pelo mal, ao qual responde agora o anúncio de que Ele ressuscitou. Esta é a maneira cristã de afirmar Deus tanto na morte como na vida, que se cristaliza num postulado concreto, a partir do qual se lança luz sobre o acontecido em sua história. Mas o fundamento da fé é também objeto de fé, representado pelo anjo e pelo simbolismo de que Jesus já não está no túmulo.

Marcos se concentra no contraste entre túmulo vazio e revelação de Deus às mulheres, que põe em segundo plano os discípulos. A notícia de que Jesus ressuscitou, sem mais aparições explicativas e confirmatórias, deixa claro o duplo núcleo da comunicação divina. Por um lado, é uma resposta ao grito de abandono de Jesus e ao silêncio na cruz. Mostra que Deus não permaneceu neutro e indiferente e legitima o crucificado, respaldado agora pela intervenção do Altíssimo. Afirmar um Deus que está com os que lutam pela justiça e contra o mal, sem lutar contra a liberdade humana, faz parte da provocação do cristianismo. Acontecem muitas coisas, como a crucificação, que Deus não quer, já que seu plano respeita a liberdade, inclusive quando é utilizada contra seus enviados. O ser humano é a criatura que pode dizer não a Deus e ao outro, como no Gênesis. Mas nem tudo o que acontece é vontade de Deus e muitos acontecimentos Ele não os quer. O respeito à liberdade e à autonomia da pessoa faz parte do plano da criação e também da salvação. É preciso, portanto, assumir a solidão do ser humano na história, a dinâmica cainita de que o homem é, às vezes, o lobo do homem e que a religião não consegue proteger da mão homicida e, às vezes, inclusive a motiva. Por isso, a ressurreição é uma boa notícia, mas deixa a descoberto as marcas do crucificado no ressuscitado, como se mostra em Lucas (Lc 24,40) e João (Jo 20,27). O que há de negativo na experiência vivida não é negado nem suprimido. A condição do homem só pode abrir-se à experiência trágica, que, de acordo com Camus, caracteriza o cristianismo. É preciso insistir que a cruz foi um mal, que não era algo desejado por Deus, mas foi consequência histórica da liberdade de seus inimigos. A ressurreição não revaloriza o sofrimento como se fosse um bem desejado ou exigido por Deus. Deus salva Jesus apesar da cruz e a partir da cruz, mas não por causa dela, como se sua vontade salvadora estivesse subordinada a que Jesus sofresse[15].

A ênfase está em esclarecer o papel de Deus, o destino de Cristo e o significado de sua vida e morte. Surge também, embora em segundo plano, a pergunta pela outra vida. A morte é desabsolutizada, já que não é a última coisa, e adquire características de passagem. A angústia do homem diante do nada derradeiro de todo projeto, destinado ao esquecimento quando a pessoa desaparece, encontra uma resposta. Jesus está com Deus, que o assume e integra. O humano faz parte do divino e a volta à natureza, da qual provimos, completa-se com o retorno a Deus, que, a partir da perspectiva da criação, é a origem última de tudo o que existe. A morte seria a culminação da filiação do Filho do homem, que agora passa a ser plenamente Filho de Deus. Nós provimos, em última instância, da ação criadora de Deus e a Ele retornamos com a morte. É possível a esperança, e a fé consiste em confiar no Deus revelado por Jesus a partir da adesão a seu projeto de vida. Mas trata-se de uma experiência de Deus, que é comunicada sem que possamos ter certezas empíricas. Não existem provas no que se refere à transcendência de Deus, embora o desejo de um além transcendente acompanhe o ser humano. O desejo de eternidade é inerente à condição humana e um dos elementos sobre os quais se baseia a fé religiosa. A crítica moderna ateia ao cristianismo sublinha a complementaridade e a plenitude que a existência de Deus suporia, porque corresponde a necessidades e ânsias humanas muito profundas. Por isso esses críticos ateus suspeitam desta fé em Deus e a veem como uma mera ilusão, como um placebo

---

15. ESTRADA, J.A. "La resurrección: la vida de Jesús sigue adelante". *El proyecto de Jesús*. 7. ed. Salamanca, 2004, p. 81-98.

de sentido[16]. Mas, se a ressurreição é real, então a vida e a morte têm um sentido último, para o qual apontam as dinâmicas mais profundas do homem. E permanece a pergunta se alguém tem razão ao suspeitar desta fé e questionar a validade da ânsia humana, que seria a causa de inventar a Deus, ou se, pelo contrário, têm razão os que se deixam fascinar pela vida, morte e ressurreição de Jesus, como sendo a chave que dá sentido à vida e à morte.

4 A apologética do evangelho de Mateus

Mateus e Lucas se inspiram no evangelho de Marcos e o retocam para eliminar elementos de ambiguidade, como fizeram com a paixão. Por um lado, com aparições do ressuscitado, interpretadas por eles de forma realista. Por outro, com um claro sentido apologético para responder às críticas dos judeus e a perguntas dos próprios cristãos. Os exegetas discutem as fontes em que se inspiraram para os relatos de aparições, que não existiam no primeiro evangelho, bem como os elementos próprios de cada um, que especificam seus interesses teológicos. As aparições esclarecem o túmulo vazio e servem de plataforma para a missão que Jesus confia a seus discípulos, marcada pela compreensão que os redatores têm da Igreja.

No relato de Mateus, da mesma forma que na paixão, há sinais cósmicos que expressam o significado da morte de Jesus. Em seu relato (Mt 28,1-20) há um grande terremoto (Mt 28,2), um anjo que desce do céu e remove a pedra do sepulcro, e elementos que realçam sua majestade, como as vestes brancas e seu aspecto de relâmpago (Mt 28,2-3). Mateus repete a alusão à paixão, na qual um tremor de terra e sinais celestiais anunciam a morte de Jesus, ao que se segue o anúncio de que muitos santos ressuscitaram dos sepulcros depois de sua ressurreição (Mt 27,52-53). Os terremotos são sinais na paixão e na ressurreição, desta vez com um anjo resplandecente que acentua o sentido apocalíptico final da cena. É possível que estas alusões coletem alusões das Escrituras (Ez 37,12-13; Is 26,19; Dn 12,2), com as quais Mateus expressa que começou a época anunciada e esperada pelo povo judeu.

Se em Marcos se diz que as mulheres tiveram medo, agora são os guardas, que no evangelho de Mateus guardam o túmulo, os que tremem e ficam como mor-

---

16. A fé salva, logo mente. Deus é demasiado desejável para ser verdade e a religião é demasiado reconfortável para ser crível. As experiências-limite apontam para o mistério da vida humana; porém, mais do que mostrar Deus, mostram a sede constitutiva do homem. Cf. COMTE-SPONVILLE, A. *El alma del ateísmo*. Barcelona, 2006, p. 135-139, 169-173.

tos (Mt 28,4). A isto ele acrescenta alguns versículos que completam sua apologia contra os judeus: comunicaram aos sacerdotes o ocorrido, deixaram-se comprar (como Judas) e espalharam o boato de que os discípulos haviam roubado o cadáver. E acrescenta que esta notícia se espalhou entre os judeus até hoje (Mt 28,11-15), respondendo assim a uma acusação vigente. Já na paixão mencionou que foram postos guardas junto ao sepulcro, porque os judeus disseram que, como Jesus havia dito que iria ressuscitar ao terceiro dia, os discípulos iriam roubar seu cadáver para difundir esta impostura (Mt 27,62–28,6), como fora predito também na vida pública (Mt 16,21)[17]. Mateus sempre joga com o contraste entre as intrigas sacerdotais e a espontaneidade e ingenuidade dos personagens que revelam o Messias, tanto no relato da infância como no da ressurreição. A vitória divina se manifesta na ressurreição, transformando os guardas em testemunhas obrigatórias dela, mas sem visualizarem a própria ressurreição, ao contrário do que ocorre no evangelho apócrifo de Pedro. Este relato apologético, embora seja criação do evangelista, mostra que o problema do corpo e do túmulo desempenhou um papel na polêmica intracristã e com os judeus. Os adversários que o evangelista apresenta são teológicos, os representantes do Israel oficial, e não personagens concretos.

Este acontecimento é encenado também com o relato final da missão confiada aos discípulos (Mt 28,16-20), a partir do pano de fundo do Messias (Sl 2; 72; 89) e do Filho do homem (Dn 7,13). O contraste entre o Israel oficial, que continua conspirando contra o ressuscitado, e o discipulado, embrião da nascente Igreja, lembra a reflexão de Paulo contra o envaidecimento judaico, por causa de sua história de aliança. Deus, que pode tirar das pedras filhos de Abraão (Mt 3,9; Lc 3,8), chama-os à missão universal (Mt 28,19) e faz do cristianismo uma religião mundial contra o particularismo judaico. Se antes se enfatizou o poder de atar e desatar (Mt 18,17-18), agora se realça a missão, consequência da presença do ressuscitado. Pela missão se deixa de ser um grupo judeu estrito (Mt 10,5-6; 18,17) e se cumpre o que se anunciava com os magos no relato do nascimento (Mt 1,11-23), o que predisse o próprio Jesus (Mt 21,43) e o que afirmou o soldado junto à cruz (Mt 27,54). Existe um contraste entre o Israel oficial, que continua conspirando contra o ressuscitado, e o discipulado, embrião da nascente Igreja primitiva. A tendência de todas as religiões é absolutizar-se, estabelecendo uma assimetria de superioridade sobre as outras e reivindicando o monopólio da salvação. Aqui se desautoriza Israel e se lembra que ninguém é

---

17. No século II, Justino ainda se refere à acusação judaica de que a ressurreição era uma impostura cristã, porque haviam roubado o cadáver (JUSTINO. *Diálogo com Trifão*, 108,2).

dono de Deus, nem sequer o povo hebreu. A ressurreição é também uma advertência indireta à Igreja judeu-cristã de Mateus.

A novidade é o envio a todos os povos (Mt 28,19), contra a missão anterior, só para Israel (Mt 10,5-7; 15,24). Foi-lhes dado poder no céu e na terra (Mt 28,18) e Jesus "estará com eles até o fim dos tempos" (Mt 28,20). Assim eles ampliam a força que Jesus lhes deu ao enviá-los a Israel (Mt 10,1). Esta missão universal assinala o auge e a culminação do crescimento de Jesus, a partir de afirmações restritivas (Mt 15,27-28) até à progressiva abertura universal, com a inclusão dos pagãos e a superação de toda conotação nacionalista, às quais já se apontava em sua vida pública (Mt 8,11; 10,18). Jesus, que salvaria o povo de seus pecados (Mt 1,21), envia agora, como Cristo, a todos os povos (Mt 28,19) e se estabelece uma nova aliança entre Deus e o ser humano, na qual o ressuscitado é o mediador de Javé. A mudança de Israel para a Igreja é encenada na ressurreição, que completa as intervenções de Deus. Historicamente, a passagem dos judeus para os pagãos é o resultado de um longo e complicado processo, encenado por Lucas nos Atos (At 10,44-48; 11,17-18.21-22; 15,1-5)[18] e ressaltado por Paulo (Gl 1,6-9; 2,2). Não sabemos sobre o que tiveram clareza os discípulos a partir da ressurreição. Mateus é tardio e já reflete a ruptura entre a sinagoga e a Igreja. Abre-se a todos a mensagem de Jesus, enfatizando que Ele se faz presente numa relação interpessoal aberta a todos os homens. A tradição posterior pôs a ênfase em reivindicar a superioridade do cristianismo sobre as outras religiões, já que fora da Igreja não há salvação. Mas é um anacronismo pôr nisto o acento do evangelista, que se move apenas no âmbito do Império romano e quer sublinhar a validade da missão aos não judeus. Jesus radicalizou e desautorizou a lei religiosa e agora faz o mesmo com Israel enquanto comunidade. É a presença de Cristo ressuscitado que dá valor à Igreja, que não pode autodivinizar-se por si mesma. A solidariedade com os pecadores adquire agora uma nova dimensão, já que Cristo passa aos pagãos, que eram vistos como pessoas de segunda categoria.

Esta cenografia, sem paralelos no Novo Testamento, completa-se com o relato da ida das mulheres ao túmulo, no amanhecer do primeiro dia, passado o sábado (Mt 28,1). Remete à afirmação de Jesus de que o único sinal que será dado é que o Filho do homem ficará na terra três dias e três noites como Jonas (Mt 12,39-40). Cenas do Antigo Testamento servem de inspiração para contar a ressurreição, recebendo outro significado. A falta de dados históricos suficientes sobre o como da

---

18. Remeto ao estudo de HAYA PRATS, G. *Impulsados por el Espíritu*. Salamanca, 2012.

ressurreição é suprida com testemunhos das Escrituras. O anjo do Senhor, assim nomeado por Mateus (Mt 28,2), mas não por Marcos (Mc 16,5), tranquiliza as mulheres após o terremoto. Conta-lhes que o crucificado ressuscitou e lhes pede para que olhem o lugar onde Ele foi posto (Mt 28,5-7), ressaltando o túmulo vazio. Repete-se o relato de Marcos sobre o dirigir-se à Galileia e anunciá-lo aos outros discípulos (Mt 28,5-7); contudo, como fez na paixão, também agora melhora sua resposta, já que as mulheres partem com temor, mas também com grande alegria (Mt 28,8). Além disso, elas se prostram diante de Jesus que lhes aparece e lhes repete que se dirijam à Galileia (Mt 28,9-10) e o digam a "seus irmãos" (Mt 28,10; cf. Mt 12,49-50). A ideia de "prostrar-se" diante de Jesus é característica de Mateus em passagens nas quais realça seu poder messiânico (Mt 2,2.8.11; 8,2; 9,18; 14,33; 15,25; 20,20; 28,17), mas quase não se encontra em Marcos (Mc 5,6; 15,19) ou em Lucas (Lc 24,52).

Mateus conclui o evangelho com um breve sumário, no qual os discípulos se dirigem ao monte que lhes fora indicado, embora em seu evangelho nunca se mencione essa indicação de lugar. Ali, os discípulos o veem e se prostram, embora alguns tenham vacilado (Mt 28,17-18), mostrando assim que a aparição não é unívoca e que aquele que eles reconhecem é Jesus, mas diferente. A tensão entre reconhecimento e dúvidas ocorre também no quarto evangelho, enfatizando indiretamente que afirmar a ressurreição é uma proposição de fé, não uma mera constatação empírica. E novamente estas dúvidas apontam, verossimilmente, para um fato histórico, já que contradizem a apologética cristã. A tendência idealista de Mateus a respeito dos discípulos, que ocorre ao longo da vida pública e da paixão, contrasta com estas vacilações, que sem dúvida têm fundamento histórico. Por isso Mateus as narra, apesar de irem contra suas idealizações. Não há nenhuma alusão à ascensão nem a pentecostes, apenas a um Cristo ressuscitado e exaltado (Mt 28,17-18), sempre presente, o "Emmanuel", Deus conosco (Mt 1,23). Não há despedida, nem ascensão ao céu. O ressuscitado já é o Cristo triunfante. Mateus quer realçar a presença permanente de Cristo ressuscitado no meio da comunidade, na qual estará até o fim dos tempos. Por isso omite toda alusão à ascensão ou a pentecostes, como alternativa à sua partida. Ele não parte, mas permanece; e a glorificação ou exaltação à direita de Deus substitui a ideia da ascensão. Não há ascensão, mas se realça a presença de Cristo ressuscitado junto aos seus e o mandato missionário, no qual se inclui uma nova visão de Deus, apesar de seu respeito pela tradição. Mateus não conhece a tradição que apresenta a ressurreição como uma subida, como ocorre em Lucas. Ele fala de um ressuscitado que já está exaltado e situado junto a Deus. Ele se comunica aos discípulos para que levem avante o projeto do reino que Ele iniciou e que agora adquire um novo significado a partir do pano de fundo de sua glorificação.

O específico do relato de Mateus está na ênfase na comunidade como lugar da presença do ressuscitado, que substitui os "lugares" tradicionais da tradição judaica, já que o templo perdeu seu valor salvador. Os templos não desnecessários (Jo 4,21-26; At 7,48-49) porque Deus se faz presente numa comunidade (Mt 18,20; 28,20). Sacraliza-se a relação discipular porque Cristo está com eles até a consumação do mundo. Já não há lugar sagrado, mas um espaço interpessoal no qual Deus se atualiza. A alusão trinitária ao Espírito (Mt 28,19) é nova e corresponde à evolução teológica posterior à ressurreição. A partir desta começa o processo de reformulação do monoteísmo judaico que se procura integrar com a filiação divina de Jesus e a presença pessoal de Deus na Igreja e nas pessoas. Também Paulo identifica o ressuscitado com o Espírito (2Cor 3,17) e faz da comunidade o corpo de Cristo e o lugar do Espírito (1Cor 12,12-14), como Lucas (At 2,1-4). São textos convergentes que levam a uma reestruturação da comunidade discipular, transformada em Igreja. A comunidade é uma fraternidade de pessoas, que se distinguem por sua maneira de relacionar-se e de comportar-se socialmente. Por isso não precisam de um templo que as congregue, já que vivem a fé no âmbito cotidiano e Deus se faz presente nelas por sua forma de vida.

Mais tarde, quando o cristianismo se transformou na religião oficial do império, deu-se o nome de igreja aos edifícios, enquanto o sentido comunitário se enfraqueceu, para terminar identificando igreja, templo e clero. E com isso passou para segundo plano a ideia da presença do ressuscitado numa comunidade de pessoas e de que é o Espírito quem guia a Igreja. O Espírito não se submete à Igreja, mas a ultrapassa (At 19,28-34.44-45), e não existe Igreja sem a presença do ressuscitado mediante o Espírito. O Deus entregue nas mãos do homem oferece uma identidade nova a uma comunidade transformada. É esta a base do processo que leva do discipulado à Igreja. A nova iniciativa de Cristo unifica os cristãos e os manda testemunhar essa presença divina. Mais tarde, a teologia medieval fala do corpo eucarístico de Cristo e de seu corpo místico, eclesial, para vincular simbolicamente os cristãos ao ressuscitado, presente em sua Igreja. Mateus funde a cristologia nova com a incipiente eclesiologia, a promessa de permanência com o mandato de missão[19], último legado de Jesus. Mas o universalismo final já está prenunciado e ilumina, retrospectivamente, todo o evangelho.

---

19. É preciso ler esta passagem a partir do pano de fundo da teologia da aliança. Cf. FRANKEMÖLLE, H. *Jahwebund und Kirche Christi*. Münster, 1973, p. 40-84. Cf. tb. TRILLING, W. *Das wahre Israel*. Leipzig, 1962, p. 6-36.

A comunidade do ressuscitado vive sua identidade a partir do imperativo da missão e a universalidade se concretiza na ordem de batizar em nome do Pai, do Filho e do Espírito (Mt 28,19), incipiente fórmula trinitária que pressupõe uma cristologia desenvolvida, embora já preparada em textos cristãos anteriores (2Cor 13,13; Gl 4,4-7). A exortação de batizar a todos e a referência ao Espírito Santo (Mt 28,19) dão um novo sentido ao batismo de Jesus, que agora chega ao seu cume. Mateus sempre foi o evangelista doutrinal, com grandes ensinamentos de Jesus. Sempre realçou a autoridade de Jesus em relação às grandes personalidades bíblicas, contra os escribas (Mt 5,20; 23,1-13). Seu evangelho vem consumar a lei e os profetas (Mt 5,17-19). O duplo mandamento de batizar e ensinar marca uma correspondência entre o que Jesus fez e a tarefa dos discípulos após a ressurreição. E se fala do Cristo exaltado, triunfante, ao qual foi dado todo o poder no céu e na terra (Mt 28,18) e que estará sempre com eles até à consumação do mundo (Mt 28,20). Cristo, no meio deles, confirma sua presença espiritual na comunidade (Mt 18,18-20), quando começa a missão universal (Mt 28,19). É uma formulação que pressupõe o desenvolvimento teológico e histórico que levou à separação entre o cristianismo e a sinagoga judaica. Mateus é o único evangelista que menciona o conceito de igreja e que a vincula a um mandato que facilita a teologia trinitária. Não foi Jesus quem fundou a Igreja, mas a comunidade de discípulos. A Igreja é o resultado de um processo trinitário, no qual convergem criação, salvação, filiação divina e dom do Espírito. A comunidade de discípulos não tinha ainda a concepção de Deus própria da ressurreição.

Neste relato chama a atenção o limitado peso das Escrituras, em contraste com o resto do evangelho. A ressurreição de uma pessoa concreta, num contexto no qual prossegue o curso da história, não se encaixa na expectativa geral de Israel para o fim dos tempos. Por isso não é possível a proliferação de citações às quais Mateus está acostumado. Por outro lado, a construção de Mateus corresponde à construção da infância de Jesus, mostrando Jesus como o Messias esperado, contra o qual se aliam o poder religioso e o poder político, tanto na infância como na cruz e na ressurreição. Na antiguidade, a religião não era nunca um assunto privado e a mensagem religiosa tinha consequências sociais, econômicas e políticas, contra os que querem privatizá-la. Mateus ressalta a contraposição entre o evangelho e os poderes deste mundo, o político e o religioso. Apesar da importância que concede à lei religiosa e suas tradições, não vacila em fazer das relações interpessoais a chave para identificar-se com Jesus e a chave que determina o juízo final (Mt 25,31-46). Apresenta a ressurreição, vinculando-a à expectativa do Cristo com poder, que está com os seus até à consumação de mundo. O acento não está no além, mas no aquém, num estilo de vida coerente com o ensinamento de seu evangelho. A ressurreição não é um fato empírico comprovável, porque alude à dimensão depois da morte e escapa à ciência e à razão, baseadas em fatos históricos. Mas é possível sim avaliar o comportamento das pessoas que creem no ressuscitado, porque se pode questionar a capacidade do cristianismo de produzir profundidade, liberdade e criatividade, como também suas patologias ao longo da história.

A ressurreição e a exaltação de Cristo permitiram aos discípulos superar a crise da paixão e a crise posterior, quando tomam consciência de que a esperada vinda de Cristo triunfante é adiada indefinidamente. O Cristo triunfante que os envia é o de uma cristologia evoluída, na qual Ele não só está com Deus, mas faz parte dele. Os sinais cósmicos mostram que começou uma nova etapa para Israel e a humanidade, etapa na qual a vida e morte de Jesus são a nova chave. Toda a perspectiva do Antigo Testamento fica modificada pela nova revelação que subjaz à cruz e à ressurreição. Por isso se prostram diante dele (Mt 28,9.17) e vacilam também, porque lhe tributam uma honra reservada a Deus na tradição judaica. A mensagem do evangelho é que para encontrar a Deus é preciso passar pela mediação do Filho, que encarna a nova aliança com Israel e a humanidade. À imagem do Deus Pai criador e do Senhor da história, própria do judaísmo, é preciso acrescentar agora a do Filho exaltado e presente, vinculado ao Espírito. Já não há um acesso imediato a Deus, mas o Filho é o mediador para referir-se a Ele, como se representa nas orações litúrgicas. Ao mesmo tempo, o Espírito torna Deus presente na imanência. A partir da subjetividade interior do ser humano, Ele motiva e inspira a liberdade pessoal, aumentando a ânsia por Deus própria da pessoa.

5 A identidade do ressuscitado em Lucas

Lucas tem outros motivos e interesses teológicos, que ele põe em cena em seu relato ampliado da ressurreição (Lc 24,1-53)[20]. O centro das aparições não é a Galileia, como em Marcos e Mateus, mas Jerusalém, onde os discípulos se reúnem para esperar os acontecimentos finais que assinalariam a chegada plena do reinado de Deus (Lc 24,47-49.52; At 1,4.6-7). Por isso procuram completar o grupo dos doze, que simboliza o novo Israel (At 1,25), para que se consume a expectativa do reino (At 1,6). A consciência de que com a ressurreição já começou o fim dos tem-

---

20. CONZELMANN, H. *El centro del tiempo*. Madri, 1974.

pos está vinculada à experiência compartilhada do Espírito e ao dom de línguas, profetizado nas Escrituras (Jl 3,1-5; Ez 36,26-27; 39,29; cf. At 2,4.11.17; 10,46; 19,6; 1Cor 12,30; 14,23). Esta expectativa renovada foi decisiva para superar a crise da paixão e constituiu o ponto de partida para a nova tentativa de converter Israel (At 2,36-40). Ressurreição e doação do Espírito estão vinculadas, embora o evangelista as separe cronologicamente, e expressam a consciência que eles têm do começo do fim dos tempos[21]. Lucas começa e termina a história de Jesus com a referência ao Espírito, e a unção do batismo adquire agora um significado novo.

Além disso, distingue entre ressurreição e ascensão, que ele separa por um lapso de quarenta dias, inspirando-se nos quarenta anos de Israel no deserto e nos dias em que Abraão entrou em contato com Deus (At 1,3). O simbolismo dos quarenta dias (At 1,2-4), embora em seu evangelho tudo aconteça no mesmo dia (Lc 24,1.9.13.33.36.50), lhe serve para estabelecer uma cronologia da salvação. Lucas se inspira no êxodo, no Sinai e nas tentações do deserto (Lc 4,2). Não é um tempo material, cronológico, mas um tempo simbólico e teológico (o do encontro do homem com Deus) e lhe serve para estabelecer as etapas da salvação (ressurreição, ascensão, pentecostes), diferentemente dos outros evangelistas. Estes falam só de ressurreição (Marcos); da glorificação de Jesus, sem ascensão (Mateus); e de ressurreição, exaltação e doação do espírito (evangelho de João).

Lucas apresenta várias mulheres, nomeando três delas, que estão perplexas diante do túmulo vazio. Fala também dos anjos, com vestes deslumbrantes, que as aterrorizam (Lc 24,4-5) e lhes anunciam a ressurreição, depois de repreendê-las por procurarem entre os mortos o vivente (Lc 24,5). Os anjos lembram os anúncios sobre o nascimento de Jesus e elas comunicam tudo ao resto dos discípulos (Lc 24,5-9). No relato da infância de Lucas, os anjos também anunciam o nascimento do Batista a Zacarias, que reage com medo e desconcerto (Lc 1,11-12), como as mulheres na ressurreição (Lc 24,5). Para os apóstolos o anúncio parece um desatino (Lc 24,11). Este contraste entre a manifestação divina, por meio do anjo, e a incrédula reação humana faz parte das teofanias ou revelações divinas. Os discípulos não dão crédito às mulheres, mas Pedro vai ao sepulcro e se maravilha ao ver os lençóis (Lc 24,10-12). Não há nenhuma aparição às mulheres, como tampouco no evangelho de João.

Continuando, Lucas introduz uma história própria e de grande conteúdo simbólico: a dos discípulos de Emaús, a quem aparece um Jesus que eles não re-

---

21. LOHFINK, G. "Der Ablauf der Osterereignisse und die Anfänge der Urgemeinde". *Theologische Quartalschrift*, 160, 1980, p. 162-176.

conhecem (Lc 24,16). Contam-lhe sua história a respeito de um profeta poderoso, do qual esperavam a redenção de Israel, que havia sido crucificado há três dias (Lc 24,19-21). Contam-lhe também a visão das mulheres, que os havia deixado estupefatos, e que alguns foram ao sepulcro e não viram nada (Lc 24,22-24). Jesus responde-lhes que eles não souberam crer no que disseram os profetas e lhes explica que tudo estava predito nas Escrituras (Lc 24,25-27). A insistência em que eles não souberam compreender e que esqueceram os ensinamentos de Jesus é central no evangelho lucano (Lc 24,45-46), embora se encaixaria melhor no de Mateus, sempre preocupado com os anúncios das Escrituras. Finalmente, Jesus permanece com eles; e, ao partir o pão, seus olhos se abriram e eles o reconheceram, enquanto Jesus desaparecia (Lc 24,30-32). O que os leva a reconhecê-lo não é a experiência sensorial, mas uma comunicação pessoal. Jesus se põe a caminhar e os acompanha num processo que culmina numa nova compreensão do seguimento do ressuscitado. Este não os substitui nem os controla, mas os potencializa ao abrir-lhes novos horizontes. A ausência do ressuscitado, apontada pela ascensão de Lucas, é suprida com a mediação do Espírito, mas o que os muda são suas palavras e o contato com Ele.

Põe-se o acento na relação interpessoal, numa vivência compartilhada da qual surge o novo sentido do que aconteceu. Nietzsche põe o acento nos "instantes" antecipados de eternidade, que dão sentido à vida, como nova forma de postular o *carpe diem*, o viver o presente, o agora. Nos evangelhos o sentido surge da relação interpessoal, que produz comunhão e capacita para um projeto. Existem experiências que não são esquecidas, que perduram no tempo, que foram decisivas. O encontro com Cristo é limitado; no entanto, existem encontros "eternos", porque os discípulos experimentam uma plenitude que, embora seja singular, remete ao que já experimentaram e os abre para o futuro. A eternidade na história é viver com Deus, a partir da mediação oferecida pela vida de Jesus. Estas vivências transfiguram a própria biografia e possibilitam dar outro significado aos acontecimentos. São relações estáveis e permanentes, que os discípulos vivem na fragilidade e contingência do presente. Por isso, o encontro não é permanente e Cristo desaparece, depois de tê-los confortado. Estas vivências de plenitude, como a experimentada pelos discípulos em Emaús ou as das mulheres nos outros evangelhos, são precursoras das vivências recolhidas pela mística cristã. Revelações que esclarecem e unificam a pessoa que as experimentou.

Deus capacita para viver; no entanto, não resolve os problemas, mas fortalece para enfrentá-los. É necessário que Cristo se vá, que deixe de exercer o protagonismo sobre eles, para que os discípulos cresçam com base naquilo que viveram. Também para que surja a nova comunidade discipular transformada. Uma vez que receberam o dom de Deus, a presença do ressuscitado, podem comunicá-la aos outros. O processo de amadurecimento pessoal é o resultado de um esclarecimento progressivo. Cristo toma a iniciativa com perguntas abertas que despertam sua criatividade interior. A comunhão pessoal, a partir da amizade e do amor, é a base para o crescimento, sem possessividade nem controle, respeitando a alteridade. Deixam de estar cegos (Lc 24,16) e passam a sentir que lhes arde o coração (Lc 24,32); deixam a desolação e a depressão e passam a sentir-se confortados. Renasce neles a confiança e a capacidade para superar a negatividade que carregam. Ao vivenciar a presença de Cristo há uma reestruturação de sua dinâmica afetiva e cognitiva, e eles deixam de perambular com a nostalgia do Jesus perdido. A estas experiências podemos dar o nome de conversões de nascimento (renascimentos). A depressão imobiliza e não é um sinal de Deus, ao contrário da esperança que capacita para aceitar a realidade. A aparição de Cristo é um dom, uma graça; ela lhes dá uma nova consciência e eles vão comunicar aos outros discípulos o que aconteceu.

Conquistam a liberdade interior, que lhes permite reconhecê-lo a partir do encontro ("Fica conosco": Lc 24,20), que é a base posterior do processo. Mas Jesus lhes diz, novamente, que Ele precisava sofrer, porque o entusiasmo pelo ressuscitado passa pelo seguimento do crucificado. Lucas insiste que eles precisam compreender as Escrituras de maneira diferente, mostra a nova leitura que as comunidades cristãs fazem da Bíblia. Reitera também as predições sobre sua paixão (Lc 9,22.44-45; 18,31-34) e repete que eles não entendiam o que Jesus lhes dizia, porque eram coisas ininteligíveis para eles. A cruz não os levou a mudar de opinião, apesar de confirmar advertências prévias de Jesus, e não estavam preparados para o anúncio de que Ele havia ressuscitado. A ideia de que Cristo ressuscitado os faz entender as Escrituras é uma maneira de desculpá-los por não tê-lo compreendido e tê-lo abandonado.

Lucas, como Mateus, favorece sempre os discípulos em relação à narrativa de Marcos. Eles voltam para Jerusalém a fim de contar aos outros discípulos o ocorrido. Estes lhes contam que o Senhor havia aparecido a Simão (Lc 24,33-35), o que os questiona ainda mais. Então Jesus se manifesta novamente, aos onze e seus companheiros, inclusive os dois de Emaús, com uma saudação de paz que os deixa atemorizados (Lc 24,36-37). Ainda não haviam entendido que a presença de Deus no meio deles, por meio de Cristo, não pode continuar ancorada na perspectiva do medo e na ambiguidade de uma divindade tremenda. O projeto de Jesus foi passar de uma religião baseada no medo para a daquele que se sabe amado por

Deus e perde o temor de relacionar-se com Ele. Eles precisam ainda receber o Espírito para superar os esquemas do passado, que ainda subsistem quando Lucas conta a ascensão pela segunda vez (At 1,6-9), antes do envio para a missão.

Jesus tranquiliza os discípulos e prova-lhes que não é um espírito, mostrando suas chagas e comendo com eles, para que superem sua incredulidade (Lc 24,38-43). Existe um paralelismo com Emaús a respeito da refeição como sinal de identidade (Lc 24,30-32.35.41-43) e o posterior esclarecimento sobre o significado das Escrituras (Lc 24,27.44-46). Em Lucas há uma tendência *antidocética*, contra os que acentuam um Cristo espiritual e não corporal. O docetismo era uma das correntes mais influentes do último quartel do século I. Lucas insiste na identidade de Jesus contra a ideia docetista de que Ele era um espírito ou um fantasma. Contra as tradições platônicas e gnósticas do mundo helênico, Lucas insiste na corporeidade de Jesus, sinal de sua identidade, como no relato da ceia. A corporeidade de Jesus é uma forma de revelar que Ele é o mesmo que haviam conhecido. Deus o ressuscitou corporalmente, insiste Lucas (Lc 24,39-43; At 2,24.27.31-33; 13,34-37). A ênfase na corporeidade de Jesus é esclarecida no livro dos Atos, ressaltando que Deus o libertou da corrupção da morte (At 2,24.27.32; 13,34-37). Aponta para uma continuidade da identidade pessoal, embora se manifeste de forma diferente depois da morte.

O problema a ser discutido é a identidade do ressuscitado, que revela sua filiação divina. Os evangelhos de Lucas e de João realçam a corporeidade de Cristo, contra as afirmações de que Ele era um fantasma ou um espírito. Não se trata da revitalização do cadáver, mas de seu encontro final com Deus, que leva Paulo a falar de um corpo espiritual (1Cor 15,44). A partir da perspectiva grega, seria compatível falar da ressurreição da alma imortal e do cadáver sepultado, que se corrompe, diferentemente dos evangelhos. Esperar uma vida depois da morte leva a especular sobre o que acontecerá após a ressurreição dos mortos (Lc 20,27-38). Nas religiões existe um imaginário do além e pergunta-se em que consiste uma vida após a morte. Esta representação faz parte do código religioso e cultural. Jesus e seus discípulos movem-se no marco religioso judaico com especulações sobre o além-túmulo. É preciso relativizar estas imagens e as diferentes representações, já que a "outra vida" ou a "outra dimensão" pertencem ao terreno do incognoscível, fazem parte do mistério de Deus. A teologia negativa recorda que sabemos mais sobre o que Deus não é e que é pouco aquilo que podemos afirmar sobre Ele. Representar a identidade do ressuscitado cria problemas para Lucas e para qualquer um que o tente.

A ideia de um corpo que aparece e desaparece, que é reconhecido, mas sobre o qual há dúvidas e vacilações, porque é o mesmo e diferente, subjaz às narrativas de Lucas. A intenção de Lucas é mostrar um ressuscitado e um "corpo espiritual", como o define Paulo, usando uma linguagem representativa que procura comunicar uma identidade, uma ipseidade", mais do que uma mesmidade. Ele é o mesmo e, ao mesmo tempo, diferente. É a maneira lucana de falar da ressurreição. Por fim, Jesus manda-os pregar, em seu nome, a penitência para a remissão dos pecados a todas as nações, começando por Jerusalém. Devem esperar ser fortalecidos do alto (Lc 24,46-49). O tema do perdão dos pecados remete à paixão (Lc 23,34.43.48); eles precisam testemunhá-lo a todos (Lc 24,48) e esperar serem revestidos do poder divino.

De Jesus aos discípulos

Lucas apresenta a ascensão como o final do evangelho e os discípulos se prostram diante de Jesus, que consuma sua relação pessoal com eles. Mas não acaba aqui o seu relato, já que Lucas é o único que construiu um relato que o completa (Lc 1,1-4; At 1,1-3). O ponto de partida repete a ascensão. Dito de outra maneira: Jesus foi arrebatado ao alto, depois de dar instruções aos apóstolos, movido pelo Espírito Santo (At 1,1-2). Lucas acrescenta que, depois de sua paixão, Jesus apareceu a eles durante quarenta dias, com muitas provas de que estava vivo, falando-lhes do reino de Deus (At 1,3). Comendo com eles, ordenou que permanecessem em Jerusalém, esperando a promessa do Pai e o batismo no Espírito Santo (At 1,4-5). Os discípulos perguntaram-lhe se Ele ia restabelecer o reino de Israel. O "Senhor" respondeu-lhes que quem fixava os tempos não eram eles, mas o Pai, e que eles receberiam o Espírito para serem suas testemunhas até os confins da terra (At 1,6-8). Após esta breve síntese, Lucas conta como Ele foi arrebatado e desapareceu, e como dois varões com vestes brancas, como no túmulo, disseram que Ele voltaria como havia partido (At 1,9-11). Os discípulos retornaram a Jerusalém, reuniram-se com algumas mulheres, como a mãe de Jesus, e seus irmãos. E permaneceram unânimes na oração (At 1,12-14).

Lucas põe o acento na unção do Espírito, que guia Jesus durante sua vida e o faz crescer em santidade e conhecimento. A ascensão conclui a evolução de Jesus e sua condução pelo Espírito. Mostra como Ele se integra na vida divina, por meio da ascensão, na qual a humanidade de Jesus é elevada para Deus. Durante sua vida, o Jesus humano colabora com a ação de Deus; depois de sua morte, tudo é graça, dom divino. A divinização da humanidade de Jesus e a humanização de

Deus alcançam sua plenitude, de tal modo que se pode falar de uma fusão, de uma interpenetração[22], expressada na dupla dinâmica do homem Deus e do Deus homem. A concepção cristã é que Deus é a origem e o fim último do homem, como se diz no início e no final da vida de Jesus em Lucas. O ressuscitado representa uma nova concepção de Deus e do homem, na qual não há lugar para a impassibilidade grega, para o Deus que não necessita do homem e prescinde dele, porque o ideal é a autarquia daquele que não precisa de amigos.

Tanto na ascensão do evangelho como na do livro dos Atos, representa-se Jesus como "Senhor", um nome judaico tradicional para falar de Deus, no marco de um plano de salvação que se estende desde Jerusalém até os confins do mundo. Cumpriu-se a profecia da infância, referente ao Messias que precisaria sofrer (Lc 1,32; 2,11.26; 24,26.46), que estava posto para a queda e ressurreição de muitos em Israel (Lc 2,34). Completa-se assim a síntese teológica, preparatória de pentecostes, na qual a missão universal substitui a expectativa anterior da chegada do reino. Já não há alusões à proximidade do fim, mas à missão. O duplo relato da ascensão encerra o tempo de Jesus (Lc 24,49-53; At 1,1-3) e marca o início da Igreja (At 1,9-11). Lucas é o historiador por antonomásia e sua concepção do tempo se impôs à dos outros evangelistas. Determina um tempo salvífico de Israel, que tem como limite João Batista (Lc 16,16); outro de Jesus, que começou pregando na Galileia (Lc 4,14; 23,5) e tem como fronteira sua ascensão (At 1,2); e o da Igreja, que começa com a doação do Espírito em Jerusalém (Lc 24,47.49; At 1,4.8.12).

O projeto do reino é inviável para um Jesus isolado, porque se baseia em relações interpessoais fraternas e exige uma comunidade que o realize. O simbolismo da fração do pão culmina na comunidade do ressuscitado. A relação discipular faz parte do projeto do reino e se encaminha para a fraternidade, embora esperem a vinda do Espírito. Não é um projeto de sentido individualista nem autárquico, baseia-se na participação. O dom de Deus se manifesta em comunicar-se e sentir-se amados, na interação dialogal, na existência entregue aos outros, que faz parte da história do crucificado. A comunidade, após a ascensão, é mencionada duas vezes, para falar do final de Jesus (evangelho) e do começo da atividade dos discípulos. Caracteriza-se pela doação do Espírito (At 2,1-12.17-21) e culmina com a passa-

---

22. Este é um termo clássico na espiritualidade oriental. A divinização da natureza humana em geral começa com a de Jesus, que ultrapassa os limites naturais pela ação de Deus. Cf. GREGÓRIO DE NISSA. *Contra Eunomium*, V. In: PG 45, 693a. • S. JOÃO DAMASCENO. *De fide orthodoxa*, III, 17. In: PG 94, 1.067-1.071. O significado divinizante e humanizador da união com Deus é estudado por STANILOAE, D. *Théologie ascétique et mystique de l'Église orthodoxe*. Paris, 2011, p. 456-471.

gem de Jerusalém para Roma (At 1,8; 28,16.28-29), o centro do mundo gentio. Os discípulos cumprem a ordem de pregar o perdão em seu nome (At 1,8; 2,32-39; 5,30-32; 10,42-43) e de anunciar a ressurreição como parte da fé judaica (At 4,2; 10,41; 17,18.31; 23,6; 24,15.21).

O Cristo-Senhor continua sua missão de juiz dos vivos e dos mortos (At 10,42; 17,31), mediante o Espírito, que Ele entregou ao Pai na paixão (Lc 23,46), como faz depois Estêvão, o primeiro mártir (At 7,59). O Espírito guia a comunidade até a separação definitiva de Israel. É a maneira de encenar a passagem do particularismo judaico ao universalismo cristão, da sinagoga à Igreja. Esta construção teológica se impôs porque se encaixa bem na sequência temporal e linear da mentalidade greco-romana. O caminho de Jesus culmina em Jerusalém (Lc 9,51); o da Igreja é "o caminho" do Senhor (At 9,2; 19,9.23; 22,4; 24,22) e leva a Roma (At 28,16.28). São etapas de um plano salvador de promessas e cumprimento, a cujo serviço Lucas põe abundantes citações do Antigo Testamento. Por fim, abre-se à expectativa do fim dos tempos, já começado, e à consumação do reino de Deus, agora visto a partir da perspectiva da ressurreição (At 28,31).

A longa encenação de Lucas conclui-se com o relato da ascensão ao céu, enquanto Jesus os abençoava, e a volta dos apóstolos a Jerusalém, permanecendo no templo (Lc 24,50-53), apesar de na paixão mencionar que se havia rasgado o véu (Lc 23,45), sinal de sua perda de relevância. Com Pentecostes começa uma ruptura progressiva e lenta em relação ao templo, que culmina na lapidação de Estêvão (At 6,13-14; 7,48-49). A dualidade do sagrado e do profano expressa-se espacial e temporalmente nas religiões. A altura é o símbolo da transcendência, como também a abóbada celeste, e a ascensão se refere ao Deus Altíssimo, o transcendente por antonomásia, que reina no céu[23]. Não é história nem descrição física de elevação, mas afirmação teológica. Jesus entra na vida divina, integra-se em Deus. Não se trata da mera ascensão de um corpo, mas da exaltação ou elevação de Cristo até Deus, a partir do pano de fundo das cristologias. As aparições mostram que Cristo vive em Deus e a ascensão é outra maneira de expressar a exaltação e entronização do Ressuscitado, como fórmula de que Ele está à direita do Pai (Mc 16,19). Já na Bíblia se fala de Elias, um personagem profético que foi arrebatado ao céu (2Rs 2,1-13) e que se esperava que voltasse no tempo messiânico (Lc 9,30.33). É possível que este relato tenha inspirado Lucas para encenar a ascensão. À ressurreição seguem-se a ascensão e pentecostes, embora este esquema temporal

---

23. LOHFINK, G. *Die Himmelfahrt Jesu* – Erfindung oder Erfahrung? Stuttgart, 1972.

não se harmonize com os outros evangelhos. Tampouco com a promessa feita ao bom ladrão de que nesse mesmo dia estaria com Ele no paraíso (Lc 23,43). A maioria dos autores sublinha a unidade global dos três acontecimentos, que são um só e o mesmo, embora se possa historiá-los sequencialmente, não sem incoerências entre os diversos relatos. Jesus adquire um novo significado, que ultrapassa o marco hebraico e o universaliza.

Já não é possível aferrar-se à sua presença visível, mas é preciso viver de sua memória e projeto. Os discípulos precisam superar a época em que Jesus os protegia, para assumir seu protagonismo próprio a partir da ausência física de Deus num mundo marcado pelo sofrimento. No contexto atual isso implica viver numa sociedade marcada pela ausência de Deus, *etsi Deus non daretur*, esperando o encontro definitivo com Cristo. Lucas escreveu seu evangelho para que os discípulos comprovassem a solidez dos ensinamentos que haviam recebido (Lc 1,1-4) e para exortar ao seu seguimento. Ao viver a vida em presença de Deus, integra-se o próprio projeto existencial na comunidade que segue Jesus. Daí é possível dar razão da esperança, superando a tentação de acomodar-se ao presente e renunciar a mudá-lo. Esta expectativa não pode transformar-se numa mera lembrança teórica nem numa celebração cultual obsoleta, sem implicações para a vida. Se a tradição não serve para lutar e viver, deixa de ser memória de Jesus. O cristianismo se mutilaria, transformando-se numa mera religião de crenças, rituais e práticas. A ascensão é uma segunda oportunidade para os discípulos, depois de terem fracassado, globalmente, em seu seguimento. É preciso relançar o projeto de reino a partir do protagonismo dos discípulos, aos quais foi dada a referência que os motiva, inspira e interpela. Eles precisam viver de maneira diferente da maneira como viveram no passado, renunciando a objetivar a Deus, abertos às atualizações e exigências do Espírito. A ascensão privilegia a autenticidade acima da segurança; a liberdade acima do medo; a busca acima da posse; e o discernimento acima da objetivação literal da memória de Jesus.

O significado da ascensão consiste também em ressaltar a ausência do mestre Jesus, em favor do protagonismo dos discípulos. São eles que agora, a partir de sua fé e de seu compromisso, precisam continuar seu projeto de sentido. Só lhes resta a memória do mestre e a força de seu espírito. De alguma maneira, a ascensão realça que Deus não faz parte de nosso mundo nem é um sujeito da história, mas a transcende. Deus não é uma causa a mais, entre as outras causas do mundo, e não se pode encontrá-lo na experiência empírica. A imanência divina na história passa pela presença de Cristo ressuscitado e do Espírito, "as duas mãos do Pai" para Ireneu de Lião, que motivam e inspiram os discípulos. O Espírito é o "deus em nós", a energia que motiva a partir de dentro, que inspira o ser humano e o dinamiza, tendo como referente a história de Jesus, modelo para o seguimento e a imitação. O Espírito divino permite preencher o abismo que separa o humano do divino, humanizando Deus e divinizando o homem, de acordo com o caminho traçado por Jesus.

A partir da perspectiva atual de "morte cultural de Deus" e de um cristianismo que chegou à maioridade numa sociedade secularizada, podemos constatar a ausência e o silêncio de Deus, expulso como referente das instituições seculares e relegado à experiência individual e comunitária. Daí a solidão pessoal e coletiva do crente, que persiste em perguntas e numa busca alheia ao código cultural de nossa época. A ausência de Cristo possibilita a criatividade na imitação e no seguimento, o protagonismo dos discípulos e suas contribuições na dinâmica da salvação. Lucas consuma a passagem de Cristo aos seus seguidores, seus discípulos primeiros, que formaram a Igreja primitiva e contribuíram para que a memória de Jesus permanecesse. Jesus não deixou tudo pronto e resolvido. A comunidade que o segue assumiu o dever de atualizar e aplicar o que Jesus lhes havia ensinado. É preciso oferecer respostas históricas a uma vida não redimida por causa da violência, da morte e da injustiça. A ascensão marca a maioridade do cristão, com um projeto que prolonga o de Jesus. A carência de salvação da história manifestou-se na cruz e a ressurreição mostra o que se pode esperar de Deus. O Deus que se esconde na cruz manifesta-se na ressurreição, mas permanece a realidade histórica de injustiça e a crucificação. A partir da convergência entre ressurreição, paixão e vida pelo reino é possível produzir sentido.

6 O Cristo exaltado do evangelho de João

João tem uma tradição independente (Jo 20,1-31), embora seja provável que conhecesse alguma versão anterior dos outros evangelhos, sobretudo do lucano, com o qual tem mais afinidade. Por ser o mais tardio, tem uma maior perspectiva dos problemas e interpretações com que esbarra o anúncio da ressurreição. Seu relato sintetiza a história da Madalena, a ida de Pedro e do outro discípulo ao túmulo, e a dupla aparição aos discípulos. Justapõe as narrativas sobre o túmulo e a revelação às narrativas de aparições. Como os outros evangelhos, ele parte das mulheres que vão ao túmulo. Mas agora só está presente Maria Madalena, que, ao ver o túmulo com a pedra removida, vai contar a Pedro e ao discípulo amado (Jo 20,1-2). Ambos correram para vê-lo (Jo 20,3-10), mas o "discípulo" chegou antes e viu o sudário num lugar à parte, mas esperou por Pedro. Foi este quem viu e creu, ao contrário de Pedro (Jo 20,4.8). Difere, portanto, da visão mais positiva de Pedro em Lucas (Lc 24,12.24), para realçar a importância do outro discípulo. O relato ressalta, insistentemente, que eles "viram" (Jo 20,5.6.8.14.18.20.24.25.27.29). Porque ver tem um significado simbólico e não físico, como o do cego curado por Jesus (Jo 9,1-41). No entanto, o evangelista acrescenta que eles ainda não compreendiam o anúncio da Escritura (Jo 20,9).

Maria Madalena, a protagonista do relato, permanece chorando junto ao túmulo; aparecem-lhe dois anjos no lugar onde estivera o corpo de Jesus, um à cabeceira e o outro aos pés; e se encontra com Ele, mas não o reconhece (Jo 20,11-13). Acredita que levaram o cadáver (Jo 20,15), como os judeus, que afirmavam que o haviam roubado. Quando Jesus fala, depois de perguntar-lhe por que chorava, ela quer tocá-lo. Jesus o recusa, acrescentando o evangelista que Ele ainda não subiu para Deus Pai (20,15-17). Finalmente, Ele a envia para contar a seus "irmãos" o ocorrido (Jo 20,17-18). A partir do pano de fundo da história de Lázaro, Maria Madalena chora (Jo 11,2-33; 20,15) porque não soube entender que a morte de Jesus dá lugar à ressurreição (Jo 6,40). Ela simboliza o discípulo que quer voltar ao tipo de relação que teve com o Jesus terreno, enquanto a união com o ressuscitado é de outra índole. Jesus precisa ir ao Pai e enviar o Espírito (Jo 16,7.13-14), que os fará conhecê-lo plenamente. Maria Madalena não pode permanecer junto a Jesus, mas precisa dirigir-se aos discípulos e não enclausurar-se na história passada (Jo 12,8; 20,17), como aconteceu com Israel. Também não é possível o escapismo daquele que busca o consolo permanente, o contato com o ressuscitado, como pretendiam na transfiguração (Jo 9,29.32-33). O desejo da Madalena deve dar lugar ao princípio de realidade. Jesus morreu e não havia como voltar atrás. Só há sinais e experiências que fortalecem e chamam ao compromisso de fé. É preciso libertar-se de vinculações que atam e prendem, impedindo de abrir-se ao futuro. A história do Jesus terreno já havia terminado e começava outra maneira diferente de relacionar-se com Deus.

Por isso, o Mestre Eckhart pedia a Deus que o libertasse de Deus, para que as imagens próprias da divindade não substituíssem a busca do Deus que está além de todas as representações. O Deus cristão é sempre o Deus do êxodo, desestabiliza e chama à liberdade a partir da abertura ao futuro. Deus se manifesta e desaparece em favor do protagonismo humano. As vivências do passado capacitam para viver o presente, libertam e não enclausuram, abrem ao Deus que vem, depois de ter curado as feridas afetivas da Madalena. É Ele quem motiva para a missão, depois de ter possibilitado crer. A missão substitui o estar com Jesus, já não pode tocá-lo, mas deve assumir que a morte estabeleceu uma fronteira com a forma de vida anterior. O falecimento de um ente querido implica sempre uma ruptura e uma perda pessoal, já que não só acabou sua vida terrena, mas também os vinculados a Ele sofrem a ruptura e a carência. Os que ficam já não podem viver como antes, porque lhes falta o referente pessoal essencial. Há um vazio e uma ausência irremediáveis, embora permaneça a lembrança e a gratidão pelo que se viveu e compartilhou com Ele. A morte não é só um destino e um termo; nós a vivemos processualmente, tomando consciência das pessoas às quais estamos ligados e que partem. A morte está presente na vida. Viver é sentir a mutilação de uma experiência vital truncada, ao faltarem as pessoas que a realizaram. Por isso morre também uma parte da história do vivente, ao qual só lhe resta a dinâmica que o defunto tiver produzido. É isso que precisa aprender Maria Madalena, já que com Jesus ela havia experimentado a salvação. É preciso transcender a própria humanidade de Jesus para reconhecer a presença divina e eliminar os últimos vestígios de representação sensível. João apresentou Jesus como porta e caminho para encontrar-se com Deus (Jo 10,9; 14,6). Sua humanidade irradiava sua filiação divina, mas agora, depois de sua morte, este processo está concluído. Daí o contraste entre a manifestação do ressuscitado e o não reconhecimento de sua humanidade, já mudada, transfigurada.

Neste evangelho, ressurreição, glorificação de Cristo e pentecostes coincidem sem necessidade de esperar quarenta dias: já na primeira aparição Jesus derrama sobre eles o Espírito (Jo 20,22-23). O evangelho põe todo o acento na doação do Espírito, que é essencial em sua apresentação da vida de Jesus, especialmente da última ceia. Por outro lado, deixa em segundo plano o aspecto da missão na narrativa da ressurreição (Jo 20.20-22), diferentemente de Mateus e Lucas. O importante é receber o Espírito e eles são exortados à fraternidade e ao amor (Jo15,3.17-19), embora sem alusões ao amor aos inimigos (Mt 5,44; Rm 12,14). A insistência de João é no amor aos irmãos (Jo 13,34-35; 1Jo 2,9-11), na fraternidade dos que estão em comunhão (Jo 17,22-23; 1Jo 1,3.6-7). Provavelmente João escreve a partir do pano de fundo de uma comunidade perseguida, na qual ele procura reforçar os laços de coerência e de unidade, à custa de certo fechamento aos de fora (1Jo 2,18-19).

Jesus não deixa que a Madalena o toque, porque Ele ainda não subiu para o Pai (Jo 20,17) e não lhes deu o Espírito; mas convida sim Tomás a apalpá-lo (Jo 20,27), quando já se completou a manifestação do ressuscitado depois de ter dado o Espírito (Jo 20,22). O subir para o Pai supõe a doação do Paráclito, que continua assistindo os discípulos (Jo 14,16-18.26), como Jesus fez em sua vida. É preciso abrir-se à mediação do Espírito para encontrar-se com o crucificado exaltado, que, depois de sua morte, já está definitivamente com Deus. O evangelho de João é o evangelho do Espírito por excelência, que sempre é o Espírito de Cristo exaltado. Ressurreição, ascensão, exaltação e pentecostes são três dimensões de um processo vivencial de salvação, que pode expressar-se temporal e espacialmente, mas que supera as categorias históricas. São diferentes construções teológicas, nas quais João difere de Lucas, e ambos diferem dos outros sinóticos, para expressar o inefável e indescritível: que um morto foi ressuscitado por Deus, que Ele se integrou na vida divina e que a força de Deus se derrama sobre a comunidade de discípulos. O caráter pessoal de Deus, a quem os cristãos se dirigem como Pai, não impede de ressaltar que Ele é a energia espiritual última presente no homem e no universo. Se tudo é energia, Deus é a realidade última que dá sentido ao cosmos e ao ser humano.

A esta cena, próxima aos relatos anteriores, embora modificada para realçar a Madalena e o discípulo amado, segue-se outra, na qual o ressuscitado aparece pela primeira vez aos discípulos, lhes deseja a paz, os envia e lhes dá o Espírito (Jo 15,26; 16,7; 20,22) e lhes confere poder para perdoar os pecados (Jo 20,19-23). No evangelho, é o Pai quem envia o Espírito (Jo 14,16.26), agora é o Ressuscitado, porque já é também o Exaltado. O Cristo triunfante aparece aos discípulos, como no evangelho de Mateus, e lhes dá o Espírito, como em Lucas. A ideia de que ninguém viu a Deus e que só o Filho o revela (Jo 1,18) se concretiza agora ao manifestar-se, já que Deus, Cristo e o Espírito são um só que se revela. Ao crerem nele, que vem de Deus, o Pai os ama (Jo 16,27). A formulação ocidental de que é preciso falar de Deus como pessoa, e não só como energia cósmica e anônima, como nas religiões asiáticas, tem aqui uma de suas fontes. Ao manifestar-se o ressuscitado, é Deus quem se mostra; e, na medida em que Deus se humaniza, em que assume a carne humana, também o homem se diviniza, é Filho de Deus. A tradição mística adota esta dinâmica, afirmando que todo homem pode ter experiências de Deus e unir-se a Ele, fazendo desta vivência a chave da antropologia. Não só a antropologia é o segredo da teologia, mas a cristologia do ressuscitado é chave para compreender a essência do homem e o sentido que Deus oferece. Cristo é o homem pleno, para Paulo o novo Adão (Rm 5,15.21; 1Cor 15,21-22). Sua vida é exemplar para todo homem e a chave da maneira de compreender a Deus. O humanismo de Feuerbach poderia ser integrado na perspectiva cristã se tivesse posto a chave antropológica em Jesus de Nazaré e não na abstração da humanidade.

Não há nenhuma cena de ascensão nem tampouco de pentecostes, nem um período que separe os acontecimentos, como em Lucas. A ideia de que Jesus retorna ao Pai (Jo 13,1; 14,3-4.12.16.26) é a contrapartida às alusões de sua vinda no evangelho (Jo 3,13; 6,33.38.41-42.62; 14.18). O Espírito está em Jesus desde seu batismo (Jo 1,32-34) até o momento em que o entregou na paixão (Jo 19,30). Agora que Ele já está com Deus, volta a dá-lo a seus discípulos e se cumpre o que havia dito na ceia: que era necessário que Ele se fosse para enviar-lhes o Espírito de Verdade (Jo 16,7-13). João recorre a Tomé para representar o discípulo que não crê enquanto não lhe mostrar suas chagas e não o convidar a tocá-lo (Jo 20,24-25), realçando assim sua corporeidade. A incredulidade dá lugar à mais completa confissão feita por um discípulo nos evangelhos, ao proclamá-lo como "Senhor e Deus", dupla fórmula com ressonâncias imperiais para os romanos e referida a Javé na tradição judaica. Tomé reconhece a filiação divina de Jesus, vai além do Messias crucificado para penetrar em sua identidade, antes anunciada (Jo 1,49; 11,27). Agora Jesus se revela plenamente, depois de ter sido levantado na cruz. Jesus responde a Tomé, louvando os que crerem sem terem visto (Jo 20,26-29; cf. 1Jo 1,3). Aponta para a fé como único caminho para aceitar a ressurreição, que é o que ocorre com a segunda geração de cristãos. O amor, representado pelo discípulo, é a chave a partir da qual se pode aceitar a identidade divina de Jesus. As dúvidas e perguntas acerca de Deus são consubstanciais ao ser humano, e é preciso dar lugar ao descrente no crente, talvez mais próximo do agnóstico e do ateu interessados pela religião do que ambos acreditam. Por isso pede-se a Deus que ajude a própria descrença que procura testemunhos empíricos (Jo 20,25.27), enquanto o sentido da vida não pode ser demonstrado.

Continua havendo diferenças entre a fé dos discípulos, a de Tomé e a dos cristãos posteriores. Os primeiros partem da crença hebraica numa ressureição que agora se antecipa e concretiza na de Jesus. Nossa expectativa cultural concentra-se na vida, deixando em segundo plano a morte e o que signifique a ressurreição, que, para muitos, é um resto mítico da religião. O código cultural está marcado pela descrença e pelo ceticismo, diferentemente dos discípulos. Eles vivem do ressuscitado, que a eles se manifesta, seja qual for a base vivencial em que se expressa esta "aparição". Nós carecemos dela. Além disso, partimos de relatos não harmonizáveis, com diferenças significativas entre si e com elementos simbó-licos que não podem ser tomados ao pé da letra. A fé posterior não pode basear-se apenas na credibilidade destes discípulos e relatos. Tem sua base na identificação com o Jesus terreno, que se revela nos evangelhos, e a partir desta identificação surge a confiança de que Deus o enviou. A vida de Jesus torna mais exigente a fé na ressurreição. Poderíamos acrescentar, recolhendo afirmações contemporâneas, que uma vida como a de Jesus merece que Deus o ressuscite. E se isto aconteceu, todos nós podemos ter expectativas de salvação. Se estamos convencidos de que é preciso viver com os parâmetros de Jesus, o anúncio da ressurreição é congruente, confirmatório, esclarecedor do sentido último da existência. Mas continua sendo uma decisão de fé, apoiada no testemunho de pessoas que encontraram ali a chave última de seu projeto vital. Não é um saber racional, mas uma esperança e uma convicção, baseada numa experiência de graça para os discípulos. Precisa também confirmar-se como fecunda e potencializadora para os que os seguem.

À luz da paixão os discípulos consideravam quem e como era Deus, que permitia a crucificação de seu enviado. Agora esclarecem o que significa ser filho de Deus e as respostas ao mal, à injustiça e à morte. A filiação divina, agora plenamente manifesta, oferece pautas de comportamento aos "outros filhos de Deus", a seus discípulos e "irmãos", aos quais Ele fala de seu pai e de seu Deus (Jo 1,12; 20,17)[24]. Se a cruz é a crise da fé religiosa, a ressurreição dá lugar a outra maneira de entender a Deus. O evangelho de João transforma todas as cenas descritas pelos sinóticos no itinerário para a cruz da palavra feita carne. Por isso, fala de Cristo como caminho, verdade e vida, em seu itinerário para o Pai (Jo 14,3-9). A nova concepção trinitária de Deus, para a qual apontam os outros evangelhos, começa a desenvolver uma cristologia da encarnação, que reflete um longo processo teológico de reflexão. Não é preciso compreender a paixão de Jesus a partir da visão do Antigo Testamento, nem a partir da concepção filosófica grega, embora ambas se tenham imposto posteriormente. Pelo contrário, na vida e morte de Jesus é preciso descobrir o divino que irradia e que agora se manifesta totalmente. Para João, a ressurreição é a explicitação última daquilo que Jesus foi mostrando ao longo da vida pública, a chave que ilumina o que Ele havia feito.

Alude-se também ao novo lugar da presença de Deus no mundo, que é o corpo do ressuscitado. Jesus aludiu a seu corpo levantado, quando expulsou os mercadores do templo e "quando Ele ressuscitou dentre os mortos, seus discípulos lembraram-se de que havia dito isto" (Jo 2,22). Todos os evangelistas se preocupam em ressaltar que a presença de Deus acontece nele e a partir dele. Os muitos sinais em sua vida dão lugar ao definitivo, e "estas coisas foram escritas para que creiam em Jesus, messias e filho de Deus, e tenham vida em seu nome" (Jo 20,31). A revelação pascal passa agora a ser o centro da fé cristã e a vida de Jesus é narrada a partir da chave da divindade que resplandece em sua humanidade. Todo o evangelho desemboca em sua morte e ressurreição, a que se alude em passagens anteriores: "Chega a hora em que os mortos ouvirão a voz do Filho de

---

24. Remeto a SOBRINO, J. *Cristología desde América Latina*. México, 1976, p. 209-220.

Deus e os que a ouvirem viverão [...]; ouvirão sua voz e sairão: os que praticaram o bem para a ressurreição, e os que praticaram o mal para serem julgados" (Jo 5,24-29). Se antes se esperava a ressurreição geral dos mortos, agora esta é interpretada a partir da ressurreição de Jesus.

Confirmar e perdoar os pecados

O epílogo do evangelho (Jo 21,1-25) é um acréscimo, como o de Marcos. Nele há uma pesca milagrosa (Lc 5,1-11; Jo 21,1-14), que se transforma numa terceira aparição do ressuscitado (Jo 21,14). Novamente é o discípulo amado o primeiro a reconhecê-lo (Jo 21,4.7.12). A alusão à refeição (Jo 21,9.12-13) tem o duplo simbolismo de assegurar a identidade corporal de Jesus e de remeter à última ceia (Jo 21,13), traços que ocorrem também em Lucas (Lc 24,3.23.30.35.39.41-42). Nos discípulos persiste a ambiguidade, já que sabem que é o Senhor e não simplesmente Jesus, mas não se atrevem a perguntar-lhe (Jo 21,12), talvez porque percebem que é o mesmo e diferente, já que assistiram à sua morte. Este relato posterior mostra as três confissões de Pedro, em contraposição às suas negações. Também a tripla confirmação do Senhor de apascentar suas ovelhas (Jo 21,17-17), assim como anuncia sua futura morte (Jo 21,18-19). O duplo simbolismo de Pedro e do discípulo amado, que marca seu evangelho, termina quando Jesus confirma Pedro e lhe confia o cargo de apascentar os seus, uma vez que este proclamou por três vezes que o ama. A experiência do amor é o que leva ao verdadeiro conhecimento de Jesus e o outro discípulo fica também reabilitado. Sublinha-se seu significado permanente, esperando o Senhor (Jo 21,22), e, indiretamente, é apresentado como o autor do quarto evangelho (Jo 21,21-24). Talvez houvesse na Igreja de seu tempo uma corrente que afirmava que o discípulo preferido não morreria e permaneceria esperando Jesus (Jo 21,23).

Do mesmo modo que o acréscimo final ao evangelho de Marcos (Mc 16,9-20) tentava esclarecer o relato da ressurreição, acrescentando-lhe aparições, também o capítulo 21 do evangelho de João tenta responder a problemas da Igreja. Por um lado, reabilita Pedro, confirmado por três vezes após suas negações. É-lhe reconhecido o papel de primazia entre os discípulos que a Igreja primitiva lhe reconhecia. Não há dúvida da importância e significado que lhe concede o evangelho de João (Jo 1,42; 6,68; 13,6-10; 18,10.15.25-27; 20,2-6; 21,2-3.7.11.15-17.19-21), mas não cabe dúvida de que a figura mais atraente é a do discípulo que Jesus amava (Jo 13,23). O epílogo do evangelho serve não só para confirmar por três vezes a Pedro, que por fim renunciou à sua autossuficiência e à sua rejeição da cruz, mas também para esclarecer o papel do outro discípulo, cujo testemunho permanece: O qual adquire pleno sentido se for reconhecido como a origem última da tradição e interpretação oferecida pelo evangelho de João (Jo 19,35; 21,24)[25]. As pessoas morrem, sua memória permanece, a de Pedro e do discípulo.

Morre a pessoa e permanece o testemunho do discípulo amado (Jo 21,23), que apresenta outro significado sobre a vida de Jesus, da qual foi testemunha privilegiada no início (Jo 1,35.39). Na cruz foi o único discípulo (Jo 19,16-27) e no túmulo vazio foi aquele que creu (Jo 20,3-10). Além disso, este evangelho insiste na importância do Espírito e na relação interpessoal com Jesus acima do cargo (Jo 13,22-25; 19,26-27), simbolizada também pelo discípulo amado, figura idealizada que aparece intermitentemente no evangelho (Jo 1,35-40; 13,23-26; 18,15-16; 19,25-27; 20,2-10; 21,2.7.20-24). É a testemunha por antonomásia, que creu sem ter visto (Jo 20,8-9), e aquele que melhor percebeu o significado de Jesus ao longo da sua vida. A eclesiologia subjacente ao evangelho de João e às cartas[26] acentua sempre a experiência do espírito e se interessa menos pelos cargos e funções apostólicas, que não são negados. Ao longo da história foi um evangelho muito utilizado pelos que protestam contra um processo de institucionalização que substituiu a Igreja como fraternidade e experiência espiritual. Por ser o evangelho mais tardio, escrito já no final do século, era também uma advertência para Igreja primitiva, na qual já havia começado a substituição da comunidade pelo clero, do carisma pela instituição e da ação do Espírito por uma cristologia sem ele. Por causa do protesto indireto que expressava, houve resistência a admiti-lo como mais um evangelho e foi muito atraente para muitas correntes radicais cristãs posteriores.

---

25. BAUCKHAM, R. *Jesus and the Eyewitnesses*. Grand Rapids, 2006, p. 364-370, 393-402.

26. BROWN, R.E. *La comunidad del discípulo amado*. Salamanca, 1983.

7

As diferentes cristologias

As narrativas dos evangelhos revelam os interesses das comunidades a que pertenciam os evangelistas. O centro delas é a reivindicação de Jesus diante da comunidade judaica, a revelação plena de sua identidade filial e a afirmação de que Deus não estava ausente em sua morte e que o ressuscitou. Os discípulos tiveram uma experiência que os transformou, passando do medo e do abatimento, após terem perdido seu mestre, ao entusiasmo e à missão de Israel. O problema era o significado da ressurreição, à luz da morte do Messias e de seu projeto do reinado de Deus. Ressurge uma nova consciência missionária transformada, que os leva a recriar a mensagem de Jesus a partir da chave de sua morte e ressurreição. E a partir daí surgem as primeiras cristologias, interpretações globais sobre sua identidade, origem e missão.

1 A ressurreição a partir da perspectiva atual

Os interesses da maioria dos leitores atuais dos evangelhos são muito diferentes. Logicamente está em primeiro plano o anúncio de uma vitória sobre a morte, que perde seu caráter de ultimidade, dando lugar à esperança num Deus princípio e fim da vida. Isto é talvez o aspecto mais central da ressurreição, porque responde a uma pergunta permanente, a do significado da morte, a partir da qual avaliamos a vida. Além disso, surgem as perguntas sobre o como e o quando da ressurreição; quais elementos são históricos e quais são interpretações teológicas; o que há de lenda, de mito e de código cultural nas narrativas; quais elementos correspondem ao próprio relato e quais se devem à redação do evangelista; que interesses condicionaram as narrativas etc. Os evangelhos não respondem a estas questões, porque não lhes interessam, ou só falam delas em segundo plano. Mas apresentam elementos que, indiretamente, podem oferecer informação às demandas atuais, embora os dados estejam abertos a diferentes interpretações. Seu caráter fragmentário e indireto facilita a diversidade interpretativa das hermenêuticas que oferecem.

O túmulo vazio: Prova ou sinal?

Por um lado, apresenta-se a questão, sempre discutida, sobre o que aconteceu com o corpo de Jesus e onde e como foi enterrado. O túmulo vazio foi um sinal do ocorrido, nunca um objeto central de atenção nos relatos, nem tampouco uma prova da ressurreição. Discutiu-se muito seu valor histórico e na exegese atual existem interpretações muito diferentes, e inclusive opostas. Alguns sustentam que Jesus provavelmente foi enterrado num túmulo comum, com os outros malfeitores. E que a ideia de uma sepultura própria é uma invenção posterior da comunidade, pelo que não se poderia falar de um túmulo vazio. No cristianismo primitivo não há dados sobre peregrinações ou um culto ao túmulo, como na história posterior. Mas nos evangelhos alude-se à morte do Batista e que seus discípulos tomaram o cadáver e o depositaram num túmulo (Mc 6,29). É normal que os discípulos de Jesus quisessem fazer o mesmo, já que não resulta crível que não se preocupassem com Ele, dada a importância da sepultura e de um enterro digno na concepção judaica. O fato de se propalarem histórias de que o cadáver havia sido roubado seria uma confirmação indireta de que já se conhecia o túmulo.

Com isto não se resolve o problema histórico se o túmulo estava vazio e qual foi a causa. Mas pode-se afirmar que, se as autoridades tivessem encontrado o cadáver, o teriam utilizado para neutralizar a propaganda cristã. Por isso correu o boato de que haviam roubado o cadáver, porque já não estava no túmulo. É crível a alusão ao túmulo vazio, embora este não prove nada, mas é apenas um sinal para falar da ressurreição. Chama a atenção a conaturalidade e ausência de polêmica com que todos os evangelhos falam do túmulo vazio, embora nunca o vejam como prova empírica da ressurreição. Também é paradoxal a rejeição que o túmulo vazio provoca em muitos autores atuais, que afirmam o contrário, às vezes com segurança apodítica, sem nunca nos dizerem donde lhes vem esta certeza, que contradiz os dados evangélicos. Uma coisa é afirmar que a ressurreição não é incompatível com um cadáver que se corrompe e volta à terra, como acontece a todos os seres vivos. Outra coisa muito diferente é contradizer com segurança os evangelistas, que, reiteradamente, afirmam que o túmulo estava vazio, sem termos outras fontes de conhecimento contrário. Se todos estivessem equivocados, teriam montado as narrativas sobre um dado falso e desnecessário. Poderiam argumentar, mais facilmente, que Ele foi enterrado numa sepultura (particular ou comum) que não foi possível visitar, porque as autoridades não o permitiam. Se não recorreram a este argumento fácil, é porque estavam convencidos de que não era este o dado histórico. Não temos notícias que avalizem sua informação, mas tampouco outras que possibilitem contradizê-la, e muito menos com a certeza mostrada por alguns intérpretes atuais.

Não cabe dúvida de que o anúncio da ressurreição mudou a perspectiva dos discípulos sobre a cruz e afetou sua compreensão do sentido da vida. A pergunta fundamental é se o projeto de sentido depende só da ressurreição ou se a existência de Jesus, haja ou não um além-morte, tem valor em si mesma. O grande desafio dos evangelhos é a proposta de uma humanidade vivida com profundidade, a partir da fidelidade à dinâmica libertadora de Jesus. Seu fracasso histórico, depois parcialmente corrigido pela Igreja nascente, é o resultado de um homem livre, com critérios claros acerca do que é ou não importante na existência, marcado por relações interpessoais, que faziam do amor o motor de sua vida. Os evangelhos constituem um desafio para a pessoa que se pergunta pela salvação no presente histórico. Jesus tinha razão em seus critérios e em sua conduta, nos valores pelos quais viveu e morreu e no projeto histórico de sentido que praticou em Israel, aberto a futuros discípulos não judeus. Vale a pena viver como Jesus viveu, mesmo que não houver um além-morte.

A diferente afirmação paulina (1Cor 15,14) precisa ser entendida no contexto de sua apologia, no marco do debate judaico sobre se existe ou não ressurreição dos mortos. Paulo não quer negar a importância da vida de Jesus para seus seguidores, embora não seja o centro de seu evangelho, porque ele não foi testemunha de Jesus. O que ele afirma é que crer na ressurreição de um crucificado, se não tivesse acontecido, seria uma loucura insensata. Mas a vida do Jesus terreno tem valor em si e foi o referente de muitas formas históricas de imitação e seguimento. Sua história é uma história de salvação, que fascina e interroga, inclusive os que não creem em nenhuma forma de imortalidade. O anúncio da ressurreição não basta isoladamente, já que não poderíamos adotar como modelo uma pessoa que teria vivido uma vida indigna, embora se multiplicassem os testemunhos sobre sua vida de além-túmulo. Só uma existência que convence pode ser adotada como referência. A ressurreição seria sua confirmação e abriria um horizonte de plenitude. Se a atividade de Jesus não pode ser entendida à margem da ressurreição, tampouco esta vale por si mesma, sem vinculá-la à sua história pessoal. A partir daí é um referente para a humanidade, ultrapassa os âmbitos do cristianismo e é fonte de inspiração para os que procuram viver uma vida bem-sucedida.

As críticas eruditas à religião, enquanto cúmplice da opressão social ou instância de um além, que levaria a desconsiderar o aquém, não se enquadram nos evangelhos, embora isto tenha ocorrido no cristianismo histórico. Tampouco se encaixam as expectativas da pessoa que espera que as coisas lhe corram bem, porque Deus o protege e lhe evita o sofrimento e a morte. Jesus não gozou de um privilégio divino em sua existência mortal, mas morreu cruelmente. Afirmar que Deus o ressuscitou implica mudar a visão de Deus. A crítica à religião sempre apresenta Deus como o Deus dos poderosos, ao contrário dos evangelhos. Estes contam a história de forma diferente, a partir da perspectiva do crucificado e não a partir das autoridades. O Deus de Jesus não legitima as autoridades, mas os pobres, marginalizados sociais e pecadores. Na medida em que a crítica ateia seja pertinente para outras épocas do cristianismo, indicaria o divórcio que existiu historicamente entre o projeto de vida de Jesus e as formas concretas assumidas pelas igrejas.

A ressurreição, seja qual for a experiência concreta que tiveram os discípulos, tinha dimensões essenciais, que respondiam à situação em que se encontravam as comunidades dos evangelhos. Significava a legitimação definitiva de Jesus, sancionada agora por Deus. Os textos mais antigos fazem de Deus o sujeito ativo da ressurreição e de Jesus o sujeito passivo, embora mais tarde surja a fórmula de que Cristo ressuscitou. Esta aprovação divina implica também a revelação última da identidade de Jesus, que aparece como o Messias, como o Cristo (o ungido pelo Espírito), o Filho de Deus e o Verbo encarnado. Ao ser revelada sua identidade oculta, passam para segundo plano as menções proféticas e messiânicas, em favor de sua filiação divina, compreendida sempre a partir do monoteísmo estrito de Israel. O Verbo de Deus que havia guiado os profetas se fez presente em Jesus. As Escrituras judaicas foram consultadas buscando antecedentes e predições sobre sua paixão, que era o grande obstáculo, e sobre a ressurreição. Fez-se uma nova interpretação do Antigo Testamento, estabelecendo as bases de sua apropriação pelos cristãos, e também da vida de Jesus vista a partir da perspectiva do cumprimento das Escrituras. A promessa messiânica adquiriu outro sentido num novo horizonte de fim dos tempos, iniciado com a ressurreição. Jesus mestre, profeta e messias deu lugar a "Jesus Cristo nosso Senhor", o Filho de Deus por antonomásia. A filiação adquiriu outro significado à luz da ressurreição. Iniciou-se um processo que, quatro séculos mais tarde, levaria às formulações dogmáticas cristológicas, fruto da fusão entre a teologia bíblica e a filosofia grega.

O dinamismo de ressurreição, que havia motivado um setor do povo de Israel, sobretudo os fariseus, tradicionalmente apresentados como adversários de Jesus nos evangelhos, encontrou aqui sua realização final. Desta maneira, dava-se um sentido último à morte, vista sempre como a concretização do absurdo último da vida. Agora podia-se esperar Deus na morte e para além dela, já que o Criador aparecia como senhor dos vivos e dos mortos. O ciclo vital de um universo criado implica sempre o desaparecimento, para que surjam novas formas de vida. Por isso a ressureição aparece como uma dimensão nova do Criador, como uma nova criação (Rm 8,19.22-23). Superar a ultimidade da morte não reduz, porém, a importância da experiência vivida do mal no mundo, tanto a partir da perspectiva do sofrimento produzido pelo homem, como enquanto parte da natureza. Mas abrem-se perspectivas novas e instâncias de sentido, embora as chagas do crucificado atestem a verdade do mal na vida de cada pessoa. As esperanças, desejos e carências humanas adquirem um novo significado com um anúncio que era para todos e não só para os judeus. Iniciava-se um novo processo, o da missão da comunidade de discípulos, que já tinham um novo marco, ultrapassando o marco judaico. Progressivamente foi mudando a imagem de Deus, à luz dos ensinamentos de Jesus e da vivência do Cristo ressuscitado. Começa o protagonismo do Espírito Santo, que personifica a força de Deus e sua autodoação aos homens (Rm 8,11). Trata-se de um processo global, marcado por uma teofania, uma revelação divina, na qual manifesta-se Cristo ressuscitado como "ascendido" aos céus (lugar simbólico da transcendência divina), como exaltado "à direita do pai", a partir do pano de fundo do juízo de Deus sobre as nações e como Cristo triunfante da morte.

Pentecostes, a ascensão e a ressureição são três dimensões de uma única experiência global. São expressas com representações espaçotemporais, com o simbolismo da altura, da descida e da subida (ascensão), e com a sequência de acontecimentos que fazem parte de um único ato divino. O imaginário simbólico utilizado é inadequado para expressar um acontecimento que está além da vida terrena. Qualquer representação seria questionável, inclusive a nossa representação moderna que dá a preferência a experiências interiores de inspiração e reflexão. Para nós pode ser uma convicção, fruto de uma vivência pessoal, mas é causada por uma realidade que se impõe a eles e os motiva. Eles expressam isto com categorias como as de visão, aparição, teofania de anjos e outros códigos culturais e religiosos de seu tempo. Nós rejeitamos seus antropomorfismos e projeções, que não correspondem ao nosso código atual, mas são inevitáveis para falar de um Deus que não faz parte do mundo, nem se adéqua às nossas imagens e cuja essência nos escapa. Só Ele pode revelar-se e o ressuscitado é sua comunicação plena. Anuncia-se um Deus diferente, que corrige em parte o imaginário representativo do Antigo Testamento. Começa a desenvolver-se uma nova concepção de Deus, diferenciando os cristãos do povo judaico.

A ressurreição é a chave da continuidade da identidade de Jesus, que todas as aparições realçam, e da descontinuidade, já que o exaltado está com Deus. Ele é o mesmo, mas diferente; mantém-se a identidade pessoal, mas transformada. A ideia subjacente é que, da mesma forma que se consuma o ciclo vital e retornamos à natureza da qual provimos, assim também Jesus está com Deus, se funde na vida divina, retorna ao Pai. Este acontecimento se transforma numa promessa para todos, já que toda pessoa é chamada ao encontro com a divindade criadora, origem e fim último da vida humana. Por isso passa-se de Jesus ao Cristo, com os perigos implicados neste novo significado central, que pode levar a relegar sua vida anterior. Com efeito, na tradição posterior, acabou-se realçando o núcleo de sua paixão, morte e ressurreição, núcleo que impregnou a atual liturgia católica, deixando em segundo plano o que o levou a lutar e arriscar sua vida. O centralismo do que chamamos "mistério pascal" deve-se ao fato de a ressurreição ser uma resposta ao choque da paixão e da crucificação, e o núcleo da nova fé cristã. O projeto de Jesus sofreu uma mudança ao ser assumido e transformado pela Igreja nascente, que pôs o acento no esquema de morte e ressurreição.

Se a vida de Jesus é polêmica, porque obriga a uma reformulação do que é ser pessoa religiosa e das condições para o encontro com Deus, não menos ocorre com a ressurreição. Esta dá resposta a perguntas universais e funda uma nova interpretação da história hebraica. A discussão cristã com judeus e gregos, defendendo a validade da vida e da morte de Jesus, à luz da ressurreição, ocorre hoje dentro do próprio cristianismo no contexto de uma sociedade pluralista, secularizada e, em parte, pós-cristã. Um elemento central da discussão é determinar por que mudou a mentalidade coletiva dos discípulos, produzindo neles uma nova dinâmica. O caráter simbólico, com traços lendários e elementos míticos, das narrativas evangélicas está muito longe da mentalidade racionalista contemporânea. Por isso existe variedade de interpretações[1] e cada uma delas mostra uma perspectiva diferente da experiência.

Algumas interpretações atuais

Algumas reduzem a um mínimo o conteúdo histórico do relato, até negar-lhe qualquer base, pondo a ênfase nos processos subjetivos que produziram a fé na

---

1. O ponto de partida é marcado por Bultmann, que vê na ressurreição uma revelação escatológica. Só se pode crer nela porque faz parte da pregação, não porque tenha um núcleo histórico. BULTMANN, R. *Creer y comprender*, I-II. Madri, 1975-1976. • *Teología del Nuevo Testamento*. Salamanca, 1981. • *Jesucristo y mitología*. Barcelona, 1970.

ressurreição. Uma das hipóteses apresentadas hoje é a de uma alucinação contagiosa, fruto da exaltação com que os discípulos se identificaram com o crucificado ou também como consequência de sua reatividade antijudaica. Esta explicação se choca com elementos das narrativas que mostram o ceticismo, o temor e a incredulidade com que os discípulos acolheram o anúncio. Tampouco se enquadra no protagonismo das mulheres, porque no contexto cultural antifeminista da época implicava um ponto fraco em seu anúncio. Outros insistem em pôr o acento em sua mensagem e projeto, no qual "a causa de Jesus" segue adiante[2], apesar da crucificação, à custa de marginalizar o significado pessoal do acontecimento, que afeta o próprio Jesus e não só o seu projeto. Não se pode separar o plano salvador pelo qual Jesus lutou de sua sorte pessoal, já que ambos estão ligados. O cristianismo não é um sistema de crenças e doutrinas reveladas, mas a identificação com uma pessoa e com seu modo de vida, da qual deriva todo o resto. A superação das leis judaicas está ligada a ver em Jesus o testemunho de vida que liberta dos mandamentos religiosos. Por isso o cristianismo não é estritamente uma religião do livro, como o judaísmo ou o islamismo.

A perspectiva moderna está marcada pela suspeita e pela desmitificação[3]. Põe-se o acento na subjetividade do acontecimento, dada a dificuldade de objetivá-lo com categorias históricas. O cristianismo é compreendido em chave de "dissonância cognitiva", segundo a qual os discípulos continuaram crendo em Jesus e esperando sua vinda triunfal, apesar de seu fracasso histórico[4]. Ou seja, embora sua morte implicasse uma impugnação radical das expectativas alimentadas com o projeto do reino de Deus, teriam persistido nelas, transformando-as.

---

2. Remeto à disputa entre Pesch e Kasper. Cf. PESCH, R. "Zur Entstehung des Glaubens an die Auferstehung Jesu". *Theologische Quartalschrift*, 153, 1973, p. 201-228. • KASPER, W. "Der Glaube an die Auferstehung Jesu vor dem Forum historischer Kritik". *Theologische Quartalschrift*, 153, 1973, p, 229-241. Cf. tb. KÜNG, H. "Zur Entstehung der Auferstehungsglaubens". *Theologische Quartalschrift*, 154, 1974, p. 103-107. A questão foi reformulada com LÜDEMANN, G. *Die Auferstehung Jesu*. Göttingen, 1994. • *Der Grosse Betrug*. Lüneburg, 1998. • *La resurrección de Jesús*. Madri, 2001. • VERWEYEN, H. (ed.). *Osterglaube ohne Auferstehung?* 2. ed. Friburgo, 1995. • MENKE, K.H. "Das systematisch-theologische Verständnis der Auferstehung Jesu". *Theologie und Glaube*, 85, 1995, p. 458-484.

3. Bultmann exclui o mito, porque visibiliza Deus e suas ações e intervenções. Defende o caráter simbólico e metafórico da linguagem. Paul Ricoeur o critica, no prefácio ao seu livro, porque existe um núcleo mitológico nos relatos bíblicos. Cf. BULTMANN, R. *Jesucristo y la cosmología*. Barcelona, 1970, p. 16-28, 85-113.

4. FESTINGER, L. *La teoría de la disonancia cognitiva*. Madri, 1975.

Ter-se-iam aferrado ao fato de que Deus o teria glorificado, sem que a pressão da realidade se impusesse ao desejo e à identificação emocional com Ele. Esta seria uma linha de explicação válida para os que não creem na ressurreição. Logicamente, não é assim para os cristãos. A ideia de um messias morto e ressuscitado não se encaixava em suas expectativas. Não é uma fé que se prolonga, mas um desconcerto e uma rejeição instintiva, que se confronta com uma iniciativa surpreendente. Eles não estavam preparados nem para sua morte nem para sua ressurreição. Se anunciaram a segunda, é porque lhes aconteceu algo que os fez mudar.

Poder-se-ia aludir também à culpabilidade, por tê-lo abandonado, o que os levaria a identificar-se com o crucificado e a anunciar sua ressurreição por Deus. Estariam mais motivados pelo desejo e pela culpa do que por experiências novas que lhes oferecessem um significado novo[5]. Ou seja, haveria uma evolução interior psicológica que os levou a crer na ressurreição, sem que houvesse motivação externa. Schillebeeckx põe o acento num processo de amadurecimento interior, no qual Deus os ilumina. Tratar-se-ia da revelação de uma "realidade" experimentada e não de uma simples convicção subjetiva[6]. Estes processos psicológicos e emocionais são difíceis de explicar sem algum acontecimento que os desencadeasse. Explicar a ressurreição em termos de mera autossugestão coletiva resulta difícil de admitir. Muito mais se havia resistência interior a aceitar esta mensagem e se a resistência persiste diante dos que se apresentam como testemunhas do ressuscitado. Nesta mesma linha argumenta-se que eles estavam predispostos para a ressurreição por causa do ensino de Jesus, contra a versão de Marcos e Mateus, e das indicações que ocorrem nas aparições. Depois de sua morte, contando com a expectativa judaica sobre a ressurreição, teriam tido a vivência de que Cristo sobreviveu e está com Deus. Não se trataria de experiências objetivas, nem de aparições, mas de uma convicção progressiva e subjetiva, na qual experimentaram a plenitude de Cristo ressuscitado após a morte. Viveram uma vivência nova, seu encontro definitivo com Deus, que depois expressaram nos evangelhos

---

5. LÜDEMANN, G. *The Resurrection of Jesus*. Londres, 1994, p. 173-184. • "Zwischen Karfreitag und Ostern". In: VERWEYEN, H. (ed.). *Osterglaube ohne Auferstehung?* 2. ed. Friburgo, 1995, p. 13-46. • LÜDEMANN, G. & ÖZEN, A. *La resurrección de Jesús*. Madri, 2001, p. 149-156.

6. SCHILLEBEECKX, E. *Jesús – La historia de un viviente*. Madri, 1981, p. 351-371. A partir da experiência do perdão dos pecados, afirmariam eles, como termo do processo de amadurecimento, a vida do ressuscitado. As aparições não seriam objeto de fé, mas modelo explicativo e interpretativo de uma vivência de fé compartilhada, na qual eles sentem a iluminação divina. Cf. tb. SEGUNDO, J.L. *La historia perdida y recuperada de Jesús de Nazaret*. Santander, 1991, p. 311-346.

de forma narrativa, descritiva e realista, a de seu código cultural. Ou seja, o que foi uma moção interior, eles o transformaram num relato realista, baseado numa percepção objetiva de que ele lhes aparecia. Seria necessário distinguir, portanto, entre a convicção subjetiva a que haviam chegado e o pretenso caráter objetivo das aparições. Seria necessário separar a linguagem cultural por eles utilizada e a experiência pessoal na qual baseavam suas narrativas. E, sobretudo, esta convicção não precisaria ter sido causada por algum acontecimento ou experiência nova. Seria apenas uma consequência de suas convicções anteriores a qualquer experiência de ressurreição.

O núcleo histórico, de acordo com esta teoria interiorista, não seria um túmulo aberto nem vazio, nem um tempo cronológico de aparições, nem algo concernente a seu cadáver, que experimentou a corrupção como todos os defuntos. O destino do corpo físico seria indiferente ao anúncio da ressurreição, que não poderia ser interpretada como uma transformação criadora na qual seu corpo desempenhasse um papel. O caráter simbólico do túmulo e do corpo ausente teria nos relatos um caráter de sinal, não de evidência probatória. De acordo com esta interpretação, todos os eventos seriam acontecimentos psíquicos, emocionais e vivenciais, a partir dos quais os discípulos captaram a novidade do Jesus ressuscitado, que já estava com Deus. Na realidade, a primazia de Jesus seria mais cognitiva do que ontológica, e o que lhe aconteceu aconteceria a todos os mortos, que ressuscitam em Deus após a morte. Não se poderia falar, portanto, de uma nova realidade do sujeito. A legítima reação contra o deus milagreiro e contra a ideia de que a ressurreição é um milagre levaria a reduzir a objetividade do fato, em favor de uma tomada de consciência pessoal e vivencial, marcada pela inteligência emocional. Tratar-se-ia mais de uma intensificação da atualidade e da presença espiritual de Jesus do que de um encontro, que nos relatos seria expresso imaginativamente como visões.

No entanto, estas diferentes hermenêuticas modernas também pagam seu preço. Oferecem uma interpretação adaptada à sensibilidade e à mentalidade modernas, interpretação que se encaixa nos pressupostos da ciência e da cultura atuais. Implicam uma continuação da teologia liberal, para que a ressurreição se encaixe nas exigências modernas sobre o experimentável e cognoscível. O problema está em que se perde o aspecto provocativo da ressurreição, enquanto impugna os postulados da modernidade, de que todo o real é racional e, de alguma forma, comprovável. Se a ressurreição se refere a algo transcendente e não empírico, é inútil tentar encaixá-la nos condicionamentos dos fatos históricos ou das experiências empíricas. Se existe ressurreição – que um morto tenha uma forma de vida diferente por causa da intervenção divina –, relativiza-se a clausura fechada pretendida pela razão histórica e pelas pautas científicas. Mostra-se uma história e um cosmos abertos a algo que escapa aos seus esquemas sobre o possível, o fático e o cognoscível. A partir daí pode-se explicar que muitas pessoas não aceitem a ressurreição, porque ela põe em questão o caráter absoluto do que não é factível e comprovável.

Logicamente a ressurreição também não se encaixaria no esquema grego de uma alma imortal, apesar do elemento perecível do corpo. É curioso que estas teorias, que querem realçar o caráter subjetivo e emocional da ressurreição, como parte da fé dos discípulos, tenham evitado a teoria mais popular e com mais facilidade de ser crida: a de que o corpo de Jesus se corrompeu, mas sua alma imortal já está com Deus. Isto se encaixaria nas teorias que rejeitam o túmulo vazio e a ressurreição corporal. Mas estes autores não a aceitam, às vezes nem a mencionam, porque a proposta se baseia numa antropologia dualista, de raiz grega, que tampouco é aceita hoje pelo pensamento moderno. O que predomina é o critério de que a explicação seja integrável no consenso iluminista da modernidade, marcado pelas ciências naturais, e não o critério da fidelidade ao que dizem os textos. Mas é preciso aceitar o não saber sobre o como da ressurreição, que proíbe especular sobre o que é a vida eterna. Não sabemos se existe outra vida e é normal que sintamos perplexidade diante da afirmação de que cada indivíduo se encontra com Deus após a morte, sem podermos dizer nada sobre este encontro. A afirmação de que Cristo ressuscitou e vive resulta demasiado genérica e vaga para os desejos de concreção e as perguntas sobre a sobrevivência. O que ocorre após a morte não é comprovável, dando lugar à opção pessoal de cada um. O homem se coloca a pergunta por Deus a partir da origem e do fim da vida, mas as respostas são diferentes, sem que nenhuma se imponha necessariamente.

A razão só possibilita captar as leis da natureza e da história. Procura conhecer o como da realidade, mas o porquê e o para quê lhe escapam. Ao racionalizar tudo o que existe e negar que algo se subtraia à análise racional, ela elimina o que não se encaixa nos postulados racionais sustentados. Para a razão não haveria mistérios nem realidades que se subtraiam ao seu domínio; não há lugar para "o outro" que não seja a razão. Como no leito de Procusto, em vez de indagar seus limites e rejeitar a razão total, seleciona-se da realidade aquilo que é admissível racionalmente. E se declara que o resto não existe, porque todo o real é racional e vive-versa. Absolutiza-se a razão e o sujeito cognoscente que objetiva a realidade, ignorando o que lhe escapa. Para não cair no irracionalismo, cai-se no extremo pan-racionalista oposto, sem ver que permanecer no positivo científico leva ao niilismo ético, valorativo e humanista[7].

A partir deste enfoque poder-se-ia interpretar a afirmação paulina de que Cristo crucificado é uma loucura para a razão grega (1Cor 1,23-25), e muito mais falar aos gregos de um crucificado ressuscitado. Quando se quer racionalizar, a ressurreição se transforma em algo diferente do que pretendiam os cristãos. Os críticos modernos substituem as afirmações dos relatos que lhes parecem menos críveis para nossos moldes de racionalidade por outras hipóteses mais adaptadas culturalmente. E o fazem sem que haja novas fontes que forneçam outros dados aos dados das narrativas. Substitui-se a interpretação dos evangelistas pela interpretação própria, tão subjetiva ou mais subjetiva que a deles. Além disso, nestas teorias há formulações que contradizem os relatos. As narrativas encenam criativamente os acontecimentos e não devem ser interpretadas literalmente, mas as hermenêuticas alternativas rejeitam o que essas narrativas afirmam em função de pressupostos tão indemonstrados como aquilo que combatem[8]. Os evangelhos falam de um túmulo aberto e vazio, enquanto alguns sustentam que não sabemos onde nem como Jesus foi enterrado. Tampouco sabemos se teve uma sepultura própria e não a comum, na qual se depositavam os executados. A menção das mulheres que procuram dar-lhe um sepultamento digno, com seus unguentos e perfumes, é também questionada, bem como a validade e realidade da teofania que lhes é comunicada. Os relatos falam de aparições, que estes ilustrados negam, e de uma realidade corporal diferente, que também é rejeitada, e de resistências que, progressivamente, são superadas. Todo o resto ficaria relegado a um código cultural a partir do qual são criadas estas cenas para explicar o que rompe todos os esquemas culturais. Já que, logicamente, falar do além-morte implica superar as fronteiras da linguagem e utilizá-la de forma inadequada para falar daquilo que a transcende. As hipóteses alternativas oferecidas para explicar estas construções imaginárias resultam menos críveis do que assumir que os narradores mentiram ou que disseram a verdade, com suas categorias culturais e religiosas, sem mais complicações.

---

7. O pensamento não pode capitular diante do ôntico, diante do racionalmente explicável. Quando não é decapitado, ele se abre à transcendência. Mas esta só pode ser expressada como ânsia e alteridade, diferente, que se subtrai à razão e à sua objetividade. Cf. ADORNO, T.W. *Dialéctica negativa*. Madri, 1986, 397-405. • *Minima Moralia*. Madri, 1987, § 153, 61; 81-83, 85. • APEL, K.O. "El desafío de la crítica de la razón total y el programa de una teoría filosófica de los tipos de racionalidad". *Anales de la Cátedra Francisco Suárez*, 29, 1989, p. 63-96. Não podemos ir contra a razão, mas podemos assumir que existem acontecimentos que não são compreendidos e captados a partir unicamente da razão.

8. WRIGHT, N.T. *La resurrección del Hijo de Dios*. Estella, 2008, p. 46-50, 833-874. Cf. tb. *El desafío de Jesús*. Bilbao: Desclée de Brouwer, 2003, p. 163-193.

O pressuposto último, de acordo com nossa sensibilidade e presunção moderna de que os mortos não ressuscitam, se complementaria também com a afirmação de que aquilo que aconteceu a Jesus é a mesma coisa que acontece a todos os defuntos. Sem que haja novidade ontológica, na qual se anuncie algo que diferencie Jesus do outros. Esquece-se então que os discípulos não só anunciam um Cristo ressuscitado, mas também glorificado e exaltado, que continua atuando e dá o Espírito de Deus. A heterogeneidade de Jesus ressuscitado, em relação a qualquer defunto, é que só a Ele se dá um protagonismo salvífico e uma identidade fundida com a de Deus. Pelo contrário, ao nivelar Jesus com todos os mortos, a singularidade de Cristo fica limitada ao nível do conhecimento, não da realidade ontológica. Isto mostraria o que já acontece a todos, em detrimento do excepcional de uma ressurreição singular. E a partir daí torna-se fácil o passo seguinte: afirmar que Ele foi um homem a mais entre os outros, sem haver nenhuma singularidade nem especificidade em sua vida e em sua pessoa. O destino de Jesus se diferencia do destino dos profetas assassinados do Antigo Testamento pelo fato de que, embora eles estejam com Deus, não têm protagonismo nem missão.

As diversas teorias constroem hipóteses *ad hoc*, apropriadas a cada momento sobre cada um dos elementos das narrativas, que permitam ir negando-as progressivamente. O problema é que as alternativas oferecidas são, frequentemente, tão questionáveis quanto os relatos que elas rejeitam. As soluções que elas sugerem tampouco são convincentes. Ao afirmar que o subjetivo e interior é a única coisa que houve, não explicam por que os discípulos não se limitaram a falar apenas de fé pessoal, em vez de insistir em algo extrassubjetivo que os interpelou. A afirmação de que os discípulos o transformaram em narrativas reais, com ou sem qualquer intenção de fraude, precisa explicar por que houve pessoas que experimentaram a Cristo ressuscitado com um intervalo de anos e com uma grande diversidade geográfica e de interpretações. O elemento provocador dos relatos é que houve uma iniciativa divina que mudou a sorte de Jesus e lhe deu um novo protagonismo para além da morte. E isto se pode crer ou rejeitar, mas não se pode negar que a pretensão dos evangelhos é esta e não o que afirmam as teorias inventadas na atualidade. Por isso, o testemunho apostólico tem importância, porque fala de algo *sui generis*, irrepetível, diferente e excepcional, que revela um sentido último a toda a humanidade[9]. Podemos naturalmente ser céticos e afirmar que

---

9. RAHNER, K. *Curso fundamental de la fe*. Barcelona, 1979, p. 322-327. • RAHNER, K. & THÜSING, W. *Cristología* – Estudio teológico y exegético. Madri, 1975, p. 42-50. Uma boa síntese do enfoque de Rahner é apresentada por KALUZA, K. "Unbedingte Hoffnung in der Erfahrung der Geschichte". *Zeitschrift für Katholische Theologie*, 129, 2007, p. 75-96.

isto é o que eles creram e que eles se basearam em alguma experiência que se impôs a eles. Isto não precisa tornar-nos crentes, porque podemos desconfiar de seu testemunho e de seus argumentos, sem que isto nos leve a dizer que eles inventaram o que diziam ou que queriam enganar-nos.

Trata-se de dois paradigmas e duas hermenêuticas, a tradicional e a moderna, ou pós-moderna. Nas duas se dizem coisas diferentes e há uma leitura divergente da ressurreição. Evidentemente os relatos têm muito de encenação e de representação. Só podemos falar humanamente do deus divino. Toda linguagem que se refira a ele é inadequada, como lembra a teologia negativa. O núcleo tradicional está em que eles experimentaram que Deus havia dado a Jesus uma nova forma de vida. Era Ele mesmo, mas diferente ("ipseidade", mas não mesmidade).

Se a identidade da pessoa varia ao longo da história, embora se trate do mesmo sujeito, podemos falar de um Jesus diferente que já está com Deus e transcende o marco da história. Por isso deixamos de falar de Jesus e passamos a proclamar a Cristo ressuscitado, ressaltando a descontinuidade na continuidade. O corpo faz parte de sua identidade histórica e os relatos não podem referir-se a Jesus sem mencioná-lo, ressaltando a continuidade entre o crucificado e o ressuscitado. Ao mesmo tempo, os discípulos constatam que Ele se comporta de maneira diferente da maneira terrena, já que a tinha superado. Não seria uma mera percepção subjetiva, um *insight* interior, mas algo que se impõe a eles e os obriga a reformular suas ideias a respeito da morte. A ressurreição aponta para um sentido último, para além da morte, que escapa ao fechamento da imanência e revela seu sentido.

Os perigos de uma mitificação do Cristo ressuscitado são evitados mantendo a vinculação com o crucificado, que remete às causas de sua paixão. Se sua missão messiânica sofreu a provação da cruz, o envio que surge da ressurreição passa a depender dos discípulos, que precisam transmitir a imagem de Deus vinculada ao crucificado ressuscitado. Os problemas surgem quando há uma cristologia triunfal, sem a mediação concreta do crucificado, que levariam a uma igreja do poder divino, mais em consonância com as imagens decaídas da tradição judaica. O triunfalismo religioso alia-se à ideia do Deus poderoso e de um Cristo rei que o transmite à própria Igreja, ela própria divinizada. Mas é incompatível com a religião que se fundamenta numa vítima da injustiça religiosa e política. A tendência cristã a concentrar-se no Cristo divino, deixando num segundo plano o Jesus que acabou crucificado, favoreceu o triunfalismo eclesiástico e a resistência a aceitar que a Igreja em seu conjunto é pecadora, apesar de ser inspirada pelo Espírito que guiou Jesus em sua vida terrena. A Igreja deriva da comunidade de discípulos, embora a ultrapasse, e depende diretamente do Espírito Santo, vinculado por sua vez ao Cristo ressuscitado[10]. Jesus testemunhado pelos discípulos é o referente último da comunidade, que se transforma em Igreja após a experiência da ressurreição e da inspiração do Espírito. Daí surgem as hermenêuticas cristológicas que atualizam seu significado salvador.

2 A cristologia de Paulo

Os evangelhos pertencem à segunda geração de cristãos; são obra de escritores do último terço do século I, que não conheceram diretamente a Jesus e que, no entanto, falam sobre suas origens e se concentram em sua vida. Outros escritos do Novo Testamento, pelo contrário, contêm relatos de pessoas contemporâneas de Jesus. Embora os evangelistas não o tenham conhecido pessoalmente, relacionaram-se com testemunhas diretas suas. Sobre esta base refletiram sobre Ele, mas quase não se referiram a seus feitos históricos ou o fizeram de forma indireta e de passagem. Concentraram-se no significado de sua ressurreição e no sentido que esta tinha para eles. Nos evangelhos contam-se acontecimentos da vida de Jesus, nos outros escritos a prioridade está em interpretar sua morte, pondo a ênfase em sua ressurreição. Há um deslocamento do centro de gravidade, de Jesus para o Cristo. O referente principal já não é a pessoa de Jesus, mas o ressuscitado como aquele que revela a Deus. Ou seja, os evangelhos, cronologicamente tardios, dão a primazia a contar quem foi Jesus e como viveu, enquanto os outros escritos, embora sejam anteriores aos evangelhos, mostram como os cristãos compreendiam o significado de Cristo. O lógico teria sido os primeiros escritos contarem a história e os tardios oferecerem as diferentes interpretações sobre Ele. Mas a realidade é que ocorreu o inverso, sobretudo no caso de Paulo, que não conheceu Jesus. Afastar-se dos fatos históricos, para especular sobre seu significado, traz o risco de estabelecer um dualismo entre história e sentido, entre o que ocorreu e a teologia sobre Jesus.

A pregação da comunidade concentrou-se no novo sentido da história. O que mais interessou não foi contar a ressurreição, mas seu conteúdo revelado, seu significado e sentido, que afeta tanto Jesus como a missão da Igreja. Era necessário não só esclarecer quem era Jesus, o que pretendiam as cristologias, mas também

---

10. ESTRADA, J.A. *Para comprender cómo surgió la Iglesia*. 2. ed. Estella, 2000. • "Las primeras comunidades cristianas". In: SOTOMAYOR, M. & FERNÁNDEZ UBIÑA, J.F. (eds.). *Historia del cristianismo* – I: El mundo antiguo. 4. ed. Madri, 2011, p. 123-188.

precisar em que consistia a salvação que Cristo havia trazido a todos os homens. Se a vida de Jesus teve sentido, agora era preciso explicitar a salvação do Cristo ressuscitado. Houve uma mudança de protagonismo, já que se passou de Jesus ao posterior Cristo ressuscitado, de como era preciso viver o projeto de Jesus a como assumir a salvação da ressurreição. A existência de Jesus atesta o que Deus espera do homem. A ressurreição legitimou Jesus, contestado na cruz, e lhe acrescentou um novo significado. É este o conteúdo dos escritos do Novo Testamento.

Neste novo contexto aparece Paulo de Tarso, o autor do qual temos mais escritos e que desempenhou um papel decisivo na evolução da Igreja primitiva. Ele não conheceu Jesus pessoalmente e as notícias que teve a respeito dele o levaram a perseguir os judeu-cristãos. Seus primeiros dados sobre Jesus foram negativos, vendo nele, como as autoridades religiosas, um perigo para o judaísmo. Não sabemos quase nada de suas origens, como aconteceu também com Jesus. Só sabemos que era de uma família judaica (Rm 11,1; 2Cor 11,22), que nasceu em Tarso (At 22,3), um centro da cultura grega, e que possuía cidadania romana (At 21,39). Além disso, pertencia à corrente dos fariseus (Fl 3,5) e era um zeloso defensor da lei judaica (Gl 1,13-14; Fl 3,6-7; At 22,3). Paulo representou o judaísmo culto e integrado no Império romano. Sua conversão deveu-se a um encontro com o ressuscitado (1Cor 9,1; 15,8; Gl 1,11-17). Viveu esta experiência como uma graça e uma eleição divina que mudou sua vida (Gl 1,13-16). Daí surgiu o núcleo de sua teologia e as consequências que ele derivou da ressurreição[11].

Apesar de Paulo não ter conhecido Jesus pessoalmente, não há dúvida de sua vinculação com os discípulos, como Pedro, que ele visitou em Jerusalém e com o qual conviveu durante duas semanas (Gl 1,18). Não conhecemos o conteúdo de seu encontro, mas é lógico supor que obteve informações sobre Jesus. Paulo alude explicitamente a uma tradição que recebeu a respeito da ceia (1Cor 11,23-25), que coincide com o relato de Lucas (Lc 22,19-20). É provável que ambas tenham a mesma origem ou estejam vinculadas. Em outra ocasião fala também de outra tradição recebida do Senhor (1Cor 7,10-11; 9,14), que ele distingue de sua própria postura (1Cor 7,12-16), realçando sua dependência das tradições e sua liberdade para acomodá-la às novas circunstâncias. Há uma história global que começa com o que Jesus disse e fez, que depois é incrementada e ampliada com a história de seus seguidores, dentro da qual se alinha o próprio Paulo. A defesa de seu apostolado e de seu "evangelho" baseia-se na revelação que ele próprio recebeu

---

11. WRIGHT, N.T. *La resurrección del Hijo de Dios*. Estella, 2008, p. 269-498. É um dos textos mais completos sobre a interpretação paulina e eu o utilizei amplamente.

do ressuscitado, mas isto não implica que se desvinculasse dos relatos existentes sobre Jesus, que ele havia recebido (1Cor 15,3)[12]. Há outros textos (At 9,3-9; 22,6-11; 26,12-18) que põem em primeiro plano a integração de Paulo no círculo dos apóstolos, que antes ele perseguia, embora difiram do relato paulino sobre sua conversão. Não há dúvida sobre o crescente interesse dos cristãos por notícias sobre Jesus, que deram origem também aos dois relatos da infância, embora esses dados tenham sido objeto de diferentes interpretações e adaptações, como fez Paulo ao distinguir entre o mandamento do Senhor e sua própria aplicação (1Cor 11,10-16.23.33-34; 14,33-37. Paulo não podia trazer nenhuma contribuição sobre Jesus, mas sua insistência no ressuscitado não implica que se desinteressasse de sua vida e das causas que o levaram à morte. Paulo se apoia numa herança histórica e teológica recebida, que ele enriquece e aplica.

O novo ponto de partida foi a experiência que Paulo teve do ressuscitado, não a própria ressurreição. O que para Jesus foi o batismo, enquanto provocador de uma crise e mudança, para Paulo foi sua vivência do ressuscitado (Gl 1,15; 1Cor 9,1; 15,8; 2Cor 12,2; At 9,3-4). A partir daí encontrou um novo sentido para sua existência, mudou seu estilo de vida e procedeu a uma recriação pessoal da religião judaica. Foi um convertido radical, porque passou de perseguidor a defensor do cristianismo, oferecendo uma interpretação própria tão extrema como sua conversão. Como tantos convertidos, deixou de ser inimigo e passou a ser defensor radical do cristianismo, sem medo de enfrentar os judeus e os próprios cristãos, persuadido da verdade de sua nova visão de Cristo, que ele chama de vocação e não de conversão (Gl 1,15-16). Já não se tratava apenas do sentido que Jesus deu à sua vida, mas do sentido que o próprio Paulo postulava para si e para os outros (Gl 1,1.11). Paulo trouxe elementos fundamentais ao projeto cristão, condicionados por sua própria personalidade e pela teologia que tinha do judaísmo antes de sua conversão. Os evangelhos são muito concisos ao falar da ressurreição, enquanto esta é objeto de uma longa reflexão de Paulo, que a interpreta a partir de sua experiência pessoal.

Neste contexto é crucial a vinculação que Paulo faz entre a ressurreição e a exaltação de Jesus como Filho de Deus (Rm 1,4: "constituído Filho de Deus, poderoso segundo o espírito de santidade, a partir da ressurreição dos mortos, Jesus Cristo nosso Senhor"; 1Ts 1,10: "esperar do céu seu filho, a quem Ele ressuscitou dos mortos, a saber, Jesus, que nos livrou da ira vindoura"). O fato de afirmar a

---

12. BAUCKHAM, R. *Jesus and the Eyewitnesses*. Grand Rapids, 2006, p. 264-269. • DUNN, J.D.G. *The Theology of Paul the Apostle*. Grand Rapids, 1998, p. 188-195.

filiação divina de Jesus como resultado da ressurreição revela que a primeira só foi conhecida a partir da segunda. Ambas foram interpretadas a partir do monoteísmo estrito e de uma filiação unida à tradição messiânica e real do judaísmo. Os evangelistas a afirmaram no começo de seus evangelhos, vinculando-a à concepção e ao nascimento de Jesus e a seu batismo, enquanto Paulo partiu da ressurreição, como João partiu do hino sobre a palavra preexistente em Deus. O significado do título "Filho de Deus" foi objeto de discussão entre os cristãos durante quatro séculos, procurando sempre conciliar o monoteísmo estrito judaico com a condição filial de Jesus. Ao glorificá-lo como Cristo (Jesus Cristo), exaltado junto a Deus, concluía-se a revelação. Dava-se também um novo sentido à tradição sobre o Messias e o rei de Israel e atingia-se a sociedade romana e o culto imperial a César como filho de Deus[13].

O problema central posterior dos cristãos foi conciliar o monoteísmo estrito judaico com a filiação divina de Cristo. A titulação "Filho de Deus" combina a tradição judaica e o sentido anterior com o novo significado que adquiriu a partir da ressurreição, que obrigava a uma nova chave interpretativa. Dizer que Ele foi constituído Filho de Deus a partir da ressurreição aponta para algo novo para Jesus. Sua humanidade passava a fazer parte de Deus. O sentido que Jesus deu à sua vida e morte só podemos deduzi-lo a partir dos relatos evangélicos; porém agora surgem novos conteúdos que não derivam da ressurreição em si, mas da interpretação que lhe dá Paulo. Nesta hermenêutica desempenhou um papel fundamental sua própria personalidade e biografia, bem como o código religioso em que fora educado. Que Deus se comunique e inspire o ser humano não significa que se anula o sujeito que recebe a revelação. É preciso distinguir entre a própria experiência de Deus e os pensamentos, reflexões e ponderações que o sujeito faz depois delas[14]. Paulo conta o que ele experimentou e tira consequências de acordo com sua própria reflexão.

---

13. WRIGHT, N.T. *La resurrección del Hijo de Dios*. Estella, 2008, p. 875-898. • VAN IERSEL, B. "Filho de Deus no Novo Testamento". *Concilium*, 173, 1982/3, p. 296-313.

14. Esta é uma chave fundamental de Inácio de Loyola: "A pessoa espiritual, a quem Deus deu esta consolação, deve observar e discernir, com muita vigilância e atenção, o tempo próprio desta atual consolação do tempo seguinte. Neste, a pessoa permanece afervorada e favorecida com o dom e os efeitos da consolação passada. Porque, muitas vezes, neste segundo tempo, ela segue o próprio curso habitual e as deduções de seus conceitos e juízos, sob a influência do bom ou do mau espírito. Assim, forma diversos propósitos e pareceres que não são dados imediatamente por Deus nosso Senhor. Por isso, eles devem ser muito bem examinados, antes que lhes seja dado todo crédito e sejam postos em execução" (Regras para o discernimento dos espíritos da segunda semana. Regra 8: *Exercícios Espirituais*, 336).

O eixo central da revelação, o "evangelho de Jesus Cristo, Filho de Deus" (Mc 1,1), passou a ser o da morte e ressurreição de Cristo (1Cor 15,1-11). Foi também o núcleo da pregação de Pedro aos judeus, de acordo com a versão de Lucas (At 2,14.22-24.32-36; 3,12-26; 4,8-12.33; 5,29-32). O que se ressalta não é o fato da ressurreição em si, mas seu significado (Messias exaltado, constituído Filho de Deus). Paulo fala da ressurreição como "seu evangelho", unido ao que recebeu da tradição (1Cor 15,1-3). Acrescenta que "Cristo morreu por nossos pecados, segundo as Escrituras" (com o que interpreta ambas, a morte e as Escrituras). E continua, dizendo que Ele "foi sepultado, ressuscitou ao terceiro dia, segundo as Escrituras", e que apareceu a Cefas, aos doze, a mais de quinhentos irmãos, a Tiago, a todos os apóstolos e, finalmente, a ele (1Cor 15,3-8). Este texto sintetiza o núcleo da experiência de Paulo, baseada em aparições a testemunhas, numa interpretação teológica (morreu por nossos pecados) e na ideia de que a Escritura, globalmente, anunciava a morte e ressurreição de Jesus. Paulo não conta um acontecimento, mas o apresenta interpretado a partir da chave que o preocupa, a redenção dos pecados. Para Paulo, o problema central não é o sentido do reino de Deus, mas o significado da morte e ressurreição de Cristo. A problemática pessoal de Paulo, o que ele sentia acerca da lei religiosa, do pecado e da salvação, condicionam sua própria interpretação de Jesus. Este, por sua vez, incide sobre ele e transforma o sentido de sua vida.

Contam-se alguns fatos, aparições e visões (1Cor 9,1), que vão além do que é narrado pelos evangelhos. Estes nunca mencionam Tiago (1Cor 15,7) nem uma multidão à qual Ele se tenha mostrado (1Cor 15,6). Por outro lado, Paulo omite, significativamente, a nomeação das mulheres, que para ele não eram testemunhas válidas para proclamar a ressurreição. Estas não podiam desempenhar um papel importante no novo movimento, porque o impedia o código cultural, judaico e grego, que as relegava a um segundo plano. Começava assim a adaptação e tradução da mensagem de Jesus para um novo contexto, diferente do seu contexto inicial. A dinâmica igualitária de Jesus, que exigia a mesma coisa das mulheres e dos homens, e a dinâmica posterior que tinha nelas as primeiras aparições da ressurreição, viu-se freada pela concepção tradicional a respeito da mulher no judaísmo e na sociedade romana[15]. Silenciou-se o papel das mulheres na ressurreição e, em troca, realçou-se o testemunho de Paulo, que não havia conhecido Jesus. O centro de gravidade do cristianismo já estava se deslocando de uma forma de vida, a de Jesus, na qual se oferecia um sentido à existência, para o conteúdo salvífico que

---

15. ESTRADA, J.A. *Para comprender cómo surgió la Iglesia*. Estella, 1999, p. 266-278.

derivava de sua morte e ressurreição, de acordo com o que foi experimentado por Paulo. O centro da mensagem de Paulo não são as lutas de Jesus pelo reinado de Deus, mas sua interpretação teológica, centrada na morte de Jesus.

A nova maneira de entender a salvação

O nexo entre ressurreição e crucificação recorda a mudança de Israel no exílio na Babilônia (século VI a.C.). Israel lutava contra os outros deuses e rejeitava que se prestasse culto a eles. Quando foi incorporado ao Império persa, após o exílio na Babilônia, Israel viu neste desterro a vontade de Deus, que ele proclamou como único e universal. A aliança entre Deus e Israel estendeu-se a toda a humanidade. Os cristãos também integraram a cruz no plano divino. Ela foi transfigurada em sinal glorioso da filiação divina do ressuscitado. Deu-se um novo sentido ao Deus providente, que extrai sentido da morte e da injustiça. Era preciso aprender a ver as coisas de maneira diferente, afirmava Paulo. A fé cristológica obrigou a recriar seu final, que deixou de ser a narração de uma derrota[16]. Agora se proclamava uma luta final (1Cor 15,26: "o último inimigo a ser destruído será a morte"). Como este anúncio responde a uma das perguntas fundamentais do homem, é compreensível que deslocasse a vida de Jesus, com o risco de substituir a salvação presente, no aqui e agora da história, por uma salvação de além-túmulo, como ocorreu nos cristianismos históricos. Começa uma nova etapa, na qual já não se põe o acento na construção do reinado de Deus, mas no Cristo vencedor da morte ("Morte, onde está tua vitória?": 1Cor 15,55-57).

Não se questiona o projeto de sentido de Jesus, mas se põe o acento numa salvação da morte. Daí Paulo deduz a necessidade de viver de maneira diferente, já que a ressurreição projeta seu significado sobre a vida dos discípulos.

A novidade é a relativização da morte, que perde seu significado último destrutivo, a passagem do ser ao nada, para adquirir uma nova dimensão, a de ressuscitar. Ou seja, estar em Deus e com Deus, sem dizer nada sobre o como e o conteúdo material desta vida após a morte. Ao mudar o significado da morte, dá-se lugar à esperança e formula-se a alteridade específica da pessoa ressuscitada. O ser humano vive uma vida qualitativamente diferente do resto dos animais e aborda o fim com outras perspectivas. Enquanto Paulo experimenta Cristo ressuscitado, muda sua maneira de viver. Ele já não aborda o fim a partir da perspectiva da

---

16. THEISSEN, G. "Le Jésus historique et le kerygme". *De Jésus à Jésus-Christ* – I: Le Jésus de l'Histoire. Paris, 2010, p. 226-234.

destruição total de seu organismo, mas abre-se à esperança num Deus dos vivos e dos mortos. A morte como fato é a mesma, mas tem um sentido diferente. Esta nova esperança, trágica porque surge da cruz, fascinou muitas pessoas. Respondia a necessidades e desejos que estão além do instinto animal de sobrevivência. A ressurreição responde ao dinamismo essencial da pessoa, faminta de imortalidade, como realçaram Pascal, Kierkegaard e Unamuno, que não se refugiam na espécie sem sobrevivência do eu. O ateísmo humanista corrobora a correspondência da esperança cristã com os dinamismos profundos do homem, mas desconfia dela, porque implica uma plenitude de sentido. E isto é ressaltado por Paulo, que proclama a ressurreição de um crucificado, algo impensável em outras religiões. A vida de Jesus foi a coisa mais contrária à ideia que a religião tinha de um messias salvador, enquanto a ressurreição manifesta Deus de maneira impensável, no menos divino.

E Paulo continua a reflexão: se não há ressurreição dos mortos, tampouco Cristo ressuscitou, e então estamos ainda sob o pecado (1Cor 15,12-17). Insiste-se em unir ressurreição e perdão dos pecados, que antes estava ligado ao batismo de João Batista (Mc 1,4; Mt 3,6) e à atividade de Jesus (Mc 2,5.8). Assim como Deus legitimou Jesus após sua morte, também ratificou o perdão que Ele ofereceu em sua vida. Paulo põe o acento em sua morte redentora e menciona Jesus com os títulos de sua glorificação: Senhor, Cristo, Jesus Cristo, Filho de Deus etc. Por um lado, afirma que esperar em Cristo, olhando apenas para esta vida, implicaria ser os mais infelizes dos homens (1Cor 15,19). Ou seja, o núcleo de sua fé não é a vida de Jesus, mas a ressurreição, deslocando o centro de gravidade do evangelho. Não renega o sentido da vida de Jesus, mas é a ressurreição que tem mais força. E começa a desenvolver sua cristologia: Cristo é o primeiro dos mortos que ressuscitam e o Adão que nos vivifica (1Cor 15,20-23). E completa isto com as consequências da ressurreição: Cristo entregará o reino ao Pai quando tiver destruído todo principado, poder e potestade, quando tiver vencido todos os seus inimigos (Sl 110,1; cf. 1Cor 15,25; Fl 3,21; Cl 1,16-20), sendo a morte o último deles (1Cor 15,24-27). Quando tudo lhe estiver submetido, Ele próprio se sujeitará ao Pai, para que Ele seja Deus em todas as coisas (1Cor 15,27-28; Hb 2,8-9). Estas afirmações fazem parte do código cultural e religioso judaico e também da antiguidade a respeito de poderes que dominam o ser humano.

Da mesma maneira que os evangelhos, Paulo alude a traços míticos e lendários, que sublinham o poder de Jesus (Mc 1,13.24-27) e dos seus (Lc 10,17). Adota a mitologia celestial da época, que ele conhece a partir de sua dupla perspectiva de cidadão romano de religião judaica. Neste contexto, fala do novo significado de Cristo e exalta seu poder celestial, questionando os deuses e senhores celestiais (2Cor 8,5-6). A mensagem de Paulo é que Cristo ressuscitado inaugurou uma nova fase na história, emancipando o homem do poder celestial que o escravizava[17]. Esta mensagem continua sendo atual, porque os seres humanos continuam buscando sinais e forças celestiais que determinam os acontecimentos. A era dos adivinhos, escrutadores do céu e consultores dos horóscopos não acabou. Na antiguidade prevalecia o determinismo cósmico. O destino se impunha à ação dos homens, como mostravam as tragédias gregas.

Paulo também participa deste código e crê em potências celestiais que dominam os seres humanos. Mas o homem é libertado pelo triunfo cósmico do ressuscitado sobre as potências que o mantinham subjugado. É óbvio o contraste entre a impotência de Jesus na paixão e o poder do Cristo triunfante. Paulo via a glorificação de Cristo como sua entronização, que lhe conferia um poder sobre as forças que oprimiam os homens. Por isso pregava que a salvação final já havia começado. A ideia paulina de Cristo como novo Adão corresponde à do primogênito ressuscitado dentre os mortos, ao qual seguem-se os outros (Cl 1,18). E este poder de Cristo estava vinculado à força do Espírito de Deus (1Ts 1,5; 4,8; Rm 8,9; Gl 4,6; Fl 1,19). Cristo glorificado está vinculado ao Espírito (Rm 8,9-11), de tal modo que a atividade de ambos é idêntica ("O Senhor é o Espírito": 2Cor 3,17). Se os discípulos de Jesus acreditavam que havia começado o tempo messiânico, Paulo anuncia o começo de uma nova era. A ideia de uma libertação das potências do mal é nuclear na mensagem paulina.

Há uma reafirmação da promessa de salvação a Israel, mas agora esta é oferecida a toda a humanidade como nova aliança entre Deus e o homem. O desconcerto de Jó diante de um Deus criador e em luta contra o mal, que, no entanto, não evita o sofrimento, adquire agora uma nova luz enquanto a luta continua. Nada muda, continuamos sob o domínio do mal e da morte, mas é possível viver com esperança, já que Cristo destruiu a morte e fez irradiar vida nela (1Cor 15,55; 2Tm 1,10). Vive-se de uma esperança e de uma promessa, sem poder esclarecer o além-morte. Mantém-se uma teologia negativa (Ap 21,4), que realça o mistério de Deus e a impossibilidade de conhecer a transcendência. Como não mudou o curso da história, marcada pela injustiça e pelo sofrimento, é compreensível o ceticismo diante da mensagem paulina. Há motivos para desconfiar do sentido que

---

17. THEISSEN, G. "Como se produjo la divinización de Jesús?" *La religión de los primeros cristianos.* Salamanca, 2002, p. 61-84.

esta mensagem oferece. Embora Paulo sublinhe que, se Cristo não ressuscitou, a fé é vã e a esperança em Cristo só para esta vida seria a de homens infelizes (1Cor 15,12-19), não é a mera ressurreição o que dá sentido a uma vida que não o tem. Vale a pena viver a vida como Jesus, que exemplifica o plano de Deus, apesar de sua morte. Paulo argumenta contra os que negam a ressurreição, e com ela a ressurreição de Cristo, tornando inútil a fé no ressuscitado e ficando somente com o fracasso de uma vida que terminou na cruz. Assumir o fracasso último da vida seria também condenar as vítimas ao absurdo, já que o verdugo triunfaria sobre elas[18]. A fé em Deus é também esperança e exigência de justiça.

Mas uma vida sem sentido não se transforma só apelando para o além. Se Deus não pode salvar no aqui e agora do presente, como se pode confiar numa salvação futura, *post mortem*? A concepção cristã é que a dor e o sofrimento fazem parte do ciclo da vida, e nem o próprio Jesus escapou deles. Mas sua vida humaniza, gera profundidade e vivifica com um projeto para combater o mal. A promessa cristã é de plenitude, aberta à esperança de um reino de Deus já presente, que se consumará no futuro. Mas o sentido da vida já foi encontrado e atua no presente histórico. Paulo acrescenta que a ressurreição radicaliza e prolonga a salvação já alcançada e experimentada. E esta forma de existência implica lutar contra os poderes que dominam o homem, sejam quais forem, ideológicos, institucionais ou pessoais. A chave mítica e cósmica da época de Paulo dá lugar hoje à das estruturas de pecado que dominam na sociedade e na religião, que aprisionam o homem e o escravizam. A ideia paulina a respeito de potências que dominam o homem faz parte do código cultural de seu tempo, como quando fala do pecado de Adão (como se fosse uma pessoa histórica) para mencionar a salvação de Cristo (Rm 5,12-21). Contrapõem-se duas situações existenciais: a situação do ser humano submetido ao pecado, que Paulo deduz do relato do Gênesis, e a situação após a ressurreição. As circunstâncias históricas permanecem, mas existe uma nova dinâmica. O homem continua hoje submetido a potências que o dominam, embora estas não possam ser entendidas como na época de Paulo. O que oprime o ser humano são as estruturas de pecado de cada sociedade: a injustiça estrutural, a desigualdade socioeconômica, o machismo patriarcal, o consumismo do mundo rico que açambarca 80% dos recursos, a corrupção da sociedade e de seus dirigentes, as patologias das religiões e de seus líderes etc. A força demoníaca da sociedade,

---

18. HORKHEIMER, M. *Anhelo de justicia*. Madri, 2000, p. 169: "Teologia é a esperança de que a injustiça que perpassa este mundo não seja o ponto-final, de que ela não tenha a última palavra. [...] [é] o anseio de que o verdugo não triunfe sobre a vítima".

que para a antiguidade era causada por seres celestiais, está nas estruturas que destroem o homem, criadas por ele.

Paulo pensa que a luta contra estas forças dominantes se radicalizou a partir da morte de Cristo. Um fato concreto e individual tem consequências universais. Surge assim uma nova ordem, na qual se consuma o desígnio de Deus a respeito de um mundo submetido (Sl 8,6-9), incluída a morte (1Cor 15,26). E, no entanto, Paulo sublinha que Ele ainda vive na luta e ameaçado (1Cor 15,29-34; 2Cor 4,7-18), já que a intervenção final de Deus ainda não se consumou, embora Cristo a antecipe. Partia-se de uma expectativa final que levaria à restauração e triunfo da aliança com Deus (Ez 37,1-14; Dn 12,1-4). Paulo está consciente de que este triunfo não chegou e realça os padecimentos do presente, sem renunciar à esperança (2Ts 2,7-13; Gl 2,20). A tensão entre a experiência de morte e a expectativa da ressurreição é objeto de reflexão em outras cartas (2Cor 5,1-10). Paulo alude ao gemido do homem ao dissipar-se sua vida terrena (2Cor 5,1-4) e à expectativa da criação, que espera, como que em dores de parto, a salvação final (Rm 8,19-23). A ideia contemporânea do ser humano como "ser no mundo", contra o solipsismo de um sujeito individual, é expressa vinculando a sorte do mundo e do homem. Isto leva Paulo a falar de uma "nova criação" para expressar a esperança de superação do mal.

A partir do nexo entre morte e ressurreição, transforma-se a primeira. É preciso ver isto a partir do contexto de salvação experimentado pelo povo judeu, ao qual se revela um Deus criador após a libertação do Egito. A esperança de salvação última provém de que já se viveu, porque foi possível dar um sentido à vida. Por isso é preciso vincular criação e ressurreição, lendo a primeira a partir da segunda, e fazendo de Cristo o cume da obra criadora de Deus. É o que tentou a cristologia cósmica de Teilhard de Chardin, baseada no cristocentrismo da criação. É preciso ver tudo em função de Cristo ressuscitado, que vincula a criação e a expectativa final de superação do mal, simbolizada pela morte. Esta dinâmica explica o simbolismo do Novo Adão, que supera a morte (Rm 5,12-19; 1Cor 15,22.45-49). O corpo do ressuscitado livra "deste corpo de morte" (Rm 7,24-25) e possibilita uma esperança nova (Rm 8,19-21). Há uma reinterpretação cristológica da história judaica da salvação e de sua concepção a respeito da criação. É o mesmo que acontece com o prólogo do evangelho de São João, a partir do pano de fundo da palavra criadora do Gênesis, que agora é apresentada como o Verbo divino que ilumina o homem e lhe possibilita ser Filho de Deus. Por isso Paulo fala da história de Israel e da humanidade a partir da perspectiva da revelação do ressuscitado: toda a criação espera a iluminação final que culminou na ressurreição[19].

Por fim, Paulo aborda o problema antropológico da ressurreição (1Cor 15,35-49): morre e se corrompe o corpo físico, a fim de ressuscitar para um corpo espiritual, à imagem do homem celestial que é Cristo (Fl 3,20-21). A referência ao corpo é a chave para expressar a passagem da morte à ressurreição (Rm 8,11; Cl 3,1-4), relendo o livro do Gênesis (Gn 1–2). Toda a argumentação paulina gira em torno do binômio corruptibilidade e incorruptibilidade, corpo físico e corpo espiritual, mortalidade e imortalidade. Não se trata do dualismo de partes diferenciadas do homem, corpo e alma, mas de duas tipologias do ser humano, de duas formas de vida contrapostas. O homem da carne e o do espírito, o que vive como servo e o que vive a filiação divina (Rm 8,8-17). Após a ressurreição, impõe-se a vida do espírito, por sua vez vinculada a Cristo ressuscitado (1Cor 15,45.58; Rm 8,11; Gl 6,7-9). E novamente Paulo insiste em que todos serão transformados por Deus, quando chegar o fim (1Cor 15,50-54; 1Ts 4,14-17). Criação e salvação fazem parte de um plano salvador, no qual o ser mortal se reveste de imortalidade (1Cor 15,54; Fl 3,21). Responde-se à ânsia de subsistência dos que esperavam a vinda triunfal de Cristo (1Ts 4,13-18; 5,1-11), que acreditavam muito próxima (1Ts 4,15.17). A depressão inerente à morte de um ente querido dá lugar à esperança, se é que existe o Deus que ressuscitou Jesus. E quanto menos se sabe sobre o além-morte, tanto mais é necessário viver de acordo com o plano de vida do crucificado.

As religiões falam do além-morte e da salvação última, apesar de a razão não poder especular sobre o que supera o âmbito da experiência e do mundano (Kant). O homem é feito para o finito, contingente e condicionado, embora impregnado de uma ânsia última de absoluto, infinitude e imortalidade. A isto as religiões respondem com uma linguagem simbólica, imaginativa, condicionada culturalmente. Toda a "teologia do além" baseia-se em representações inadequadas, que motivam e dão esperança. Mas não eliminam o caráter projetivo da linguagem humana sobre a transcendência. Paulo participa da antropologia unitária hebraica, psicossomática, de interação entre o espiritual e o corporal, diferente do dualismo grego a respeito de corpo e alma, presente nas filosofias platônicas. Mas sua linguagem continua sendo inadequada, porque é simbólica e metafórica. Quer

---

19. Esta cristificação da história da salvação e da criação é o eixo condutor da interpretação de Moingt, que fala de uma pró-existência do Verbo, de sua presença escondida na história, antes do nascimento de Jesus, e que este revela plenamente. Cf. MOINGT, J. *Dios que viene al hombre* – II/1: De la aparición al nacimiento de Dios. Salamanca, 2010.

transmitir que a morte é o encontro com Deus, Senhor dos vivos e dos mortos. Por isso fala mais de ressurreição do que de imortalidade da alma, embora esta também seja mencionada na Bíblia (Ecl 12,7; Sb 3,4; Mt 10,28) e tenha passado a fazer parte das representações cristãs acerca da morte[20]. A fé em Jesus baseia-se em sua história, mas vai além dela[21].

A entrega de Jesus na cruz contrastava com o silêncio de Deus e era mais fácil identificar-se com Ele do que com o Deus calado. Agora ocorre o processo contrário, já que Deus atua e confirma Jesus, e surge uma dinâmica salvadora. O centro está no Deus de Israel e num só Senhor Jesus Cristo, por quem existem todas as coisas e nós por Ele (1Cor 8,1-6; Fl 2,5-11; Gl 4,1-7; Cl 1,15-20). Cristo é o mediador, a nova presença de Deus no mundo, desbancando a Torá e o templo. O contexto da nova criação é o referente simbólico (Rm 8; 1Cor 15; Ap 21–22)[22]. Mas não há alusões à situação real dos mortos e também não se diz nada sobre o que o ocorre após a morte. O que preocupa Paulo é o comportamento dos cristãos, que precisam viver de acordo com sua fé. Só afirma que eles participam da ressurreição de Cristo, sem indicações sobre o como. A crença de que Deus levará com Ele os que já "dormem" (1Ts 4,13-14) serve de consolo para os que perderam seus entes queridos. A própria pessoa, com seu projeto vital e suas experiências, é transformada, seguindo o que já foi consumado com Jesus. A força das imagens, muito maior no contexto cultural da época clássica, não pode ocultar o não saber que trazem consigo. Ninguém pode falar sobre a transcendência e sobre o que acontece com a morte, porque não são experimentais. Paulo se resigna a realçar a ação divina. A ressurreição corresponde às perguntas de sentido sobre o significado da morte.

3 A ressurreição em chave eclesiológica

Junto com a ressurreição realça-se o protagonismo de Paulo, que reivindica seu posto de apóstolo dos pagãos, junto aos que conheceram Jesus[23]. Os novos problemas da Igreja – quem devia ter autoridade e como exercê-la – passaram ao

---

20. Remeto ao livro clássico de CULLMANN, O. *La inmortalidad del alma o la resurrección de los cuerpos.* Madri, 1970.

21. OHLIG, K.H. "Thesen zum Verständnis und zur theologischen Funktion der Auferstehungsbotschaft". In: VERWEYEN, H. *Osterglaube ohne Auferstehung?* 2. ed. Friburgo, 1995, p. 80-86.

22. WRIGHT, N.T. *El desafío de Jesús.* Bilbao: Desclée de Brouwer, 2003, p. 148-153.

23. WRIGHT, N.T. *La resurrección del Hijo de Dios.* Estella, 2008, p. 467-498.

primeiro plano. Isto é assim porque a passagem da comunidade discipular à Igreja não havia sido concretizada por Jesus. Inicialmente o grupo de discípulos foi um grupo carismático, inspirado pelo Espírito, o autêntico guia da evolução. Naturalmente os discípulos de Jesus, e mais concretamente os doze, símbolo do novo Israel, tinham autoridade enquanto testemunhas de sua vida e ressurreição (1Cor 15,5-7; Gl 2,8; At 1,21-22), mas logo apareceram outras personalidades como Tiago, o irmão do Senhor, e Paulo (1Cor 15,8), com tanta ou mais autoridade que os discípulos apóstolos. A ideia de que Jesus deixou tudo disposto para depois de sua morte não se encaixa com os dados do Novo Testamento e silencia os conflitos que existiam entre os próprios apóstolos e destes com as comunidades (Gl 1,11-20; 2,1-14; At 15,2). Por isso a ressurreição desempenhou um papel importante para determinar se Paulo pertencia aos apóstolos, se podia reivindicar autoridade e se sua missão aos gentios era legítima.

A discussão sobre a legitimidade apostólica de Paulo não só tinha importância para validar sua missão entre os gentios, mas implicava aceitar ou não sua teologia sobre o crucificado ressuscitado e as consequências que ele tirava para a religião judaica. A passagem do judaísmo ao cristianismo não pode ser compreendida sem as contribuições teológicas de Paulo. Por isso chegou-se a perguntar se o fundador do cristianismo não foi na realidade Paulo, em vez do próprio Jesus[24]. Não cabe dúvida que a Igreja posterior à ressurreição traz a marca da teologia paulina, que exerceu uma influência permanente no cristianismo histórico através de seus escritos, compilados no Novo Testamento. O problema está em que a mensagem paulina não pode substituir ou deslocar a de Jesus, mas foi fundamental para distanciar-se do judaísmo. Disto tinha consciência a Igreja primitiva, dividida entre judeu-cristãos e os que vinham do paganismo, entre os tradicionalistas, que procuravam conservar muitos elementos do judaísmo, e os que queriam romper com ele.

Paulo conta pouca coisa sobre a forma e o conteúdo concreto de sua revelação (Gl 1,11-17; 1Cor 15,3-11), diferentemente de Lucas (At 9,3-9; 22,6-11; 26,12-19), que fala de uma voz e de uma luz do céu (At 9,3-4; 22,6.7.9.11; 26,13.14.19), nas quais Paulo percebe o ressuscitado, com traços afins aos do Antigo Testamento (Dn 10,1.6-9; Ex 3,2-4.6.16). É sua maneira própria de falar de uma revelação divina, de uma teofania, na qual comunica-se com eles alguém que já havia morrido. Especulou-se se o Paulo perseguidor dos cristãos não se sentia interiormente

---

24. WENHAM, D. *Paul*: Follower of Jesus or Founder of Christianity? Grand Rapids, 1995. • SENFT, C. *Jésus et Paul* – Qui fut l'inventeur du christianisme? 2. ed. Genebra, 2002. • JUNOT, E. *Qui a fondé le christianisme?* Paris, 2010.

atraído por Jesus, sobretudo pela transformação que este pretendia em Israel, superando o peso do legalismo religioso. Então a doutrina de Jesus o livraria de seus sentimentos de culpa diante da lei, à qual seguir-se-ia uma dinâmica projetiva que contagiou os outros, como antes aconteceu com Pedro, também marcado por sua culpabilidade após ter negado Jesus[25]. Mesmo que tenha sido assim, e não se deve subestimar os processos internos anteriores a seu novo estado de consciência, é preciso atender à sua dinâmica experiencial, fruto de sua visão (1Cor 9,1) e da revelação divina (Rm 1,3-4; 15,12).

A esta teofania segue-se um longo processo de tomada de consciência, no qual Paulo acentua sua independência em relação aos outros apóstolos (Gl 1,16-19; 1Cor 15,8-10), apelando para o fato de que foi Deus quem lhe revelou seu evangelho (Gl 1,11-12). Mas esta autonomia paulina, diferenciando sua revelação da revelação dos outros apóstolos, não impede que, durante o tempo posterior a ela, ele fosse conhecendo o que Jesus havia dito e feito durante sua vida. Não é crível que a conversão de Paulo não estivesse acompanhada por um desejo de conhecer mais detalhadamente a vida de Jesus, apoiando-se nas testemunhas que ele havia perseguido. Para reivindicar sua autoridade apostólica, que outros rejeitavam, Paulo ressaltou sua revelação recebida de ressuscitado. Mas isto não implica que não se interessasse em conhecer Jesus, para compreender o significado de sua crucificação. A mudança de acento está em passar das testemunhas de Jesus, que precisavam comunicá-la aos outros, para os que tiveram uma experiência de ressurreição, cujo significado eles avaliam e transmitem aos cristãos.

Lucas procura sempre integrar Paulo na Igreja (At 9,12-17; 22,12-16), inclusive subordinando-o aos doze apóstolos (At 1,21-22; 11,25-26; 12,25; 13,1-3; 14,4.14; 15,22)[26]. Mas não se deve equiparar sua narrativa com a do próprio Paulo, que ressalta sempre sua autoridade de "Apóstolo de Jesus Cristo, por vontade de Deus" (1Cor 1,1; 2Cor 1,1; Rm 1,1; Gl 1,1). Resulta congruente que Paulo se interessasse pela vida do Cristo que o havia transformado, embora em relação a ela só pudesse ser um receptor e não uma testemunha direta. A ressurreição era fundamental para compreender a progressiva separação entre os judeu-cristãos e o resto dos judeus. À luz dela começa o processo que leva a mudar a concepção de Deus, passando do monoteísmo judaico a uma nova reflexão sobre Jesus Cristo e sobre a força de Deus que os inspira. Ao Espírito Santo aludem os Atos

---

25. LÜDEMANN, G. "Zwischen Karfreitag und Ostern". In: VERWEYEN, H. (ed.). *Osterglaube ohne Auferstehung?* 2. ed. Friburgo, 1995, p. 13-46. • *The Resurrection of Jesus*. Londres, 1994, p. 173-179.

26. ESTRADA, J.A. *Para comprender cómo surgió la Iglesia*. Estella, 2000, p. 162-166.

dos Apóstolos, o próprio Paulo e a tradição joaneia, a mais tardia e a que mais peso atribui ao Espírito. E junto com esta nova maneira de compreender a Deus inicia-se o processo de reflexão sobre a lei religiosa, que é mais radical em Paulo do que no próprio Jesus; sobre o significado do templo e do culto; sobre a missão aos pagãos; e sobre o surgimento de uma incipiente Igreja primitiva, que começa a diferenciar-se dos judeus, até acabar rompendo com eles.

A novidade radical do crucificado obriga Paulo a rever suas concepções religiosas, mantendo, no entanto, sua filiação judaica e a tradição monoteísta (Rm 4,2-20; Gl 3,16-21; At 24,14), na qual integra sua própria revelação e sua missão aos gentios (aquele que me escolheu revelou-me seu filho, para anunciá-lo aos gentios: Gl 1,15-16). Do mesmo modo que Jesus reuniu um grupo de discípulos para viverem os valores do reino, assim também Paulo procura fundar comunidades que participem da nova maneira de compreender Deus e o homem, e procura fazer com que se integrem nas igrejas irmãs, a partir de uma eclesiologia de comunhão. Se o indivíduo busca isoladamente seu próprio bem, a comunidade e uma experiência de fraternidade reestruturam seus desejos e os canalizam para a integração com os outros. Deus se faz presente nestas relações por meio do Espírito, que os constitui como corpo de Cristo (1Cor 12,3-31). A mediação eclesial por excelência para o ressuscitado é a experiência do Espírito, da qual surge a Igreja como sua criação. A nova chave de compreensão da crucificação, enquanto expressão do fracasso histórico de Jesus com Israel, dá lugar a outra dimensão da limitação do Jesus histórico. Porque agora surgem outras contribuições diferentes da sua, ainda que inspiradas e motivadas pelo ressuscitado; estas contribuições atualizam a necessidade que Jesus tinha dos discípulos, o caráter relacional de sua pessoa e a importância do Espírito, que o ungiu durante sua vida e que inspira seus seguidores, mesmo os que não o conheciam. A comunidade de discípulos dá lugar às igrejas primitivas, por sua vez contingentes e necessitadas de ser complementadas pelas outras. O processo de formação da Igreja vai além do próprio Jesus e tem o Espírito como seu protagonista.

Paulo fala a partir de sua própria experiência, não enquanto ouvinte dos relatos sobre a vida de Jesus. Isto explica duas afirmações ambíguas: que, se só cremos em Cristo olhando para esta vida, somos os mais infelizes dos homens (1Cor 15,19) e que Paulo não conhece ninguém segundo a carne, nem o próprio Cristo. Quem é de Cristo é nova criatura e o que é velho já passou e se tornou novo (2Cor 5,16-17). A primeira afirmação reafirma que não é a história de Jesus que o levou a crer na ressurreição, mas que com ele ocorreu o contrário. O encontro com Cristo ressuscitado mudou sua compreensão de Deus (1Cor 1,25; 2Cor 4,4.6; Fl

2,6-7) e de Jesus (1Cor 1,23.25). No entanto, a fé não se baseia apenas em visões e aparições, mas está regulada por uma vida que levou à cruz (Fl 2,5-11). Não se pode separar as duas dinâmicas. Se se compreende Jesus a partir do ressuscitado, então o crucificado serve para entender seu significado. Por isso, Paulo depende de uma tradição que lhe foi transmitida (1Cor 11,23; 15,3-4), tradição que lhe dá a conhecer Jesus. Por outro lado, Paulo se concentra na experiência de um evangelho que ele não recebeu dos homens, mas do próprio Jesus Cristo (Gl 1,12). Desta experiência deriva sua própria compreensão do projeto de Jesus, em função da qual organiza suas comunidades, sem privilegiar os fatos da vida de Jesus. E nela fundamenta sua autoridade apostólica, sua relevância diante dos doze e a importância de sua interpretação, de seu evangelho.

O núcleo da pregação de Paulo sobre Jesus é que Ele foi crucificado (1Cor 1,23; 2,2), não outro acontecimento de sua vida. Este é o sinal por antonomásia a que Paulo se refere, acrescentando que escandaliza a gregos e judeus (1Cor 1,22-23). Tudo gira em torno das reflexões teológicas sobre a morte e ressurreição de Cristo, "constituído Filho de Deus, Messias e Senhor nosso" (Rm 1,4; 3,25; 4,25; 6,3-4; 1Cor 5,7; 2Cor 5,21; 8,9; 13,4), embora faça alusões a seu nascimento (Rm 1,3; 8,3; 9,5; 13,4) e distinga em suas decisões entre o que Jesus disse e o que ele, Paulo, propõe (1Cor 7,10.12.17.25; 9,14; 1Ts 4,15). Algumas de suas afirmações e formulações têm também o pano de fundo indireto de palavras de Jesus, recolhidas pelos evangelhos[27]. A partir de uma nova concepção de Deus, cujo centro é o binômio crucificado-ressuscitado, surge um novo sentido da vida, que tem como eixo estrutural o "esvaziamento de Deus", ao manifestar-se num crucificado, e a exaltação deste (Fl 2,9-11), a daquele que Ele não viveu para si, mas para Deus e para os outros. Esta nova estrutura teológica vai deslocar o binômio morte e ressurreição dos evangelhos para o binômio encarnação e preexistência divina, próprio das cristologias posteriores.

É significativo que o núcleo do Novo Testamento se baseie numa interpretação feita por uma pessoa que não conheceu Jesus. Sua reflexão teológica serviu de inspiração para os cristãos, incluídos os evangelistas, embora estes tenham suas próprias tradições e fontes de informação. Sem eles teríamos apenas informação sobre Jesus, e sem Paulo não saberíamos muito sobre o significado da ressurreição e sua influência na concepção de Deus. O peso que tiveram os acontecimentos posteriores à morte de Jesus e aquilo que foi trazido pelos que não o conhece-

---

27. REYNIER, C. "Questions et implications du silence de Paul sur Jésus". *RSR*, 99, 2011, p. 61-78.

ram mostra que o cristianismo é uma realidade evolutiva, que incorpora a seu acervo concepções posteriores. O dinamismo criativo dos escritos ao falar de Cristo ressuscitado e de suas consequências opõe-se à exegese literal, que rejeita a necessidade de situar a mensagem cristã nas etapas históricas e nos códigos culturais. A pluralidade de escritos se opõe ao fundamentalismo bíblico e ao integrismo religioso. Ambos defendem que existe só uma interpretação válida, a que é imposta pela letra do livro sagrado ou a da autoridade de turno, ignorando a descontinuidade histórica e a diversidade das cristologias do Novo Testamento.

4 As novas consequências teológicas

A experiência cristológica de Paulo trouxe consigo a criação de uma nova teologia, alternativa à judaica. A partir de sua experiência pessoal, ele refletiu sobre a revelação do ressuscitado e esta o levou a mudar sua maneira de entender o judaísmo. Houve vários pontos centrais de sua reflexão: a lei religiosa, o significado do culto e dos sacrifícios, e o sentido redentor da vida e morte de Jesus.

Da reforma da lei à sua superação

A conversão de Paulo, a reestruturação de sua personalidade e a nova orientação de vida levaram-no a reformular a religiosidade judaica centrada no templo, no culto e nos sacrifícios e na lei. Esta última foi denunciada por Paulo, radicalizando a crítica do próprio Jesus, porque leva à meritocracia religiosa (Rm 3,10), à justificação do "cumpridor" das normas (Gl 4,21). Quando a lei faz a mediação entre Deus e o homem, o desejo de Deus é substituído pela observância da lei, pela autossuficiência e por uma salvação obtida por méritos próprios. É isto que leva Paulo a denunciar a lei. Ninguém pode apresentar-se sem pecado diante de Deus (Rm 3,10-12.27-28; Gl 2,16; 3,11). Nem sequer o próprio Paulo, que faz o mal que ele não quer e não o bem que ele deseja (Rm 7,19-20.23-24). Ele reafirma a universalidade da lei e do pecado (Rm 5,13), já que o ser humano é frágil e débil e não pode cumprir a lei (Rm 2,23). Então ela se transforma em ocasião de pecado (Rm 7,7-12), em algo que escraviza e submete (Gl 3,10-12), num obstáculo que impede o abrir-se ao dom de Deus e à justificação de Cristo (Gl 2,21). A chave está em deixar de lado a economia do dom, a salvação gratuita, em favor de uma relação utilitarista com Deus. Oferece-se algo, a observância dos mandamentos, e se pode exigir a salvação. Já não há um descentramento do homem, que se abre à alteridade divina. O ser humano se recolhe em si mesmo, em seu próprio agir e não corre o risco de confiar em Deus.

Se Cristo é o mediador entre Deus e os homens, já não pode sê-lo a norma religiosa. A lei se converteu numa causa da crucificação de Jesus, como blasfemo e sacrílego. É preciso escolher entre a segurança dada pela lei e a insegurança de seguir o crucificado. Paulo proclama que Cristo nos libertou da lei (Rm 8,2; Gl 3,13; 4,5) e a substitui pelo discernimento espiritual (Rm 14,1-13). É a característica de uma maioridade religiosa, contra o infantilismo daquele que se deixa guiar pela norma (Rm 7,6; Gl 4,5.8-9; 5,1). A liberdade de consciência proclamada pelo iluminismo europeu tem no discernimento paulino de consciência um de seus antecedentes. As críticas de Jesus a uma lei religiosa que não salva, mas é um peso insuportável para o homem (Mc 3,4-6), foram radicalizadas por Paulo. Foram também um elemento-chave para a rejeição dos cristãos por parte do judaísmo, como antes ocorreu com Jesus. É provável que o próprio Paulo se tenha convertido de seu judaísmo helenizado ao fundamentalismo dos fariseus, antes de passar para o cristianismo e sua relativização da lei (Rm 7,9-11; 2Cor 3,4-8). O zelo pelo próprio grupo (Fl 3,2-8) degenera facilmente em agressão contra os que desacatam suas observâncias, como os judeu-cristãos (Gl 1,13-14; At 26,10-11). Depois da conversão de Paulo, esta mesma violência religiosa voltou-se contra ele (Rm 15,31; At 23,12-22). Paulo se converteu, por sua vez, num antifundamentalista contra os judaizantes (Gl 2,4-5) e contra os apóstolos que discordavam de seu radicalismo (Gl 2,11-14). Denuncia os que antepõem a norma à preocupação pelos mais fracos da comunidade (Rm 14,1-3.13.21; 1Cor 8,9-13). No que diz respeito ao judaísmo, passa também de uma intransigência inicial (1Ts 2,15-16), própria do neoconverso, à esperança de uma conversão final (Rm 11,23-26)[28]. Assim como Jesus, também Paulo precisou evoluir e crescer em conhecimento e santidade.

A oposição entre Cristo e a lei ocupa um lugar central para julgar não só o judaísmo, mas também o cristianismo, sempre tentado a judaizar-se e a antepor normas eclesiásticas ao seguimento pessoal de Cristo crucificado (Gl 5,1-4), que é muito mais exigente do que qualquer mandamento religioso. Dostoievski, em seu famoso relato do Grande Inquisidor, acusa a Igreja católica de ter preferido a sujeição das normas à liberdade trazida por Cristo. É uma acusação implícita de autodivinização eclesial, que decide sobre o bem e o mal e que representa uma das patologias mais difundidas das religiões e dos crentes. Preferir a segurança da observância das normas à insegurança do seguimento pessoal corresponde à condição humana. O problema se complica com o cristianismo, porque seu fundador

---

28. THEISSEN, G. "Die Bekehrung des Paulus und seine Entwicklung vom Fundamentalisten zum Universalisten". *Evangelische Theologie*, 70, 2010, p. 10-24.

foi um dissidente da religião, que relativizou a lei e impugnou muitas prescrições. Não é o homem que está a serviço das normas, inclusive as religiosas, mas estas é que estão a serviço da pessoa. Daí a necessidade do discernimento pessoal e a importância da própria consciência.

A transformação da religião sacrificial

Também o culto, centrado nos sacrifícios e no templo, foi objeto de uma revisão por parte de Paulo, condicionado por seu próprio código religioso e motivado pela nova inspiração que o dinamizou. O ponto de partida paulino é o de sua religião e de sua época: a exigência de sacrifícios para aplacar a ira divina (Lv 23; Nm 18) e evitar o castigo pelos pecados (Salomão oferece milhares de sacrifícios: 1Rs 3,4; 8,62-63). O culto sacrificial era o centro da atividade sacerdotal[29] e estava vinculado à consciência de culpa, realçada pela tradição sacerdotal. Os sacrifícios, muito difundidos em todas as religiões, incluíam os sacrifícios humanos, dos quais, inicialmente, Israel não esteve isento, até serem proscritos e substituídos pelos sacrifícios de animais (Gn 4,15; 22,16-19; Lv 18,21; Jz 11,31-40; Jr 7,31; Mq 6,6-7). É muito conhecida a crítica profética aos sacrifícios cultuais, antepondo-lhes a justiça e a misericórdia (Am 5,21-25; Os 6,6; 8,11-13; Mq 6,6-8; Is 1,10-17; Jr 7,21-28; Sl 40,7-9; 50,9-15.23; 69,31-34), que se inscreve no processo de pôr a ênfase na ética e nas relações interpessoais, em vez de centrar tudo no culto. Israel passou por uma longa evolução e sua concepção de Deus e do ser humano foi mudando, embora tenha sempre permanecido o elemento sacrificial, com suas dimensões diversificadas de expiação pelos pecados, de oferenda a Deus e de agradecimento pelos dons recebidos.

É este o contexto religioso do qual parte Paulo, que fez a transição dos sacrifícios para a crucificação, a qual exige dar um sentido novo ao sacrificial, como fez também com a lei[30]. Mantém a ótica anterior, afirmando que o sacrifício de Cristo põe um fim a todos os anteriores, porque é o que justifica definitivamente o homem, contra a lei e os sacrifícios cultuais. Daí afirmações como a de que, sem a lei, Cristo é posto por Deus como "sacrifício de propiciação", mediante a fé em seu sangue (Rm 3,25; cf. 1Jo 4,10). Jesus se fez "maldição" (Gl 3,13) e Deus,

---

29. DE VAUX, R. *Les sacrifices de l'Ancien Testament*. Paris, 1964. • *Instituciones del Antiguo Testamento*. Barcelona, 1964, p. 528-590.

30. MERKLEIN, H. *Studien zu Jesus und Paulus*. Tübingen, 1987, p. 15-38.

"enviando seu próprio Filho numa carne semelhante à carne do pecado e em vista do pecado, condenou o pecado na carne por nós" (Rm 8,3). Paulo move-se dentro do código religioso judaico: "Deus, mediante o Messias, estava reconciliando o mundo consigo, cancelando a dívida dos delitos humanos e pondo em nossas mãos a mensagem da reconciliação. [...] Aquele que não conheceu o pecado, Deus o fez pecado por nós" (2Cor 5,19-21). São afirmações referentes ao pecado e à lei: "Cristo resgatou-nos da maldição da lei, fazendo-se maldição por nós, porque está escrito: maldigo todo aquele que for pendurado no madeiro" (Gl 3,13). Acentuou também o sentido substitutivo da morte de Jesus, "entregue por nossos pecados e ressuscitado para nossa justificação" (Rm 4,25). E acrescenta: "Cristo morreu por nossos pecados" (1Cor 15,3-5), entregue por (ou em lugar de) nós (Rm 5,6-8; 8,32; 14,15; 1Cor 1,13; 8,11; 2Cor 5,14; Gl 1,4; 2,21; Ef 5,2). A ênfase não é posta na ressurreição, mas em sua morte como sacrifício, que, isolada, corre o risco de desvalorizar a vida e a obra de Jesus. A morte de cruz adquire um novo significado à luz do culto sacrificial do qual vivia Paulo.

Esta teologia pode ser compreendida a partir da continuidade estrita com o Antigo Testamento. O que antes conseguiam os sacrifícios de animais, agora é conseguido pela morte de Jesus. Agora é Ele quem perdoa os pecados, sacrificando-se a si mesmo e assumindo o castigo que os pecados merecem. Desta forma, Ele reconcilia com Deus. O que mudaria é que o sacrifício de Cristo substitui os outros sacrifícios, mas se manteria inalterada a necessidade de oferecer sacrifícios a Deus, para assim conseguir aplacar sua cólera[31]. A ideia de um deus vingativo, que castiga os pecados até à quarta geração (Ex 20,5-6), permaneceria inalterada, em prejuízo da concepção de Deus apresentada por Jesus. Na realidade, esta formulação seria mais dura do que a do Antigo Testamento, já que Deus rejeitou o sacrifício de Isaac por parte de Abraão (Gn 22,12-13)[32], pai do povo judeu, enquanto estaria por trás do sacrifício de Jesus, designando-o como vítima. Há, além

---

31. BORG, M.J. & CROSSAN, J.D. *El primer Pablo* – La recuperación de un visionario radical. Estella, 2009, p. 131-164. • CASTILLO, J.M. "San Pablo y los problemas de la cristología". *Iglesia Viva*, 241, 2010, p. 21-43.

32. Existe ambivalência em torno da figura de Abraão, que simboliza o crente por antonomásia, e a crítica profética, que afirma que Deus não quer sacrifícios humanos (Jr 7,31; 19,4-5; 32,35). Mas mostra-se também que Deus lhes deu preceitos que não eram bons, como sacrificar o primogênito, para infundir-lhes horror (Ez 20,25-26). Há outros textos que justificam o sacrifício de um filho a Javé (Jz 11,31-40). O pano de fundo de sacrifícios humanos no Oriente próximo o legitimava. A tradição judaica move-se entre a rejeição desta prática e a tentativa de defender que a obediência de fé é mais importante do que o filho.

disso, uma contradição entre a rejeição da lei, porque se fecha à gratuidade da salvação como dom divino, e a manutenção da economia do sacrifício, que mantém o *do ut des*, dando algo a Deus para, em troca, receber algo. Há um intercâmbio entre o homem e Deus, intercâmbio no qual Deus mantém a lógica da retribuição, embora seja generoso ao dar-nos o que lhe oferecemos. É isto o que sugere a ideia do sacrifício e de sua recompensa, ideia própria da cultura hebraica e também da greco-romana. O código cultural religioso canaliza a relação com Deus, mas também se transforma na causa da crucificação de Jesus. Seria Deus o causador da morte de Jesus, já que exigiria seu sacrifício. Desta forma se manteria o peso dos sacrifícios e só mudaria a vítima sacrificial. Esta interpretação judeu-cristã se impôs amplamente no cristianismo histórico.

E esta linha de interpretação pode ser confirmada na carta aos Hebreus, o escrito com o maior pano de fundo judaico do Novo Testamento, que encontrou muitas resistências a ser admitido no cânon das Escrituras cristãs. O texto é uma exortação (Hb 13,22) a uma comunidade de judeu-cristãos que vivem com saudade do culto e dos sacrifícios judaicos. O autor da carta procura convencê-los de que ambos pertencem a uma época já superada. E o ponto de partida não é a morte, mas a ressurreição: Cristo constituído como sumo sacerdote (Hb 3,1; 5,5-6.10), quando, tendo entrado no céu (Hb 4,14) e colocado à direita de Deus (Hb 8,1-2; 10,12), cumpre sua missão sacerdotal (Hb 7,27; 8,6; 9,11-12.25-28; 10,11-12). Este sacerdócio é descrito com referências a um sacerdócio existencial, segundo a ordem de Melquisedec (Hb 5,5-6.9-10; 6,20), que é um sacerdócio superior ao sacerdócio cultual hebraico (Hb 7,11-19). Toda esta linguagem cultual, sacrificial e centrada no sacerdócio de Cristo resulta estranha à nossa sensibilidade moderna. É preciso compreendê-la no contexto do sacerdócio judaico, que se anuncia como superado.

Há abundantes termos e afirmações da linguagem sacrificial: Cristo é o sumo sacerdote que "penetrou no santuário de uma vez por todas, não com o sangue de bodes nem de bezerros, mas com seu próprio sangue, conseguindo para nós uma redenção eterna" (Hb 9,11-12.14.24-26; Ap 1,5). Citam-se textos do Antigo Testamento aplicados a Cristo: "Pois é impossível que o sangue de touros e bodes apague os pecados. Por isso, entrando neste mundo, diz: Não quiseste holocaustos e sacrifícios, mas me preparaste um corpo. Não aceitaste os holocaustos e sacrifícios pelo pecado. Então eu disse: Eis-me aqui. Eu venho, ó Deus, para fazer a tua vontade" (Hb 10,4-7). Mantêm-se os sacrifícios, só muda a vítima. "A fim de santificar o povo com seu próprio sangue, Jesus sofreu fora da porta (do santuário)"

(Hb 13,12). Surge um novo sacerdócio, não concentrado numa função cultual, mas numa existência sacerdotal, na qual se oferece uma forma de vida e não coisas. É inegável o pano de fundo sacrificial que se deu à morte de Cristo[33].

A ambiguidade da interpretação sacrificial

Mas a carta aos Hebreus apresentou uma interpretação que é, paradoxalmente, a mais sacrificial dos escritos neotestamentários e a mais crítica em relação aos sacrifícios judaicos. Cristo é sacerdote e vítima ao mesmo tempo (Hb 9,14; 10,3-10). O autor da carta descreve o sacerdócio cultual como um sacerdócio de mediação, segregado do povo, com uma dimensão sacrificial e expiatória, na qual o sangue reconcilia e purifica diante de Deus. Trata-se de um culto ineficaz e repetitivo (Hb 10,1-3), repleto de ritos e sacrifícios externos (Hb 9,8-10), agora superado. Jesus não é um sacerdote cultual (Hb 5,4; 7,14.18); nem oferece oferendas e sacrifícios pelos homens (Hb 5,1-4; 8,3-4); nem precisa oferecer cada dia vítimas por seus pecados e pelos do povo (Hb 7,27; 9,7-10; 10,11). Em sua vida mortal Cristo apresentou orações e súplicas, com clamores e lágrimas, àquele que podia salvá-lo da morte (Hb 5,7) e foi aperfeiçoado pelas tribulações (Hb 2,10). Precisou assemelhar-se em tudo a seus irmãos, a fim de tornar-se pontífice misericordioso e fiel para expiar os pecados do povo. "Porque, pelo fato de Ele próprio ter sofrido, sendo tentado, é capaz de socorrer os que são tentados" (Hb 2,17-18). Ou seja, o sacerdócio de Cristo não é cultual, mas existencial. Baseia-se em sua condição humana, compartilhada com todos, para assim mostrar sua solidariedade (Hb 2,9-18; 5,7-8; 7,13-14; 11,26). Ele foi um homem igual a todos, exceto que, apesar de ser tentado, manteve-se fiel a Deus e aos outros (Hb 4,15).

O impacto da carta aos Hebreus, centrada no papel sacerdotal de Cristo e no significado de uma vida sacrificada a Deus, aumentou com o passar do tempo, apesar das resistências iniciais que a carta provocou em alguns círculos cristãos. Centrar-se na morte e ressurreição, como fez Paulo, originou uma teologia discordante da dinâmica dos evangelhos, que não dão sentido sacrificial à paixão de Jesus. A exceção é Mt 26,28, que fala de uma morte salvadora em favor de muitos, mas não de um sacrifício para reparar as culpas e os pecados. Os textos paulinos e os da carta aos Hebreus são ambíguos e oferecem uma teologia equívoca. Por um

---

33. VANHOYE, A. *Sacerdotes antiguos, sacerdotes nuevos según el Nuevo Testamento*. Salamanca, 1984. • *Cristo es nuestro sacerdote*. México, 1974. • *La structure littéraire de l'Épître aux Hébreux*. Paris, 1963.

lado, refletem a condição judaica de seus autores, que afirmam o fim da religião sacrificial hebraica, substituída por Cristo, que morre e expia os pecados do povo. É o fim de uma era; mas, paradoxalmente, a continua e radicaliza. Na realidade, radicaliza-se o sacrifício. Já não são oferecidas a Deus coisas, a ordem do ter, mas a própria vida, a ordem do ser. Deus quer o próprio homem e não o que este tem. Mas, do mesmo modo que o convite ao reino de Deus é um dom gratuito, assim também o são a ressurreição e o perdão dos pecados. A cruz revela as patologias da religião desumanizada e a ressurreição revela a inocência de Jesus e sua filiação divina. É o excesso de dom que rompe com a relação sacrificial defendida pelo código religioso estabelecido[34].

Por isso, pode-se interpretar Paulo e a carta aos Hebreus a partir da perspectiva da ruptura que produzem com a tradição sacrificial e do novo sentido que dão ao sacrifício. Se assumimos que Jesus morreu executado e que foram as autoridades que o mataram, e não Deus, seu sacrifício existencial adquire um novo significado e rompe a continuidade com o Antigo Testamento. Fazer a vontade de Deus substitui os antigos sacrifícios (Hb 10,9-10). Não se trata de renunciar a coisas, mas de solidarizar-se com os outros (Hb 2,17-19; 5,2). Esta visão se confirma ao explicar aos cristãos os sacrifícios que precisam fazer: "Ofereçamos continuamente a Deus sacrifícios de louvor [...]. Não vos esqueçais da solidariedade e de fazer o bem, porque são estes os sacrifícios que agradam a Deus" (Hb 13,15-16; 1Pd 2,5). O que mais confunde nestes textos é seu simbolismo e terminologia sacrificial, as constantes alusões à paixão como um sacrifício. Persiste o imaginário religioso anterior, mas procura-se dar-lhe um novo sentido. Paulo também tira a conclusão de que o culto racional, que agrada a Deus, é que "ofereçais vossos corpos como hóstia viva, santa e agradável a Deus" (Rm 12,1). E acrescenta: "Não vos conformeis com este mundo, mas transformai-vos pela renovação da mente para que saibais discernir qual é a vontade de Deus, boa, agradável e perfeita" (Rm 12,2). A hermenêutica sacrificial é a hermenêutica clássica do mundo judaico e grego da antiguidade, com termos, ideias e imagens que faziam parte do código religioso da época. Para interpretar as consequências da morte e da ressurreição, os cristãos utilizam e transformam as representações usuais judaicas e do Império romano. Diz-se, inclusive, que a morte de Jesus os resgata do poder do diabo (Hb 2,14; Cl 2,13-14; cf. Mc 10,45; Mt 20,28), seguindo a mitologia da época, a do homem dominado pelos poderes satânicos. De acordo com as categorias do imaginário

---

34. HENRIKSEN, J.O. *Desire, Gift and Recognition* – Christology and postmodern philosophy. Cambridge, 2009, p. 269-294.

cultural, o sagrado era ambíguo, fonte do diabólico e do divino. Procurou-se dar-lhe outro significado.

A novidade está em que Deus não quer sacrifícios como os anteriores, mas o sacrifício de uma vida solidária como a de Jesus. Não há a menor alusão a uma satisfação sangrenta, ao pagamento de uma dívida ou a que Deus queira ou deseje a morte de Jesus em si mesma. O sacrifício é a consequência de uma vida fiel, que aceita pagar o preço da perseguição sem trair a missão recebida. O que Deus quer é uma vida entregue aos outros, como a de Jesus. O assumir esta forma de vida produz perseguição, ódio e morte aos que a aceitam. Ou seja, o sacrifício não consistiria em que Deus exija a morte de seu Filho, o que seria um retrocesso em relação às criticas dos profetas aos sacrifícios humanos, algo indigno de Deus. O sacrifício de Jesus seria viver para Deus e para os outros, mesmo sabendo que isto o levava à morte. Ele se sacrifica porque vive para a missão que recebeu, a missão de transformar uma religião que assassina os profetas e uma sociedade na qual se impõe o terror da razão de Estado. As antigas formulações cultuais continuam sendo utilizadas, mas agora o culto é uma forma de vida. O sacrificial fica superado, porque o sacrifício de Jesus consiste em entregar-se aos outros. A cruz não é um castigo divino, mas a consequência de uma vida que desafiou a sociedade e a religião.

Esta forma de vida é o plano de Deus, prenunciado desde muito tempo (Mc 9,12; 14,21.49; Lc 11,49; 22,22.53; At 2,23; 3,18; 4,24-28; 13,29; 17,3; 1Cor 15,3; 1Pd 1,20), que prevê a cruz como destino último de Jesus. Mas não porque Deus seja seu agente, aquele que a quer e decide, já que a divindade não impõe seu destino e a história se faz a partir das opções livres das pessoas. A cruz chega porque os agentes humanos, os protagonistas da história, matam estes enviados de Deus. A palavra de Deus precisa ser encontrada na forma de vida de Jesus, que desencadeia a perseguição e a morte. O plano divino é a forma de vida de Jesus, a morte de cruz é a resposta humana. Deus não a impede, não entra na história como uma causa a mais, mas a transforma através da ressurreição. E então o sacrifício de Jesus não é o sacrifício cultual, mas o de uma vida martirial. Por isso há uma mudança no sacerdócio. Já não se trata de um sacrifício e de uma função cultual, mas de uma forma de existência, que é mediadora entre Deus e os homens, redentora dos pecados e sanadora das dinâmicas destrutivas do ser humano. Por isso a comunidade substitui o templo como lugar no qual Deus se faz presente. Todo cristão é também sacerdote por sua forma de vida, por seu seguimento e imitação de Jesus.

É o que expressam os sumários do livro dos Atos, dirigido aos judeus: "Conforme o plano previsto e sancionado por Deus, Ele vos foi entregue, e vós, pelas mãos de ímpios, o matastes numa cruz. Mas Deus o ressuscitou, rompendo os laços da morte" (At 2,23-24; 3,13-15.17; 4,10-11.27-28; 5,30-32; 7,52-53). O plano de Deus é entregar o Messias aos homens, mas quem o assassina são estes e não Deus. Não é preciso aplacar a Deus com um novo sacrifício humano, o de Cristo. Pelo contrário, é preciso renunciar a matar, especialmente por motivos religiosos, reconhecer a inocência do crucificado e abrir-se ao perdão que é oferecido a todos. O problema não está na cruz, mas na interpretação de que Jesus se sacrificou cruentamente para aplacar a ira divina. Neste caso a paixão adquire um significado trágico e a imagem de Deus se obscurece, já que a cruz estaria decidida por Deus, predeterminada à custa da liberdade humana, como ocorre nas tragédias gregas. Esta ideia marcou a teologia cristã e foi a fonte das teologias da satisfação, do predestinacionismo protestante e de boa parte do jansenismo moralista católico. A ambiguidade da teologia sacrificial de Paulo e da carta aos Hebreus possibilitou que se impusesse sua versão mais continuísta com o judaísmo.

A partir de uma teoria sacrificial tradicional, a do Antigo Testamento, são inevitáveis as vítimas, a violência religiosa e a subsequente teoria da retribuição. De acordo com ela, as desgraças são obras da divindade que castiga o homem. E o resultado é a moralização da religião e da sociedade, colocar a culpa no centro da vida e deslocar a pessoa como agente da história em benefício da autoria divina. Mas tudo isto contradiz a mensagem do reinado de Deus proclamado por Jesus, por sua maneira de relacionar-se com o Pai divino e por sua maneira de abordar o pecado. O que ocupa o centro da mensagem cristã não é a ofensa a Deus cometida pelo pecador, mas a destrutividade que o pecado cria contra os outros e contra aquele que peca. Não é Deus quem castiga o pecado, mas são suas consequências que se voltam contra os próprios autores. A atuação de Deus não é a de aumentar esta destrutividade com sua própria destrutividade. Deus é sempre salvador e a negatividade divina só poderia consistir em deixar os homens seguirem seu próprio desejo quando seguem seus ídolos e paixões (Rm 1,21-32). A mensagem de Jesus não é esta, mas que Deus se desvela para admoestar, motivar e guiar o pecador para que se arrependa de sua dinâmica destrutiva.

Toda a tradição cristã esteve marcada pela complexidade desta teologia, que quer superar uma época, mas emprega a terminologia religiosa e o vocabulário cultual para a nova religião. A temática central não é a vida de Jesus, mas o significado de sua morte e sacrifício. O que não fica claro é o papel de Deus. Há termos usuais obscuros como redenção, perdão, expiação etc., que são determinantes ao transmitir e interpretar a última ceia de Jesus[35]. Em última instância, Deus seria o causador último da violência sagrada que exige sangue humano, não seu denunciador, que se põe do lado da vítima. Pelo contrário, se se assume que o único sacrifício desejado por Deus foi o de uma vida entregue aos outros, seguindo o exemplo de Cristo, muda o sentido do sacrifício, do culto e do sacerdócio[36]. O importante não é reconciliar-se com um Deus iracundo que castiga os pecados do povo, como afirmaram mais tarde as concepções medievais e as procissões penitenciais, mas identificar-se com uma vida entregue que culminou na cruz. É preciso rejeitar a violência religiosa, a vingança (humana e divina) e as mortes para maior glória de Deus, que passam a ser deicídios pela identificação de Deus com as vítimas.

A novidade do cristianismo é que ele se põe do lado das vítimas e contra os verdugos religiosos, desqualificando qualquer religião violenta. O esquema prévio da religiosidade estabelecida eram os sacrifícios à divindade. O cristianismo, em vez de integrar neles a história concreta de Jesus, os desautorizou. Não é o esquema cultual que precisa integrar a história de Jesus, mas sua vida e morte obrigam a questioná-lo. O fato de o cristianismo não ter sido capaz de realizar isto nas diferentes épocas levou à legitimação religiosa da violência. Ao desaparecer o templo de Jerusalém, após a guerra contra os romanos, pôs-se fim aos cultos sacrificiais, que os cristãos já haviam desqualificado com sua teologia. As consquências eram claras: o cristianismo situou o centro do culto na vida cotidiana (Rm 12,1-2), pôs o acento mais numa forma de vida sacerdotal do que numa função cultual e substituiu o templo pela comunidade (Mt 18,18; 28,18), também chamada corpo de Cristo.

Mas, na medida em que o cristianismo se inculturou na sociedade romana, triunfando sobre as religiões pagãs e impondo-se ao judaísmo, deixou-se influen-

---

35. Nos relatos abunda a terminologia sacrificial e de entrega, que tem como pano de fundo o sofrimento expiatório do justo e a passagem de Is 53: A noite em que foi entregue, a mão daquele que me entrega, o sangue da nova aliança, derramado por muitos, o cálice com meu sangue, fazei isto em memória de mim etc. Os relatos estão vinculados à paixão de Jesus e ambos à interpretação que se fez de sua morte. Cf. THEISSEN, G. *La religión de los primeros cristianos*. Salamanca, 2002, p. 151-194. • HÜNERMANN, P. *Jesus Christus* – Gotteswort in der Zeit. Münster, 1994, p. 88-112. • VERHEUL, A. "L'Eucharistie, mémoire, présence et sacrifice du Seigneur d'après les racines juives de l'eucharistie". *Questions liturgiques*, 69, 1988, p. 125-154. • JEREMIAS, J. *Die Abendmahlsworte Jesu*. Göttingen. 3. ed., 1960, p. 83-100.

36. É este o sentido último do enfoque de Girard, que inicialmente rejeitou toda ideia de sacrifício, porque atentava contra as vítimas e fazia de Deus um algoz. Depois ele aceitou que sacrificar-se pelos outros, com uma vida entregue, corresponde ao que Deus esperava de Jesus e de seus seguidores. Cf. GIRARD, R. *El misterio de nuestro mundo*. Salamanca, 1982, p. 257-298. • *El chivo expiatorio*. Barcelona, 1986, p. 257-275.

ciar por ambos e adotou elementos sacrificiais e influências culturais que se chocavam com sua nova concepção de religião e sacrifício. Nosso cristianismo atual mantém a herança judaica tanto no que concerne ao peso das leis e normas religiosas quanto no que se refere ao culto e ao sacerdócio. O cristianismo foi uma religião sem templos, que celebrava o memorial da ceia nas casas, e sem sacrifícios. Até o século III, um ministro cristão não é chamado de sacerdote, a partir de um pano de fundo baseado no Antigo Testamento[37]. Ao integrar-se na sociedade romana, ele assumiu elementos hebraicos e das religiões pagãs, que já estavam superados pelo cristianismo. Os cristãos, acusados de ateus pelos cidadãos de Roma, acabaram criando um culto e certas leis religiosas parecidas com as dos sacerdotes e dos rabinos judeus. O sacrificial tradicional facilitou a clericalização do cristianismo, a marginalização dos leigos e a perda de sentido comunitário nos sacramentos.

Em boa parte deixou-se de acentuar a liberdade de Jesus a partir de sua relação filial com o Pai e passou-se a acentuar a obediência de Cristo, que passava pela cruz, como se fosse uma exigência paterna para redimir os homens. Passou-se do Jesus mártir à vítima sacrificada, do sacrifício existencial à morte expiatória, da luta contra o sofrimento humano à exigência divina de sangue, do seguimento de fé à justificação dos pecados. Todos estes termos são equívocos. O significado é dado pelo contexto no qual se integram, conforme se atenda aos fatos da vida de Jesus ou às especulações teológicas derivadas da concepção judaica. Disto depende a maneira de entender o sentido da vida e o papel da religião. As duas tradições em conflito persistiram ao longo dos séculos e se mantêm na atualidade. A carta aos Hebreus foi lida a partir de uma perspectiva tradicional e, por sua vez, influiu na constituição de um cristianismo cultual e próximo à dinâmica do Antigo Testamento. A variedade de cristologias do Novo Testamento, sem que nenhuma tenha o monopólio e a exclusividade, deve-se aos diferentes momentos históricos, às diversas condições de vida, às comunidades e às autorias pessoais de cada escrito. A vida de Jesus é uma história aberta, que serve de referência e inspiração para os cristãos posteriores. São eles os que precisam elaborar respostas de sentido para aplicá-las às condições mutantes da história. É preciso inspirar-se nas Escrituras, sem deixar-se bloquear por elas. Os cristianismos históricos mostram as diferentes versões e realizações do seguimento de Cristo ao longo dos séculos. O problema pendente é assumir esta oferta de sentido e de salvação, para aplicá-la agora à sociedade e ao momento em que vivemos.

---

37. HIPÓLITO. *Tradição Apostólica* (ano de 215), 2; 3,8; 11. Cf. MOINGT, J. *Dios que viene al hombre*, II/2. Salamanca, 2011, p. 192-194. • "La fin du sacrifice". *Lumière et Vie*, 217, 1994, p. 15-31, aqui p. 20-22.

8

A oferta de sentido do cristianismo

Pode parecer, à primeira vista, que a pergunta pelo "sentido da vida" é inútil. Para alguns é uma questão obsoleta, que corresponde a uma época superada. Seria necessário também esclarecer o que entendemos por esta expressão, já que é uma formulação tradicional bastante vaga. Se dermos um rumo prático à pergunta e a concretizarmos, seu sentido se torna claro. Todos nós queremos ser felizes e procuramos um projeto pessoal com o qual realizar-nos. Queremos que a vida valha a pena. Perguntamos se o que vivemos e fazemos corresponde aos nossos desejos e necessidades mais profundos. Procuramos um projeto de sentido com o qual identificar-nos e temos necessidades espirituais às quais precisamos responder. O significado que damos ao nosso plano de vida, àquilo a que damos importância, são diferentes formulações do que chamamos de sentido.

Esta questão foi formulada frequentemente na filosofia e na religião[1]. Podemos lembrar a pergunta se estaríamos dispostos a repetir o curso da vida, caso nos fosse oferecida a oportunidade (Kant). Também a afirmação de que o suicídio é a questão fundamental da filosofia. Porque se avalia a vida como carente de valor e de sentido, e se decide acabar com ela (Camus). As religiões têm sido "laboratórios de sentido" nas sociedades, oferecendo sentido para o presente e salvação para o futuro. Mostram um projeto de vida, esclarecendo o que é o bem e o mal. Prescrevem também comportamentos para viver uma vida que valha a pena. As religiões se abrem a Deus, como termo último do sentido.

A pergunta pelo sentido da vida consolidou-se com o avanço das ciências. Passamos da harmonia com o universo, o homem como meta última da evolução social do cosmos, a outro cosmos indiferente ao ser humano, que alguns rebaixam

---

1. ESTRADA, J.A. *El sentido y el sinsentido de la vida* – Preguntas a la filosofía y la religión. Madri, 2010.

a mera aparição conjuntural. O judeu-cristianismo marcou o humanismo do Ocidente, enquanto a revolução científico-técnica exacerbou a pergunta pelo sentido, à qual não se pode responder com a ciência. Isto já foi intuído por Pascal quando se perguntava pelo significado do homem num cosmos marcado pela quase-infinitude, pela morte e pelo caos. A indiferença do universo em relação ao ser humano, defendida por ideologias baseadas nas ciências da natureza, esbarra nas religiões e questiona os projetos de sentido da filosofia. A insignificância da pessoa no universo favorece as antropologias objetivas, que prescindem dos projetos subjetivos do homem. A racionalidade científica resplandece junto aos irracionalismos de filosofias vitalistas e existencialistas que, a partir de Nietzsche, anunciam a falta de sentido, o absurdo e o niilismo.

Isto concerne não só às religiões monoteístas, vinculadas à Bíblia. Também no budismo, que se debate entre a filosofia e a religião, há uma busca de realidade última, embora esta não seja pessoal, mas cósmica. As correntes budistas questionam as ilusões do eu pessoal, que o impedem de realizar-se. Buscam a fusão última com o absoluto, a meta última para a qual tender. Também aqui há um projeto e um caminho, um fim último e uma avaliação do que é importante e do que é secundário. As religiões orientais, o hinduísmo e o budismo, atraem porque intermedeiam entre o cosmos e as pessoas que buscam dar significado às suas vidas. Quem reconhece sua contingência radical funde-se com a realidade última. O nada último questiona as projeções subjetivas em favor da fusão com o cosmos. É preciso sentir-se parte dele para alcançar a realidade absoluta. Existe uma teologia negativa em relação ao absoluto como meta última à qual se tende. O transcendente não é conceitualizável, nem pensável. Assim se consegue o nirvana, o estado de libertação. Existe uma transcendência da existência humana, que capta sua vacuidade radical, sem cair no desespero existencialista, assumindo o ser e o nada conjuntamente. Daí a mística radical do budismo, próxima no Ocidente ao Deus além do ser de Eckhardt, com aproximações parciais a Giordano Bruno, Spinoza, Heidegger ou ao próprio Einstein. Daí surge uma proposta de vida, um ascetismo radical no qual convergem a filosofia e a religião. A irradiação do budismo baseia-se em sua capacidade de incorporar dados científicos, saber filosófico e propostas religiosas, com as quais responde à pergunta do homem sobre si mesmo[2].

---

2. NISHITANI, K. *La religión y la nada*. Madri, 1999. A perspectiva ocidental, centrada no sujeito, enfoca o nada a partir de uma perspectiva epistemológica e axiológica personalista. Cf. GÓMEZ GARCÍA, P. (ed.). *Las ilusiones de la identidad*. Madri, 2000.

Nunca permanecemos na mera facticidade do universo, mas temos necessidade de dar-lhe significado. A filosofia e a religião são criações humanas, saberes que, juntamente com a arte, buscam mostrar o significado do homem e oferecer-lhe um projeto de realização. A indagação pelo sentido da vida vincula-se à pergunta por Deus na Filosofia (de Nietzsche a Wittgenstein)[3] e as religiões apelam ao sagrado, ao numinoso, ao santo e ao divino[4]. A partir daí surge uma articulação de sentido, um projeto de vida para todos. O animal tem um esquema de conduta dado pela mecânica dos instintos, por estímulos e respostas. Por isso, o animal é previsível e podemos domesticá-lo. O ser humano é o único que se pergunta, para além da dinâmica dos instintos. Precisamos desenvolver um plano de vida no qual realizar-nos e assumir que este plano vai mudando. A primeira exigência é aprender um estilo de vida, o de nossos pais, educadores e pessoas com as quais convivemos. Do mesmo modo como aprendemos uma linguagem, aprendemos também a viver. Ensinam-nos uma forma de vida e nós nos identificamos com ela, de acordo com as circunstâncias familiares e socioculturais. Mas cada pessoa precisa selecionar de seu código cultural, sem deixar-se levar, buscando formas pessoais de realização. As religiões recorrem a ambas as direções, oferecem uma tradição de sentido e estimulam a uma relação pessoal com a divindade.

Neste marco se enquadra o cristianismo como projeto de sentido. Ele parte de uma história pessoal que, por sua vez, remete a um povo coletivo e a uma história coletiva. Em vez de anular os desejos humanos e as necessidades humanas, na linha do budismo, o cristianismo os toma como ponto de partida de sua proposta. O cristianismo propõe um projeto de sentido que faça crescer a pessoa, enquanto ser livre e autônomo, e oferece uma salvação final, para além da morte. Surge como uma forma de vida que tem em Jesus de Nazaré a referência principal, apresentando-a como a que melhor realiza o ser humano. O problema permanente é atualizar sua mensagem e seu projeto pessoal para adequá-lo às diferentes etapas históricas e culturas. A história de Jesus e as referências a Ele são o ponto de partida no qual é preciso inspirar-se. Jesus é o modelo por antonomásia, que o cristianismo abordou a partir do duplo esquema da imitação e do seguimento.

---

3. ESTRADA, J.A. *La pregunta por Dios* – Entre la metafísica, el nihilismo y la religión. Bilbao: Desclée de Brouwer, 2005.

4. MARTÍN VELASCO, J. *Introducción a la fenomenología de la religión*. 7. ed. Madri, 2006, p. 87-125.

1 A necessidade de modelos e a promessa de plenitude

Nas ciências humanas põe-se em primeiro plano o homem como sujeito de desejos, que tem necessidade de imitar os outros para configurar sua própria personalidade. Para que haja um eu são necessárias pessoas com as quais relacionar-se, que influem na identidade própria. A personalidade vai se constituindo biograficamente, a partir de relações interpessoais. Tendemos a imitar, precisamos de modelos e nos identificamos com algumas pessoas referenciais. O eu se compreende a partir do tu, queremos ser como o outro, assemelhar-nos à sua forma de vida. Suprimos a ausência de metas prefixadas e ancoradas nos instintos com uma dinâmica relacional na qual precisamos de pais, educadores, gurus, modelos e exemplos com os quais identificar-nos. A identidade pessoal se constrói relacionalmente, de acordo com as pessoas com quem cada pessoa se vincula e que ela toma como modelos. Para que haja um "eu" é necessário um "tu"; a identidade se constrói mediante interações. O eu isolado é uma abstração, porque sempre partimos de um contexto, familiar, social, educativo etc. Além disso, a identidade pessoal é evolutiva e vai mudando com as novas relações. Por isso o ser humano necessita de referentes pessoais claros com os quais identificar-se afetiva, vivencial e intelectualmente, para evoluir e escolher livremente[5].

Esta dinâmica constitui a coluna vertebral da publicidade. Apresentam-se modelos famosos a serem imitados e vendem-se os produtos que, supostamente, eles utilizam. Não são as coisas em si mesmas que atraem, mas nós as queremos porque são objetos das pessoas que admiramos, às quais gostaríamos de assemelhar-nos. Além disso, não queremos ser menos do que os demais; por isso nos sentimos infelizes quando não podemos possuir o que eles têm, não queremos ser menos do que os outros. Muitas vezes acontece que o objeto não é valioso em si mesmo, mas é algo possuído pelos outros, com os quais gostaríamos de parecer-nos[6]. Este mecanismo permite à técnica publicitária renovar constantemente os objetos de consumo e perpetuar a dinâmica de novas ofertas e modelos, para que continuemos comprando. Temos levado isto ao extremo. Já não valem as coisas que são boas, o importante é a marca prestigiosa que elas têm e as pessoas que as representam, que lhes dão valor. Não nos vestimos com uma roupa boa, mas com "Armani, Boss, Lacoste ou Burberry". O que dá valor às coisas é uma

---

5. FROMM, E. *El miedo a la libertad.* Barcelona, 2009.

6. É esta a chave do enfoque de GIRARD, R. *El misterio de nuestro mundo.* Salamanca, 1982, p. 321-363.

marca de prestígio, representada e encenada por personagens bem-sucedidos. Ter estas coisas torna muitas pessoas felizes, sobretudo se aqueles com quem elas convivem não as possuem.

Comprar coisas e imitar pessoas

Por trás deste esquema desempenha sempre um papel "o reconhecimento por parte do outro", a necessidade de ser estimados e valorizados pelos outros. O esquema de imitação é crucial para o ser humano e a sociedade do mercado se apoderou dele. Utiliza-o em função do consumo, marginalizando sua orientação primária e fundamental: promover a pessoa e fazê-la crescer através de socializações que produzam profundidade. O desejo de ser como o outro, a dinâmica que leva a imitá-lo, são canalizados para o que o outro possui, em vez de orientar a pessoa a adquirir suas virtudes e atitudes, a partir de uma forma de vida semelhante à sua. Há um desvio da imitação pessoal, no qual o outro serve de referência e de inspiração para as coisas que ele, supostamente, tem. A relação interpessoal, que é a coisa mais importante, passa para o segundo plano, deslocada pela aquisição de coisas cuja posse cria a ilusão de ser como o outro. Daí surge um projeto de vida baseado na acumulação de coisas apetecidas pelos outros. Relega-se a um segundo plano a comunicação interpessoal e o reconhecimento mútuo, que é o que produz sentido e faz com que a existência seja vivida como valiosa. Por isso o modelo atual de imitação é oposto ao modelo apresentado pelo cristianismo, que põe em primeiro plano a relação pessoal e rejeita que esta seja intermediada pelos objetos e bens de consumo.

A imitação, quando é canalizada para a posse do que o outro tem, degenera facilmente em competitividade e violência. Vivemos num modelo social que valoriza as pessoas pelo que elas têm, não pelo que elas são, de acordo com a conhecida diferença entre ser e ter[7]. O mercado estrutura nossas sociedades e o homem se converte em consumidor de mercadorias. Quanto mais temos, porque subimos na escala social e participamos da riqueza, tanto mais necessitamos, para não sermos menos do que as outras pessoas de nossa classe social. Nosso grau de êxito na vida é dado pela capacidade de consumo que temos. E compramos muitos objetos, não porque deles precisamos, mas porque queremos assemelhar-nos aos triunfadores, aos que podem permitir-se possuí-los. Um nível de vida mais alto e a publicidade se aliam para oferecer-nos uma imagem social da pessoa bem-sucedida com base

---

7. FROMM, E. *Del tener al ser*: caminos y extravíos de la conciencia. Barcelona, 2007.

em sua capacidade de ter e de consumir. Compreendemos o sentido da vida como ter muitas coisas, desfrutar e gozar delas.

Multiplica-se assim a necessidade insaciável de ter. A oferta excessiva, e sempre renovada, faz com que as coisas fiquem velhas em pouco tempo, embora sejam perfeitamente utilizáveis. É preciso mudá-las para estar "em dia", seguindo os ditados da moda, calculada para substituirmos uns bens de consumo por outros mais modernos, em tempo cada vez menor. O consumismo é o segredo de uma vida realizada mediante a aquisição de objetos. Uma pessoa supostamente feliz tem o que ela deseja. Existe uma multiplicação incessante de necessidades consumistas porque o nível de vida sobe e sempre há pessoas que têm mais. Daí a importância da aparência social, a segurança e confiança que dá o ter coisas, a vinculação da autoestima e respeito de si mesmo com a posse de bens. Possuir faz com que os outros me aceitem e, se possível, me invejem. O homem do ter baseia sua segurança e identidade materialmente e procura ajustar sua identidade à imagem social que lhe diz como é uma pessoa bem-sucedida. Estar de acordo com o padrão social da pessoa realizada é o que assegura o sucesso. Em nossa sociedade, tudo se fundamenta no mercado, na economia e no consumo, que são os que asseguram o triunfo social. Esta canalização da ânsia de felicidade para os bens de consumo degrada a pessoa, que vale enquanto tem. E a necessidade humana de ser reconhecidos, valorizados e estimados pelos outros produz uma enorme competitividade. Desvia o reconhecimento das pessoas para as coisas e suscita violência na sociedade, por causa da frustração que desperta naqueles que não podem conseguir o que a publicidade promove[8].

A sociedade contemporânea rompeu com a tradicional, apontando acertadamente suas limitações. Nas sociedades tradicionais fomentava-se a poupança, a sobriedade de vida, o trabalho e a aceitação de hierarquias sociais. Cada um precisava resignar-se a satisfazer as necessidades básicas sem sonhar com o supérfluo, que estava ao alcance apenas das minorias ricas. As diferenças de classe social, bem como as exigências que isto comporta, eram vistas como algo normal. Aceitavam-se as diferenças econômicas como naturais, e inclusive como queridas por Deus, de acordo com o berço e a pertença social. Esta aceitação das diferenças limitava a inveja e a competitividade, já que cada pessoa tendia a comparar-se com pessoas se-

---

8. Cf. GIRARD, R. *Los orígenes de la cultura*. Madri, 2006, p. 51-82. Uma síntese de sua posição pode ser encontrada em MORENO FERNÁNDEZ, A. "René Girard y su crítica de la etnología multiculturalista y relativista". *Gazeta de Antropología*, 26, 2010, p. 26-28. • "La ambigüedad de la modernidad según R. Girard". *Daimon*, 54, 2011, p. 61-76.

melhantes, pertencentes à sua classe social. Os de classe superior despertavam mais admiração e respeito do que inveja e desejo de imitá-los, já que estavam acima das suas possibilidades. A cultura tradicional atribuía a cada pessoa um "lugar social" e hierarquizava as diferenças sociais, tendo em vista a identidade pessoal e a paz social. A ordem social atenuava as diferenças, limitava as invejas e situava cada um. A pacificação da sociedade era alcançada mediante a absolutização de uma ordem social, supostamente natural e querida por Deus. O "Grande teatro do mundo" de Calderón de La Barca condensa, classicamente, esta maneira de entender a vida. Restringiam-se os desejos e aconselhava-se a disciplina, a sobriedade, a poupança e a previsão. Havia uma ascética mundana que correspondia à escassez de meios materiais e à impossibilidade de satisfazer as necessidades de todos.

Da solidariedade à competitividade

A revolução científico-técnica mudou este modelo, com sociedades altamente produtivas e com uma grande quantidade de ofertas, além de um apelo incessante a possuir e acumular[9]. Não é preciso anatematizar a sociedade atual, sobretudo por seus êxitos de produtividade e bem-estar material. Vivemos na terceira revolução industrial, que produz prósperas condições de vida nos países ricos e permite melhores formas de convivência e de realização social. É impossível voltar atrás, e as sociedades tradicionais, pré-modernas, pertencem a um passado que não pode voltar como futuro. Daí a mobilidade social, a instabilidade das classes sociais, a valorização do esforço pessoal e a rejeição de hierarquias baseadas no berço. É uma sociedade que promove a liberdade individual e o dinamismo da competitividade. São estes os aspectos positivos da nova sociedade que surgiu na segunda metade do século XX. As sociedades modernas são igualitárias e se baseiam na "meritocracia", no esforço pessoal e na capacidade de criar para si um projeto de vida. Existe progresso porque se seculariza a ordem social, pondo a ênfase na liberdade pessoal.

O problema está na canalização que se faz destes princípios e do sentido da vida que se oferece, ao mediar tudo através das mercadorias e da rivalidade. Acerta-se ao superar o conservadorismo da sociedade tradicional de classes sociais, mas o dinamismo social se perverte quando é canalizado para o consumo. O aspecto positivo está em romper com as sociedades estáticas e com tendências do passado ao imobilismo. O elemento negativo é o estresse permanente, a deterioração das relações interpessoais e a funcionalidade de nossas sociedades darwinistas, nas quais

---

9. MARINA, J.A. *Las arquitecturas del deseo*. Barcelona, 2007.

somos todos rivais. Já não existe estabilidade social, mas mobilidade e crise social permanente, com um reajuste permanente das relações pessoais e uma hierarquia social instável. É o preço a pagar pelo progresso. Abre-se espaço à individualização e à diferenciação, à custa de uma maior insegurança e de uma perda do sentido de pertença. A maior liberdade individual para ser e viver, nós a bloqueamos com a utopia da plena satisfação de necessidades artificiais, com a promoção do desejo consumista que produz expectativas irrealizáveis e frustrações inevitáveis. Multiplicam-se os desejos, promovem-se as ofertas e se reforça o desejo de ter. O preço a pagar por este modelo, desenvolvido nos últimos setenta anos, é a concentração de riquezas e as injustiças que ela produz (20% da humanidade açambarcam mais de 80% dos recursos do planeta). E também os crescentes problemas ecológicos suscitados pela cultura do desperdício. Jogam-se no lixo objetos valiosos, caros e úteis, porque saíram de moda e perderam valor social. Já não despertam nenhum desejo de imitação. As sociedades prósperas, como a espanhola, escondem sempre grandes bolsões de pobreza e injustiças estruturais, mas resultam fascinantes por causa da grande quantidade de bens materiais que oferecem.

A violência na sociedade tem a ver com esta dinâmica. Ela faz com que as relações pessoais altruístas e não utilitaristas passem a um segundo plano e se dê prioridade ao afã de triunfar, profissional, social e familiarmente. Renunciar e resignar-se a um estilo sóbrio de vida material não é bem-visto na sociedade. É preciso possuir muitas coisas para desfrutar, e não importa como foram adquiridas. O fim justifica os meios e nós olhamos com benignidade os ricos que desfrutam um alto nível de vida, embora suspeitemos que não tenham sido pessoas honestas. Muitas vezes os triunfadores enriqueceram sem escrúpulos morais, religiosos ou sociais. Por isso, a corrupção, frequente na classe política, empresarial e aristocrática, reflete a permissividade da sociedade com os que triunfam. A mensagem publicitária enviada, que já não precisa ser encoberta, é a de imitar as "pessoas famosas" ("*beautiful people*"), que vivem no luxo e possuem tudo o que querem. É este o segredo das revistas e das mensagens sentimentais, vinculado à satisfação vicária, que deriva de identificar-se com personalidades que refletem o modo de vida que se deseja para si mesmo. A identificação vicária com os famosos compensa a mediocridade e banalidade da própria existência e estimula a luta por possuir fragmentos daquilo que eles têm[10].

---

10. BRUCKNER, P. *La euforia perpetua* – Sobre el deber de ser feliz. 3. ed. Barcelona, 2008. • *La tentación de la inocencia*. 3. ed. Barcelona, 1999. • LASCH, C. *La cultura del narcisismo*. Barcelona, 1999. • LIPOVETSKY, G. *Metamorfosis de la cultura liberal*. Barcelona, 2003.

Isto se torna especialmente atraente para as pessoas da baixa classe média e para as das sociedades subdesenvolvidas, que ainda vivem sob o imperativo da produtividade insuficiente para atender às necessidades de todos. Os imigrantes ficam impressionados com a grande quantidade de possibilidades que descobrem nas sociedades ricas. É o que justifica as sociedades atuais, incomparavelmente mais ricas do que qualquer outra na história da humanidade. Materialmente, nossa sociedade é melhor do que as anteriores, e pessoas normais da classe média, e inclusive da classe baixa, podem hoje viver melhor do que outras pessoas ricas em sociedades tradicionais. Estas não tinham os recursos e avanços técnicos atuais. Destas conquistas materiais, que tornam inviável uma volta romântica a tempos anteriores, surge uma legitimação social.

A velha fórmula do "pão e circo" corresponde à fase tardia do Império romano. Baseava-se em seu domínio mundial e continua vigente hoje. "Viver bem" significa permitir-se muitas comodidades e luxos e sentimos satisfação se podemos alardear nossa superioridade. Existem sociedades e grupos humanos que põem o acento na diferença. Para eles importa mais distinguir-se dos outros e ter o que outros não têm do que os bens concretos em si mesmos. As rivalidades nacionalistas e comunitárias não se baseiam apenas em ter coisas apetecíveis, mas em que os outros não as tenham, para assim diferenciar-se e sentir-se diferentes e superiores. O projeto de vida que vale a pena é o dos triunfadores que desfrutam estes recursos e é esta a mensagem subliminar, encoberta, de séries televisivas, filmes, programas e *reality shows*. Aquele que assume este projeto e se identifica com ele pode sentir-se satisfeito com sua vida, supondo sempre que goze de um mínimo de saúde para desfrutá-lo.

O prazer como felicidade

Neste sentido, a sociedade de consumo oferece um sentido global à vida, baseado no desfrute, que frustra tanto ao consegui-lo quanto ao lutar por ele. Não é a moral nem a religião que oferecem uma orientação, mas a sociedade se orienta para o que dá prestígio social e segurança. O dinamismo da revolução científico-técnica destronou a religião como chave do comportamento social. Mas agora domina a sociedade do mercado e a economia do consumo, que foi um fruto do progresso científico. Nas últimas décadas sacralizou-se a sociedade de bens, fazendo do dinheiro a chave da vida. O sistema de mercado, por sua vez, é uma ideologia universal que atua como pseudorreligião secularizada. O consumismo impregna tudo e é a base do imaginário social. Paradoxalmente, as análises marxistas sobre a alienação humana triunfam nas sociedades capitalistas, precisamente quando a economia de mercado triunfou sobre as economias socialistas. A felicidade produzida por este estilo de vida é inevitavelmente superficial e perecível; depende dos vaivéns do mercado e dos avatares da economia.

A economia serve de sistema referencial de orientação e canalizador das energias humanas, substituindo a salvação depois da morte pela realização e segurança nesta vida. O anseio de Deus, que as religiões apresentam como eixo constitutivo da existência, dá lugar ao significado salvador do dinheiro, do qual se espera a realização plena. A antítese evangélica entre Deus e as riquezas, que é nuclear no projeto de Jesus, adquire significado numa sociedade na qual o dinheiro se apresenta como a mediação universal para alcançar a felicidade. Assim se legitima o sistema capitalista de mercado, que adquire traços religiosos[11]. Esta orientação existencial constitui o pano de fundo atual do ateísmo prático e é uma causa da perda de relevância das religiões e das igrejas. O religioso é substituído pelo econômico, as igrejas pelos centros comerciais e as marcas dos produtos são os novos ícones sagrados, cuja posse promete felicidade e bem-estar.

O dinheiro é a meta pela qual lutamos, sobretudo à luz da crise financeira atual, que não está servindo para questionar o modelo de sociedade implementado nos últimos setenta anos. A globalização não se realiza sobre certos valores morais universais, mas a partir de uma integração e coordenação do capital financeiro e bancário mundial, que decide sobre pessoas, classes sociais e povos. É um modelo que se universaliza e se impõe, e que chegou a afirmar que já estamos no fim da história, como se esta se construísse em torno do paradigma atual ocidental. A democracia e o mercado já seriam os núcleos de todas as sociedades. As mudanças seriam secundárias porque respeitariam a sobrevivência das sociedades de consumo[12]. Toda a cultura se monetariza: os meios de comunicação, o esporte, a ciência, a medicina e a própria religião. A definição tradicional de Deus, como mistério fascinante e tremendo, é deslocada em favor do dinheiro, novo Deus em quem confiamos, dando um duplo sentido ao *slogan* da nota de dólar[13]. O dinheiro mede o valor das pessoas, é a reserva em função da qual projetamos o futuro, o meio internacional de intercâmbio e a chave das alianças e das guerras.

---

11. MARDONES, J.M. *Capitalismo y religión*. Madri, 1991. • *Neoliberalismo y religión*. Estella, 1998.

12. FUKUYAMA, F. *El fin de la historia y el último hombre*. Barcelona, 1992.

13. HÖHN, H.J. "Mythos Kapital". *Theologie und Glaube*, 100, 2010, p. 31-43. • *Postsäkular: Gesellschaft im Umbruch* – Religion im Wandel. Paderborn, 2007, p. 91-109. • *Zerstreuungen* – Religion zwischen Sinnsuche und Erlebnismarkt. Düsseldorf, 1998.

A partir do dinheiro se estabelecem as diferenças sociais e pessoais, já que a riqueza permite escolher e decidir. O interesse econômico se impõe sobre todos os critérios, inclusive os morais ou os ecológicos. Seu valor reside em sua escassez, já que, se todo o mundo fosse rico e o dinheiro abundasse, ele perderia seu valor e deixaria de ser a chave decisiva na sociedade. Ele é onipotente, onipresente e invisível, já que inclusive se desmaterializou, primeiro em favor do papel (em lugar do ouro), e depois na forma da carta de crédito e das operações bancárias eletrônicas. A chave anti-humanista do dinheiro leva o homem a adotá-lo como critério valorativo do poder, já que quem tem dinheiro "pode permitir-se tudo". O tempo é dinheiro e tudo se compra e se vende, inclusive o próprio homem que "precisa saber se vender" para ter êxito social.

A alternativa dos insatisfeitos

A alternativa está nos que não se sentem satisfeitos com a proposta consumista. Já desde os anos de 1950, pensadores como J. Habermas[14] advertiram que a transformação social não viria do proletariado nem dos países pobres, como reação ao capitalismo. A mudança viria de países ricos, cuja produtividade tornaria desnecessários muitos sacrifícios e restrições da sociedade tradicional, e de cidadãos que começariam a sentir demandas de sentido que ultrapassam o puramente material. Seriam pessoas que vivem na sociedade do bem-estar e que, em dado momento, se sentiriam saturadas de consumo, fartas da renovada oferta publicitária e desejosas de outros bens não materiais. A vida de consumo e a apetência de muitos bens materiais resultam muito atraentes para pessoas e sociedades que vivem na pobreza e precisam lutar diariamente pela subsistência. A rejeição poderia vir de indivíduos que tivessem o que desejassem materialmente e se sentissem insatisfeitos. Mas Habermas foi muito otimista quando pensava que este processo iria ocorrer com rapidez e iria afetar muitas pessoas. Não avaliou suficientemente o que ele próprio chamou de "colonização do mundo da vida" pelo mercado e pela burocracia social, cultural e política. O econômico estrutural se impõe e impregna as pessoas. A capacidade inventiva da publicidade revelou-se mais forte do que a tomada de consciência coletiva a respeito da falsidade do modelo de homem e de sociedade que ela oferece. Embora haja minorias que se sentem insatisfeitas com este modelo de vida, a partir da revolução consumista, "made in USA", da década

---

14. HABERMAS, J. *Problemas de legitimación en el capitalismo tardío*. Madri, 1999. Um enfoque menos otimista é apresentado em *Teoría de la acción comunicativa*, II. Madri, 1987, p. 542-572.

de 1940, estamos quase todos impregnados com o espírito do consumo e com a equiparação entre felicidade e prazer.

Mas é verdade que, quando se tem satisfeitas as necessidades materiais primárias e secundárias, e muitas vezes as terciárias, pode surgir a saturação com os objetos de consumo, que são mais do mesmo. E é mais difícil manter a ilusão de que trabalhar para conseguir estes bens vai gerar uma satisfação global, que torne a vida apetecível. Experimenta-se que as demandas de felicidade, sentido e satisfação na vida vão além do material. Ao conseguir os objetivos econômicos pretendidos, facilmente surge a desilusão, porque não respondem às apetências e expectativas que os alentavam. A dinâmica é uma ilusão, que só pode manter-se quando não se realiza. Quando se tem os bens, eles cansam. É necessário então buscar novas ofertas enganosas que produzam expectativas de realização, sempre desmentidas ao serem realizadas. Ao lutar por obter satisfações materiais conserva-se a esperança de que, quando as conseguirmos, seremos felizes. Depois experimentamos a desilusão. Precisamente ao consegui-las, porque não valia a pena o esforço feito e a posse não produz a felicidade que elas prometiam.

Por isso, a satisfação das necessidades materiais possibilita o surgimento de outras espirituais, nas quais se experimenta que "o homem não vive só de pão". As coisas não podem suprir a necessidade "do outro", a exigência de relações interpessoais que deem sentido à vida e a referência a valores e bens espirituais. Daí o desencanto atual nas sociedades ricas e um mal-estar difuso, generalizado e impreciso, porque não se deve a nenhuma causa específica. Sobretudo numa parte das gerações jovens, que não conheceram as privações do passado. São pessoas que desfrutam muitas possibilidades materiais com as quais seus antepassados nem puderam sonhar. No entanto, não se identificam globalmente com a sociedade. Não é possível ignorar o progresso, mas é necessário captar suas limitações e carências. Há um vazio de sentido que está vinculado a necessidades humanas espirituais não realizadas. Os imigrantes são, muitas vezes, os que mais percebem a importância do bem-estar material e as deficiências no âmbito das relações pessoais, das vinculações familiares e dos valores morais e religiosos, em contraste com os de seus países de origem. Fascina-os a prosperidade dos países desenvolvidos que os recebem, mas rejeitam a penúria de sentido e de felicidade que percebem no atual modelo de vida europeu.

Esta desilusão é captada por algumas correntes atuais, não só religiosas. Entre as diversas correntes da filosofia é preciso contar com os que reivindicam uma espiritualidade laica, humanista e pós-religiosa, apropriando-se em parte dos valores e tradições cristãos. Partem do caráter obsoleto das religiões e da validade de muitos de seus conteúdos tradicionais, que podem ser atualizados e constituir-se como parte de um humanismo secular. A racionalização social facilita uma interpretação do religioso a partir de uma transcendência intramundana e imanente, que é canalizada nos valores morais, estéticos e humanistas. Seria uma versão da divinização do humano, como alternativa à dinâmica cristã, que manteria a preocupação pelas questões últimas: o sentido da existência, a sacralidade de valores últimos pelos quais sacrificar-se, o substrato humanista defendido pelas religiões, a alteridade transcendente do absoluto sem nenhuma referência divina[15]. Em lugar da fé em Deus, propõe-se a fé no homem como alternativa, rejeitando o materialismo radical. A transcendência, enquanto horizonte de sentido, dá lugar às éticas e utopias históricas, que abrem possibilidades de vida aos desejos e raciocínios. Desta forma, amplia-se o conceito de progresso e buscam-se valores pelos quais lutar e viver, acentuando como chave a autonomia criativa e o amor.

Por trás destas correntes espirituais existe a tomada de consciência de que o modelo atual de sociedade frustra aspirações profundas do ser humano. É preciso aceitar a crítica implícita mostrada por estas novas tradições, que podem ajudar as igrejas a reformular sua forma de viver e de estar inseridas nas sociedades prósperas. A dinâmica mercantil impregna o âmbito religioso e patologiza o cristianismo[16]. Passou-se de uma teologia da defesa dos pobres, seguindo o exemplo de Jesus, a aceitar o darwinismo social, que os exclui. O modelo vigente de sociedade sacraliza a riqueza e o bem-estar como um sinal da predileção de Deus, recorrendo a textos isolados da Bíblia (Gn 24,35; Ecl 5,18), que não levam em conta a tomada de consciência sobre o pecado estrutural e coletivo. A teologia protestante transformou a vida cristã em economia, fazendo da riqueza e da prosperidade um sinal da bênção divina. Foi esquecida assim a crítica do livro de Jó à teologia da retribuição e foi esquecido também Jesus, que fustigou a busca de riquezas e a acumulação. Esta dinâmica foi um dos elementos propulsores da modernidade[17], na qual acabou integrando-se o catolicismo. Uma nova maneira de aproximar-se

---

15. FERRY, L. *Aprender a vivir*. Madri, 2006. • *Qué es una vida realizada?* Barcelona, 2003. • *El hombre Dios o el sentido de la vida*. Barcelona, 1997. • FERRY, L. & GAUCHET, M. *Lo religioso después de la religión*. Paris, 2004. • GAUCHET, M. *La religión em la democracia*. Madri, 2003. • *El desencantamiento del mundo*. Madri, 2006. • COMTE SPONVILLE, A. *El alma del ateísmo* – Introducción a una espiritualidad sin Dios. Barcelona, 2006. • DEBRAY, R. *Le feu sacré*. Paris, 2003. • *Les communions humaines*. Paris, 2005. • CAPUTO, J.D. & VATTIMO, G. *After the Death of God*. Nova York, 2007. • VATTIMO, G. *Después de la cristiandad*. Barcelona, 2003.

16. SUNG, J.M. *Deseo, mercado y religión*. Santander, 1999.

17. WEBER, M. *La ética protestante y el espíritu del capitalismo*. Barcelona, 1994.

do econômico impregnou a religião ("Deus lhe pague") e influenciou uma relação utilitarista com os outros. A servidão das coisas uniu-se a uma concepção milagreira de Deus, a serviço dos desejos narcisistas, e com isso a religião assume as motivações e expectativas materiais, em vez de transformá-las. O supérfluo se torna imprescindível, em detrimento da solidariedade e da ascética de bens, à qual exorta a espiritualidade cristã.

Ao tornar compatíveis os bens de consumo e Deus, este é mediatizado e funcionalizado (rezar é pedir-lhe favores). Desloca-se também o sagrado para os novos templos do consumo, os centros comerciais. O que se procura é "sentir-se bem" e consumir bens de salvação, assim como se faz com os bens materiais. Por isso pode-se afirmar que a religião desloca a Deus. Já não se espera a vinda do Messias (Maranatha!) e então a assistência aos rituais religiosos satisfaz e satura a consciência religiosa. A religiosidade enquanto fim em si pode diminuir a ânsia de Deus, o coração inquieto de que falava Santo Agostinho. Nietzsche denunciou que os templos se haviam transformado em sepulcros de Deus. E a religião pode perverter a busca divina e apropriar-se de Deus, para pô-lo a seu serviço. Uma religião instalada na sociedade consumista estimula as virtudes e a moralidade individualistas. Procura-se então tranquilizar e dar boa consciência, em vez de questionar o modelo de sociedade imperante e potencializar o discernimento. A satisfação de desejos, sociais e religiosos, impõe-se às bem-aventuranças. Também as necessidades humanas básicas, materiais e espirituais, são substituídas por preferências consumistas. Daí surge uma Igreja cibernética, de massas e de espetáculo, com símbolos religiosos compatíveis com o consumo, como acontece no Natal. Mostra-se um Deus assegurador e não impugnador do código cultural estabelecido. E a religião se transforma num negócio, apelando à generosidade dos fiéis, que é canalizada pelos clérigos oficiantes para que Deus, por sua vez, os recompense. Centrar-se no dinheiro como fonte de bem-estar entra em contradição com o primeiro mandamento bíblico: Deus é o sentido absoluto. O contraste entre a lógica do dinheiro e o discurso cristão rompe a disjuntiva de servir a Deus ou às riquezas, já que ambos são irreconciliáveis (Lc 16,13.19-31; 12,15-21; Mt 6,24; 13,22; 19,23-24). A inculturação nas sociedades prósperas produz uma religião acomodatícia, que não interpela.

2 A imitação e o seguimento de Cristo

As religiões, e concretamente o cristianismo, adotaram a imitação dos outros como uma coluna vertebral da personalidade. Em todas as religiões há um personagem que seve de referência exemplar, que é preciso imitar para realizar-se. As religiões bíblicas acentuam este elemento exemplar relacional, ao mesmo tempo em que insistem em seus desvios e patologias. A espiritualidade cristã cristalizou-se em torno do duplo esquema de imitação e seguimento. A partir desta perspectiva podemos analisar as discordâncias e rejeições do modelo social imperante por parte do cristianismo. O dinamismo da imitação de Cristo teve uma ampla tradição na história do cristianismo, apesar de sua limitada base nos escritos do Novo Testamento. Já vimos a importância social da imitação, a necessidade humana de modelos e como o desenvolvimento pessoal está afetado por processos de socialização e aprendizado nos quais a imitação é fundamental.

A imitação dos fundadores é constitutiva para as religiões, que realçam a importância capital da identificação com eles. O modelo irradia, fascina os imitadores, contagia seus valores e possibilita uma transformação moral. O perigo está em que o modelo anule a personalidade do imitador, em que se abdique de um plano de vida próprio em favor daquele que serve de exemplo, em que se caia na armadilha de ser uma cópia do modelo. A antropologia bíblica parte do homem como imagem e semelhança de Deus (Gn 1,16-27), que consolida a tendência da religião a imitar os deuses. Mas a ideia de um Deus transcendente, que escapa a toda representação e conceito (Ex 3,14; 20,4), fez com que se desviasse a ideia de imitação para a de aliança entre Deus e o homem, que deixa mais espaço para a dinâmica do seguimento. Mais do que a correspondência entre Deus e a pessoa, ressalta-se a diferença e descontinuidade, absolutizando a lei religiosa como mediação fundamental para relacionar-se com Deus.

O cristianismo desloca a lei em favor da pessoa e da história de Jesus. Em Cristo irrompe a palavra de Deus (Jo 1,1-18) e Ele é apresentado como o "Emanuel", o Deus conosco (Mt 1,23). Cria-se assim uma nova possibilidade de relação entre Deus e o homem. Toda a tradição pôs o acento na identificação experiencial com Cristo, que é o núcleo da imitação, tanto a partir da perspectiva ascética do exemplo e das virtudes, como a partir da dinâmica testemunhal. A imitação responde à necessidade constitutiva de emulação do homem, que adquire outro sentido a partir do crucificado e da forma de vida que o levou à cruz. Não se adora só um Deus transcendente e misterioso, já que se absolutiza a vida de Jesus, fonte de inspiração para encontrar um Deus próximo e imanente. E, a partir desta referência, assume-se uma vida comprometida que termina na cruz. Jesus luta contra as dinâmicas narcisistas e competitivas de seus discípulos, que os transformam em rivais que se enfrentam. Os problemas da imitação estão numa dupla dinâmica: o modelo e quem o copia podem entrar numa relação de rivalidade e que esta pode deslocar-se do interpessoal para as coisas. O modelo se sente lisonjeado pela imitação do discípulo, mas precisa defender-se de um possível competidor. E a referência a uma personalidade exemplar pode, por sua vez, desencadear a agressividade contra ela e a tentativa de superá-la e substituí-la. Por isso, nos evangelhos não se fala da imitação de Cristo, apesar de Ele ser a figura exemplar para seus discípulos (Mt 11,29-30; Jo 13,15). Assume-se seu núcleo, mas luta-se contra as dinâmicas de rivalidade e frustração que Ele pode despertar. O próprio Jesus afirma que seus discípulos farão coisas maiores do que Ele (Jo 14,12), fechando-se a toda possibilidade de dominar sobre os seus por sua insistência no serviço.

Após a morte de Jesus, surge a ideia explícita de imitação de Cristo e de Paulo (1Cor 4,16; 11,1; 1Ts 1,6-8; 2Ts 3,7.9). É preciso configurar-se de acordo com a imagem de Cristo (Rm 8,29) e proceder como Ele (Rm 15,7; 2Cor 8,9). O fato de a imitação estar ausente dos evangelhos e não faltar nos escritos paulinos, que se referem ao Cristo ressuscitado, está mediado pela morte de cruz, que impede muitos dos perigos presentes no desejo que os discípulos têm de copiá-lo. Enquanto Jesus já está imerso na plenitude de Deus na qualidade de Cristo ressuscitado, pode-se aplicar a ideia da imitação dos deuses àquele que é seu representante humano. Já é possível falar de imitar a Deus como Cristo o fez (Ef 5,1). E também se copia Paulo enquanto imitador de Cristo (Fl 3,13-14.17). A dinâmica da semelhança está vinculada à paternidade e maternidade espiritual (1Cor 4,15-16; 2Cor 6,13; Gl 4,19). Por isso Paulo a utiliza em igrejas que ele evangelizou (Tessalônica, Corinto, Galácia, Filipos etc.), procurando levar os fiéis a Cristo e não a ele mesmo (2Cor 11,1-2). Ele procura evitar os perigos de açambarcamento e de apropriação dos imitadores por parte do modelo a imitar. No entanto, também a comunidade de Corinto se divide entre os de Paulo e os de outros competidores (1Cor 1,11-12). A imitação traz sempre o perigo da rivalidade que ela desencadeia, e por isso só é plenamente aplicável a Cristo ressuscitado.

A perspectiva paulina deriva de sua cristologia do Novo Adão e da mística batismal do renascer para uma nova vida, tendo Cristo como referente e predecessor[18]. Imitar uma pessoa implica inspirar-se nela, de modo que haja uma convergência entre os planos de vida de ambos. Isto não implica que a reprodução seja literal, já que neste caso se anularia a criatividade própria. Jesus não tem objetos a possuir e oferecer, que suscitariam a rivalidade e a ânsia de posse dos

---

18. SOLIGNAC, A. "Imitation du Christ". *Dictionnaire de Spiritualité*, VII/2. Paris, 1971, p. 1.536-1.601. • MICHAELIS, W. "Miméomai-mimetés". In: KITTEL, G. *ThWNT*, IV, p. 661-668. • SCHULZ, A. *Nachfolge und Nachahmen*. Munique, 1962. • ESTRADA, J.A. "Imitación de Jesucristo". *Diccionario Teológico de la Vida Consagrada*. Madri, 1989, p. 850-865.

discípulos. Pelo contrário, Ele se opõe às tendências destes a ocupar postos proeminentes em função de sua vinculação a Jesus e repele a rivalidade suscitada entre os discípulos pelo desejo de grandeza. Uma relação que aprisione e não liberte baseia-se na assimetria e superioridade do modelo, ao contrário de Jesus que se abaixa e se põe a servir, para eliminar o que transforma os discípulos em rivais (Mc 9,33-35; 10,37.41-45; Jo 13.4-7.13-17). O exemplo do serviço, como a lavação dos pés na ceia, e sua identificação com os mais pobres (Mt 11,25-29) são um chamado a imitá-lo em sua identificação com as vítimas da sociedade, os mais vulneráveis. Neste contexto, a imitação de Cristo tem um sentido oposto à imitação proposta pela sociedade de consumo. Relativiza os bens materiais, sublinha a importância das relações pessoais e chama a uma identificação afetiva e emocional que não fecha a pessoa em si mesma, mas a abre aos outros e às suas necessidades. A imitação iria na linha da sensibilização e empatia com os mais necessitados. É preciso tomar consciência de que as ideias por si sós não levam uma pessoa se comportar solidariamente, mas é necessária uma motivação e sensibilização para captar a realidade dos que sofrem e identificar-se com eles.

Na tradição cristã o modelo de imitação esteve muito presente na mística, na qual se busca a união com Deus por meio da experiência do Espírito. A criatividade que surge da interioridade é mediada pela oração, a partir da qual se torna possível uma relação de identificação afetiva na qual seja mediadora a semelhança. Boa parte da oração cristã baseia-se na contemplação dos mistérios de Cristo para assemelhar-se a Ele afetiva e intelectualmente. Mas é preciso não esquecer que se trata do Cristo ressuscitado, da palavra encarnada de Deus que exige a mediação e inspiração do Espírito, acima de qualquer prática ascética ou moral. E isto remete à liberdade e criatividade pessoal, à imitação como vocação, que levaria a recriar o projeto de vida de Jesus e a atualizá-lo, inspirando-se nele. Santo Inácio de Loyola fala de "conhecimento interior" de Cristo para melhor segui-lo e amá-lo (EE 104). O amor é sempre a energia espiritual divina por excelência.

Da imitação ao seguimento

O caminho cristão não é apenas um caminho de liberdade das alienações humanas, mas de libertação social e religiosa. Para isto é preciso despojar-se dos apegos pessoais, como lembra São João da Cruz com os nadas, e fazer uma "oblação de si", como propõe Inácio de Loyola. A pergunta inaciana "o que posso fazer por Cristo?" remete a uma mística do seguimento operativa e transformadora, que liberta a partir do serviço aos outros. Esta polarização por Cristo permite distanciar-se dos objetos que medeiam entre o imitador e o modelo a imitar. As coisas adquirem um valor simbólico, para além de sua materialidade, e podem transformar-se em objeto comum do desejo de ambos, que afirmam sua superioridade ao possuí-las. Os mandamentos judaicos, assumidos pelo cristianismo, alertam sobre a cobiça em sentido amplo. Esta não só leva a competir com o outro, mas canaliza os desejos para os objetos. "Não cobiçarás a casa de teu próximo, não cobiçarás a mulher de teu próximo, nem seu escravo, nem sua escrava, nem seu boi, nem seu jumento, nem coisa alguma que pertença a teu próximo" (Ex 20,17; Dt 5,21). O desejo orienta a subjetividade, tanto ou mais do que a racionalidade, buscando o reconhecimento e a aceitação, que são a norma para a imitação e o seguimento. O cristianismo contrapõe a orientação mercantil para as coisas, mediada pelo dinheiro, e a orientação interpessoal, que se cristaliza no seguimento de Cristo. Por isso, a inculturação do cristianismo numa sociedade consumista vai contra o projeto alternativo de Jesus e desvia do sentido da vida refletido nos evangelhos.

Tradicionalmente a forma de imitação cristã por excelência tem sido o martírio, que é também a plenitude do modelo de seguimento e a forma mais universal de ambos. Junto com o martírio desempenhou um papel importante a vida religiosa, centrada na imitação de Cristo, mas mediada por uma ascética e uma espiritualidade que nem sempre superaram a exigência de descentralizar o sujeito e eliminar os ciúmes e a rivalidade inerentes. Francisco de Assis talvez seja quem melhor exemplificou a convergência entre a empatia produzida pela imitação e o seguimento daquele que percorreu o caminho de Jesus, dando preferência ao segundo em relação à primeira. O grande desafio para a espiritualidade, não só para a vida religiosa, mas também para a vida laical, é evitar as patologias da imitação. Oxalá esta não degenere em mera submissão e obediência ao modelo, não facilite o culto à personalidade, não leve a um literalismo bíblico descontextualizado, essencialista e a-histórico e deixe espaço à experiência do Espírito. Por isso, imitar e seguir a Cristo obriga a discernir e refletir sobre os ídolos sociais e eclesiais, sobre as diferentes formas de culto à personalidade, na sociedade e na Igreja, e sobre o caráter problemático de relações possessivas que não deixam crescer e amadurecer. O ideal de imitação pode tornar-se amor narcisista à própria imagem, centrando a pessoa em si mesma, em vez de ela abrir-se à alteridade dos outros. A imitação e os altos ideais de perfeição precisam do discernimento para não se transformar em mediações para os ciúmes, a competitividade e a inveja. As patologias abundam na história do cristianismo, sob a forma da carreira eclesiástica, do servilismo infantil e dos endeusamentos que identificam a vontade de Deus com a própria, em vez de buscá-la a partir da autocrítica e do serviço. Da mesma forma que existem modelos perversos na sociedade, ávidos de cargos e honras, assim também acontece na Igreja comunitária e institucional.

Nos evangelhos subsistem as resistências a uma correspondência entre Deus e os homens, apesar das referências a ser como Deus (Mt 5,48; Lc 6,36). O seguimento de Jesus ocupa o lugar central nos evangelhos (79 vezes e 11 no restante do NT)[19]. A característica do discipulado é seguir a Jesus. Acentua-se que Jesus vai à frente no caminho a seguir (Mt 19,1-2; 20,17-18; 21,1; 26,32; 28,7). Esta teologia é encenada espacialmente (Jesus se adianta e eles o seguem: ir atrás, 35 vezes); doutrinalmente (Jesus ensina e eles o seguem: 60 vezes); e temporalmente. No início, eles o seguem imediatamente (Mc 1,18), depois o seguem com medo (Mc 10,32), por fim fugiram (Mc 14,50) ou o seguem de longe (Mc 14,54). Todo o evangelho lucano está estruturado em torno da ideia do caminho físico para Jerusalém (Lc 5,11.28; 7,9; 9,11.23.49.60; 18,22.28; 22,39), com um Jesus que olha para trás para os discípulos que o acompanham. João, por sua vez, identifica seguir e crer (Jo 1,35-51). Existe uma comunhão de vida, de missão e de destino entre Jesus e os seus. Exige-se uma decisão e um compromisso anteposto aos vínculos familiares (Mt 8,21-22; Lc 9,61-62), às riquezas (Mt 19,21; Lc 18,22) e à própria vida (Lc 24,23-35; Mt 10,37-38). A radicalidade de Jesus se traduz num projeto de vida que chama a despojar-se de tudo o que impeça a liberdade e o crescimento.

O cristianismo favoreceu o seguimento, ressaltando a impossibilidade do homem de superar por si as dinâmicas patológicas (Jo 3,7-8). Jesus mostra um caminho a seguir e o motiva (Jo 12,26). Os discípulos crescem progressivamente a partir da relação com Jesus, até à crise da paixão, e aprendem como viver e em função de quais valores. A manifestação de Deus na história, a epifania de Jesus, passa pela colaboração com Ele na salvação do homem. O seguimento transfigura os discípulos, os sacramentaliza ao mudar suas aspirações e motivações mais profundas e prepara a passagem da comunidade discipular à Igreja cristã. A relação os transforma, porque Jesus põe em primeiro plano valores humanos radicais, muito mais importantes do que as prescrições religiosas, que precisam subordinar-se aos primeiros. Jesus os expõe às inclemências da vida, abandonando a segurança social e religiosa, e os sensibiliza para a dureza da vida dos mais pobres. Não se trata apenas de crer no que Jesus diz, mas de deixar-se levar com Ele e segui-lo

---

19. KITTEL, G. "Akoloutheo". In: *ThWNT*, I, p. 210-215. • LUZ, U. "Nachfolge Jesu, I". *TER*, 23, p. 678-686. • CASTILLO, J.M. *El seguimiento de Jesús*. 2. ed. Salamanca, 1987; ERNST, J. *Anfänge der Christologie*. Stuttgart, 1972, p. 125-145. • HENGEL, M. *Nachfolge und Charisma*. Berlin, 1968. • COULOT, C. *Jésus et le disciple*. Paris, 1987.

numa sociedade conflituosa, que Ele quer mudar em favor dos mais vulneráveis. Deus assume a vida humana em Jesus, mas precisa da vida de seus discípulos para salvar a todos. Nunca Deus é mais transcendente e universal do que quando assume o lugar das vítimas da sociedade e da religião para situar-se na história. Se Deus pode salvar o mais desumanizado e vulnerável, é porque Ele é universal. A universalidade não é apenas horizontal, dos judeus aos pagãos, mas também vertical, do mais necessitado (o pobre e o pecador) aos outros. Por isso, o cristianismo é uma história inacabada, que remete à vocação, inspiração e atualização em cada momento da história. A partir da empatia com as vítimas da sociedade, os que são mais empobrecidos do que pobres, é preciso abrir-se para a plenitude do humano seguindo as pegadas de Jesus. Trata-se de uma vocação, de um chamado, que descentra e complica quem o recebe. E o capacita para converter-se em agente transformador de uma sociedade e uma religião pecadoras.

Para isso é necessária a relação pessoal (Jo 1,39), que leva à oração e à pertença comunitária. É preciso ser confirmado pela fé dos outros, ao mesmo tempo em que se dá testemunho da própria. É necessária uma adesão a partir da convicção e da liberdade, assumindo os custos do seguimento, inclusive os que são produzidos pelas patologias da própria Igreja. É preciso optar pela fidelidade a Jesus, embora produza tensões sociais e eclesiais, em vez de acomodar-se à custa de menosprezar o seguimento. O medo continua sendo o maior causador da infidelidade. Por isso Jesus exorta a detestar a própria vida (Mc 8,35; Lc 14,26; Jo 12,24-25) por fidelidade ao chamado do Reino. Os discípulos de Jesus souberam dar testemunho disto ao longo da história, e também na atualidade (Oscar Romero, Ignacio Ellacuría e seus companheiros, Martin Luther King, Teresa de Calcutá etc., uma longa lista de leigos e sacerdotes). O seguimento se choca com o modelo de homem oferecido pela sociedade. Esta massifica e despersonaliza, favorece o deixar-se levar pela maioria e a desculpa de fazer o mesmo que os outros. Também na Igreja há tendências à despersonalização, especialmente perigosas nos que ocupam cargos de autoridade. Contra a tendência a perder a própria identidade em favor das convenções sociais e eclesiais, é preciso personalizar os cristãos e preservar criativamente a própria identidade, em vez de transformar-se em homem-massa. A partir daí é possível a paternidade e maternidade espiritual à qual admoesta Paulo (gerar em Cristo: 1Cor 4,15; Gl 4,19), porque Cristo vive nele (Gl 2,20). Uma leitura criativa dos evangelhos, a partir de uma cristologia espiritual, pneumática, pode suscitar personalidades que arrastem e transmitam sua experiência. A crise do cristianismo atual é a carência de gurus, de pessoas que falem a partir de uma vivência pessoal, que questione e inquiete. Faltam os outros "cristos", os cristãos, que tornem possível viver um projeto de vida, que harmonize a referência a uma forma realizada de vida, a de Jesus, e uma dinâmica criativa de futuro.

3 A crise atual da Igreja

Se o cristianismo quiser oferecer uma alternativa de sentido à sociedade, ele precisa retornar às suas origens primitivas, a partir de uma reformulação atualizada da imitação e do seguimento de Cristo. Isto exige não só um *aggiornamento* ou atualização das igrejas, mas também uma reforma de suas estruturas, instituições e leis, e uma conversão de seus membros, a começar pelos que possuem autoridade. Como no século XVI, início da modernidade, existe hoje uma necessidade de mudança radical, já que mudaram os problemas e os pressupostos de partida. Se não houver uma reforma livre e interna da Igreja católica, que tenha como referência os evangelhos e não qualquer concílio do milênio passado, será impossível superar a crise de credibilidade do catolicismo. As igrejas não podem ser legitimadoras e sustentadoras da ordem social vigente sem cair em contradição com suas origens evangélicas. O problema consiste em que elas se encontram bem-instaladas no primeiro mundo e participam do código cultural dominante, que as incapacita para oferecer uma alternativa convincente. De fato, o imaginário social das igrejas, aos olhos de muitos cidadãos, é o de instituições ricas e poderosas, vinculadas às classes dominantes e defensoras do *statu quo* imperante. Não se trata apenas de um problema de imagem desvirtuada, que acontece, mas também de uma mundanização eclesial, que tem sido uma constante ao longo da história do cristianismo. É preciso reformular a Igreja a partir da comunidade, das relações interpessoais e dos leigos, para que ela possa assim oferecer respostas aos problemas vigentes na sociedade.

Uma recuperação crítica da tradição

As relações interpessoais são essenciais para um projeto de vida. Nas sociedades tradicionais os anciãos eram respeitados porque tinham uma longa experiência. Além disso, serviam de referência e de exemplo para os jovens. No contexto europeu atual, de sociedades pós-modernas, rompeu-se esta dinâmica, porque os mais velhos é que imitam os jovens. Todos nós queremos viver mais tempo, mas sem assumir a velhice. Consequentemente existe uma desvalorização das tradições, do passado e das experiências dos mais velhos, depreciadas em nome do progresso, das inovações e das modas. A expectativa de vida aumentou, a aposentadoria precoce deixa muitas pessoas inativas e o número de velhos aumenta. E, no entanto, deprecia-se a idade e exalta-se a juventude. Diz-se, inclusive, que não há nada a aprender do passado e que as gerações anteriores é que precisam aprender das gerações atuais. A publicidade faz da juventude o modelo de um estilo de vida para o qual os mais velhos não estão capacitados. Por isso existe medo da velhice, embora se goze de saúde e as necessidades materiais estejam garantidas. Enquanto se deixa de trabalhar e de ser economicamente produtivo, existe o medo de perder influência social e capacidade para influir na vida dos outros. A aposentadoria pode ser uma má notícia e desembocar numa situação vital na qual se constata que as relações e pessoas que antes eram importantes perderam interesse pelo aposentado. Quando se perdeu o cargo, o poder e influências, deixa de haver interesse pela pessoa. Já não se é útil. Aparece então a sombra de uma vida sem esperança, de uma autodepreciação, e a surpresa de que havia menos amigos do que se pensava.

Paradoxalmente, a expectativa de vida prolonga a etapa de aposentadoria com plenas faculdades. Existem cada vez mais pessoas biológica e espiritualmente "jovens", que se aposentam cedo com um grande potencial e capacitação, sentindo-se desvalorizadas pela sociedade. Esta sensação de ficar marginalizados e de não contar na hora de tomar decisões é causa de solidão e de sofrimento para as gerações mais velhas e também uma perda para a sociedade. Prescinde-se de pessoas valiosas, que podem contribuir com conhecimentos, capacidades e uma rica experiência, sem que a sociedade ofereça oportunidades de fazer coisas e viver experiências que não foram possíveis antes. Como, por outro lado, dilui-se o horizonte da morte em favor de um presente indefinido, permanente e prolongado, a velhice é vista como algo a evitar. Procura-se viver sem envelhecer, viver muito sem ser velho, vinculando velhice e enfermidades, que simbolizam o fracasso último da medicina e da nossa ânsia de imortalidade. Existe um desapego em relação ao antigo nas velhas sociedades europeias, talvez contagiadas pelo estilo de vida americano. A rejeição dos idosos bloqueia-os e incapacita-os para o diálogo com as gerações mais jovens, em prejuízo daquilo que ambos podem aprender uns dos outros.

Daí o caráter adolescente de nosso estilo de vida pós-moderno, que necessita de modelos e referentes e não os encontra. O medo da morte é consubstancial ao ser humano; mas, quando vem acompanhado por um estilo de vida banal e insubstancial, fica mais agudo. Daí o esforço da sociedade para marginalizar a morte, para dissimulá-la esteticamente, para esquecê-la e camuflá-la por trás de estatísticas quantitativas sobre as pessoas que morrem. A morte nos lembra o *carpe diem*, a brevidade da vida e a necessidade de aproveitá-la. E, na medida em que nosso estilo de vida é banal e sem sentido, mais evitamos que cada indivíduo se questione a si mesmo à luz de sua finitude e temporalidade, como nas sociedades tradicionais. O presente de nossa sociedade deixa de lado as perguntas a médio e longo prazos, tanto pessoal como socialmente, e se concentra no efêmero e imediato, no cotidiano e urgente.

Passamos da tradição nostálgica, que enaltece o passado e desconfia das mudanças, "o tempo passado foi melhor", para o extremo oposto. Neste, a memória histórica fica bloqueada e a tradição é considerada obsoleta, superada e sem nenhuma contribuição a dar. Impõe-se uma forma cultural adolescente, na qual não há transmissão vertical da identidade, mas carência de pais, mestres e gurus, sendo que o grupo, a turma e os "colegas" suprem esta ausência de referentes. Estas carências vão acompanhadas por uma absolutização do presente, que é projetado no futuro, perdendo este sua diferenciação e indeterminação. Se o passado é uma mera gênese do presente, o futuro é sua prolongação. Vivemos numa época presentista, que se esquece do passado mais recente e que vê o futuro como mera continuidade com o hoje. Esta desmemória e a carência de expectativas produzem insegurança e falta de sentido, porque vai contra a constituição do homem. As experiências passadas de sentido são as que iluminam e inspiram o presente. As esperanças são as que fortalecem a criatividade e potencializam a liberdade. O "o que posso esperar" faz parte da constituição humana, como lembrou Kant.

Desta forma aumenta a insegurança dos idosos e também das gerações intermédias, que são as que administram a sociedade e as que precisam educar as gerações mais jovens. Se a conduta dos mais velhos já não serve para educar, porque a sociedade mudou e as contribuições deles são desvalorizadas, então é preciso tomar decisões arriscadas e inseguras na família, na educação e no trabalho, sem utilizar a experiência adquirida. Esta desvalorização das tradições, dos costumes e dos aprendizados radicaliza as mudanças geracionais e facilita a tomada de decisões equivocadas, já que aquele que não aprende da história está condenado a repeti-la. A crise do modelo familiar e educativo, que hoje se percebe na sociedade, provavelmente tem a ver também com a admiração excessiva e acrítica do novo. Pensa-se que algo é bom por ser uma novidade. E rejeitam-se as formas educativas anteriores, porque identifica-se a antiguidade com falta de validade. As pautas de educação tradicionais, escolares e familiares, são recusadas sem mais, em bloco, sem discernimento crítico. O resultado é uma crise crescente da educação familiar e escolar, estimulada por um "progressismo superficial", baseado mais no desprezo daquilo que não se conhece do que numa seleção reflexiva da contribuição das gerações anteriores. O tradicionalismo eclesiástico e o conservadorismo

315

social e político estão marcados, em boa parte, por uma reação justificada contra estas carências. Reage-se contra um progressismo superficial, muito marcado pelo desconhecimento das tradições e pela carência de sentido histórico.

Poder-se-ia pensar que esta situação oferece muitas possibilidades ao cristianismo, depositário de uma longa e rica tradição. E também às igrejas administradas majoritariamente por uma "gerontocracia" que mantém o apreço pelas experiências do passado, fundamentais para abordar os desafios do presente. O problema está em que estas tendem ao fundamentalismo e ao integrismo. Ou seja, se aferram de tal modo à tradição que a substancializam e a imobilizam, e com isso ela perde plausibilidade e credibilidade[20]. Em vez de ver a memória do passado como a plataforma para avançar e mudar, ajustando-se às novas demandas do presente, aferram-se a posições obsoletas, com as quais se quer responder às novas sociedades surgidas no século XX. Perde-se assim o dinamismo do cristianismo, que preservou a vida e as tradições de Jesus, mas soube adaptá-las e inclusive mudá-las para o novo tempo da Igreja e para os subsequentes desafios apresentados pela missão no Império romano. A sociedade moderna deixa de lado o passado e tradição. No catolicismo afirmam-se os dois, mas à custa das necessidades do presente e das perspectivas de futuro. E acontece que no terceiro milênio mudaram as perguntas e os problemas, e já não servem as velhas respostas que eram dadas a problemáticas que foram superadas ou se tornaram obsoletas no decurso da história.

Na atualidade sente-se falta do dinamismo de fidelidade criativa, pressuposto na imitação e no seguimento de Cristo, e isto foi uma das causas do retrocesso involutivo que ocorreu no pós-concílio. Jesus precisou enfrentar uma religião judaica anquilosada e bloqueada por sacerdotes, rabinos e fariseus, e hoje há o perigo de que esta situação volte a repetir-se. Pode-se perceber na Igreja e na sociedade dinâmicas próprias dos grupos adversários de Jesus. A insegurança provocada pelas mudanças levou à involução, a retroceder para recuperar a situação anterior ao Vaticano II, marcada pela homogeneidade, pelo centralismo e pelo autoritarismo eclesial[21]. A Igreja voltou a sentir-se chamada à luta antimodernista, diante de uma

---

20. Quanto ao teólogo aferrado às fórmulas do passado, "podemos escutá-lo confiantes, sem temer o perigo de precisar preocupar-nos seriamente com algo, [... por sua] impossibilidade de romper as formas fixas do pensamento e da linguagem". RATZINGER, J. *Introducción al cristianismo*. Salamanca, 1969, p. 22.

21. CHENU, M.D. "La fin de l'ère constantinienne". *Un concile pour notre temps*. Paris, 1961, p. 59-87. De acordo com Ratzinger, os textos do Vaticano II foram um *contra-Syllabus*, que corrigiu a atitude católica em relação ao liberalismo, às ciências e à nova concepção política. Cf. RATZINGER, J. "Der Weltdienst der Kirche". *Communio*, 4, 1975, p. 442-443.

sociedade que havia surgido contra ela no século XIX e que vivia um forte processo de secularização e laicização que ela trazia consigo. Desde então, a Igreja católica, pelo menos na Europa, vive na defensiva e rejeita a reforma impulsionada pelo Vaticano II[22]. Ela se move entre a saudade de um passado irremediavelmente superado e o medo de uma marginalização social, fruto da nova sociedade secular, que alguns já chamam de pós-religiosa. Esta atitude impede a criatividade eclesial e se transforma num obstáculo fundamental para a nova evangelização da Europa, especialmente das gerações jovens[23]. A dinâmica antimodernista que dominou a Igreja durante um século e meio parece retornar hoje. Vê-se a sociedade mais como uma ameaça do que como uma oportunidade. A situação, após a primeira década do século, está muito longe de suscitar confiança. Podemos falar de uma crise global do catolicismo, que se encontra num momento histórico de desorientação, de perda de plausibilidade social e de diminuição de credibilidade interna.

O concílio Vaticano II tentou superar a crise do século XIX, abrindo-se ao diálogo com o mundo, adotando a liberdade religiosa e a separação entre Igreja e Estado, superando o espírito da Contrarreforma com um ecumenismo dialogante e reformando suas estruturas ministeriais e sacramentais. O caráter restritivo tomado pelo pós-concílio, sobretudo nas três últimas décadas, em relação às reformas conciliares, fez com que estas dinâmicas parassem. O catolicismo vive uma crise que lembra a crise do século XVI. Hoje ressurge novamente a virada antimodernista e a ideia da Igreja-fortaleza, que se defende da sociedade. Tende-se a criar uma subcultura católica uniforme, numa sociedade plural, secularizada e laica. Já não se assume a abertura ao mundo, o espírito positivo com que o Vaticano II encarou os problemas da humanidade. O concílio procurou a reconciliação com a modernidade, com a democracia, com a laicidade do Estado e com os direitos

---

22. "A Igreja peregrina é chamada por Cristo a esta reforma perene. Dela necessita perpetuamente como instituição humana e terrena" (UR 6). Esta perspectiva se contrapõe a Gregório XVI que, na *Mirari vos* (15 de agosto de 1832), declarou que a Igreja não pode ser reformada, "porque não se poderia nem sequer pensar que a Igreja esteja sujeita a defeito, a ignorância ou a quaisquer outras imperfeições". Cf. tb. CONGAR, Y. *Falsas y verdaderas reformas en la Iglesia*. Madri, 1953.

23. Diversas pesquisas mostram que muitos jovens se desinteressem da Igreja. A religião é importante para 22%, embora 53,5% se definam como católicos e 81% creiam em Deus. Cf. FUNDACIÓN SANTA MARÍA. *Jóvenes españoles 2010*. Madri, 2010. Maite Valls, autora do informe sobre "As crenças religiosas dos jovens", afirma: "Surpreende que, entre os jovens, as instituições políticas, sindicatos e Forças Armadas estejam mais bem avaliados do que a Igreja". Concentrações multitudinárias como as "Jornadas mundiais da juventude" podem ajudar a esconder a defecção crescente de amplos setores da juventude, sobre o que se pronunciaram diferentes organismos e personalidades (cf. *El País*, 28/11/2010).

do homem, entre eles a liberdade religiosa. No século XIX perdera-se a correlação entre Igreja e sociedade. E com ela uma fé inculturada, germe e fonte de inspiração para a cultura. Daí as esperanças suscitadas pelo *aggiornamento*. Ou seja, a reforma renovadora da Igreja e sua nova índole missionária, marcada pelo diálogo com o mundo e pela colaboração com outros cristãos e, inclusive, com não crentes. O concílio deu esperanças num tempo de crise e parecia inaugurar uma nova etapa na história da Igreja. Procuravam-se novos acentos em relação à época tridentina e ao Vaticano I, em correspondência com uma situação histórica nova.

Reformar a Igreja para um projeto de missão

O dinamismo evangelizador foi canalizado para uma sociedade mais justa e para o desenvolvimento do evangelho social. E também para uma nova maneira de entender a relação entre fé, justiça e cultura, e para uma reformulação do binômio natural-sobrenatural. As novas orientações respondiam à situação da Igreja nesse momento histórico, no qual adquiriu importância a vinculação entre promoção humana e promoção cristã: "Entre evangelização e promoção humana – desenvolvimento, libertação – existem de fato laços profundos: laços de ordem antropológica, [...] laços de ordem teológica, [...] laços daquela ordem eminentemente evangélica, qual é a ordem da caridade"[24]. Não se trata de fazer aqui um balanço dos êxitos e erros do Vaticano II, mas de constatar que ele suscitou uma grande esperança, inclusive nos não católicos. Além disso, dinamizou a Igreja, no primeiro e no terceiro mundos, capacitando-a para abordar os problemas da década de 1960. Pode-se falar do concílio como a primeira experiência globalizadora da Igreja católica. Mais de dois mil bispos, representantes de todas as igrejas, encontraram-se e dialogaram entre si, pela primeira vez na história, sem limitar-se ao diálogo de cada igreja com o centro, com a cúria romana.

A imagem tradicionalista, patriarcal e masculina apresentada pela Igreja católica atual afasta os setores mais dinâmicos, abertos e vanguardistas da sociedade. Quando se põem em contato com as instituições e autoridades eclesiais, eles não só experimentam um choque cultural com outro modo de vida diferenciado, mas percebem o divórcio entre o projeto a que aspiram e os caminhos que lhes são oferecidos. As expectativas espirituais renovadoras chocam-se com as estruturas tradicionais pouco adaptadas. Resulta mais fácil para eles entrar em "Organizações não governamentais" (ONGs) e associações leigas, onde podem realizar mais

---

24. PAULO VI. *Evangelii Nuntiandi*, n. 31.

sua espiritualidade e seus projetos de vida, sem os obstáculos impostos pelo atual modelo de Igreja. As carências de vocações para a vida religiosa e o sacerdócio têm a ver com isto[25]. Os setores mais tradicionais da sociedade, pelo contrário, são os mais propensos a simpatizar com a Igreja. O êxito vocacional dos novos movimentos conservadores fundamenta-se, entre outras coisas, na segurança e estabilidade que apresentam. No entanto, é uma coesão interna que prepara pouco para viver as tensões da sociedade plural. Frequentemente são um reduto antimodernista e sua identidade grupal é paga com uma uniformização das mentalidades, com uma forte ideologização interna e com o culto à personalidade de seus dirigentes. Vivem então uma dinâmica propícia ao comportamento das seitas e dos grupos fechados. Em vez de constituir a Igreja como uma instância contracultural, a partir do seguimento de Cristo, convertem-se num reduto de tradicionalismo, superado pela história e pelo dinamismo social. A Igreja do século XXI necessita de uma reforma tanto ou mais que a Igreja do século XVI e, se não surgir uma reforma promovida a partir de dentro, ela perderá relevância social e credibilidade espiritual.

Em nossas sociedades modernas ocorreu um incremento do estilo individual de vida e uma modificação do código cultural compartilhado. O retrocesso da sociedade autoritária abre possibilidades ao indivíduo, contra a pressão social anterior. Neste contexto, a permissividade, a tolerância, o "deixar fazer e deixar passar" transformam-se na prática liberal hegemônica. Incrementa-se a iniciativa da pessoa com espaços de liberdade e âmbitos públicos de opção pessoal. Poder-se-ia pensar que, ao haver menos pressão social, há mais possibilidades para que cada pessoa se dê um sentido próprio, o sentido que valha a pena. Do mesmo modo, a riqueza material cria possibilidades para novas necessidades espirituais que enriqueceriam o indivíduo e a sociedade. Mas esta dinâmica, favorecedora de relações pessoais ricas, é contrabalançada por outra de sinal invertido. Passamos do modelo tradicional ao modelo da sociedade permissiva, na qual teoricamente é proibido proibir, mas há uma forte pressão social que padroniza as pessoas. Vivemos uma época de plenitude de direitos individuais, sem contrapartida de exigências e responsabilidades. Igualmente sem um núcleo pessoal forte que incremente as escolhas livres. A superficialidade das relações pessoais redunda num indivíduo fraco e inseguro, propenso a entregar ao Estado ou ao governo a toma-

---

25. ESTRADA, J.A. *Religiosos en una sociedad secularizada*. Madri, 2008, p. 146-157.

da de decisões. Em compensação, reclama-se uma independência individual sem limites, já que faltam dimensões solidárias e consciência de pertença a um grupo.

As liberdades maiores dos indivíduos numa sociedade tolerante e permissiva pressupõem a autonomia e a criatividade pessoal. O pluralismo e a tolerância social tornam inviável apoiar-se no consenso social, muitas vezes inexistente. A contrapartida é o discernimento, que permita avaliar entre as diferentes propostas. Já não existe o modelo social de referência no qual todo mundo age do mesmo modo. Passamos do consenso social, numa sociedade e igrejas homogêneas, à diversidade de opiniões, valores e condutas, sem que, em princípio, nenhuma delas seja reprimida, em nome da tolerância. É preciso que a pessoa atue em função de suas avaliações e de seus valores de forma autônoma e pessoal. A falta de orientação social, porque cada um pode agir de acordo com suas expectativas e convicções, exige personalidades ricas, autônomas, com convicções próprias, que não se deixem arrastar pela pressão social. É isto que resulta difícil no modelo atual de sociedade no qual vivemos, como consequência do fracasso do modelo familiar e educativo, modelo atual que produz indivíduos fracos, inseguros e bastante isolados. Também a Igreja padece desta dificuldade, já que o peso das estruturas, instituições e autoridades limita muito a possibilidade de avaliação e de opção dos crentes. O peso institucional sufoca o mundo da vida na sociedade (Habermas) e nas igrejas. A eclesiologia de comunhão do Vaticano II respondia à pluralidade social e à exigência de um laicato com mais protagonismo. Por isso acentuou-se o discernimento, contra o predomínio anterior da obediência. Hoje voltamos à situação anterior, a partir da nostalgia de uma Igreja uniforme, na qual todos pensam e atuam da mesma forma. Algo inviável no modelo atual de sociedade.

A chave estaria em superar a personalidade individualista em favor de uma forma de vida baseada em relações interpessoais ricas, estáveis e espontâneas, que é a alternativa à "personalidade autoritária". O amor implica a capacidade de compartilhar, de comunicar-se e de vincular-se, de maneira livre e criativa. Não se procura dominar o outro, possuí-lo, que é a característica de uma concepção mercantil da vida, mas dar-se de forma gratuita e generosa, a partir de uma experiência de plenitude. O egocêntrico se defende do outro, enquanto o dar-se e participar numa comunicação enriquece o próprio eu[26]. Por isso é mais necessária do que nunca a Igreja comunidade, que substitua a Igreja clerical e institucional.

---

26. FROMM, E. *El arte de amar*. Barcelona, 2011. • C. PÉREZ TAPIAS, J.A. "La propuesta de Erich Fromm acerca de una ciencia del hombre". *Gazeta de Antropología* 8, 1991, p. 43-50. • GÓMEZ CAFFARENA, J. "Erich Fromm (1900-1980) – El humanismo militante". *Razón y Fe*, 988, 1980, p. 479-489.

As duas não se opõem; mas, de acordo com o acento que se dá, privilegia-se a dinâmica do compartilhar vivencial ou a do deixar-se levar hierárquico.

A autonomia brota da heteronomia adulta, que tem consciência da necessidade dos outros e rejeita o isolamento do eu. O que une as pessoas são as experiências e os encontros, não as ideologias. Nas experiências se descobre e se confirma a identidade própria, ao sentir-se reconhecido, aceito e amado. Desta experiência – saber-se valioso e significativo para outras pessoas – surge a vivência de que a vida tem sentido. A solidariedade e a empatia estão vinculadas a vivências que motivam, das quais surgem as decisões morais que também precisam passar pelo crivo da reflexão e da crítica. Por isso, ela implica interioridade e capacidade de discernimento, que só se consegue nas experiências interpessoais. Estas não podem ser substituídas por reflexões e especulações intelectuais, nem pela introspecção de uma personalidade isolada. Contra a personalidade marcada pelo ter, incapaz de arriscar-se, é preciso renunciar a possuir o outro, respeitando e alentando sua autonomia e crescimento. A liberdade pessoal cresce em contato com seres livres, que a reforçam e a motivam. Muda também a maneira de possuir e ter, já que se desfruta compartilhando com aqueles que se ama, em vez de defender-se deles. É a experiência de ser, que se baseia na autenticidade e na criatividade mútua, e que produz alegria vital e capacidade de compartilhar e relacionar-se com os outros.

E estas exigências convergem com propostas conciliares como as de revitalizar a Igreja como povo de Deus, desclericalizá-la e potencializar os leigos. É necessário recuperar a teologia de comunhão e o projeto de Jesus de construir o reinado de Deus na sociedade, subordinando a Igreja a este senhorio de Deus e não o contrário. Uma Igreja constituída como comunidade vivencial, plural e com capacidade de acolhida pode servir de apoio ao indivíduo que se sente isolado na sociedade e sem suportes em que apoiar-se para viver sua fé. E isto passa por uma reestruturação, reforma e atualização da Igreja, que continua mantendo o modelo do século XIX cinquenta anos após o concílio. A colegialidade e a sinodalidade da Igreja, que se encaixariam muito bem no marco da globalização atual, também foram freadas. Por sua vez, o universalismo da comunhão de igrejas, que resolve o problema de Igreja particular e Igreja universal, continua entravado pela sobrevivência de uma concepção monárquica e centralista do papado, que é hoje o grande obstáculo para a união dos cristãos. Definitivamente, o concílio tinha razão ao querer reformar a Igreja; e o pós-concílio foi, em boa parte, um fracasso de suas iniciativas fundamentais.

4 O cristianismo como oferta de sentido

Aos problemas institucionais da Igreja é preciso acrescentar os do código cultural. Nas sociedades tradicionais não era possível separar o humanismo cultural da religião, enquanto atualmente se impôs uma "era secular" com um laicismo que invalida as metas transcendentes e solapa a fé religiosa[27]. Já não existe correspondência entre o estilo de vida e os valores religiosos. Além disso, as orientações culturais diferem das orientações das igrejas. Impõe-se um naturalismo reducionista, viver segundo as leis naturais e da ciência, que servem de referência para a "antropodiceia": produzir um projeto de sentido que sirva para a salvação própria, uma vez que se aceita a "morte cultural de Deus". Já não se espera um além no qual não se crê, mas realça-se o presente. Valorizam-se as religiões se são úteis e funcionais para viver no aqui e agora. Já não basta a salvação após a morte, mas se deseja uma vida com sentido e se pergunta qual é a contribuição que as religiões podem trazer hoje para isto. E isto exige uma reformulação das religiões e acentuar outras coisas diferentes das que são acentuadas nas sociedades tradicionais.

Viver de acordo com a natureza é uma necessidade para a sobrevivência do homem, que dela faz parte, mas existem necessidades universais e espirituais que a transcendem. Enquanto ser moral, o indivíduo precisa dar-se normas de atuação, em parte assumidas da cultura. Neste marco, a religião desempenha um papel junto com a ética. A convergência tradicional entre religião e moral deu lugar a um vazio moral e religioso. Existe um "desencantamento" do mundo, que exige um projeto pessoal sem apoios no consenso social ou numa fé comum compartilhada. A cultura secular se orienta para um humanismo sem Deus, realçando a liberdade e a autonomia, para o que contribuíram algumas correntes cristãs. A atual carência consiste em não oferecer critérios e valores universais que sirvam de guia na busca e realização de sentido. Há um eclipse de Deus, um distanciamento do mistério e uma banalização do conceito cristão do amor, sem alternativas humanistas que ocupem o lugar deixado pelas religiões. Viver como se Deus não existisse exige substituir a fé religiosa pela fé no ser humano. Mas esta fé humanista é tão difícil de assumir como a fé em Deus.

A razão é necessária, mas insuficiente, para um comportamento moral que leve a sacrificar os próprios interesses em favor dos outros. Esta dinâmica afeta todos os cidadãos, que vivem numa sociedade de não crentes que antes eram

---

27. TAYLOR, C. *Una edad secularizada*. Barcelona. 2009.

crentes. O problema é como responder a esta dinâmica. Voltar atrás, negando o processo de secularização já ocorrido, é inviável, porque o homem de hoje tem outra mentalidade diferente da que existia na era religiosa. Não basta denunciar os males do consumismo, mas é preciso oferecer orientações para melhorar a pessoa. Uma religião moralista, baseada em denunciar os males do mundo, torna-se incapaz de transformá-lo. Quando a relação com Deus se baseia numa recompensa por cumprir os deveres religiosos, mantém-se o dinamismo pragmático e economicista da sociedade. Daí a compatibilidade de um código religioso conservador, baseado no cumprimento das leis eclesiásticas, com uma atitude pragmática no campo socioeconômico, própria de um cristianismo aburguesado e instalado. O cristianismo tradicional vê o pecado como uma dívida, que exige reparação e o cumprimento das leis religiosas para conseguir a proteção de Deus. Muitos cristãos se baseiam neste ascetismo religioso, que confunde a moral burguesa e liberal com os valores do reino de Deus, defendendo a convergência entre o cristianismo e o capitalismo[28].

A alternativa consiste em oferecer opções identitárias e pertenças comunitárias a partir das quais os cristãos possam revitalizar sua fé e contribuir para mudar a sociedade. Quando a religião incide na cultura e na sociedade, estas assumem como próprios os valores religiosos, que perdem sua especificidade original, porque foram aceitos por todos[29]. Hoje isto é difícil, porque o modelo de sociedade em que vivemos possui um imaginário social incompatível com uma concepção cristã da vida. O problema é se as religiões podem contribuir para a construção de uma vida com sentido, oferecendo alternativas. É preciso reformular a identidade cristã num mundo secularizado. A multipertença sociocultural faz com que em todo cristão convivam a crença e a descrença. Redefinir a identidade cristã numa era secular diferente da era da cristandade é o grande desafio. Todas as religiões oferecem um projeto de sentido vinculado à sua concepção da divindade. Não existe um sentido objetivo que se imponha e que possa ser demonstrado, porque o significado dos acontecimentos depende da interpretação que apresentarmos. Não se pode fundamentar empiricamente o sentido da vida. Há uma diferença radical entre os valores e os fatos, entre o fático e os desejos, entre o presente e os projetos de futuro. A ciência procura demonstrações e fundamentos para validar

---

28. NOVAK, M. *El espíritu del capitalismo democrático*. Buenos Aires, 1984. Cf. MARDONES, J.M. *Capitalismo y religión*. Santander, 1991.

29. ROY, O. *La santa ignorancia*. Barcelona, 2010.

as teorias. Mas isto não é possível para o sentido último da vida. Desde os inícios da filosofia, Sócrates, Platão e Aristóteles apontaram o Bem como um ideal e um valor supremo, que pode ser reconhecido, intuído e assumido pelo homem, mas que não pode ser deduzido de nenhum fato[30].

Os valores que dão sentido à vida não derivam de nada empírico, mas são o pressuposto a partir do qual desenvolvemos os projetos. As religiões se orientam para um bem último e pessoal, que os monoteísmos chamam de Deus. A pergunta pelo sentido e a pergunta por Deus são convergentes para os crentes e para muitas pessoas que não pertencem a uma religião concreta[31]. Deus é identificado com o bem, tanto na perspectiva platônica quanto na judeu-cristã, e chama a realizar um projeto de vida que lhe corresponda. A isto o cristianismo acrescenta uma forma de vida, caracterizada como a encarnação de Deus na humanidade. Ter fé num sentido último, que abarca a vida e a morte, está vinculado a um Deus pessoal, mediado por Jesus. O homem, enquanto ser finito, só pode aspirar a um sentido histórico e parcial, o que é a característica da condição humana. Mas a revelação de Deus ilumina experiências de sentido. Quando os cristãos falam da fé como um dom, querem realçar que o homem não dispõe destas experiências, mas pode preparar-se para tê-las. O dinamismo bíblico vincula Deus ao destino último do homem e assume a autonomia pessoal, que precisa decidir para onde e como se orienta. A liberdade é um atributo divino e humano, fonte da moral, da política e da religião. Se não existe um sentido determinado e objetivo da vida, na medida em que não há uma referência empírica na qual basear-se, é preciso procurá-lo, em função de como se vive e do que se faz. Por outro lado, nem todo sentido é válido, porque há necessidades constitutivas e a liberdade se extravia quando não responde a estas exigências. Nem tudo é válido e nem tudo é permitido. Uma corrente do ateísmo humanista adota uma versão secularizada desta concepção, partindo da dignidade da pessoa como base dos direitos humanos e de suas exigências. Parte-se de uma avaliação e não de um mero fato.

Santo Agostinho afirma que "somos feitos para Deus e só nele podemos descansar"[32]. Ele parte de uma concepção relacional da pessoa, contra o absolutismo

---

30. BORDIN, J. *Del sentido de la vida* – Un ensayo filosófico. Barcelona, 2005, p. 107-120.

31. Para Wittgenstein, Deus e o sentido da vida são a mesma coisa: *Tractatus logico-philosophicus*, 6.44, 6.45, 6.52. • *Diario filosófico, 1914-1916*. Barcelona, 1979, 8.7.16; 11.6.1; 11.6.16. "Crer num Deus quer dizer compreender a questão do sentido da vida. Crer num Deus quer dizer que, com os fatos do mundo, nem tudo está acabado. Crer num Deus significa que a vida tem um sentido" (8.7.16).

32. ESTRADA, J.A. *La pregunta por Dios*. Bilbao: Desclée de Brouwer, p. 115-125.

do eu egocêntrico e isolado. E busca Deus no interior do homem, como a raiz última à qual este chega quando se busca a si mesmo. O conhecer-se a si mesmo se radicaliza ao buscar em sua interioridade o próprio Deus. Existe uma tendência natural do homem para Deus e a experiência religiosa lança luz nesta busca. Santo Agostinho está consciente da capacidade de erro do homem ("se me equivoco, existo" – afirma ele) e de sua dinâmica que busca a Deus e a si mesmo ("*Deum et animam scire cupio*"). A ânsia de felicidade é canalizada para Deus como sua meta, integrando o conhecimento e o desejo de Deus. Mas a identidade humana é conflituosa, sempre ameaçada por projetos de sentido malogrados. Deus é um referente último e inalcançável para o homem, sempre em busca de si mesmo. Nunca o possuímos, estamos perguntando por Ele e buscando-o, como afirma a Bíblia: "como a corça suspira pelas correntes de água" (Sl 42,2). Em última instância, Deus é sempre irrepresentável, inalcançável e inacessível. Surge uma busca de sentido conflituosa, na qual o homem é tentado por sua insegurança e por suas carências, como também pela sociedade que socializa seus desejos.

O cristianismo se encontra diante de um desafio global. Precisa mostrar qual é seu projeto de sentido, em que medida se vincula à vida de Jesus e como pode servir de inspiração para transformar as sociedades modernas. Uma vida bem-sucedida exige que a busca de Deus não vá contra as dinâmicas humanas, mas as potencialize e as canalize. A fé não pode opor-se à natureza, mas pode sim canalizá-la. Na medida em que a Igreja faz parte da sociedade, ela precisa mostrar como entende o sentido da vida, em que medida este corresponde ao projeto de Jesus e como incide na mudança. Isto se consegue com a experiência de Deus, com a mística do mundo, comprometida e possível para todos, como afirmou Karl Rahner[33]. A contemplação leva a transformar o mundo. Quanto mais próximo de Deus, mais humano se torna o homem, de tal modo que a santidade é outra forma de nomear o crescimento pessoal. Crescemos como pessoas à maneira cristã. De tal modo que a maioridade, que implica autonomia, liberdade e capacidade de avaliação, se transforma num requisito fundamental para o seguimento cristão. Uma religião que não a facilite deve ser repudiada numa sociedade marcada pelo iluminismo, pela modernidade e pela democracia. Por isso é preciso perguntar se a Igreja atual é o lugar adequado para experimentar a Deus a partir de um processo de crescimento pessoal. Quanto mais próximos dos homens, mais próximos

---

33. "O cristão do futuro ou será um 'místico', quer dizer, uma pessoa que 'experimentou' algo, ou não será cristão": RAHNER, K. "Espiritualidad antigua y actual". *Escritos de teologia*, VI. Madri, 1967, p. 25.

estamos de Deus, ao contrário do que sugeria Kempis[34]. A imitação e o seguimento de Cristo implicam uma personalização que leve em conta o caráter singular de cada pessoa e a necessidade de evoluir em sintonia com os valores de Jesus. A santificação é humanização, já que Jesus veio ensinar como ser pessoas de acordo com o plano de Deus. E, em sentido contrário, o processo de divinização a partir do Deus encarnado leva ao compromisso com o mundo, que é um lugar de salvação e o espaço para exercer a liberdade. Não se trata de uma ascética interiorista, mas de uma mística do compromisso, semelhante ao "contemplativo na ação" e à espiritualidade num mundo não religioso[35].

Esta espiritualidade obriga a uma nova reestruturação do estilo de vida cristão numa época pós-religiosa. Corresponde a novas dinâmicas sociais, já que a identidade cristã não é estranha aos códigos culturais. Quando muda a concepção de homem e a cultura se estrutura de forma diferente, o cristianismo não tem outra saída senão mudar ele próprio. Ele precisa criar uma nova antropologia teológica, outra teologia de Deus e outra forma eclesial de atuar. Hoje vivemos uma crise de espiritualidade porque as diversas teologias estão pensadas para sociedades de cristandade. É preciso aprender a buscar Deus no meio da vida, reconhecendo que o mundo é um lugar para encontrar-se com Deus. É preciso combinar a pertença eclesial com o reconhecimento como sujeito adulto, para que a identidade cristã não seja contrária à maioridade de uma cidadania crítica. Outra Igreja é possível e a crise atual pode ser o estopim para uma volta ao evangelho e outra forma de reestruturação eclesial. A perda de poder, por causa do fim das sociedades de cristandade, pode ser um meio para reencontrar uma Igreja evangélica, talvez mais minoritária e mais comunitária.

Não devemos esquecer que, apesar do crescente indiferentismo religioso em alguns setores da sociedade, subsistem necessidades espirituais e de sentido. Muitas pessoas não rejeitam abrir-se à busca de Deus e são receptivas ao sentido da vida oferecido pelos evangelhos. Mas não aceitam a mediação eclesial e, muito menos, que a Igreja atual represente este projeto de sentido. Por isso é necessária uma renovação eclesial que a purifique dos elementos que ela acumulou na história, contrários ao reino de Deus que Jesus quis instaurar. Somente um cristianis-

---

34. "Disse alguém: Sempre que estive entre os homens menos homem voltei. [...] Quem, pois, pretende chegar à vida interior e espiritual, importa-lhe que se afaste da turba, com Jesus": TOMÁS DE KEMPIS. *Imitação de Cristo*. Livro I, cap. XX.

35. BONHOEFFER, D. *Resistencia y sumisión*. Salamanca, 2001, p. 197: "Jesus nos chamou, não para uma nova religião, mas para uma nova vida".

mo humanista, que não contrapõe Deus ao homem, mas os faz convergir, é capaz de oferecer um projeto de sentido válido para hoje.

E para isto Jesus de Nazaré continua sendo o referente, aquele que encarna o "homem novo". A humanidade de Jesus revelou-se como a encarnação da divindade, como o cume da dupla dinâmica na qual se inspirou a criação e a implantação do reino de Deus: divinizar o ser humano e mostrar a humanidade de Deus. A utopia cristã acerca da dignidade da pessoa, que consiste em ser imagem e semelhança de Deus, tem em Jesus de Nazaré sua cristalização plena. No Emanuel, o Deus conosco, cumpre-se a aspiração humana de ser como Deus e o plano divino de revelar-se ao homem e ensinar-lhe como assemelhar-se a Ele. Daí deriva o cristianismo e a Igreja atual. Esta não vale por si mesma, nem é ela que atrai o homem, apesar de seu patrimônio ético, cultural e artístico. O que continua fazendo do cristianismo uma oferta de sentido fascinante é a vida, morte e ressurreição de Cristo. Nele nós, muitos seres humanos, encontramos uma oferta de sentido que nos abre para a salvação de Deus e que nos permite viver e lutar por uma vida que valha a pena. E este projeto, que cada cristão tem que desenvolver pessoalmente, precisa ser atualizado no contexto da sociedade e da Igreja atuais. "Da salvação a um projeto de sentido", para o qual modestamente quer contribuir este livro por uma cristologia atual.

CULTURAL
Administração
Antropologia
Biografias
Comunicação
Dinâmicas e Jogos
Ecologia e Meio Ambiente
Educação e Pedagogia
Filosofia
História
Letras e Literatura
Obras de referência
Política
Psicologia
Saúde e Nutrição
Serviço Social e Trabalho
Sociologia

CATEQUÉTICO PASTORAL
Catequese
Geral
Crisma
Primeira Eucaristia

Pastoral
Geral
Sacramental
Familiar
Social
Ensino Religioso Escolar

TEOLÓGICO ESPIRITUAL
Biografias
Devocionários
Espiritualidade e Mística
Espiritualidade Mariana
Franciscanismo
Autoconhecimento
Liturgia
Obras de referência
Sagrada Escritura e Livros Apócrifos

Teologia
Bíblica
Histórica
Prática
Sistemática

REVISTAS
Concilium
Estudos Bíblicos
Grande Sinal
REB (Revista Eclesiástica Brasileira)
SEDOC (Serviço de Documentação)

VOZES NOBILIS
Uma linha editorial especial, com importantes autores, alto valor agregado e qualidade superior.

VOZES DE BOLSO
Obras clássicas de Ciências Humanas em formato de bolso.

PRODUTOS SAZONAIS
Folhinha do Sagrado Coração de Jesus
Calendário de mesa do Sagrado Coração de Jesus
Agenda do Sagrado Coração de Jesus
Almanaque Santo Antônio
Agendinha
Diário Vozes
Meditações para o dia a dia
Encontro diário com Deus
Guia Litúrgico

CADASTRE-SE
www.vozes.com.br

EDITORA VOZES LTDA.
Rua Frei Luís, 100 – Centro – Cep 25689-900 – Petrópolis, RJ
Tel.: (24) 2233-9000 – Fax: (24) 2231-4676 – E-mail: vendas@vozes.com.br

UNIDADES NO BRASIL: Belo Horizonte, MG – Brasília, DF – Campinas, SP – Cuiabá, MT
Curitiba, PR – Florianópolis, SC – Fortaleza, CE – Goiânia, GO – Juiz de Fora, MG
Manaus, AM – Petrópolis, RJ – Porto Alegre, RS – Recife, PE – Rio de Janeiro, RJ
Salvador, BA – São Paulo, SP

A BOA NOTÍCIA DE
JESUS

Dados Internacionais de Catalogação na Publicação (CIP)
(Câmara Brasileira do Livro, SP, Brasil)

Pagola, José Antonio
   A Boa Notícia de Jesus : Roteiro homilético, anos A, B e C / José Antonio Pagola ; tradução de Gentil Avelino Titton e Ricardo A. Rosenbusch – Petrópolis, RJ : Vozes, 2019.

   Título original: La buena noticia de Jesús : ciclos A, B e C
   Bibliografia.
   ISBN 978-85-326-6262-0

   1. Bíblia. N.T. Evangelhos – Comentários I. Título.

19-28427   CDD-226.07

Índices para catálogo sistemático:
1. Evangelhos : Comentários   226.07

Cibele Maria Dias – Bibliotecária – CRB-8/9427

JOSÉ ANTONIO PAGOLA

A BOA NOTÍCIA DE
JESUS

Roteiro homilético
Anos A, B e C

Petrópolis

© 2016 – Ano A, José Antonio Pagola
© 2016 – Ano A, PPC, Editorial y Distribuidora, S.A.
© 2017 – Ano B, José Antonio Pagola
© 2017 – Ano B, PPC, Editorial y Distribuidora, S.A.
© 2018 – Ano C, José Antonio Pagola
© 2018 – Ano C, PPC, Editorial y Distribuidora, S.A.

Título do original em espanhol: *La buena noticia de Jesús – Ciclos A, B e C*
Esta edição brasileira não inclui os textos bíblicos presentes na edição original.

Direitos de publicação em língua portuguesa – Brasil:
2019, Editora Vozes Ltda.
Rua Frei Luís, 100
25689-900 Petrópolis, RJ
www.vozes.com.br
Brasil

Todos os direitos reservados. Nenhuma parte desta obra poderá ser reproduzida ou transmitida por qualquer forma e/ou quaisquer meios (eletrônico ou mecânico, incluindo fotocópia e gravação) ou arquivada em qualquer sistema ou banco de dados sem permissão escrita da editora.

CONSELHO EDITORIAL

Diretor
Gilberto Gonçalves Garcia

Editores
Aline dos Santos Carneiro
Edrian Josué Pasini
Marilac Loraine Oleniki
Welder Lancieri Marchini

Conselheiros
Francisco Morás
Ludovico Garmus
Teobaldo Heidemann
Volney J. Berkenbrock

Secretário executivo
João Batista Kreuch

Editoração: Leonardo A.R.T. dos Santos
Diagramação: Mania de criar
Revisão gráfica: Alessandra Karl
Capa: WM design
Tradução ano A e C: Gentil Avelino Titton
Tradução ano B: Ricardo A. Rosenbusch
Revisão da tradução: Gentil Avelino Titton

ISBN 978-85-326-6262-0 (Brasil)
ISBN Ano A – 978-84-288-3008-9 (Espanha)
ISBN Ano B – 978-84-288-3135-2 (Espanha)
ISBN Ano C – 978-84-288-3297-7 (Espanha)

Editado conforme o novo acordo ortográfico.

Este livro foi composto e impresso pela Editora Vozes Ltda.

Sumário

Apresentação, 7

Ano A, 9

Ano B, 129

Ano C, 245

Índice dos textos bíblicos, 365

Índice dos domingos, 371

Índice geral, 377

Apresentação

Esta publicação intitula-se *A Boa Notícia de Jesus* e consta de três partes dedicadas a comentar brevemente os textos evangélicos que serão lidos sucessivamente nas comunidades cristãs durante os anos A, B e C. O título provém de Marcos, o primeiro evangelista a reunir a mensagem e a atuação de Jesus. Para seu pequeno escrito Marcos não encontrou um título mais adequado do que este: "Boa Notícia de Jesus Cristo".

É fácil entender por que as pessoas da Galileia viam em Jesus uma "Boa Notícia". O que Jesus diz a essas pessoas lhes faz bem: leva-as a perder o medo de Deus, a sentir sua misericórdia, ajuda-as a viver com confiança, alentadas e perdoadas pelo Pai de todos. Por outro lado, a maneira de ser de Jesus é algo bom para todos: Jesus acolhe a todos, aproxima-se dos mais esquecidos, abraça os mais pequeninos, abençoa os enfermos, presta atenção aos últimos. Toda a sua atuação introduz na vida das pessoas algo bom: saúde, perdão, verdade, força para viver, esperança. É uma boa notícia encontrar-nos com Jesus!

Como nos encontrar com Ele cada domingo e descobri-lo como "Boa Notícia"? Nós cristãos dizemos coisas admiráveis a respeito de Jesus: nele está a "salvação da humanidade", a "redenção" do mundo, a "libertação definitiva" do ser humano... Tudo isso está certo, mas não basta. Não é a mesma coisa expor verdades cujo conteúdo é teoricamente bom para o mundo e fazer com que os homens e mulheres de hoje possam experimentar Jesus como algo "novo" e "bom" em sua própria vida.

Por isso, os comentários que ofereço às comunidades cristãs estão redigidos a partir destas chaves básicas: destaco a Boa Notícia de Deus anunciada por Jesus, fonte inesgotável de vida, de misericórdia e perdão; sugiro caminhos para seguir Jesus aprendendo a viver hoje seu estilo de vida e suas atitudes; apresento sugestões para impulsionar a renovação das comunidades cristãs, escutando os apelos do papa Francisco; recordo os apelos de Jesus a abrir caminhos ao projeto humanizador do reino de Deus e sua justiça; convido a vivermos estes tempos de crise e de incerteza arraigados na esperança em Cristo ressuscitado.

Ao oferecer estes comentários, penso sobretudo nas paróquias e comunidades cristãs, necessitadas de alento e de novo vigor espiritual. Desejo que possa chegar até elas o convite do papa Francisco a "voltar à fonte para recuperar o frescor original do Evangelho". Como disse em outra ocasião, quero recuperar a Boa Notícia de Jesus para os homens e mulheres de nosso tempo. Quero que conheçam um Jesus vivo e concreto. Com uma mensagem clara em seus lábios: o amor imenso de um Deus Pai, que quer uma vida mais digna e feliz para todos. Com um projeto bem definido: humanizar o mundo, implantando o reino de Deus e sua justiça. Com uma predileção muito concreta em seu coração: os últimos, os indefesos, as mulheres, os oprimidos pelos poderosos, os esquecidos pela religião... Sei que, para muitos, Jesus pode ser a melhor notícia.

As três partes do ciclo litúrgico – Ano A, Ano B e Ano C – contêm os comentários ao texto de todos os domingos, inclusive os que não serão proclamados no respectivo ano. Além disso, são oferecidos os comentários das festas do Tempo do Natal: Natal do Senhor (25 de dezembro), Santa Maria Mãe de Deus (1º de janeiro) e Epifania do Senhor (6 de janeiro). (Não devemos esquecer que, na distribuição do ano litúrgico, o Tempo Comum está repartido em dois blocos, interrompido pela Quaresma e pelo Tempo Pascal.)

Dessa maneira, este volume poderá ser utilizado em todos os anos em que ocorrer o respectivo ano litúrgico.

Ano A

Com os olhos abertos

Mateus 24,37-44   I Advento

As primeiras comunidades cristãs viveram anos muito difíceis. Perdidos no vasto Império de Roma, no meio de conflitos e perseguições, aqueles cristãos buscavam força e alento esperando a vinda iminente de Jesus e recordando suas palavras: "Vigiai. Vivei acordados. Tende os olhos abertos. Estai alertas".

Será que esses apelos de Jesus a vivermos acordados ainda significam algo para nós? O que significa hoje para nós cristãos pôr nossa esperança em Deus vivendo com os olhos abertos? Deixaremos que se esgote definitivamente, em nosso mundo secular, a esperança numa justiça última de Deus para com essa imensa maioria de vítimas inocentes que sofrem sem culpa nenhuma?

A maneira mais fácil de falsear a esperança cristã é justamente esperar de Deus nossa própria salvação eterna, enquanto viramos as costas ao sofrimento que existe agora mesmo no mundo. Um dia precisaremos reconhecer nossa cegueira diante do Cristo Juiz: Quando te vimos faminto ou sedento, estrangeiro ou nu, enfermo ou na prisão, e não te prestamos assistência? Será esse o nosso diálogo final com Ele se vivermos com os olhos fechados.

Precisamos despertar e abrir bem os olhos. Viver vigilantes a fim de olhar para além dos nossos pequenos interesses e preocupações. A esperança do cristão não é uma atitude cega, porque não esquece os que sofrem. A espiritualidade cristã não consiste apenas num olhar para o interior, porque o coração do cristão está atento aos que vivem abandonados à sua sorte.

Nas comunidades cristãs precisamos cuidar cada vez mais para que nossa maneira de viver a esperança não nos leve à indiferença e ao esquecimento dos pobres. Não podemos isolar-nos na religião a fim de não ouvir o clamor dos que diariamente morrem de fome. Não nos é permitido alimentar nossa ilusão de inocência para defender nossa tranquilidade.

Uma esperança em Deus que esquece os que vivem nesta terra sem poder esperar nada não poderia ser considerada uma versão religiosa de um otimismo a todo custo, vivido sem lucidez nem responsabilidade? Uma busca da própria salvação eterna de costas para os que sofrem não poderia ser acusada de ser um sutil "egoísmo expandido para o além"?

A pouca sensibilidade ao sofrimento imenso que existe no mundo é provavelmente um dos sintomas mais graves do envelhecimento do cristianismo atual. Quando o papa Francisco pede "uma Igreja mais pobre e dos pobres", está proclamando em alta voz sua mensagem mais importante e interpeladora a nós, cristãos dos países do bem-estar.

Percorrer caminhos novos

Mateus 3,1-12   II Advento

Por volta do ano 27 ou 28 apareceu no deserto em torno ao Jordão um profeta original e independente, que causou um forte impacto no povo judeu: as primeiras gerações cristãs o viram sempre como o homem que preparou o caminho para Jesus.

Toda a sua mensagem poder ser concentrada num grito: "Preparai o caminho do Senhor, aplainai suas veredas". Depois de vinte séculos, o papa Francisco está gritando a mesma mensagem para nós cristãos: Abri caminhos para Deus, voltai a Jesus, acolhei o Evangelho!

Seu propósito é claro: "Procuremos ser uma Igreja que encontra caminhos novos". Não será fácil. Nestes últimos anos vivemos paralisados pelo medo. O papa não se surpreende: "A novidade nos dá sempre um pouco de medo, porque nos sentimos mais seguros se temos tudo sob controle, se somos nós que construímos, programamos e planejamos nossa vida". E nos dirige uma pergunta que precisamos responder: "Estamos decididos a percorrer os caminhos novos que a novidade de Deus nos apresenta ou nos entrincheiramos em estruturas caducas que perderam a capacidade de resposta?"

Alguns setores da Igreja pedem ao papa que empreenda quanto antes diferentes reformas que consideram urgentes. No entanto, Francisco manifestou sua postura de maneira clara: "Alguns esperam e me pedem reformas na Igreja, e deve havê-las. Mas é necessária, antes, uma mudança de atitudes".

Parece-me admirável a clarividência evangélica do papa. A primeira coisa a fazer não é assinar decretos reformistas. É necessário antes pôr as comunidades cristãs em estado de conversão e recuperar no interior da Igreja as atitudes evangélicas mais básicas. Somente nesse clima será possível empreender, de maneira eficaz e com espírito evangélico, as reformas de que a Igreja precisa urgentemente.

O próprio Francisco nos está apontando todos os dias as mudanças de atitudes de que precisamos. Assinalarei algumas de grande importância. Colocar

Jesus no centro da Igreja: "Uma Igreja que não leva a Jesus é uma Igreja morta". Não viver numa Igreja fechada e autorreferencial: "Uma Igreja que se fecha no passado trai sua própria identidade". Atuar sempre movidos pela misericórdia de Deus para com todos os seus filhos: não cultivar "um cristianismo restauracionista e legalista que quer tudo claro e seguro, e não acha nada". Buscar uma Igreja pobre e dos pobres. Ancorar nossa vida na esperança, não "em nossas regras, em nossos comportamentos eclesiásticos, em nossos clericalismos".

Curar feridas

Mateus 11;2-11 III Advento

A atuação de Jesus deixou o Batista desconcertado. Ele esperava um messias que extirparia do mundo o pecado, impondo o juízo rigoroso de Deus, e não um messias dedicado a curar feridas e aliviar sofrimentos. Da prisão em Maqueronte, ele envia uma mensagem a Jesus: "És Tu aquele que havia de vir, ou devemos esperar um outro?"

Jesus lhe responde com sua vida de profeta curador: "Ide contar a João o que estais vendo e ouvindo: os cegos veem, os coxos andam; os leprosos ficam limpos, os surdos ouvem, os mortos ressuscitam e aos pobres é anunciada a Boa Notícia". É este o verdadeiro Messias: aquele que vem aliviar o sofrimento, curar a vida e abrir um horizonte de esperança aos pobres.

Jesus se sente enviado por um Pai misericordioso, que quer um mundo mais digno e feliz. Por isso se dedica a sanar feridas, curar doenças e libertar a vida. E por isso pede a todos: "Sede compassivos como vosso Pai é compassivo".

Jesus não se sente enviado por um juiz rigoroso a fim de julgar os pecadores e condenar o mundo. Por isso não atemoriza ninguém com gestos justiceiros, mas oferece a pecadores e prostitutas sua amizade e seu perdão. E por isso pede a todos: "Não julgueis e não sereis julgados".

Jesus não cura jamais de maneira arbitrária ou por puro sensacionalismo. Ele cura movido pela compaixão, buscando restaurar a vida dessas pessoas enfermas, abatidas e exaustas. Essas são as primeiras a experimentar que Deus é amigo de uma vida digna e sadia.

Jesus nunca insistiu no caráter prodigioso de suas curas nem pensou nelas como receita fácil para suprimir o sofrimento no mundo. Apresentou sua atividade curadora como sinal para mostrar a seus seguidores em que direção precisamos atuar para abrir caminhos a esse projeto humanizador do Pai, que Ele chamava de "reino de Deus".

O papa Francisco afirma que "curar feridas" é uma tarefa urgente. "Vejo com clareza que o que a Igreja necessita hoje é a capacidade de curar feridas". Depois fala em "encarregar-nos das pessoas, acompanhando-as como o bom samaritano, que lava, limpa e consola". Fala também em "caminhar com as pessoas de noite, saber dialogar e inclusive descer até à sua noite e à sua escuridão sem perder-nos".

Ao confiar sua missão aos discípulos, Jesus não os imagina como doutores, hierarcas, liturgistas ou teólogos, mas como curadores. Sempre lhes confia uma dupla tarefa: curar enfermos e anunciar que o reino de Deus está próximo.

Experiência interior

Mateus 1,18-24 — IV Advento

O evangelista Mateus tem um interesse especial em dizer a seus leitores que Jesus há de ser chamado também "Emanuel". Ele sabe muito bem que isso pode resultar chocante e estranho. Quem pode ser chamado com um nome que significa "Deus-conosco"? No entanto, esse nome contém o núcleo da fé cristã e é o centro da celebração do Natal.

Esse Mistério último que nos rodeia por todos os lados e que nós crentes chamamos "Deus" não é algo longínquo e distante. Ele está com todos e cada um de nós. Como o posso saber? É possível crer de maneira razoável que Deus está comigo se eu não tenho alguma experiência pessoal, por pequena que seja?

Geralmente nós cristãos fomos ensinados a perceber a presença do mistério de Deus em nosso interior. Por isso muitos o imaginam em algum lugar indefinido e abstrato do universo. Outros o buscam adorando a Cristo presente na eucaristia. Muitos tratam de ouvi-lo na Bíblia. Para outros, o melhor caminho é Jesus.

O mistério de Deus tem, sem dúvida, seus caminhos para fazer-se presente em cada vida. Mas pode-se dizer que, na cultura atual, se não o experimentamos de alguma maneira vivo dentro de nós, dificilmente o encontraremos fora. Pelo contrário, se percebemos sua presença em nós, poderemos rastrear sua presença em nosso ambiente.

É possível? O segredo consiste sobretudo em saber estar com os olhos fechados e em silêncio tranquilo, acolhendo com um coração simples essa presença misteriosa que nos está alentando e sustentando. Não se trata de pensar nisso, mas de estar "acolhendo" a paz, a vida, o amor, o perdão... que nos chega a partir do mais íntimo de nosso ser.

É normal que, ao penetrar em nosso próprio mistério, nos encontremos com nossos medos e preocupações, com nossas feridas e tristezas, com nossa mediocridade e nosso pecado. Não devemos inquietar-nos, mas permanecer no silêncio. A presença amistosa que está bem no fundo de nós nos irá apaziguando, libertando e curando.

Karl Rahner, um dos teólogos mais importantes do século XX, afirma que, na sociedade secular de nossos dias, "esta experiência do coração é a única com a qual se pode compreender a mensagem de fé do Natal: Deus se fez homem". O Mistério último da vida é um mistério de bondade, de perdão e salvação, que está conosco: dentro de todos e de cada um de nós. Se o acolhermos em silêncio, conheceremos a alegria do Natal.

Um Deus próximo

Lucas 2,1-14   Natal do Senhor

O Natal é muito mais do que todo este ambiente superficial e manipulado que se respira nestes dias em nossas ruas. É uma festa muito mais profunda e prazerosa do que todos os mecanismos artificiosos de nossa sociedade de consumo.

Nós crentes precisamos recuperar novamente o cerne dessa festa e descobrir, por trás de tanta superficialidade e balbúrdia, o mistério que dá origem à nossa alegria. Precisamos aprender a "celebrar" o Natal. Nem todos sabem o que é celebrar. Nem todos sabem o que é abrir o coração à alegria.

E, no entanto, não entenderemos o Natal se não soubermos fazer silêncio em nosso coração, abrir nossa alma ao mistério de um Deus que se aproxima de nós, alegrar-nos com a vida que se nos oferece e saborear a festa da chegada de um Deus Amigo.

No meio dos afazeres de nossa vida diária, às vezes tão tediosa, apagada e triste, somos convidados à alegria. "Não pode haver tristeza quando nasce a vida" (Leão Magno). Não se trata de uma alegria insossa e superficial. A alegria dos que estão alegres sem saber por quê. "Temos motivos para o júbilo radiante, para a alegria plena e para a festa solene: Deus se fez homem e veio habitar entre nós" (Leonardo Boff). Existe uma alegria que só pode ser desfrutada pelos que se abrem à proximidade de Deus e se deixam atrair por sua ternura.

Uma alegria que nos liberta de medos, desconfianças e inibições diante de Deus. "Como temer um Deus que se aproxima de nós como criança? Como rejeitar quem se nos oferece como um pequeno frágil e indefeso? Deus não veio armado de poder para impor-se aos homens. Ele se aproximou de nós na ternura de uma criança que podemos acolher ou rejeitar.

Deus já não pode ser o Ser "onipotente" e "poderoso" que nós imaginamos, encerrado na seriedade e no mistério de um mundo inacessível. Deus é essa criança entregue carinhosamente à humanidade, este pequenino que busca nosso olhar para alegrar-nos com seu sorriso.

O fato de Deus ter-se feito criança diz muito mais sobre como Deus é do que todas as nossas reflexões profundas e especulações sobre seu mistério. Se soubéssemos deter-nos em silêncio diante dessa criança e acolher do fundo de nosso ser toda a proximidade e a ternura de Deus, talvez entenderíamos por que o coração de um crente deve deixar-se penetrar por uma alegria diferente nestes dias de Natal.

Abertos ao projeto de Deus

Mateus 2,13-15.19-23   A Sagrada Família

Os relatos evangélicos não deixam nenhuma dúvida. De acordo com Jesus, Deus tem um grande projeto: construir no mundo uma grande família humana. Atraído por esse projeto, Jesus se dedica inteiramente a fazer com que todos sintam Deus como Pai e todos aprendam a conviver como irmãos. É esse o caminho que conduz à salvação do gênero humano.

Para alguns, a família atual está se arruinando, porque se perdeu o ideal tradicional de "família cristã". Para outros, qualquer novidade é um progresso rumo a uma sociedade nova. Mas como é uma família aberta ao projeto humanizador de Deus? Quais os traços que poderíamos destacar?

Amor entre os esposos – É o primeiro traço. O lar está vivo quando os pais sabem amar-se, apoiar-se mutuamente, compartilhar aflições e alegrias, perdoar-se, dialogar e confiar um no outro. A família começa a desumanizar-se quando crescem o egoísmo, as discussões e os mal-entendidos.

Relação entre pais e filhos – Não basta o amor entre os esposos. Quando pais e filhos vivem em confronto e quase sem nenhuma comunicação, a vida familiar se torna impossível, a alegria desaparece, todos sofrem. A família precisa de um clima de confiança mútua para pensar no bem de todos.

Atenção aos mais frágeis – Todos precisam encontrar em seu lar acolhida, apoio e compreensão. Mas a família se torna mais humana sobretudo quando nela se cuida com amor e carinho dos menores, quando se ama com respeito e paciência os mais velhos, quando se atende com solicitude os enfermos e deficientes, quando não se abandona quem está passando mal.

Abertura aos necessitados. Uma família trabalha por um mundo mais humano quando não se fecha em seus problemas e interesses, mas vive aberta às necessidades de outras famílias: lares dilacerados que vivem em situações conflituosas e dolorosas e que precisam de apoio e compreensão; famílias sem trabalho nem renda alguma que precisam de ajuda material; famílias de imigrantes que pedem acolhida e amizade.

Crescimento da fé – Na família se aprende a viver as coisas mais importantes. Por isso, ela é o melhor lugar para aprender a crer nesse Deus bom, Pai de todos; para ir conhecendo o estilo de vida de Jesus; para descobrir sua Boa Notícia; para rezar juntos em torno à mesa; para participar da vida da comunidade de seguidores de Jesus. Essas famílias cristãs contribuem para construir este mundo mais justo, digno e feliz desejado por Deus. São uma bênção para a sociedade.

A Mãe

Lucas 2,16-21   Santa Maria, Mãe de Deus

Muitos podem estranhar que a Igreja faça coincidir o primeiro dia do ano civil com a festa de Santa Maria Mãe de Deus. E, no entanto, é significativo que, desde o século IV, a Igreja, depois de celebrar solenemente o nascimento do Salvador, deseje começar o ano novo sob a proteção maternal de Maria, Mãe do Salvador e Mãe nossa.

Nós, os cristãos de hoje, precisamos perguntar-nos o que fizemos de Maria nestes últimos anos, porque provavelmente empobrecemos nossa fé ao eliminá-la de maneira inconsciente de nossa vida.

Movidos, sem dúvida, por uma vontade sincera de purificar nossa vivência religiosa e encontrar uma fé mais sólida, abandonamos excessos piedosos, devoções exageradas e desviadas. Procuramos superar uma falsa mariolatria, na qual talvez substituíamos Cristo por Maria e víamos nela a salvação, o perdão e a redenção, que, na realidade, precisamos acolher de seu Filho.

Se tudo tivesse consistido em corrigir desvios e colocar Maria no lugar autêntico que lhe corresponde como Mãe de Jesus Cristo e Mãe da Igreja, deveríamos nos alegrar e nos reafirmar em nossa postura. Mas foi exatamente assim? Não a esquecemos demais? Não a abandonamos em algum lugar obscuro da alma junto com as coisas que nos parecem de pouca utilidade?

O abandono de Maria, sem aprofundar-nos mais em sua missão e no lugar que ela deve ocupar em nossa vida, não enriquecerá jamais nossa vivência cristã, mas a empobrecerá. Provavelmente cometemos excessos de mariolatria no passado, mas agora corremos o risco de empobrecer-nos com sua ausência quase total em nossa vida.

Maria é a Mãe de Jesus. Mas aquele Cristo que nasceu de seu seio estava destinado a crescer e incorporar numerosos irmãos, homens e mulheres que um dia iriam viver de sua Palavra e de seu Espírito. Hoje Maria não é só a Mãe de Jesus. Ela é a Mãe do Cristo total. É a Mãe de todos os crentes.

É bom que, ao começar um ano novo, o façamos elevando nossos olhos até Maria. Ela nos acompanhará ao longo dos dias com cuidado e ternura de mãe. Ela cuidará de nossa fé e de nossa esperança. Não a esqueçamos ao longo do ano.

Recuperar o frescor do Evangelho

João 1,1-18   II Domingo depois do Natal

No prólogo do Evangelho de João são feitas duas afirmações básicas, que nos obrigam a revisar radicalmente nossa maneira de entender e de viver a fé cristã depois de vinte séculos de não poucos desvios, reducionismos e enfoques pouco fiéis ao Evangelho de Jesus.

A primeira afirmação é esta: "A Palavra de Deus se fez carne". Deus não permaneceu calado, encerrado para sempre em seu mistério. Ele nos falou. Mas, não se revelou a nós por meio de conceitos e doutrinas sublimes. Sua Palavra se encarnou na vida profunda de Jesus para que até os mais simples a possam entender e acolher.

A segunda afirmação diz assim: "A Deus ninguém jamais viu. O Filho único, que é Deus e está no seio do Pai, no-lo deu a conhecer". Nós teólogos dizemos muitas coisas a respeito de Deus, mas nenhum de nós o viu. Os dirigentes religiosos e os pregadores falamos dele com segurança, mas ninguém de nós viu seu rosto. Somente Jesus, o Filho único do Pai, nos contou como Deus é, como Ele nos ama e como procura construir um mundo mais humano para todos.

Essas duas afirmações estão no pano de fundo do programa renovador do papa Francisco. Por isso, ele procura uma Igreja arraigada no Evangelho de Jesus, sem enredar-nos em doutrinas ou costumes "não ligados diretamente ao núcleo do Evangelho". Se não fizermos assim, "o que será anunciado não será o Evangelho, mas alguns acentos doutrinais ou morais que procedem de determinadas opções ideológicas".

A atitude do papa é clara. Só em Jesus se nos revelou a misericórdia de Deus. Por isso, precisamos voltar à força transformadora do primeiro anúncio evangélico sem eclipsar a Boa Notícia de Jesus e "sem ficarmos obcecados por uma multidão de doutrinas que se tenta impor à força de insistência".

O papa pensa numa Igreja na qual o Evangelho possa recuperar sua força de atração, sem ficar obscurecido por outras maneiras de entender e viver hoje a fé cristã. Por isso, ele nos convida a "recuperar o frescor original do Evangelho" como "a coisa mais bela, maior, mais atraente e, ao mesmo tempo, mais necessária", sem encerrar Jesus "em nossos esquemas enfadonhos".

Não podemos permitir-nos, nesses momentos, viver a fé sem estimular em nossas comunidades cristãs essa conversão a Jesus Cristo e a seu Evangelho a que o papa nos chama. Ele próprio nos pede a todos "que apliquemos com generosidade e audácia suas orientações sem proibições nem medos".

RESPONDER À LUZ

MATEUS 2,1-12   EPIFANIA DO SENHOR

De acordo com o grande teólogo Paul Tillich, a grande tragédia do homem moderno é ter perdido a dimensão de profundidade. Ele já não é capaz de perguntar de onde ele vem e para onde vai. Não sabe interrogar-se sobre o que ele faz e deve fazer de si mesmo nesse breve lapso de tempo entre seu nascimento e sua morte.

Essas perguntas já não encontram nenhuma resposta em muitos homens e mulheres de hoje. Mais ainda: nem sequer são formuladas quando se perdeu essa "dimensão de profundidade". As gerações atuais já não têm a coragem de formular essas questões com a seriedade e a profundidade com que o fizeram as gerações passadas. Preferem continuar caminhando nas trevas.

Por isso, nestes tempos precisamos recordar novamente que ser crente é, sobretudo, perguntar apaixonadamente pelo sentido de nossa vida e estar abertos a uma resposta, mesmo quando não a vejamos de maneira clara e precisa.

O relato dos magos foi visto pelos Pais da Igreja como um exemplo de homens que, mesmo vivendo nas trevas do paganismo, foram capazes de responder fielmente à luz que os chamava para a fé. São homens que, com sua atuação, nos convidam a ouvir todo chamado que nos solicita a caminhar de maneira fiel para Cristo.

Com frequência nossa vida transcorre na crosta da existência. Trabalhos, contatos, problemas, encontros, ocupações diversas nos levam para cá e para lá; e nossa vida vai passando, enchendo cada instante com algo que precisamos fazer, dizer, ver ou planejar.

Corremos assim o risco de perder nossa própria identidade, de transformar-nos numa coisa a mais entre outras e de viver sem saber em que direção caminhar. Existe uma luz capaz de orientar nossa existência? Existe uma resposta aos nossos anseios e aspirações mais profundas? A partir da fé cristã, essa resposta existe. Essa luz já brilha na Criança nascida em Belém.

O importante é tomar consciência de que vivemos nas trevas, de que perdemos o sentido fundamental da vida. Quem reconhece isso não está longe de iniciar a busca do caminho certo.

Em meio à nossa vida cotidiana, oxalá nunca percamos a capacidade de estar abertos a toda luz que possa iluminar nossa existência, a todo chamado que possa dar profundidade à nossa vida.

Uma nova etapa

Mateus 3,13-17   Batismo do Senhor

Antes de narrar sua atividade profética, os evangelistas nos falam de uma experiência que vai transformar radicalmente a vida de Jesus. Depois de ser batizado por João, Jesus se sente o Filho querido de Deus, inteiramente habitado por seu Espírito. Alentado por esse Espírito, Jesus se põe a caminho para anunciar a todos, com sua vida e sua mensagem, a Boa Notícia de um Deus amigo e salvador do ser humano.

Não estranha que, ao convidar-nos a viver nos próximos anos "uma nova etapa evangelizadora", o papa nos lembre que a Igreja precisa mais do que nunca de "evangelizadores de Espírito". Ele sabe muito bem que somente o Espírito de Jesus pode nos infundir força para dar início à conversão radical de que a Igreja necessita. Por quais caminhos?

Essa renovação da Igreja só pode nascer da novidade do Evangelho. O papa nos convida a escutar também hoje a mesma mensagem que Jesus proclamava pelos caminhos da Galileia, não outra mensagem diferente. Precisamos "voltar à fonte para recuperar o frescor original do Evangelho". Somente desta maneira "poderemos romper esquemas enfadonhos nos quais pretendemos aprisionar Jesus Cristo".

O papa está pensando numa renovação radical "que não pode deixar as coisas como estão; já não serve uma simples administração". Por isso, ele nos pede para "abandonar o cômodo critério pastoral do 'sempre se fez assim'" e insiste continuamente: "Convido a todos a serem ousados e criativos nessa tarefa de repensar os objetivos, as estruturas, o estilo e os métodos evangelizadores das respectivas comunidades".

Francisco busca uma Igreja na qual só nos preocupe comunicar a Boa Notícia de Jesus ao mundo atual: "Mais do que o temor de falhar, espero que nos mova o medo de nos encerrarmos nas estruturas que nos dão uma falsa proteção, nas normas que nos transformam em juízes implacáveis, nos hábitos em que nos sentimos tranquilos, enquanto lá fora há uma multidão faminta e Jesus nos repete sem cessar: 'Dai-lhes vós mesmos de comer'".

O papa nos chama a construir "uma Igreja com as portas abertas", porque a alegria do Evangelho é para todos e não se deve excluir ninguém. Que alegria poder escutar de seus lábios uma visão de Igreja que recupera o Espírito mais genuíno de Jesus, rompendo atitudes muito arraigadas durante séculos! "Muitas vezes agimos como controladores da graça e não como facilitadores. Mas a Igreja não é uma alfândega; é a casa do Pai, onde há lugar para todos com sua vida fadigosa".

Nossa grande tentação

Mateus 4,1-11   I Quaresma

A cena das "tentações de Jesus" é um relato que não devemos interpretar levianamente. As tentações que nos são descritas não são propriamente de ordem moral. O relato nos está advertindo que podemos arruinar nossa vida se nos desviarmos do caminho seguido por Jesus.

A primeira tentação é de importância decisiva, porque pode perverter e corromper a nossa vida pela raiz. Aparentemente é oferecido a Jesus algo inocente e bom: pôr Deus a serviço de sua fome. "Se és Filho de Deus, manda que estas pedras se transformem em pães".

No entanto, Jesus reage de maneira rápida e surpreendente: "Não só de pão vive o homem, mas de toda palavra que sai da boca de Deus". Ele não fará de seu próprio pão um absoluto. Não colocará Deus a serviço de seu próprio interesse, esquecendo o projeto do Pai. Sempre procurará primeiro o reino de Deus e sua justiça. Em todo momento escutará sua Palavra.

Nossas necessidades não ficam satisfeitas apenas com o fato de termos assegurado nosso pão material. O ser humano necessita de muito mais e almeja muito mais. Inclusive, para resgatar da fome e da miséria os que não têm pão, precisamos escutar a Deus, nosso Pai, e despertar em nossa consciência a fome de justiça, a compaixão e a solidariedade.

Nossa grande tentação hoje é transformar tudo em pão. Reduzir cada vez mais o horizonte de nossa vida à satisfação de nossos desejos, viver obcecados por um bem-estar sempre maior ou fazer do consumismo indiscriminado e sem limites o ideal quase único de nossa vida.

Nós nos enganamos se pensamos que é esse o caminho que precisamos seguir rumo ao progresso e à libertação. Não estamos vendo que uma sociedade que arrasta as pessoas para o consumismo sem limites e para a autossatisfação não faz outra coisa senão produzir vazio e falta de sentido nas pessoas e egoísmo, insolidariedade e irresponsabilidade na convivência?

Por que ficamos abalados com o fato de estar aumentando de maneira trágica o número de pessoas que se suicidam cada dia? Por que continuamos fechados em nosso falso bem-estar, erguendo barreiras cada vez mais desumanas para que os famintos não entrem em nossos países, não cheguem até nossas residências nem batam à nossa porta?

O chamado de Jesus pode ajudar-nos a tomar mais consciência de que não só de bem-estar vive o ser humano. Nós, homens e mulheres de hoje, precisamos também cultivar o espírito, conhecer o amor e a amizade, desenvolver a solidariedade com os que sofrem, escutar nossa consciência com responsabilidade, abrir-nos ao Mistério último da vida com esperança.

Escutar Jesus

Mateus 17,1-9   II Quaresma

O centro desse relato complexo, chamado tradicionalmente "transfiguração de Jesus", é ocupado por uma voz que vem de uma estranha "nuvem luminosa", símbolo empregado na Bíblia para falar da presença sempre misteriosa de Deus, que se manifesta a nós e, ao mesmo tempo, se oculta de nós.

A voz diz estas palavras: "Este é meu Filho, em quem me comprazo. Escutai-o". Os discípulos não devem confundir Jesus com ninguém, nem mesmo com Moisés ou Elias, representantes e testemunhas do Antigo Testamento. Só Jesus é o Filho querido de Deus, aquele que tem seu rosto "resplandecente como o sol".

Mas a voz acrescenta algo mais: "Escutai-o". Em outros tempos, Deus havia revelado sua vontade por meio dos "dez mandamentos" da Lei. Agora a vontade de Deus se resume e concretiza num só mandamento: "Escutai Jesus". A escuta estabelece a verdadeira relação entre os seguidores de Jesus.

Ao ouvir isso, os discípulos caem por terra, "tomados de grande medo". Estavam impressionados com aquela experiência tão próxima de Deus, mas também assustados com o que ouviram: poderão viver escutando somente Jesus, reconhecendo somente nele a presença misteriosa de Deus?

Então Jesus "se aproxima, os toca e lhes diz: 'Levantai-vos. Não tenhais medo'". Jesus sabe que eles precisam experimentar sua proximidade humana: o contato de sua mão, não só o resplendor divino de seu rosto. Sempre que escutamos Jesus no silêncio de nosso ser, suas primeiras palavras nos dizem: "Levanta-te, não tenhas medo".

Muitas pessoas só conhecem Jesus por ouvir dizer. Seu nome talvez lhes seja familiar, mas o que sabem a respeito dele não vai além de algumas lembranças e impressões da infância. Inclusive, embora se chamem cristãos, vivem sem escutar Jesus em seu interior. E sem essa experiência não é possível conhecer sua paz inconfundível nem sua força para alentar e sustentar nossa vida.

Quando um crente se detém a escutar Jesus em silêncio, ele sempre escuta no interior de sua consciência algo como o seguinte: "Não tenhas medo. Entrega-te com toda a simplicidade ao mistério de Deus. Basta tua pouca fé. Não te inquietes. Se me escutares, descobrirás que o amor de Deus consiste em estar sempre te perdoando. E, se crês nisso, tua vida mudará. Conhecerás a paz do coração".

No livro do Apocalipse pode-se ler o seguinte: "Olha. Estou à porta e bato; se alguém ouvir minha voz e me abrir a porta, eu entrarei em sua casa". Jesus bate à porta de cristãos e não cristãos. Podemos abrir-lhe a porta ou rejeitá-lo. Mas não é a mesma coisa viver com Jesus e sem Ele.

À VONTADE COM DEUS

JOÃO 4,5-42   III QUARESMA

A cena é cativante. Cansado da caminhada, Jesus se senta junto à fonte de Jacó. Logo chega uma mulher para tirar água. Ela pertence a um povo semipagão, desprezado pelos judeus. Com toda a espontaneidade, Jesus inicia o diálogo com ela. Ele não sabe olhar para ninguém com desprezo, mas com grande ternura. "Mulher, dá-me de beber".

A mulher fica surpresa. Como Ele se atreve a entrar em contato com uma samaritana? Como se rebaixa a falar com uma mulher desconhecida? As palavras de Jesus a surpreenderão ainda mais: "Se conhecesses o dom de Deus e quem é aquele que te pede de beber, sem dúvida tu mesma me pedirias a mim e eu te daria água viva".

São muitas as pessoas que, ao longo destes anos, foram se afastando de Deus quase sem dar-se conta do que estava realmente ocorrendo em seu interior. Hoje Deus é para elas um "ser estranho". Tudo o que está relacionado com Ele lhes parece vazio e sem sentido: um mundo infantil cada vez mais longínquo.

Eu entendo essas pessoas. Sei o que podem sentir. Também eu fui me afastando pouco a pouco daquele "Deus de minha infância", que despertava dentro de mim medos, aborrecimento e mal-estar. Provavelmente, sem Jesus eu nunca me teria encontrado com um Deus que hoje é para mim um Mistério de bondade: uma presença amistosa e acolhedora em quem posso confiar sempre.

Nunca me atraiu a tarefa de verificar minha fé com provas científicas: Creio que é um erro tratar o mistério de Deus como se fosse um objeto de laboratório. Tampouco aos dogmas religiosos me ajudaram a encontrar-me com Deus. Deixei-me simplesmente levar por uma confiança em Jesus que foi crescendo com os anos.

Eu não saberia dizer exatamente como minha fé se sustenta hoje no meio de uma crise religiosa que me sacode também a mim, da mesma forma que sacode a todos. Só diria que Jesus me levou a viver a fé em Deus de maneira simples a partir do fundo de meu ser. Se eu escuto, Deus não se cala. Se eu me abro, Ele não se fecha. Se eu me confio, Ele me acolhe. Se eu me entrego, Ele me sustenta. Se eu desabo, Ele me levanta.

Creio que a experiência primeira e mais importante é encontrar-nos à vontade com Deus, porque o percebemos como uma "presença salvadora". Quando uma pessoa sabe o que é viver à vontade com Deus, porque, apesar de nossa mediocridade, de nossos erros e egoísmos, Ele nos acolhe tal como somos e nos estimula a enfrentar a vida com paz, ela dificilmente abandonará a fé. Muitas pessoas hoje estão abandonando a Deus antes de tê-lo conhecido. Se conhecessem a experiência de Deus que Jesus transmite, elas o procurariam. Se, acolhendo Jesus em sua vida, conhecessem o dom de Deus, elas não o abandonariam. Sentir-se-iam à vontade com Ele.

Para excluídos

João 9,1-41   IV Quaresma

Ele é cego de nascença. Nem ele nem seus pais têm culpa alguma, mas seu destino ficará marcado para sempre. As pessoas o olham como um pecador castigado por Deus. Os discípulos de Jesus lhe perguntam se o pecado é do cego ou de seus pais.

Jesus olha para ele de maneira diferente. Desde que o viu, só pensa em resgatá-lo daquela vida de mendigo, desprezado por todos como pecador. Ele se sente chamado por Deus a defender, acolher e curar precisamente os que vivem excluídos e humilhados.

Depois de uma cura trabalhosa, na qual também ele precisou colaborar com Jesus, o cego descobre pela primeira vez a luz. O encontro com Jesus mudou sua vida. Por fim poderá desfrutar uma vida digna, sem temor de envergonhar-se diante de ninguém.

O cego se enganou. Os dirigentes religiosos se sentem obrigados a controlar a pureza da religião. Sabem quem não é pecador e quem está em pecado. Decidirão se ele pode ser aceito na comunidade religiosa. Por isso o expulsam.

O mendigo curado confessa abertamente que foi Jesus que se aproximou dele e o curou, mas os fariseus, irritados, o rejeitam: "Nós sabemos que este homem é um pecador". O homem insiste em defender Jesus: Ele é um profeta, vem de Deus. Os fariseus não o podem suportar: "Por acaso pretendes também dar-nos lições a nós, tu que estás envolto em pecado desde que nasceste?"

O evangelista diz que, "quando Jesus ficou sabendo que o haviam expulsado, foi encontrar-se com ele". O diálogo é breve. Quando Jesus lhe pergunta se ele crê no Messias, o expulso diz: "E quem é Ele, Senhor, para que eu possa crer nele". Jesus lhe responde comovido: "Ele não está longe de ti. Já o viste. É aquele que está falando contigo". O mendigo lhe diz: "Creio, Senhor".

Jesus é assim. Ele vem sempre ao encontro daqueles que não são acolhidos oficialmente pela religião. Não abandona os que o procuram e o amam, mesmo que sejam excluídos das comunidades e instituições religiosas. Os que não têm lugar em nossas igrejas têm um lugar privilegiado em seu coração.

Quem levará hoje essa mensagem de Jesus até esses grupos que, a todo instante, ouvem condenações públicas injustas de dirigentes religiosos cegos; que se aproximam das celebrações cristãs com temor de serem reconhecidos; que não podem comungar em paz em nossas eucaristias; que se veem obrigados a viver sua fé em Jesus no silêncio de seu coração, quase de maneira secreta e clandestina? Amigos e amigas desconhecidos, não se esqueçam: quando nós cristãos *rejeitamos* vocês, Jesus está *acolhendo* vocês.

Quero morrer assim

João 11,1-45   V Quaresma

Jesus nunca ocultou seu carinho por três irmãos que vivem em Betânia. Certamente são os que o acolhem em sua casa sempre que sobe a Jerusalém. Certo dia, Jesus recebe um recado: "Nosso irmão Lázaro, teu amigo, está doente". Pouco depois Jesus se encaminha para a pequena aldeia.

Quando Jesus se apresenta, Lázaro já havia morrido. Ao vê-lo chegar, Maria, a irmã mais nova, começa a chorar. Ninguém consegue consolá-la. Ao ver sua amiga chorar e também os judeus que a acompanham, Jesus não consegue conter-se. Também Ele "começa a chorar" junto com eles. As pessoas comentam: "Como Ele o amava!"

Jesus não chora só pela morte de um amigo muito querido. Ele fica consternado ao sentir a impotência de todos diante da morte. Todos nós trazemos no mais íntimo de nosso ser um desejo insaciável de viver. Por que temos que morrer? Por que a vida não é mais feliz, mais longa, mais segura, mais vida?

O homem de hoje, como o de todas as épocas, traz cravada em seu coração a pergunta mais inquietante e mais difícil de responder: o que vai ser de todos e de cada um de nós? É inútil tentar enganar-nos. O que podemos fazer diante da morte? Rebelar-nos? Ficar deprimido?

Sem dúvida, a reação mais generalizada é esquecer-se de si mesmo e "ir levando". Mas, o ser humano não é chamado a viver sua vida e a viver a si mesmo com lucidez e responsabilidade? Somente para o nosso final devemos encaminhar-nos de forma inconsciente e irresponsável, sem tomar nenhuma posição?

Diante do Mistério último da morte não é possível apelar para dogmas científicos nem religiosos. Eles não nos podem guiar para além desta vida. Mais honesta parece a postura do escultor Eduardo Chillida, que ouvi dizer em certa ocasião: "Da morte, a razão me diz que é definitiva. Da razão, a razão me diz que é limitada".

Nós cristãos não sabemos da outra vida mais do que os outros. Também nós precisamos aproximar-nos com humildade do fato obscuro de nossa morte. Mas o fazemos com uma confiança radical na bondade do Mistério de Deus que vislumbramos em Jesus. Esse Jesus a quem, sem tê-lo visto, nós amamos e ao qual, ainda sem vê-lo, manifestamos nossa confiança.

Essa confiança não pode ser entendida a partir de fora. Só pode ser vivida por quem respondeu, com fé simples, às palavras de Jesus: "Eu sou a ressurreição e a vida. Crês nisso?" Recentemente Hans Küng, o teólogo católico mais crítico do século XX, próximo já de seu final, disse que, para ele, morrer é "descansar no mistério da misericórdia de Deus". Eu quero morrer assim.

Nada pôde detê-lo

MATEUS 26,14–27,66   DOMINGO DE RAMOS

A execução do Batista não foi algo casual. De acordo com uma ideia muito difundida entre o povo judeu, o destino que espera o profeta é a incompreensão, a rejeição e, em muitos casos, a morte. Provavelmente desde muito cedo Jesus contou com a possibilidade de um final violento.

Mas Jesus não foi um suicida. Também não buscou o martírio. Nunca quis o sofrimento, nem para si nem para ninguém. Dedicou sua vida a combater a enfermidade, as injustiças, a marginalização ou o desespero. Viveu entregue a "buscar o reino de Deus e sua justiça": esse mundo mais digno e feliz para todos, que o Pai deseja.

Se Jesus aceita a perseguição e o martírio é por fidelidade a esse projeto de Deus, que não quer ver seus filhos e filhas sofrerem. Por isso não corre para a morte, mas também não recua. Não foge diante das ameaças e também não modifica sua mensagem nem se retrata de suas afirmações em defesa dos últimos.

Teria sido fácil para Ele evitar a execução. Bastaria calar e não insistir no que podia causar irritação no Templo ou no palácio do prefeito romano. Não o fez. Continuou seu caminho. Preferiu ser executado a trair sua consciência e ser infiel ao projeto de Deus, seu Pai.

Aprendeu a viver num clima de insegurança, conflitos e acusações. Dia após dia foi se reafirmando em sua missão e continuou anunciando com clareza sua mensagem. Atreveu-se a difundi-la não só nas aldeias retiradas da Galileia, mas também no ambiente perigoso do Templo. Nada o deteve.

Morrerá fiel ao Deus no qual sempre confiou. Continuará acolhendo a todos, inclusive pecadores e indesejáveis. Se acabam rejeitando-o, morrerá como um "excluído", mas com sua morte confirmará o que foi sua vida inteira: confiança total num Deus que não rejeita nem exclui ninguém de seu perdão.

Jesus continuará buscando o reino de Deus e sua justiça, identificando-se com os mais pobres e desprezados. Se um dia o executam no suplício da cruz, reservado a escravos, morrerá como o mais pobre e desprezado, mas com sua morte selará para sempre sua fé num Deus que quer salvar o ser humano de tudo aquilo que o escraviza.

Nós, seguidores de Jesus, descobrimos o Mistério último de Deus encarnado em seu amor e entrega extrema ao ser humano. No amor desse Crucificado está o próprio Deus identificado com todos os que sofrem, gritando contra todas as injustiças e perdoando os verdugos de todos os tempos. Nesse Deus pode-se crer ou não crer, mas não é possível caçoar dele. Nele nós cristãos confiamos. Nada o deterá em seu empenho por salvar seus filhos e filhas.

Voltar à Galileia

Mateus 28,1-10   Páscoa da Ressurreição

Os evangelhos recolheram a lembrança de algumas mulheres admiráveis, que, ao amanhecer do sábado, se aproximaram do sepulcro onde Jesus havia sido enterrado. Não podem esquecê-lo. Continuam amando-o mais do que a qualquer outro. Enquanto isso, os varões fugiram e permanecem talvez escondidos.

A mensagem que as mulheres ouvem ao chegar é de uma importância excepcional. O Evangelho de Mateus diz assim: "Sei que buscais Jesus, o crucificado. Ele não está aqui. Ressuscitou, como disse. Vinde ver o lugar onde Ele jazia". É um erro buscar Jesus no mundo da morte. Ele está vivo para sempre. Nunca poderemos encontrá-lo onde a vida está morta.

Não devemos esquecer isto: Se queremos encontrar o Cristo ressuscitado, cheio de vida e força criadora, não devemos procurá-lo numa religião morta, reduzida ao cumprimento externo de preceitos e ritos rotineiros, numa fé apagada que se apoia em lugares-comuns e fórmulas gastas, vazias de amor vivo a Jesus.

Então, onde podemos encontrá-lo? As mulheres recebem este encargo: "Ide imediatamente dizer aos discípulos: 'Ele ressuscitou dentre os mortos e vai diante de vós para a Galileia. Ali o vereis'". Por que é preciso voltar à Galileia para ver o Ressuscitado? Que sentido profundo encerra esse convite? O que isso nos diz a nós, os cristãos de hoje?

Na Galileia foi ouvida, pela primeira vez e em toda a sua pureza, a Boa Notícia de Deus e o projeto humanizador do Pai. Se não voltarmos a escutar essa Boa Notícia e esse projeto humanizador hoje, com coração simples e aberto, nos alimentaremos de doutrinas veneráveis, mas não conheceremos a alegria do Evangelho de Jesus, capaz de "ressuscitar" nossa fé.

Além disso, às margens do lago da Galileia foi se gestando a primeira comunidade de Jesus. Seus seguidores vivem junto dele uma experiência única. Sua presença enche tudo. Ele é o centro. Com Ele aprendem a viver acolhendo, perdoando, curando a vida e despertando a confiança no amor insondável de Deus. Se não pusermos o quanto antes Jesus no centro de nossas comunidades, nunca experimentaremos sua presença no meio de nós.

Se voltarmos à Galileia, a "presença invisível" de Jesus ressuscitado adquirirá traços humanos ao lermos os relatos evangélicos; e sua "presença silenciosa" recuperará voz concreta ao escutarmos suas palavras de alento.

Jesus salvará sua Igreja

João 20,19-31   II Páscoa

Aterrorizados pela execução de Jesus, os discípulos se refugiam numa casa conhecida. Novamente estão reunidos, mas Jesus já não está com eles. Na comunidade existe um vazio que ninguém consegue preencher. Falta-lhes Jesus. A quem seguirão agora? O que poderão fazer sem Ele? "Está anoitecendo" em Jerusalém e também no coração dos discípulos.

Dentro da casa estão "com as portas bem fechadas". É uma comunidade sem missão e sem horizonte, fechada em si mesma, sem capacidade de acolhida. Já ninguém pensa em sair pelos caminhos anunciando o reino de Deus e curando a vida. Com as portas fechadas não é possível aproximar-se do sofrimento das pessoas.

Os discípulos estão cheios de "medo dos judeus". É uma comunidade paralisada pelo medo, em atitude defensiva. Só veem hostilidade e rejeição por todo lado. Com medo não é possível amar o mundo como Jesus o amava nem infundir em alguém alento e esperança.

De repente, Jesus ressuscitado toma a iniciativa. Vem resgatar seus seguidores. "Entra na casa e se põe no meio deles". A pequena comunidade começa a transformar-se. Do medo passam à paz que Jesus neles infunde. Da escuridão da noite passam à alegria de voltar a vê-lo cheio de vida. Das portas fechadas passarão logo a anunciar por todo lugar a Boa Notícia de Jesus.

Jesus lhes fala pondo naqueles pobres homens toda a sua confiança: "Como o Pai me enviou, assim também eu vos envio". Não lhes diz de quem devem se aproximar, o que devem anunciar nem como devem atuar. Já o aprenderam dele pelos caminhos da Galileia. Serão no mundo o que Ele foi.

Jesus conhece a fragilidade de seus discípulos. Muitas vezes criticou sua fé pequena e vacilante. Eles precisam da força de seu Espírito para cumprir sua missão. Por isso faz com eles um gesto especial. Não lhes impõe as mãos nem os abençoa, como fazia com os enfermos. Sopra sobre eles e lhes diz: "Recebei o Espírito Santo".

Só Jesus salvará sua Igreja. Só Ele nos libertará dos medos que nos paralisam, romperá os esquemas enfadonhos nos quais pretendemos encerrá-lo, abrirá tantas portas que fomos fechando ao longo dos séculos e endireitará tantos caminhos que nos desviaram dele.

O que se nos pede é o seguinte: reavivar muito mais em toda a Igreja a confiança em Jesus ressuscitado, mobilizar-nos para pô-lo sem medo no centro de nossas paróquias e comunidades e concentrar todas as nossas forças em escutar bem o que seu Espírito está dizendo hoje a nós, seus seguidores.

ACOLHER A FORÇA DO EVANGELHO

LUCAS 24,13-35   III PÁSCOA

Dois discípulos de Jesus estão se afastando de Jerusalém. Caminham tristes e desolados. Quando o viram morrer na cruz, apagou-se em seu coração a esperança que nele haviam depositado. No entanto, continuam pensando nele. Não conseguem esquecê-lo. Teria sido tudo isso uma ilusão?

Enquanto conversam e discutem sobre tudo o que viveram, Jesus se aproxima e se põe a caminhar com eles. No entanto, os discípulos não o reconhecem. Aquele Jesus no qual tanto haviam confiado e a quem haviam amado com paixão lhes parece agora um caminhante estranho.

Jesus entra na conversa. Os caminhantes o escutam primeiro surpresos, mas pouco a pouco algo vai despertando em seu coração. Não sabem exatamente o que lhes está acontecendo. Mais tarde dirão: "Não ardia o nosso coração enquanto Ele nos falava pelo caminho e nos explicava as Escrituras?"

Os caminhantes se sentem atraídos pelas palavras de Jesus. Chega um momento em que precisam de sua companhia. Não querem deixá-lo seguir adiante: "Fica conosco". Durante o jantar seus olhos se abriram e eles o reconheceram. É esta a grande mensagem deste relato: quando acolhemos Jesus como companheiro de caminhada, suas palavras podem despertar em nós a esperança perdida.

Durante estes anos, muitas pessoas perderam sua confiança em Jesus. Pouco a pouco Ele foi se transformando para elas num personagem estranho e irreconhecível. Tudo o que sabem sobre Ele é o que podem reconstruir, de maneira parcial e fragmentária, a partir do que ouviram de pregadores e catequistas.

Sem dúvida, a homilia dos domingos cumpre uma tarefa insubstituível, mas resulta claramente insuficiente para que as pessoas de hoje possam entrar em contato direto e vivo com o Evangelho. Tal como é feita, diante de uma plateia que permanece muda, sem expor suas inquietudes, interrogações e problemas, é difícil que consiga regenerar a fé vacilante de tantas pessoas que buscam, às vezes sem sabê-lo, encontrar-se com Jesus.

Não chegou o momento de instaurar, fora do contexto da liturgia dominical, um espaço novo e diferente para juntos escutarmos o Evangelho de Jesus? Por que não nos reunir, leigos e presbíteros, mulheres e homens, cristãos convictos e pessoas que se interessam pela fé, a fim de escutar, compartilhar, dialogar e acolher o Evangelho de Jesus?

Precisamos dar ao Evangelho a oportunidade de entrar, com toda a sua força transformadora, em contato direto e imediato com os problemas, crises, medos e esperanças das pessoas de hoje. Em breve será demasiado tarde para recuperar entre nós o frescor original do Evangelho. Hoje é possível. É isso o que se pretende com a proposta dos Grupos de Jesus.

Nova relação com Jesus

João 10,1-10   IV Páscoa

Nas comunidades cristãs precisamos viver uma experiência nova de Jesus, reavivando nossa relação como Ele. Colocá-lo decididamente no centro de nossa vida. Passar de um Jesus confessado de maneira rotineira a um Jesus acolhido vitalmente. O Evangelho de João apresenta algumas sugestões importantes ao falar da relação das ovelhas com seu pastor.

A primeira coisa a fazer é "escutar sua voz" em todo o seu frescor e originalidade. Não a confundir com o respeito às tradições nem com a novidade da moda. Não nos deixar distrair nem aturdir por outras vozes estranhas que, embora sejam ouvidas no interior da Igreja, não comunicam a Boa Notícia de Jesus.

É importante, além disso, sentir-nos chamados por Jesus "por nosso nome". Deixar-nos atrair por Ele. Descobrir pouco a pouco, e cada vez com mais alegria, que ninguém responde como Ele às nossas perguntas mais decisivas, aos nossos anseios mais profundos e às nossas necessidades últimas.

É decisivo "seguir" Jesus. A fé cristã não consiste em crer em coisas a respeito de Jesus, mas em crer nele: viver confiando em sua pessoa, inspirar-nos em seu estilo de vida para orientar nossa própria existência com lucidez e responsabilidade.

É vital caminhar tendo Jesus "diante de nós". Não fazer sozinhos o percurso de nossa vida. Experimentar em algum momento, mesmo que de maneira tosca, que é possível viver a vida a partir de sua raiz: a partir desse Deus que se nos apresenta em Jesus, mais humano, mais amigo, mais próximo e salvador do que todas as nossas teorias.

Essa relação viva com Jesus não nasce em nós de maneira automática. Ela vai despertando em nosso interior de maneira frágil e humilde. No começo é quase só um desejo. Em geral ela cresce rodeada de dúvidas, interrogações e resistências. Mas, não sei como, chega um momento em que o contato com Jesus começa a marcar decisivamente nossa vida.

Estou convencido de que o futuro da fé entre nós está sendo decidido, em boa parte, na consciência de nós que nesses momentos nos sentimos cristãos. Agora mesmo a fé está se reavivando ou está se extinguindo em nossas paróquias e comunidades, no coração de nós, sacerdotes e fiéis, que as formamos.

A descrença começa a penetrar em nós a partir do próprio momento em que nossa relação com Jesus perde força ou fica adormecida pela rotina, pela indiferença e pela despreocupação. Por isso, o papa Francisco reconheceu que "precisamos criar espaços apropriados para motivar e sanar, [...] lugares onde regenerar a fé em Jesus". Precisamos escutar seu chamado.

O caminho

João 14,1-12   V Páscoa

Pelo final da última ceia, os discípulos começam a intuir que Jesus já não estará por muito tempo com eles. A saída precipitada de Judas, o anúncio de que Pedro o negará muito em breve, as palavras de Jesus falando de sua partida próxima deixaram todos desconcertados e abatidos. O que vai ser deles?

Jesus capta sua tristeza e sua perturbação. Seu coração se comove. Esquecendo-se de si mesmo e do que o espera, Jesus procura animá-los: "Não vos inquieteis. Confiai em Deus e confiai também em mim". Mais tarde, no decurso da conversa, Jesus lhes faz esta confissão: "Eu sou o caminho, a verdade e a vida. Ninguém pode chegar ao Pai senão por mim". Não devemos esquecer isso nunca.

"Eu sou o caminho". O problema de muitos não é viverem extraviados ou desencaminhados. Simplesmente vivem sem caminho, perdidos numa espécie de labirinto: andando e retrocedendo pelos mil caminhos que, a partir de fora, as senhas e modas do momento lhes vão indicando.

E o que pode fazer um homem ou uma mulher quando se encontra sem caminho? A quem pode se dirigir? A que pode recorrer? Quem caminha seguindo os passos de Jesus poderá continuar deparando com problemas e dificuldades, mas está no caminho certo que conduz ao Pai. É essa a promessa de Jesus.

"Eu sou a verdade". Essas palavras contêm um convite escandaloso aos ouvidos modernos. E, no entanto, também hoje precisamos escutar a Jesus. Nem tudo se reduz à razão. O desenvolvimento da ciência não contém toda a verdade. O Mistério último da realidade não se deixa capturar pelas análises mais sofisticadas. O ser humano precisa viver diante do Mistério último de sua existência.

Jesus se apresenta como caminho que conduz as pessoas e as aproxima desse Mistério último. Deus não se impõe. Não força ninguém com provas nem evidências. O Mistério último é silêncio e atração respeitosa. Jesus é o caminho que pode nos levar a confiar em sua bondade.

"Eu sou a vida". Jesus pode ir transformando nossa vida. Não como o mestre longínquo que deixou à humanidade um legado admirável de sabedoria, mas como alguém vivo que, do mais profundo do nosso ser, infunde em nós um germe de vida nova.

Essa ação de Jesus em nós se produz quase sempre de forma discreta e silenciosa. O próprio crente só intui uma presença imperceptível. Às vezes, no entanto, nos invade a certeza, a alegria incontida, a confiança total: Deus existe, Ele nos ama, tudo é possível, inclusive a vida eterna. Nunca entenderemos a fé cristã se não acolhermos Jesus como o caminho, a verdade e a vida.

O Espírito da verdade

João 14,15-21   VI Páscoa

Jesus está se despedindo de seus discípulos. Ele os vê tristes e abatidos. Logo mais não o terão. Quem poderá preencher seu vazio? Até agora foi Ele quem cuidou deles, os defendeu dos escribas e fariseus, sustentou sua fé frágil e vacilante, lhes foi revelando a verdade de Deus e os iniciou em seu projeto humanizador.

Jesus lhes fala apaixonadamente do Espírito. Não quer deixá-los órfãos. Ele próprio pedirá ao Pai que não os abandone, que lhe dê "outro Defensor" para que "esteja sempre com eles". Jesus o chama de "Espírito da verdade". O que se esconde nessas palavras de Jesus?

Esse "Espírito da verdade" não deve ser confundido com uma doutrina. Essa verdade não deve ser buscada nos livros dos teólogos nem nos documentos da hierarquia. É algo muito mais profundo. Jesus diz que esse Espírito "vive conosco e está em nós". É alento, força, luz, amor... que nos chega do Mistério último de Deus. Precisamos acolhê-lo com coração simples e confiante.

Esse "Espírito da verdade" não nos transforma em "proprietários" da verdade. Não vem para que imponhamos a outros nossa fé nem para que controlemos sua ortodoxia. Ele vem para não nos deixar órfãos de Jesus e nos convida a abrir-nos à sua verdade escutando, acolhendo e vivendo seu Evangelho.

Esse "Espírito da verdade" também não nos torna "guardiães" da verdade, mas testemunhas. Nossa tarefa não é disputar, nem combater, nem derrotar adversários, mas viver a verdade do Evangelho e "amar Jesus guardando seus preceitos".

Esse "Espírito da verdade" está no interior de cada um de nós, defendendo-nos de tudo aquilo que possa nos afastar de Jesus. Ele nos convida a abrir-nos com simplicidade ao mistério de um Deus Amigo da vida. Quem busca esse Deus com honestidade e verdade não está longe dele. Jesus disse em certa ocasião: "Todo aquele que é da verdade escuta minha voz". É verdade.

Esse "Espírito da verdade" nos convida a viver na verdade de Jesus numa sociedade onde com frequência a mentira se chama estratégia, a exploração se chama negócio, a irresponsabilidade se chama tolerância, a injustiça se chama ordem estabelecida, a arbitrariedade se chama liberdade, a falta de respeito se chama sinceridade...

Que sentido pode ter a Igreja de Jesus se deixamos que se perca em nossas comunidades o "Espírito da verdade"? Quem poderá salvá-la do autoengano, dos desvios e da mediocridade generalizada? Quem anunciará a Boa Notícia de Jesus numa sociedade tão necessitada de alento e esperança?

ABRIR O HORIZONTE

MATEUS 28,16-20   ASCENSÃO DO SENHOR

Ocupados apenas com a conquista imediata de um maior bem-estar e atraídos por pequenas aspirações e esperanças, corremos o risco de empobrecer o horizonte de nossa existência, perdendo o anseio de eternidade. É um progresso? É um erro?

Existem dois fatos que não são difíceis de comprovar neste novo milênio em que vivemos já há alguns anos. Por um lado, está crescendo na comunidade humana a expectativa e o desejo de um mundo melhor. Não nos contentamos com qualquer coisa: precisamos progredir rumo a um mundo mais digno, mais humano e feliz.

Por outro lado, está crescendo ao mesmo tempo o desencanto, o ceticismo e a incerteza diante do futuro. Há tanto sofrimento absurdo na vida das pessoas e dos povos, tantos conflitos envenenados, tais abusos contra o planeta, que não é fácil manter a fé no ser humano.

É verdade que o desenvolvimento da ciência e da tecnologia está conseguindo resolver muitos males e sofrimentos. No futuro conseguir-se-ão, sem dúvida, êxitos ainda mais espetaculares. Ainda não somos capazes de intuir a capacidade que se encerra no ser humano de desenvolver um bem-estar físico, psíquico e social.

Mas não seria honesto esquecer que esse desenvolvimento prodigioso nos vai "salvando" apenas de alguns males e apenas de maneira limitada. Precisamente agora que desfrutamos cada vez mais o progresso humano começamos a perceber melhor que o ser humano não pode dar-se a si mesmo tudo o que ele almeja e busca.

Quem nos salvará do envelhecimento, da morte inevitável ou do poder estranho do mal? Não nos deve surpreender que muitos comecem a sentir a necessidade de algo que não é nem técnica nem ciência, tampouco ideologia ou doutrina religiosa. O ser humano resiste a viver encerrado para sempre nesta condição caduca e mortal. Ele procura um horizonte, necessita de uma esperança mais definitiva.

Não poucos cristãos vivem hoje olhando exclusivamente para a terra. Ao que parece, não nos atrevemos a levantar o olhar para além do imediato de cada dia. Nesta festa cristã da Ascensão do Senhor quero recordar algumas palavras daquele grande cientista e místico que foi P. Teilhard de Chardin: "Cristãos a vinte séculos apenas da Ascensão. O que fizestes da esperança cristã?"

No meio de interrogações e incertezas nós, seguidores de Jesus, continuamos caminhando pela vida perpassados por uma confiança e uma convicção. Quando parece que a vida se fecha ou se extingue, Deus permanece. O Mistério último da realidade é um mistério de Amor salvador. Deus é uma Porta aberta para a vida eterna. Ninguém pode fechá-la.

VIVER DEUS A PARTIR DE DENTRO

JOÃO 20,19-23   PENTECOSTES

Há alguns anos, o grande teólogo Karl Rahner se atrevia a afirmar que o problema principal e mais urgente da Igreja de nosso tempo era sua "mediocridade espiritual". Eram estas as suas palavras: o verdadeiro problema da Igreja é "ir levando, com uma resignação e um tédio cada vez maiores, pelos caminhos habituais da mediocridade espiritual".

O problema só se agravou nas últimas décadas. De pouco adiantaram as tentativas de reforçar as instituições, salvaguardar a liturgia ou vigiar a ortodoxia. No coração de muitos cristãos está se apagando a experiência interior de Deus.

A sociedade moderna apostou no "exterior". Tudo nos convida a viver a partir de fora. Tudo nos pressiona para mover-nos com pressa, quase sem deter-nos em nada nem em ninguém. A paz já não encontra brechas para penetrar até nosso coração. Vivemos quase sempre na exterioridade da vida. Estamos esquecendo o que é saborear a vida a partir de dentro. Para nossa vida ser humana, falta-lhe hoje uma dimensão essencial: a interioridade.

É triste observar que também nas comunidades cristãs não sabemos cuidar da vida interior e promovê-la. Muitos não sabem o que é o silêncio do coração; não se ensina a viver a fé a partir de dentro. Privados de experiência interior, sobrevivemos esquecendo nossa alma: escutando palavras com os ouvidos e pronunciando orações com os lábios, enquanto nosso coração está ausente.

Na Igreja fala-se muito de Deus, mas onde e quando nós crentes escutamos a presença silenciosa de Deus no mais profundo do coração? Onde e quando acolhemos o Espírito do Ressuscitado em nosso interior? Quando vivemos em comunhão com o Mistério de Deus a partir de dentro?

Acolher a Deus em nosso interior quer dizer pelo menos duas coisas. A primeira: não colocar Deus sempre longe e fora de nós, ou seja, aprender a escutá-lo no silêncio do coração. A segunda: baixar Deus da cabeça para as profundezas de nosso ser, ou seja, deixar de pensar em Deus apenas com a mente e aprender a percebê-lo no mais íntimo de nós.

Essa experiência interior de Deus, real e concreta, pode transformar nossa fé. Pode causar-nos surpresa ver como pudemos viver sem descobri-la antes. É possível descobrir Deus dentro de nós no meio de uma cultura secularizada. É possível também conhecer uma alegria interior nova e diferente. Mas parece-me muito difícil manter por muito tempo a fé em Deus no meio da agitação e frivolidade da vida moderna sem conhecer, mesmo que de maneira humilde e simples, alguma experiência interior do Mistério de Deus.

A intimidade de Deus

João 3,16-18 — Santíssima Trindade

Se acontecesse o impossível de algum dia a Igreja dizer que Deus não é Trindade, será que mudaria alguma coisa na existência de muitos crentes? Provavelmente não. Por isso causa surpresa esta confissão do Pe. Varillon: "Penso que, se Deus não fosse Trindade, eu seria provavelmente ateu. [...] Em todo caso, se Deus não é Trindade, eu já não compreendo absolutamente nada".

A imensa maioria dos cristãos não sabe que, ao adorar a Deus como Trindade, estamos confessando que Deus, em sua intimidade mais profunda, é só amor, acolhida, ternura. Esta é talvez a conversão de que mais precisam não poucos cristãos: a passagem progressiva de um Deus considerado como Poder a um Deus adorado prazerosamente como Amor.

Deus não é um ser "onipotente e sempiterno" qualquer. Um ser poderoso pode ser um déspota, um tirano destruidor, um ditador arbitrário: uma ameaça para nossa pequena e débil liberdade. Poderíamos confiar num Deus do qual soubéssemos apenas que é onipotente? É muito difícil abandonar-se a alguém infinitamente poderoso. Parece mais fácil desconfiar, ser cautelosos e salvaguardar nossa independência.

Mas Deus é Trindade, é um mistério de amor. E sua onipotência é a onipotência de quem só é amor, ternura insondável e infinita. É o amor de Deus que é onipotente. Deus não pode tudo. Deus não pode senão o que pode o amor infinito. E, sempre que o esquecemos e saímos da esfera do amor, fabricamos para nós um Deus falso, uma espécie de ídolo estranho que não existe.

Quando ainda não descobrimos que Deus é só Amor, facilmente nos relacionamos com Ele a partir do interesse ou do medo. Um interesse que nos impele a utilizar sua onipotência para nosso proveito. Ou um medo que nos leva a buscar todo tipo de meios para defender-nos de seu poder ameaçador. Mas essa religião feita de interesse e de medos está mais próxima da magia do que da verdadeira fé cristã.

Somente quando, a partir da fé, intuímos que Deus é só Amor e descobrimos fascinados que Ele não pode ser outra coisa senão Amor presente e palpitante no mais profundo de nossa vida, começa a crescer livre em nosso coração a confiança num Deus Trindade, do qual a única coisa que sabemos é que Ele não pode senão amar-nos.

ESTAGNADOS

João 6,51-58   CORPO E SANGUE DE CRISTO

O papa Francisco está repetindo que os medos, as dúvidas, a falta de audácia... podem impedir pela raiz o impulso da renovação de que a Igreja hoje precisa. Em sua Exortação *A alegria do Evangelho*, chega a dizer que, se ficarmos paralisados pelo medo, podemos mais uma vez permanecer simplesmente "espectadores de uma estagnação estéril da Igreja".

As palavras do papa nos fazem pensar. O que podemos perceber entre nós? Estamos nos mobilizando para reavivar a fé de nossas comunidades cristãs ou continuamos instalados nessa "estagnação estéril" da qual fala Francisco? Onde podemos encontrar forças para reagir?

Uma das grandes contribuições do Concílio Vaticano II consistiu em estimular a passagem da "missa", entendida como uma obrigação individual para cumprir um preceito sagrado, à "eucaristia" vivida como celebração prazerosa de toda a comunidade, a fim de alimentar sua fé, crescer em fraternidade e reavivar sua esperança em Jesus Cristo ressuscitado.

Sem dúvida, ao longo desses anos demos passos muito importantes. Ficaram muito longe aquelas missas celebradas em latim, nas quais o sacerdote "dizia" a missa e o povo cristão vinha para "ouvir" a missa ou "assistir" à celebração. Mas não estamos celebrando a eucaristia de maneira rotineira e enfadonha?

Existe um fato inegável. As pessoas estão se afastando de maneira irrefreável da prática dominical, porque não encontram em nossas celebrações o clima, a palavra clara, o rito expressivo, a acolhida estimulante de que precisam para alimentar sua fé débil e vacilante.

Sem dúvida, todos nós, presbíteros e leigos, devemos nos perguntar o que estamos fazendo para que a eucaristia seja, como quer o Concílio, "centro e cume de toda a vida cristã". Como permanece tão calada e imóvel a hierarquia? Por que nós os crentes não manifestamos nossa preocupação e nossa dor com mais força?

O problema é grave. Devemos continuar "estagnados" num modo de celebração eucarística tão pouco atraente para os homens e mulheres de hoje? É essa liturgia que continuamos repetindo há séculos a que melhor pode nos ajudar a atualizar aquela ceia memorável de Jesus, na qual se concentra de modo admirável o núcleo de nossa fé?

Com o fogo do Espírito

João 1,29-34   II Tempo Comum

As primeiras comunidades cristãs se preocuparam em diferenciar muito bem o batismo de João, que mergulhava as pessoas nas águas do Jordão, e o batismo de Jesus, que comunicava seu Espírito para purificar, renovar e transformar o coração de seus seguidores. Sem esse Espírito de Jesus, a Igreja se apaga e se extingue.

Somente o Espírito de Jesus pode pôr mais verdade no cristianismo atual. Somente seu Espírito pode levar-nos a recuperar nossa verdadeira identidade, abandonando caminhos que nos desviam sempre de novo do Evangelho. Somente esse Espírito pode nos dar luz e força para empreender a renovação de que a Igreja necessita hoje.

O papa Francisco sabe muito bem que o maior obstáculo para pôr em marcha uma nova etapa evangelizadora é a mediocridade espiritual. Ele o diz de maneira categórica. Ele deseja estimular com todas as suas forças uma etapa "mais ardorosa, alegre, generosa, ousada, cheia de amor até o fim e feita de vida contagiante". Mas tudo será insuficiente "se não arder nos corações o fogo do Espírito".

Por isso ele busca para a Igreja de hoje "evangelizadores com Espírito", que se abram sem medo à sua ação e encontrem nesse Espírito Santo de Jesus "a força para anunciar a novidade do Evangelho com ousadia, em voz alta e em todo o tempo e lugar, inclusive contra a corrente".

De acordo com o papa, a renovação que ele quer impulsionar no cristianismo atual não é possível "quando a falta de uma espiritualidade profunda se traduz em pessimismo, fatalismo e desconfiança", ou quando nos leva a pensar que "nada pode mudar" e, portanto, que "é inútil esforçar-se", ou quando desistimos definitivamente, "dominados por um descontentamento crônico ou por uma tibieza que seca a alma".

Francisco nos adverte que "às vezes perdemos o entusiasmo ao esquecer que o Evangelho responde às necessidades mais profundas das pessoas". No entanto não é assim. O papa expressa com força sua convicção: "Não é a mesma coisa ter conhecido Jesus ou não o conhecer, não é a mesma coisa caminhar com Ele ou caminhar tateando, não é a mesma coisa poder escutá-lo ou ignorar sua Palavra. [...] Não é a mesma coisa procurar construir o mundo com o seu Evangelho em vez de o fazer unicamente com a própria razão".

Tudo isso precisamos descobrir por experiência pessoal de Jesus. Do contrário, diz o papa, a quem não o descobre "logo lhe falta força e paixão; e uma pessoa que não está convencida, entusiasmada, segura, enamorada, não convence ninguém". Não estará aqui um dos principais obstáculos para impulsionar a renovação desejada pelo papa Francisco?

ALGO NOVO E BOM

MATEUS 4,12-23   III TEMPO COMUM

O primeiro escritor que recolheu a atuação e a mensagem de Jesus resumiu tudo dizendo que Jesus proclamava a "Boa Notícia de Deus". Mais tarde, os demais evangelistas empregam o mesmo termo grego (*euangelion*) e expressam a mesma convicção: no Deus anunciado por Jesus, as pessoas encontravam algo "novo" e "bom".

Existe ainda nesse Evangelho algo que possa ser lido, em nossa sociedade indiferente e descrente, como algo novo e bom para o homem e a mulher de nossos dias? Algo que se possa encontrar no Deus anunciado por Jesus e que não é proporcionado facilmente pela ciência, pela técnica ou pelo progresso? Como é possível viver a fé em Deus em nossos dias?

No Evangelho de Jesus, nós crentes nos encontramos com um Deus a partir do qual podemos sentir e viver a vida como um presente que tem sua origem no Mistério último da realidade que é Amor. Para mim é bom não me sentir só e perdido na existência nem nas mãos do destino ou do acaso. Tenho Alguém em quem posso confiar e a quem posso agradecer a vida.

No Evangelho de Jesus nos encontramos com um Deus que, apesar de nossa lerdeza, nos dá força para defender nossa liberdade sem acabar sendo escravos de qualquer ídolo; para continuar aprendendo sempre formas novas e mais humanas de trabalhar e desfrutar, de sofrer e de amar. Para mim é bom poder contar com a força de minha pequena fé nesse Deus.

No Evangelho de Jesus nos encontramos com um Deus que desperta nossa responsabilidade para não nos desinteressarmos dos outros. Não poderemos fazer grandes coisas, mas sabemos que podemos contribuir para uma vida mais digna e mais feliz para todos, pensando sobretudo nos mais necessitados e indefesos. Para mim é bom crer num Deus que me pergunta com frequência o que faço por meus irmãos. Que me faz viver com mais lucidez e dignidade.

No Evangelho de Jesus nos encontramos com um Deus que nos ajuda a entrever que o mal, a injustiça e a morte não têm a última palavra. Um dia, tudo o que aqui não pôde ser, o que ficou pela metade, nossos anseios maiores e nossos desejos mais íntimos alcançarão em Deus sua plenitude. A mim me faz bem viver e esperar minha morte com essa confiança.

Cada um de nós precisa decidir como quer viver e como quer morrer. Cada um precisa escutar sua própria verdade. Para mim não é a mesma coisa crer em Deus ou não crer. A mim me faz bem poder fazer o meu percurso neste mundo sentindo-me acolhido, fortalecido, perdoado e salvo pelo Deus revelado em Jesus.

Uma Igreja mais evangélica

Mateus 5,1-12   IV Tempo comum

Ao formular as bem-aventuranças, Mateus, diferentemente de Lucas, se preocupa em delinear as feições que devem caracterizar os seguidores de Jesus. Daí a importância que elas têm para nós nestes tempos em que a Igreja precisa ir encontrando seu próprio estilo de vida numa sociedade secularizada.

Não é possível propor a Boa Notícia de Jesus de qualquer forma. O Evangelho só se difunde a partir de atitudes evangélicas. As bem-aventuranças nos indicam o espírito que deve inspirar a atuação da Igreja enquanto peregrina para o Pai. Devemos escutá-las em atitude de conversão pessoal e comunitária. Só assim caminharemos para o futuro.

Feliz a Igreja "pobre de espírito" e de coração simples, que atua sem prepotência nem arrogância, sem riquezas nem esplendor, sustentada pela autoridade humilde de Jesus. Dela é o reino de Deus.

Feliz a Igreja que "chora" com os que choram e sofre ao ser despojada de privilégios e poder, porque poderá compartilhar melhor a sorte dos perdedores e também o destino de Jesus. Um dia será consolada por Deus.

Feliz a Igreja que renuncia a impor-se pela força, pela coação ou pela submissão, praticando sempre a mansidão de seu Mestre e Senhor. Herdará um dia a terra prometida.

Feliz a Igreja que tem "fome e sede de justiça" no interior dela mesma e no mundo, porque buscará sua própria conversão e trabalhará por uma vida mais justa e digna para todos, a começar pelos últimos. Seu anseio será saciado por Deus.

Feliz a Igreja compassiva que renuncia ao rigorismo e prefere a misericórdia aos sacrifícios, porque acolherá os pecadores e não lhes ocultará a Boa Notícia de Jesus. Ela alcançará de Deus misericórdia.

Feliz a Igreja de "coração limpo" e conduta transparente, que não encobre seus pecados nem promove o secretismo ou a ambiguidade, porque caminhará na verdade de Jesus. Um dia verá a Deus.

Feliz a Igreja que "trabalha pela paz" e luta contra as guerras, que une os corações e semeia concórdia, porque transmitirá a paz de Jesus que o mundo não pode dar. Ela será filha de Deus.

Feliz a Igreja que sofre hostilidade e perseguição por causa da justiça sem recusar o martírio, porque saberá chorar com as vítimas e conhecerá a cruz de Jesus. Dela é o reino de Deus.

A sociedade atual precisa conhecer comunidades cristãs marcadas por esse espírito das bem-aventuranças. Só uma Igreja evangélica tem autoridade e credibilidade para mostrar o rosto de Jesus aos homens e mulheres de hoje.

Sair para as periferias

Mateus 5,13-16   V Tempo Comum

Jesus dá a conhecer, com duas imagens ousadas e surpreendentes, o que Ele pensa e espera de seus seguidores. Não devem viver pensando sempre em seus próprios interesses, em seu prestígio ou em seu poder. Embora sejam um grupo pequeno no vasto Império de Roma, devem ser o "sal" de que a terra precisa e a "luz" que falta ao mundo.

"Vós sois o sal da terra." As pessoas simples da Galileia captam espontaneamente a linguagem de Jesus. Todo o mundo sabe que o sal serve, sobretudo, para dar sabor à comida e para preservar os alimentos da corrupção. Do mesmo modo, os discípulos de Jesus devem contribuir para que as pessoas saboreiem a vida sem cair na corrupção.

"Vós sois a luz do mundo". Sem a luz do sol, o mundo fica nas trevas: já não podemos orientar-nos nem desfrutar a vida no meio da escuridão. Os discípulos de Jesus podem trazer a luz de que precisamos para orientar-nos, para aprofundar-nos no sentido último da existência e caminhar com esperança.

As duas metáforas coincidem em algo muito importante. Se permanecer isolado num recipiente, o sal não serve para nada. Só quando entra em contato com os alimentos e se dissolve na comida pode dar sabor ao que comemos. A mesma coisa acontece com a luz. Se permanecer encoberta por uma vasilha e oculta, não pode iluminar ninguém. Só quando está no meio das trevas pode iluminar e orientar. Uma Igreja isolada do mundo não pode ser nem sal nem luz.

O papa Francisco viu que a Igreja vive fechada em si mesma, paralisada pelos medos e demasiado afastada dos problemas e sofrimentos para dar sabor à vida moderna e para oferecer a luz genuína do Evangelho. Sua reação foi imediata: "Precisamos sair para as periferias existenciais".

O papa insiste repetidamente: "Prefiro uma Igreja acidentada, ferida e enlameada por ter saído pelas estradas, a uma Igreja enferma pelo fechamento e comodidade de se agarrar às próprias seguranças. Não quero uma Igreja preocupada com ser o centro e que acaba presa num emaranhado de obsessões e procedimentos".

O apelo de Francisco é dirigido a todos os cristãos: "Não podemos permanecer tranquilos numa espera passiva em nossos templos". "O Evangelho nos convida sempre a correr o risco do encontro com o rosto do outro". O papa quer introduzir na Igreja o que ele chama de "cultura do encontro". Está convencido de que "aquilo de que a Igreja precisa hoje é a capacidade de curar feridas e dar calor aos corações".

Não à guerra entre nós

MATEUS 5,17-37   VI TEMPO COMUM

Os judeus falavam com orgulho da Lei de Moisés. De acordo com a tradição, o próprio Deus a havia presenteado a seu povo. Era a melhor coisa que haviam recebido dele. Nessa Lei se encerra a vontade do único Deus verdadeiro. Ali eles podem encontrar tudo aquilo de que necessitam para ser fiéis a Deus.

Também para Jesus a Lei é importante, mas já não ocupa o lugar central. Ele vive e comunica outra experiência: está chegando o reino de Deus; o Pai está procurando abrir caminho entre nós para fazer um mundo mais humano. Não basta contentar-nos em cumprir a Lei de Moisés. É necessário abrir-nos ao Pai e colaborar com Ele para tornar a vida mais justa e fraterna.

Por isso, de acordo com Jesus, não basta cumprir a Lei, que ordena "não matarás". É necessário, além disso, eliminar de nossa vida a agressividade, o desprezo pelo outro, os insultos ou as vinganças. Aquele que não mata cumpre a Lei; mas, se não se liberta da violência, ainda não reina em seu coração esse Deus que procura construir conosco uma vida mais humana.

De acordo com alguns observadores, está se difundindo na sociedade atual uma linguagem que reflete o crescimento da agressividade. São cada vez mais frequentes os insultos ofensivos, proferidos apenas para humilhar, desprezar e ferir. Palavras nascidas da rejeição, do ressentimento, do ódio ou da vingança.

Por outro lado, as conversas estão muitas vezes entremeadas de palavras injustas que distribuem condenações e semeiam suspeitas. Palavras ditas sem amor e sem respeito, que envenenam a convivência e causam dano. Palavras nascidas quase sempre da irritação, da mesquinharia ou da baixaria.

Esse não é um fato que acontece somente na convivência social. É também um grave problema no interior da Igreja. O papa Francisco sofre ao ver divisões, conflitos e enfrentamentos de "cristãos em guerra contra outros cristãos". É um estado de coisas tão contrário ao Evangelho que ele sentiu a necessidade de dirigir-nos um apelo urgente: "Não à guerra entre nós".

Assim fala o papa: "Muito me dói comprovar como em algumas comunidades cristãs, e mesmo entre pessoas consagradas, se dá espaço a diversas formas de ódio, calúnia, difamação, vingança, ciúme, a desejos de impor as próprias ideias a todo o custo, e até perseguições que parecem uma implacável caça às bruxas. A quem queremos evangelizar com esses comportamentos?" O papa quer trabalhar por uma Igreja na qual "todos possam admirar como vos preocupais uns pelos outros, como mutuamente vos encorajais, vos animais e vos ajudais".

Um chamado escandaloso

Mateus 5,38-48   VII Tempo Comum

O chamado ao amor é sempre atraente. Certamente, muitos acolhiam com agrado o chamado de Jesus a amar a Deus e ao próximo. Era a melhor síntese da Lei. Mas o que não podiam imaginar é que um dia Ele lhes falasse de amar os inimigos.

No entanto, Jesus o fez. Sem respaldo algum na tradição bíblica, distanciando-se dos salmos de vingança que alimentavam a oração de seu povo, enfrentando o clima geral que se respirava em seu ambiente de ódio aos inimigos, proclamou com clareza absoluta seu chamado: "Eu, porém, vos digo: amai vossos inimigos e orai pelos que vos perseguem".

A linguagem de Jesus é escandalosa e surpreendente, mas totalmente coerente com sua experiência de Deus. O Pai não é violento: Ele ama inclusive seus inimigos, não busca a destruição de ninguém. Sua grandeza não consiste em vingar-se, mas em amar incondicionalmente a todos. Quem se sentir filho desse Deus não deve introduzir no mundo ódio nem destruição de ninguém.

O amor ao inimigo não é um ensinamento secundário de Jesus, dirigido a pessoas chamadas a uma perfeição heroica. Seu chamado quer introduzir na história uma atitude nova diante do inimigo, porque quer eliminar no mundo ódio e a violência destruidora. Quem se assemelha a Deus não alimentará o ódio contra ninguém, buscará o bem de todos, inclusive de seus inimigos.

Quando Jesus fala do amor ao inimigo, não está pedindo que alimentemos em nós sentimentos de afeto, simpatia ou carinho para com aquele que nos causa mal. O inimigo continua sendo alguém do qual podemos esperar dano e os sentimentos de nosso coração dificilmente podem mudar.

Amar o inimigo significa, antes de tudo, não lhe fazer mal, não buscar e nem desejar causar-lhe dano. Não devemos estranhar se não sentimos amor ou afeto por ele. É natural sentir-nos feridos ou humilhados. Devemos preocupar-nos quando continuamos alimentando ódio e sede de vingança.

Mas não se trata apenas de não lhe causar dano. Podemos dar alguns passos à frente, chegando até estarmos dispostos, inclusive, a fazer-lhe o bem se o encontrarmos necessitado. Não devemos esquecer que somos mais humanos quando perdoamos do que quando nos vingamos. Podemos, inclusive, devolver-lhe o mal com o bem.

O perdão sincero ao inimigo não é fácil. Em algumas circunstâncias, pode tornar-se praticamente impossível a pessoa libertar-se imediatamente da rejeição, do ódio ou da sede de vingança. Não devemos julgar ninguém a partir de fora. Só Deus nos compreende e perdoa de maneira incondicional, inclusive quando não somos capazes de perdoar.

Não à idolatria do dinheiro

Mateus 6,24-34   VIII Tempo Comum

O Dinheiro, transformado em ídolo absoluto, é para Jesus o maior inimigo na tarefa de construir este mundo mais digno, justo e solidário que Deus quer. Faz uns vinte séculos que o profeta da Galileia denunciou de maneira categórica que o culto ao Dinheiro será sempre o maior obstáculo que a humanidade encontrará no seu esforço para progredir rumo a uma convivência mais humana.

A lógica de Jesus é arrasadora: "Não podeis servir a Deus e ao Dinheiro". Deus não pode reinar no mundo e ser Pai de todos sem exigir justiça para os que são excluídos de uma vida digna. Por isso não podem trabalhar por esse mundo mais humano desejado por Deus aqueles que, dominados pela ânsia de acumular riqueza, promovem uma economia que exclui os mais fracos e os abandona à fome e à miséria.

É surpreendente o que está acontecendo com o papa Francisco. Enquanto os meios de comunicação e as redes sociais que circulam pela Internet nos informam, com todo tipo de detalhes, sobre os menores gestos de sua personalidade admirável, oculta-se de modo vergonhoso seu grito mais urgente lançado a toda a humanidade: "Não a uma economia da exclusão e da iniquidade. Essa economia mata".

Francisco não precisa de longas argumentações nem de análises profundas para expor seu pensamento. Ele sabe resumir sua indignação em palavras claras e expressivas, que poderiam abrir o noticiário de qualquer telejornal ou ser manchetes da imprensa em qualquer país. Só alguns exemplos.

"Não é possível que a morte por enregelamento dum idoso sem abrigo não seja notícia, enquanto o é a queda de dois pontos na bolsa. Isso é exclusão. Não se pode tolerar mais o fato de se lançar comida no lixo, quando há pessoas que passam fome. Isso é desigualdade social".

Vivemos "na ditadura de uma economia sem rosto e sem objetivo verdadeiramente humano". Como consequência, "enquanto os lucros de poucos crescem exponencialmente, os da maioria situam-se cada vez mais longe do bem-estar daquela minoria feliz".

"A cultura do bem-estar nos anestesia, a ponto de perdermos a serenidade se o mercado oferece algo que ainda não compramos, enquanto todas essas vidas ceifadas por falta de possibilidades nos parecem um mero espetáculo que não nos incomoda de forma alguma".

Quando o acusaram de comunista, o papa respondeu de maneira categórica: "Esta mensagem não é marxismo, mas Evangelho puro". Uma mensagem que precisa encontrar eco permanente em nossas comunidades cristãs. O contrário poderia ser sinal do que diz o papa: "Estamos nos tornando incapazes de compadecer-nos dos clamores dos outros e já não choramos diante do drama dos demais".

Construir a vida sobre o Evangelho

Mateus 7,21-29   IX Tempo Comum

Existem muitas maneiras de viver o momento atual. Alguns se dedicam a reprovar essa corrupção que parece não ter fim. Outros vivem lamentando-se de uma crise econômica da qual não se vê uma saída fácil. A maioria só se preocupa e desfruta enquanto puderem. É possível, não obstante, reagir de maneira mais sadia. Em que direção?

Diante de um pragmatismo que reduz tudo a cálculos interesseiros: defesa da pessoa. Precisamos defender sempre as pessoas como aquilo que é mais importante, o que nunca deve ser sacrificado diante de nada nem de ninguém.

Diante de um individualismo exacerbado que difunde o lema do "salve-se quem puder": solidariedade e preocupação pelas vítimas. Nenhum ser humano deve ficar abandonado à sua desgraça, excluído de nossa ajuda solidária.

Diante da violência e do sofrimento destruidor: diálogo e reconciliação. Não é possível construir juntos o futuro se não for a partir do respeito mútuo, da tolerância e da procura de conciliação das posições.

Diante da apatia e da insensibilidade social, que proíbe pensar nas vítimas da crise econômica: compaixão. Só é verdadeiramente humano quem sabe olhar a vida a partir do sofrimento dos que estão excluídos de uma vida digna.

Diante de um tipo de organização social que busca eficácia e rendimento sem atender às necessidades do coração humano: ternura e misericórdia. É cada vez maior o número de pessoas que precisam de afeto, carinho e companhia para não cair no desespero.

Diante de uma permissividade ingênua que prega "liberdade" para depois sucumbir diante das novas escravidões do dinheiro, do sexo ou da moda: lucidez. Só quem vive a partir de uma liberdade interior e é capaz de amar com generosidade desfruta a vida com coração livre.

Diante do desencanto e da crise de esperança: fé num Deus Amigo do homem. Eliminando Deus, o ser humano vai se transformando numa pergunta sem resposta, num projeto impossível, num caminhar para lugar nenhum. Necessitamos de um olhar mais positivo e confiante. Faz bem crer no "Deus da esperança".

Essa pode ser hoje entre nós a forma concreta de escutar o chamado de Jesus a "pôr em prática suas palavras", construindo de maneira sensata nossa vida sobre a "rocha" do Evangelho.

Não excluir ninguém

Mateus 9,9-13   X Tempo Comum

Não há dúvida nenhuma. O gesto mais escandaloso de Jesus foi sua amizade com pecadores e pessoas indesejáveis. Nunca havia acontecido algo semelhante em Israel. O que Jesus fazia era inaudito. Jamais se havia visto um profeta convivendo com pecadores nessa atitude de confiança e amizade.

Como um homem de Deus os pode aceitar como amigos? Como se atreve a comer com eles sem manter as devidas distâncias? Não se come com qualquer um. Cada um acolhe à sua mesa os seus. É preciso proteger a própria identidade e santidade, sem misturar-se com gente pecadora. Era essa a norma entre os grupos mais religiosos daquele povo que se sentia escolhido por Deus.

Jesus, pelo contrário, se senta para comer com qualquer um. Sua identidade consiste precisamente em não excluir ninguém. Sua mesa está aberta a todos. Não é necessário ser santo. Não é necessário ser uma mulher honesta para sentar-se junto a Ele. De ninguém Ele exige previamente algum sinal de arrependimento. Não se preocupa que sua mesa seja santa, mas sim acolhedora.

A experiência de Deus é seu guia. Ninguém pôde convencê-lo do contrário. Deus não discrimina ninguém. Chamaram-no de "amigo de pecadores" e Ele nunca o desmentiu, porque era verdade: também Deus é amigo de pecadores e indesejáveis. Jesus vive aquelas refeições como um processo de cura: "Quem precisa de médico não são os sadios, mas os enfermos".

É verdade. Aqueles coletores de impostos e prostitutas não veem Jesus como um mestre de moral, mas o sentem como um amigo que os cura por dentro. Pela primeira vez podem sentar-se à mesa com um homem de Deus. Jesus rompe toda discriminação. Pouco a pouco cresce neles a dignidade e desperta uma confiança nova em Deus. Junto a Jesus, tudo é possível. Inclusive começar a mudar.

Onde acontece hoje em nossa Igreja algo parecido? Nós confessamos repetidamente que a Igreja é santa, como se temêssemos que ninguém o note.

Quando nos chamarão "amigos de pecadores"? Casais desfeitos, que não conseguiram manter sua fidelidade, jovens derrotados pela droga, delinquentes indesejáveis para todos, escravas da prostituição, pessoas desprezadas por sua condição homossexual... nos veem, por acaso, como uma Igreja acolhedora?

Sem complexos de inferioridade

Mateus 9,36–10,8   XI Tempo Comum

Há algum tempo pude ler Javier Sádaba, um dos mais claros expoentes das peregrinas afirmações que se fazem hoje sobre o fenômeno religioso. De acordo com esse pensador e filósofo, "a coisa normal e difusa em nossos dias é que um homem adulto e razoavelmente instruído não seja um crente ou um incrédulo, mas que não se despreocupe de tais questões". Pelo visto, só nós, pessoas imaturas ou pouco instruídas, continuamos nos preocupando com a origem e o destino da existência ou com o sentido último da vida. A coisa adulta e razoável é a indiferença e a despreocupação.

A religião, de acordo com Sádaba, é algo defasado. "Alguém poderá ser crente por originalidade, desespero, inércia ou sabe lá que tipo de conveniência", mas a religião "pouco ou nada afeta a conduta do cidadão à altura de seu tempo".

Assim, dessa maneira tão simples e superficial, pode um escritor de nossos dias desqualificar, sem mais provas nem argumentos, a fé dos cristãos contemporâneos. Sádaba nos lembra diversas "motivações" ambíguas para crer, mas exclui precisamente a experiência pessoal que cada crente possa ter daquilo que a fé lhe traz para viver essa existência de maneira sadia, digna e esperançosa, contribuindo para construir um mundo mais justo e solidário.

Ele não consegue "entender" que haja pessoas que estão à altura não só dos tempos, mas também à altura do ser humano, precisamente porque encontraram na fé cristã a fonte última de sentido, responsabilidade e esperança.

O triste é que muitos cristãos, acovardados por este clima social às vezes tão contrário e hostil ao religioso, acabam vivendo sua fé com uma espécie de "complexo de inferioridade". Sentem-se crentes no mais profundo de seu coração, mas não se atrevem a confessá-lo diante dos outros, em seu próprio âmbito profissional ou nos círculos sociais onde se movem.

No entanto, numa época em que tanto se fala de autenticidade, seria um contrassenso que nós crentes ocultássemos as convicções que lançam luz e esperança em nossa vida. Entre o cristão intolerante e agressivo e o cristão complexado e envergonhado está o homem ou a mulher de fé que sabe apresentar sua própria experiência de crente, diante da qual se diluem tantas afirmações grandiloquentes.

Nossa sociedade precisa mais do que nunca desses "mensageiros" aos quais Jesus confia a tarefa de anunciar sua Boa Notícia. Testemunhas que digam com sua vida e seus lábios que a existência pode ser vivida com outra dignidade e confiança, com outra profundidade e esperança.

Nossos medos

MATEUS 10,26-33   XII TEMPO COMUM

Quando nosso coração não está habitado por um amor forte ou uma fé firme, facilmente nossa vida fica à mercê de nossos medos. Às vezes é o medo de perder prestígio, segurança, comodidade ou bem-estar que nos impede de tomar as decisões. Não nos atrevemos a arriscar nossa posição social, nosso dinheiro ou nossa pequena felicidade.

Outras vezes nos paralisa o medo de não sermos acolhidos. Atemoriza-nos a possibilidade de ficar sozinhos, sem a amizade ou o amor das pessoas. A possibilidade de precisar enfrentar a vida diária sem nenhuma pessoa próxima para nos acompanhar.

Muitas vezes vivemos preocupados apenas em causar boa impressão. Ficamos com medo de nos tornar ridículos, de confessar nossas verdadeiras convicções, de dar testemunho de nossa fé. Tememos as críticas, os comentários e a rejeição dos outros. Não queremos ser classificados. Outras vezes nos invade um medo do futuro. Não vemos claro nosso porvir. Não temos segurança em nada. Talvez não confiemos em ninguém. Causa-nos medo enfrentar o amanhã.

Sempre foi tentador para os crentes buscar na religião um refúgio seguro que nos liberte de nossos medos, incertezas e temores. Mas seria um erro ver na fé a muleta fácil dos pusilânimes, dos covardes e assustadiços.

A fé confiante em Deus, quando bem entendida, não leva o crente a evitar sua própria responsabilidade diante dos problemas. Não o leva a fugir dos conflitos para fechar-se comodamente no isolamento. Pelo contrário, é a fé em Deus que enche seu coração de força para viver com mais generosidade e de maneira mais arriscada. É a confiança viva no Pai que o ajuda a superar covardias e medos para defender com mais audácia e liberdade o reino de Deus e sua justiça.

A fé não cria homens covardes, mas pessoas decididas resolutas e audazes. Não fecha os crentes em si mesmos, mas os abre mais para a vida problemática e conflituosa de cada dia. Não os envolve na preguiça e na comodidade, mas os anima ao compromisso.

Quando um crente escuta de verdade em seu coração as palavras de Jesus: "Não tenhais medo", não se sente convidado a evitar seus compromissos, mas estimulado pela força de Deus a enfrentá-los.

A família não é intocável

MATEUS 10,37-42   XIII TEMPO COMUM

Frequentemente, nós cristãos temos defendido a "família" abstratamente, sem deter-nos para refletir sobre o conteúdo concreto de um projeto familiar entendido e vivido a partir do Evangelho. E, no entanto, não basta defender o valor da família sem mais, porque a família pode ser plasmada de maneiras muito diversas na realidade.

Há famílias abertas ao serviço da sociedade e famílias fechadas em seus próprios interesses. Famílias que educam para o egoísmo e famílias que ensinam a solidariedade. Famílias libertadoras e famílias opressoras.

Jesus defendeu com firmeza a instituição familiar e a estabilidade do matrimônio. E criticou duramente os filhos que se desinteressam dos pais. Mas para Jesus a família não é algo absoluto e intocável. Não é um ídolo. Há algo que está acima e é anterior: o reino de Deus e sua justiça.

O decisivo não é a família carnal, mas essa grande família que devemos construir entre todos os seus filhos e filhas, colaborando com Jesus para abrir caminho ao reinado do Pai. Por isso, se a família se transforma em obstáculo para seguir Jesus nesse projeto, Jesus exigirá a ruptura e o abandono dessa relação familiar: "Quem ama seu pai ou sua mãe mais do que a mim não é digno de mim. Quem ama seu filho ou sua filha mais do que a mim não é digno de mim".

Quando a família impede a solidariedade e a fraternidade com os outros e não deixa seus membros trabalharem pela justiça desejada por Deus entre os homens, Jesus exige uma liberdade crítica, mesmo que isso traga consigo conflitos e tensões familiares.

São nossos lares uma escola de valores evangélicos como a fraternidade, a busca responsável de uma sociedade mais justa, a austeridade, o serviço, a oração, o perdão? Ou são justamente lugar de "desevangelização" e correia de transmissão dos egoísmos, injustiças, convencionalismos, alienações e superficialidades de nossa sociedade?

O que dizer da família onde se orienta o filho para um classismo egoísta, uma vida instalada e segura, um ideal do máximo lucro, esquecendo todo o resto? Estamos educando o filho quando o estimulamos apenas para a competição e rivalidade e não para o serviço e a solidariedade?

É essa a família que nós católicos devemos defender? É essa a família onde as novas gerações podem escutar o Evangelho? Ou é essa a família que também hoje precisamos "abandonar", de alguma maneira, para sermos fiéis ao projeto de vida desejado por Jesus?

Três chamados de Jesus

MATEUS 11,25-30   XIV TEMPO COMUM

O Evangelho de Mateus recolheu três chamados de Jesus que nós, seus seguidores, precisamos escutar com atenção, porque podem transformar o clima de desalento, cansaço e tédio que às vezes se respira em alguns setores de nossas comunidades cristãs.

"Vinde a mim todos os que estais fatigados e sobrecarregados e eu vos aliviarei." É o primeiro chamado. É dirigido a todos os que vivem a religião como uma carga pesada. Não são poucos os cristãos que vivem sobrecarregados por sua consciência. Não são grandes pecadores. Foram simplesmente educados para ter sempre presente seu pecado e não conhecem a alegria do perdão contínuo de Deus. Se se encontrarem com Jesus sentir-se-ão aliviados.

Existem também cristãos cansados de viver sua religião como uma tradição debilitada. Se se encontrarem com Jesus, aprenderão a viver confiando num Deus Pai. Descobrirão uma alegria interior que hoje não conhecem. Seguirão Jesus não por obrigação, mas por atração.

"Carregai meu jugo, porque meu jugo é suportável e meu fardo é leve." É o segundo chamado. Jesus não sobrecarrega ninguém. Pelo contrário, liberta o que há de melhor em nós, porque nos propõe viver tornando a vida mais humana, digna e sadia. Não é fácil encontrar um modo mais apaixonante de viver.

Jesus liberta de medos e pressões, não os introduz; faz crescer nossa liberdade, não nossas servidões; desperta em nós a confiança, nunca a tristeza; atrai-nos para o amor, não para leis e preceitos. Convida-nos a viver fazendo o bem.

"Aprendei de mim, que sou simples e humilde de coração, e encontrareis descanso para vossa vida." É o terceiro chamado. Precisamos aprender de Jesus a viver como Ele. Jesus não complica a vida. Ele a torna mais clara e simples, mais humilde e mais sadia. Oferece descanso. Nunca propõe a seus seguidores algo que Ele não viveu. Por isso pode entender nossas dificuldades e nossos esforços, pode perdoar nossas lerdezas e erros, animando-nos sempre a levantar-nos.

Precisamos concentrar nossos esforços em promover um contato mais vital com Jesus em nossas comunidades, tão necessitadas de alento, descanso e paz. Entristece-me ver que é precisamente seu modo de entender e de viver a religião o que leva não poucos, quase inevitavelmente, a não conhecer a experiência de confiar em Jesus. Penso em tantas pessoas que, dentro e fora da Igreja, vivem "perdidas", sem saber a que porta bater. Sei que Jesus poderia ser para elas a grande notícia.

SEMEAR

MATEUS 13,1-23   XV TEMPO COMUM

Ao terminar o relato da parábola do semeador, Jesus faz o seguinte apelo: "Quem tiver ouvidos para ouvir, que ouça". Pede-se a nós que prestemos muita atenção à parábola. Mas, sobre o que devemos refletir? Sobre o semeador? Sobre a semente? Sobre os diferentes terrenos?

Tradicionalmente, nós cristãos nos fixamos quase exclusivamente nos terrenos onde a semente cai, para reavaliar qual é nossa atitude ao escutar o Evangelho. No entanto, é importante prestar atenção também no semeador e em seu modo de semear.

É a primeira coisa que o relato nos diz: "Saiu o semeador a semear". Ele o faz com uma confiança surpreendente. Semeia de maneira abundante. A semente cai e cai por toda parte, inclusive onde parece difícil que possa germinar. Assim o faziam os camponeses da Galileia, que semeavam inclusive à beira dos caminhos e em terrenos pedregosos.

Para as pessoas não é difícil identificar o semeador. É dessa maneira que Jesus semeia sua mensagem. As pessoas o veem sair todas as manhãs para anunciar a Boa Notícia de Deus. Semeia sua Palavra entre as pessoas simples, que o acolhem, e também entre os escribas e fariseus, que o rejeitam. Jesus nunca desanima. Sua semeadura não será estéril.

Mergulhados em uma forte crise religiosa, podemos pensar que o Evangelho perdeu sua força original e que a mensagem de Jesus já não tem garra para atrair a atenção do homem e da mulher de hoje. Com certeza não é o momento de "colher" êxitos espetaculares, mas de aprender a semear sem desanimar, com mais humildade e verdade.

Não é o Evangelho que perdeu força humanizadora; somos nós que o estamos anunciando com uma fé débil e vacilante. Não é Jesus que perdeu poder de atração. Somos nós que o desvirtuamos com nossas incoerências e contradições.

O papa Francisco diz que, quando um cristão não vive uma adesão forte a Jesus, "logo perde o entusiasmo e deixa de estar seguro daquilo que transmite, falta-lhe força e paixão. E uma pessoa que não está convencida, entusiasmada, segura, enamorada, não convence ninguém".

Evangelizar não é propagar uma doutrina, mas tornar presente na sociedade e no coração das pessoas a força humanizadora e salvadora de Jesus. E isso não se pode fazer de qualquer maneira. O mais decisivo não é o número de pregadores, catequistas e professores de religião, mas a qualidade evangélica que nós cristãos pudermos irradiar. O que transmitimos? Indiferença ou fé convicta? Mediocridade ou paixão por uma vida mais humana?

Importância do pequeno

Mateus 13,24-43   XVI Tempo Comum

O que causou muito dano ao cristianismo ao longo dos séculos foi o triunfalismo, a sede de poder e o afã de impor-se aos seus adversários. Ainda existem cristãos que têm saudade de uma Igreja poderosa que encha os templos, conquiste as ruas e imponha sua religião à sociedade inteira.

Precisamos voltar a ler duas pequenas parábolas nas quais Jesus deixa claro que a tarefa de seus seguidores não é construir uma religião poderosa, mas pôr-se a serviço do projeto humanizador do Pai – o reino de Deus – semeando pequenas "sementes" de Evangelho e introduzindo-o na sociedade como um pequeno "fermento" de uma vida humana.

A primeira parábola fala de um grão de mostarda que é semeado na horta. O que tem de especial essa semente? O fato de ser a menor de todas; mas, quando cresce, se transforma num arbusto maior do que as hortaliças. O projeto de Deus tem um início muito humilde, mas sua força transformadora nem sequer a podemos imaginar agora.

A atividade de Jesus na Galileia, semeando gestos de bondade e de justiça, não são nada de grandioso nem espetacular: nem em Roma nem no Templo de Jerusalém se tem consciência do que está acontecendo. O trabalho que nós, seus seguidores, realizamos hoje parece insignificante: os centros de poder o ignoram.

Inclusive nós próprios, os cristãos, podemos pensar que é inútil trabalhar por um mundo melhor: o ser humano volta sempre de novo a cometer os mesmos erros. Não somos capazes de captar o lento crescimento do reino de Deus.

A segunda parábola fala de uma mulher que introduz um pouco de fermento numa grande massa de farinha. Sem que ninguém saiba como, o fermento vai trabalhando silenciosamente a massa até fermentá-la completamente.

Assim acontece com o projeto humanizador de Deus. Uma vez introduzido no mundo, vai transformando silenciosamente a história humana. Deus não atua impondo-se a partir de fora. Ele humaniza o mundo atraindo as consciências de seus filhos para uma vida mais digna, justa e fraterna.

Precisamos confiar em Jesus. O reino de Deus é sempre algo humilde e pequeno em seu começo; mas Deus já está trabalhando entre nós, promovendo a solidariedade, o desejo de verdade e de justiça, o anseio de um mundo mais feliz. Precisamos colaborar com Ele seguindo Jesus.

Uma Igreja menos poderosa, mais desprovida de privilégios, mais pobre e mais próxima dos pobres será sempre uma Igreja mais livre para semear sementes de Evangelho e mais humilde para viver no meio das pessoas como fermento de uma vida mais digna e fraterna.

A DECISÃO MAIS IMPORTANTE

MATEUS 14,44-52   XVII TEMPO COMUM

O Evangelho reúne duas breves parábolas de Jesus com uma mesma mensagem. Nos dois relatos, o protagonista descobre um tesouro muito valioso ou uma pérola de valor incalculável. E os dois reagem da mesma maneira: vendem com alegria e decisão o que possuem e ficam com o tesouro ou a pérola. De acordo com Jesus, assim reagem os que descobrem o reino de Deus.

Ao que parece, Jesus teme que as pessoas o sigam por interesses diversos, sem descobrir o que é mais atraente e importante: esse projeto apaixonante do Pai, que consiste em levar a humanidade a um mundo mais justo, fraterno e feliz, encaminhando-a assim para sua salvação definitiva em Deus.

O que podemos dizer hoje, após vinte séculos de cristianismo? Por que tantos cristãos bons vivem aprisionados em sua prática religiosa com a sensação de não ter descoberto nela nenhum "tesouro"? Onde está a raiz última dessa falta de entusiasmo e alegria em não poucos âmbitos de nossa Igreja, incapaz de atrair ao núcleo do Evangelho tantos homens e mulheres que vão se afastando dela, sem com isso renunciar a Deus nem a Jesus?

Depois do Concílio, Paulo VI fez a seguinte afirmação categórica: "Só o reino de Deus é absoluto. Todo o resto é relativo". Anos mais tarde, João Paulo II o reafirmou dizendo: "A Igreja não é seu próprio fim, porque está orientada para o reino de Deus, do qual ela é germe, sinal e instrumento". O papa Francisco nos vem repetindo: "O projeto de Jesus é instaurar o reino de Deus".

Se é essa a fé da Igreja, por que há cristãos que nem sequer ouviram falar desse projeto que Jesus chamava de "reino de Deus"? Por que não sabem que a paixão que animou toda a vida de Jesus, a razão de ser e o objetivo de toda a sua atuação, foi anunciar e promover esse projeto humanizador do Pai: buscar o reino de Deus e sua justiça?

A Igreja não pode renovar-se a partir de sua raiz se não descobrir o "tesouro" do reino de Deus. Não é a mesma coisa chamar os cristãos a colaborar com Deus em seu grande projeto de fazer um mundo mais humano ou viver distraídos em práticas e costumes que nos levam a esquecer o verdadeiro núcleo do Evangelho.

O papa Francisco nos está dizendo que "o reino de Deus nos solicita". Esse grito nos chega a partir do próprio coração do Evangelho. Precisamos escutá-lo. Certamente a decisão mais importante que precisamos tomar hoje na Igreja e em nossas comunidades cristãs é a de recuperar o projeto do reino de Deus com alegria e entusiasmo.

DAI-LHES VÓS MESMOS DE COMER

MATEUS 14,13-21   XVIII TEMPO COMUM

Jesus está ocupado em curar aquelas pessoas enfermas e desnutridas que lhe são trazidas de todas as partes. Ele o faz, de acordo com o evangelista, porque o sofrimento delas o comove. Enquanto isso, seus discípulos percebem que está ficando muito tarde. Seu diálogo com Jesus nos permite penetrar no significado profundo do episódio chamado erroneamente de "multiplicação dos pães".

Os discípulos fazem a Jesus uma exposição realista e razoável: "Despede as pessoas para que voltem às aldeias e comprem comida". Já receberam de Jesus a atenção de que necessitavam. Agora, que cada um volte para sua aldeia e se compre algo para comer de acordo com seus recursos e possibilidades.

A reação de Jesus é surpreendente: "Elas não precisam ir embora; dai-lhes vós mesmos de comer". A fome é um problema grave demais para desinteressar-se uns dos outros e deixar que cada um o resolva como puder em seu próprio povoado. Não é o momento de separar-se, mas de unir-se mais do que nunca a fim de repartir entre todos o que houver, sem excluir ninguém.

Os discípulos lembram a Jesus que eles só têm cinco pães e dois peixes. Não importa. O pouco basta quando é compartilhado com generosidade. Jesus manda que todos se sentem na grama para celebrar uma grande refeição. Imediatamente tudo muda. Os que estavam a ponto de separar-se para saciar sua fome em sua própria aldeia sentam-se juntos em torno de Jesus para compartilhar o pouco que têm. Assim Jesus quer ver a comunidade humana.

O que acontece com os pães e os peixes nas mãos de Jesus? Ele não os "multiplica". Primeiro bendiz a Deus e lhe dá graças: aqueles alimentos vêm de Deus; são de todos. Depois os vai partindo e dando aos discípulos. Estes, por sua vez, os vão dando às pessoas. Os pães e os peixes foram passando de uns para os outros. Assim todos puderam saciar sua fome.

Santiago Agrelo, arcebispo de Tânger, levantou mais uma vez sua voz para recordar-nos "o sofrimento de milhares de homens, mulheres e crianças que, abandonados à sua sorte ou perseguidos pelos governos e entregues ao poder usurário e escravizante das máfias, mendigam, sobrevivem, sofrem e morrem no caminho da emigração".

Em vez de unir nossas forças para erradicar pela raiz a fome no mundo, só nos ocorre fechar-nos em nosso "bem-estar egoísta", erguendo barreiras cada vez mais degradantes e assassinas. Em nome de que Deus nós os despedimos para que se afundem em sua miséria? Onde estamos nós, seguidores de Jesus? Quando se ouve em nossas eucaristias o grito de Jesus: "Dai-lhes vós mesmos de comer"?

No meio da crise

Mateus 14,22-33   XIX Tempo Comum

Não é difícil ver no barco dos discípulos de Jesus, sacudida pelas ondas e invadida pelo forte vento contrário, a figura da Igreja atual, ameaçada a partir de fora por todo tipo de forças adversas e tentada a partir de dentro pelo medo e pela mediocridade. Como podemos ler esse relato evangélico a partir de uma crise na qual a Igreja parece hoje naufragar?

De acordo com o evangelista, "Jesus se aproxima do barco caminhando sobre as águas". Os discípulos não conseguem reconhecê-lo no meio da tormenta e da escuridão da noite. Parece-lhes um "fantasma". O medo os deixa aterrorizados. A única coisa real para eles é aquela forte tempestade.

É esse o nosso primeiro problema. Estamos vivendo a crise da Igreja, transmitindo uns aos outros desalento, medo e falta de fé. Não somos capazes de ver que Jesus está se aproximando de nós precisamente a partir do interior dessa forte crise. Sentimo-nos mais sós e indefesos do que nunca.

Jesus lhes diz as três palavras que eles precisam ouvir: "Coragem! Sou eu. Não tenhais medo". Só Jesus pode falar-lhes assim. Mas seus ouvidos só ouvem o estrondo das ondas e a força do vento. É esse também o nosso erro. Se não escutarmos o convite de Jesus a pôr nele nossa confiança incondicional, a quem recorreremos?

Pedro sente um impulso interior e, sustentado pelo chamado de Jesus, salta do barco e "vai ao encontro de Jesus andando sobre as águas". Assim precisamos aprender hoje a caminhar ao encontro de Jesus no meio das crises: apoiando-nos não no poder, no prestígio e nas seguranças do passado, mas no desejo de encontrar-nos com Jesus o meio da escuridão e das incertezas destes tempos.

Não é fácil. Também nós podemos vacilar e afundar, como Pedro. Mas, assim como ele, podemos experimentar que Jesus estende sua mão e nos salva enquanto nos diz: "Homens de pouca fé, por que duvidais?"

Por que duvidamos tanto? Por que não estamos aprendendo quase nada de novo da crise? Por que continuamos buscando falsas seguranças para "sobreviver" dentro de nossas comunidades, sem aprender a caminhar com fé renovada ao encontro de Jesus no próprio interior da sociedade secularizada dos nossos dias?

Essa crise não é o final da fé cristã. É a purificação de que precisamos para libertar-nos de interesses mundanos, triunfalismos enganosos e deformações que nos foram afastando de Jesus ao longo dos séculos. Ele está atuando nessa crise. Ele está nos conduzindo a uma Igreja mais evangélica. Reavivemos nossa confiança em Jesus. Não tenhamos medo.

Jesus é de todos

MATEUS 15,21-28   XX TEMPO COMUM

Uma mulher pagã toma a iniciativa de recorrer a Jesus, embora não pertença ao povo judeu. É uma mãe angustiada, que vive sofrendo com uma filha "maltratada por um demônio". Ela sai ao encontro de Jesus dando gritos: "Tem compaixão de mim, Senhor, Filho de Davi".

A primeira reação de Jesus é inesperada. Nem sequer se detém para escutá-la. Ainda não chegou a hora de levar a Boa Notícia de Deus aos pagãos. Como a mulher insiste, Jesus justifica sua atuação: "Deus me enviou somente às ovelhas perdidas do povo de Israel".

A mulher não desiste. Superará todas as dificuldades e resistências. Num gesto audaz se prostra diante de Jesus, interrompe sua caminhada e, de joelhos, com um coração humilde, mas firme, lhe dirige apenas um grito: "Senhor, socorre-me".

A resposta de Jesus é insólita. Embora nessa época os judeus chamassem com toda a naturalidade os pagãos de "cachorros", as palavras de Jesus resultam ofensivas aos nossos ouvidos: "Não fica bem jogar aos cachorrinhos o pão dos filhos". Retomando de maneira inteligente a imagem usada por Jesus, a mulher, sem se levantar, se atreve a corrigir Jesus: "Está certo, Senhor. Mas também os cachorrinhos comem as migalhas que caem da mesa dos donos".

A fé dessa mulher é admirável. Com certeza, à mesa do Pai é possível alimentar a todos: os filhos de Israel e também os "cachorros" pagãos. Jesus parece pensar apenas nas "ovelhas perdidas" de Israel, mas também essa mulher é uma "ovelha perdida". O Enviado de Deus não pode ser apenas dos judeus. Deve ser de todos e para todos.

Jesus se rende diante da fé da mulher. Sua resposta nos revela sua humildade e sua grandeza: "Mulher, como é grande a tua fé! Seja feito como desejas". Essa mulher está revelando a Jesus que a misericórdia de Deus não exclui ninguém. O Pai bom está acima das barreiras étnicas e religiosas que nós humanos erguemos.

Jesus reconhece a mulher como crente, embora viva numa religião pagã. Encontra nela inclusive uma "grande fé", não a fé pequena dos seus discípulos, que Ele repreende mais de uma vez como "homens de pouca fé". Qualquer ser humano pode recorrer a Jesus com confiança. Ele sabe reconhecer sua fé, mesmo que viva fora da Igreja. Todos poderão encontrar nele um Amigo e um Mestre de vida.

Nós cristãos precisamos alegrar-nos pelo fato de Jesus continuar atraindo hoje tantas pessoas que vivem fora da Igreja. Jesus é maior do que todas as nossas instituições. Ele continua fazendo muito bem, inclusive aos que se afastaram de nossas comunidades cristãs.

O que dizemos nós

MATEUS 16,13-20   XXI TEMPO COMUM

Também hoje Jesus dirige a nós cristãos a mesma pergunta que dirigiu um dia a seus discípulos: "E vós, quem dizeis que eu sou?" Não nos pede apenas que nos pronunciemos sobre sua identidade misteriosa, mas também que revisemos nossa relação com Ele. O que podemos responder-lhe a partir de nossas comunidades?

Esforçamo-nos para conhecer cada vez melhor a Jesus, ou o mantemos "encerrado em nossos velhos esquemas enfadonhos" de sempre? Somos comunidades vivas, interessadas em colocar Jesus no centro de nossa vida e de nossas atividades ou vivemos encalhados na rotina e na mediocridade?

Amamos Jesus com paixão ou Ele se transformou para nós num personagem desgastado, que continuamos invocando enquanto em nosso coração vai crescendo a indiferença e o esquecimento? Os que se aproximam de nossas comunidades podem sentir a força e a atração que Ele exerce sobre nós?

Sentimo-nos discípulos de Jesus? Estamos aprendendo a viver de acordo com seu estilo de vida na sociedade atual ou nos deixamos arrastar por qualquer propaganda mais apetecível aos nossos interesses? Para nós dá na mesma viver de qualquer maneira ou fizemos de nossa comunidade uma escola para aprender a viver como Jesus?

Estamos aprendendo a olhar a vida como Jesus a olhava? A partir de nossas comunidades olhamos os necessitados e excluídos com compaixão e responsabilidade ou nos fechamos em nossas celebrações, indiferentes ao sofrimento dos mais desvalidos e esquecidos: os que sempre foram os prediletos de Jesus?

Seguimos a Jesus colaborando com Ele no projeto humanizador do Pai ou continuamos pensando que a coisa mais importante do cristianismo é preocupar-nos com nossa salvação? Estamos convencidos de que a melhor maneira de seguir a Jesus é viver cada dia tornando a vida mais humana e mais feliz para todos?

Vivemos o domingo cristão celebrando a ressurreição de Cristo? Cremos em Jesus ressuscitado, que caminha conosco cheio de vida? Vivemos acolhendo em nossas comunidades a paz que Ele deixou em herança a nós, seus seguidores? Cremos que Jesus nos ama com um amor que nunca acabará? Cremos em sua força ressuscitadora? Sabemos ser testemunhas do mistério de esperança que trazemos dentro de nós?

Aprender a perder

Mateus 16,21-27   XXII Tempo Comum

O dito está recolhido em todos os evangelhos e é repetido até seis vezes: "Quem quer salvar sua vida vai perdê-la; mas quem perder sua vida por mim, a encontrará". Jesus não está falando de um tema religioso. Está expondo a seus discípulos qual é o verdadeiro valor da vida.

O dito está expresso de maneira paradoxal e provocativa. Existem duas maneiras muito diferentes de orientar a vida: uma leva à salvação, a outra leva à perdição. Jesus convida todos a seguir o caminho que parece mais duro e menos atraente, porque leva o ser humano à salvação definitiva.

O primeiro caminho consiste em aferrar-se à vida, vivendo exclusivamente para si mesmo: fazer do próprio "eu" a razão última e o objetivo supremo da existência. Essa maneira de viver, buscando sempre o próprio lucro ou vantagem, leva o ser humano à perdição.

O segundo caminho consiste em saber perder, vivendo como Jesus, abertos ao objetivo último do projeto humanizador do Pai: saber renunciar à própria segurança ou lucro, buscando não só o próprio bem, mas também o dos outros. Essa maneira generosa de viver leva o ser humano à sua salvação.

Jesus está falando a partir de sua fé num Deus salvador, mas suas palavras são uma grave advertência a todos. Que futuro espera uma humanidade dividida e fragmentada, na qual os poderes econômicos buscam seu próprio benefício, os países buscam seu próprio bem-estar, os indivíduos buscam seu próprio interesse?

A lógica que rege nestes momentos a marcha do mundo é irracional. Nós, tanto povos quanto indivíduos, estamos caindo pouco a pouco na escravidão do "ter sempre mais". Tudo é pouco para sentir-nos satisfeitos. Para viver bem precisamos de sempre mais produtividade, mais consumo, mais bem-estar material, mais poder sobre os outros.

Buscamos insaciavelmente bem-estar, mas será que não estamos a cada momento nos desumanizando um pouco mais? Queremos "progredir" cada vez mais, mas que progresso é esse que nos leva a abandonar milhões de seres humanos na miséria, na fome e na desnutrição? Por quantos anos poderemos desfrutar nosso bem-estar, fechando nossas fronteiras aos famintos e aos que buscam entre nós refúgio de tantas guerras?

Se nós, países privilegiados, só buscamos "salvar" nosso nível de bem-estar, se não queremos perder nosso potencial econômico, jamais daremos algum passo rumo a uma solidariedade em nível mundial. Mas não nos enganemos. O mundo será cada vez mais inseguro e mais inabitável para todos, também para nós. Para salvar a vida humana no mundo precisamos aprender a perder.

Ele está entre nós

MATEUS 18,15-20   XXIII TEMPO COMUM

Embora as palavras de Jesus, recolhidas por Mateus, sejam de grande importância para a vida das comunidades cristãs, poucas vezes atraem a atenção de comentaristas e pregadores. É esta a promessa de Jesus: "Onde estiverem dois ou três reunidos em meu nome, ali estarei eu no meio deles".

Jesus não está pensando em celebrações em massa, como as da Praça de São Pedro em Roma. Mesmo que sejam apenas dois ou três, Jesus está ali no meio deles. Não é necessário que esteja presente a hierarquia; não é necessário que sejam muitos os reunidos.

O importante é que "estejam reunidos", não dispersos ou em confronto: que não vivam desqualificando-se uns aos outros. O decisivo é que se reúnam "em seu nome"; que escutem seu chamado, que vivam identificados com seu projeto do reino de Deus. Que Jesus seja o centro de seu pequeno grupo.

É essa presença viva e real de Jesus que deve animar, guiar e sustentar as pequenas comunidades de seus seguidores. É Jesus quem deve alentar sua oração, suas celebrações, projetos e atividades. Essa presença é o "segredo" de toda comunidade cristã viva.

Nós cristãos não podemos reunir-nos hoje em nossos grupos e comunidades de qualquer maneira: por costume, por inércia ou para cumprir obrigações religiosas. Seremos muitos ou, talvez, poucos. Mas o importante é que nos reunamos em nome de Jesus, atraídos por sua pessoa e por seu projeto de fazer um mundo mais humano.

Precisamos reavivar a consciência de que somos comunidades de Jesus. Reunimo-nos para escutar seu Evangelho, para manter viva sua lembrança, para contagiar-nos com seu Espírito, para acolher em nós sua alegria e sua paz, para anunciar a Boa Notícia.

O futuro da fé cristã entre nós dependerá em boa parte daquilo que nós cristãos fizermos em nossas comunidades concretas nas próximas décadas.

Não basta aquilo que possa fazer o papa Francisco no Vaticano. Tampouco podemos pôr nossa esperança no punhado de sacerdotes que possam ser ordenados nos próximos anos. Nossa única esperança é Jesus Cristo.

Nós é que precisamos centrar nossas comunidades cristãs na pessoa de Jesus como a única força capaz de regenerar nossa fé debilitada e rotineira. O único capaz de atrair os homens e mulheres de hoje. O único capaz de produzir uma fé renovada nestes tempos de incredulidade. A renovação das instâncias centrais da Igreja é urgente. Os decretos de reformas são necessários. Mas nada é tão decisivo como voltar com radicalidade a Jesus Cristo.

Viver perdoando

Mateus 18,21-35   XXIV Tempo Comum

Os discípulos ouviram Jesus dizer coisas incríveis sobre o amor aos inimigos, sobre a oração ao Pai por aqueles que os perseguem, sobre o perdão aos que lhes causam dano. Certamente lhes parece uma mensagem extraordinária, mas pouco realista e muito problemática.

Pedro se aproxima agora de Jesus com uma proposta mais prática e concreta, que lhes permita, pelo menos, resolver os problemas que surgem entre eles: receios, invejas, enfrentamentos e conflitos. Como precisam atuar naquela família de seguidores que seguem seus passos? Concretamente: "Quantas vezes devo perdoar a meu irmão quando me ofender?"

Antes de Jesus lhe responder, o impetuoso Pedro se antecipa dando-lhe sua própria sugestão: "Até sete vezes?" Sua proposta é de uma generosidade muito superior ao clima justiceiro que se respira na sociedade judaica. Vai, inclusive, além do que se pratica entre os rabinos e os grupos essênios, que falam em perdoar no máximo até quatro vezes.

No entanto, Pedro continua movendo-se no plano da casuística judaica, onde se prescreve o perdão como acordo amistoso e regulamentado para garantir o funcionamento ordenado da convivência entre os que pertencem ao mesmo grupo.

A resposta de Jesus exige que nos ponhamos num outro registro. No perdão não há limites: "Não te digo até sete vezes, mas até setenta vezes sete". Não tem sentido fazer contas a respeito do perdão. Quem se põe a contar quantas vezes está perdoando ao irmão enevera por um caminho absurdo que arruína o espírito que deve reinar entre os seguidores de Jesus.

Entre os judeus era conhecido o "Canto de vingança" de Lamec, um legendário herói do deserto, que dizia assim: "Caim será vingado sete vezes, mas Lamec será vingado setenta vezes sete". Diante dessa cultura da vingança sem limites, Jesus propõe o perdão sem limites entre seus seguidores.

As diferentes posições diante do Concílio foram provocando no interior da Igreja conflitos e enfrentamentos às vezes muito dolorosos. A falta de respeito mútuo, os insultos e as calúnias são frequentes. Sem que ninguém os desautorize, setores que se dizem cristãos servem-se da Internet para semear agressividade e ódio, destruindo sem piedade o nome e a trajetória de outros crentes.

Precisamos urgentemente de testemunhas de Jesus que anunciem com palavra firme seu Evangelho e que transmitam com coração humilde sua paz. Crentes que vivam perdoando e curando essa cegueira doentia que penetrou em sua Igreja.

Não desvirtuar a bondade de Deus

Mateus 20,1-16   XXV Tempo Comum

Ao longo de sua trajetória profética, Jesus insistiu sempre de novo em comunicar sua experiência de Deus como "um mistério de bondade insondável", que rompe todos os nossos cálculos. Sua mensagem é tão revolucionária que, depois de vinte séculos, ainda há cristãos que não se atrevem a levá-la a sério.

Para transmitir a todos a sua experiência desse Deus bom, Jesus compara sua atuação com a conduta surpreendente do dono de uma vinha. O próprio dono em pessoa sai até cinco vezes para contratar diaristas para sua vinha. Não parece preocupá-lo o rendimento deles no trabalho. O que ele quer é que nenhum diarista fique um dia a mais sem seu trabalho.

Por isso mesmo, no final da jornada, não lhes paga de acordo com o trabalho realizado por cada grupo. Embora seu trabalho tenha sido muito desigual, dá a todos "um denário": simplesmente o que cada família camponesa da Galileia necessitava cada dia para poder sobreviver.

Quando o porta-voz do primeiro grupo protesta porque ele tratou os últimos da mesma forma que a eles, que trabalharam mais do que ninguém, o dono da vinha lhe responde com estas palavras admiráveis: "Tens inveja porque sou bom?" Vais impedir-me, com teus cálculos mesquinhos, de ser bom com os que necessitam de seu pão para jantar?

O que Jesus está sugerindo? Que Deus não atua com os critérios de justiça e igualdade que nós manejamos? Será verdade que Deus, mais do que estar medindo os méritos das pessoas, como nós faríamos, busca sempre responder, a partir de sua bondade insondável, à nossa necessidade radical de salvação?

Confesso que sinto uma pena imensa quando me encontro com pessoas boas que imaginam Deus dedicado a anotar cuidadosamente os pecados e os méritos dos humanos, para um dia retribuir a cada um exatamente de acordo com o que ele mereceu. É possível imaginar um ser mais desumano do que alguém entregue a isso desde toda a eternidade?

Crer num Deus Amigo incondicional pode ser a experiência mais libertadora que se possa imaginar, a força mais vigorosa para viver e para morrer. Pelo contrário, viver diante de um Deus justiceiro e ameaçador pode transformar-se na neurose mais perigosa e destruidora da pessoa.

Precisamos aprender a não confundir Deus com nossos esquemas rígidos e mesquinhos. Não devemos desvirtuar sua bondade insondável, misturando os traços autênticos que provêm de Jesus com traços de um Deus justiceiro tomados daqui e dali. Diante do Deus bom revelado em Jesus, a única coisa que cabe é a confiança.

ANTES DE NÓS

MATEUS 21,28-32   XXVI TEMPO COMUM

Certo dia Jesus pronunciou essas duras palavras contra os dirigentes religiosos de seu povo: "Eu vos garanto que os publicanos e as prostitutas entrarão antes de vós no reino de Deus". Há alguns anos pude comprovar que a afirmação de Jesus não é um exagero.

Um grupo de prostitutas de diferentes países, acompanhadas por algumas irmãs oblatas, refletiu sobre Jesus com a ajuda de meu livro *Jesus: Aproximação histórica*. Ainda me comove a força e a atração que Jesus exerce sobre essas mulheres de alma simples e coração bom. Resgato alguns de seus testemunhos.

"Eu me sentia suja, vazia e pouca coisa, todo mundo me usava. Agora me sinto com vontade de continuar vivendo, porque Deus conhece muito bem meu sofrimento. [...] Deus está dentro de mim. Deus está dentro de mim. Deus está dentro de mim. Esse Jesus me entende...!"

"Agora, quando chego em casa depois do trabalho, me lavo com água muito quente para arrancar de minha pele a sujeira; e depois rezo a esse Jesus, porque Ele sim me entende e conhece muito bem meu sofrimento. [...] Jesus, quero mudar de vida. Guia-me, porque só Tu conheces meu futuro".

"Eu peço todo dia a Jesus que me afaste desse modo de vida. Sempre que me acontece algo, eu o invoco e Ele me ajuda. Ele está perto de mim, é maravilhoso. [...] Ele me traz em suas mãos, Ele me carrega, sinto sua presença".

"É de madrugada que mais falo com Ele. Ele me escuta, porque nesse horário as pessoas dormem. Ele está aqui, não dorme. Ele está sempre aqui. Com a porta fechada me ajoelho e lhe peço que eu mereça sua ajuda, que Ele me perdoe, porque eu lutarei por Ele".

"Um dia eu estava sentada na praça e disse: 'Ó meu Deus, será que eu só sirvo para isso? Só para a prostituição?' [...] Foi então o momento em que mais senti Deus me carregando, entendeu? Transformando-me. Foi naquele momento. Tanto que não me esqueço. Entendeu?"

"Agora eu falo com Jesus e lhe digo: aqui estou, acompanha-me. Viste o que aconteceu com minha companheira [refere-se a uma companheira assassinada num hotel]. Peço-te por ela e peço que nada de mal aconteça às minhas companheiras. Eu não falo, mas peço por elas, porque elas são pessoas como eu".

"Estou furiosa, triste, doída, rejeitada, ninguém me ama; não sei a quem culpar. Ou seria melhor odiar as pessoas e a mim, ou ao mundo? Presta atenção, desde quando eu era pequena acreditei em ti e permitiste que isso acontecesse comigo. Dou-te outra oportunidade para proteger-me agora. Bem, eu te perdoo; mas, por favor, não me deixes de novo".

Que mistério se encerra em Jesus para ter esse poder no coração das pessoas? Como mudaria a vida de muitos se o conhecessem melhor!

CRISE RELIGIOSA

MATEUS 21,33-43   XXVII TEMPO COMUM

A parábola dos "vinhateiros homicidas" é um relato no qual Jesus vai mostrando com tons alegóricos a história de Deus com seu povo eleito. É uma história triste. Deus havia cuidado dele com todo o seu carinho desde o começo. Era sua "vinha preferida". Esperava fazer deles um povo exemplar por sua justiça e sua fidelidade. Seria uma "grande luz" para todos os povos.

No entanto, aquele povo foi rejeitando e matando um depois do outro os profetas que Deus lhes ia enviando para colher os frutos de uma vida mais justa. Por último, num incrível gesto de amor, enviou-lhes seu próprio Filho. Mas os dirigentes daquele povo acabaram com Ele. "O que pode Deus fazer com um povo que defrauda de maneira tão cega e obstinada suas expectativas?

Os dirigentes religiosos que estão escutando atentamente o relato respondem espontaneamente nos mesmos termos da parábola: o dono da vinha não pode fazer outra coisa senão mandar matar aqueles lavradores e entregar a vinha deles a outros. Jesus tira rapidamente uma conclusão que eles não esperavam: "Por isso vos digo que o reino de Deus será tirado de vós e será dado a um povo que produza frutos".

Comentaristas e pregadores interpretaram frequentemente a parábola de Jesus como a reafirmação da Igreja cristã como o "novo Israel" depois do povo judeu, que, com a destruição de Jerusalém no ano 70, se dispersou pelo mundo.

No entanto, a parábola está falando também de nós. Uma leitura honesta do texto nos obriga a fazer-nos graves perguntas: estamos produzindo em nosso tempo "os frutos" que Deus espera de seu povo: justiça para os excluídos, solidariedade, compaixão para com os que sofrem, perdão...?

Deus não tem por que bendizer um cristianismo estéril, do qual não recebe os frutos que espera. Não tem por que identificar-se com nossa mediocridade, com nossas incoerências, desvios e pouca fidelidade. Se não correspondermos às suas expectativas, Deus continuará abrindo caminhos novos para seu projeto de salvação com outras pessoas que produzam frutos de justiça.

Nós falamos de "crise religiosa", "descristianização", "abandono da prática religiosa"... Não estará Deus preparando o caminho que torne possível o nascimento de uma Igreja menos poderosa, mas mais evangélica; menos numerosa, mas mais dedicada a construir um mundo mais humano? Não virão novas gerações mais fiéis a Deus do que nós?

CONVITE

MATEUS 22,1-14   XXVIII TEMPO COMUM

Jesus conhecia muito bem como se deleitavam os camponeses da Galileia nas bodas que eram celebradas nas aldeias. Sem dúvida, Ele próprio participou de mais de uma. Que experiência mais prazerosa podia haver para aquelas pessoas do que ser convidadas a uma boda e poder sentar-se com os outros moradores do lugar a fim de compartilhar juntos um banquete de festa?

Essa lembrança vivida desde criança ajudou Jesus mais tarde a comunicar sua experiência de Deus de uma maneira nova e surpreendente. De acordo com Ele, Deus está preparando um banquete final para todos os seus filhos, porque quer todos sentados junto a Ele desfrutando para sempre uma vida plenamente feliz.

Podemos dizer que Jesus entendeu sua vida inteira como a oferta de um grande convite em nome de Deus para essa festa final. Por isso Jesus não impõe nada à força, não pressiona ninguém. Anuncia a Boa Notícia de Deus, desperta confiança no Pai, acende nos corações a esperança. A todos há de chegar seu convite.

O que aconteceu com esse convite de Deus? Quem o anuncia? Quem o escuta? Onde se fala, na Igreja, dessa festa final? Satisfeitos com nosso bem--estar, surdos ao que não seja nosso interesse imediato, já não precisamos mais de Deus? Estamos nos acostumando pouco a pouco a viver sem necessidade de alimentar uma esperança última?

Jesus era realista. Sabia que o convite de Deus pode ser recusado. Na parábola dos "convidados às bodas" fala-se de diversas reações dos convidados. Alguns rejeitam o convite de maneira consciente e categórica: "Não quiseram vir". Outros respondem com absoluta indiferença: "Não se importaram". Mais importantes são suas terras e negócios.

Mas, de acordo com a parábola, Deus não desanima. Acima de tudo haverá uma festa final. O desejo de Deus é que a sala do banquete fique cheia de convidados. Por isso é preciso sair às "encruzilhadas dos caminhos", por onde passam tantas pessoas errantes, que vivem sem esperança e sem futuro. A Igreja deve continuar anunciando com fé e alegria o convite de Deus proclamado no Evangelho de Jesus.

O papa Francisco está preocupado com uma pregação que está obcecada "por uma transmissão desarticulada de uma imensidade de doutrinas que se tenta impor à força insistência". O maior perigo está, de acordo com ele, em que já "não se estará propriamente anunciando o Evangelho, mas algumas acentuações doutrinais ou morais, que derivam de certas opções ideológicas. A mensagem correrá o risco de perder o seu frescor e deixará de ter o perfume do Evangelho".

Os pobres pertencem a Deus

MATEUS 22,15-21   XXIX TEMPO COMUM

Às escondidas de Jesus, os fariseus chegam a um acordo para preparar-lhe uma armadilha decisiva. Não vêm eles próprios encontrar-se com Ele. Enviam-lhe alguns discípulos acompanhados de alguns partidários de Herodes Antipas. Talvez não faltem entre eles alguns poderosos coletores de impostos para Roma.

A armadilha está bem pensada: "Somos obrigados a pagar tributo a César ou não?" Se Ele responder negativamente, poderão acusá-lo de rebelião contra Roma. Se legitimar o pagamento de tributos, ficará desprestigiado diante daqueles pobres camponeses que vivem oprimidos pelos impostos, camponeses que Ele ama e defende com todas as suas forças.

A resposta de Jesus foi resumida de maneira lapidar ao longo dos séculos nestes termos: "Dai a César o que é de César e a Deus o que é de Deus". Poucas palavras de Jesus serão tão citadas como essas. E nenhuma, talvez, mais distorcida e manipulada a partir de interesses muito alheios ao Profeta defensor dos pobres.

Jesus não está pensando em Deus e no César de Roma como dois poderes que podem exigir de seus súditos, cada um em próprio campo, os direitos que lhes cabem. Como todo judeu fiel, Jesus sabe que a Deus "pertence a terra e tudo o que ela contém, o orbe e todos os seus habitantes" (Sl 24). O que pode ser de César que não seja de Deus? Por acaso não são filhos de Deus os súditos do imperador?

Jesus não se detém nas diferentes posições que, naquela sociedade, opõem herodianos, saduceus ou fariseus a respeito dos tributos a Roma e seu significado: se levam a "moeda do tributo" em suas bolsas, que cumpram com suas obrigações. Ele, porém, não vive a serviço do Império de Roma, mas abrindo caminhos ao reino de Deus e sua justiça.

Por isso Jesus lhes lembra algo que ninguém lhe havia perguntado: "Dai a Deus o que é de Deus". Ou seja, não deis a nenhum César o que só pertence a Deus: a vida de seus filhos. Como repetiu tantas vezes a seus seguidores, os pobres são de Deus, os pequeninos são seus prediletos, o reino de Deus lhes pertence. Ninguém deve abusar deles.

Não se deve sacrificar a vida, a dignidade ou a felicidade das pessoas a nenhum poder. E, sem dúvida, nenhum poder sacrifica hoje mais vidas e causa mais sofrimento, fome e destruição do que essa "ditadura de uma economia sem rosto e sem um objetivo verdadeiramente humano", que, de acordo com o papa Francisco, os poderosos da terra conseguiram impor. Não podemos permanecer passivos e indiferentes, calando a voz de nossa consciência com as práticas religiosas.

CRER NO AMOR

MATEUS 22,34-40   XXX TEMPO COMUM

A religião cristã acaba sendo, para não poucos, um sistema religioso difícil de entender e, sobretudo, uma rede de leis, demasiadamente complicada para viver corretamente diante de Deus. Não precisamos, nós cristãos, concentrar nossa atenção muito mais na tarefa de cuidar principalmente do essencial da experiência cristã?

Os evangelhos recolheram a resposta dada por Jesus a um setor de fariseus que lhe perguntam qual é o mandamento principal da Lei. Jesus resume assim o essencial: o primeiro é "Amarás o Senhor, teu Deus, com todo o teu coração, com toda a tua alma e com todo o teu ser"; o segundo é "Amarás a teu próximo como a ti mesmo".

A afirmação de Jesus é clara. O amor é tudo. A coisa decisiva na vida é amar. Aqui está o fundamento de tudo. Por isso, a primeira coisa a fazer é viver diante de Deus e diante dos outros numa atitude de amor. Não devemos perder-nos em coisas acidentais e secundárias, esquecendo o essencial. Do amor provém todo o resto. Sem amor, tudo fica desvirtuado.

Ao falar do amor a Deus, Jesus não está pensando nos sentimentos ou emoções que podem brotar do nosso coração; tampouco está convidando a multiplicar nossas rezas e orações. Amar o Senhor, nosso Deus, com todo o coração é reconhecer Deus como Fonte última de nossa existência, despertar em nós uma adesão total à sua vontade e responder com fé incondicional a seu amor universal de Pai de todos.

Por isso Jesus acrescenta um segundo mandamento. Não é possível amar a Deus e dar as costas a seus filhos e filhas. Uma religião que prega o amor a Deus e se esquece dos que sofrem é uma grande mentira. A única postura realmente humana diante de qualquer pessoa que encontramos em nosso caminho é amá-la e buscar seu bem como quereríamos para nós mesmos.

Toda essa linguagem pode parecer demasiadamente velha, demasiadamente gasta e pouco eficaz. No entanto, também hoje o primeiro problema no mundo é a falta de amor, que vai desumanizando sempre de novo os esforços e as lutas para construir uma convivência mais humana.

Há alguns anos, o pensador francês Jean Onimus escrevia o seguinte: "O cristianismo está ainda em seu começo: faz apenas dois mil anos que ele está nos trabalhando. A massa é pesada e são necessários séculos de maturação antes que a caridade a faça fermentar". Nós, seguidores de Jesus, não devemos esquecer nossa responsabilidade. O mundo precisa de testemunhas vivas que ajudem as futuras gerações a crer no amor, porque não existe um futuro esperançoso para o ser humano se ele acaba perdendo a fé no amor.

Não fazem o que dizem

MATEUS 23,1-12   XXXI TEMPO COMUM

Jesus fala com indignação profética. Seu discurso, dirigido às pessoas em geral e aos seus discípulos, é uma dura crítica aos dirigentes religiosos de Israel. Mateus o recolhe por volta dos anos 80 para que os dirigentes da Igreja cristã não caiam em condutas parecidas.

Será que poderemos recordar hoje as repreensões de Jesus em paz, em atitude de conversão, sem nenhuma intenção de polêmicas estéreis? Suas palavras são um convite para que nós – bispos, presbíteros e todos quantos têm alguma responsabilidade eclesial – façamos uma revisão de nossa atuação.

"Não fazem o que dizem." Nosso maior pecado é a incoerência. Não vivemos o que pregamos. Temos poder, mas nos falta autoridade. Nossa conduta nos desacredita. Um exemplo de vida mais evangélica dos dirigentes mudaria o clima em muitas comunidades cristãs.

"Amarram fardos pesados e insuportáveis e os põem nas costas dos homens; mas eles não movem nem um dedo para carregá-los." É verdade. Com frequência somos exigentes e severos com os outros, compreensivos e indulgentes conosco. Sobrecarregamos as pessoas simples com nossas exigências, mas não lhes facilitamos a acolhida do Evangelho. Não somos como Jesus, que se preocupa em tornar leve seu fardo, porque é humilde e de coração simples.

"Fazem tudo para serem vistos pelas pessoas." Não podemos negar que é muito fácil viver dependentes de nossa imagem, buscando quase sempre "ficar bem" diante dos outros. Não vivemos diante desse Deus que vê no oculto. Estamos mais atentos ao nosso prestígio pessoal.

"Gostam do primeiro lugar e dos primeiros assentos [...] e de ser saudados na rua e ser chamados de mestres." Sentimos vergonha de confessá-lo, mas gostamos disso. Procuramos ser tratados de maneira especial, não como um irmão a mais. Existe algo mais ridículo do que uma testemunha de Jesus buscando ser distinta e reverenciada pela comunidade cristã?

"Não deixeis que vos chamem de mestre [...] nem de preceptor [...] porque um só é vosso Mestre e Preceptor: Cristo". O mandamento evangélico não pode ser mais claro: renunciai aos títulos para não fazer sombra a Cristo; orientai a atenção dos crentes somente para Ele. Por que a Igreja não faz nada para suprimir tantos títulos, prerrogativas, honras e dignidades a fim de mostrar melhor o rosto humilde e próximo de Jesus?

"Não chameis ninguém de vosso pai na terra, porque um só é vosso Pai: o do céu." Para Jesus, o título de Pai é tão único, profundo e íntimo que não deve ser utilizado por ninguém na comunidade cristã. Por que o permitimos?

Acender uma fé gasta

Mateus 25,1-13   XXXII Tempo Comum

A primeira geração cristã viveu convencida de que Jesus, o Senhor ressuscitado, voltaria em breve cheio de vida. Mas isso não aconteceu. Pouco a pouco, os seguidores de Jesus precisaram se preparar para uma longa espera.

Não é difícil imaginar as perguntas que surgiram entre eles. Como manter vivo o espírito dos inícios? Como viver acordados enquanto não chega o Senhor? Como alimentar a fé sem deixar que se apague? Um relato de Jesus sobre o que aconteceu num casamento os ajudava a pensar a resposta.

Dez jovens, amigas da noiva, acendem suas lâmpadas e se preparam para receber o esposo. Quando, ao pôr do sol, o noivo chegar para buscar a esposa, elas acompanharão os dois no cortejo que os levará até a casa do esposo, onde será celebrado o banquete nupcial.

Há um detalhe que o narrador quer destacar desde o início. Entre as jovens há cinco "sensatas" e previdentes, que levam consigo óleo para alimentar suas lâmpadas à medida que a chama vá se consumindo. As outras cinco são "tolas" e descuidadas, que se esquecem de levar óleo, correndo o risco de as lâmpadas se apagarem.

Sem demora descobrirão seu erro. O esposo se atrasa e não chega antes da meia-noite. Quando se ouve o chamado para recebê-lo, as sensatas alimentam com óleo a chama de suas lâmpadas e acompanham o esposo até entrar com ele na festa. As tolas não sabem senão lamentar-se: "Nossas lâmpadas se apagam". Ocupadas em adquirir óleo, chegam ao banquete quando a porta está fechada. Demasiado tarde.

Muitos comentaristas procuram encontrar um significado secreto para o símbolo do óleo. Está Jesus falando do fervor espiritual, do amor, da graça batismal...? Talvez seja mais simples recordar seu grande desejo: "Eu vim para trazer fogo à terra, e o que hei de querer senão que se acenda?" Existe algo que possa acender mais nossa fé do que o contato vivo com Jesus?

Não é uma insensatez pretender conservar uma fé gasta sem reavivá-la com o fogo de Jesus? Não é uma contradição acreditar-nos cristãos sem conhecer seu projeto nem nos sentir atraídos por seu estilo de vida?

Precisamos urgentemente de uma qualidade nova em nossa relação com Jesus. Cuidar de tudo o que nos ajude a concentrar nossa vida em sua pessoa. Não gastar energias naquilo que nos distrai ou nos desvia de seu Evangelho. Acender cada domingo nossa fé, ruminando suas palavras e comungando vitalmente com Ele. Ninguém pode transformar nossas comunidades como Jesus.

Busca criativa

Mateus 25,14-30   XXXIII Tempo Comum

Apesar de sua aparente inocência, a parábola dos talentos contém uma carga explosiva. É surpreendente ver que o terceiro criado é condenado sem ter cometido nenhuma ação má. Seu único erro consiste em não fazer nada: não arrisca seu talento, não o faz frutificar, conserva-o intacto num lugar seguro.

A mensagem de Jesus é clara. Não ao conservadorismo, sim à criatividade. Não a uma vida estéril, sim à resposta ativa a Deus. Não à obsessão por segurança, sim ao esforço arriscado para transformar o mundo. Não à fé enterrada sob o conformismo, sim ao trabalho comprometido em abrir caminhos ao reino de Deus.

O grande pecado dos seguidores de Jesus pode ser sempre o fato de não nos arriscar a segui-lo de maneira criativa. É significativo observar a linguagem usada entre os cristãos ao longo dos anos para ver em que concentramos frequentemente a atenção: conservar o depósito da fé; conservar a tradição; conservar os bons costumes; conservar a graça; conservar a vocação...

Essa tentação de conservadorismo é mais forte em tempos de crise religiosa. É fácil então invocar a necessidade de controlar a ortodoxia, reforçar a disciplina e as normas, assegurar a pertença à Igreja... Tudo pode ser explicável; mas não é muitas vezes uma maneira de desvirtuar o Evangelho e congelar a criatividade do Espírito?

Para os dirigentes religiosos e os responsáveis pelas comunidades cristãs pode ser mais cômodo "repetir" de maneira monótona os caminhos herdados do passado, ignorando as interrogações, as contradições e as propostas do homem moderno; mas de que serve tudo isso se não somos capazes de transmitir luz e esperança aos problemas e sofrimentos que sacodem os homens e mulheres de nossos dias?

As atitudes que devemos cultivar hoje no interior da Igreja não se chamam "paciência", "fidelidade ao passado", "resignação". Têm, ao contrário, outro nome: "busca criativa", "audácia", "capacidade de correr risco", "escuta do Espírito", que faz tudo novo.

O mais grave pode ser que, da mesma forma como aconteceu com o terceiro criado da parábola, também nós acreditemos estar respondendo fielmente a Deus com nossa atitude conservadora, quando na realidade estamos defraudando suas expectativas. A principal tarefa da Igreja hoje não pode ser conservar o passado, mas aprender a comunicar a Boa Notícia de Jesus numa sociedade sacudida por mudanças socioculturais sem precedentes.

O FATOR DECISIVO

MATEUS 25,31-46   JESUS CRISTO, REI DO UNIVERSO

O relato não é propriamente uma parábola, mas uma evocação do juízo final de todos os povos. Toda a cena se concentra num longo diálogo entre o juiz, que não é outro senão Jesus ressuscitado, e dois grupos de pessoas: os que aliviaram o sofrimento dos mais necessitados e os que viveram negando-lhes ajuda.

Ao longo dos séculos, os cristãos viram nesse diálogo fascinante "a melhor recapitulação do Evangelho", "o elogio absoluto do amor solidário" ou "a advertência mais grave aos que vivem refugiados falsamente na religião". Vamos assinalar as afirmações básicas.

Todos os homens e mulheres, sem exceção, serão julgados pelo mesmo critério. O que dá um valor imorredouro à vida não é a condição social, o talento pessoal ou o êxito conseguido ao longo dos anos. O elemento decisivo é o amor prático e solidário aos necessitados de ajuda.

Esse amor se traduz em fatos muito concretos. Por exemplo: "dar de comer," "dar de beber", "acolher o imigrante", "vestir o nu", "visitar o doente ou encarcerado". O elemento decisivo diante de Deus não são as ações religiosas, mas esses gestos humanos de ajuda aos necessitados. Podem brotar de uma pessoa crente ou do coração de um agnóstico que pensa nos que sofrem.

O grupo dos que ajudaram os necessitados que foram encontrando em seu caminho não o fez por motivos religiosos. Não pensou em Deus nem em Jesus Cristo. Simplesmente procurou aliviar um pouco o sofrimento que existe no mundo. Agora, convidados por Jesus, entram no reino de Deus como "benditos do Pai".

Por que é tão decisivo ajudar os necessitados e tão condenável negar-lhes ajuda? Porque, como revela o juiz, o que se faz ou se deixa de fazer a eles se está fazendo ou deixando de fazer ao próprio Deus encarnado em Cristo. Quando abandonamos um necessitado, estamos abandonando a Deus. Quando aliviamos seu sofrimento, o estamos fazendo com Deus.

Essa surpreendente mensagem nos põe a todos diante dos que sofrem. Não há religião verdadeira, não há política progressista, não há proclamação responsável dos direitos humanos, a não ser defendendo os mais necessitados, aliviando seu sofrimento e restaurando sua dignidade.

Em cada pessoa que sofre, Jesus sai ao nosso encontro, nos olha, nos interroga e nos interpela. Nada nos aproxima mais dele do que aprender a olhar detidamente, com compaixão, o rosto dos que sofrem. Em nenhum lugar poderemos reconhecer com mais verdade o rosto de Jesus.

Ano B

Uma Igreja desperta

Marcos 13,33-37   I Advento

Jesus está em Jerusalém, sentado no monte das Oliveiras, olhando para o Templo e conversando confidencialmente com quatro discípulos: Pedro, Tiago, João e André. Ele percebe que estão preocupados em saber quando há de chegar o fim dos tempos. O que o preocupa é, pelo contrário, como viverão seus seguidores quando Ele já não estiver entre eles.

Por isso, mais uma vez, Ele revela-lhes a sua inquietação: "Olhai, vivei despertos". Depois, afasta-se da linguagem aterrorizante dos visionários apocalípticos e conta aos discípulos uma breve parábola que tem passado quase despercebida entre os cristãos.

"Um senhor viajou e deixou sua casa". Antes de se ausentar, porém, ele "incumbiu cada um de seus criados de sua tarefa". Ao despedir-se, insistiu em apenas uma coisa: "Vigiai, pois não sabeis quando o dono da casa virá". Não seja que, quando vier, ele vos encontre dormindo.

O relato sugere que os seguidores de Jesus formarão uma família. A Igreja será "a casa de Jesus" que substituirá "a casa de Israel". Nela, todos são servidores. Não há senhores. Todos viverão à espera do único Senhor da casa: Jesus, o Cristo. Eles jamais o esquecerão.

Na casa de Jesus, ninguém há de permanecer passivo. Ninguém há de se sentir excluído, sem responsabilidade alguma. Todos somos necessários. Todos temos alguma missão por Ele confiada. Todos somos chamados a contribuir para a grande tarefa de vivermos como Jesus. Ele viveu sempre dedicado a servir ao reino de Deus.

Os anos irão passando. Manter-se-á vivo o espírito de Jesus entre os seus? Continuarão eles a se lembrar do estilo servical dele para com os mais necessitados e desamparados? Seguirão os passos dele pelo caminho que Ele abriu? A grande preocupação dele é que a sua Igreja durma. Por isso insiste com eles até três vezes: "Vivei despertos". Não se trata de uma recomendação aos quatro discípulos que estão a escutá-lo, mas um mandato aos crentes de todos os tempos: "O que vos digo, digo a todos: vigiai".

O traço mais generalizado dos cristãos que não abandonaram a Igreja é certamente a passividade. Durante séculos temos educado os fiéis para a submissão e a obediência. Na casa de Jesus, apenas uma minoria considera-se hoje incumbida de alguma responsabilidade eclesial.

É chegada a hora de reagirmos. Não podemos aumentar ainda mais a distância entre "os que mandam" e "os que obedecem". É pecado promover o desafeto, a mútua exclusão ou a passividade. Jesus queria ver todos nós despertos, ativos, colaborando com lucidez e responsabilidade no seu projeto do reino de Deus.

Com Jesus começa algo bom

Marcos 1,1-8   II Advento

No decorrer deste novo ano litúrgico, aos domingos, os cristãos iremos lendo o Evangelho de Marcos. O pequeno escrito dele inicia-se com o seguinte título: "Começo da Boa Notícia de Jesus, o Messias, Filho de Deus". Essas palavras permitem-nos prever algo do que encontraremos no relato de Marcos.

Com Jesus "começa algo novo". Isso é o primeiro que Marcos quer deixar claro. Tudo o anterior pertence ao passado. Jesus é o início de algo novo e inconfundível. No relato, Jesus dirá que "o tempo está cumprido". Com Ele vem a Boa Notícia de Deus.

É isto o que os primeiros cristãos estão a experimentar. Aqueles que se encontram vitalmente com Jesus e penetram um pouco no seu mistério sabem que com Ele começa uma vida nova, algo que nunca experimentaram até então.

O que eles encontram em Jesus é uma "Boa Notícia". Algo novo e bom. Marcos usa a palavra "evangelho", muito frequente entre os primeiros seguidores de Jesus e que exprime o que eles sentem ao deparar-se com Ele. Uma sensação de libertação, alegria, segurança e desaparição de medos. Em Jesus, eles se deparam com "a salvação de Deus".

Quando alguém descobre em Jesus o Deus amigo do ser humano, o Pai de todos os povos, o defensor dos últimos, a esperança dos perdidos, sabe que não há de encontrar melhor notícia. Quando conhece o projeto de Jesus de trabalhar por um mundo mais humano, digno e ditoso, sabe que não haverá nada maior a que possa se dedicar.

Essa Boa Notícia é o próprio Jesus, o protagonista do relato que Marcos há de escrever. Logo, a sua intenção primeira não é oferecer-nos doutrina a respeito de Jesus nem fornecer informação biográfica dele, mas seduzir-nos para que nos abramos à Boa Notícia que só nele podemos achar.

Marcos atribui dois títulos a Jesus: um é tipicamente judaico; o outro, mais universal. Entretanto, ele reserva algumas surpresas aos leitores. Jesus é o "Messias" que os judeus esperavam como libertador de seu povo. Mas é um messias bem diferente do líder guerreiro que muitos almejavam para destruir os romanos. No relato de Marcos, Jesus é descrito como enviado de Deus para humanizar a vida e encaminhar a história rumo à sua salvação definitiva. Essa é a primeira surpresa.

Jesus é "Filho de Deus", embora não dotado do poder e da glória que alguns tinham imaginado. Um Filho de Deus profundamente humano, tão humano que apenas Deus pode ser assim. Só quando, executado numa cruz, Ele terminar sua vida de serviço a todos, um centurião romano reconhecerá: "Em verdade este homem era Filho de Deus". Eis a segunda surpresa.

Abrir-nos a Deus

João 1,6-8.19-28

III Advento

A fé tornou-se, para muitos, uma experiência problemática. Não sabem ao certo o que aconteceu com eles nestes anos, mas uma coisa é clara: não voltarão a acreditar naquilo em que acreditavam quando crianças. Daquilo tudo restam apenas algumas crenças de perfil bastante difuso. Cada um foi construindo seu próprio mundo interior, muitas vezes sem conseguir evitar graves incertezas e interrogações.

A maioria dessas pessoas faz seu "percurso religioso" em solidão e quase em segredo. Com quem elas vão falar sobre essas coisas? Não há guias nem pontos de referência. Cada um age como pode nessas questões que dizem respeito ao mais profundo do ser humano. Muitos não sabem se o que lhes acontece é normal ou preocupante.

Os estudos do professor de Atlanta James Fowler sobre o desenvolvimento da fé podem ajudar não poucas pessoas a melhor entenderem seu próprio percurso. Ao mesmo tempo, eles jogam luz sobre as etapas que a pessoa há de cumprir para estruturar o seu "universo de sentido".

Nos primeiros estágios da vida, a criança vai assumindo sem reflexão as crenças e os valores que lhe são propostos. A fé dela não é ainda uma decisão pessoal. A criança vai estabelecendo o que é verdadeiro ou falso, bom ou mau com base no que lhe ensinam.

Depois, o indivíduo aceita as crenças, práticas e doutrinas de forma mais ponderada, embora sempre como foram definidas pelo grupo, pela tradição ou pelas autoridades religiosas. Não passa pela cabeça dele duvidar seriamente de nada. Tudo é digno de fé, tudo é certo.

A crise chega mais tarde. O indivíduo adquire consciência de que a fé tem de ser livre e pessoal. Não se sente já obrigado a acreditar de modo tão incondicional naquilo que a Igreja ensina. Aos poucos, começa a relativizar certas coisas e a selecionar outras. Seu mundo religioso modifica-se e até apresenta fissuras. Nem tudo resulta de um desejo de maior autenticidade. Há também frivolidade e incoerências.

Tudo pode ficar nisso. Porém, o indivíduo pode também continuar a se aprofundar no seu universo interior. Se ele se abrir sinceramente a Deus e o procurar no mais profundo de seu ser, uma fé nova pode brotar. O amor de Deus, acreditado e acolhido com humildade, confere a tudo um sentido mais profundo. A pessoa conhece uma coerência interior mais harmoniosa. As dúvidas não são um obstáculo. O indivíduo intui agora o valor último contido em práticas e símbolos antes criticados. A comunicação com Deus torna a despertar. A pessoa vive em comunhão com tudo o que há de bom no mundo e sente-se convocada a amar e proteger a vida.

É decisivo que sempre reservemos em nós um espaço real para a experiência de Deus. Daí a importância de se escutar a chamada do profeta: "Preparai o caminho do Senhor". Temos de abrir esse caminho no íntimo do nosso coração.

COM ALEGRIA E CONFIANÇA

LUCAS 1,26-38   IV ADVENTO

O Concílio Vaticano II apresenta Maria, Mãe de Jesus Cristo, como "protótipo e modelo para a Igreja", descrevendo-a como mulher humilde que escuta Deus com confiança e alegria. Com essa mesma atitude havemos de escutar Deus na Igreja atual.

"Alegra-te." Isso é a primeira coisa que Maria escuta de Deus e a primeira coisa que temos de escutar também hoje. Falta alegria entre nós. Com frequência nos deixamos contagiar pela tristeza de uma Igreja envelhecida e gasta. Jesus não mais é Boa Notícia? Não sentimos a alegria de ser seus seguidores? Quando não há alegria, a fé perde frescor, a cordialidade desaparece, a amizade entre os crentes esfria. Tudo fica mais difícil. É urgente despertarmos a alegria em nossas comunidades e recuperarmos a paz que Jesus deixou para nós como herança.

"O Senhor está contigo." Não é fácil a alegria na Igreja de hoje. Ela só pode nascer da confiança em Deus. Não somos órfãos. Vivemos a invocar dia após dia um Deus Pai que nos acompanha, nos defende e busca sempre o bem de todo ser humano. Deus está também conosco.

Por vezes tão desconcertada e perdida, essa Igreja que não consegue retornar ao Evangelho não está sozinha. Jesus, o Bom Pastor, está à nossa procura. O Espírito dele nos atrai. Contamos com seu encorajamento e sua compreensão. Jesus não nos abandonou. Com Ele, tudo é possível.

"Não temas." Muitos são os medos que paralisam aqueles que seguimos Jesus. Medo do mundo moderno e de uma sociedade descrente. Medo de um futuro incerto. Medo da conversão ao Evangelho. O medo está fazendo-nos muito mal. Impede-nos de caminhar rumo ao futuro com esperança. Confina-nos na estéril conservação do passado. Nossos fantasmas crescem. Desaparece o realismo sadio, bem como a sensatez evangélica.

Urge construir uma Igreja da confiança. A fortaleza de Deus não se revela numa Igreja poderosa, mas numa Igreja humilde. Também em nossas comunidades temos de escutar as palavras que Maria escuta: "Não temas".

"Darás à luz um filho e o chamarás pelo nome de Jesus." Também a nós, como a Maria, confia-se uma missão: contribuirmos a pôr luz em meio à noite. Não somos chamados para julgar o mundo, mas para semear esperança. Nossa tarefa não é apagar o pavio que se extingue, mas acender a fé que quer brotar em não poucas pessoas – temos de ajudar os homens e mulheres de hoje a descobrirem Jesus.

A partir de nossas comunidades, cada vez menores e mais humildes, podemos ser o fermento de um mundo mais são e fraterno. Estamos em boas mãos. Deus não está em crise. Nós é que não nos atrevemos a seguir Jesus com alegria e confiança. Maria há de ser nosso modelo.

Num presépio

Lucas 2,1-14   Natal do Senhor

Segundo o relato de Lucas, é a mensagem do anjo aos pastores que nos fornece as chaves para, com base na fé, lermos o mistério contido num menino nascido em estranhas circunstâncias nos arredores de Belém.

É noite. Uma clareza desconhecida alumia as trevas que encobrem Belém. A luz não desce sobre o lugar onde o menino está, mas envolve os pastores que ouvem a mensagem. O menino fica oculto na escuridão, num lugar desconhecido. É preciso um esforço para descobri-lo.

Eis as primeiras palavras que vamos ouvir: "Não temais. Anuncio-vos uma grande alegria, que o será para todo o povo". É algo de muito grande o que aconteceu. Todos temos motivos para nos alegrarmos. Esse menino não é de Maria e José. Ele nasceu para todos nós. Não é apenas de alguns privilegiados. É para todas as pessoas.

Os cristãos não devemos açambarcar essas festas. Jesus é daqueles que o seguem com fé e daqueles que o esqueceram, de quem confia em Deus e de quem duvida de tudo. Ninguém está sozinho perante os seus medos. Ninguém está sozinho em sua solidão. Há Alguém que pensa em nós.

Assim proclama o mensageiro: "Hoje vos nasceu um Salvador: o Messias, o Senhor". Não é o filho do imperador Augusto, dominador do mundo, celebrado como salvador e portador da paz graças ao poder de suas legiões. O nascimento de um poderoso não é boa notícia num mundo onde os fracos são vítimas de todo tipo de abuso.

Esse menino nasce num povo submetido ao Império. Não tem cidadania romana. Ninguém em Roma espera seu nascimento. Contudo, Ele é o Salvador de que precisamos. Não estará a serviço de César algum. É o Filho de Deus que se faz homem. Buscará apenas o reino de seu Pai e sua justiça. Viverá para tornar a vida mais humana. Nele este mundo injusto há de encontrar a salvação de Deus.

Onde está esse menino? Como podemos reconhecê-lo? Diz o mensageiro: "Isto vos servirá de sinal: achareis um menino embrulhado em fraldas e deitado numa manjedoura". O menino nasceu como um excluído. Seus pais não puderam achar um lugar acolhedor. A mãe deu à luz sem ajuda de ninguém. Ela própria virou-se como pôde para embrulhá-lo em fraldas e deitá-lo numa manjedoura.

É nesse presépio que Deus inicia a sua aventura entre os homens. Não o acharemos entre os poderosos, mas em meio aos fracos. Não está no grande e espetacular, mas no pobre e pequeno. Vamos a Belém; voltemos às raízes da nossa fé. Procuremos Deus onde Ele encarnou.

Lares cristãos

Lucas 2,22-40   Sagrada Família

Fala-se muito hoje na crise da instituição familiar. A crise é grave, por certo. No entanto, embora estejamos a testemunhar uma verdadeira revolução na conduta familiar e muitos tenham pregado a morte de diversas formas tradicionais de família, ninguém anuncia seriamente a desaparição da família.

Ao contrário, a história parece mostrar que, em tempos difíceis, os laços familiares estreitam-se ainda mais. A abundância separa os homens. A crise e a penúria unem-nos. Ao pressentirem que passaremos por tempos difíceis, muitos prenunciam um novo renascer da família.

O desejo sincero de muitos cristãos de imitarem a Família de Nazaré tem com frequência fomentado o ideal de uma família alicerçada na harmonia e na felicidade do próprio lar. Sem dúvida é necessário, também hoje, promover a autoridade e responsabilidade dos pais, a obediência dos filhos, o diálogo e a solidariedade familiar. Sem esses valores, a família fracassará.

Porém, nem toda família responde às exigências do reino de Deus colocadas por Jesus. Há famílias abertas ao serviço da sociedade e famílias egoístas, recolhidas em si mesmas. Famílias autoritárias e famílias nas quais se aprende a dialogar. Famílias que educam no egoísmo e famílias que ensinam solidariedade.

Concretamente, no contexto da grave crise econômica que padecemos, a família pode ser uma escola de falta de solidariedade na qual o egoísmo familiar torna-se critério de ação a configurar o comportamento social dos filhos. E pode ser, pelo contrário, um lugar onde o filho pode lembrar que temos um Pai comum e que o mundo não acaba nas paredes da própria casa.

Portanto, não podemos celebrar a festa da Família de Nazaré sem escutar o desafio da nossa fé. Serão nossos lares um lugar onde as novas gerações poderão ouvir o chamamento do Evangelho à fraternidade universal, à defesa dos abandonados e à busca de uma sociedade mais justa, ou se transformarão na mais eficaz escola de indiferença, inibição e passividade egoísta diante dos problemas dos outros?

HOJE

LUCAS 2,16-21   SANTA MARIA, MÃE DE DEUS

Lucas conclui seu relato do nascimento de Jesus dizendo aos leitores que "Maria guardava todas essas coisas e as meditava no coração". Ela não preserva o acontecido como uma recordação do passado, mas como uma experiência que ela há de atualizar e reviver ao longo da vida.

Não se trata de uma observação vã. Maria é modelo de fé. Segundo esse evangelista, crer em Jesus Salvador não é recordar acontecimentos de outrora, é experimentar hoje a força salvadora dele, capaz de tornar mais humana a nossa vida.

Por isso Lucas se vale de um recurso literário muito original. Jesus não pertence ao passado. Propositalmente, o evangelista vai repetindo que a salvação de Jesus ressuscitado é oferecida a nós *hoje*, agora mesmo, sempre que nos encontramos com Ele. Vejamos alguns exemplos.

Eis como somos informados do nascimento de Jesus: "Nasceu-vos *hoje*, na cidade de Davi, um Salvador". Hoje pode nascer Jesus para nós. Hoje Ele pode entrar em nossa vida e mudá-la para sempre. Nesse mesmo instante, podemos nascer com Ele para uma nova existência.

Numa aldeia da Galileia trazem perante Jesus um paralítico. Jesus comove-se ao vê-lo tolhido pelo seu pecado e cura-o oferecendo-lhe o perdão: "Teus pecados ficam perdoados". As pessoas reagem louvando a Deus: "*Hoje* temos visto coisas admiráveis". Também nós podemos experimentar hoje o perdão, a paz de Deus e a alegria interior se nos deixarmos curar por Jesus.

Na cidade de Jericó, Jesus hospeda-se na casa de Zaqueu, rico e poderoso cobrador de impostos. O encontro com Jesus transforma-o: devolverá o que roubou de tanta gente e dividirá seus bens com os pobres. Jesus diz a ele: "*Hoje* a salvação chegou a esta casa". Se deixarmos Jesus entrar em nossa vida, hoje mesmo poderemos começar uma vida mais digna, fraterna e solidária.

Jesus agoniza na cruz em meio a dois malfeitores. Um deles confia-se a Jesus: "Lembra-te de mim quando estiveres no teu reino". Jesus reage imediatamente: "*Hoje* estarás comigo no paraíso". Também o dia de nossa morte será um dia de salvação. Até que enfim ouviremos de Jesus essas palavras tão esperadas: "Descansa, confia em mim, hoje estarás comigo para todo o sempre".

Hoje começamos um ano novo. Porém, o que pode ser para nós algo realmente novo e bom? Quem fará nascer em nós uma alegria nova? Qual o psicólogo que nos ensinará a sermos mais humanos? Bem pouco servem os bons desejos. O decisivo é estarmos mais atentos ao bem que Jesus desperta em nós. A salvação é oferecida a nós todo dia. Não é preciso aguardar por nada. Hoje mesmo pode ser para mim um dia de salvação.

DEUS ESTÁ CONOSCO

João 1,1-18   II Domingo depois do Natal

Deus é hoje, para muitas pessoas, não só um "Deus escondido" como um Deus impossível de achar. Em muitas pessoas instaladas numa vida pragmática, quase totalmente voltada para o exterior, o relacionamento com Deus ficou como que atrofiado. Deus é hoje para não pouca gente uma palavra sem conteúdo, uma abstração, talvez uma má lembrança a esquecer para sempre.

Para muitos coetâneos, Deus ficou mudo para sempre. Não fala. Tornou-se um velho personagem distante e estranho. Algo que vai se esvaindo aos poucos na névoa da alma.

Crentes que tinham fé foram perdendo-a e não sabem mais como a recuperar. Cristãos que confiavam em Jesus Cristo sofreram decepções doídas ao longo da vida e já não sabem como voltar a confiar. Homens que um dia rezaram e de cujo coração não brota hoje invocação nem súplica alguma.

Quantos homens e mulheres vivem – sem admitirem – numa espécie de ateísmo cinzento, insosso e trivial em que se acomodaram aos poucos e do qual parece impossível emergir.

Há também aqueles que procuram Deus sinceramente, cuja busca se torna difícil e dura. Como acreditar num Deus bom quando milhões de pessoas morrem de fome sem que, pelo visto, nenhum de nós se ache responsável? Como acreditar num Deus que se cala quando os homens se destroem uns aos outros e tornam a convivência impossível? Não temos também o direito de gritar como o salmista – Por que escondes teu rosto? Por que dormes? Diante de tanta injustiça, fracasso e dor, onde está Deus?

O evangelista dá-nos uma resposta desconcertante. Deus veio ao mundo. "Ele veio à sua casa e os seus não o receberam." Não se pode dizer nada mais inaudito com palavras mais singelas. Não temos de procurar Deus no alto do céu, a governar o cosmos com poder imutável ou dirigindo a história dos homens com olhar indiferente.

Deus está aqui, conosco, entre nós e no mais fundo do nosso ser. Deus está precisamente onde os homens não mais o procuram. Deus está num homem que nasceu na pobreza em Belém e acabou executado, sem poder nem glória, nas redondezas de Jerusalém.

Deus está em nossa carne, nossa impotência e nossa dor. Não é metáfora piedosa dizer que, hoje, Deus "sente medo na Europa com os ataques terroristas", "morre de fome" na Etiópia, "está em greve" na Espanha ou é "metralhado" na Síria ou no Afeganistão.

Ainda que nossa fé seja às vezes "uma chaga aberta" que nos faz gritar *Onde está Deus?*, continuamos a acreditar que Deus está conosco, sofrendo nossos sofrimentos, lutando nossas lutas e morrendo nossa morte. Por isso mantemos viva a esperança.

Orientar-nos para Deus

Mateus 2,1-12   Epifania do Senhor

Não existem técnicas nem métodos que nos levem automaticamente rumo a Deus. Existem sim atitudes e gestos que podem nos predispor para o encontro com Ele. Mais ainda. As palavras mais belas e os discursos mais brilhantes sobre Deus são inúteis se cada um de nós não se abrir para Ele. Como?

O mais importante para nos orientarmos rumo a Deus é invocá-lo do fundo do coração, a sós, na intimidade da própria consciência. É ali que as pessoas se abrem confiantemente ao mistério de Deus ou decidem viver sozinhas, de forma ateísta, sem Deus. No entanto, é possível invocar Deus quando não se crê nele nem se tem certeza de nada? Charles de Foucault e outros não crentes iniciaram sua busca de Deus com esta invocação: "Deus, se existes, mostra-me teu rosto". Essa invocação humilde e sincera em meio à escuridão é provavelmente um dos meios mais puros para tornarmo-nos sensíveis ao mistério de Deus.

Para nos orientarmos rumo a Deus é também importante eliminar da própria vida aquilo que nos impede de encontrar-nos com Ele. Por exemplo, se alguém tem a pretensão de saber tudo e de já ter compreendido o mistério final da realidade, do ser humano, da vida e da morte, é difícil que busque Deus para valer. Se vivemos encolhidos por diversos medos ou afundados na desesperança, como vamos nos abrir com confiança para um Deus que nos ama sem fim? Se alguém se fecha no seu próprio egoísmo e sente apenas desamor e indiferença pelos outros, como poderá abrir-se ante um Deus que é só Amor?

Para nos orientarmos rumo a Deus é importante mantermos o desejo, perseverar na busca, continuar a invocar, saber esperar. Não há outro jeito de caminhar para o Mistério de quem é a fonte da vida. O relato dos magos salienta de muitas maneiras a atitude exemplar deles na busca do Salvador. Esses homens sabem se pôr a caminho em direção ao Mistério. Sabem perguntar humildemente, superar momentos de escuridão, perseverar na busca e adorar Deus encarnado na fragilidade de um ser humano.

O Espírito de Jesus

MARCOS 1,7-11   BATISMO DO SENHOR

Jesus apareceu na Galileia quando o povo judeu vivia uma profunda crise religiosa. Há muito tempo sentindo a lonjura de Deus. Os céus estavam "fechados". Uma espécie de muro invisível parecia impedir a comunicação de Deus com seu povo. Ninguém era capaz de ouvir a voz dele. Não havia mais profetas. Ninguém falava impulsionado pelo Espírito divino.

O mais duro era essa sensação de que Deus esquecera-se deles. Já não se preocupava com os problemas de Israel. Por que permanecia oculto? Por que estava tão longe? Por certo, muitos recordavam a fervorosa oração de antigo profeta que assim rezava a Deus: "Oxalá rasgasses o céu e descesses".

Os primeiros a ouvirem o Evangelho de Marcos devem ter ficado surpresos. Segundo o relato dele, ao sair das águas do Jordão, depois de ser batizado, Jesus "viu o céu rasgar-se" e sentiu que "o Espírito de Deus descia sobre Ele". Finalmente era possível o encontro com Deus. Palmilhava a terra um homem cheio do Espírito de Deus. Chamava-se Jesus e vinha de Nazaré.

Esse Espírito que desce sobre Ele é o alento de Deus que cria a vida, a força que renova e cura os viventes, o amor que tudo transforma. Por isso Jesus dedica-se a libertar a vida, a curá-la e torná-la mais humana. Os primeiros cristãos não quiseram ser confundidos com os discípulos do Batista. Eles sentiam-se batizados por Jesus, não com água, mas com o seu Espírito.

Sem esse Espírito, tudo se apaga no cristianismo. Desaparece a confiança em Deus, enfraquece-se a fé. Jesus fica reduzido a um personagem do passado, o Evangelho vira letra morta, o amor esfria e a Igreja passa a ser apenas mais uma instituição religiosa.

Sem o Espírito de Jesus, a liberdade afoga-se, a alegria se apaga, a celebração vira costume, a comunhão se desfaz. Sem o Espírito, a missão é esquecida, a esperança morre, os medos crescem, o seguimento a Jesus acaba em mediocridade religiosa.

Nosso maior problema é o esquecimento de Jesus e o descaso com seu Espírito. É um erro pretendermos conseguir com organização, trabalho, devoções e estratégias pastorais aquilo que só pode nascer do Espírito. Temos de voltar à raiz, recuperar o Evangelho em todo seu frescor e verdade, batizar-nos com o Espírito de Jesus.

Não nos enganemos. Se não nos deixarmos reavivar e recriar por esse Espírito, os cristãos não teremos nada importante a oferecer para a sociedade atual, tão vazia de interioridade, tão incapacitada para o amor solidário e tão carente de esperança.

ENTRE CONFLITOS E TENTAÇÕES

MARCOS 1,12-15   I QUARESMA

Antes de começar a narrar a atividade profética de Jesus, Marcos diz que o Espírito o impeliu para o deserto. Ali ficou quarenta dias, deixando-se tentar por Satanás; vivia entre animais e era servido pelos anjos. Essas breves linhas resumem as tentações e provações básicas vividas por Jesus até a sua execução na cruz.

Jesus não conheceu uma vida fácil nem tranquila. Viveu impulsionado pelo Espírito, mas sentiu as forças do mal na própria carne. A sua entrega apaixonada ao projeto de Deus levou-o a viver uma existência lancinada por conflitos e tensões. Seus seguidores temos de aprender dele a viver em tempos de provação.

"O Espírito empurra Jesus para o deserto". Não o conduz para uma vida confortável. Leva-o por caminhos de provações, riscos e tentações. Buscar o reino de Deus e sua justiça, anunciar Deus sem deturpá-lo, trabalhar por um mundo mais humano é sempre arriscado. Assim foi para Jesus e assim será para seus seguidores.

"Ficou no deserto durante quarenta dias". O deserto será o cenário onde transcorrerá a vida de Jesus. Esse lugar inóspito e nada acolhedor é símbolo de provações e dificuldades. O melhor lugar para se aprender a viver do essencial, mas também o mais perigoso para quem fica entregue às próprias forças.

"Tentado por Satanás". Satanás significa "o adversário", a força hostil a Deus e àqueles que trabalham em prol de seu reinado. Na tentação revela-se o que há em nós de verdade ou de mentira, de luz ou de trevas, de fidelidade a Deus ou de cumplicidade com a injustiça.

Jesus há de permanecer vigilante, ao longo de sua vida, para detectar "Satanás" nas circunstâncias mais inesperadas. Certo dia rejeitará Pedro com estas palavras: "Afasta-te de mim, Satanás, porque teus pensamentos não são os de Deus". Nós devemos viver os tempos de provação, como Ele, atentos àquilo que pode desviar-nos de Deus.

"Vivia entre animais e era servido pelos anjos". As feras, os seres mais violentos da terra, evocam os perigos que ameaçarão Jesus. Os anjos, os seres mais bondosos da criação, sugerem a proximidade de Deus, que o abençoa, cuida dele e o sustenta. Assim viverá Jesus: a defender-se de Antipas, a quem chama de "raposa", e buscando na oração noturna a força do Pai.

Vivamos estes tempos difíceis com os olhos fixos em Jesus. É o Espírito de Deus que nos empurra para o deserto. Dessa crise sairá um dia uma Igreja mais humana e mais fiel ao seu Senhor.

LIBERTAR A FORÇA DO EVANGELHO

MARCOS 9,2-10   II QUARESMA

Esse relato da "transfiguração de Jesus" tem sido muito popular entre seus seguidores, desde o início. Não é um episódio a mais. A cena, recriada com diversos recursos de índole simbólica, é grandiosa. Os evangelistas apresentam Jesus com o rosto resplandecente enquanto conversa com Moisés e Elias.

Os três discípulos que o acompanharam até o cume da montanha ficam extasiados. Não sabem o que pensar daquilo tudo. O mistério a envolver Jesus é grande demais. Marcos diz que eles estavam apavorados.

A cena culmina de maneira estranha: "Formou-se uma nuvem que os cobriu e da nuvem saiu uma voz: 'Este é meu Filho amado; ouvi-o". O movimento de Jesus nasceu escutando o seu chamado. A Palavra dele, recolhida depois em quatro pequenos textos, veio a gerar novos seguidores. A Igreja vive ouvindo seu Evangelho.

Essa mensagem de Jesus depara-se com muitos obstáculos para chegar até os homens e mulheres de hoje. Tendo abandonado a prática religiosa, muitas pessoas deixaram de escutar essa mensagem definitivamente. Não mais ouvirão falar de Jesus, a não ser ocasionalmente ou sem prestar atenção.

Nem aqueles que se aproximam das comunidades cristãs conseguem apreciar a Palavra de Jesus com facilidade. A mensagem dele perde-se entre outras práticas, costumes e doutrinas. É difícil captar sua importância decisiva. A força libertadora do Evangelho de Jesus é às vezes tolhida por linguagens e comentários alheios a seu espírito.

Todavia, também hoje o único elemento decisivo que a Igreja pode oferecer à sociedade moderna é a Boa Notícia proclamada por Jesus e seu projeto humanizador do reino de Deus. Não podemos continuar a deter a força humanizadora da sua Palavra.

Temos de fazê-la fluir limpa, viva e abundante pelas nossas comunidades. Que ela chegue aos lares, que possam conhecê-la aqueles que buscam um novo sentido para suas vidas, que possam ouvi-las aqueles que vivem sem esperança.

Devemos aprender a ler juntos o Evangelho. Familiarizarmo-nos com os relatos evangélicos. Entrarmos em contato direto e imediato com a Boa Notícia de Jesus. Nisso haveremos de gastar as energias. Daqui começará a renovação hoje necessária para a Igreja.

Quando a instituição eclesiástica vai perdendo o poder de atração que teve durante séculos, devemos descobrir a atração que exerce Jesus, o Filho amado de Deus, sobre aqueles que buscam verdade e vida. Daqui a poucos anos perceberemos que tudo nos impele a situar a Boa Notícia com maior fidelidade no centro do cristianismo.

O CULTO AO DINHEIRO

João 2,13-25 — III Quaresma

Há em nossa sociedade algo alarmante que nunca denunciaremos o bastante. Vivemos numa civilização que tem por eixo de pensamento e critério de atuação a secreta convicção de que o importante e decisivo não é o que a pessoa é, mas o que ela tem. Já se disse que o dinheiro é "o símbolo e ídolo da nossa civilização" (Miguel Delibes). De fato, a maioria das pessoas a ele entrega seu ser e sacrifica sua vida por inteiro.

Grande teórico do capitalismo moderno, J. Galbraith descreve o poder do dinheiro em sua obra *A sociedade da abundância*: o dinheiro "traz consigo três vantagens fundamentais: primeiro, o desfrute do poder que empresta ao homem; segundo, a posse real de todas as coisas que se podem comprar com dinheiro; terceiro, o prestígio ou respeito de que goza o rico graças à sua riqueza".

Muitas pessoas sabem, sem se atreverem a admiti-lo, que em sua vida, em maior ou menor grau, o realmente decisivo, importante e definitivo é ganhar dinheiro, adquirir bem-estar material, conquistar prestígio econômico.

Esta é com certeza uma das fissuras mais graves da nossa civilização. O homem ocidental tornou-se em boa parte materialista e, a despeito de suas grandiosas proclamações sobre a liberdade, a justiça ou a solidariedade, mal acredita em alguma coisa além do dinheiro.

E, contudo, pouca gente é feliz. Com dinheiro é possível montar um apartamento agradável, mas não criar um lar acolhedor. Dá para comprar uma cama confortável, mas não um sono tranquilo. Com dinheiro se pode conseguir novos relacionamentos, mas não uma verdadeira amizade. Pode-se comprar prazer, mas não felicidade. E os crentes temos de lembrar mais uma coisa. O dinheiro abre todas as portas, mas nunca abre a porta do nosso coração a Deus.

Os cristãos não estamos habituados à imagem violenta de um messias a fustigar pessoas. Entretanto, essa é a reação de Jesus ao topar com homens que, até mesmo no Templo, não sabem procurar coisa alguma a não ser seu próprio negócio.

O Templo já não é lugar de encontro com o Pai quando nossa vida é um mercado onde só se cultua o dinheiro. E não pode haver uma relação filial com Deus Pai quando nossas relações com os demais são influenciadas apenas por interesses pecuniários. Impossível compreender alguma coisa do amor, da ternura e do acolhimento de Deus quando se vive só atrás do bem-estar. Não se pode servir a Deus e ao Dinheiro.

Aproximar-nos da luz

João 3,14-21   IV Quaresma

Pode parecer uma observação excessivamente pessimista, mas a verdade é que somos capazes de viver longos anos quase sem ter ideia do que se passa em nós. Podemos continuar a viver dia após dia sem querer ver o que é que realmente movimenta nossa vida e quem toma mesmo as decisões dentro de nós.

Isso não é resultado da inépcia nem da falta de inteligência. Acontece que, de maneira mais ou menos consciente, intuímos que o fato de nos vermos com mais luz nos obrigaria a mudar. Uma e outra vez parecem verificar-se em nós aquelas palavras de Jesus: "Quem faz o mal detesta a luz e dela foge, porque teme que sua conduta fique exposta". Temos medo de ver-nos como somos. Sentimo-nos incomodados quando a luz penetra em nossa vida. Preferimos continuar cegos, alimentando novos enganos e ilusões dia após dia.

O mais grave é que pode chegar um momento em que, cegos, acreditemos ver tudo com clareza e realismo. Que fácil é, então, viver sem se conhecer a si mesmo nem jamais se perguntar: Quem sou eu? Acreditar ingenuamente que se é essa imagem superficial que se tem de si mesmo, fabricada com lembranças, experiências, medos e desejos.

Fácil é também acreditar que a realidade é exatamente como eu a vejo, sem estar ciente de que o mundo exterior que eu vejo é, em grande parte, reflexo do mundo interior que eu vivo e dos desejos e interesses que eu nutro. É fácil, também, acostumar-me a tratar não com pessoas reais, mas com a imagem ou o rótulo que delas eu mesmo criei.

O grande escritor Hermann Hesse escreveu, em seu breve livro *Meu credo*, cheio de sabedoria: "O homem para quem olho com temor, com esperança, com cobiça, com propósitos, com exigências, não é um homem, é apenas um turvo reflexo da minha vontade".

É provável que, quando quisermos transformar nossa vida orientando nossos passos por caminhos mais nobres, o mais decisivo não seja o esforço para mudar. A primeira coisa é abrir os olhos. Perguntar-me o que procuro na vida. Ser mais cônscio dos interesses que conduzem a minha existência. Descobrir o motivo superior do meu viver cotidiano.

Podemos nos dar um tempo para responder a esta pergunta: Por que fujo tanto assim de mim mesmo e de Deus? Por que, afinal, prefiro viver enganado sem buscar a luz? Escutemos as palavras de Jesus: "Quem age conforme a verdade aproxima-se da luz, para que se veja que tudo o que ele faz é inspirado por Deus".

Confiança absoluta

João 12,20-33 V Quaresma

Nossa vida transcorre, em geral, de modo bastante superficial. Poucas vezes nos atrevemos a adentrar em nós próprios. Sentimos uma espécie de vertigem quando olhamos para nossa interioridade. Quem é esse ser estranho que descubro dentro de mim, cheio de medos e interrogações, faminto de felicidade e farto de problemas, sempre a procurar e sempre insatisfeito?

Qual a postura a adotarmos ao enxergar em nós essa estranha mistura de nobreza e miséria, grandeza e pequenez, finitude e infinitude? Entendemos o desconcerto de Santo Agostinho, que, questionado pela morte de seu melhor amigo, para e reflete sobre sua vida: "Tornei-me um grande enigma para mim mesmo".

Há uma primeira postura possível. Chama-se resignação e consiste contentarmo-nos com o que somos. Instalar-nos em nossa vidinha do dia a dia e aceitarmos a nossa finitude. Por óbvio, para tanto temos de calar qualquer rumor de transcendência. Fechar os olhos a todo sinal que nos convide a olhar para o infinito. Permanecer surdos a todo chamado proveniente do Mistério.

Há outra atitude possível perante a encruzilhada da vida. A confiança absoluta. Aceitar em nossa vida a presença salvadora do Mistério. Abrir-nos a ela desde o mais profundo do nosso ser. Acolher Deus como raiz e destino de nosso ser. Acreditar na salvação que se oferece a nós.

Somente a partir dessa confiança plena em Deus Salvador é que se entendem estas desconcertantes palavras de Jesus: "Quem vive preocupado com sua vida, a perderá; já quem não se apegue a ela demais há de conservá-la para a vida eterna". O decisivo é nos abrirmos confiantemente ao Mistério de um Deus que é Amor e Bondade insondáveis. Reconhecer e aceitar que somos seres "gravitando em torno de Deus, nosso Pai". Como dizia Paul Tillich, "aceitarmos ser aceitos por Ele".

Identificado com as vítimas

Marcos 14,1-72; 15,1-47   Domingo de Ramos

Nem o poder de Roma nem as autoridades do Templo puderam suportar a novidade de Jesus. A maneira de Ele entender e viver a Deus era perigosa. Não defendia o Império de Tibério, conclamava todos a buscarem o reino de Deus e sua justiça. Não se importava em quebrar a lei do sábado nem as tradições religiosas, preocupava-o apenas aliviar o sofrimento dos enfermos e desnutridos da Galileia.

Não o perdoaram por isso. Ele identificava-se demais com as vítimas inocentes do Império e com os esquecidos pela religião do Templo. Executado sem piedade numa cruz, nele revela-se agora para nós Deus, identificado para sempre com todas as vítimas inocentes da história. Ao grito de todos eles une-se agora o grito de dor do próprio Deus.

No rosto desfigurado do Crucificado revela-se a nós um Deus surpreendente, que despedaça as nossas imagens convencionais de Deus e questiona toda prática religiosa que pretenda tributar-lhe culto esquecendo-se do drama de um mundo onde os mais fracos e indefesos ainda são crucificados.

Se Deus morreu identificado com as vítimas, a sua crucificação resulta num desafio inquietador para os seguidores de Jesus. Não podemos separar Deus do sofrimento dos inocentes. Não podemos adorar o Crucificado e viver de costas para o sofrimento de tantos seres humanos destruídos pela fome, pelas guerras ou pela miséria.

Deus continua a interpelar-nos por meio dos crucificados de nossos tempos. Não nos é permitido continuar a viver como espectadores desse sofrimento imenso e alimentando uma ingênua ilusão de inocência. Devemos rebelar-nos contra essa cultura do esquecimento que nos permite isolar-nos dos crucificados, deslocando o sofrimento injusto que há no mundo para uma "lonjura" onde todo clamor, gemido ou pranto desaparece.

Não podemos trancar-nos em nossa "sociedade do bem-estar" e ignorar essa outra "sociedade do mal-estar" em que milhões de seres humanos nascem só para se extinguirem após poucos anos de uma vida que foi apenas sofrimento. Não é humano nem cristão acomodarmo-nos na segurança enquanto esquecemos aqueles que só conhecem uma vida insegura e ameaçada.

Quando os cristãos elevamos o olhar para o rosto do Crucificado, contemplamos o amor insondável de Deus, entregue até a morte para nossa salvação. Se olharmos mais demoradamente, logo veremos nesse rosto o rosto de tantos outros crucificados que, longe ou perto de nós, estão a cobrar nosso amor solidário e compassivo.

Mistério de esperança

João 20,1-9   Domingo da Ressurreição

Acreditarmos no Ressuscitado é recusar-nos a aceitar que nossa vida é só um pequeno parêntese entre dois imensos vazios. Apoiando-nos em Jesus ressuscitado por Deus intuímos, desejamos e acreditamos que Deus conduz rumo à sua verdadeira plenitude o anseio de vida, justiça e paz contido no coração da humanidade e na criação inteira.

Acreditarmos no Ressuscitado é rechaçar com todas as nossas forças que essa imensa maioria de homens, mulheres e crianças que nada conheceram nesta vida senão miséria, humilhação e sofrimento fiquem esquecidos para sempre.

Acreditarmos no Ressuscitado é confiar numa vida onde não haverá mais pobreza nem dor, ninguém estará triste, ninguém terá de chorar. Por fim poderemos ver os que vêm em botes chegarem à sua verdadeira pátria.

Acreditarmos no Ressuscitado é aproximar-nos com esperança de tantas pessoas sem saúde, doentes crônicos, incapacitados físicos e psíquicos, pessoas afundadas na depressão, cansadas de viver e de lutar. Um dia elas saberão o que é viver com paz e saúde total. Ouvirão as palavras do Pai: "Entra para sempre no gozo de teu Senhor".

Acreditarmos no Ressuscitado é não nos conformarmos com que Deus seja sempre um "Deus oculto" do qual não possamos conhecer o olhar, a ternura e os abraços. Vamos achá-lo gloriosa e eternamente encarnado em Jesus.

Acreditarmos no Ressuscitado é confiar em que nossos esforços em prol de um mundo mais humano e ditoso não se perderão no vazio. Um belo dia, os últimos serão os primeiros e as prostitutas nos precederão no reino.

Acreditarmos no Ressuscitado é saber que tudo o que aqui ficou inconcluso, o que não pôde ser, o que estragamos com nossa inépcia ou nosso pecado, tudo atingirá sua plenitude em Deus. Nada se perderá daquilo que vivemos com amor ou daquilo a que renunciamos por amor.

Acreditarmos no Ressuscitado é esperar que as horas alegres e as experiências amargas, as "pegadas" que deixamos nas pessoas e nas coisas, o que construímos ou desfrutamos generosamente, ficará transfigurado. Não mais conheceremos a amizade que termina, a festa que acaba nem a despedida que entristece. Deus será tudo em todos.

Acreditarmos no Ressuscitado é crer que um dia ouviremos estas incríveis palavras que o livro do Apocalipse atribui a Deus: "Eu sou a origem e o fim de tudo. A quem tiver sede, eu lhe darei de beber grátis do manancial da água da vida. Não haverá mais morte nem pranto, não haverá gritos nem fadigas, porque tudo isso terá passado".

AGNÓSTICOS?

João 20,19-31   II Páscoa

Poucos nos ajudaram tanto quanto Christian Chabanis a conhecer a atitude do homem contemporâneo diante de Deus. Suas famosas entrevistas são um documento imprescindível para saber o que os cientistas e pensadores mais reconhecidos pensam hoje acerca de Deus.

Chabanis confessa que, quando começou suas entrevistas dos ateus mais prestigiosos da atualidade, esperava encontrar neles um ateísmo rigoroso e bem fundamentado. Observou, todavia, que por trás de graves expressões de lucidez e honestidade intelectual escondia-se com frequência "uma absoluta ausência de busca da verdade".

Não surpreende a constatação do escritor francês, uma vez que algo similar acontece entre nós. Grande parte dos que desistem de acreditar em Deus sequer iniciou esforço algum a fim de buscá-lo. Penso em especial nos muitos que se dizem agnósticos, às vezes com alarde, quando na realidade estão bem longe de uma postura verdadeiramente agnóstica.

O agnóstico é uma pessoa que se coloca o problema de Deus e, ao não encontrar razões para nele acreditar, suspende o juízo. O agnosticismo é uma busca que acaba em frustração. Só depois de ter buscado é que o agnóstico adota sua postura: "Não sei se Deus existe. Eu não acho razões nem para crer nem para não crer nele".

A postura mais corrente hoje consiste simplesmente em ser indiferente à questão de Deus. Muitos dos que se dizem agnósticos são, na verdade, pessoas que não buscam. Xavier Zubiri diria que são vidas "sem vontade de verdade real". Para elas é indiferente que Deus exista ou não exista. Tanto faz que a vida termine aqui ou não. Para elas basta "deixar-se viver", entregar-se "ao que der e vier", sem se aprofundar no mistério do mundo e da vida.

No entanto, é essa a postura mais humana perante a realidade? Pode-se apresentar como progressista uma vida na qual está ausente a vontade de buscar a verdade suprema da nossa vida? Pode-se afirmar que é essa a única atitude totalmente legítima? Pode-se afirmar que é a única atitude legítima de honestidade intelectual? Como pode alguém saber que não é possível acreditar se nunca buscou Deus?

Querer manter essa "postura neutra" sem se decidir a favor ou contra a fé já é tomar uma decisão. A pior de todas, pois equivale a desistir de buscar uma aproximação ao mistério supremo da realidade.

A postura de Tomé não é a de um agnóstico indiferente, mas a de quem procura reafirmar sua fé mediante a própria experiência. Por isso, quando encontra Cristo, Tomé se abre a Ele com toda confiança: "Meu Senhor e meu Deus". Quanta verdade há nas palavras de Karl Rahner: "É mais fácil deixar-se afundar no próprio vazio do que no mistério santo de Deus, mas não implica mais coragem nem mais verdade. Em todo o caso, essa verdade resplandece se é amada, aceita e vivida como verdade que liberta".

Testemunhas

Lucas 24,35-48   III Páscoa

Lucas descreve o encontro do Ressuscitado com seus discípulos como uma experiência fundamental. O desejo de Jesus é bem claro. A sua tarefa não terminou na cruz. Ressuscitado por Deus após a execução, Ele entra em contato com os seus para pôr em marcha um movimento de "testemunhas" capazes de contagiar todos os povos com a sua Boa Notícia: "Vós sois minhas testemunhas".

Não é fácil transformar em testemunhas aqueles homens tomados de perplexidade e medo. Os discípulos permanecem calados, em absoluto silêncio durante toda a cena. O narrador descreve somente o mundo interior deles: estão apavorados, experimentam apenas confusão e incredulidade; aquilo tudo parece belo demais para ser verdade.

Caberá a Jesus regenerar a fé deles. O mais importante é que não se sintam sozinhos. Devem senti-lo cheio de vida no meio deles. Eis as primeiras palavras que ouvirão do Ressuscitado: "A paz esteja convosco... Por que surgem dúvidas dentro de vós?"

Quando esquecemos a presença viva de Jesus no meio de nós; quando o ocultamos com nossos protagonismos, quando a tristeza leva a sentir tudo menos sua paz, quando contagiamos uns a outros o pessimismo e a incredulidade, estamos pecando contra o Ressuscitado. Assim, é impossível uma Igreja de testemunhas.

Para despertar a fé de seus discípulos, Jesus pede que não olhem para seu rosto, mas para suas mãos e seus pés. Que vejam as feridas do Crucificado. Que tenham sempre diante de seus olhos o amor que Ele entregou até a morte. Não é um fantasma: "Sou eu em pessoa". O mesmo que eles conheceram e amaram pelos caminhos da Galileia.

Sempre que pretendemos fundamentar a fé no Ressuscitado com nossas lucubrações acabamos por transformá-lo num fantasma. Para nos encontrarmos com Ele temos de percorrer o relato dos evangelhos; descobrir essas mãos que benziam os doentes e afagavam as crianças, esses pés cansados de andar ao encontro dos mais esquecidos; descobrir suas feridas e sua paixão. É esse Jesus que agora vive ressuscitado pelo Pai.

Embora os veja cheios de medo e de dúvidas, Jesus confia nos seus discípulos. Ele próprio há de enviar-lhes o Espírito que os sustentará. Por isso os incumbe de prolongar a sua presença no mundo: "Vós sois testemunhas destas coisas". Não deverão ensinar doutrinas sublimes, mas contagiar a sua experiência. Não pregarão grandes teorias sobre Cristo, mas irradiarão seu Espírito. Vão torná-lo crível com sua vida, não apenas com palavras. Este é sempre o verdadeiro problema de Igreja: a falta de testemunhas.

PROCURAR A PARTIR DE DENTRO

João 10,11-18   IV Páscoa

Não é possível elaborar programas nem técnicas que levem automaticamente até Deus. Não há métodos para encontrá-lo com certeza. Cada pessoa deve seguir seu próprio caminho, uma vez que cada um tem seu jeito de se abrir ao mistério de Deus. No entanto, nem tudo favorece o despertar da fé na mesma medida.

Há pessoas que nunca falam sobre Deus com ninguém. É um tema tabu – Deus pertence ao âmbito do privado. Mas depois também não pensam nele nem se lembram dele na intimidade de sua consciência. Essa é uma atitude bastante frequente até mesmo entre aqueles que se dizem crentes e resulta quase sempre no enfraquecimento da fé. O que nunca é lembrado acaba por morrer de esquecimento e inanição.

Há também pessoas que parecem ter muito interesse no tema religioso. Gostam de colocar questões sobre Deus, a criação, a Bíblia... Fazem perguntas e mais perguntas, mas não esperam a resposta. Não parecem interessadas na resposta. Por óbvio, todas as palavras são vãs se não houver uma sincera busca de Deus no interior das pessoas. O importante não é falar em "coisas de religião", mas dar espaço a Deus na própria vida.

Outros gostam de discutir sobre religião. Não sabem falar em Deus se não for para defenderem suas próprias posturas e atacarem as dos contrários. De fato, muitas discussões sobre temas religiosos só levam ao aumento da intolerância e da intransigência das posturas. Entretanto, quem busca Deus sinceramente escuta a experiência de quem acredita nele e mesmo a daqueles que o abandonaram. Embora eu precise achar meu próprio caminho, interessa-me saber onde os demais encontram sentido, encorajamento e esperança para enfrentar a existência.

Em qualquer caso, o mais importante para nos orientarmos rumo a Deus é invocá-lo no segredo do coração, a sós, na intimidade da nossa própria consciência. É ali que as pessoas se abrem confiadamente ao mistério de Deus ou decidem viver sozinhas, como ateus, sem Deus. Alguém talvez me pergunte como pode invocar Deus se não acredita nele nem tem certeza de nada. Pode, sim. Essa invocação sincera em meio à escuridão e às dúvidas é provavelmente um dos caminhos mais puros e humildes para nos abrirmos ao Mistério e tornar-nos sensíveis à presença de Deus no fundo do nosso ser.

O Quarto Evangelho lembra-nos que há ovelhas que "não são deste redil" e vivem longe da comunidade crente. Mas Jesus diz: "Também essas eu tenho de atrair, para que ouçam minha voz". Quem realmente busca Deus ouve, cedo ou tarde, essa atração de Jesus no fundo do coração. Primeiro com ressalvas, talvez, depois com mais fé e confiança, finalmente com alegria profunda.

ACREDITAR

João 15,1-8   V Páscoa

A fé não é uma impressão ou emoção do coração. Por certo o crente sente a sua fé, experimenta-a e desfruta dela, mas seria um erro reduzi-la a "sentimentalismo". A fé não é algo que depende dos "sentimentos": "Não sinto mais nada, devo estar perdendo a fé". Ser crente é uma atitude responsável e racional.

Fé também não é opinião pessoal. O crente compromete-se pessoalmente a crer em Deus, mas não se pode reduzir a fé a "subjetivismo": "Eu tenho minhas ideias e acredito no que me parece certo". A realidade de Deus não depende de mim e a fé cristã não é fabricação minha. Ela brota da ação de Deus em nós.

A fé também não é um costume nem uma tradição recebida dos pais. É bom nascer numa família crente e receber desde criança uma orientação cristã para a vida, mas seria simplório reduzir a fé a "costume religioso": "Na minha família sempre temos sido muito igrejeiros". A fé é decisão pessoal de cada um.

A fé também não é uma receita moral. A crença em Deus tem certas exigências, mas seria equivocado reduzir tudo a "moralismo": "Eu respeito todo mundo e não faço mal a ninguém". A fé é, além disso, amor a Deus, compromisso por um mundo mais humano, esperança de vida interna, ação de graças, celebração.

A fé tampouco é um "tranquilizante". Acreditar em Deus é, sem dúvida, fonte de paz, consolo e serenidade, mas a fé não é apenas uma "asa" para se segurar nos momentos críticos: "Quando estou em problemas, eu recorro à Virgem". Crer é o melhor estímulo para lutar, trabalhar e viver com dignidade e responsabilidade.

A fé cristã começa a brotar em nós quando encontramos Jesus. O cristão é uma pessoa que encontra Cristo e nele vai descobrindo um Deus Amor que o atrai cada dia mais. Como bem diz João: "Nós temos conhecido o amor que Deus nos tem e acreditamos nele. Deus é Amor" (1Jo 4,16).

Essa fé só cresce e dá frutos quando permanecemos dia após dia unidos a Cristo, isto é, motivados e sustentados por seu Espírito e sua Palavra: "Quem permanece unido a mim, como eu estou unido a ele, produz muito fruto, porque sem mim não podeis fazer nada".

UMA ALEGRIA DIFERENTE

João 15,9-17   VI Páscoa

Não é fácil a alegria. Os momentos de autêntica felicidade parecem pequenos parênteses no curso de uma existência onde a dor, a inquietação e a insatisfação surgem constantemente.

O mistério da verdadeira alegria é raro para muitos homens e mulheres. Talvez eles ainda saibam dar gargalhadas, mas esqueceram o que é um sorriso de contentamento, nascido das profundezas do ser. Eles têm quase tudo, porém nada os satisfaz de verdade. Rodeados de objetos valiosos e práticos, nada sabem sobre amor e amizade. Correm pela vida assoberbados por tarefas e preocupações, mas esqueceram que fomos feitos para a alegria.

Por isso, algo desperta em nós quando ouvimos as palavras de Jesus: eu vos falei "para que participeis do meu gozo, e vosso gozo seja completo". Nossa alegria é frágil, pequena e está sempre ameaçada. Contudo, algo de grande nos é prometido. Podermos compartilhar a própria alegria de Jesus. A alegria dele pode ser a nossa.

O pensamento de Jesus é claro. Se não há amor, não há vida. Não há comunicação com Ele. Não há experiência do Pai. Se o amor falta em nossa vida, nada resta além de vazio e ausência de Deus. Podemos falar de Deus, imaginá-lo, mas não o experimentamos como fonte de gozo verdadeiro. O vazio enche-se de falsos deuses que tomam o lugar do Pai, mas não conseguem fazer brotar em nós o verdadeiro gozo que nosso coração anseia.

Talvez os cristãos de hoje pensemos pouco na alegria de Jesus e não tenhamos aprendido a "desfrutar" da vida seguindo seus passos. Seus chamados instando a buscar a felicidade verdadeira perderam-se no vazio, quiçá porque ainda teimamos em pensar que o caminho mais certo para achá-la passa pelo poder, pelo dinheiro e pelo sexo.

A alegria de Jesus é a de quem vive com limpa e incondicional confiança no Pai. A alegria de quem sabe acolher a vida com agradecimento. A alegria de quem descobriu que a existência toda é graça.

A vida extingue-se tristemente em nós se a guardamos apenas para nós, sem cogitar de oferecê-la como presente. A alegria de Jesus não consiste em curtir a vida de maneira egoísta. É a alegria de quem dá vida e sabe criar as condições necessárias para ela crescer e desenvolver-se de forma cada vez mais digna e mais sã. Eis um dos ensinamentos-chave do Evangelho. Só é feliz quem faz um mundo mais feliz. Só conhece a alegria quem sabe obsequiá-la. Só vive quem faz viver.

Novo começo

Marcos 16,15-20   Ascensão do Senhor

Os evangelistas descrevem em diferentes termos a missão que Jesus confia a seus seguidores. Segundo Mateus, eles hão de "fazer discípulos" que aprendam a viver como Jesus ensinou. Segundo Lucas, serão "testemunhas" do que viveram junto a Ele. Marcos resume tudo ao dizer que deverão "proclamar o Evangelho para toda a criação".

Quem se aproxima hoje de uma comunidade cristã não se depara diretamente com o Evangelho. Percebe o funcionamento de uma religião envelhecida e com graves sinais de crise. Não consegue discernir com clareza no interior dessa religião a Boa Notícia originada pelo impacto provocado por Jesus vinte séculos atrás.

Ademais, muitos cristãos não conhecem diretamente o Evangelho. Tudo o que sabem de Jesus e sua mensagem é o que conseguem reconstruir de modo parcial e fragmentário, recordando o que ouviram de catequistas e pregadores. Vivem a sua religião sem terem contato pessoal com o Evangelho.

Como poderão proclamá-lo se não o conhecem em suas próprias comunidades? O Concílio Vaticano II lembrou algo hoje esquecido com demasiada frequência: "O Evangelho é, em todos os tempos, o princípio de toda a sua vida para a Igreja". É chegada a hora de se entender e configurar a comunidade cristã como um lugar onde a primeira coisa a fazer é acolher o Evangelho de Jesus.

Nada pode regenerar o tecido em crise de nossas comunidades como a força do Evangelho. Só a experiência direta e imediata do Evangelho pode revitalizar a Igreja. Daqui a alguns anos, quando a crise nos obrigar a concentrar-nos apenas no essencial, veremos com clareza que nada é hoje mais importante para os cristãos do que se reunirem para ler, escutar e compartilhar os relatos evangélicos.

Em primeiro lugar, acreditar na força regeneradora do Evangelho. Os relatos evangélicos ensinam a viver a fé não por obrigação, mas por atração. Eles levam a viver a vida cristã não como dever e sim como irradiação e contágio. É possível introduzir uma nova dinâmica nas paróquias. Reunidos em pequenos grupos, em contato com o Evangelho, recuperaremos aos poucos a nossa verdadeira identidade de seguidores de Jesus.

Temos de voltar ao Evangelho como um recomeço. Não adianta mais qualquer programa ou estratégia pastoral. Daqui a alguns anos, ouvirmos juntos o Evangelho de Jesus não será mais uma atividade entre outras, será a matriz a partir da qual começará a regeneração da fé cristã nas pequenas comunidades dispersas em meio a uma sociedade secularizada.

Tem razão o papa Francisco quando nos diz que encontraremos o princípio e motor da renovação da Igreja nestes tempos ao "voltar à fonte e recuperar o frescor original do Evangelho".

Renova-nos por dentro

João 20,19-23

Pentecostes

Aos poucos estamos aprendendo a viver sem interioridade. Já não precisamos estar em contato com o melhor que há dentro de nós. Basta-nos viver entretidos. Contentamo-nos em funcionar sem alma e alimentar-nos só com bem-estar. Não queremos nos expor à busca da verdade. Vem, Espírito Santo, e liberta-nos do vazio interior.

Temos aprendido a viver sem raízes e sem metas. Basta-nos deixar que nos programem de fora. Vivemos em incessante movimento e agitação, mas sem saber o que queremos nem para onde vamos. Embora cada vez mais bem informados, sentimo-nos mais perdidos do que nunca antes. Vem, Espírito Santo, e liberta-nos da desorientação.

Quase não nos interessam as grandes questões da existência. Não nos preocupa ficarmos sem luz para enfrentar a vida. Tornamo-nos mais céticos, mas também mais frágeis e inseguros. Queremos ser inteligentes e lúcidos. Porém, não encontramos sossego nem paz. Vem, Espírito Santo, e liberta-nos da escuridão e da confusão interior.

Queremos viver mais, viver melhor, viver mais tempo, mas viver o quê? Queremos sentir-nos bem, sentir-nos melhor, mas sentir o quê? Procuramos desfrutar intensamente da vida, tirar dela o máximo proveito, mas não nos basta desfrutar: fazemos o que bem queremos. Quase não há proibições nem terrenos vedados. Por que queremos alguma coisa diferente? Vem, Espírito Santo, e ensina-nos a viver.

Queremos ser livres e independentes e estamos cada vez mais sozinhos. Necessitamos viver e trancafiamo-nos em nosso pequeno mundo, às vezes tão chato. Necessitamos sentir que somos queridos e não sabemos criar contatos vivos e amistosos. Chamamos o sexo de "amor" e o prazer de "felicidade", mas quem saciará a nossa sede? Vem, Espírito Santo, e ensina-nos a amar.

Em nossa vida não há mais espaço para Deus. A presença dele ficou reprimida ou atrofiada dentro de nós. Cheios de barulho por dentro, não conseguimos mais ouvir a voz dele. Voltados para mil desejos e sensações, não chegamos a perceber a proximidade de Deus. Sabemos falar com todos, menos com Ele. Temos aprendido a viver de costas para o Mistério. Vem, Espírito Santo, e ensina-nos a crer.

Crentes e não crentes, pouco crentes e maus crentes, assim peregrinamos muitas vezes pela vida. Na festa cristã do Espírito Santo, Jesus diz a todos nós o que um dia disse a seus discípulos, soprando sobre eles: "Recebei o Espírito Santo". Esse Espírito que sustenta nossas pobres vidas e anima nossa débil fé pode penetrar em nós e reavivar nossa existência por meios que só Ele conhece.

O melhor amigo

Mateus 28,16-20   Santíssima Trindade

No cerne da fé cristã num Deus trinitário há uma afirmação essencial. Deus não é um ser tenebroso e impenetrável, egoistamente fechado em si mesmo. Deus é Amor e só Amor. Os cristãos acreditamos que no Mistério final da realidade, a dar sentido e solidez a tudo, há apenas Amor. Jesus não escreveu tratado algum sobre Deus. Em momento algum o vemos expor aos camponeses da Galileia alguma doutrina sobre Ele. Para Jesus, Deus não é um conceito, uma bela teoria, uma definição sublime. Deus é o melhor Amigo do ser humano.

Os pesquisadores não duvidam de um dado que consta dos evangelhos. As pessoas que escutavam Jesus falar sobre Deus e viam-no agir em seu nome vivenciavam Deus como uma boa notícia. O que Jesus diz de Deus parece-lhes novo e bom. A experiência que Ele comunica e contagia apresenta-se como a melhor notícia que podem ouvir de Deus. Por quê?

Talvez a primeira coisa que elas captam é que Deus é de todos, não apenas daqueles que se acham dignos de apresentar-se diante dele no Templo. Deus não está amarrado a um lugar sagrado. Não pertence a uma religião. Não é propriedade dos fiéis piedosos que peregrinam a Jerusalém. Segundo Jesus, Deus "faz o sol sair sobre bons e maus". Deus não exclui nem discrimina ninguém. Jesus convida todos a confiarem nele: "Quando orardes, dizei: 'Pai!'"

Com Jesus essas pessoas vão descobrindo que Deus não é apenas dos que se aproximam dele carregados de méritos. Antes destes, Ele escuta aqueles que lhe pedem compaixão porque se consideram pecadores sem remédio. Segundo Jesus, Deus está sempre à procura de quem vive perdido. Por isso se sente tão amigo dos pecadores. Por isso lhes diz que Ele "veio buscar e salvar o que estava perdido".

Também se dão conta de que Deus não é só dos sábios e entendidos. Jesus dá graças ao Pai porque gosta de revelar aos pequenos certas coisas que ficam ocultas para os letrados. Deus tem menos problemas para se entender com o povo singelo do que com os doutos que se acham sabedores de tudo.

Mas foi sem dúvida a vida de Jesus – dedicado em nome de Deus a aliviar o sofrimento dos doentes, libertar os possuídos por espíritos malignos, resgatar os leprosos da marginalização, oferecer perdão a pecadores e prostitutas – que as convenceu de que Ele experimentava Deus como o melhor Amigo do ser humano, que só busca nosso bem e só se opõe àquilo que nos prejudica. Os seguidores de Jesus jamais duvidaram de que o Deus encarnado e revelado em Jesus é Amor e só Amor para todos.

Eucaristia e crise

MARCOS 14,12-16.22-26   CORPO E SANGUE DE CRISTO

Todos os cristãos sabemos. A eucaristia dominical pode-se converter facilmente num "refúgio religioso" que nos protege da vida conflitiva em que estamos imersos ao longo da semana. É tentador ir à missa para compartilhar uma experiência religiosa que nos permite descansar de problemas, tensões e más notícias que nos pressionam por toda parte.

Às vezes somos sensíveis ao que atinge a dignidade da celebração, mas preocupa-nos menos esquecer-nos das exigências que a celebração da ceia do Senhor acarreta. Incomoda-nos que um sacerdote não siga estritamente a normativa ritual, mas podemos continuar a celebrar a missa rotineiramente sem escutar os chamados do Evangelho.

O risco é sempre o mesmo: comungar com Cristo no fundo do coração sem se preocupar em comungar com os irmãos que sofrem. Compartilhar o pão da eucaristia e ignorar a fome de milhões de irmãos privados de pão, justiça e futuro.

Nos próximos anos talvez se agravem os efeitos da crise muito além do que temíamos. A enxurrada de medidas que se aplicam fará crescer entre nós uma desigualdade injusta. Veremos pessoas do nosso entorno mais ou menos próximo ficarem à mercê de um futuro incerto e imprevisível.

Conheceremos de perto imigrantes privados de adequada assistência sanitária, doentes sem saber como resolverem seus problemas de saúde ou medicação, famílias forçadas a viver da caridade, pessoas ameaçadas de despejo, gente desassistida, jovens sem um futuro claro... Não poderemos evitá-lo. Ou endurecemos nosso egoísmo habitual ou nos tornamos mais solidários.

A celebração da eucaristia nesta sociedade em crise pode ser um lugar de conscientização. Precisamos libertar-nos de uma cultura individualista que nos acostumou a viver pensando só em nossos interesses, para aprender simplesmente a ser mais humanos. A eucaristia toda visa criar fraternidade.

Não é normal escutar o Evangelho de Jesus todos os domingos ao longo do ano sem reagir a seus chamamentos. Não podemos pedir ao Pai "o pão nosso de cada dia" sem pensar naqueles que têm dificuldade para obtê-lo. Não podemos comungar com Jesus sem nos tornarmos mais generosos e solidários. Não podemos dar a paz uns aos outros sem estar dispostos a estender a mão aos que estão mais sozinhos e indefesos diante da crise.

O que procuramos?

João 1,35-42   II Tempo Comum

As primeiras palavras pronunciadas por Jesus no Evangelho de João deixam-nos perplexos, pois penetram fundo e chegam às próprias raízes da nossa vida. Jesus diz a dois discípulos do Batista que começam a segui-lo: "O que procurais?"

Não é fácil responder a essa pergunta simples, direta, fundamental no contexto de uma cultura "fechada" como a nossa, que parece se preocupar apenas com os meios e esquecer sempre do fim último de tudo. Exatamente o que é que procuramos?

Para algumas pessoas, a vida é "um grande supermercado" (D. Sölle) e elas só se interessam em adquirir objetos que possam consolar um pouco a sua existência. Outras buscam escapar da doença, da solidão, da tristeza, dos conflitos ou do medo. Mas escapar para onde? Para quem?

Para outras pessoas já não dá mais. Querem que as deixem sozinhas. Querem se esquecer dos demais e ser esquecidas por todos. Não se preocupar com ninguém e que ninguém se preocupe com elas.

A maioria de nós busca simplesmente cobrir suas necessidades diárias e continuar a lutar até ver realizados seus pequenos desejos. Mas, ainda que todos eles se realizassem, será que nosso coração ficaria satisfeito? Isso aquietaria nossa sede de consolo, libertação e plena felicidade?

No fundo, não estamos os seres humanos à procura de algo além de uma simples melhora da nossa situação? Não ansiamos alguma coisa que por certo não podemos esperar de nenhum projeto político ou social?

Diz-se que os homens e mulheres de hoje se esqueceram de Deus. No entanto, a verdade é que, quando um ser humano indaga a si mesmo com alguma sinceridade, não lhe é fácil apagar de seu coração "a nostalgia de infinito".

Quem sou eu? Um ser minúsculo, surgido por acaso numa porção ínfima de espaço e tempo, lançado na vida para logo sumir no nada, de onde me tiraram sem razão alguma e só para sofrer? É apenas isso? Não há mais nada?

A atitude mais honesta que o ser humano pode adotar é "buscar". Não fechar nenhuma porta. Não desatender nenhum chamado. Buscar Deus, talvez com o último resto de suas forças e sua fé. Talvez partindo da mediocridade, da angústia ou do desânimo.

Deus não brinca de esconde-esconde com quem o procura sinceramente. Deus já está no próprio cerne dessa busca. Mais ainda. Deus deixa-se achar até por aqueles que mal o procuramos. Diz o Senhor no livro de Isaías: "Deixei-me encontrar pelos que não perguntavam por mim. Deixei que me achassem os que não me procuravam. Eu disse: 'Eis-me aqui, eis-me aqui'" (Is 65,1-2).

Outro mundo é possível

Marcos 1,14-20   III Tempo Comum

Não sabemos ao certo como reagiram os discípulos do Batista quando Herodes Antipas o prendeu na fortaleza de Maqueronte. Conhecemos a reação de Jesus. Não ficou no deserto. Também não se refugiou entre seus parentes de Nazaré. Começou a percorrer as aldeias da Galileia, pregando uma mensagem original e surpreendente.

O evangelista Marcos resume o episódio dizendo que Jesus "partiu para a Galileia a propagar a Boa Notícia de Deus". Jesus não repete a pregação do Batista nem fala de seu batismo no Jordão. Anuncia Deus como algo novo e bom. Eis a sua mensagem.

"O prazo se cumpriu." O tempo de espera em que Israel vive chegou ao fim. Terminou também o tempo do Batista. Com Jesus começa uma nova era. Deus não quer nos deixar sozinhos diante de nossos problemas, sofrimentos e desafios. Ele quer construir conosco um mundo mais humano.

"O reino de Deus se aproxima." Com insólita audácia, Jesus surpreende a todos quando anuncia algo que nenhum profeta se atrevera a afirmar: "Deus já está aqui, com a força criadora de sua justiça, tentando reinar entre nós". Jesus percebe Deus como uma Presença boa e amistosa que procura abrir caminho entre nós para humanizar nossa vida.

Por isso a vida toda de Jesus é um chamado à esperança. Há alternativa. Não é verdade que a história tenha de seguir pelos caminhos de injustiça que lhe fixam os poderosos da terra. É possível um mundo mais justo e fraterno. Podemos mudar a trajetória da história.

"Convertei-vos." Não se pode mais viver como se nada estivesse acontecendo. Deus pede a colaboração de seus filhos. É por isso que Jesus grita: "Mudai o modo de pensar e de agir". Cabe às pessoas mudar primeiro. Deus nada impõe pela força, mas sempre tenta atrair nossa consciência para uma vida mais humana.

"Crede nesta boa-nova." Levai-a a sério. Despertai da indiferença. Mobilizai vossas energias. Acreditai que é possível humanizar o mundo. Acreditai na força libertadora do Evangelho. Acreditai que a transformação é possível. Introduzi a confiança no mundo.

O que fizemos dessa mensagem cativante de Jesus? Como pudemos esquecê-la? O que pusemos no lugar dela? O que nos entretém, se a primeira coisa a fazer é "buscar o reino de Deus e sua justiça"? Como podemos viver tranquilos quando vemos que o projeto de Deus para criar uma terra plena de paz e justiça está sendo aniquilado pelos homens?

CURADOR

MARCOS 1,21-28   IV TEMPO COMUM

Segundo Marcos, a primeira ação pública de Jesus foi a cura de um homem possuído por um espírito maligno na sinagoga de Cafarnaum. É uma cena que causa comoção, narrada para que, desde o início, os leitores percebam a força sanativa e libertadora de Jesus.

É sábado e o povo está reunido na sinagoga para ouvir o comentário da Lei explicado pelos escribas. Pela primeira vez, Jesus vai proclamar a Boa Notícia justamente no lugar onde se ensinam ao povo as tradições religiosas de Israel.

As pessoas ficam surpresas ao ouvi-lo. Elas têm a impressão de que até então estiveram a ouvir notícias velhas e ditas sem autoridade. Jesus é diferente. Não repete o que ouviu de outrem. Fala com autoridade. Com liberdade e sem receios, Ele anuncia um Deus bom.

De repente, um homem grita: "Vieste para destruir-nos?" Ao escutar a mensagem de Jesus, ele sentiu-se ameaçado. Seu mundo religioso desaba. O que nos é dito é que esse homem foi possuído por um "espírito imundo" hostil a Deus. Que forças estranhas o impedem de escutar a palavra de Jesus? Que experiências daninhas e perversas bloqueiam seu caminho até o Deus bom que Jesus anuncia?

Jesus não se acovarda. Vê o pobre homem oprimido pelo mal e grita: "Cala-te e sai deste homem!" Ordena que se calem as vozes malignas que não permitem ao homem encontrar-se com Deus nem consigo mesmo. Que ele recupere o silêncio que sara o mais profundo do ser humano.

O narrador descreve a cura com dramaticidade. Num último esforço por destruir aquele homem, o espírito "contorceu-o violentamente e, dando um brado, saiu dele". Jesus conseguiu livrar o homem da sua violência interior. Pôs fim às trevas e ao medo de Deus. Dali em diante ele poderá escutar a Boa Notícia de Jesus.

Não poucas pessoas vivenciam dentro de si imagens falsas de Deus que fazem com que vivam sem dignidade e sem verdade. Elas sentem Deus não como uma presença amigável que as convida a viver de forma criativa, mas como uma sombra ameaçante que controla sua existência. Jesus sempre inicia sua cura libertando-nos de um Deus opressor.

As palavras dele inspiram confiança e fazem o medo sumir. Suas parábolas atraem para o amor de Deus, não para a cega submissão à Lei. A sua presença faz com que cresça a liberdade, não a servidão; suscita o amor à vida, não o ressentimento. Jesus cura porque nos ensina a viver apenas da bondade, do perdão e do amor, que não exclui ninguém. Ele sara porque nos liberta do poder das coisas, do autoengano e da egolatria.

À PORTA DA NOSSA CASA

MARCOS 1,29-39   V TEMPO COMUM

Na sinagoga de Cafarnaum, de manhã, Jesus libertou um homem possuído por um espírito maligno. Agora nos é dito que Ele sai da "sinagoga" e vai à "casa" de Simão e André. A indicação é importante porque, no Evangelho de Marcos, tudo o que acontece nessa casa contém algum ensinamento para as comunidades cristãs.

Jesus passa da sinagoga, lugar oficial da religião judaica, para a casa, lugar onde transcorre a vida cotidiana junto aos entes mais queridos. Nessa casa irá gestando-se a nova família de Jesus. Nas comunidades cristãs, nós saberemos que elas não são um local religioso onde se vive da Lei, mas um lar onde se aprende a viver de uma nova maneira, em redor de Jesus.

Quando entram na casa, os discípulos falam a Jesus sobre a sogra de Simão. Ela não pode sair para recebê-los porque está acamada, com febre. Isso basta para Jesus. Ele vai quebrar o sábado pela segunda vez no mesmo dia. Para Ele, o que importa é a vida sã das pessoas, não a observância religiosa. O relato descreve em todos os detalhes os gestos de Jesus com a mulher doente.

"Aproximou-se." É a primeira coisa que Ele faz sempre, aproximar-se de quem sofre, olhar de perto para seu rosto e compartilhar seu sofrimento. Em seguida, "tomou-a pela mão": toca na enferma, não teme as regras de pureza que proíbem tal gesto; quer que a mulher sinta sua força curativa. Por fim, "Ele a levantou"; pondo-a de pé, devolveu-lhe a dignidade.

É assim que Jesus está sempre junto aos seus, como uma mão estendida que nos levanta, como um amigo próximo que nos infunde vida. Jesus só sabe a respeito de servir, não de ser servido. Por isso a mulher curada por Ele passa a "servir" a todos. Ela aprendeu isso de Jesus. Os que o seguimos devemos viver acolhendo e cuidando uns dos outros.

Contudo, seria um erro achar que a comunidade cristã é uma família que pensa apenas em seus próprios membros e vira as costas ao sofrimento dos demais. O relato diz que nesse mesmo dia, "ao cair o sol", quando o sábado acaba, levaram a Jesus todo tipo de doentes e possuídos por algum mal.

Os seguidores de Jesus devemos gravar bem esta cena. Chegada a escuridão da noite, a população inteira, com seus enfermos, "aglomera-se à porta". Os olhos e as esperanças dos que sofrem procuram a porta da casa onde Jesus está. A Igreja só atrai realmente quando, dentro dela, as pessoas que sofrem podem descobrir Jesus a curar a vida e aliviar o sofrimento. Há muita gente sofrendo à porta das nossas comunidades. Não nos esqueçamos disso.

Amigo dos excluídos

Marcos 1,40-45   VI Tempo Comum

Jesus era muito sensível ao sofrimento daqueles com quem deparava no seu caminho, marginalizados pela sociedade, esquecidos pela religião ou rejeitados pelos setores que se consideravam moral ou religiosamente superiores.

É uma atitude que vem de dentro dele. Ele sabe que Deus não discrimina ninguém. Não rejeita nem excomunga. Não é só dos bons. Acolhe e abençoa todos. Jesus costumava levantar-se de madrugada para orar. Em certa ocasião Ele revela como contempla o amanhecer: "Deus faz seu sol sair sobre bons e maus". Assim Ele é.

Por isso às vezes Ele exige vigorosamente que cessem todas as condenações: "Não julgueis e não sereis julgados". Outras vezes, conta uma pequena parábola para pedir que ninguém se dedique a "separar o joio do trigo" como se fosse o juiz supremo de todos.

O mais admirável é, porém, a conduta dele. O traço mais original e provocador de Jesus foi seu costume de comer com pecadores, prostitutas e pessoas indesejáveis. Isso era insólito. Nunca se vira em Israel alguém com fama de "homem de Deus" comer e beber animadamente em companhia de pecadores.

Os dirigentes religiosos mais respeitáveis acharam isso intolerável e reagiram agressivamente: "Eis aí um comilão e bêbado, amigo de pecadores". Jesus não se defendeu. Era verdade, uma vez que no mais profundo de seu ser Ele dedicava grande respeito e comovente amizade aos rejeitados pela sociedade ou pela religião.

Para ressaltar essa predileção de Jesus pelos excluídos, Marcos menciona em seu relato a cura de um leproso. Jesus atravessa uma região despovoada. De súbito, um leproso aproxima-se dele. Ninguém o acompanha. Vive em solidão. Carrega na pele a marca da sua exclusão. As leis o condenam a viver afastado de todo mundo. É um ser impuro.

De joelhos, o leproso eleva a Jesus uma súplica humilde. Sente-se sujo. Não fala em doença. Apenas quer se ver limpo de todo estigma: "Se quiseres, podes limpar-me". Jesus comove-se vendo a seus pés aquele ser humano desfigurado pela doença e pelo abandono de todos. Aquele homem representa a solidão e o desespero de tantos estigmatizados. Jesus "estende a mão" em busca do contato com a pele do leproso, "toca-o" e diz a ele: "Quero, fica limpo".

Sempre que usamos nossa suposta superioridade moral para discriminar diversos grupos humanos (andarilhos, prostitutas, viciados em drogas, psicóticos, imigrantes, homossexuais etc.) e excluí-los do convívio recusando-lhes acolhimento, afastamo-nos gravemente de Jesus.

Saber-nos perdoados

Marcos 2,1-12   VII Tempo Comum

Muitas pessoas entre nós têm suprimido de suas vidas a experiência do perdão de Deus. Já não buscam a reconciliação com Ele. Como elas reagem ao descobrirem sua própria culpa? Sem dúvida, muitas delas sabem enfrentar seus próprios erros e pecados para reassumirem seriamente a sua responsabilidade. Homens e mulheres fiéis à sua consciência, autocríticos e capazes de reorientar suas vidas.

Todavia, é certo que o homem que não tem a experiência de sentir-se radicalmente perdoado é um homem que corre o risco de aviltar-se e ficar sem forças para enfrentar-se com sinceridade consigo mesmo e renovar a sua existência.

Nada é mais fácil do que viver fugindo de si mesmo. Justificar-se de mil maneiras, culpar sempre os outros, diminuir a importância dos próprios pecados, erros e injustiças, eludir a própria responsabilidade.

Os crentes não valorizamos devidamente a graça libertadora e humanizadora contida na experiência do perdão de Deus. Que uma pessoa que se vê perdida em seus próprios erros e oprimida por sua fraqueza possa lembrar, nos momentos em que não enxerga uma saída, que Deus é seu amigo.

Nunca é decisivo o que aconteceu em nossa vida nem o pecado que tenhamos cometido. Desde que nos reste um pouco de fé no perdão de Deus e na sua misericórdia, tudo é possível. "Se nossa consciência nos condena, Deus é maior que nossa consciência" (1Jo 3,19-20).

Profundo conhecedor do coração humano, Santo Agostinho nos diz que quem sabe invocar Deus em meio à sua miséria é um homem salvo. "O homem errante que grita no abismo supera o abismo. Seu próprio grito levanta-o por cima do abismo".

Nossa vida sempre tem saída. Tudo pode transformar-se novamente em graça. Basta confiarmos na misericórdia de Deus e aceitarmos seu perdão agradecidos. Do fundo da nossa miséria, escutarmos com fé as palavras confortantes: "Filho, teus pecados ficam perdoados".

Quem acredita no perdão nunca está perdido. No mais íntimo de seu coração encontrará sempre a força de Deus para levantar-se e voltar a andar. Esse é o sentido e o conteúdo profundo do sacramento da reconciliação.

Quando a alegria morre

Marcos 2,18-22   VIII Tempo Comum

Há pessoas que vivem uma vida na qual a alegria, o gozo e o mistério morreram. Para elas, tudo é cinzento e penoso. O fogo da vida apagou-se. Elas já não têm grandes aspirações. Contentam-se com não pensar demais, não esperar demais. São incapazes de viver de forma gozosa. Suas vidas transcorrem de modo banal e cansativo.

Qual a origem desse cansaço e dessa tristeza? Em primeiro lugar, pequenas causas: trabalho demais, insegurança, medo de adoecer, decepções, desejos irrealizáveis. A vida está repleta de problemas, frustrações e contrariedades que quebram nossa segurança e nossa pequena felicidade.

Mas se tentarmos aprofundar-nos mais na verdadeira raiz dessa tristeza que parece cercar e permear muitas existências, descobriremos que dentro dessas vidas há solidão e vazio.

Quando nos sentimos vazios por dentro, precisamos buscar alguma coisa externa que nos ajude a viver. Quando não vivemos nada importante, necessitamos dar-nos importância e, se as outras pessoas não nos dão essa importância, afundamos na frustração. Quando não vivemos nenhuma experiência gozosa dentro de nós, precisamos que alguém nos estimule de fora e, se não o achamos, ficamos tristes e sem vida.

Há em nossa sociedade uma tendência a considerar ilusão "o que brota do coração". O mundo interior é substituído pelo que está fora: as coisas ao nosso alcance, os objetos que podemos possuir.

Quando não se tem vida interior, as coisas enfastiam, as conversas viram papo insubstancial, uma torrente de palavras sem muito conteúdo. Com o tempo, tudo vai ficando mais cinzento e maçante.

Só se descobre a alegria quando se vive a vida a partir do interior. Quando o ser humano sabe deixar-se habitar pelo mistério. Quando está aberto a todo chamado que o convide ao amor, à generosidade e à confiança.

Qual a fé que os cristãos temos vivido para que muitos a achem triste, maçante e penosa? Com o que confundimos a presença prazerosa de Deus em nossas vidas? Como temos apoucado a vida encorajada pelo Espírito do Ressuscitado?

Valendo-se de uma imagem expressiva, Jesus lembra-nos mais uma vez que a fé há de ser vivida como experiência de gozo: os amigos do noivo "não podem jejuar enquanto o noivo está com eles".

COMOVER-SE

MARCOS 2,23–3,6   IX TEMPO COMUM

Os evangelistas empregam um verbo muito especial para se referir à reação de Jesus perante o sofrimento das pessoas que encontra no seu caminho. Costuma-se traduzir esse verbo dizendo que Jesus "se compadece", mas o significado literal do termo grego sugere algo mais. Jesus sente que "suas entranhas tremem" quando vê alguém sofrer. Não consegue passar sem se deter. Todo o seu ser se comove.

É assim que Ele reage quando um homem destruído pela lepra se aproxima dele, quando se depara na aldeia de Naim com uma mãe viúva cujo filho é levado para a sepultura ou quando, em Jericó, uns cegos pedem-lhe que abra seus olhos. Nesse relato, Marcos nos diz que Jesus não consegue celebrar a liturgia da sinagoga sem fazer alguma coisa por um dos presentes, um homem que tem uma mão paralisada.

É fácil vivermos sem nos comover com o sofrimento alheio e andarmos pela vida sem perceber que falamos com alguém que vive deprimido, que cumprimentamos uma pessoa dominada pelo medo e pela ansiedade ou que acabamos de despedir um ser humano que está sozinho e sem esperança. Em uma entrevista que concedeu quando o câncer que o matou acabara de se manifestar, Sigmund Freud disse o seguinte: "De vez em quando tenho a satisfação de apertar uma mão amiga. Um par de vezes topei com um ser humano que quase conseguia compreender-me. O que mais se pode pedir?"

Certamente se pode pedir mais, ou ao menos buscar algo mais. Mas é preciso não passar sem se deter. Deter-se mais diante de cada pessoa. Manter os olhos bem abertos e olhar mais devagar para quem sofre. É tão fácil correr atrás dos próprios interesses dando as costas a quem nos incomoda.

No entanto, poucas coisas são maiores que estar perto da pessoa que sofre, compartilhando sua dor e seu desamparo. Mesmo quando não há nada a fazer e tudo parece perdido, a presença próxima e amistosa traz alívio e fornece força para viver. Uma escuta respeitosa e amável pode ajudar a pessoa que sofre a desabafar. Uma palavra dita com tato e carinho pode libertar a pessoa da solidão e abrir-lhe um novo horizonte.

Sei que pode parecer ingenuidade falar dessas coisas quando se pretende reduzir o comportamento humano à busca do prazer imediato ou quando se prega o pragmatismo puro e rígido como supremo ideal de vida, mas podemos ser humanos sem nos comovermos diante do sofrimento de um semelhante?

O QUE É MAIS SADIO?

MARCOS 3,20-35   X TEMPO COMUM

A cultura moderna exalta o valor da saúde física e mental e empenha-se das mais diversas formas para prevenir e combater as doenças. Ao mesmo tempo, porém, todos estamos construindo uma sociedade na qual não é fácil viver de maneira salutar.

A vida nunca esteve tão ameaçada pelo desequilíbrio ecológico, a poluição, o estresse ou a depressão. Por outro lado, encoraja-se um estilo de vida em que a falta de sentido, a ausência de valores, um certo tipo de consumismo, a banalização do sexo, a falta de comunicação e outras várias frustrações impedem as pessoas de crescerem com saúde.

Em *O mal-estar na cultura*, Freud já ponderou a possibilidade de uma sociedade estar enferma no seu conjunto e padecer neuroses coletivas das quais talvez poucos indivíduos estejam cientes. Pode até ocorrer que numa sociedade enferma os indivíduos mais sadios sejam considerados doentes.

Isso é similar ao que acontece com Jesus, que na opinião de seus parentes "não está bem da cabeça", enquanto os letrados vindos de Jerusalém acham que Ele "tem Belzebu dentro de si".

Em qualquer caso, temos de afirmar que uma sociedade é sã na medida em que favorece o desenvolvimento salutar das pessoas. Quando, ao contrário, ela provoca o esvaziamento interior, a fragmentação, a coisificação ou a dissolução dessas pessoas como seres humanos, devemos dizer que essa sociedade é patógena, pelo menos em parte.

Portanto, é preciso que sejamos lúcidos o bastante para nos perguntarmos se não estamos caindo em neuroses coletivas e condutas pouco sadias sem sequer perceber.

O que é mais sadio, deixar-se levar por uma vida de conforto, comodidade e excesso que entorpece o espírito e diminui a criatividade da pessoa ou viver com sobriedade e moderação, sem cair na "patologia da abundância"?

O que é mais sadio, continuarmos a agir como "objetos" que zanzam pela vida sem sentido, reduzindo-a a um "sistema de desejos e satisfações" ou construirmos a nossa existência dia após dia, conferindo-lhe um sentido final com base na fé? Não esqueçamos que Carl G. Jung ousou definir a neurose como "o sofrimento da alma que não achou seu sentido".

O que é mais sadio, encher a vida de coisas, produtos da moda, roupas, bebidas, revistas e televisão ou cuidar das necessidades mais profundas e vitais do ser humano no relacionamento do casal, no lar e na convivência social?

O que é mais sadio, represar a dimensão religiosa de nossa vida esvaziando-a de transcendência ou viver com base numa atitude de confiança nesse Deus "amigo da vida" que quer e procura apenas a plenitude do ser humano?

COM HUMILDADE E CONFIANÇA

MARCOS 4,26-34   XI TEMPO COMUM

Jesus receava que seus seguidores ficassem desencorajados ao ver que seus esforços em prol de um mundo mais humano e ditoso não conseguiam o sucesso esperado. Esqueceriam eles o reino de Deus? Manteriam a sua confiança no Pai? O mais importante é que nunca esqueçam como devem trabalhar.

Com exemplos tomados da experiência dos camponeses da Galileia, Jesus insta seus seguidores a trabalharem sempre com realismo, paciência e muita confiança. Não é possível abrir caminhos para o reino de Deus de qualquer jeito. É preciso observar como Ele trabalha.

Em primeiro lugar, eles têm de saber que sua tarefa é semear, não colher. Não viverão pendentes dos resultados. Não se preocuparão com a eficácia nem o sucesso imediato. Concentrarão sua atenção em bem semear o Evangelho. Os colaboradores de Jesus serão semeadores. Mais nada.

Após séculos de expansão religiosa e grande poder social, os cristãos temos de recuperar na Igreja o gesto humilde do semeador. Esquecer a lógica do colhedor, que sempre sai para recolher frutos, e assumir a lógica paciente de quem semeia um futuro melhor.

O início de toda semeadura é sempre humilde, em especial quando se trata de semear o projeto de Deus no ser humano. A força do Evangelho nunca é uma coisa espetacular nem clamorosa. Segundo Jesus, é como semear algo tão miúdo e insignificante quanto "um grão de mostarda" que germina secretamente no coração das pessoas.

Por isso o Evangelho só pode ser semeado com fé. Isso é o que Jesus quer mostrar com suas pequenas parábolas. O projeto de Deus para fazer um mundo mais humano traz em si uma força salvadora e transformadora que não depende do semeador. Quando a Boa Notícia desse Deus penetra numa pessoa ou num grupo humano, ali começa a crescer alguma coisa que vai além da nossa compreensão.

Na Igreja não sabemos como agir nesta situação nova e inédita, no contexto de uma sociedade cada vez mais indiferente e niilista. Ninguém tem a receita. Ninguém sabe ao certo o que se deve fazer. Necessitamos procurar novos caminhos com a humildade e a confiança de Jesus.

Cedo ou tarde, os cristãos sentiremos a necessidade de retornar ao essencial. Descobriremos que apenas a força de Jesus pode restaurar a fé na sociedade descristianizada de nossos tempos. Então aprenderemos a semear o Evangelho com humildade, como início de uma fé renovada, uma fé não transmitida por nossos esforços pastorais, mas gerada por ele.

Por que tanto medo?

Marcos 4,35-41   XII Tempo Comum

A barca em que navegam Jesus e seus discípulos é presa de uma dessas tempestades súbitas e furiosas que surgem no lago da Galileia ao entardecer de alguns dias quentes. Marcos descreve o episódio para despertar a fé das comunidades cristãs, que passam por momentos difíceis.

O relato não é uma história tranquilizadora para confortar os cristãos de hoje com a promessa de uma proteção divina que permita à Igreja passear sossegada ao longo da história. É o chamado decisivo de Jesus para acompanhá-lo na travessia em tempos difíceis: "Por que sois tão covardes? Ainda não tendes fé?"

Marcos prepara a cena desde o início. Diz que era "no fim da tarde". Logo as trevas da noite cobrirão o lago. É de Jesus a iniciativa daquela estranha travessia: "Vamos para a outra margem". A expressão não é nada inocente. Ele convida-os a passarem juntos, na mesma barca, a outro mundo, para além do conhecido: a região pagã da Decápole.

De repente se arma um forte temporal e as ondas irrompem contra a frágil embarcação, inundando-a. A cena é patética: na proa, os discípulos lutam desesperadamente contra a tempestade; à popa, num ponto algo mais elevado, Jesus dorme tranquilamente sobre um travesseiro.

Aterrados, os discípulos acordam Jesus. Não percebem a confiança de Jesus no Pai. Só veem nele uma inacreditável falta de interesse por eles. Mostram-se tomados de medo e nervosismo: "Mestre, não te importa que pereçamos?"

Jesus não se justifica. Pondo-se de pé, pronuncia uma espécie de exorcismo. O vento para de uivar e faz-se uma grande bonança. Jesus aproveita essa paz e esse silêncio para fazer aos discípulos duas perguntas que hoje nos alcançam: "Por que sois tão covardes? Ainda não tendes fé?"

O que está a acontecer com os cristãos? Por que são tantos nossos medos ao enfrentar estes tempos cruciais e tão pouca a nossa confiança em Jesus? Não será o medo de afundarmos o que nos tolhe? Não é a busca cega de segurança o que nos impede de fazer uma leitura mais lúcida, responsável e confiada destes tempos? Por que nos recusamos a ver que Deus está conduzindo a Igreja para um futuro mais fiel a Jesus e a seu Evangelho? Por que buscamos segurança no já conhecido e estabelecido no passado, em vez de ouvir o chamado de Jesus a "passarmos para a outra margem" a fim de semear humildemente a sua Boa Notícia num mundo indiferente a Deus, embora tão carente de esperança?

A FÉ GRANDE DE UMA MULHER

MARCOS 5,21-43   XIII TEMPO COMUM

A cena é surpreendente. O evangelista Marcos apresenta uma mulher desconhecida como modelo de fé para as comunidades cristãs. Com ela poderão aprender como buscar Jesus com fé, como conseguir um contato sanativo com Ele e como achar nele a força para iniciar uma nova vida cheia de paz e saúde.

À diferença de Jairo, descrito como "chefe da sinagoga" e homem importante de Cafarnaum, essa mulher não é ninguém. Sabemos apenas que ela padece uma doença secreta, tipicamente feminina, que a impede de viver de forma salutar a sua vida de mulher, esposa e mãe.

Ela sofre muito, física e moralmente. Arruinou-se procurando ajuda dos médicos, mas ninguém pôde curá-la. Todavia, recusa-se a viver sempre doente. Está sozinha. Ninguém a ajuda a aproximar-se de Jesus, mas ela saberá chegar até Ele.

Não espera passivamente que Jesus se aproxime e imponha as mãos nela. Ela o procurará. Superará todos os obstáculos. Fará tudo o que puder e souber. Jesus compreenderá seu desejo de uma vida mais sã. Ela confia plenamente na força sanativa dele.

A mulher não se contenta apenas com ver Jesus de longe. Procura um contato mais direto e pessoal. Age com determinação, mas não com insensatez. Não quer incomodar ninguém. Aproxima-se por trás, entre as pessoas, e toca-lhe o manto. Esse gesto delicado concretiza e exprime a total confiança dela em Jesus.

Tudo aconteceu sem ser percebido, mas Jesus quer que todos saibam da grande fé dessa mulher. Quando ela, assustada e trêmula, confessa o que fez, Jesus lhe diz: "Filha, a tua fé te curou. Vai-te em paz e com saúde". Essa mulher, com sua capacidade para procurar e aceitar a salvação que nos é oferecida em Jesus, é um modelo de fé para todos nós.

Quem ajuda as mulheres de nossos dias a encontrarem Jesus? Quem se empenha para compreender os obstáculos que elas encontram em alguns setores da Igreja atual para viverem sua fé em Cristo "em paz e com saúde"? Quem valoriza a fé e os esforços das teólogas que, quase sem apoio e vencendo todo tipo de resistências e rejeições, trabalham sem descanso para abrir caminhos que permitam à mulher viver na Igreja de Jesus com mais dignidade?

As mulheres não acham em nós o acolhimento, a valorização e a compreensão que achavam em Jesus. Não sabemos olhar para elas como Ele as olhava. Entretanto, muitas vezes são elas que com sua fé em Jesus e seu estímulo evangélico sustentam a vida de bom número de comunidades cristãs.

Rejeitado entre os seus

Marcos 6,1-6   XIV Tempo Comum

Jesus não é um sacerdote do Templo, incumbido de zelar pela religião e propagá-la. Tampouco é confundido por ninguém com um mestre da Lei, dedicado a defender a Torá de Moisés. Os camponeses da Galileia veem nos seus gestos de cura e em suas palavras de fogo a ação de um profeta impulsionado pelo Espírito de Deus.

Jesus sabe que terá uma vida difícil e conflituosa. As autoridades religiosas o enfrentarão. Essa é a sina de todo profeta. Mas Ele ainda não imagina que será rejeitado exatamente entre os seus, aqueles que melhor o conhecem desde menino.

Ao que parece, a rejeição a Jesus no seu povo de Nazaré era muito comentada pelos primeiros cristãos. Três evangelistas relatam o episódio com grande detalhe. Segundo Marcos, Jesus chega a Nazaré em companhia de discípulos e com fama de profeta curador. Seus vizinhos não sabem o que pensar.

No sábado, Jesus entra na pequena sinagoga do povoado e "começa a ensinar". Seus vizinhos e familiares mal e mal o escutam. Eles se fazem perguntas de todo tipo. Conhecem Jesus desde que era um menino, Ele é mais um vizinho. Onde aprendeu essa mensagem surpreendente sobre o reino de Deus? De quem recebeu esse poder de cura? Marcos diz que Jesus "deixava-os perplexos". Por quê?

Aqueles camponeses acham saber tudo a respeito de Jesus. Eles formaram uma ideia dele desde que era menino. Em vez de aceitá-lo como Ele se apresenta, ficam bloqueados pela imagem que têm dele. Essa imagem impede-os de se abrirem ao mistério contido em Jesus. Recusam-se a descobrir nele a proximidade salvadora de Deus.

Mas não é só isso. Acolher Jesus como profeta significa estar disposto a escutar a mensagem que Ele transmite em nome de Deus. E isso pode acarretar problemas. Os aldeões têm sua sinagoga, seus livros sagrados e suas tradições.

Vivem em paz sua religião. A presença profética de Jesus pode abalar a tranquilidade da aldeia.

Os cristãos temos imagens bem diferentes de Jesus. Nem todas coincidem com a daqueles que o conheceram de perto e o seguiram. Cada um de nós fez sua própria ideia dele. Essa imagem condiciona nossa forma de viver a fé. Se nossa imagem de Jesus é pobre, parcial ou distorcida, nossa fé será pobre, parcial ou distorcida.

Por que fazemos tão pouco esforço para conhecer Jesus? Por que nos escandaliza recordar seus traços humanos? Por que resistimos a admitir que Deus se encarnou num Profeta? Intuímos por acaso que a vida profética de Jesus nos obrigaria a transformar profundamente nossas comunidades e nossa vida?

Nova etapa evangelizadora

Marcos 6,7-13   XV Tempo Comum

O papa Francisco convoca-nos para uma "nova etapa evangelizadora marcada pela alegria de Jesus". Em que pode consistir essa etapa? Qual pode ser sua novidade? O que vamos mudar? Qual foi realmente a intenção de Jesus ao enviar seus discípulos para ampliar a sua tarefa evangelizadora?

O relato de Marcos esclarece que só Jesus é a fonte, o inspirador e o modelo da ação evangelizadora de seus seguidores. Eles nada farão em nome próprio. São "enviados" de Jesus. Não pregarão sobre si mesmos, mas apenas anunciarão o Evangelho dele. Não terão outros interesses e estarão dedicados somente a abrir caminhos para o reino de Deus.

A única maneira de impulsionar uma "nova etapa evangelizadora marcada pela alegria de Jesus" é purificar e intensificar essa vinculação com Jesus. Não haverá nova evangelização se não houver novos evangelizadores, e não haverá novos evangelizadores se não houver um contato mais vivo, consciente e apaixonado com Jesus. Sem Ele faremos tudo exceto introduzir seu Espírito no mundo.

Jesus envia seus discípulos, mas não os deixa entregues às próprias forças. Dá-lhes seu "poder", que não é um poder para controlar, governar ou dominar outras pessoas, mas a sua força para "expulsar espíritos imundos", libertando as pessoas do que as escraviza, oprime e desumaniza.

Os discípulos sabem muito bem do que Jesus os encarrega. Nunca o viram governar ninguém. Sempre o conheceram a curar feridas, aliviar o sofrimento, regenerar vidas, libertar de medos, contagiar confiança em Deus. "Curar" e "libertar" são tarefas prioritárias na ação de Jesus. Elas dariam uma feição radicalmente diferente à nossa evangelização.

Jesus envia-os com o necessário para caminharem. Segundo Marcos, levarão apenas um bastão, sandálias e uma túnica. Não precisam de mais nada para serem testemunhas do essencial. Jesus quer vê-los livres e sem amarras, sempre disponíveis, sem se acomodarem no bem-estar, confiantes na força do Evangelho.

Sem a recuperação desse estilo evangélico não há "nova etapa evangelizadora". O importante não é iniciar novas atividades nem adotar estratégias, mas desfazer-nos de costumes, estruturas e sujeições que nos impedem de ser livres para contagiar o essencial do Evangelho com verdade e singeleza.

Nós temos perdido na Igreja esse estilo itinerante sugerido por Jesus. Nosso andar é lento e pesado. Não sabemos acompanhar a humanidade. Não temos agilidade para passar de uma cultura já superada para a cultura atual. Agarramo-nos ao poder que tivemos. Envolvemo-nos com interesses que divergem do reino de Deus. Precisamos de conversão.

O olhar de Jesus

Marcos 6,30-34   XVI Tempo Comum

Marcos descreve a situação com todos os detalhes. Jesus viaja de barco com seus discípulos em direção a um lugar tranquilo e afastado. Deseja escutá-los com calma, já que eles voltaram cansados de sua primeira jornada evangelizadora e querem contar sua experiência ao Profeta que os enviou.

O propósito de Jesus acaba frustrado. Muita gente descobre o que Ele pretende e adianta-se correndo pela margem. Quando Jesus e seus discípulos chegam, deparam-se com uma multidão vinda de todas as aldeias das redondezas. Como reagirá Jesus?

Marcos descreve graficamente seu proceder: os discípulos vão aprender a tratar as pessoas; nas comunidades cristãs se há de lembrar como agia Jesus com essas pessoas anônimas com as quais ninguém se preocupa. "Ao desembarcar, Jesus viu grande número de pessoas, compadeceu-se delas, porque eram como ovelhas sem pastor, e pôs-se a ensinar-lhes muitas coisas".

O primeiro aspecto salientado pelo evangelista é o olhar de Jesus. Não se zanga porque essas pessoas tenham atrapalhado seus planos. Olha para elas demoradamente e fica comovido. As pessoas nunca o incomodam. Seu coração intui a desorientação e o abandono em que vivem os camponeses daquelas aldeias.

Na Igreja devemos aprender a olhar para as pessoas como Jesus o fazia, captando o sofrimento, a solidão, a confusão ou o abandono que muitas delas experimentam. A compaixão não resulta da atenção às normas ou do cumprimento de nossas obrigações. Ela surge em nós quando olhamos atentamente para os que sofrem.

Com esse olhar Jesus repara na necessidade mais profunda daquelas almas: andam "como ovelhas sem pastor". O ensinamento que recebem dos letrados da Lei não lhes fornece o alimento de que precisam. Vivem sem que ninguém cuide realmente delas. Não contam com um pastor que as guie e defenda.

Movido por sua compaixão, Jesus "põe-se a ensinar-lhes muitas coisas". Com calma, sem pressa, dedica-se pacientemente a ensinar-lhes a Boa Notícia de Deus. Não o faz por obrigação. Não pensa em si mesmo. Comunica-lhes a Palavra de Deus, comovido pela necessidade que elas têm de um pastor.

Não podemos ficar indiferentes a tanta gente que, no seio de nossas comunidades cristãs, está à procura de um alimento mais sólido do que aquele que recebe. Não devemos considerar normal a desorientação religiosa dentro da Igreja. Temos de reagir de forma racional e responsável. Não poucos cristãos buscam ser mais bem alimentados. Precisam de pastores que lhes transmitam a mensagem de Jesus.

O GESTO DE UM JOVEM

João 6,1-15   XVII Tempo Comum

De todos os feitos de Jesus durante a sua atividade profética, o mais lembrado pelas primeiras comunidades cristãs foi certamente uma refeição multitudinária por Ele organizada no campo, nas proximidades do lago da Galileia. É o único episódio narrado em todos os evangelhos.

O conteúdo do relato é muito rico. Conforme é seu costume, o Evangelho de João não o chama de "milagre", mas de "sinal". Com isso nos convida a não ficarmos apenas nos fatos narrados, mas descobrir um sentido mais profundo a partir da fé.

Jesus ocupa o lugar central. Ninguém lhe pede que intervenha. Ele próprio intui a fome daquela gente e expõe a necessidade de alimentá-la. É comovedor saber que Jesus não só alimentava as pessoas com a Boa Notícia de Deus como também se preocupava com a fome de seus filhos.

Como alimentar uma multidão ali, em meio ao campo? Os discípulos não encontram solução alguma. Felipe diz que não podem pensar em comprar pão, pois não têm dinheiro. André acha que seria possível dividir o que há, mas só um rapaz tem cinco pães e dois peixes. O que é isso para tanta gente?

Para Jesus, é suficiente. Esse jovem sem nome nem rosto tornará possível o que parece impossível. A sua disposição a compartilhar tudo o que tem é o caminho para alimentar aquelas pessoas. Jesus fará o resto. Toma em suas mãos os pães do jovem, agradece a Deus e começa a "distribuí-los" entre todos.

A cena é fascinante. Uma multidão sentada sobre a relva verde do campo e compartilhando uma refeição gratuita num dia de primavera. Não é um banquete de ricos. Não há vinho nem carne. É a comida simples de quem vive à beira do lago: pão de cevada e peixe salgado.

Essa refeição compartilhada era para os primeiros cristãos um símbolo atraente da comunidade nascida de Jesus para construir uma humanidade nova e fraterna. Ela evocava neles, ao mesmo tempo, a eucaristia que celebravam no dia do Senhor para alimentar-se do espírito e da força de Jesus: o Pão vivo vindo de Deus.

Contudo, eles nunca esqueceram o gesto do jovem. Se há fome no mundo não é porque o alimento escasseie, mas porque falta solidariedade. Há pão para todos, falta generosidade para dividi-lo. Deixamos o curso do mundo nas mãos de um poder econômico desumano, temos medo de compartilhar o que temos e muita gente morre de fome devido a nosso egoísmo irracional.

Pão de vida eterna

João 6,24-35   XVIII Tempo Comum

Por que Jesus ainda nos interessa depois de vinte séculos? O que podemos esperar dele? O que Ele pode dar aos homens e mulheres do nosso tempo? Por acaso vai resolver os problemas do mundo atual? O Evangelho de João fala de uma conversa de grande interesse mantida por Jesus com uma multidão à beira do lago da Galileia.

No dia anterior eles compartilharam com Jesus uma refeição surpreendente e gratuita. Comeram pão até se fartarem. Como vão deixar que Ele vá embora? Querem que Jesus repita seu gesto e volte a alimentá-los de graça. Não pensam em outra coisa.

Jesus deixa-os perplexos com uma recomendação inesperada: "Não vos esforceis para conseguir o alimento transitório, mas sim o permanente, o que dá a vida eterna". Ora, como não nos preocuparmos com o pão de cada dia? O pão é indispensável para viver. Precisamos dele e temos de trabalhar para que nunca falte a ninguém. Jesus sabe disso. O pão é a primeira coisa. Sem comer não podemos subsistir. Por isso Ele se preocupa tanto com os famintos e mendigos, que não recebem dos ricos nem as migalhas que caem de suas mesas. Por isso amaldiçoa os terratenentes insensatos que armazenam o grão sem pensar nos pobres. Por isso ensina seus seguidores a pedirem ao Pai cada dia pão para todos os seus filhos.

Mas Jesus quer despertar neles uma fome diferente. Fala-lhes de um pão que sacia não só a fome de um dia, mas a fome e a sede de vida que existe no ser humano. Não esqueçamos. Há em nós uma fome de justiça para todos, uma fome de liberdade, de paz, de verdade. Jesus apresenta-se como esse Pão que recebemos do Pai não para nos fartarmos de comida, mas "para dar vida ao mundo".

Esse Pão vindo de Deus "dá vida eterna". Os alimentos que comemos todo dia nos mantêm vivos por anos, mas chega o momento em que não conseguem defender-nos da morte. Não adianta continuar comendo. Eles não podem dar-nos vida para além da morte.

Jesus apresenta-se como "Pão da vida eterna". Cada pessoa tem de decidir como quer viver e como quer morrer. Mas quem se diz seguidor de Cristo deve saber que acreditar nele é alimentar em si uma força imperecível, é começar a viver algo que não acabará com a morte. Seguir Jesus é simplesmente entrar para o mistério da morte com o sustento de sua força ressuscitadora.

Ao ouvir as palavras de Jesus, aquela gente de Cafarnaum clama do fundo do coração: "Senhor, dai-nos sempre desse pão". Como nossa fé é inconstante, às vezes não temos a coragem de fazer um pedido como esse. Talvez o que nos preocupe seja só o alimento de cada dia. E às vezes apenas o nosso.

Atraídos pelo Pai para Jesus

João 6,41-50   XIX Tempo Comum

Conforme o relato de João, Jesus reitera cada vez mais abertamente que Ele vem de Deus para oferecer a todos um alimento que dá vida eterna. As pessoas que o escutam não aceitam mais ouvir afirmação tão escandalosa sem reagir. Elas conhecem os pais de Jesus. Como Ele se atreve a dizer que vem de Deus?

Não é de surpreender a reação dessa gente. É razoável acreditar em Jesus Cristo? Como podemos acreditar que nesse homem concreto, nascido pouco antes da morte de Herodes o Grande e conhecido por sua atividade profética na Galileia dos anos trinta, se tenha encarnado o Mistério insondável de Deus?

Jesus não responde às objeções dessas pessoas. Toca diretamente na raiz da incredulidade delas: "Não murmureis mais". Elas erram ao resistir à novidade radical da pessoa dele teimando que já sabem tudo sobre a sua verdadeira identidade. Ele apontará o caminho que elas podem tomar.

Jesus pressupõe que não pode acreditar nele quem não se sentir atraído pela sua pessoa. É verdade. Talvez hoje compreendamos isso melhor, na nossa cultura. Não é fácil para nós acreditar em doutrinas ou ideologias. A fé e a confiança surgem em nós quando sentimos a atração de alguém que nos faz bem e nos ajuda a viver.

Contudo, Jesus alerta-os de algo muito importante: "Ninguém pode aceitar-me se o Pai, que me enviou, não lhe permitir". A atração que Jesus exerce é produzida por Deus. O Pai que o enviou ao mundo desperta nosso coração para que nos aproximemos de Jesus com satisfação e confiança, superando dúvidas e resistências.

Portanto, temos de escutar a voz de Deus no coração e deixar que Ele nos conduza até Jesus. Deixar-nos ensinar docilmente por esse Pai, Criador da vida e Amigo do ser humano: "Todo aquele que escuta o Pai e recebe seu ensinamento, esse me aceita".

A afirmação de Jesus é revolucionária para aqueles judeus. A tradição bíblica dizia que o ser humano ouve no coração o chamado de Deus instando-o a cumprir fielmente a Lei. O profeta Jeremias proclamara a promessa de Deus desta forma: "Eu porei minha Lei dentro de vós e hei de escrevê-la em vosso coração".

As palavras de Jesus convidam-nos a viver uma experiência diferente. A consciência não é só o lugar recôndito e privilegiado onde podemos ouvir a Lei de Deus. Se no íntimo do nosso ser sentirmos a atração do bom, do belo, do nobre, do que faz bem ao ser humano, do que constrói um mundo melhor, facilmente nos sentiremos convidados por Deus a sintonizar com Jesus.

ALIMENTAR-NOS DE JESUS

JOÃO 6,51-58   XX TEMPO COMUM

De acordo com o relato de João, os judeus, mais uma vez incapazes de ir além do físico e do material, interrompem a fala de Jesus, escandalizados pela linguagem agressiva que Ele utiliza: "Como pode este dar-nos a comer a sua carne?" Jesus não se retrata, mas dá à suas palavras um sentido mais profundo.

O cerne da exposição dele nos permite penetrar na experiência vivida pelas primeiras comunidades cristãs quando celebravam a eucaristia. Segundo Jesus, os discípulos não só acreditarão nele como também se alimentarão e nutrirão suas vidas da própria pessoa dele. A eucaristia é uma experiência central dos seguidores de Jesus.

As palavras seguintes apenas salientam o caráter fundamental e indispensável dessa celebração: "Minha carne é verdadeira comida e o meu sangue é verdadeira bebida". Se os discípulos não se alimentarem dele, poderão fazer e dizer muitas coisas, mas não esquecerão as suas palavras: "Não tereis vida em vós". Para termos vida dentro de nós precisamos alimentar-nos de Jesus, nutrir-nos de seu hálito vital, internalizar suas atitudes e seus critérios de vida. Eis o segredo e a força da eucaristia. Só conhece Jesus quem comunga com Ele e alimenta-se de sua paixão pelo Pai e do amor do Pai a seus filhos.

A linguagem de Jesus tem grande força expressiva. Ele promete a quem sabe alimentar-se dele: "Esse habita em mim e eu nele". Quem se nutre da eucaristia percebe que sua relação com Jesus não é externa. Jesus não é modelo de vida a se imitar de fora para dentro. Ele alimenta nossa vida a partir de dentro.

Essa experiência de "habitar" em Jesus e deixar que Jesus "habite" em nós pode transformar totalmente a nossa fé. Esse intercâmbio, essa comunhão estreita difícil de expressar com palavras constitui a verdadeira relação do discípulo com Jesus. É isso segui-lo com o apoio de sua força vital.

A vida que Jesus transmite a seus discípulos na eucaristia é a que Ele próprio recebe do Pai, Fonte inesgotável de vida plena. Uma vida que não se extingue com nossa morte biológica. Por isso Jesus atreve-se a fazer esta promessa aos seus: "Quem comer deste pão viverá para sempre".

O sinal mais grave da crise da fé cristã entre nós é sem dúvida o generalizado abandono da eucaristia dominical. Para quem ama Jesus é doloroso ver a eucaristia ir perdendo seu poder de atração. Mais doloroso ainda é ver que na Igreja assistimos a esse fato sem ter coragem de reagir. Por quê?

PERGUNTA DECISIVA

JOÃO 6,60-69   XXI TEMPO COMUM

O Evangelho de João preserva a lembrança de uma séria crise entre os seguidores de Jesus. Quase não temos dados. O relato apenas diz que os discípulos consideram duro o modo de Jesus falar. Provavelmente lhes parece excessiva a adesão que Jesus exige deles. Em determinado momento, "muitos discípulos retiraram-se e já não andavam com Ele".

Pela primeira vez, Jesus observa que suas palavras não têm a força desejada. Contudo, Ele não as retira, mas as reafirma: "As palavras que eu vos disse são espírito e vida; contudo, alguns de vós não acreditam". São palavras que parecem duras, mas transmitem vida, fazem viver, porque contêm o Espírito de Deus.

Jesus não se altera. Não se incomoda com o fracasso. Então faz aos Doze esta pergunta decisiva: "Vós também quereis retirar-vos?" Não quer retê-los à força. Concede-lhes a liberdade de decidir. Seus discípulos não serão servos, mas amigos. Se quiserem, podem voltar para suas casas.

Mais uma vez, Pedro responde em nome de todos. A resposta é exemplar. Sincera, humilde, sensata, própria de um discípulo que conhece Jesus o bastante para não o abandonar. A atitude de Pedro pode ajudar ainda hoje àqueles cuja fé fraqueja e cogitam prescindir dela.

"Senhor, para quem iríamos?" Seja como for, não faz sentido abandonar Jesus sem ter encontrado um mestre melhor e mais convincente. Se não seguirem Jesus, ficarão sem saber a quem seguir. Não devem precipitar-se. Não é bom ficar sem luz nem guia na vida.

Pedro é realista. Convém abandonar Jesus sem ter encontrado uma esperança mais persuasiva e atraente? Basta substituí-lo por um estilo de vida menos elevado, sem meta nem horizonte algum? Por acaso é melhor viver sem perguntas, sem propostas e sem nenhum tipo de busca?

Pedro não se esquece de uma coisa: "Tuas palavras dão vida eterna". Ele sente que as palavras de Jesus não são vazias nem enganadoras. Com Ele os discípulos enxergaram a vida de outra maneira. A mensagem abriu a vida eterna para eles. Onde poderiam achar melhor notícia de Deus?

Pedro recorda, finalmente, a experiência fundamental. Convivendo com Jesus, descobriu que Ele vem do mistério de Deus. De longe, à distância, com indiferença ou desinteresse não é possível reconhecer o mistério que há em Jesus. Os Doze conviveram com Ele de perto e podem dizer: "nós acreditamos e sabemos que Tu és o Santo de Deus". Continuarão junto a Jesus.

A queixa de Deus

Marcos 7,1-8.14-15.21-23   XXII Tempo Comum

Um grupo de fariseus da Galileia aproxima-se de Jesus em atitude crítica. Eles não vêm sozinhos. Estão acompanhados de alguns escribas vindos de Jerusalém, certamente preocupados em defender a ortodoxia dos singelos camponeses das aldeias. A atuação de Jesus é perigosa. Convém corrigi-la.

Eles têm observado que, em alguns aspectos, os discípulos de Jesus não seguem a tradição dos mais velhos. Ainda que se refiram ao comportamento dos discípulos, a pergunta vai dirigida a Jesus, porque os escribas sabem que é Ele quem os ensinou a viver com aquela liberdade surpreendente. Por quê?

Jesus responde com palavras do profeta Isaías que muito esclarecem sua mensagem e sua ação. Devemos escutar atentamente essas palavras, com as quais Jesus identifica-se totalmente, pois elas tocam num ponto muito essencial da nossa religião. Segundo o profeta de Israel, esta é a queixa de Deus.

"Este povo honra-me com os lábios, mas seu coração está longe de mim". Eis aqui o risco em que toda religião está: cultuar Deus verbalmente, repetindo fórmulas, recitando salmos, proferindo belas palavras, enquanto o coração "está longe dele". Todavia, o culto que agrada a Deus nasce do coração, da adesão interior, desse centro íntimo da pessoa onde nascem as decisões e os projetos.

Quando o coração está longe de Deus, o culto fica sem conteúdo. Falta a ele a vida, a escuta sincera da Palavra de Deus, o amor ao irmão. A religião vira uma coisa exterior que é praticada por costume, mas está desprovida dos frutos de uma vida fiel a Deus.

A doutrina ensinada pelos escribas consiste em preceitos humanos. Toda religião tem tradições que são "humanas". São normas, costumes, devoções que surgiram para a vivência da religiosidade numa determinada cultura. Podem ser muito benfazejas. Mas são muito prejudiciais quando nos distraem e afastam do que Deus espera de nós. Nunca devem ter precedência.

Ao terminar a citação do profeta Isaías, Jesus resume seu pensamento em palavras muito graves: "Vós relegais o mandamento de Deus para vos aferrardes à tradição dos homens". Quando nos aferramos cegamente a tradições humanas corremos o risco de esquecer o mandato do amor e desviar-nos de seguir a trilha de Jesus, Palavra encarnada de Deus. Na religião cristã, Jesus e seu chamado de amor estão sempre em primeiro lugar. Só depois vêm nossas tradições humanas, por mais importantes que possam parecer. Nunca devemos esquecer o essencial.

Curar a surdez

Marcos 7,31-37   XXIII Tempo Comum

A cura de um surdo-mudo na região pagã de Sidônia é narrada por Marcos com propósito claramente pedagógico. Trata-se de um enfermo muito especial. Não ouve nem fala. Vive encerrado em si mesmo, sem se comunicar com ninguém. Não se inteira de que Jesus passa perto dele. Outras pessoas levam-no até o Profeta.

Também a atuação de Jesus é especial. Em lugar de impor as mãos sobre o surdo-mudo como lhe pediram, leva-o à parte até um local afastado das demais pessoas. Ali trabalha intensamente, primeiro nos ouvidos e depois na língua. Quer que o doente sinta seu contato curador. Somente um encontro profundo com Jesus poderá curar uma surdez tão tenaz.

Ao que parece, esse esforço todo não é suficiente. A surdez persiste. Então Jesus recorre ao Pai, fonte de toda salvação: olhando para o céu, suspira e grita para o enfermo só uma palavra, *Effatá*, isto é, "Abre-te". É a única palavra que Jesus profere em todo o relato. Ela não tem por alvo os ouvidos do surdo, mas seu coração.

Certamente Marcos quer que essa palavra de Jesus ressoe com vigor nas comunidades cristãs que lerão seu relato. Bem sabe como é fácil viver surdo à Palavra de Deus. Também hoje há cristãos que não se abrem à Boa Notícia de Jesus nem falam para ninguém sobre sua fé. Comunidades surdas-mudas que pouco ouvem o Evangelho e o difundem de maneira errada.

Talvez um dos pecados mais graves dos cristãos de hoje seja essa surdez. Não paramos para escutar o Evangelho de Jesus. Não vivemos de coração aberto para acolher as suas palavras. Por isso, não sabemos escutar com paciência e compaixão a tantas pessoas que sofrem sem receber o carinho nem a atenção de ninguém.

Dir-se-ia às vezes que a Igreja, nascida de Jesus para anunciar sua Boa Notícia, vai fazendo seu próprio caminho, esquecida da vida concreta de preocupações, medos, trabalhos e esperanças das pessoas. Se não ouvirmos bem os chamados de Jesus, não levaremos palavras de esperança para as vidas daqueles que sofrem.

Existe algo paradoxal em alguns discursos da Igreja. Eles dizem grandes verdades, mas não tocam o coração das pessoas. Alguma coisa assim está a acontecer nestes tempos de crise. A sociedade não está esperando "doutrina religiosa" dos especialistas, mas escuta com atenção uma palavra clarividente inspirada no Evangelho de Jesus quando pronunciada por uma Igreja sensível ao sofrimento das vítimas e que sabe sair instintivamente em defesa delas, convocando todos para estarem próximos daqueles mais necessitados de ajuda para viver com dignidade.

Levar Jesus a sério

Marcos 8,27-35   XXIV Tempo Comum

O episódio de Cesareia de Filipe ocupa posição central no Evangelho de Marcos. Depois de algum tempo convivendo com eles, Jesus faz a seus discípulos uma pergunta decisiva: "Quem dizeis que eu sou?" Sem hesitar, Pedro responde em nome de todos: "Tu és o Messias". Finalmente, tudo parece ficar claro. Jesus é o Messias enviado por Deus e os discípulos seguem-no para colaborar com Ele.

Contudo, Jesus sabe que não é bem assim. Eles ainda têm de aprender algo muito importante. É fácil professar fé em Jesus com palavras, mas eles ainda não sabem o que significa segui-lo de perto compartilhando seu projeto e seu destino. Marcos diz que Jesus "começou a ensinar-lhes" que Ele tinha de sofrer muito. Não é mais um ensinamento, é um fator fundamental que os discípulos deverão assimilar aos poucos.

Desde o princípio Jesus fala para eles "com toda clareza". Não quer ocultar nada. Eles precisam saber que o sofrimento sempre os acompanhará na tarefa de abrir caminhos para o reino de Deus. Ele acabará sendo condenado pelas autoridades religiosas e morrerá executado com violência. Só quando Ele ressuscitar ficará claro que Deus o acompanha.

Ao ouvir aquilo, Pedro revolta-se. A reação dele é inacreditável. Leva Jesus à parte para "admoestá-lo". Tinha sido o primeiro a reconhecê-lo como Messias, agora é o primeiro a rejeitá-lo. Quer fazer com que Jesus perceba que aquilo que Ele está dizendo é absurdo. Não aceita que Ele tome esse caminho. Jesus tem de mudar esse modo de pensar.

Jesus reage com dureza incomum. De repente vê em Pedro as feições de Satanás, o tentador do deserto que pretende afastá-lo da vontade de Deus. Volta-se para os discípulos e "repreende" Pedro literalmente com estas palavras: "Põe-te detrás de mim, Satanás", volta para o teu posto de discípulo. Não me tentes mais. "Teus pensamentos não são os de Deus e sim os dos homens".

Em seguida, chama as pessoas e seus discípulos para que escutem com atenção suas palavras. Haverá de repeti-las em diversas ocasiões. Eles não as esquecerão jamais. "Se alguém quer vir atrás de mim, renuncie a si mesmo, carregue a sua cruz e siga-me".

Seguir Jesus não é obrigação. É livre decisão de cada um. Mas é preciso levar Jesus a sério. Não bastam confissões fáceis. Se quisermos segui-lo na sua apaixonante tarefa de tornar o mundo mais humano, digno e ditoso, precisamos estar dispostos a duas coisas. Primeiro, renunciarmos a projetos ou planos opostos ao reino de Deus. Segundo, aceitar os sofrimentos que podem vir por seguirmos Jesus e identificar-nos com sua causa.

Por que esquecemos isso?

Marcos 9,30-37   XXV Tempo Comum

A caminho de Jerusalém, Jesus continua a instruir seus discípulos a respeito daquilo que o espera. Reitera que será entregue em mãos dos homens e eles o matarão, mas Deus há de ressuscitá-lo. Marcos diz que "não entendiam o que Ele queria dizer, mas temiam perguntar-lhe". Não é difícil reconhecer nessas palavras a pobreza de muitos cristãos de todos os tempos. Não compreendemos Jesus e temos medo de nos aprofundarmos em sua mensagem.

Tendo chegado a Cafarnaum, Jesus pergunta-lhes: "O que discutíeis no caminho?" Os discípulos ficam em silêncio. Estão envergonhados. Marcos diz em seu relato que eles haviam discutido sobre quem era o mais importante. É por certo vergonhoso ver Jesus, que vai a caminho da cruz, acompanhado de perto por um grupo de discípulos cheios de ambições bobas. O que discutimos hoje na Igreja enquanto dizemos seguir Jesus?

Já em casa, Jesus resolve dar-lhes um ensinamento. Eles precisam desse ensinamento. Eis as suas primeiras palavras: "Quem quiser ser o primeiro, será o último e servo de todos". No grupo que segue a Jesus, quem quiser sobressair e ser mais do que os outros terá de ficar por último, atrás de todos, pois então poderá ver o que eles precisam e servir a todos.

A verdadeira grandeza consiste em servir. Para Jesus, o primeiro não é quem ocupa um cargo de importância e sim quem vive a servir e ajudar o outros. Na Igreja, os primeiros não são os hierarcas, mas as pessoas simples que vivem a ajudar quem encontram pelo caminho. Não devemos esquecer isso.

Para Jesus, sua Igreja deveria ser um espaço onde todos pensem nos outros. Uma comunidade onde todos estejamos prontos a atender a quem mais possa precisar de nós. Isso não é sonho de Jesus. É tão importante que Ele vai dar um exemplo gráfico.

Senta-se e chama seus discípulos. Depois traz uma criança para o meio do grupo para que todos fixem sua atenção nela. No centro da Igreja apostólica sempre deverá estar essa criança, símbolo das pessoas fracas e desvalidas, carentes de acolhimento, apoio e defesa. Não devem estar fora, longe da Igreja de Jesus. Devem ocupar o centro da nossa atenção.

Em seguida, Jesus abraça a criança. Quer que os discípulos se lembrem dele assim, identificado com os fracos. Disse-lhes então: "Quem acolhe uma criança como esta, em meu nome, a mim acolhe, e quem me acolhe, acolhe ao que me enviou".

O ensinamento de Jesus é claro: o caminho para acolher Deus é acolher seu Filho Jesus, presente nos pequenos, nos indefesos, nos pobres e desvalidos. Por que esquecemos isso com tanta frequência? O que há no centro da Igreja se já não está esse Jesus identificado com os pequenos?

Ninguém tem a exclusividade de Jesus

Marcos 9,38-43.45.47-48   XXVI Tempo Comum

A cena é surpreendente. Os discípulos levam um problema a Jesus. Dessa vez, quem fala pelo grupo não é Pedro, mas João, um dos irmãos que querem os postos principais. Agora ele pretende que o grupo de discípulos tenha a exclusividade de Jesus e o monopólio de sua ação libertadora.

Eles estão preocupados. Um exorcista que não faz parte do grupo está a expulsar demônios em nome de Jesus. Os discípulos não se alegram ao ver que as pessoas ficam curadas e podem iniciar uma vida mais humana. Pensam apenas no prestígio do seu próprio grupo. Por isso tentaram acabar de vez com a atuação do exorcista. O motivo é um só: "Ele não é um de nós".

Os discípulos supõem que para agir em nome de Jesus e com seu poder de cura é preciso ser membro do grupo. Ninguém pode recorrer a Jesus e trabalhar por um mundo mais humano sem fazer parte da Igreja. É isso mesmo? Qual a opinião de Jesus?

As primeiras palavras dele são categóricas: "Não o impeçais". O nome de Jesus e sua força humanizadora são mais importantes que o pequeno grupo de discípulos. É bom que a salvação trazida por Jesus se estenda para além da Igreja estabelecida e ajude as pessoas a viverem de forma mais humana. Ninguém deve ver isso como concorrência desleal.

Jesus desfaz toda tentação sectária de seus seguidores. Não constituiu seu grupo com o intuito de controlar a sua salvação messiânica. Não é rabino de uma escola fechada, mas Profeta de uma salvação aberta a todos. Sua Igreja há de apoiar seu Nome onde quer que seja invocado para fazer o bem.

Jesus não quer que, entre seus seguidores, se fale de quem é dos nossos e quem não é, quem está dentro e quem está fora, quem pode agir em seu nome e quem não pode. Seu modo de ver as coisas é diferente: "Quem não está contra nós está a nosso favor".

Na sociedade atual, muitos homens e mulheres trabalham por um mundo mais justo e humano sem pertencer à Igreja. Alguns nem sequer são crentes, embora estejam abrindo caminhos para o reino de Deus e sua justiça. Eles são dos nossos. Devemos alegrar-nos em vez de olhar para eles com ressentimento. Devemos apoiá-los em vez de desqualificá-los.

É errado viver na Igreja enxergando hostilidade e maldade em toda parte, acreditando ingenuamente que apenas nós somos portadores do Espírito de Jesus. Ele não aprovaria essa conduta. Ele nos convida a colaborar com alegria com todos os que vivem de maneira humana e se preocupam com os mais pobres e necessitados.

CONTRA O PODER DO VARÃO

Marcos 10,2-16   XXVII Tempo Comum

Os fariseus formulam a Jesus uma pergunta para pô-lo à prova. Dessa vez a questão não é irrelevante, mas um fato que causa muito sofrimento às mulheres da Galileia e enseja sérias discussões entre os seguidores de diversas escolas rabínicas: "É lícito ao marido separar-se da sua mulher?"

Aqui não se trata do divórcio moderno como o conhecemos hoje e sim da situação em que se achava a mulher judia no matrimônio, totalmente controlado pelo homem. Segundo a Lei de Moisés, o marido podia romper o contrato matrimonial e expulsar a esposa da casa. Já a mulher, em tudo subordinada ao varão, não podia fazer a mesma coisa.

A resposta de Jesus surpreende todos. Ele não aborda as discussões dos rabinos. Convida a descobrir o projeto original de Deus, que está acima de leis e normas. Essa lei machista, concretamente, prevaleceu no povo judeu em razão da dureza do coração dos homens, que dominam as mulheres e submetem-nas à sua vontade.

Jesus aprofunda-se no mistério original do ser humano. Deus "criou-os varão e mulher". Ambos foram criados em igualdade. Deus não criou o varão com poder sobre a mulher. Não criou a mulher submetida ao homem. Entre homens e mulheres não haverá dominação exercida por ninguém.

Com base nessa estrutura original do ser humano, Jesus apresenta uma visão do matrimônio que vai além de tudo o que a Lei estabelece. Mulheres e homens unir-se-ão para "ser uma só carne" e iniciar uma vida compartilhada na mútua entrega, sem imposição nem submissão.

Esse projeto matrimonial é, para Jesus, a suprema expressão do amor humano. O varão não tem direito algum de controlar a mulher como se fosse seu dono. A mulher não deve aceitar viver submetida ao varão. É o próprio Deus quem os atrai para viverem unidos por um amor livre e gratuito. Jesus conclui categoricamente: "O que Deus uniu, o homem não separe".

Com essa postura, Jesus destrói o alicerce do patriarcado em todas as suas formas de controle e submissão impostas pelo homem à mulher. Não só no matrimônio como também em qualquer instituição civil ou religiosa.

Devemos escutar a mensagem de Jesus. Não é possível abrir caminhos para o reino de Deus sem lutar ativamente contra o patriarcado. Quando reagiremos com energia evangélica, na Igreja, contra tanto abuso, tanta violência e agressão do homem sobre a mulher? Quando defenderemos a mulher da "dureza de coração" dos homens?

COM JESUS EM MEIO À CRISE

MARCOS 10,17-30   XXVIII TEMPO COMUM

Antes de Jesus partir, um desconhecido chega correndo e aproxima-se dele. Parece ter pressa em resolver seu problema: "O que devo fazer para herdar a vida eterna?" Não se preocupa com os problemas desta vida. É rico e já tem tudo resolvido.

Jesus defronta-o com a Lei de Moisés. Curiosamente, não lhe recorda os dez mandamentos, mas apenas aqueles que proíbem agir contra o próximo. O jovem é um homem bom e observante da religião judaica: "Tudo isso tenho cumprido desde a juventude".

Jesus fita-o com carinho. É admirável a vida de uma pessoa que não fez mal a ninguém. Jesus, no intuito de atrair o jovem para que colabore com Ele no seu projeto de fazer um mundo mais humano, faz a ele uma proposta surpreendente: "Uma coisa te falta: vai, vende tudo o que tens, dá o dinheiro aos pobres e, depois, vem e segue-me".

O rico possui muitas coisas, mas falta-lhe a única que faz possível seguir Jesus realmente. Embora seja bom, ele vive apegado ao seu dinheiro. Jesus pede-lhe que renuncie à sua riqueza e a ponha a serviço dos pobres. Somente compartilhando o que tem com os necessitados poderá seguir Jesus e colaborar no seu projeto.

O homem não se acha capaz disso. Precisa de bem-estar. Não tem forças para viver sem a sua riqueza. Seu dinheiro está acima de tudo. Desiste de seguir Jesus. Veio correndo entusiasmado ao encontro dele. Agora, triste, afasta-se. Nunca conhecerá a alegria de colaborar com Jesus.

A crise econômica enseja aos seguidores de Jesus avançarmos para uma vida mais sóbria, compartilhando com os necessitados o que temos e simplesmente não precisamos para viver com dignidade. Se quisermos seguir Jesus neste momento, devemos fazer-nos certas perguntas.

Em primeiro lugar, examinemos nossa relação com o dinheiro. O que fazemos com ele? Para que poupamos? Em que investimos? Com quem compartilharemos o que não precisarmos? Depois, examinemos nosso consumo para torná-lo mais responsável, menos compulsivo e menos supérfluo. O que compramos? Onde compramos? Para que compramos? Quem podemos ajudar a comprar o que necessita?

São perguntas que devemos formular no fundo da nossa consciência e também em nossas famílias, comunidades cristãs e instituições da Igreja. Não faremos nada heroico; mas, se dermos pequenos passos nessa direção, conheceremos a alegria de seguir Jesus contribuindo para amenizar a crise de alguns e torná-la mais suportável. De outro modo, mesmo que nos sintamos bons cristãos, nossa religião não terá alegria.

Nada disso entre nós

Marcos 10,35-45   XXIX Tempo Comum

Enquanto sobem para Jerusalém, Jesus vai anunciando a seus discípulos o destino doloroso que o aguarda na capital. Os discípulos não entendem. Estão disputando entre eles os primeiros postos. Tiago e João, discípulos da primeira hora, aproximam-se dele para pedir que lhes permita sentar-se um dia "um à tua direita e o outro à tua esquerda".

Jesus mostra-se desanimado: "Não sabeis o que pedis". Ninguém no grupo parece compreender que seguir Jesus de perto colaborando no seu projeto não será nunca uma senda de poder e grandeza, mas de sacrifício e cruz.

Enquanto isso, ao saberem da ousadia de Tiago e João, os outros dez ficam revoltados. O grupo está agitado como nunca. A ambição gera divisão entre eles. Jesus reúne todos para esclarecer-lhes seu pensamento.

Em primeiro lugar Ele expõe o que ocorre nos povos do Império Romano. Todos estão cientes dos abusos de Antipas e das famílias herodianas na Galileia. Jesus resume a situação desta forma: os que são reconhecidos como chefes valem-se de seu poder para "tiranizar" os povos e os grandes nada fazem além de "oprimir" seus súditos. Jesus não poderia ser mais terminante: "Entre vós, nada disso".

Não admite nada parecido entre os seus. "Quem quiser ser grande entre vós que seja vosso servo, e quem quiser ser o primeiro entre vós que seja escravo de todos". Na sua comunidade não haverá lugar para o poder que oprime, apenas para o serviço que ajuda. Jesus não quer chefes sentados à sua direita e à sua esquerda, mas servos como Ele que dão a vida pelos outros.

Jesus esclarece as coisas. A Igreja dele não é construída com a imposição de quem está acima, mas com o serviço prestado pelos que se situam embaixo. Não cabe nela hierarquia alguma entendida como honraria ou dominação. Tampouco métodos nem estratégias de poder. O serviço é que constrói a Igreja de Jesus.

Jesus dá tamanha importância ao que está dizendo que Ele próprio se apresenta como exemplo, uma vez que não veio ao mundo para exigir que lhe sirvam, mas "para servir e dar a sua vida em resgate por todos". Jesus não ensina ninguém a triunfar na Igreja, mas a servir ao projeto do reino de Deus devotando-se aos mais fracos e necessitados.

O ensinamento de Jesus não se destina apenas aos dirigentes. Em diferentes tarefas e responsabilidades, todos nós devemos entregar-nos com maior empenho ao serviço do projeto dele. Na Igreja precisamos de fiéis seguidores de Jesus, não de imitadores de Tiago e João. Quem quiser ser importante ponha-se a trabalhar e a colaborar.

Com novos olhos

Marcos 10,46-52   XXX Tempo Comum

A cura do cego Bartimeu é narrada por Marcos para urgir as comunidades cristãs a saírem da cegueira e da mediocridade. Só assim elas seguirão Jesus no caminho do Evangelho. O relato é de surpreendente atualidade para a Igreja de hoje.

Bartimeu é "um mendigo cego sentado à beira do caminho". Na vida dele, sempre é de noite. Ouviu falar em Jesus, mas não conhece seu rosto. Não pode segui-lo. Está à beira do caminho percorrido por Jesus, mas está fora. Não é bem essa a nossa situação, a de cristãos cegos, sentados à beira do caminho, incapazes de seguir Jesus?

É noite entre nós. Desconhecemos Jesus. Falta-nos luz para seguir seu caminho. Não sabemos para onde vai a Igreja. Não sabemos sequer que futuro queremos para ela. Instalados numa religião que não consegue tornar-nos seguidores de Jesus, vivemos junto ao Evangelho, mas fora dele. O que podemos fazer?

Apesar da cegueira, Bartimeu nota que Jesus está passando perto dele. Não hesita nem por um instante. De alguma maneira, percebe que a sua salvação está em Jesus: "Jesus, Filho de Davi, tem compaixão de mim!" Esse grito repetido com fé vai desencadear sua cura.

Ouvem-se hoje queixas e lamentações, críticas, protestos e mútuas desqualificações na Igreja. Não se ouve a oração humilde e confiante do cego. Esquecemo-nos de que só Jesus pode salvar essa Igreja. Não percebemos a presença próxima dele. Acreditamos só em nós mesmos.

Embora não enxergue, o cego sabe escutar a voz de Jesus que chega a Ele por meio dos enviados. "Ânimo, levanta-te que Ele te chama!" É esse o clima que precisamos criar na Igreja. Necessitamos incentivar-nos mutuamente a reagir. Não continuar acomodados numa religião convencional. Voltar a Jesus, que está chamando. Esse é o primeiro objetivo pastoral.

O cego reage de maneira admirável. Solta o manto que o impede de se levantar, dá um pulo em meio à sua escuridão e aproxima-se de Jesus. Apenas um pedido brota de seu coração: "Mestre, que eu recupere a visão". Se seus olhos se abrirem, tudo mudará. O relato termina dizendo que o cego recuperou a visão e "seguia Jesus estrada afora".

Eis aí a cura de que os cristãos precisamos hoje. O salto qualitativo que pode mudar a Igreja. Se nosso modo de olhar para Jesus mudar, se lermos o Evangelho com outros olhos, se captarmos a originalidade de sua mensagem e nos apaixonarmos pelo seu projeto de um mundo mais humano, a força de Jesus nos arrastará. Nossas comunidades conhecerão a alegria de viver seguindo-o de perto.

ATEÍSMO SUPERFICIAL

MARCOS 12,28-34   XXXI TEMPO COMUM

Nos últimos anos, muitas pessoas passaram de uma fé ligeira e superficial para um ateísmo igualmente frívolo e irresponsável. Alguns suprimiram de suas vidas toda prática religiosa e encerraram qualquer relação com uma comunidade crente. Será que isso basta para resolvermos com seriedade a nossa atitude pessoal diante do mistério supremo da vida?

Há quem diga que não acredita na Igreja nem nos "inventos dos padres", mas acredita em Deus. Todavia, qual o significado de acreditar num Deus que nunca é lembrado, com quem jamais se dialoga, a quem não se escuta, de quem não se espera nada com regozijo?

Outras pessoas declaram que está na hora de se aprender a viver sem Deus, encarando a vida com mais dignidade e personalidade. Contudo, quando se observa em detalhe a vida dessas pessoas não é fácil ver como o abandono de Deus as ajudou de fato a viverem uma vida mais digna e responsável.

Não poucas pessoas fabricaram sua própria religião e construíram uma moral própria à sua medida. Nunca procuraram nada além de uma situação de certo conforto na vida, evitando qualquer interrogação que implicasse um sério questionamento à sua existência.

Alguns não saberiam dizer se acreditam ou não em Deus. Na verdade, não entendem para que isso pode servir. Vivem tão ocupados em trabalhar e curtir, tão distraídos com os problemas de cada dia, os programas de televisão e as revistas do fim de semana que não sobra espaço para Deus em suas vidas.

No entanto, os crentes estaríamos errados se pensássemos que esse ateísmo frívolo existe apenas nas pessoas que ousam dizer abertamente que não acreditam em Deus. Talvez esse ateísmo esteja a penetrar nos corações dos que nos dizemos crentes: às vezes nós próprios sabemos que Deus não é o único Senhor de nossa vida, nem mesmo o mais importante.

Façamos só uma prova. O que sentimos no mais fundo da consciência quando ouvimos estas palavras bem devagar, repetidas vezes e com sinceridade: "Escuta: o Senhor, nosso Deus, é o único Senhor. Amarás o Senhor, teu Deus, como todo o teu coração, com toda a tua alma, com toda a tua mente, com todas as tuas forças"? Qual o espaço que Deus ocupa no meu coração, na minha alma, na minha mente, em todo o meu ser?

O melhor da Igreja

Marcos 12,38-44   XXXII Tempo Comum

O contraste entre as duas cenas não pode ser maior. Na primeira, Jesus adverte as pessoas quanto aos dirigentes religiosos: "Cuidado com os mestres da Lei!", pois o comportamento deles pode fazer muito mal. Na segunda, Ele chama seus discípulos para que reparem no gesto de uma viúva pobre: as pessoas singelas poderão ensiná-los a viver o Evangelho.

É notável a linguagem dura e certeira usada por Jesus para desmascarar a falsa religiosidade dos escribas. Ele não tolera a vaidade e a ânsia de ostentação deles. Querem vestir-se de forma especial e ser saudados com reverência para sobressair aos demais, impor sua autoridade e dominar.

A religião serve para alimentar a fatuidade deles. Fazem "longas orações" para impressionar. Não criam comunidade, posto que se colocam acima de todos. No fundo, eles só pensam em si mesmos. Vivem a tirar proveito das pessoas fracas, a quem deveriam servir.

Marcos não recolhe as palavras de Jesus para condenar os escribas que havia no Templo de Jerusalém antes da destruição, mas para advertir as comunidades para as quais escreve. Os dirigentes religiosos serão servidores da comunidade. Mais nada. Se esquecem isso, são um perigo para todos. É preciso reagir para evitar que causem dano.

Na segunda cena, Jesus está sentado diante da arca das oferendas. Muitos ricos deixam quantias importantes – são eles que mantêm o Templo. Então, uma mulher se aproxima. Jesus vê que ela deposita duas moedinhas de cobre. É uma viúva pobre, maltratada pela vida, sozinha e sem recursos. É provável que viva a mendigar perto do Templo.

Comovido, Jesus chama logo seus discípulos. Não devem esquecer o gesto dessa mulher que, embora passe por necessidade, "deixou tudo o que precisava, tudo o que tinha para viver". Enquanto os mestres aproveitam-se da religião, essa mulher é generosa com os demais, confiando totalmente em Deus.

Esse gesto revela-nos o âmago da verdadeira religião: grande confiança em Deus, surpreendente gratuidade, generosidade e amor solidário, singeleza e verdade. Não sabemos o nome dessa mulher nem conhecemos seu rosto. Só sabemos que Jesus viu nela um modelo para os futuros dirigentes de sua Igreja.

Também hoje há mulheres e homens de fé singela e coração generoso que são o melhor que temos na Igreja. Embora não escrevam livros nem pronunciem sermões, eles é que mantêm vivo o Evangelho de Jesus entre nós. Nós, padres e bispos, devemos aprender com eles.

Ninguém sabe o dia

Marcos 13,24-32   XXXIII Tempo Comum

Com melhor conhecimento da linguagem apocalíptica, constituída de imagens e recursos simbólicos para falar sobre o fim do mundo, hoje podemos ouvir a mensagem esperançosa de Jesus sem cair na tentação de semear angústia e pavor nas consciências.

Algum dia a cativante história do ser humano na terra terminará. Jesus tem firme convicção disso. É também a previsão da ciência na atualidade. O mundo não é eterno. Esta vida terminará. O que será de nossas lutas e nossos trabalhos, de nossos esforços e aspirações?

Jesus fala com serenidade. Não deseja alimentar nenhuma curiosidade doentia. Descarta qualquer tentativa de prever datas ou prazos. "Ninguém sabe o dia nem a hora... somente o Pai". Nada de psicose quanto ao fim. O mundo está em boas mãos. Não caminhamos rumo ao caos. Podemos confiar em Deus, nosso Criador e Pai.

A partir dessa confiança total, Jesus revela sua esperança: a criação atual acabará, mas de modo a ensejar uma nova criação cujo centro será Cristo ressuscitado. É possível acreditar em uma coisa tão grandiosa? Podemos falar assim antes que algo tenha acontecido?

Jesus lança mão de imagens que todos podem entender. Um dia, o sol e a lua, que hoje iluminam a terra e tornam possível a vida, vão se apagar. O mundo ficará às escuras. Também se apagará a história? Nossas esperanças terminarão desse jeito?

Segundo a versão de Marcos, em meio a essa noite será possível ver o "Filho do homem", isto é, Cristo ressuscitado, vir "com grande poder e glória". A luz salvadora dele iluminará tudo. Ele será o centro de um mundo novo, o princípio de uma humanidade renovada para sempre.

Jesus sabe que não é fácil acreditar em suas palavras. Como pode Ele provar que tudo acontecerá assim? Com surpreendente simplicidade, Ele convida a viver esta vida como uma primavera. Todos conhecem a experiência: a vida que parecia morta no inverno começa a despertar e pequenas folhas tornam a brotar nos galhos da figueira. Todos sabem que o verão está próximo.

Esta vida que ora conhecemos é como a primavera. Ainda não se pode colher. Não podemos obter proveito definitivo. Há, no entanto, pequenos sinais de que a vida está em gestação. Nossos esforços por um mundo melhor não serão perdidos. Ninguém sabe qual o dia, mas Jesus virá. Com essa vinda se desvendará o mistério supremo da realidade, que os crentes chamamos de Deus. Nossa história apaixonante atingirá a sua plenitude.

O fator decisivo

João 18,32-37   Jesus Cristo, Rei do universo

O julgamento de Jesus teve lugar provavelmente no palácio onde Pilatos residia quando estava em Jerusalém. Encontraram-se ali, em uma manhã de abril do ano 30, um réu indefeso chamado Jesus e o representante do poderoso sistema imperial de Roma.

O Evangelho de João relata o diálogo entre os dois. Na verdade, mais do que um interrogatório parece ser um discurso de Jesus para esclarecer algumas questões de grande interesse do evangelista. Em determinado momento, Jesus proclama de forma solene: "Para isso eu nasci e para isso vim ao mundo: para ser testemunha da verdade. Todo aquele que pertence à verdade ouve a minha voz".

Essa afirmação contém um traço básico que define a trajetória profética de Jesus: a sua vontade de viver na verdade de Deus. Jesus não só diz a verdade como busca a verdade, e apenas a verdade de um Deus que quer um mundo mais humano para todos os seus filhos.

Portanto, Jesus fala com autoridade, mas sem falsos autoritarismos. Fala com sinceridade, mas sem dogmatismos. Não fala como os fanáticos que tentam impor suas verdades. Nem como os funcionários, que a defendem por obrigação, mesmo sem acreditarem nela. Jesus não se considera guardião da verdade, mas testemunha.

Jesus não transforma a verdade de Deus em propaganda. Não se vale dela em proveito próprio, porém em defesa dos pobres. Não tolera a mentira nem a ocultação das injustiças. Não admite manipulações. Assim, Jesus torna-se "voz dos sem voz e voz contra aqueles que têm voz demais" (Jon Sobrino).

Essa voz é hoje mais necessária do que nunca nesta sociedade presa em grave crise econômica. A ocultação da verdade é um dos mais firmes pressupostos da atuação dos poderes financeiros e da gestão política submissa às exigências deles. Querem que vivamos a crise na mentira.

Faz-se tudo o que é possível para ocultar a responsabilidade dos principais causadores da crise e ignora-se perversamente o sofrimento das vítimas mais fracas e indefesas. É premente humanizar a crise concentrando a atenção na verdade daqueles que sofrem e no atendimento prioritário de sua situação, cada vez mais grave.

Essa é a primeira verdade exigível de todos se não quisermos ser desumanos. É o primeiro dado, antes de qualquer outro. Não é possível acostumar-se com a exclusão social e a desesperança em que mergulham os mais fracos. Os que seguimos Jesus devemos escutar sua voz e, instintivamente, sair em defesa dos últimos. Quem é da verdade escuta a voz dele.

Ano C

Indignação e esperança

Lucas 21,25-28.34-36   I Advento

Uma convicção indestrutível sustenta desde seus inícios a fé dos seguidores de Jesus: animada por Deus, a história humana se encaminha para sua libertação definitiva. As contradições insuportáveis do ser humano e os horrores cometidos em todas as épocas não devem destruir nossa esperança.

Este mundo que nos sustenta não é definitivo. Um dia, a criação inteira dará "sinais" de que chegou ao seu final, para dar lugar a uma vida nova e libertada, que nenhum de nós consegue imaginar nem compreender.

Os evangelhos conservam a recordação de uma reflexão de Jesus sobre esse final dos tempos. Paradoxalmente, sua atenção não se concentra nos "acontecimentos cósmicos" que possam ocorrer naquele momento. Seu principal objetivo é propor a seus seguidores uma maneira de viver com lucidez diante desse horizonte.

O final da história não é o caos, a destruição da vida, a morte total. Lentamente, entre luzes e trevas, ouvindo os chamados do nosso coração ou desprezando o que há de melhor em nós, vamos caminhando para o Mistério último da realidade, que nós crentes chamamos "Deus".

Não devemos viver capturados pelo medo ou pela ansiedade. O "último dia" não é um dia de ira e de vingança, mas de libertação. Lucas resume o pensamento de Jesus com estas palavras admiráveis: "Erguei-vos, levantai a cabeça, porque vossa libertação se aproxima". Só então conheceremos realmente como Deus ama o mundo.

Precisamos reavivar nossa confiança, levantar o ânimo e despertar a esperança. Um dia os poderes financeiros sucumbirão. A insensatez dos poderosos se acabará. As vítimas de tantas guerras, crimes e genocídios conhecerão a vida. Nossos esforços por um mundo mais humano não se perderão para sempre.

Jesus se esforça para sacudir as consciências de seus seguidores. "Tende cuidado: que não se embote a vossa mente". Não vivais como imbecis. Não vos deixeis arrastar pela frivolidade e pelos excessos. Mantende viva a indignação. "Estai sempre acordados". Não relaxeis. Vivei com lucidez e responsabilidade. Não vos canseis. Mantende sempre a tensão.

Como estamos vivendo estes tempos difíceis para quase todos, angustiosos para muitos e cruéis para os que submergem na impotência? Estamos acordados? Vivemos dormindo? A partir das comunidades cristãs precisamos alimentar a indignação e a esperança. E só existe um caminho: estar junto dos que estão ficando sem nada, mergulhados no desespero, na raiva e na humilhação.

ABRIR CAMINHOS NOVOS

LUCAS 3,1-6   II ADVENTO

Os primeiros cristãos viram na atuação do Batista o profeta que preparou decisivamente o caminho para Jesus. Por isso, ao longo dos séculos, o Batista se transformou num apelo que continua obrigando-nos a preparar caminhos que nos permitam acolher Jesus entre nós.

Lucas resumiu sua mensagem com este grito tomado do profeta Isaías: "Preparai o caminho do Senhor". Como escutar esse grito na Igreja de hoje? Como abrir caminhos para que nós, homens e mulheres de nosso tempo, possamos encontrar-nos com Ele? Como acolhê-lo em nossas comunidades?

A primeira coisa a fazer é tomar consciência de que precisamos de um contato muito mais vivo com a pessoa de Jesus. Não é possível alimentar-nos só de doutrina religiosa. Não é possível seguir um Jesus transformado numa sublime abstração. Precisamos sintonizar vitalmente com Ele, deixar-nos atrair por seu estilo de vida, contagiar-nos com sua paixão por Deus e pelo ser humano.

Em pleno "deserto espiritual" da sociedade moderna precisamos entender e configurar a comunidade cristã como um lugar onde se acolhe o Evangelho de Jesus. Viver a experiência de reunir-nos todos nós, crentes, menos crentes, pouco crentes e inclusive não crentes, em torno do relato evangélico de Jesus. Dar-lhe a oportunidade de penetrar com sua força humanizadora nos nossos problemas, crises, medos e esperanças.

Não devemos esquecer o seguinte: Nos evangelhos não aprendemos doutrina acadêmica sobre Jesus, destinada inevitavelmente a envelhecer ao longo dos séculos. Aprendemos um estilo de vida realizável em todos os tempos e em todas as culturas: a maneira de viver de Jesus. A doutrina não toca o coração, não converte nem enamora. Jesus sim.

A experiência direta e imediata com o relato evangélico nos faz nascer para uma nova fé, não através de "doutrinamento" ou de "aprendizado teórico", mas através do contato vital com Jesus. Ele nos ensina a viver a fé não por obrigação, mas por atração. Ele nos faz viver a vida cristã não como dever, mas como contágio. Em contato com o Evangelho recuperamos nossa verdadeira identidade de seguidores de Jesus.

Percorrendo os evangelhos experimentamos que a presença invisível e silenciosa do Ressuscitado adquire traços humanos e recupera voz concreta. De repente, tudo muda: podemos viver acompanhados por alguém que põe sentido, verdade e esperança em nossa existência. O segredo de toda evangelização consiste em pôr-nos em contato direto e imediato com Jesus. Sem Ele não é possível gerar uma fé nova.

O que podemos fazer?

Lucas 3,10-18   III Advento

A pregação do Batista sacudiu a consciência de muitos. Aquele profeta do deserto estava dizendo-lhes em voz alta o que eles sentiam no seu coração: era necessário mudar, voltar para Deus, preparar-se para acolher o Messias. Alguns se aproximaram dele com esta pergunta: "O que podemos fazer?"

O Batista tem as ideias muito claras. Não lhes propõe acrescentar novas práticas religiosas à sua vida. Não lhes pede que permaneçam no deserto fazendo penitência. Não lhes fala de novos preceitos. O Messias precisa ser acolhido olhando atentamente para os necessitados.

Ele não se perde em teorias sublimes nem em motivações profundas. De maneira direta, no mais puro espírito profético, resume tudo numa fórmula genial: "Quem tiver duas túnicas reparta-as com que não tem; e quem tiver comida faça o mesmo". E nós, o que podemos fazer para acolher a Cristo nesta sociedade em crise?

Antes de mais nada, esforçar-nos muito mais para conhecer o que está acontecendo: a falta de informação é primeira causa de nossa passividade. Por outro lado, não tolerar a mentira ou o encobrimento da verdade. Precisamos conhecer, em toda a sua crueza, o sofrimento que está sendo produzido de maneira injusta entre nós.

Não basta viver a golpes de generosidade. Podemos dar passos para uma vida mais sóbria. Atrever-nos a fazer a experiência de "empobrecer-nos" pouco a pouco, diminuindo nosso atual nível de bem-estar para compartilhar com os mais necessitados tantas coisas que temos e das quais não precisamos para viver.

Podemos ficar especialmente atentos aos que caíram em situações graves de exclusão social: despejados de suas casas, privados da devida atenção sanitária, sem renda nem assistência social alguma... Precisamos sair instintivamente em defesa dos que estão mergulhando na impotência e na falta de motivação para enfrentar seu futuro.

A partir das comunidades cristãs podemos desenvolver atividades diversas para estar perto dos casos mais pungentes de desamparo social: conhecimento concreto de situações, mobilização de pessoas para não deixar ninguém sozinho, trazer recursos materiais, gestão de possíveis ajudas...

Para muitos são tempos difíceis. A todos nós se apresentará a oportunidade de humanizar nosso consumismo desvairado, tornar-nos mais sensíveis ao sofrimento das vítimas, crescer em solidariedade prática, contribuir para denunciar a falta de compaixão na gestação da crise... Será nossa maneira de acolher com mais verdade Cristo em nossas vidas.

MULHERES CRENTES

LUCAS 1,39-45   IV ADVENTO

Depois de receber o chamado de Deus, anunciando-lhe que será mãe do Messias, Maria põe-se a caminho sozinha. Começa para ela uma vida nova, a serviço de seu Filho Jesus. Anda "depressa", com decisão. Sente necessidade de compartilhar sua alegria com sua prima Isabel e pôr-se quanto antes a seu serviço nos últimos meses de gravidez.

O encontro das duas mães é uma cena insólita. Não estão presentes os varões. Só duas mulheres simples, sem nenhum título nem relevância na religião judaica. Maria, que leva Jesus consigo para todo lugar, e Isabel, que, cheia de espírito profético, se atreve a bendizer sua prima em nome de Deus.

Maria entra em casa de Zacarias, mas não se dirige a ele. Vai diretamente saudar Isabel. Nada sabemos do conteúdo de sua saudação. Somente que aquela saudação enche a casa de uma alegria transbordante. É a alegria que Maria vive desde que ouviu a saudação do anjo: "Alegra-te, cheia de graça".

Isabel não consegue conter sua surpresa e sua alegria. Enquanto ouve a saudação de Maria, sente os movimentos da criatura que traz em seu seio e os interpreta maternalmente como "saltos de alegria". Imediatamente bendiz Maria "em voz alta", dizendo: "Bendita és tu entre as mulheres e bendito é o fruto de teu ventre".

Em nenhum momento chama Maria pelo nome. Contempla-a totalmente identificada com sua missão: é a mãe de seu Senhor. Ela a vê como uma mulher crente na qual se cumprirão os desígnios de Deus: "Ditosa és tu, porque creste".

O que mais surpreende é a atuação de Maria. Ela não veio mostrar sua dignidade de mãe do Messias. Não está ali para ser servida, mas para servir. Isabel não consegue conter seu espanto. "Quem sou eu para que me visite a mãe de meu Senhor?"

São muitas as mulheres que não vivem em paz no interior da Igreja. Em algumas cresce a aversão e o mal-estar. Sofrem ao ver que, apesar de serem as primeiras colaboradoras em muitos campos, quase não se conta com elas para pensar, decidir e impulsionar a caminhada da Igreja. Essa situação nos está causando danos a todos.

O peso de uma história multissecular controlada e dominada pelos varões nos impede de tomar consciência do empobrecimento que significa para a Igreja prescindir de uma presença mais eficaz da mulher. Nós não as escutamos, mas Deus pode suscitar mulheres crentes, cheias de espírito profético, que transmitam alegria e deem à Igreja um rosto mais humano. Serão uma bênção. Elas nos ensinarão a seguir Jesus com mais paixão e fidelidade.

DIANTE DO MISTÉRIO DA CRIANÇA

Lucas 2,1-14   NATAL DO SENHOR

Nós, homens, acabamos nos acostumando com quase tudo. Frequentemente o costume e a rotina vão esvaziando de vida nossa existência. Dizia Ch. Péguy que "existe algo pior do que ter uma alma perversa, e é ter uma alma acostumada a quase tudo". Por isso, não nos causa muita estranheza que a celebração do Natal, envolta em superficialidade e consumismo tresloucado, já não nos diga quase nada de novo e de alegre a tantos homens e mulheres de "alma acostumada".

Estamos acostumados a ouvir que "Deus nasceu num estábulo de Belém". Já não nos surpreende nem comove um Deus que se apresenta como criança. É o que diz Antoine de Saint-Exupéry no prólogo de seu delicioso *Pequeno Príncipe*: "Todas as pessoas grandes foram um dia crianças. Mas poucas se lembram disso". Esquecemos o que é ser criança. E esquecemos que o primeiro olhar de Deus ao aproximar-se do mundo foi um olhar de criança.

Mas é justamente essa a grande notícia do Natal. Deus é e continua sendo Mistério. Mas agora sabemos que Ele não é um ser tenebroso, inquietante e temível, mas alguém que se nos apresenta próximo, indefeso, afetuoso, a partir da ternura e da transparência de uma criança.

E essa é a mensagem do Natal. É preciso sair ao encontro desse Deus, é preciso mudar o coração, tornar-nos crianças, nascer de novo, recuperar a transparência do coração, abrir-nos confiantemente à graça e ao perdão.

Apesar de nossa aterradora superficialidade, de nossos ceticismos e desencantos e, sobretudo, de nosso inconfessável egoísmo e mesquinhez de "adultos", sempre existe em nosso coração um recanto íntimo no qual ainda não deixamos de ser crianças.

Atrevamo-nos ao menos uma vez a olhar-nos com simplicidade e sem reservas. Façamos um pouco de silêncio ao nosso redor. Desliguemos a televisão. Esqueçamos nossas pressas, nervosismos, compras e compromissos.

Ouçamos dentro de nós esse "coração de criança" que ainda não se fechou à possibilidade de uma vida mais sincera, bondosa e confiante em Deus. É possível começarmos a ver nossa vida de outra maneira. "Só se vê bem com o coração. O essencial é invisível aos olhos" (A. de Saint-Exupéry).

E, sobretudo, é possível escutarmos o apelo a renascer para uma fé nova. Uma fé que não atrofia, mas rejuvenesce; que não nos fecha em nós mesmos, mas nos abre; que não separa, mas une; que não receia, mas confia; que não entristece, mas ilumina; que não teme, mas ama.

UMA FAMÍLIA DIFERENTE

LUCAS 2,41-52   SAGRADA FAMÍLIA

Entre os católicos defende-se quase instintivamente o valor da família, mas nem sempre nos detemos a refletir sobre o conteúdo concreto de um projeto familiar entendido e vivido a partir do Evangelho. Como seria uma família inspirada em Jesus?

A família, de acordo com Ele, tem sua origem no mistério do Criador, que atrai a mulher e o varão para serem "uma só carne", compartilhando sua vida numa entrega mútua, animada por um amor livre e gratuito. Esse é o elemento primeiro e decisivo. Essa experiência amorosa dos pais pode gerar uma família sadia.

Seguindo o apelo profundo de seu amor, os pais se transformam em fonte de vida nova. É sua tarefa mais apaixonante. A que pode dar uma profundidade e um horizonte novo a seu amor. A que pode consolidar para sempre sua obra criadora no mundo.

Os filhos são um dom e uma responsabilidade. Um desafio difícil e uma satisfação incomparável. A atuação de Jesus, defendendo sempre os pequenos e abraçando e abençoando as crianças, sugere a atitude básica: cuidar da vida frágil dos que começam a caminhada por este mundo. Ninguém pode oferecer-lhes nada melhor.

Uma família cristã procura viver uma experiência original na sociedade atual, indiferente e agnóstica: construir seu lar a partir de Jesus. "Onde dois ou três se reúnem em meu nome, ali estou eu no meio deles". É Jesus quem anima, sustenta e orienta a vida sadia da família cristã.

O lar se transforma então num espaço privilegiado para viver as experiências mais básicas da fé cristã: a confiança num Deus bom, amigo do ser humano; a atração pelo estilo de vida de Jesus; o descobrimento do projeto de Deus de construir um mundo mais digno, justo e amável para todos. A leitura do Evangelho em família é uma experiência decisiva.

Num lar onde se vive Jesus com fé simples, mas com paixão grande, cresce uma família acolhedora, sensível ao sofrimento dos mais necessitados, na qual se aprende a compartilhar e a comprometer-se por um mundo mais humano. Uma família que não se fecha apenas em seus interesses, mas que vive aberta à família humana.

Muitos pais vivem hoje sobrepujados por problemas e demasiado sozinhos para enfrentar sua tarefa. Não poderiam receber uma ajuda mais concreta e eficaz a partir das comunidades cristãs? A muitos pais crentes lhes faria muito bem encontrar-se, compartilhar suas inquietudes e apoiar-se mutuamente. Não é evangélico exigir deles tarefas heroicas e depois desinteressar-se de suas lutas e cuidados.

Oração para a véspera do ano-novo

Lucas 2,16-21   Santa Maria, Mãe de Deus

Senhor, antes de entrar no alvoroço e aturdimento do fim do ano, quero nesta tarde encontrar-me contigo devagar e com calma. São poucas as vezes que o faço. Tu sabes que já não consigo rezar. Esqueci aquelas orações que me ensinaram quando eu era criança e não aprendi a falar contigo de outra maneira mais viva e concreta.

Senhor, na realidade já não sei muito bem se creio em ti. Aconteceram tantas coisas nestes anos. A vida mudou tanto e envelheci tanto por dentro. Eu gostaria de sentir-me mais vivo e mais próximo de ti. Isso me ajudaria a crer. Mas tudo me resulta tão difícil.

E, no entanto, Senhor, preciso de ti. Às vezes me sinto muito mal dentro de mim. Os anos vão passando e eu sinto o desgaste da vida. Por fora tudo parece funcionar bem: o trabalho, a família, os filhos. Qualquer um me invejaria. Mas não me sinto bem.

Já passou mais um ano. Nesta noite começaremos um ano novo, mas eu sei que tudo continuará igual. Os mesmos problemas, as mesmas preocupações, os mesmos trabalhos. Até quando?

Quanto eu gostaria de poder renovar minha vida a partir de dentro. Encontrar em mim uma alegria nova, uma força diferente para viver cada dia. Mudar, ser melhor comigo mesmo e com todos. Mas, na minha idade, não se pode esperar grandes mudanças. Já estou acostumado demais com um estilo de vida. Nem eu próprio acredito muito em minha transformação.

Por outro lado, Tu sabes como me deixo arrastar pela agitação de cada dia. Talvez por isso quase nunca me encontro contigo. Tu estás dentro de mim e eu ando quase sempre fora de mim mesmo. Tu estás comigo e eu ando perdido em mil coisas.

Se ao menos eu te sentisse como meu melhor amigo! Às vezes penso que isso mudaria tudo. Que alegria se eu não tivesse essa espécie de temor que não sei de onde brota, mas que me distancia tanto de ti.

Senhor, grava bem em meu coração que Tu só podes sentir amor e ternura por mim. Recorda-me, a partir de dentro, que Tu me aceitas tal como sou, com minha mediocridade e meu pecado, e que me amas mesmo que eu não mude.

Senhor, minha vida vai passando e às vezes penso que meu grande pecado é não acabar acreditando em ti e em teu amor. Por isso, nesta noite eu não te peço coisas. Peço apenas que despertes minha fé o suficiente para acreditar que Tu estás sempre perto e me acompanhas.

Que ao longo deste ano novo eu não me afaste muito de ti. Que eu saiba encontrar-te em meus sofrimentos e em minhas alegrias. Então talvez eu mudarei. Será um ano novo.

Escondido, mas não ausente

João 1,1-18

II Domingo depois do Natal

Toda a tradição bíblica insiste que o Deus de Israel é um "Deus escondido", de acordo com a bela expressão do livro de Isaías. Nós cristãos continuamos afirmando a mesma coisa. É certo que Ele se "revelou" em Jesus Cristo, mas Deus continua sendo um mistério insondável e, como dizia B. Pascal, "toda religião que não disser que Deus está escondido não é verdadeira".

O elemento novo da fé cristã é confessar, a partir de Cristo, que desse Deus oculto nós sabemos o mais importante. Ele tem o rosto voltado para nós, porque seu mistério insondável é um mistério de amor. São João da Cruz no-lo recorda: "O olhar de Deus é amar".

Tudo isso pode ser verdade. Mas é certo que, para muitos, Deus é hoje não só um Deus escondido, mas um Deus ausente. Deus se diluiu em seu coração. A vida deles transcorre à margem do mistério. Fora de seu pequeno mundo de preocupações não há nada importante. Deus é apenas uma abstração. O verdadeiramente transcendental para eles é encher esta vida curta de bem-estar e experiências prazerosas. Isso é tudo.

No entanto, o Deus escondido não é um Deus ausente. No fundo da vida, por trás das coisas, no interior dos acontecimentos, no encontro com as pessoas, nas dores e alegrias da existência, está sempre o amor de Deus, sustentando tudo.

Muitos ficaram hoje sem a capacidade de perceber sua presença. Mas a vida não mudou. Deus continua se oferecendo silenciosamente no interior de cada pessoa e de cada coisa. A mensagem última e decisiva que Ele pronuncia sobre cada ser humano, cada um deve escutá-la no fundo de seu coração. Por isso, o primeiro passo para a fé consiste em pôr-nos a escutar esse Deus que nem pergunta nem responde com palavras humanas, mas está ali no interior da vida, convidando-nos a viver com confiança.

Estamos celebrando nestes dias a encarnação do Filho de Deus. Como diz o evangelista São João: "Ninguém jamais viu a Deus: o Filho único, que está no seio do Pai, foi quem no-lo deu a conhecer". Deus continua escondido, mas em Cristo Ele nos revelou até onde chega seu amor pelo ser humano.

Essa é a mensagem definitiva da festa do Natal. Deus é amor. Ele tem seu rosto voltado para nós. Ele nos abençoa e nos olha com amor. Como escreveu o grande teólogo suíço Karl Barth: "Que está mal, o mundo já o sabe; mas não sabe que está inteiramente nas boas mãos de Deus".

Relato desconcertante

MATEUS 2,1-12   EPIFANIA DO SENHOR

Diante de Jesus pode-se adotar atitudes muito diferentes. O relato dos magos nos fala da reação de três grupos de pessoas. Uns pagãos que o procuram, guiados pela pequena luz de uma estrela. Os representantes da religião do Templo, que permanecem indiferentes. O poderoso rei Herodes, que só vê nele um perigo.

Os magos não pertencem ao povo eleito. Não conhecem o Deus vivo de Israel. Nada sabemos de sua religião nem de seu povo de origem. Só sabemos que vivem atentos ao mistério que se encerra no cosmos. Seu coração busca a verdade.

Em algum momento acreditam ver uma pequena luz que aponta para um Salvador. Precisam saber quem Ele é e onde Ele está. Rapidamente se põem a caminho. Não conhecem o itinerário preciso que devem seguir, mas em seu interior arde a esperança de encontrar uma luz para o mundo.

Sua chegada à Cidade Santa de Jerusalém provoca o sobressalto geral. Convocado por Herodes, reúne-se o Grande Conselho "dos sumos sacerdotes e dos escribas do povo". Sua atuação é decepcionante. São os guardiães da verdadeira religião, mas não buscam a verdade. Representam o Deus do Templo, mas vivem surdos ao seu chamado.

Sua segurança religiosa os cega. Sabem onde deve nascer o Messias, mas nenhum deles se aproximará de Belém. Dedicam-se a prestar culto a Deus, mas não suspeitam que seu Mistério é maior do que todas as religiões e que tem seus caminhos para encontrar-se com seus filhos. Nunca reconhecerão Jesus.

O rei Herodes, poderoso e brutal, só vê em Jesus uma ameaça ao seu poder e à sua crueldade. Fará todo o possível para eliminá-lo. A partir do poder opressor só se pode "crucificar" quem traz libertação.

Enquanto isso, os magos prosseguem sua busca. Não caem de joelhos diante de Herodes: não encontram nele nada que seja digno de adoração. Não entram no Templo grandioso de Jerusalém: têm o acesso proibido. A pequena luz da estrela os atrai para o pequeno povoado de Belém, longe de todo centro de poder.

Ao chegar, a única coisa que veem é o "menino com Maria, sua mãe". Nada mais. Uma criança sem esplendor nem poder algum. Uma vida frágil que precisa do cuidado de uma mãe. É suficiente para despertar nos magos a adoração.

O relato é desconcertante. Esse Deus, escondido na fragilidade humana, não o encontram os que vivem instalados no poder ou fechados na segurança religiosa. Ele se revela aos que, guiados por pequenas luzes, buscam incansavelmente uma esperança para o ser humano na ternura e na pobreza da vida.

INICIAR A REAÇÃO

LUCAS 3,15-16.21-22   BATISMO DO SENHOR

O Batista não permite que as pessoas o confundam com o Messias. Ele conhece seus limites e os reconhece. Há alguém mais forte e decisivo do que ele. O único que o povo deve acolher. A razão é clara. O Batista lhes oferece um batismo de água. Só Jesus, o Messias, os "batizará com o Espírito Santo e com fogo".

Na opinião de não poucos observadores, o maior problema da Igreja de hoje é "a mediocridade espiritual". A Igreja não possui o vigor espiritual de que precisa para enfrentar os desafios do momento atual. Isso é cada vez mais patente. Precisamos ser batizados por Jesus com seu fogo e seu Espírito.

Em não poucos cristãos está crescendo o medo a tudo aquilo que possa levar-nos a uma renovação. Insiste-se muito na continuidade para conservar o passado, mas não nos preocupamos em escutar os chamados do Espírito para preparar o futuro. Pouco a pouco estamos ficando cegos para ler os "sinais dos tempos".

Dá-se primazia a certezas e crenças para robustecer a fé e conseguir uma maior coesão eclesial diante da sociedade moderna, mas muitas vezes não se cultiva a adesão viva a Jesus. Esquecemos que Ele é mais forte do que todos nós? A doutrina religiosa, exposta quase sempre com categorias pré-modernas, não toca os corações nem converte nossas vidas.

Abandonado o alento renovador do Concílio, foi se apagando a alegria em setores importantes do povo cristão, para dar lugar à resignação. De maneira silenciosa, mas palpável, vai crescendo o desafeto e a separação entre a instituição eclesial e não poucos cristãos.

É urgente criar quanto antes um clima mais amável e cordial. Ninguém conseguirá despertar no povo simples a ilusão perdida. Precisamos voltar às raízes de nossa fé. Pôr-nos em contato com o Evangelho. Alimentar-nos com as palavras de Jesus, que são "espírito e vida".

Dentro de alguns anos, nossas comunidades cristãs serão muito pequenas. Em muitas paróquias já não haverá presbíteros de forma permanente. Como é importante cultivar desde agora um núcleo de crentes em torno do Evangelho. Eles manterão vivo o Espírito de Jesus entre nós. Tudo será mais humilde, mas também mais evangélico.

A nós se pede que iniciemos já a reação. O melhor que podemos deixar em herança às futuras gerações é um amor novo a Jesus e uma fé mais centrada em sua pessoa e em seu projeto. O resto é mais secundário. Se viverem a partir do Espírito de Jesus, encontrarão caminhos novos.

Não nos desviar de Jesus

Lucas 4,1-13   I Quaresma

As primeiras gerações cristãs se interessaram muito pelas provações que Jesus teve de superar para manter-se fiel a Deus e para viver sempre colaborando em seu projeto de uma vida mais humana e digna para todos.

O relato das tentações de Jesus não é um episódio isolado que aconteceu num momento e num lugar determinados. Lucas nos adverte que, ao terminar essas tentações, "o diabo se afastou dele até o momento oportuno". As tentações voltarão na vida de Jesus e na de seus seguidores.

Por isso, os evangelistas colocam o relato antes de narrar a atividade profética de Jesus. Seus seguidores precisam conhecer bem essas tentações desde o início, pois são as mesmas que eles terão que superar ao longo dos séculos se não quiserem desviar-se dele.

Na primeira tentação se fala de pão. Jesus resiste a utilizar Deus para saciar sua própria fome: "Não só de pão vive o homem". A primeira coisa para Jesus é buscar o reino de Deus e sua justiça: que haja pão para todos. Por isso, recorrerá um dia a Deus, mas será para alimentar uma multidão faminta.

Também hoje nossa tentação é pensar só em nosso pão e preocupar-nos exclusivamente com nossa crise. Nós nos desviamos de Jesus quando nos acreditamos no direito de ter tudo e esquecemos o drama, os medos e sofrimentos dos que carecem de quase tudo.

Na segunda tentação se fala de poder e de glória. Jesus renuncia a tudo isso. Não se prostrará diante do diabo, que lhe oferece o império sobre todos os reinos do mundo. Jesus não buscará nunca ser servido, mas servir.

Também hoje desperta em alguns cristãos a tentação de manter de qualquer maneira o poder que a Igreja teve em tempos passados. Desviamo-nos de Jesus quando pressionamos as consciências procurando impor à força nossas crenças. Abrimos caminhos para o reino de Deus quando trabalhamos por um mundo mais compassivo e solidário.

Na terceira tentação se propõe que Jesus desça de maneira grandiosa diante do povo, sustentado pelos anjos de Deus. Jesus não se deixa enganar. Ainda que o peçam, Ele nunca fará um sinal espetacular do céu. Dedicar-se-á a fazer sinais de bondade para aliviar o sofrimento e as dores das pessoas.

Nós nos desviamos de Jesus quando confundimos nossa própria ostentação com a glória de Deus. Nossa exibição não revela a grandeza de Deus. Só uma vida de serviço humilde aos necessitados manifesta e difunde seu amor.

Escutar Jesus

Lucas 9,28-36   II Quaresma

Os cristãos de todos os tempos se sentiram atraídos pela cena conhecida tradicionalmente como "a transfiguração do Senhor". No entanto, para nós, que pertencemos à cultura moderna, não é fácil penetrar no significado de um relato redigido com imagens e recursos literários próprios de uma "teofania" ou revelação de Deus.

No entanto, o evangelista Lucas introduziu detalhes que nos permitem descobrir com mais realismo a mensagem de um episódio que a muitos resulta hoje estranho e inverossímil. Desde o início ele nos indica que Jesus sobe com seus discípulos mais próximos ao alto de uma montanha simplesmente para "orar", não para contemplar uma transfiguração.

Tudo acontece durante a oração de Jesus: "Enquanto orava, seu rosto mudou de aspecto". Jesus, recolhido profundamente, acolhe a presença de seu Pai e seu rosto muda. Os discípulos percebem algo de sua identidade mais profunda e escondida. Algo que não conseguem perceber na vida ordinária de cada dia.

Na vida dos seguidores de Jesus não faltam momentos de clareza e certeza, de alegria e de luz. Ignoramos o que aconteceu no alto daquela montanha, mas sabemos que na oração e no silêncio é possível vislumbrar, a partir da fé, algo da identidade oculta de Jesus. Essa oração é fonte de um conhecimento que não é possível obter dos livros.

Lucas diz que os discípulos não perceberam quase nada, porque "estavam caindo de sono" e só "ao acordar" captaram alguma coisa. Pedro só sabe que ali se está muito bem e que essa experiência não deveria terminar nunca. Lucas diz que ele "não sabia o que dizia".

Por isso, a cena culmina com uma voz e uma ordem solene. Os discípulos se veem envoltos numa nuvem. Eles se assustam, porque tudo aquilo os excede. No entanto, daquela nuvem sai uma voz: "Este é o meu Filho escolhido; escutai-o". A escuta deve ser a primeira atitude dos discípulos.

Nós, cristãos de hoje, precisamos urgentemente "interiorizar" nossa religião se quisermos reavivar nossa fé. Não basta ouvir o Evangelho de maneira distraída, rotineira e gasta, sem desejo algum de escutar. Também não basta uma escuta inteligente preocupada apenas em entender.

Precisamos escutar Jesus vivo no mais íntimo de nosso ser. Todos, pregadores e povo fiel, teólogos e leitores, precisamos escutar sua Boa Notícia de Deus, não a partir de fora, mas de dentro. Deixar que suas palavras desçam de nossa cabeça até o coração. Nossa fé seria mais forte, mais prazerosa, mais contagiosa.

Antes que seja tarde

Lucas 13,1-9   III Quaresma

Já havia passado bastante tempo desde que Jesus se apresentara em sua aldeia de Nazaré como profeta, enviado pelo Espírito de Deus para anunciar aos pobres a Boa Notícia. Ele continua repetindo incansavelmente sua mensagem: Deus já está próximo, abrindo caminho para fazer um mundo mais humano para todos.

Mas Jesus é realista. Sabe muito bem que Deus não pode mudar o mundo sem que nós mudemos. Por isso se esforça para despertar nas pessoas a conversão: "Convertei-vos e crede nesta Boa Notícia". Esse empenho de Deus em fazer um mundo mais humano será possível se respondermos acolhendo seu projeto.

O tempo vai passando e Jesus vê que as pessoas não reagem ao seu chamado, como seria seu desejo. São muitos os que vêm escutá-lo, mas não acabam abrindo-se ao "reino de Deus". Jesus vai insistir. É urgente mudar antes que seja tarde.

Em certa ocasião Ele conta uma pequena parábola. O proprietário de um terreno plantou uma figueira no meio de sua vinha. Ano após ano ele vem buscar fruto nela e não o encontra. Sua decisão parece a mais sensata: a figueira não dá fruto e está ocupando terreno inutilmente; o mais razoável é cortá-la.

Mas o encarregado da vinha reage de maneira inesperada. Por que não a deixar mais algum tempo? Ele conhece aquela figueira, viu-a crescer, cuidou dela, não quer vê-la morrer. Ele próprio lhe dedicará mais tempo e mais cuidados, para ver se ela dá fruto.

O relato é interrompido bruscamente. A parábola permanece em aberto. O dono da vinha e seu encarregado desaparecem de cena. É a figueira que decidirá sua sorte final. Enquanto isso receberá mais cuidados do que nunca desse vinhateiro que nos faz pensar em Jesus, "aquele que veio buscar e salvar o que estava perdido".

Aquilo de que precisamos hoje na Igreja não é apenas introduzir pequenas reformas, promover o *aggiornamento* ou cuidar da adaptação aos nossos tempos. Precisamos de uma conversão a nível mais profundo, de um "coração novo", de uma resposta responsável e decidida ao chamado de Jesus a entrar na dinâmica do reino de Deus.

Precisamos reagir antes que seja tarde. Jesus está vivo no meio de nós. Como encarregado da vinha, Ele cuida de nossas comunidades cristãs, cada vez mais frágeis e vulneráveis. Ele nos alimenta com seu Evangelho, nos sustenta com seu Espírito.

Precisamos olhar o futuro com esperança, ao mesmo tempo que vamos criando esse clima novo de conversão e renovação de que tanto precisamos e que os decretos do Concílio Vaticano II não conseguiram até agora consolidar na Igreja.

Com os braços sempre abertos

Lucas 15,1-3.11-32   IV Quaresma

Para não poucos Deus é qualquer coisa menos alguém capaz de pôr alegria em sua vida. Pensar nele lhes traz más recordações: em seu interior desperta a ideia de um ser ameaçador e exigente que torna a vida mais chata, incômoda e perigosa.

Pouco a pouco prescindiram dele. A fé ficou "reprimida" em seu interior. Hoje não sabem se creem ou não creem. Ficaram sem caminhos para Deus. Alguns ainda recordam "a parábola do filho pródigo", mas nunca a escutaram em seu coração.

O verdadeiro protagonista dessa parábola é o pai. Por duas vezes repete o mesmo grito de alegria: "Este meu filho estava morto e retornou à vida, estava perdido e o encontramos". Esse grito revela o que há no coração do pai.

O que preocupa esse pai não é sua honra, seus interesses nem o tratamento que lhe dão seus filhos. Não emprega nunca uma linguagem moral. Só pensa na vida de seu filho: que não fique destruído, que não continue morto, que não viva perdido sem conhecer a alegria da vida.

O relato descreve detalhadamente o encontro surpreendente do pai com o filho que abandonou o lar. Quando ele estava ainda longe, o pai "o viu" chegar faminto e humilhado e "se comoveu" até as entranhas. Esse olhar bom, cheio de bondade e compaixão, é o que nos salva. Só Deus nos olha assim.

Em seguida, "põe-se a correr". Não é o filho quem volta para casa. É o pai quem sai correndo e busca o abraço com mais ardor do que seu próprio filho. "Lançou-se ao pescoço dele e se pôs a beijá-lo". Deus é sempre assim. Correndo com os braços abertos em direção aos que voltam para Ele.

O filho começa sua confissão: preparou-a longamente em seu interior. O pai o interrompe para poupar-lhe mais humilhações. Não lhe impõe nenhum castigo, não exige dele nenhum rito de expiação; não lhe impõe nenhuma condição para acolhê-lo em casa. Só Deus acolhe e protege assim os pecadores.

O pai só pensa na dignidade de seu filho. É preciso agir rápido. Manda trazer a melhor veste, o anel de filho e as sandálias para entrar em casa. Assim será recebido com um banquete celebrado em sua honra. O filho precisa conhecer junto ao seu pai a vida digna e ditosa que não pôde desfrutar longe dele.

Quem ouvir essa parábola a partir de fora não entenderá nada. Continuará caminhando pela vida sem Deus. Quem a escutar em seu coração, talvez chorará de alegria e agradecimento. Sentirá pela primeira vez que o Mistério último da vida é Alguém que nos acolhe e nos perdoa, porque só quer nossa alegria.

Todos nós precisamos de perdão

João 8,1-11   V Quaresma

Como era seu costume, Jesus passou a noite sozinho com seu Pai querido no monte das Oliveiras. Começa o novo dia cheio do Espírito de Deus, que o envia a "proclamar a libertação dos cativos [...] e a dar liberdade aos oprimidos". Logo Ele se verá cercado por uma multidão que acorre à esplanada do Templo para ouvi-lo.

De repente, irrompe um grupo de escribas e fariseus trazendo "uma mulher surpreendida em adultério". Não se preocupam com o destino terrível da mulher. Ninguém a interroga sobre nada. Ela já está condenada. Os acusadores deixam bem claro: "Na Lei de Moisés se manda apedrejar as adúlteras. Tu o que dizes?"

A situação é dramática: os fariseus estão tensos; a mulher angustiada; as pessoas na expectativa. Jesus mantém um silêncio surpreendente. Tem diante de si aquela mulher humilhada, condenada por todos. Logo será executada. É essa a última palavra de Deus sobre essa filha sua?

Jesus, que está sentado, se inclina para o chão e começa a escrever alguns rabiscos na terra. Certamente Ele busca uma luz. Os acusadores lhe pedem uma resposta em nome da Lei. Ele lhes responderá a partir de sua experiência da misericórdia de Deus: aquela mulher e seus acusadores, todos eles, precisam do perdão de Deus.

Os acusadores só estão pensando no pecado da mulher e na condenação prescrita na Lei. Jesus mudará a perspectiva. Porá os acusadores diante de seu próprio pecado. Diante de Deus, todos devem reconhecer-se pecadores. Todos nós precisamos de seu perdão.

Como eles continuam insistindo cada vez mais, Jesus se ergue e lhes diz: "Aquele de vós que não tiver pecado pode atirar-lhe a primeira pedra". Quem sois vós para condenar à morte esta mulher, esquecendo vossos próprios pecados e vossa necessidade do perdão e da misericórdia de Deus?

Os acusadores vão se retirando um após o outro. Jesus aponta para uma convivência onde a pena de morte não pode ser a última palavra sobre um ser humano. Mais adiante, Jesus dirá solenemente: "Eu não vim para julgar o mundo, mas para salvá-lo".

O diálogo de Jesus com a mulher lança nova luz sobre sua atuação. Os acusadores se retiraram, mas a mulher não se moveu. Parece que ela precisa ouvir uma última palavra de Jesus. Ela ainda não se sente libertada. Jesus lhe diz: "Também eu não te condeno. Vai e, doravante, não peques mais".

Jesus lhe oferece seu perdão e, ao mesmo tempo, a convida a não pecar mais. O perdão de Deus não anula a responsabilidade, mas exige conversão. Jesus sabe que "Deus não quer a morte do pecador, mas que ele se converta e viva".

DIANTE DO CRUCIFICADO

LUCAS 22,14–23,56   DOMINGO DE RAMOS

Detido pelas forças de segurança do Templo, Jesus não tem dúvida alguma; o Pai não ouviu seus desejos de continuar vivendo; seus discípulos fogem procurando sua própria segurança. Ele está só. Seus projetos se desvanecem. Espera-o a execução.

O silêncio de Jesus durante suas últimas horas é impressionante. No entanto, os evangelistas conservaram algumas palavras suas proferidas na cruz. São muito breves, mas ajudavam as primeiras gerações cristãs a recordar com amor e agradecimento Jesus crucificado.

Lucas reuniu as que Jesus diz enquanto estava sendo crucificado. Entre estremecimentos e gritos de dor, Ele consegue pronunciar algumas palavras que revelam o que há em seu coração: "Pai, perdoa-os, porque não sabem o que fazem". Jesus é assim. Pediu aos seus "amar seus inimigos" e "rogar pelos seus perseguidores". Agora é Ele próprio quem morre perdoando. Transforma sua crucifixão em perdão.

Esse pedido ao Pai em favor dos que o estão crucificando precisa ser ouvido por nós como o gesto sublime que nos revela a misericórdia e o perdão insondável de Deus. Esta é a grande herança que Jesus deixa à humanidade: não desconfieis de Deus. Sua misericórdia não tem fim.

Marcos conserva um grito dramático do Crucificado: "Meu Deus, meu Deus! Por que me abandonaste?" Essas palavras pronunciadas em plena solidão e abandono mais total são de uma sinceridade total e angustiante. Jesus sente que seu Pai querido o está abandonando. Por quê? Jesus se queixa de seu silêncio. Onde Ele está? Por que se cala?

Esse grito de Jesus, identificado com todas as vítimas da história, pedindo a Deus alguma explicação para tanta injustiça, abandono e sofrimento, continua nos lábios do Crucificado, reclamando uma resposta de Deus para além da morte: Deus nosso, por que nos abandonas? Não vais responder nunca aos gritos e gemidos dos inocentes?

Lucas conserva uma última palavra de Jesus. Apesar de sua angústia mortal, Jesus mantém até o fim sua confiança no Pai. Suas palavras são agora quase um sussurro: "Pai, em tuas mãos entrego o meu espírito". Nada nem ninguém pôde separá-lo do Pai. O Pai esteve animando com seu Espírito toda a sua vida. Terminada sua missão, Jesus deixa tudo nas mãos dele. O Pai romperá seu silêncio e o ressuscitará.

Nesta Semana Santa vamos celebrar em nossas comunidades cristãs a paixão e a morte do Senhor. Também poderemos meditar em silêncio diante de Jesus crucificado, aprofundando-nos nas palavras que Ele próprio pronunciou durante sua agonia.

ENCONTRAR-NOS COM O RESSUSCITADO

João 20,1-9   Domingo da Ressurreição

De acordo com o relato de João, Maria de Mágdala é a primeira a dirigir-se ao sepulcro, quando ainda é escuro, e descobre desconsolada que ele está vazio. Nele falta Jesus. O Mestre que a havia compreendido e curado. O Profeta que ela havia seguido fielmente até o fim. A quem seguirá agora? Lamenta-se assim diante dos discípulos: "Levaram do sepulcro o Senhor e não sabemos onde o puseram".

Essas palavras de Maria poderiam expressar a experiência que não poucos cristãos vivem hoje: O que fizemos de Jesus ressuscitado? Quem o levou? Onde o pusemos? O Senhor em quem cremos é um Cristo cheio de vida ou um Cristo cuja recordação vai se apagando pouco a pouco nos corações?

É um erro buscar "provas" para crer com mais firmeza. Não basta recorrer ao magistério da Igreja. É inútil averiguar nas exposições dos teólogos. Para encontrar-nos com o Ressuscitado precisamos fazer antes de mais nada um percurso interior. Se não o encontramos dentro de nós, não o encontraremos em lugar nenhum.

Um pouco mais adiante, João descreve Maria correndo de um lugar para outro buscando alguma informação. Mas, quando vê Jesus, cegada pela dor e pelas lágrimas, não consegue reconhecê-lo. Pensa que é o encarregado do jardim. Jesus só lhe faz uma pergunta: "Mulher, por que choras? A quem procuras?"

Talvez precisemos, também nós, perguntar-nos algo semelhante. Por que nossa fé às vezes é tão triste? Qual é a causa última dessa falta de alegria entre nós? O que buscamos nós, cristãos de hoje? De que sentimos saudade? Andamos buscando um Jesus que precisamos sentir cheio de vida em nossas comunidades?

De acordo com o relato, Jesus está falando com Maria, mas ela não sabe que é Jesus. É então que Jesus a chama pelo nome, com a mesma ternura que punha em sua voz quando caminhavam pela Galileia: "Maria!" Ela se volta rápida: "*Rabbuni!*, Mestre!"

Maria se encontra com o Ressuscitado quando se sente chamada pessoalmente por Ele. É assim. Jesus se nos revela cheio de vida quando nos sentimos chamados por nosso próprio nome e escutamos o convite que Ele nos faz a cada um. É então que nossa fé cresce.

Não reavivaremos nossa fé em Cristo ressuscitado alimentando-o apenas a partir de fora. Não nos encontraremos com Ele se não buscarmos o contato interior com sua pessoa. O que melhor nos pode conduzir ao encontro com o Ressuscitado é o amor a Jesus conhecido pelos evangelhos e buscado pessoalmente no fundo de nosso coração.

Da dúvida à fé

João 20,19-31   II Páscoa

O homem moderno aprendeu a duvidar. É próprio do espírito de nossos tempos questionar tudo para progredir no conhecimento científico. Nesse clima, a fé fica frequentemente desacreditada. O ser humano vai caminhando pela vida cheio de incertezas e dúvidas.

Por isso sintonizamos sem dificuldade com a reação de Tomé quando os outros discípulos lhe comunicam que, em sua ausência, tiveram uma experiência surpreendente: "Vimos o Senhor". Tomé poderia ser um homem de nossos dias. Sua resposta é clara: "Se não o vir [...], não crerei".

Sua atitude é compreensível. Tomé não diz que seus companheiros estejam mentindo ou que estejam enganados. Só afirma que seu testemunho não lhe basta para aderir à sua fé. Ele precisa viver sua própria experiência. E Jesus não o repreenderá em nenhum momento.

Tomé pôde expressar suas dúvidas dentro do grupo de discípulos. Ao que parece, eles não se escandalizaram. Não o expulsaram do grupo. Também eles não acreditaram nas mulheres quando estas lhes anunciaram que viram Jesus ressuscitado. O episódio de Tomé deixa entrever o longo caminho que precisaram percorrer no pequeno grupo de discípulos até chegar à fé em Cristo ressuscitado.

As comunidades cristãs deveriam ser em nossos dias um espaço de diálogo onde pudéssemos compartilhar honestamente as dúvidas, as interrogações e as buscas dos crentes de hoje. Nem todos vivemos em nosso interior a mesma experiência. Para crescer na fé precisamos do estímulo e do diálogo com outros que compartilham nossa própria inquietude.

Mas nada pode substituir a experiência de um contato pessoal com Cristo no fundo da própria consciência. De acordo com o relato evangélico, oito dias depois Jesus se apresenta novamente. E lhe mostra suas feridas.

Não são "provas" da ressurreição, mas "sinais" de seu amor e entrega até a morte. Por isso Ele convida Tomé a aprofundar-se em suas dúvidas com confiança: "Não sejas incrédulo, mas crente". Tomé renuncia a qualquer verificação. Já não sente necessidade de provas. Só sabe que Jesus o ama e o convida a confiar: "Meu Senhor e meu Deus".

Um dia nós cristãos descobriremos que muitas das nossas dúvidas, vividas de maneira sadia, sem perder o contato com Jesus e com a comunidade, podem resgatar-nos de uma fé superficial que se contenta em repetir fórmulas e estimular-nos a crescer em amor e confiança em Jesus, esse Mistério de Deus que constitui o núcleo de nossa fé.

Ao amanhecer

João 21,1-19   III Páscoa

No epílogo do Evangelho de João conserva-se um relato do encontro de Jesus ressuscitado com seus discípulos às margens do lago da Galileia. Quando é redigido, os cristãos estão vivendo momentos difíceis de provação e perseguição: alguns renegam sua fé. O narrador quer reavivar a fé de seus leitores.

Aproxima-se a noite e os discípulos saem para pescar. Não estão presentes os Doze. O grupo se rompeu ao ser crucificado seu Mestre. Estão novamente com as barcas e as redes que haviam deixado para seguir Jesus. Tudo terminou. De novo estão sozinhos.

A pesca resulta um fracasso completo. O narrador o realça com força: "Saíram, embarcaram e naquela noite não pescaram nada". Voltam com as redes vazias. Não é essa a experiência de não poucas comunidades cristãs que veem debilitar-se suas forças e sua capacidade evangelizadora?

Com frequência nossos esforços numa sociedade indiferente quase não obtêm resultados. Também nós constatamos que nossas redes estão vazias. É fácil cair na tentação de desalento e de desesperança. Como sustentar e reavivar nossa fé?

Nesse contexto de fracasso, o relato diz que "estava amanhecendo quando Jesus se apresentou na margem". No entanto, os discípulos não o reconhecem a partir do barco. O que os impede de vê-lo talvez seja a distância, talvez a bruma do amanhecer e, sobretudo, seu coração entristecido. Jesus está falando com eles, mas eles "não sabiam que era Jesus".

Não é este um dos efeitos mais perniciosos da crise religiosa que estamos sofrendo? Preocupados em sobreviver, constatando cada vez mais nossa debilidade, não nos resulta fácil reconhecer entre nós a presença de Jesus ressuscitado, que nos fala a partir do Evangelho e nos alimenta na celebração da ceia eucarística.

É o discípulo mais querido de Jesus o primeiro a reconhecê-lo: "É o Senhor!" Eles não estão sozinhos. Tudo pode começar de novo. Com humildade, mas com fé, Pedro reconhecerá seu pecado e confessará seu amor sincero a Jesus: "Senhor, Tu sabes que eu te amo". Os outros discípulos não podem sentir outra coisa.

Em nossos grupos e comunidades cristãs precisamos de testemunhas de Jesus. Crentes que, com sua vida e sua palavra, nos ajudem a descobrir nesses momentos a presença viva de Jesus no meio de nossa experiência de fracasso e fragilidade. Nós cristãos sairemos desta crise aumentando nossa confiança em Jesus. Às vezes não somos capazes de suspeitar sua força para tirar-nos do desalento e da desesperança.

Escutar e seguir Jesus

João 10,27-30   IV Páscoa

Era inverno e Jesus andava passeando pelo pórtico de Salomão, uma das galerias ao ar livre que rodeavam a grande esplanada do Templo. Esse pórtico era concretamente um lugar muito frequentado pelas pessoas, porque, ao que parece, estava protegido contra o vento por uma muralha.

De repente um grupo de judeus cerca Jesus. O diálogo é tenso. Os judeus o acossam com suas perguntas. Jesus os critica porque não aceitam sua mensagem nem sua atuação. Concretamente lhes diz: "Vós não credes, porque não sois minhas ovelhas". O que significa essa metáfora?

Jesus é muito claro: "Minhas ovelhas ouvem minha voz e eu as conheço; elas me seguem e eu lhes dou a vida eterna". Jesus não força ninguém. Só chama. A decisão de segui-lo depende de cada um de nós. Só se o escutarmos e o seguirmos estabeleceremos com Ele essa relação que leva à vida eterna.

Nada é tão decisivo para ser cristão quanto tomar a decisão de viver como seguidor de Jesus. O grande risco dos cristãos sempre foi o de pretender sê-lo sem seguir a Jesus. Com efeito, muitos dos que foram se afastando de nossas comunidades são pessoas que ninguém ajudou a tomar a decisão de viver seguindo seus passos.

No entanto, essa é a primeira decisão de um cristão. A decisão que muda tudo, porque consiste em começar a viver de maneira nova a adesão a Cristo e a pertença à Igreja: encontrar, por fim, o caminho, a verdade, o sentido e a razão da fé cristã.

E a primeira coisa a fazer para tomar essa decisão é escutar seu chamado. Ninguém se põe a caminho seguindo os passos de Jesus levado por sua própria intuição ou por seus desejos de viver um ideal. Começamos a segui-lo quando nos sentimos atraídos e chamados por Cristo. Por isso a fé não consiste primordialmente em crer algo a respeito de Jesus, mas em crer nele.

Quando falta o seguimento de Jesus, cuidado e reafirmado sempre de novo no próprio coração e na comunidade crente, nossa fé corre o risco de ficar reduzida a uma aceitação de crenças, a uma prática de obrigações religiosas e a uma obediência à disciplina da Igreja.

É fácil então instalar-nos na prática religiosa, sem deixar-nos questionar pelos apelos que Jesus nos dirige a partir do Evangelho que escutamos cada domingo. Jesus está dentro dessa religião, mas não nos arrasta a seguir seus passos. Sem dar-nos conta, nos acostumamos a viver de maneira rotineira e repetitiva. Falta-nos a criatividade, a renovação e a alegria de quem vive se esforçando para seguir a Jesus.

Amizade no interior da Igreja

João 13,31-33a.34-35   IV Páscoa

É a véspera de sua execução. Jesus está celebrando a última ceia com os seus. Acaba de lavar os pés de seus discípulos. Judas já tomou sua trágica decisão e, depois de tomar o último bocado das mãos de Jesus, saiu para fazer o seu trabalho. Jesus diz em voz alta o que todos estão sentindo: "Meus filhos, já não estarei convosco por muito tempo".

Ele lhes fala com ternura. Quer que fiquem gravados em seu coração seus últimos gestos e palavras. "Eu vos dou um mandamento novo: que vos ameis uns aos outros. Como eu vos amei, amai-vos também uns aos outros. O sinal pelo qual todos conhecerão que vós sois meus discípulos será que vos amais uns aos outros". É esse o testamento de Jesus.

Jesus fala de um "mandamento novo". Onde está a novidade? O preceito de amar o próximo já está presente na tradição bíblica. Também os filósofos gregos falam de filantropia e de amor a todo ser humano. A novidade está na forma de amar própria de Jesus: "Amai-vos como eu vos amei". Assim irá se difundindo, através de seus seguidores, seu estilo de amar.

A primeira coisa que os discípulos experimentaram é que Jesus os amou como amigos: "Eu não vos chamo servos [...]. Eu vos chamei amigos". Na Igreja precisamos querer-nos bem simplesmente como amigos. E entre amigos procura-se a igualdade, a proximidade e o apoio mútuo. Ninguém está acima de ninguém. Nenhum amigo é senhor de seus amigos.

Por isso Jesus corta pela raiz as ambições de seus discípulos, quando os vê discutindo para serem os primeiros. A busca de protagonismos interesseiros rompe a amizade e a comunhão. Jesus lhes lembra seu estilo: "Eu não vim para ser servido, mas para servir". Entre amigos ninguém deve se impor. Todos precisam estar dispostos a servir e colaborar.

Essa amizade vivida pelos seguidores de Jesus não produz uma comunidade fechada. Pelo contrário, o clima cordial e amável que se vive entre eles os dispõe a acolher os que precisam de acolhida e amizade. Jesus os ensinou a comer com pecadores e com pessoas excluídas e desprezadas. Repreendeu-os por afastar as crianças. Na comunidade de Jesus quem estorva não são os pequenos, mas os grandes.

Certo dia, Jesus chamou os Doze, pôs uma criança no meio deles, abraçou-a com força e lhes disse: "Quem acolhe uma criança como esta em meu nome é a mim que acolhe". Na Igreja desejada por Jesus, os menores, frágeis e vulneráveis devem estar no centro das atenções e dos cuidados de todos.

Últimos desejos de Jesus

João 14,23-29   VI Páscoa

Jesus está se despedindo de seus últimos discípulos. Ele os vê tristes e acovardados. Todos sabem que estão vivendo as últimas horas com seu Mestre. O que acontecerá quando Ele lhes faltar? A quem acorrerão? Quem os defenderá? Jesus quer infundir neles ânimo revelando-lhes seus últimos desejos.

Que minha mensagem não se perca. É o primeiro desejo de Jesus. Que não seja esquecida sua Boa Notícia de Deus. Que seus seguidores mantenham sempre viva a lembrança do projeto humanizador do Pai: esse "reino de Deus" do qual tanto lhes falou. Se o amam, essa é a primeira coisa que devem levar em consideração. "Aquele que me ama se manterá fiel às minhas palavras. [...] Quem não me ama não as guardará".

Depois de vinte séculos, o que fizemos do Evangelho de Jesus? Será que o guardamos fielmente ou o estamos manipulando a partir de nossos próprios interesses? Será que o acolhemos em nosso coração ou o estamos esquecendo? Será que o apresentamos com autenticidade ou o ocultamos com nossas doutrinas?

O Pai vos enviará em meu nome um Defensor. É o segundo desejo de Jesus. Ele não quer que fiquem órfãos. Eles não sentirão sua ausência. O Pai lhes enviará o Espírito Santo, que os defenderá do risco de desviar-se dele. Esse Espírito que captaram nele, enviando-o para os pobres, os impulsionará também a eles na mesma direção.

O Espírito os "ensinará" a compreender melhor o que Jesus lhes ensinou. Ele os ajudará a aprofundar-se cada vez mais em sua Boa Notícia. Ele lhes "recordará" o que ouviram. Ele os educará em seu estilo de vida.

Depois de vinte séculos, que espírito reina entre os cristãos? Deixamo-nos guiar pelo Espírito de Jesus? Sabemos atualizar sua Boa Notícia? Vivemos atentos aos que sofrem? Para onde nos impele hoje seu alento renovador?

Eu vos dou a minha paz. É o terceiro desejo de Jesus. Ele quer que vivam com a mesma paz que puderam ver nele, fruto de sua união íntima com o Pai. Ele lhes presenteia sua paz. Não é como aquela que o mundo lhes pode dar. É diferente. Essa paz nascerá em seu coração se acolherem o Espírito de Jesus.

Essa é a paz que eles devem transmitir sempre que chegarem a um lugar. É a primeira coisa que difundirão ao anunciar o reino de Deus, a fim de abrir caminhos para um mundo mais sadio e justo. Nunca devem perder essa paz. Jesus insiste: "Não vos inquieteis nem tenhais medo".

Depois de vinte séculos, por que nos paralisa o medo do futuro? Por que tanto receio diante da sociedade moderna? Existem muitas pessoas que têm fome de Jesus. O papa Francisco é um presente de Deus. Tudo nos está convidando a caminhar para uma Igreja mais fiel a Jesus e ao seu Evangelho.

A BÊNÇÃO DE JESUS

LUCAS 24,46-53   ASCENSÃO DO SENHOR

São os últimos momentos de Jesus com os seus. Imediatamente Ele os deixará para entrar definitivamente no mistério do Pai. Ele já não poderá acompanhá-los pelos caminhos do mundo como fizera na Galileia. Sua presença não poderá ser substituída por ninguém.

Jesus só pensa em que chegue a todos os povos o anúncio do perdão e da misericórdia de Deus. Que todos escutem seu chamado à conversão. Ninguém deve sentir-se perdido. Ninguém deve viver sem esperança. Todos devem saber que Deus compreende e ama infinitamente seus filhos. Quem poderá anunciar essa Boa Notícia?

De acordo com o relato de Lucas, Jesus não pensa em sacerdotes nem em bispos. Também não em doutores ou teólogos. Ele quer deixar na terra "testemunhas". Esta é a primeira coisa: "Vós sois testemunhas destas coisas". Serão as testemunhas de Jesus os que comunicarem sua experiência de um Deus bom e transmitirem seu estilo de vida trabalhando por um mundo mais humano.

Mas Jesus conhece muito bem seus discípulos. Eles são fracos e covardes. Onde encontrarão a audácia para ser testemunhas de alguém que foi crucificado pelo representante do Império e pelos dirigentes do Templo? Jesus os tranquiliza: "Eu vos enviarei o dom prometido por meu Pai". Não lhes vai faltar a "força do alto". O Espírito de Deus os defenderá.

Para expressar graficamente o desejo de Jesus, o evangelista Lucas descreve sua partida deste mundo de maneira surpreendente: Jesus volta para o Pai erguendo as mãos e abençoando seus discípulos. É seu último gesto. Jesus entra no mistério insondável de Deus e sobre o mundo desce sua bênção.

Nós cristãos nos esquecemos que somos portadores da bênção de Jesus. Nossa primeira tarefa é ser testemunhas da bondade de Deus, manter viva a esperança, não capitular diante do poder do mal. Este mundo, que às vezes parece um "inferno maldito", não está perdido. Deus o olha com ternura e compaixão.

Também hoje é possível fazer o bem, difundir bondade. É possível trabalhar por um mundo mais humano e uma convivência mais sadia. Podemos ser mais solidários e menos egoístas. Mais austeros e menos escravos do dinheiro. A própria crise econômica pode nos levar a buscar com urgência uma sociedade menos corrupta.

Jesus é uma bênção e as pessoas precisam sabê-lo. A primeira coisa a fazer é promover uma "pastoral da bondade", Precisamos sentir-nos testemunhas e profetas desse Jesus que passou sua vida semeando gestos e palavras de bondade. Assim Ele despertou nas pessoas da Galileia a esperança num Deus bom e salvador. Jesus é uma bênção e as pessoas precisam conhecê-lo.

O ESPÍRITO É DE TODOS

JOÃO 20,19-23   PENTECOSTES

Nossa vida é feita de múltiplas experiências. Alegrias e desgostos, conquistas e fracassos, luzes e sombras vão entretecendo nosso viver diário, enchendo-nos de vida ou angustiando nosso coração.

Mas muitas vezes não somos capazes de perceber tudo o que existe em nós mesmos. O que captamos com nossa consciência é só uma pequena ilha no mar muito mais vasto e profundo de nossa vida. Às vezes nos escapa inclusive o mais essencial e decisivo.

Em seu precioso livro *Experiência espiritual*, K. Rahner nos recordou com vigor essa "experiência" radicalmente diferente que ocorre sempre em nós, embora muitas vezes passe despercebida: a presença viva do Espírito de Deus, que trabalha a partir de dentro de nosso ser.

Uma experiência que fica quase sempre como que encoberta por outras muitas que ocupam nosso tempo e nossa atenção. Uma presença que fica como que reprimida e oculta debaixo de outras impressões e preocupações que se apoderam de nosso coração.

Quase sempre nos parece que o grande e gratuito precisa ser sempre algo pouco frequente; mas, quando se trata de Deus, não é assim. Houve em alguns setores do cristianismo uma tendência a considerar essa presença viva do Espírito como algo reservado a pessoas escolhidas e seletas. Uma experiência própria de crentes privilegiados.

K. Rahner nos lembrou que o Espírito de Deus estás sempre vivo no coração do ser humano, porque o Espírito é simplesmente a comunicação do próprio Deus no mais íntimo de nossa existência. Esse Espírito de Deus se comunica e se dá, inclusive, onde aparentemente não acontece nada. Lá onde se aceita a vida e se cumpre com simplicidade a obrigação pesada de cada dia.

O Espírito de Deus continua trabalhando silenciosamente no coração das pessoas normais e simples, em contraste com o orgulho e as pretensões dos que se sentem na posse do Espírito.

A festa de Pentecostes é um convite a buscar essa presença do Espírito de Deus em todos nós, não para apresentá-la como um troféu que possuímos diante de outros que não foram escolhidos, mas para acolher esse Deus que está na fonte de toda vida, por mais pequena e pobre que nos possa parecer.

O Espírito de Deus é de todos, porque o amor imenso de Deus não pode esquecer nenhuma lágrima, nem nenhum gemido nem anelo que brota do coração de seus filhos.

MISTÉRIO DE BONDADE

JOÃO 16,12-15   SANTÍSSIMA TRINDADE

Ao longo dos séculos, os teólogos se esforçaram para aprofundar-se no mistério de Deus, esquadrinhando conceitualmente sua natureza e expondo suas conclusões com diferentes linguagens. Mas muitas vezes o que nossas palavras fazem é mais esconder seu mistério do que revelá-lo. Jesus não fala muito de Deus. Ele nos oferece de maneira simples sua experiência.

Jesus chama Deus de "Pai" e o experimenta como um mistério de bondade. Ele o vive como uma Presença boa que abençoa a vida e atrai seus filhos para lutar contra o que causa dano ao ser humano. Para Ele, esse Mistério último da realidade, que os crentes chamam "Deus", é uma Presença próxima e amistosa, que está abrindo caminho no mundo para construir, conosco e junto a nós, uma vida mais humana.

Jesus não separa nunca esse Pai de seu projeto de transformar o mundo. Não pode pensar nele como alguém fechado em seu mistério insondável, de costas para o sofrimento de seus filhos. Por isso pede a seus seguidores que se abram ao mistério desse Deus, creiam na Boa Notícia de seu projeto, se unam a Ele para trabalhar por um mundo mais justo e ditoso para todos e busquem sempre que sua justiça, sua verdade e sua paz reinem cada vez mais no mundo.

Por outro lado, Jesus se experimenta a si mesmo como "Filho" desse Deus, nascido para impulsionar na terra o projeto humanizador do Pai e para levá-lo à sua plenitude definitiva, acima inclusive da morte. Por isso Ele busca a todo momento o que o Pai quer. Sua fidelidade ao Pai o leva a buscar sempre o bem de seus filhos. Sua paixão por Deus se traduz em compaixão por todos os que sofrem.

Por isso a existência inteira de Jesus, o Filho de Deus, consiste em sanar a vida e aliviar o sofrimento, defender as vítimas e reclamar para elas justiça, semear gestos de bondade e oferecer a todos a misericórdia e o perdão gratuito de Deus: a salvação que vem do Pai.

Por último, Jesus atua sempre impulsionado pelo "Espírito" de Deus. É o amor do Pai que o leva a anunciar aos pobres a Boa Notícia de seu projeto salvador. É o alento de Deus que o move a sanar a vida. É sua força salvadora que se manifesta em toda a sua trajetória profética.

Esse Espírito não se apagará no mundo quando Jesus se ausentar. Ele próprio o promete a seus discípulos. A força do Espírito os tornará testemunhas de Jesus, Filho de Deus, e colaboradores do projeto salvador do Pai. Assim nós, os cristãos, vivemos praticamente o mistério da Trindade.

No meio da crise

Lucas 9,11-17   O corpo e o sangue de Cristo

Muitas pessoas continuam sofrendo de muitas maneiras a crise econômica. Não devemos enganar-nos. Não podemos desviar os olhos. Em nosso entorno mais ou menos próximo iremos encontrando famílias obrigadas a viver da caridade, pessoas ameaçadas de despejo, vizinhos golpeados pelo desemprego, doentes sem saber como resolver seus problemas de saúde ou de medicação.

Ninguém sabe muito bem como irá reagir a sociedade. Em algumas famílias poderá ir crescendo a impotência, a raiva e a desmoralização. É previsível que aumentem os conflitos. É fácil que cresça em alguns o egoísmo ou a obsessão pela própria segurança.

Mas é possível também que vá crescendo a solidariedade. A crise pode nos tornar mais humanos. Pode nos ensinar a compartilhar mais o que temos e do qual não necessitamos. Podem estreitar-se os laços e a mútua ajuda dentro das famílias. Pode crescer nossa sensibilidade para com os mais esquecidos.

Também nossas comunidades cristãs podem crescer em amor fraterno. É o momento de descobrir que não é possível seguir Jesus e colaborar no projeto humanizador do Pai sem trabalhar por uma sociedade mais justa e menos corrupta, mais solidária e menos egoísta, mais responsável e menos frívola e consumista.

É também o momento de recuperar a força humanizadora contida na eucaristia quando é vivida como uma experiência de amor confessado e compartilhado. O encontro dos cristãos, reunidos cada domingo em torno de Jesus, deve transformar-se num lugar de conscientização e de impulso de solidariedade prática.

Precisamos sacudir nossa rotina e mediocridade. Não podemos comungar com Cristo na intimidade de nosso coração sem comungar com os irmãos que sofrem. Não podemos compartilhar o pão eucarístico ignorando a fome de milhões de seres humanos privados de pão e de justiça. É uma chacota dar-nos a paz uns aos outros esquecendo os que vão ficando excluídos socialmente.

A celebração da eucaristia deve ajudar-nos a abrir os olhos para descobrir aqueles que devemos defender, apoiar e ajudar nesses momentos. Ela deve nos despertar da "ilusão de inocência", que nos permite viver tranquilos, para mover-nos e lutar só quando vemos em perigo nossos interesses. Vivida com fé cada domingo, a eucaristia pode nos tornar mais humanos e melhores seguidores de Jesus. Pode nos ajudar a viver com lucidez cristã, sem perder a dignidade nem a esperança.

Um gesto pouco religioso

João 2,1-11   II Tempo Comum

Havia um casamento em Caná. Assim começa esse relato no qual se nos diz algo inesperado e surpreendente. A primeira intervenção pública de Jesus, o Enviado de Deus, não tem nada de religioso. Não acontece num lugar sagrado. Jesus inaugura sua atividade profética "salvando" uma festa de casamento que podia ter terminado muito mal.

Naquelas aldeias pobres da Galileia, a festa de casamento era a mais apreciada por todos. Durante vários dias, familiares e amigos acompanhavam os noivos comendo e bebendo com eles, dançando danças festivas e cantando canções de amor.

O Evangelho de João nos diz que foi no meio de uma dessas festas de casamento que Jesus fez seu "primeiro sinal", aquele que nos fornece a chave para entender toda a sua atuação e o sentido profundo de sua missão salvadora.

O evangelista João não fala de "milagres". Os gestos surpreendentes que Jesus realiza ele os chama sempre de "sinais". Ele não quer que seus leitores permaneçam no que pode haver de prodigioso na atuação de Jesus. Ele nos convida a descobrir seu significado mais profundo. Para isso nos fornece algumas pistas de natureza simbólica. Vejamos apenas uma.

A mãe de Jesus, atenta aos detalhes da festa, se dá conta de que "não lhes sobra vinho" e informa disso seu filho. Talvez os noivos, de condição humilde, se viram com excesso de convidados. Maria está preocupada. A festa corre perigo. Como pode um terminar um casamento sem vinho? Ela confia em Jesus.

Entre os camponeses da Galileia, o vinho era um símbolo muito apreciado da alegria e do amor. Todos o sabiam. Se na vida falta a alegria e falta o amor, em que pode terminar a convivência? Maria não se equivoca. Jesus intervém para salvar a festa proporcionando vinho abundante e de excelente qualidade.

Esse gesto de Jesus nos ajuda a captar a orientação de sua vida inteira e o conteúdo fundamental de seu projeto do reino de Deus. Enquanto os dirigentes religiosos e os mestres da Lei se preocupam com a religião, Jesus se dedica a tornar mais humana e suportável a vida das pessoas.

Os evangelhos apresentam Jesus concentrado não na religião, mas na vida. Ele não é só para pessoas religiosas e piedosas. Ele é também para os que vivem decepcionados pela religião, mas sentem necessidade de viver de maneira digna e ditosa. Por quê? Porque Jesus transmite fé num Deus no qual se pode confiar e com o qual se pode viver com alegria, e porque atrai para uma vida mais generosa, movida por um amor solidário.

Profeta

Lucas 1,1-4; 4,14-21   III Tempo Comum

Numa aldeia perdida da Galileia, chamada Nazaré, as pessoas do povo se reúnem na sinagoga numa manhã de sábado para ouvir a palavra de Deus. Depois de alguns anos vividos buscando Deus no deserto, Jesus retorna ao povoado onde cresceu.

A cena é de grande importância para conhecer Jesus e entender bem sua missão. De acordo com o relato de Lucas, nessa aldeia quase desconhecida de todos Jesus vai fazer sua apresentação como Profeta de Deus e vai expor seu programa, aplicando a si mesmo um texto do profeta Isaías.

Depois de ler o texto, Jesus o comenta com uma frase apenas: "Hoje se cumpre essa Escritura que acabais de ouvir". De acordo com Lucas, as pessoas "tinham os olhos fixos nele". A atenção de todos passa do texto lido para a pessoa de Jesus. O que é que nós podemos descobrir hoje se fixarmos nossos olhos nele?

Jesus age movido pelo Espírito de Deus. A vida inteira de Jesus é impulsionada, conduzida e orientada pelo alento, pela força e pelo amor de Deus. Crer na divindade de Jesus não é confessar teoricamente uma fórmula dogmática elaborada pelos concílios. É ir descobrindo de maneira concreta em suas palavras e em seus gestos, em sua ternura e em seu fogo, o Mistério último da vida, que nós cristãos chamamos "Deus".

Jesus é Profeta de Deus. Não foi ungido com óleo de oliveira, como se ungiam os reis para transmitir-lhes o poder de governo, ou os sumos sacerdotes para investi-los de poder sagrado. Ele foi "ungido" pelo Espírito de Deus. Não vem governar nem reger. É Profeta de Deus dedicado a libertar a vida. Só poderemos segui-lo se aprendermos a viver com seu espírito profético.

Jesus é Boa Notícia para os pobres. Sua atuação é Boa Notícia para a classe social mais marginalizada e desvalida: os que mais têm necessidade de ouvir algo bom; os humilhados e esquecidos por todos. Começamos a assemelhar-nos a Jesus quando nossa vida, nossa atuação e nosso amor solidário puderem ser entendidos pelos pobres como algo bom.

Jesus vive dedicado a libertar. Entregue à tarefa de libertar o ser humano de todo tipo de escravidões. As pessoas o sentem como libertador de sofrimentos, opressões e abusos; os cegos o veem como luz que liberta do absurdo e do desespero; os pecadores o acolhem como graça e perdão. Nós seguimos Jesus quando Ele nos vai libertando de tudo quanto nos escraviza, apequena ou desumaniza. Então cremos nele como Salvador que nos encaminha para a vida definitiva.

Privados de espírito profético

Lucas 4,21-30   IV Tempo Comum

Sabemos que a oposição a Jesus foi se gestando pouco a pouco: o receio dos escribas, a irritação dos mestres da Lei e a rejeição dos dirigentes do Templo foram crescendo até acabar em sua condenação e execução na cruz.

Também o evangelista Lucas o sabe. Mas, intencionalmente, forçando inclusive seu próprio relato, fala da rejeição frontal de Jesus na primeira atuação pública por ele descrita. Desde o começo os leitores precisam tomar consciência de que a rejeição é a primeira reação que Jesus encontra entre os seus ao apresentar-se como Profeta.

O que aconteceu em Nazaré não é um fato isolado. Algo que aconteceu no passado. A rejeição de Jesus quando se apresenta como Profeta dos pobres, libertador dos oprimidos e perdoador dos pecadores, pode ir se produzindo entre os seus ao longo dos séculos.

A nós, seguidores de Jesus, custa-nos aceitar sua dimensão profética. Esquecemos quase por completo algo que tem grande importância. Deus não se encarnou num sacerdote, dedicado a cuidar da religião do Templo. Também não é um letrado, ocupado em defender a ordem estabelecida pela Lei. Deus se encarnou e se revelou num Profeta, enviado pelo Espírito para anunciar aos pobres a Boa Notícia e aos oprimidos a libertação.

Esquecemos que a religião cristã não é uma religião a mais, nascida para proporcionar aos seguidores de Jesus as crenças, ritos e preceitos adequados para viverem sua relação com Deus. É uma religião profética, impulsionada pelo profeta Jesus para promover um mundo mais humano, orientado para sua salvação definitiva em Deus.

Nós cristãos corremos o risco de descuidar sempre de novo a dimensão profética que deve animar-nos a nós, seguidores de Jesus. Apesar de grandes manifestações proféticas que foram ocorrendo na história cristã, não deixa de ser verdade o que afirma o reconhecido teólogo H.U. von Balthasar: No final do século II "cai sobre o espírito profético da Igreja uma geada que não se dissipou totalmente".

Hoje, novamente, preocupados em restaurar "o religioso" diante da secularização moderna, nós cristãos corremos o risco de caminhar para o futuro privados de espírito profético. Se for assim, pode acontecer a nós o que aconteceu aos concidadãos de Nazaré: Jesus abrirá passagem no meio deles e "se afastará" para prosseguir seu caminho. Nada o impedirá de continuar sua tarefa libertadora. Outros, vindos de fora, reconhecerão sua força profética e acolherão sua ação salvadora.

A força do Evangelho

Lucas 5,1-11   V Tempo Comum

O episódio de uma pesca surpreendente e inesperada no lago da Galileia foi redigido pelo evangelista Lucas para infundir ânimo na Igreja quando ela experimenta que todos os seus esforços para comunicar sua mensagem fracassam. O que se nos diz é muito claro: precisamos pôr nossa esperança na força e no atrativo do Evangelho.

O relato começa com uma cena insólita. Jesus está de pé na margem do lago e as pessoas vão se aglomerando ao seu redor para ouvir a Palavra de Deus. Elas não vêm movidas pela curiosidade. Não se aproximam para ver prodígios. Só querem ouvir de Jesus a Palavra de Deus.

Não é dia de sábado. Não estão congregados na sinagoga de Cafarnaum, situada nas proximidades, para ouvir as leituras que são lidas ao povo ao longo do ano. Não subiram a Jerusalém para escutar os sacerdotes do Templo. O que tanto os atrai é o Evangelho do profeta Jesus, rejeitado pelos concidadãos de Nazaré.

Também a cena da pesca é insólita. Quando de noite, no tempo mais favorável para pescar, Pedro e seus companheiros trabalham por conta própria, não obtêm nenhum resultado. Quando, já de dia, lançam as redes cofiando apenas na palavra de Jesus, que orienta seu trabalho, acontece uma pesca abundante, contra todas as expectativas.

No pano de fundo dos dados que tornam cada dia mais patente a crise do cristianismo entre nós existe um fato inegável: a Igreja está perdendo de maneira irrefreável o poder de atração e a credibilidade que tinha até uns poucos anos atrás. Não devemos enganar-nos.

Nós cristãos viemos experimentando que nossa capacidade de transmitir a fé às novas gerações é cada vez menor. Não faltaram esforços e iniciativas. Mas, ao que parece, não se trata só nem primordialmente de inventar novas estratégias.

Chegou o momento de recordar que, no Evangelho de Jesus, existe uma força de atração que não existe em nós. Esta é a pergunta decisiva: continuamos "fazendo coisas" a partir de uma Igreja que vai perdendo atrativo e credibilidade ou pomos todas as nossas energias em recuperar o Evangelho como única força capaz de produzir fé nos homens e mulheres de hoje?

Não precisamos pôr o Evangelho em primeiro plano e acima de tudo? O mais importante nestes momentos críticos não são as doutrinas elaboradas ao longo dos séculos, mas a vida e a pessoa de Jesus. O decisivo não é que as pessoas venham participar de nossas coisas, mas que possam entrar em contato com Ele. A fé cristã só desperta quando as pessoas se encontram com testemunhas que irradiam o fogo de Jesus.

FELICIDADE

LUCAS 6,17.20-26   VI TEMPO COMUM

Pode-se ler e ouvir cada vez com mais frequência notícias otimistas sobre a superação da crise e a recuperação progressiva da economia.

Dizem-nos que estamos assistindo a um crescimento econômico, mas: Crescimento de quê? Crescimento para quem? Quase não nos informam de toda a verdade do que está acontecendo.

A recuperação econômica que está em andamento vai consolidando e inclusive perpetuando a chamada "sociedade dual". Um abismo cada vez maior está se abrindo entre aqueles que poderão melhorar seu nível de vida com sempre maior mais segurança e aqueles que ficarão excluídos, sem trabalho nem futuro, nessa vasta operação econômica.

Com efeito, está crescendo ao mesmo tempo o consumo ostentoso e provocativo dos cada vez mais ricos e a miséria e insegurança dos cada vez mais pobres.

A parábola do homem rico, "que se vestia de púrpura e de linho e se banqueteava esplendidamente todos os dias", e do pobre Lázaro, que buscava, sem conseguir, saciar seu estômago com o que se jogava fora da mesa do rico, é uma crua realidade na sociedade dual.

Entre nós existem esses "mecanismos econômicos, financeiros e sociais" denunciados por João Paulo II, "os quais, ainda que manejados pela vontade dos homens, funcionavam de modo quase automático, tornando mais rígidas as situações de riqueza de uns e de pobreza dos outros".

Mais uma vez, estamos consolidando uma sociedade profundamente desigual e injusta. Nessa encíclica tão lúcida e evangélica que é *Sollicitudo rei socialis*, tão pouco escutada, inclusive pelos que o aplaudem constantemente, João Paulo II descobre na raiz dessa situação algo que só tem um nome: pecado.

Podemos apresentar todo tipo de explicações técnicas; mas, quando o resultado que se constata é o enriquecimento sempre maior dos já ricos e o naufrágio dos mais pobres, ali está se consolidando a insolidariedade e a injustiça.

Em suas bem-aventuranças, Jesus adverte que um dia se inverterá a sorte dos ricos e dos pobres. É provável que também hoje sejam muitos os que, seguindo Nietzsche, pensam que essa atitude de Jesus é fruto do ressentimento e da impotência daqueles que, não podendo conseguir mais justiça, pedem a vingança de Deus.

No entanto, a mensagem de Jesus não nasce da impotência de um homem derrotado e ressentido, mas de sua visão intensa da justiça de Deus, que não pode permitir o triunfo final da injustiça.

Passaram-se vinte séculos, mas a palavra de Jesus continua sendo decisiva para os ricos e para os pobres. Palavra de denúncia para uns e de promessa para outros, que continua viva e nos interpela a todos.

Sem esperar nada

Lucas 6,27-38   VII Tempo Comum

Por que tantas pessoas vivem insatisfeitas em seu íntimo? Por que tantos homens e mulheres consideram a vida monótona, trivial, insípida? Por que se entediam em pleno bem-estar? O que lhes falta para encontrar novamente a alegria de viver?

Talvez a existência de muitos mudaria e adquiriria outra cor e outra vida se simplesmente aprendessem a amar alguém gratuitamente. Quer queira ou não, o ser humano é chamado a amar desinteressadamente; e, se não o faz, abre-se em sua vida um vazio que ninguém nem nada pode preencher. Não é uma ingenuidade ouvir as palavras de Jesus: "Fazei o bem [...] sem nada esperar". Pode ser o segredo da vida. O que pode devolver-nos a alegria de viver.

É fácil acabar não amando ninguém de maneira verdadeiramente gratuita. Não causo dano a ninguém. Não me intrometo nos problemas dos outros. Respeito os direitos dos outros. Vivo minha vida. Já é bastante preocupar-me comigo e com minhas coisas.

Mas será que isso é vida? Viver despreocupado de todos, reduzido ao meu trabalho, à minha profissão ou meu ofício, impermeável aos problemas dos outros, alheio aos sofrimentos das pessoas, enclausurado em minha "redoma de vidro"?

Vivemos numa sociedade onde é difícil aprender a amar gratuitamente. Sempre perguntamos: Para que serve? É útil? O que eu ganho com isso? Calculamos e medimos tudo. Imaginamos que tudo se obtém "comprando": alimentos, roupas, moradia, transporte, diversão... E assim corremos o risco de transformar todas as nossas relações em puro intercâmbio de serviços.

Mas o amor, a amizade, a acolhida, a solidariedade, a proximidade, a confiança, a luta pelo fraco, a esperança, a alegria interior... não se obtêm com dinheiro. São algo gratuito que se oferece sem esperar nada em troca, a não ser o crescimento e a vida do outro.

Os primeiros cristãos, ao falar do amor, utilizavam a palavra grega *agapê*, precisamente para dar mais ênfase a essa dimensão de gratuidade, em contraposição ao amor entendido apenas como *eros* e que tinha para muitos uma ressonância de interesse e egoísmo.

Entre nós existem pessoas que só podem receber um amor gratuito, porque não têm quase nada para devolver aos que querem se aproximar delas. Pessoas sozinhas, maltratadas pela vida, incompreendidas por quase todos, empobrecidas pela sociedade, quase sem saída na vida.

O grande profeta que foi Hélder Câmara nos recorda o convite de Jesus com as seguintes palavras: "Para te livrares de ti mesmo, lança uma ponte por cima do abismo de solidão que teu egoísmo criou. Trata de ver além de ti. Busca ouvir alguém e, sobretudo, tenta o esforço de Amar ao invés de amar simplesmente a ti mesmo".

Fazer uma pausa

Lucas 6,39-45   VIII Tempo Comum

Nossos povoados e cidades oferecem hoje um clima pouco propício aos que buscam um pouco de silêncio e paz para encontrar-se consigo mesmos e com Deus. Não é fácil libertar-nos do ruído permanente e do assédio constante de todo tipo de apelos e mensagens. Por outro lado, as preocupações, problemas e pressas de cada dia nos levam de um lugar para outro, quase sem nos permitir sermos donos de nós mesmos.

Nem mesmo no próprio lar, invadido pela televisão e cenário de múltiplas tensões, é fácil encontrar o sossego e recolhimento indispensáveis para encontrar-nos conosco mesmos ou para descansar prazerosamente diante de Deus.

Pois bem, precisamente nestes momentos em que precisamos mais do que nunca de lugares de silêncio, recolhimento e oração, nós crentes mantemos frequentemente fechados nossos templos e igrejas durante boa parte do dia.

Esquecemos o que é deter-nos, fazer uma pausa, interromper por uns minutos nossas pressas, libertar-nos por uns momentos de nossas tensões e deixar-nos penetrar pelo silêncio e pela calma de um recinto sagrado. Muitos homens e mulheres se surpreenderiam ao descobrir que, frequentemente, basta parar e ficar em silêncio por algum tempo para aquietar o espírito e recuperar a lucidez e a paz.

Quanto necessitamos, nós homens e mulheres de hoje, encontrar esse silêncio que nos ajude a entrar em contato conosco mesmos a fim de recuperar nossa liberdade e resgatar novamente toda a nossa energia interior.

Acostumados ao ruído e à agitação, não suspeitamos o bem-estar do silêncio e da solidão. Ávidos de notícias, imagens e impressões, nos esquecemos que só nos alimenta e enriquece realmente aquilo que somos capazes de escutar no mais profundo de nosso ser.

Sem esse silêncio interior não se pode escutar a Deus, reconhecer sua presença em nossa vida e crescer a partir de dentro como seres humanos e como crentes. De acordo com Jesus, a pessoa "tira o bem da bondade que ela entesoura em seu coração". O bem não brota de nós espontaneamente. Precisamos cultivá-lo e fazê-lo crescer no fundo do coração. Muitas pessoas começariam a transformar sua vida se resolvessem parar para escutar todas as coisas boas que Deus suscita no silêncio de seu coração.

Fé humilde

Lucas 7,1-10   IX Tempo Comum

Foi dito que todos os grandes homens foram humildes, já que a humildade cresce no coração de todo aquele que vive sinceramente a existência.

Com quanto maior razão se pode dizer isso dos grandes crentes. Não se pode viver com profundidade diante de Deus senão em atitude modesta e humilde. Como pode viver um homem que, de alguma maneira, experimentou a Deus a não ser com humildade?

Talvez seja essa a razão mais profunda da desvalorização atual da humanidade em nossa sociedade. O homem moderno não é capaz de adorar a grandeza de Deus, não sabe reconhecer seus próprios limites, não sabe intuir que sua verdadeira grandeza está em viver humildemente diante de Deus.

Naturalmente, quando não se descobriu a grandeza de Deus, a humildade se transforma em "baixeza", em desprezo de si mesmo, em algo indigno de ser vivido.

O núcleo de toda verdadeira fé é a humildade. Uma bela oração litúrgica da Igreja diz assim: "Senhor, tem misericórdia de nós, que não podemos viver sem ti nem viver contigo". Essa é a nossa experiência diária. Não podemos viver sem Deus e não conseguimos viver com Ele.

Deus é luz, mas ao mesmo tempo nos resulta demasiado escuro. Está próximo, mas está oculto. Ele nos fala, mas precisamos suportar seu silêncio. O crente sabe por experiência que Deus é paz, mas uma paz que gera intranquilidade e inquietude. Deus é pureza, mas uma pureza que nos revela nossa impureza e feiura.

Por isso, todo ser humano que se aproxima de Deus com sinceridade o faz como aquele centurião romano que se aproximou de Jesus com estas palavras: "Eu não sou digno de que entres em minha casa". Só quem pronuncia essas palavras do fundo de seu ser e pensa assim de si mesmo está se aproximando de Deus com verdade e dignidade.

Pelo contrário, quem se sente digno diante de Deus está atuando indignamente. Está se afastando daquele que é a luz e a verdade. Quanto mais o ser humano penetra no fundo de seu coração, melhor descobre que o único caminho para se encontrar com Deus é o caminho da humildade, da simplicidade e da transparência.

Poucas vezes nos encontramos tão próximos de Deus como quando somos capazes de rezar uma oração como aquela que L. Boros sugeria numa de suas obras: "Senhor, causei muito mal em teu belo mundo; preciso suportar pacientemente o que os outros são e o que eu mesmo sou; concede-me que eu possa fazer algo para que a vida seja um pouco melhor ali onde Tu me colocaste".

RECUPERAR A COMPAIXÃO

LUCAS 7,11-17   X TEMPO COMUM

Jesus chega a Naim quando na pequena aldeia se está vivendo um fato muito triste. Jesus vem acompanhado por seus discípulos e por uma grande multidão. Da aldeia sai um cortejo fúnebre a caminho do cemitério. Uma mãe viúva, acompanhada por seus vizinhos, leva para enterrar seu único filho.

Em poucas palavras, Lucas nos descreveu a trágica situação da mulher. É uma viúva, sem esposo que cuide dela e a proteja naquela sociedade controlada pelos varões. Restava-lhe apenas um filho, mas também este acaba de morrer. A mulher não diz nada. Só chora sua dor. O que será dela?

O encontro foi inesperado. Jesus vinha anunciar também em Naim a Boa Notícia de Deus. Qual será sua reação? De acordo com o relato, o Senhor a olhou, se comoveu e lhe disse: "Não chores". É difícil descrever melhor o Profeta da compaixão de Deus.

Ele não conhece a mulher, mas a olha demoradamente, entende sua dor e solidão e se comove até as entranhas. O abatimento daquela mulher o penetra. Sua reação é imediata: "Não chores". Jesus não pode ver ninguém chorando. Precisa intervir.

Ele não pensa duas vezes. Aproxima-se do féretro, manda parar o enterro e diz ao rapaz morto: "Moço, eu te digo: levanta-te". Quando o jovem se ergue e começa a falar, Jesus o entrega à sua mãe para que deixe de chorar. De novo estão juntos. A mãe já não estará sozinha.

Tudo parece simples. O relato não insiste no aspeto prodigioso daquilo que Jesus acaba de fazer. Convida seus leitores a ver nele a revelação de Deus como Mistério de compaixão de Deus e Força de vida, capaz de salvar inclusive da morte. É a compaixão de Deus que torna Jesus tão sensível ao sofrimento das pessoas.

Na Igreja precisamos recuperar quanto antes a compaixão como o estilo de vida próprio dos seguidores de Jesus. Precisamos resgatá-la de uma concepção sentimental e moralizante que a desprestigiou. A compaixão que exige justiça é o grande mandamento de Jesus: "Sede compassivos como vosso Pai é compassivo".

Essa compaixão é hoje mais necessária do que nunca. A partir dos centros de poder, tudo é levado mais em consideração do que o sofrimento das vítimas. Tudo funciona como se não houvesse sofredores nem perdedores. Nas comunidades de Jesus é preciso escutar o grito de indignação absoluta: o sofrimento dos inocentes deve ser levado a sério; não pode ser aceito socialmente como algo normal, porque é inaceitável para Deus. Ele não quer ver ninguém chorando.

Defensor das prostitutas

Lucas 7,36–8,3   XI Tempo Comum

Jesus se encontra na casa de Simão, um fariseu que o convidou para uma refeição. Inesperadamente, uma mulher interrompe o banquete. Os convidados a reconhecem imediatamente. É uma prostituta da aldeia. Sua presença cria mal-estar e expectativa. Como Jesus reagirá? Ele a expulsará para que não contamine os convidados?

A mulher não diz nada. Está acostumada a ser desprezada, sobretudo nos ambientes fariseus. Ela se dirige diretamente a Jesus, lança-se a seus pés e começa chorar. Não sabe como agradecer-lhe sua acolhida: cobre seus pés de beijos, unge-os com um perfume que traz consigo e os seca com seus cabelos.

A reação do fariseu não se faz esperar. Não consegue dissimular seu desprezo: "Se este fosse profeta, saberia quem é esta mulher e o que ela é: uma pecadora". Ele não é tão ingênuo como Jesus. Sabe muito bem que essa mulher é uma prostituta, indigna de tocar Jesus. Seria preciso afastá-la dele.

Mas Jesus não a expulsa nem a rejeita. Pelo contrário, a acolhe com respeito e ternura. Descobre em seus gestos um amor limpo e uma fé agradecida. Diante de todos fala com ela para defender sua dignidade e revelar-lhe como Deus a ama: "Teus pecados ficam perdoados". Depois, enquanto os convidados se escandalizam, Ele a reconforta em sua fé e lhe deseja uma vida nova: "Tua fé te salvou. Vai em paz". Deus estará sempre com ela.

Há alguns meses me chamaram para participar de um encontro muito particular. Estava entre nós um grupo de prostitutas. Pude falar longamente com elas. Nunca poderei esquecê-las. Ao longo de três dias pudemos escutar sua impotência, seus medos, sua solidão... Pela primeira vez compreendi por que Jesus as amava tanto. Entendi também suas palavras lançadas aos dirigentes religiosos: "Eu vos asseguro que os publicanos e as prostitutas entrarão antes de vós no reino dos céus".

Essas mulheres enganadas e escravizadas, submetidas a todo tipo de abuso, aterrorizadas para mantê-las isoladas, muitas quase sem proteção nem segurança alguma, são as vítimas invisíveis de um mundo cruel e desumano, silenciado em boa parte pela sociedade e praticamente esquecido pela Igreja.

Nós, seguidores de Jesus, não podemos viver dando as costas ao sofrimento dessas mulheres. Nossas Igrejas diocesanas não podem abandoná-las a seu triste destino. Precisamos levantar a voz para despertar a consciência da sociedade. Precisamos apoiar muito mais os que lutam por seus direitos e sua dignidade. Jesus, que tanto as amou, seria também hoje o primeiro a defendê-las.

Quem é Ele para nós?

Lucas 9,18-23   XII Tempo Comum

A cena é conhecida. Aconteceu nas proximidades de Cesareia de Filipe. Já faz algum tempo que os discípulos estão acompanhando Jesus. Por que eles o seguem? Jesus quer saber que ideia fazem dele: "Vós, quem dizeis que eu sou?" Essa é também a pergunta que nós, os cristãos de hoje, precisamos fazer-nos. Quem é Jesus para nós? Que ideia fazemos dele? Nós o seguimos?

Quem é para nós esse Profeta da Galileia que não deixou para trás escritos, mas testemunhas? Não basta chamá-lo de "Messias de Deus". Precisamos continuar trilhando o caminho aberto por Ele, acender também hoje o fogo que Ele queria acender no mundo. Como podemos falar tanto dele sem sentir sua sede de justiça, seu desejo de solidariedade, sua vontade de paz?

Aprendemos de Jesus a chamar a Deus de "Pai", confiando em seu amor incondicional e em sua misericórdia infinita? Não basta recitar o Pai-nosso. Precisamos sepultar para sempre fantasmas e medos sagrados que às vezes despertam em nós, afastando-nos dele. E precisamos libertar-nos de tantos ídolos e deuses falsos que nos tornam escravos.

Adoramos em Jesus o Mistério do Deus vivo, encarnado no meio de nós? Não basta confessar sua condição divina com fórmulas abstratas, afastadas da vida e incapazes de tocar o coração dos homens e mulheres de hoje. Precisamos descobrir em seus gestos e palavras o Deus Amigo da vida e do ser humano. Não é a melhor notícia que podemos comunicar hoje aos que buscam caminhos para encontrar-se com Ele?

Cremos no amor pregado por Jesus? Não basta repetir sempre de novo seu mandamento. Precisamos manter sempre viva sua inquietude de caminhar para um mundo mais fraterno, promovendo um amor solidário e criativo para com os necessitados. O que aconteceria se um dia a energia do amor movesse o coração das religiões e as iniciativas dos povos?

Escutamos o preceito de Jesus de sair pelo mundo para curar? Não basta pregar seus milagres. Também hoje precisamos curar a vida como Ele o fazia, aliviando o sofrimento, devolvendo a dignidade aos perdidos, sarando feridas, acolhendo os pecadores, tocando os excluídos. Onde estão seus gestos e palavras de alento aos derrotados?

Se Jesus tinha palavras fogo para condenar a injustiça dos poderosos de seu tempo e a mentira da religião do Templo, por que nós, seus seguidores, não nos sublevamos diante da destruição diária de tantos milhares de seres humanos abatidos pela fome, pela desnutrição e por nosso esquecimento?

Como seguir Jesus

Lucas 9,51-62   XIII Tempo Comum

Jesus empreende decididamente sua caminhada para Jerusalém. Sabe do perigo que Ele corre na capital, mas nada o detém. Sua vida só tem um objetivo: anunciar e promover o projeto do reino de Deus. A caminhada começa mal: os samaritanos o rejeitam. Ele está acostumado: o mesmo lhe aconteceu em seu povoado de Nazaré.

Jesus sabe que não é fácil acompanhá-lo em sua vida de profeta itinerante. Não pode oferecer a seus seguidores a segurança e o prestígio que os letrados da Lei podem prometer a seus discípulos. Jesus não engana ninguém. Quem quiser segui-lo terá que aprender a viver como Ele.

Enquanto Ele vai caminhando aproxima-se dele um desconhecido. Vê-se que está entusiasmado: "Eu te seguirei aonde quer que fores". Antes de mais nada, Jesus lhe faz ver que não deve esperar dele segurança, vantagens nem bem-estar. Ele próprio "não tem onde reclinar a cabeça". Não possui casa, come o que lhe oferecem, dorme onde pode.

Não nos enganemos. O grande obstáculo que hoje impede muitos cristãos como nós de seguir Jesus de verdade é o bem-estar no qual vivemos instalados. Causa-nos medo tomar Jesus a sério, porque sabemos que isso exigiria de nós viver de maneira mais generosa e solidária. Somos escravos de nosso pequeno bem-estar. Talvez as crises econômicas nos poderiam tornar mais humanos e mais cristãos.

Outro pede a Jesus que o deixe enterrar seu pai antes de segui-lo. Jesus lhe responde com um jogo de palavras provocativo e enigmático: "Deixa que os mortos enterrem seus mortos. Tu, vai anunciar o reino de Deus". Essas palavras desconcertantes questionam nosso estilo convencional de viver.

Precisamos alargar o horizonte no qual nos movemos. A família não é tudo. Há algo mais importante. Se nos decidimos a seguir Jesus, precisamos pensar também na família humana: ninguém deveria viver sem lar, sem pátria, sem documentos, sem direitos. Todos nós podemos fazer algo mais por um mundo justo e fraterno.

Outro está disposto a segui-lo, mas quer antes se despedir de sua família. Jesus o surpreende com estas palavras: "Aquele que põe a mão ao arado e continua olhando para trás não é apto para o reino de Deus". Colaborar no projeto de Jesus exige dedicação total, olhar para frente sem distrair-nos, caminhar para o futuro sem fechar-nos no passado.

O papa Francisco nos advertiu de algo que está acontecendo hoje na Igreja: "Temos medo de que Deus nos leve por caminhos novos, arrancando-nos de nossos horizontes, frequentemente limitados, fechados e egoístas, para abrir-nos aos seus horizontes".

A paz de Deus

Lucas 10,1-12.17-20   XIV Tempo Comum

De poucas palavras abusou-se tanto como da palavra "paz". Todos falamos de "paz", mas o significado desse termo foi mudando profundamente, afastando-se cada vez mais de seu sentido bíblico. Seu uso interesseiro fez da paz um termo ambíguo e problemático. Hoje, em geral, as mensagens de paz resultam bastante suspeitas e não alcançam muita credibilidade.

Quando, nas primeiras comunidades cristãs, se fala de paz, não se pensa em primeiro lugar numa vida mais tranquila e menos problemática, que transcorra em certa ordem e bem-estar por caminhos de maior progresso e bem-estar. Antes disso e na origem de toda paz individual ou social está a convicção de que todos nós somos aceitos por Deus, de que, apesar de nossos erros e contradições, todos nós podemos viver reconciliados e em amizade com Ele. Esta é a coisa primeira e mais decisiva: "Estamos em paz com Deus" (Rm 5,1).

Essa paz não é só ausência de conflitos, mas vida mais plena que nasce da confiança total em Deus e afeta o próprio centro da pessoa. Essa paz não depende só de circunstâncias externas. É uma paz que brota no coração, vai conquistando gradualmente toda a pessoa e, a partir dela, se estende aos outros.

Essa paz é presente de Deus, mas é também fruto de um trabalho não pequeno que pode prolongar-se por toda uma vida. Acolher a paz de Deus, guardá-la fielmente no coração, mantê-la no meio dos conflitos e transmiti-la aos outros exige o esforço apaixonante, mas não fácil, de unificar e arraigar a vida em Deus.

Essa paz não é uma compensação psicológica diante da falta de paz na sociedade; não é uma evasão pragmática que afasta dos problemas e conflitos; não se trata de um refúgio cômodo para pessoas desenganadas ou céticas diante de uma paz social quase "impossível". Se é verdadeira paz de Deus, ela se transforma no melhor estímulo para viver trabalhando por uma convivência pacífica entre todos e para o bem de todos.

Jesus pede a seus discípulos que, ao anunciar o reino de Deus, sua primeira mensagem seja para oferecer paz a todos: "Dizei primeiro: 'Paz a esta casa'". Se a paz for acolhida, ela irá se estendendo pelas aldeias da Galileia. Do contrário, ela "voltará" novamente para eles; mas nunca deve ficar destruída em seu coração, porque a paz é um presente de Deus.

Não passar ao largo

Lucas 10,25-37   XV Tempo Comum

"Sede compassivos como vosso Pai é compassivo". Essa é a herança que Jesus deixou à humanidade. Para compreender a revolução que Ele quer introduzir na história, precisamos ler com atenção seu relato do "bom Samaritano". Nele nos é descrita a atitude que devemos promover, para além de nossas crenças e posições ideológicas ou religiosas, para construir um mundo mais humano.

Na sarjeta de uma estrada solitária jaz um ser humano roubado, agredido, despojado de tudo, semimorto, abandonado à sua sorte. Nesse ferido sem nome e sem pátria Jesus resume a situação de tantas vítimas inocentes maltratadas injustamente e abandonadas nas sarjetas de tantos caminhos da história.

No horizonte aparecem dois viajantes: primeiro um sacerdote e depois um levita. Os dois pertencem ao mundo respeitado da religião oficial de Jerusalém. Os dois atuam de maneira idêntica: veem o ferido, dão uma volta e passam ao largo. Os dois fecham seus olhos e seu coração, aquele homem não existe para eles, passam sem deter-se. Essa é a crítica radical de Jesus a toda religião incapaz de provocar em seus membros um coração compassivo. Que sentido tem uma religião tão pouco humana?

Pelo caminho vem um terceiro personagem. Não é sacerdote nem levita. Nem sequer pertence à religião do Templo. No entanto, ao chegar, vê o ferido, se comove e se aproxima. Depois faz por aquele desconhecido tudo o que pode para resgatá-lo com vida e restaurar sua dignidade. Essa é a dinâmica que Jesus quer introduzir no mundo.

A primeira coisa a fazer é não fechar os olhos. Saber "olhar" de maneira atenta e responsável o que sofre. Esse olhar pode nos libertar do egoísmo e da indiferença que nos permitem viver com a consciência tranquila e a ilusão de inocência no meio de tantas vítimas inocentes. Ao mesmo tempo, "comover-nos" e deixar que seu sofrimento cause dor também em nós.

Mas o elemento decisivo é reagir e "aproximar-nos" do que sofre, não para perguntar-nos se temos ou não alguma obrigação de ajudá-lo, mas para descobrir que ele é um ser necessitado que requer nossa presença junto a dele. Nossa atuação concreta revelará nossa qualidade humana.

Tudo isso não é teoria. O samaritano do relato não se sente obrigado a cumprir um determinado código religioso ou moral. Simplesmente responde à situação do ferido, inventando todo tipo de gestos práticos destinados a aliviar seu sofrimento e restaurar sua vida e sua dignidade. Jesus conclui com as seguintes palavras: "Vai e faze tu o mesmo".

Não há nada mais necessário

Lucas 10,38-42   XVI Tempo Comum

O episódio é um tanto surpreendente. Os discípulos que acompanham Jesus desapareceram de cena. Lázaro, o irmão de Marta e de Maria, está ausente. Na casa da pequena aldeia de Betânia, Jesus se encontra a sós com duas mulheres que adotam diante de sua chegada duas atitudes diferentes.

Marta, que sem dúvida é a irmã mais velha, acolhe Jesus como dona-de--casa e se põe totalmente a seu serviço. É natural. De acordo com a mentalidade da época, a dedicação aos trabalhos do lar era tarefa exclusiva da mulher. Maria, a irmã mais jovem, pelo contrário, se senta aos pés de Jesus para escutar sua palavra. Sua atitude é surpreendente, porque está ocupando o lugar próprio de um discípulo, que corresponde apenas aos varões.

Num dado momento, Marta, absorvida pelo trabalho e exausta pelo cansaço, se sente abandonada pela irmã e incompreendida por Jesus: "Senhor, não te importa que minha irmã me tenha deixado sozinha com o serviço? Dize-lhe que me dê uma mãozinha". Por que Ele não manda a irmã dedicar-se às tarefas próprias de toda mulher e deixe de ocupar o lugar reservado aos discípulos varões?

A resposta de Jesus é de grande importância. Lucas a redige pensando provavelmente nas desavenças e pequenos conflitos que ocorrem nas primeiras comunidades na hora de fixar as diversas tarefas: "Marta, Marta, andas inquieta e nervosa por muitas coisas, quando na realidade só uma é necessária. Maria escolheu a melhor parte, que ninguém lhe tirará".

Em nenhum momento Jesus critica Marta por sua atitude de serviço, tarefa fundamental em todo seguimento de Jesus, mas a convida a não se deixar absorver por seu trabalho a ponto de perder a paz. E lembra que a escuta de sua palavra deve ser prioritária para todos, também para as mulheres, e não uma espécie de privilégio dos varões.

É urgente hoje entender e organizar a comunidade cristã como um lugar onde se cuida, antes de mais nada, da acolhida do Evangelho na sociedade secular e plural de nossos dias. Não há nada mais importante. Nada mais necessário. Precisamos aprender a reunir-nos, mulheres e varões, crentes e menos crentes, em pequenos grupos para escutar e compartilhar as palavras de Jesus.

Essa escuta do Evangelho em pequenas células pode ser hoje a matriz a partir da qual vá se regenerando o tecido de nossas paróquias em crise. Se o povo simples conhecer em primeira mão o Evangelho de Jesus, o desfrutar e o reclamar da hierarquia, ele nos arrastará a todos para Jesus.

Três apelos de Jesus

Lucas 11,1-13   XVII Tempo Comum

"Eu vos digo: pedi e recebereis; buscai e encontrareis; batei e vos abrirão". É provável que Jesus tenha pronunciado essas palavras quando se movia pelas aldeias da Galileia pedindo algo para comer, buscando acolhida e batendo à porta das pessoas. Ele sabia aproveitar as experiências mais simples da vida para despertar a confiança de seus seguidores no bom Pai de todos.

Curiosamente, em nenhum momento se nos diz o que precisamos buscar nem a que porta bater. O importante para Jesus é a atitude. Diante do Pai precisamos viver como pobres que pedem aquilo de que necessitam para viver, como perdidos que buscam o caminho que não conhecem muito bem, como desvalidos que batem à porta de Deus.

Os três apelos de Jesus nos convidam a despertar a confiança no Pai, mas o fazem com matizes diferentes. Pedir é a atitude própria do pobre. A Deus devemos pedir-lhe o que não podemos dar a nós mesmos: o alento da vida, o perdão, a paz interior, a salvação. Buscar não é só pedir. É, além disso, dar passos para conseguir o que não está ao nosso alcance. Assim devemos buscar antes de tudo o reino de Deus e sua justiça: um mundo mais humano e digno para todos. Bater é dar golpes na porta, insistir, gritar a Deus quando o sentimos longe.

A confiança de Jesus no Pai é absoluta. Ele quer que seus seguidores não esqueçam nunca: quem pede está recebendo, quem busca está encontrando e a quem bate lhe abrem. Jesus não diz o que recebem concretamente os que estão pedindo, o que encontram os que andam buscando ou o que alcançam os que gritam. Sua promessa é outra: aos que confiam nele Deus se dá; os que recorrem a Ele recebem "coisas boas".

Jesus não dá explicações complicadas. Ele apresenta três exemplos que os pais e mães de todos os tempos podem entender. Qual o pai ou qual a mãe que, quando o filho lhe pede um pão, lhe dá uma pedra arredondada, como as que se pode ver pelos caminhos? Ou, se lhe pede um peixe, lhe dará uma dessas cobras d'água que às vezes aparecem nas redes de pesca? Ou, se lhe pede um ovo, lhe dará um escorpião encolhido como os que se veem na margem do lago?

Os pais não caçoam dos filhos. Não os enganam nem lhes dão algo que possa causar-lhes dano, mas sim "coisas boas". Jesus tira rapidamente a conclusão: "Quanto mais vosso Pai do céu dará o Espírito Santo aos que o pedirem!" Para Jesus o melhor que podemos pedir e receber de Deus é seu Alento, seu Espírito, seu Amor, que sustenta e salva nossa vida.

Contra a insensatez

Lucas 12,13-21   XVIII Tempo Comum

Conhecemos cada vez melhor a situação social e econômica vivida por Jesus na Galileia dos anos 30 do século I. Enquanto nas cidades de Séforis e Tiberíades crescia a riqueza, nas aldeias aumentava a fome e a miséria. Enquanto os camponeses ficavam sem terras, os proprietários de terras construíam silos e celeiros cada vez maiores.

Num pequeno relato conservado por Lucas, Jesus revela o que pensa daquela situação tão contrária ao projeto desejado por Deus de um mundo mais humano para todos. Ele não conta essa parábola só para denunciar os abusos e atropelos que cometidos pelos proprietários de terra, mas para desmascarar a insensatez em que eles vivem instalados.

Um rico fazendeiro se vê surpreendido por uma grande colheita. Não sabe como administrar tanta abundância. "O que farei?" Seu monólogo nos revela a lógica insensata dos poderosos, que só vivem para açambarcar riqueza e bem-estar, excluindo de seu horizonte os necessitados.

O rico da parábola planeja sua vida e toma decisões. Destruirá os velhos celeiros e construirá outros maiores. Armazenará ali toda a sua colheita. Pode acumular bens para muitos anos. Doravante só viverá para desfrutar: "Descansa, come, bebe e leva uma boa vida". De forma inesperada, Deus interrompe seus projetos: "Insensato, nesta mesma noite exigirão tua vida. O que acumulaste, de quem será?"

Esse rico reduz sua existência a desfrutar a abundância de seus bens. No centro de sua via está somente ele e seu bem-estar. Deus está ausente. Os diaristas que trabalham suas terras não existem. As famílias das aldeias que lutam contra a fome não contam. O juízo de Deus é categórico: esta vida só é estupidez e insensatez.

Nestes tempos, praticamente em todo o mundo está aumentando de maneira alarmante a desigualdade. Este é o fato mais sombrio e desumano: "Os ricos, sobretudo os mais ricos, vão se tornando muito mais ricos, enquanto os pobres, sobretudo os mais pobres, vão se tornando muito mais pobres" (Zygmunt Bauman).

Esse fato não é algo normal. É, simplesmente, a última consequência da insensatez mais grave que nós, os seres humanos, estamos cometendo: substituir a cooperação amistosa, a solidariedade e a busca do bem comum de toda a humanidade pela competição, pela rivalidade e pelo açambarcamento de bens nas mãos dos mais poderosos do planeta.

A partir da Igreja de Jesus, presente em toda a Terra, dever-se-ia escutar o clamor de seus seguidores contra tanta insensatez e a reação contra o modelo que conduz hoje a história humana. Assim está fazendo repetidamente o papa Francisco.

Viver como minoria

Lucas 12,32-48   XIX Tempo Comum

Lucas reuniu em seu Evangelho algumas palavras, cheias de afeto e carinho, dirigidas por Jesus a seus seguidores. Com frequência costumam passar despercebidas. No entanto, lidas hoje com atenção a partir de nossas paróquias e comunidades cristãs, recuperam uma surpreendente atualidade. É o que precisamos ouvir de Jesus nestes tempos não fáceis para a fé.

"Meu pequeno rebanho". Jesus olha com ternura imensa seu pequeno grupo de seguidores. São poucos. Têm vocação de minoria. Não devem pensar em grandezas. Assim os imagina Jesus sempre: como um pouco de fermento oculto na massa, uma pequena luz na escuridão, um punhado de sal para dar sabor à vida.

Depois de séculos de "imperialismo cristão", nós discípulos de Jesus precisamos aprender a viver como minoria. É um erro ter saudade de uma Igreja poderosa e forte. É um engano buscar poder mundano ou pretender dominar a sociedade. O Evangelho não se impõe pela força. É transmitido por aqueles que vivem no estilo de Jesus, tornando a vida mais humana.

"Não tenhais medo". É a grande preocupação de Jesus. Ele não quer ver seus seguidores paralisados pelo medo nem mergulhados no desalento. Eles não precisam preocupar-se. Também hoje somos um pequeno rebanho, mas podemos permanecer muito unidos a Jesus, o Pastor que nos guia e nos defende. Ele pode fazer-nos viver estes tempos com paz.

"Vosso Pai quis dar-vos o reino." Jesus o recorda mais uma vez. Eles não devem sentir-se órfãos. Têm a Deus como Pai. Ele lhes confiou seu projeto do reino. É seu grande presente. O melhor que temos em nossas comunidades: a tarefa de tornar a vida mais humana e a esperança de encaminhar a história para sua salvação definitiva.

"Vendei vossos bens e dai esmola." Os seguidores de Jesus são um pequeno rebanho, mas nunca devem ser uma seita fechada em seus próprios interesses.

Não viverão de costas para as necessidades de ninguém. Serão comunidades de portas abertas. Compartilharão seus bens com os que precisam de ajuda e solidariedade. Darão esmola, ou seja, "misericórdia". É esse o significado do termo grego.

Nós, os cristãos, precisaremos ainda de algum tempo para aprender a viver como minoria numa sociedade secular e plural. Mas existe algo que podemos e devemos fazer sem esperar: transformar o clima que se vive em nossas comunidades e torná-lo mais evangélico. O papa Francisco está nos apontando o caminho com seus gestos e seu estilo de vida.

Sem fogo não é possível

Lucas 12,49-53   XX Tempo Comum

Num estilo claramente profético, Jesus resume sua vida inteira com umas palavras insólitas: "Eu vim pôr fogo ao mundo e oxalá já estivesse ardendo!" Do que Jesus está falando? O caráter enigmático de sua linguagem leva os exegetas a buscar a resposta em diferentes direções. Seja como for, a imagem do "fogo" está nos convidando a aproximar-nos de seu mistério de maneira mais ardente e apaixonada.

O fogo que arde em seu interior é a paixão por Deus e a compaixão pelos que sofrem. Jamais poderá ser revelado esse amor insondável que anima sua vida inteira. Seu mistério não ficará nunca encerrado em fórmulas dogmáticas nem em livros de sábios. Ninguém escreverá um livro definitivo sobre Ele. Jesus atrai e queima, perturba e purifica. Ninguém poderá segui-lo com o coração apagado ou com piedade entediada.

Sua palavra faz arder os corações. Ele se oferece amistosamente aos mais excluídos, desperta a esperança nas prostitutas e a confiança nos pecadores mais desprezados, luta contra tudo o que causa dano ao ser humano. Combate os formalismos religiosos, os rigorismos desumanos e as interpretações estritas da Lei. Nada nem ninguém poderá aprisionar sua liberdade para fazer o bem. Nunca poderemos segui-lo vivendo na rotina religiosa ou no convencionalismo do "correto".

Jesus acende os conflitos, não os apaga. Ele não veio trazer falsa tranquilidade, mas tensões, enfrentamento e divisões. Na realidade, Ele introduz o conflito em nosso próprio coração. Não podemos defender-nos de seu chamado atrás do escudo de ritos religiosos ou práticas sociais. Nenhuma religião nos protegerá de seu olhar. Nenhum agnosticismo nos livrará de seu desafio Jesus nos está chamando a viver em verdade e a amar sem egoísmos.

Seu fogo não se apagou ao submergir nas águas profundas da morte. Ressuscitado para uma vida nova, seu Espírito continua ardendo ao longo da história. Os discípulos de Emaús o sentem arder em seus corações quando escutam suas palavras enquanto Ele caminha com eles.

Onde é possível sentir hoje esse fogo de Jesus? Onde podemos experimentar a força de sua liberdade criadora? Quando ardem nossos corações ao acolher seu Evangelho? Onde se vive de maneira apaixonada seguindo seus passos? Embora a fé cristã pareça extinguir-se hoje entre nós, o fogo trazido por Jesus ao mundo continua ardendo debaixo das cinzas. Não podemos deixar que se apague. Sem fogo no coração não é possível seguir Jesus.

CONFIANÇA SIM; FRIVOLIDADE NÃO

LUCAS 13,22-30   XXI TEMPO COMUM

A sociedade moderna vai impondo cada vez com mais força um estilo de vida marcado pelo pragmatismo do imediato. Quase não interessam as grandes questões da existência. Já não temos certezas firmes nem convicções profundas. Pouco a pouco vamos nos transformando em seres triviais, carregados de lugares-comuns, sem consistência interior nem ideais que animem nosso viver diário, para além do bem-estar e da segurança do momento.

É muito significativo observar a atitude generalizada de não poucos cristãos diante da questão da "salvação eterna", que tanto preocupava há alguns anos: muitos a apagaram sem mais de sua consciência; alguns, não se sabe bem por que, se sentem com direito a um "final feliz"; outros já não pensam nem em prêmios nem em castigos.

De acordo com o relato de Lucas, um desconhecido faz a Jesus uma pergunta frequente naquela sociedade religiosa: "Serão pouco os que se salvarão?" Jesus não responde diretamente à sua pergunta. Não lhe interessa especular sobre esse tipo de questões, tão queridas por alguns mestres da época. Vai diretamente ao essencial e decisivo: como devemos agir para não ficar excluídos da salvação que Deus oferece a todos?

"Esforçai-vos para entrar pela porta estreita". Essas são suas primeiras palavras. Deus nos abre a todos a porta da vida eterna, mas nós precisamos esforçar-nos e trabalhar para entrar por ela. Essa é a atitude sadia. Confiança em Deus, sim; frivolidade, despreocupação e falsas seguranças não.

Jesus insiste sobretudo em não nos enganarmos com falsas seguranças. Não basta pertencer ao povo de Israel; não é suficiente ter conhecido pessoalmente Jesus pelos caminhos da Galileia. O decisivo é entrar desde agora no reino de Deus e sua justiça. Com efeito, os que ficam fora do banquete final são, literalmente, "os que praticam a injustiça".

Jesus convida à confiança e à responsabilidade. No banquete final do reino de Deus não se assentarão só os patriarcas e profetas de Israel. Estarão também pagãos vindos de todos os rincões do mundo. Estar dentro ou estar fora depende da maneira como cada qual responde à salvação que Deus oferece a todos.

Jesus termina com um provérbio que resume sua mensagem. Em relação ao reino de Deus, "há últimos que serão primeiros e primeiros que serão últimos". Sua advertência é clara. Alguns que se sentem seguros de ser admitidos podem ficar fora. Outros que parecem excluídos de antemão podem ficar dentro.

Sem excluir

Lucas 14,1.7-14   XXII Tempo Comum

Jesus participa de um banquete, convidado por um dos principais fariseus da região. É uma refeição especial de sábado, preparada desde a véspera com todo esmero. Como de costume, os convidados são amigos do anfitrião, fariseus de grande prestígio, doutores da Lei, modelos de vida religiosa para todo o povo.

Ao que parece, Jesus não se sente à vontade. Sente falta de seus amigos, os pobres. Aquelas pessoas que Ele encontra mendigando pelos caminhos. Os que nunca são convidados por ninguém. Os que não contam: excluídos da convivência, esquecidos pela religião, desprezados por quase todos.

Antes de despedir-se, Jesus se dirige ao que o convidou. Não é para agradecer o banquete, mas para sacudir sua consciência e convidá-lo a viver com um estilo de vida menos convencional e mais humano: "Não convides teus amigos, nem teus irmãos, nem teus parentes, nem os vizinhos ricos, porque eles corresponderão convidando-te. [...] Convida os pobres, aleijados, coxos e cegos; serás feliz, porque eles não podem pagar-te; pagar-te-ão quando ressuscitarem os justos".

Uma vez mais, Jesus se esforça por humanizar a vida rompendo, se necessário, esquemas e critérios de atuação que nos podem parecer respeitáveis, mas que, no fundo, estão mostrando nossa resistência a construir esse mundo mais humano e fraterno desejado por Deus.

Geralmente vivemos instalados num círculo de relações familiares, sociais, políticas ou religiosas com as quais nos ajudamos mutuamente a cuidar de nossos interesses, excluindo os que nada nos podem trazer. Convidamos os que, por sua vez, nos podem convidar. E isso é tudo.

Escravos de certas relações interesseiras, não temos consciência de que nosso bem-estar só se sustenta excluindo os que mais necessitam de nossa solidariedade gratuita para poder viver. Precisamos ouvir os gritos evangélicos do papa Francisco na pequena ilha de Lampedusa: "A cultura do bem-estar nos torna insensíveis aos gritos dos outros. [...] Caímos na globalização da indiferença. [...] Perdemos o sentido da responsabilidade".

Nós, os seguidores de Jesus, precisamos recordar que abrir caminhos ao reino de Deus não consiste em construir uma sociedade mais religiosa ou em promover um sistema político alternativo a outros também possíveis; mas, antes de tudo, em produzir e desenvolver relações mais humanas, que tornem possíveis condições de vida digna para todos, a começar pelos últimos.

Não de qualquer maneira

Lucas 14,25-33   XXIII Tempo Comum

Jesus está a caminho de Jerusalém. O evangelista nos diz que "muitas pessoas o seguiam". No entanto, Jesus não alimenta ilusões. Não se deixa enganar por entusiasmos fáceis das pessoas. Alguns hoje se preocupam com a diminuição do número de cristãos. A Jesus interessava mais a qualidade de seus seguidores do que seu número.

De repente Ele se volta e começa a falar àquela multidão, de maneira lúcida e responsável, sobre as exigências concretas implícitas no fato de acompanhá--lo. Ele não quer que as pessoas o sigam de qualquer maneira. Ser discípulo de Jesus é uma decisão que deve marcar a vida inteira da pessoa.

Jesus lhes fala, em primeiro lugar, da família. Aquelas pessoas têm sua própria família: pais e mães, mulheres e filhos, irmãos e irmãs. São seus entes mais queridos e mais íntimos. Mas, se não deixarem de lado os interesses familiares para colaborar com Ele na promoção de uma família humana, não baseada em laços de sangue, mas construída a partir da justiça e da solidariedade fraterna, não poderão ser seus discípulos.

Jesus não está pensando em desfazer os lares, eliminando o carinho e a convivência familiar. Mas, se alguém põe acima de tudo a honra de sua família, o patrimônio, a herança ou o bem-estar familiar, não poderá ser seu discípulo nem trabalhar com Ele no projeto de um mundo mais humano.

E mais. Se alguém só pensa em si mesmo e em suas coisas, se vive somente para desfrutar seu bem-estar, se se preocupa unicamente com seus interesses, que não se engane: ele não pode ser discípulo de Jesus. Falta-lhe liberdade interior, coerência e responsabilidade para levá-lo a sério.

Jesus continua falando com crueza: "Quem não carrega sua cruz e não vem após mim não pode ser meu discípulo". Se alguém vive evitando problemas e conflitos, se não sabe assumir riscos e incômodos, se não está disposto a suportar sofrimentos pelo reino de Deus e sua justiça, não pode ser discípulo de Jesus.

Surpreende a liberdade com que o papa Francisco denuncia estilos de cristãos que têm pouco a ver com os discípulos de Jesus: "Cristãos de bons modos, mas de maus costumes", "crentes de museu", "hipócritas da casuística", "cristãos incapazes de viver contra a corrente", cristãos "corruptos" que só pensam em si mesmos, "cristãos bem educados" que não anunciam o Evangelho...

O GESTO MAIS ESCANDALOSO

LUCAS 15,1-32   XXIV TEMPO COMUM

O gesto mais provocativo e escandaloso de Jesus foi, sem dúvida, sua maneira de acolher com especial simpatia pecadores – homens e mulheres –, excluídos pelos dirigentes religiosos e pessoas marcadas socialmente por sua conduta à margem da Lei. O que mais irritava era o costume de Jesus de comer amigavelmente com eles.

Esquecemos geralmente que Jesus criou uma situação surpreendente na sociedade de seu tempo. Os pecadores não fogem dele. Pelo contrário, se sentem atraídos por sua pessoa e por sua mensagem. Lucas nos diz que "os pecadores e publicanos costumavam aproximar-se de Jesus para escutá-lo". Ao que parece, encontram nele uma acolhida e compreensão que não encontram em nenhum outro lugar.

Enquanto isso, os setores fariseus e os doutores da Lei, os homens de maior prestígio moral e religioso diante do povo, só sabem criticar, escandalizados, o comportamento de Jesus: "Este acolhe os pecadores e come com eles". Como pode um homem de Deus comer à mesma mesa com aquela gente pecadora e indesejável?

Jesus nunca se importou com suas críticas. Sabia que Deus não é o Juiz severo e rigoroso do qual falavam com tanta segurança aqueles mestres que ocupavam os primeiros assentos nas sinagogas. Ele conhece bem o coração do Pai. Deus entende os pecadores; oferece seu perdão a todos; não exclui ninguém; perdoa tudo. Ninguém deve ofuscar e desfigurar seu perdão insondável e gratuito.

Por isso Jesus lhes oferece sua compreensão e sua amizade. Aquelas prostitutas e coletores de impostos precisam sentir-se acolhidos por Deus. É a coisa mais importante. Nada têm a temer. Podem sentar-se à sua mesa, podem beber vinho e cantar cânticos ao lado de Jesus. Sua acolhida os vai curando por dentro. Liberta-os da vergonha e da humilhação. Devolve-lhes a alegria de viver.

Jesus os acolhe como eles são, sem nada exigir deles previamente. Vai lhes transmitindo sua paz e sua confiança em Deus, sem estar seguro de que eles responderão mudando de conduta. Ele o faz confiando totalmente na misericórdia de Deus, que já os está esperando com os braços abertos, como um pai bom que corre ao encontro do filho perdido.

A primeira tarefa de uma Igreja fiel a Jesus não é condenar os pecadores, mas compreendê-los e acolhê-los amistosamente. Em Roma pude comprovar há alguns meses que, sempre que o papa insistia que Deus perdoa sempre, perdoa tudo, perdoa a todos..., as pessoas aplaudiam com entusiasmo. Certamente é o que muitas pessoas de fé pequena e vacilante precisam ouvir hoje com clareza da parte da Igreja.

NÃO SÓ CRISE ECONÔMICA

LUCAS 16,1-13   XXV TEMPO COMUM

"Não podeis servir a Deus e ao Dinheiro". Essas palavras de Jesus não podem ser esquecidas nestes momentos por aqueles que nos sentimos seus seguidores, pois encerram a advertência mais grave que Jesus deixou à humanidade. O Dinheiro, transformado em ídolo absoluto, é o grande inimigo na construção deste mundo mais justo e fraterno desejado por Deus.

Infelizmente, em nosso mundo globalizado a Riqueza se transformou num ídolo de imenso poder, que, para subsistir, exige cada vez mais vítimas e desumaniza e empobrece cada vez mais a história humana. Nestes momentos nos encontramos apanhados por uma crise produzida em grande parte pela ânsia de acumular.

Praticamente tudo se organiza, se move e se dinamiza a partir desta lógica: buscar mais produtividade, mais consumo, mais bem-estar, mais energia, mais poder sobre os outros. Essa lógica é imperialista. Se não a detivermos, ela pode pôr em perigo o ser humano e o próprio planeta.

A primeira coisa a fazer talvez seja tomar consciência do que está acontecendo. Esta não é só uma crise econômica. É uma crise social e humana. Nestes momentos já temos dados suficientes em nosso ambiente e no horizonte do mundo para perceber o drama humano em que vivemos imersos.

Estamos vendo de maneira cada vez mais clara que um sistema que leva uma minoria de ricos a acumular cada vez mais poder, abandonando milhões de seres humanos na fome e na miséria, é uma insensatez insuportável. É inútil desviar o olhar.

Até sociedades mais progressistas já não são capazes de assegurar um trabalho digno a milhões de cidadãos. Que progresso é esse que, lançando-nos a todos à procura de bem-estar, deixa tantas famílias sem recursos para viver com dignidade?

A crise está arruinando o sistema democrático. Pressionados pelas exigências do dinheiro, os governantes não conseguem atender às verdadeiras necessidades de suas populações. O que é a política se já não está a serviço do bem-comum?

A diminuição dos gastos sociais nos diversos campos e a privatização interesseira e indigna de serviços públicos, como a saúde pública, continuarão atingido os mais indefesos, produzindo cada vez mais exclusão, desigualdade vergonhosa e fratura social.

Nós, seguidores de Jesus, não podemos viver fechados numa religião isolada desse drama humano. As comunidades cristãs devem ser nestes momentos um espaço de conscientização, discernimento e compromisso. Precisamos ajudar-nos a viver com lucidez e responsabilidade. A crise deve tornar-nos mais humanos e mais cristãos.

Romper a indiferença

Lucas 16,19-31   XXVI Tempo Comum

De acordo com Lucas, quando Jesus exclamou: "Não podeis servir a Deus e ao Dinheiro", alguns fariseus que o estavam ouvindo e eram amigos do dinheiro "caçoavam dele". Jesus não recua. Pouco depois conta uma parábola pungente para que aqueles que vivem escravos da riqueza abram os olhos.

Jesus descreve em poucas palavras uma situação escandalosa. Um homem rico e um mendigo pobre, que vivem próximos um do outro, estão separados pelo abismo que existe entre a vida de opulência insultante do rico e a miséria extrema do pobre.

O relato descreve os dois personagens destacando fortemente o contraste entre ambos. O rico está vestido de púrpura e de linho finíssimo; o corpo do pobre está coberto de feridas. O rico se banqueteia esplendidamente não só nos dias de festa, mas diariamente; o pobre está deitado à sua porta, sem poder levar à boca o que cai da mesa do rico. Só se aproximam para lamber-lhe as feridas os cães que vêm buscar algo no lixo.

Em nenhum momento se fala que o rico explorou o pobre ou que o maltratou ou desprezou. Dir-se-ia que não fez nada de mau. No entanto, sua vida inteira é desumana, porque só vive para seu próprio bem-estar. Seu coração é de pedra. Ignora totalmente o pobre. Tem o pobre diante de si, mas não o vê. O pobre está ali mesmo, enfermo, faminto e abandonado, mas o rico não é capaz de cruzar a porta para encarregar-se dele.

Não nos enganemos. Jesus não está denunciando somente a situação da Galileia dos anos 30. Está procurando sacudir a consciência do que nos acostumamos a viver na abundância, tendo às nossas portas, a poucas horas de voo apenas, povos inteiros que vivem e morrem na mais absoluta miséria.

É desumano fechar-nos em nossa "sociedade do bem-estar", ignorando totalmente essa outra "sociedade do mal-estar". É cruel continuar alimentando essa "secreta ilusão de inocência", que nos permite viver com a consciência tranquila pensando que a culpa é de todos e de ninguém.

Nossa primeira tarefa é romper a indiferença. Resistir à tendência de continuar desfrutando um bem-estar vazio de compaixão. Não continuar isolando-nos mentalmente para deslocar a miséria e a fome existentes no mundo para um abstrato lugar remoto, a fim de podermos assim viver sem ouvir nenhum clamor, gemido ou pranto.

O Evangelho pode nos ajudar a viver vigilantes, sem tornar-nos cada vez mais insensíveis aos sofrimentos dos abandonados, sem perder o sentido da responsabilidade fraterna e sem permanecer passivos quando podemos atuar.

Será que somos crentes?

LUCAS 17,5-10   XXVII TEMPO COMUM

Jesus havia repetido em diversas ocasiões a seus discípulos: "Como é pequena a vossa fé!" Eles não protestam. Sabem que Ele tem razão. Estão há bastante tempo com Ele. Veem-no totalmente entregue ao projeto de Deus: só pensa em fazer o bem; só vive para tornar a vida de todos mais digna e mais humana. Será que serão capazes de segui-lo até o fim?

De acordo com Lucas, num determinado momento, os discípulos dizem a Jesus: "Aumenta a nossa fé". Eles sentem que sua fé é pequena e fraca. Precisam confiar mais em Deus e crer mais em Jesus. Não o entendem muito bem, mas não discutem com Ele. Fazem justamente o mais importante: pedir-lhe ajuda para que Ele faça crescer sua fé.

Nós falamos de crentes e não crentes, como se fossem dois grupos bem definidos: uns têm fé, os outros não. Na realidade não é assim. Quase sempre, existe no coração humano, ao mesmo tempo, um crente e um não crente. Por isso também nós, que nos chamamos "cristãos", precisamos perguntar-nos: Somos realmente crentes? Quem é Deus para nós? Será que o amamos? É Ele quem orienta nossa vida?

A fé pode debilitar-se em nós sem que nunca nos tenha assaltado uma dúvida. Se não cuidarmos dela, ela pode ir se diluindo pouco a pouco em nosso interior, para ficar reduzida simplesmente a um costume que por via das dúvidas não nos atrevemos a abandonar. Distraídos por mil coisas, já não conseguimos comunicar-nos com Deus. Vivemos praticamente sem Ele.

O que podemos fazer? Na realidade, não são necessárias muitas coisas. É inútil fazer propósitos extraordinários, porque certamente vamos cumpri-los. A primeira coisa é rezar, como aquele desconhecido que um dia se aproximou de Jesus e lhe disse: "Creio, Senhor, mas vem em ajuda de minha incredulidade". É bom repeti-lo com coração simples. Deus nos entende. Ele despertará nossa fé.

Não devemos falar com Deus como se Ele estivesse fora de nós. Ele está dentro. O melhor a fazer é fechar os olhos e permanecer em silêncio para sentir e acolher sua Presença. Também não devemos entreter-nos em pensar nele como se estivesse só em nossa cabeça. Ele está no íntimo de nosso ser. Precisamos buscá-lo em nosso coração.

O importante é insistir até ter uma primeira experiência, ainda que seja pobre, ainda que só dure alguns instantes. Se algum dia percebermos que não estamos sós na vida, se entendermos que somos amados por Deus sem merecê-lo, tudo mudará. Não importa que tenhamos vivido esquecidos dele. Crer em Deus é, antes de mais nada, confiar no amor que Ele tem por nós.

CRER SEM AGRADECER

LUCAS 17,11-19   XXVIII TEMPO COMUM

O relato começa narrando a cura de um grupo de dez leprosos nas proximidades da Samaria. Mas dessa vez Lucas não se detém nos detalhes da cura, e sim na reação de um dos leprosos ao ver-se curado. O evangelista descreve cuidadosamente todos os seus passos, porque quer sacudir a fé rotineira de não poucos cristãos.

Jesus pediu aos leprosos que se apresentassem aos sacerdotes para obter a autorização que lhes permita integrar-se na sociedade. Mas um deles, samaritano de origem, ao ver que estava curado, em vez de dirigir-se aos sacerdotes, volta para procurar Jesus. Sente que, para ele, começa uma vida nova. Doravante, tudo será diferente: poderá viver de maneira mais digna e feliz. Ele sabe a quem o deve. Precisa encontrar-se com Jesus.

Ele volta "louvando a Deus em voz alta". Sabe que a força salvadora de Jesus só pode ter sua origem em Deus. Agora ele sente algo novo por esse Pai bom do qual Jesus fala. Não o esquecerá jamais. Doravante viverá dando graças a Deus. Ele o louvará gritando com todas as suas forças. Todos precisam saber que ele se sente amado por Deus.

Ao encontrar-se com Jesus, "lança-se aos seus pés dando-lhe graças". Seus companheiros continuaram seu caminho para encontrar-se com os sacerdotes, mas ele sabe que Jesus é seu único Salvador. Por isso está aqui, junto dele, dando-lhe graças. Em Jesus ele encontrou o melhor presente de Deus.

Na conclusão do relato, Jesus toma a palavra e faz três perguntas, expressando sua surpresa e tristeza diante do ocorrido. Não são dirigidas ao samaritano que está a seus pés. Resumem a mensagem que Lucas quer que seja ouvida nas comunidades cristãs.

"Não ficaram limpos os dez?" Não foram curados todos? Por que não reconhecem o que receberam de Jesus?

"Onde estão os outros nove?" Por que não estão aqui? Por que há tantos cristãos que na vida quase nunca dão graças a Deus? Por que não sentem um agradecimento especial para com Jesus? Não o conhecem? Jesus não significa nada para eles?

"Não voltou senão este estrangeiro para dar glória a Deus?" Por que há pessoas afastadas da prática religiosa que sentem verdadeira admiração e agradecimento para com Jesus, enquanto alguns cristãos não sentem nada de especial por Ele? Há alguns anos Bento XVI advertia que um agnóstico em busca pode estar mais perto de Deus do que um cristão rotineiro que só o é por tradição ou herança. Uma fé que não produz nos crentes alegria e agradecimento é uma fé enferma.

CONTINUAMOS ACREDITANDO NA JUSTIÇA?

LUCAS 18,1-8   XXIX TEMPO COMUM

Lucas narra uma breve parábola, lembrando que Jesus a contou para explicar a seus discípulos "como deviam orar sempre sem desanimar". Esse tema é muito caro ao evangelista, que em várias ocasiões repete a mesma ideia. Como é natural, a parábola foi lida quase sempre como um convite a cuidar da perseverança de nossa oração a Deus.

No entanto, se observarmos o conteúdo do relato e a conclusão do próprio Jesus, vemos que a chave da parábola é a sede de justiça. Quatro vezes se repete a expressão "fazer justiça". Mais do que modelo de oração, a viúva do relato é exemplo admirável de luta pela justiça numa sociedade corrupta que abusa dos mais fracos.

O primeiro personagem da parábola é um juiz que "não teme a Deus nem se importa com os homens". É a encarnação exata da corrupção denunciada repetidamente pelos profetas: os poderosos não temem a justiça de Deus e não respeitam a dignidade nem os direitos dos pobres. Não são casos isolados. Os profetas denunciam a corrupção do sistema judicial em Israel e a estrutura machista daquela sociedade patriarcal,

O segundo personagem é uma viúva indefesa numa sociedade injusta. Por um lado, ela vive sofrendo os atropelos de um "adversário" mais poderoso do que ela. Por outro lado, é vítima de um juiz ao qual não importa absolutamente sua pessoa nem seu sofrimento. Assim vivem milhões de mulheres de todos os tempos na maioria dos povos.

Na conclusão da parábola, Jesus não fala da oração. Antes de mais nada, Ele pede confiança na justiça de Deus: "Não fará Deus justiça aos seus eleitos que gritam a Ele dia e noite?" Esses eleitos não são "os membros da Igreja", mas os pobres de todos os povos, que clamam pedindo justiça. Deles é o reino de Deus.

Depois, Jesus faz uma pergunta que é todo um desafio para seus discípulos: "Quando o Filho do homem vier, será que encontrará fé na terra?" Ele não está pensando na fé como adesão doutrinal, mas na fé que anima a atuação da viúva, modelo de indignação, resistência ativa e coragem para reclamar justiça dos corruptos.

Seria essa a fé e a oração dos cristãos satisfeitos das sociedades do bem-estar? Certamente tem razão J.B. Metz quando denuncia que na espiritualidade cristã existem demasiados cantos e poucos gritos de indignação, demasiada complacência e pouca nostalgia de um mundo mais humano, demasiado consolo e pouca fome de justiça.

QUEM SOU EU PARA JULGAR?

LUCAS 18,9-14   XXX TEMPO COMUM

A parábola do fariseu e do publicano costuma despertar em não poucos cristãos uma grande rejeição do fariseu, que se apresenta diante de Deus com arrogância e seguro de si mesmo, e uma simpatia espontânea pelo publicano, que reconhece humildemente seu pecado. Paradoxalmente o relato pode despertar em nós este sentimento: "Eu te dou graças, meu Deus, porque não sou como este fariseu".

Para escutar corretamente a mensagem da parábola precisamos levar em conta que Jesus não a conta para criticar os setores fariseus, mas para sacudir a consciência de "alguns que presumiam ser homens de bem e desprezavam os outros". Entre esses encontramo-nos, certamente, não poucos de nós, católicos de hoje.

A oração do fariseu nos revela sua atitude interior: "Meu Deus, eu te dou graças porque não sou como os outros". Que tipo de oração é essa de acreditar-se melhor do que os outros? Até um fariseu, fiel cumpridor da Lei, pode viver numa atitude pervertida. Esse homem se sente justo diante de Deus e, precisamente por isso, se transforma em juiz que despreza e condena os que não são como ele.

O publicano, pelo contrário, só consegue dizer: "Meu Deus, tem compaixão deste pecador". Esse homem reconhece humildemente seu pecado. Não pode se gloriar de sua vida. Recomenda-se à compaixão de Deus. Não se compara com ninguém. Não julga os outros. Vive em verdade diante de si mesmo e diante de Deus.

A parábola é uma crítica penetrante que desmascara uma atitude religiosa enganosa, que nos permite viver seguros de nossa inocência, enquanto condenamos, a partir de nossa suposta superioridade moral, todo aquele que não pensa ou atua como nós.

Circunstâncias históricas e correntes triunfalistas afastadas do Evangelho nos tornaram a nós católicos especialmente propensos a essa tentação. Por isso precisamos, cada um de nós, ler a parábola com atitude autocrítica: Por que nos acreditamos melhores do que os agnósticos? Por que nos sentimos mais próximos de Deus do que os não praticantes? O que existe no fundo de certas orações para a conversão dos pecadores? O que é reparar nos pecados dos outros sem viver convertendo-nos a Deus?

Em certa ocasião, diante da pergunta de um jornalista, o papa Francisco fez a seguinte afirmação: "Quem sou eu para julgar um gay?" Suas palavras surpreenderam quase todos. Ao que parece, ninguém esperava uma resposta tão simples e tão evangélica de um papa católico. No entanto, essa é a atitude de quem vive em verdade diante de Deus.

Para Jesus não há casos perdidos

Lucas 19,1-10   XXXI Tempo Comum

Jesus alerta com frequência sobre o risco de cair na armadilha da atração irresistível do dinheiro. O desejo insaciável de bem-estar material pode levar à perda da vida de uma pessoa. Não é preciso ser muito rico. Quem vive escravo do dinheiro acaba fechado em si mesmo. Os outros não contam. De acordo com Jesus, "onde está o vosso tesouro, ali estará o vosso coração".

Essa visão do perigo desumanizador do dinheiro não é um recurso do Profeta indignado da Galileia. Diferentes estudos analisam o poder do dinheiro como uma força ligada a pulsões profundas de autoproteção, busca de segurança e medo da caducidade de nossa existência.

No entanto, para Jesus a atração do dinheiro não é uma espécie de doença incurável. É possível libertar-se da própria escravidão e começar uma vida mais sadia. O rico não é um "caso perdido". É muito esclarecedor o relato de Lucas sobre o encontro de Jesus com um homem rico de Jericó.

Ao atravessar a cidade, Jesus se depara com uma cena curiosa. Um homem de baixa estatura subiu numa figueira para poder vê-lo de perto. Não é um desconhecido. Trata-se de um rico, poderoso chefe de arrecadadores de impostos. Para as pessoas de Jericó, um ser desprezível, um arrecadador corrupto e sem escrúpulos. Para os setores religiosos, um "pecador" sem conversão possível, excluído de toda salvação.

No entanto, Jesus lhe faz uma proposta surpreendente: "Zaqueu, desce imediatamente, porque hoje preciso hospedar-me em tua casa". Jesus quer ser acolhido em sua casa de pecador, no mundo de dinheiro e de poder desse homem desprezado por todos. Zaqueu desceu imediatamente e o recebeu com alegria. Não tem medo de deixar entrar em sua vida o defensor dos pobres.

Lucas não explica o que aconteceu naquela casa. Só diz que o contato com Jesus transforma radicalmente o rico Zaqueu. Seu compromisso é firme. Doravante pensará nos pobres: compartilhará com eles seus bens. Lembrar-se-á também das vítimas das quais abusou: devolverá com acréscimo o que roubou delas. Jesus introduziu na vida dele justiça e amor solidário.

O relato conclui com umas palavras admiráveis de Jesus: "Hoje entrou a salvação nesta casa, pois também este é filho de Abraão. Porque o Filho do homem veio procurar e salvar o que estava perdido". Também os ricos podem se converter. Com Jesus tudo é possível. Ninguém de nós deve esquecê-lo. Ele veio para procurar e salvar o que nós podemos estar deixando a perder. Para Jesus não existem casos perdidos.

Decisão de cada um

Lucas 20,27-38   XXXII Tempo Comum

Jesus não se dedicou a falar muito da vida eterna. Não pretende enganar ninguém fazendo descrições fantasiosas da vida após a morte. No entanto, sua vida inteira desperta esperança. Ele vive aliviando o sofrimento e libertando as pessoas do medo. Transmite uma confiança total em Deus. Sua paixão é tornar a vida mais humana e feliz para todos, como a quer o Pai de todos.

Só quando um grupo de saduceus se aproxima dele com a intenção de ridicularizar a fé na ressurreição, brota no coração crente de Jesus a convicção que sustenta e alenta sua vida inteira: Deus "não é um Deus de mortos, mas de vivos, porque para Ele todos são vivos".

Sua fé é simples. É verdade que nós choramos nossos entes queridos, porque, quando morrem, nós os perdemos aqui na terra; mas Jesus não pode nem imaginar que para Deus vão morrendo esses seus filhos que Ele tanto ama. Não pode ser. Deus está compartilhando sua vida com eles, porque os acolheu em seu amor insondável.

O traço mais preocupante de nosso tempo é a crise de esperança. Perdemos o horizonte de um futuro último e as pequenas esperanças desta vida não conseguem consolar-nos. Esse vazio de esperança está produzindo em muitos a perda de confiança na vida. Nada vale a pena. É fácil então surgir o niilismo total.

Estes tempos de desesperança não estariam pedindo a todos nós, crentes e não crentes, que nos coloquemos as perguntas mais radicais que trazemos em nosso interior? Esse Deus, do qual muitos duvidam, que muitos abandonaram e pelo qual outros continuam se perguntando, não será o fundamento último no qual podemos apoiar nossa confiança radical na vida? No final de todos os caminhos, na profundeza de todos os nossos anseios, no interior de nossas interrogações e lutas, não estará Deus como Mistério último da salvação que andamos buscando?

A nossa fé está permanecendo ali, encurralada em algum lugar do nosso interior, como algo pouco importante, do qual já não vale a pena cuidar nesses tempos. Será assim? Certamente, não é fácil crer e é difícil não crer. Entretanto, o Mistério último da vida está nos pedindo uma resposta lúcida e responsável.

Essa resposta é decisão de cada um. Quero apagar de minha vida toda esperança última para além da morte, como uma falsa ilusão que não me ajuda a viver? Quero permanecer aberto ao Mistério último da existência, confiando que ali encontrarei a resposta, a acolhida e a plenitude que ando buscando já desde agora?

Tempos de crise

LUCAS 21,5-19   XXXIII TEMPO COMUM

Nos evangelhos se conservam alguns textos de caráter apocalíptico nos quais não é fácil diferenciar a mensagem que pode ser atribuída a Jesus e as preocupações das primeiras comunidades cristãs, envoltas em situações trágicas, enquanto esperam com angústia e no meio de perseguições o final dos tempos.

De acordo com o relato de Lucas, os tempos difíceis não devem ser tempos de lamentos e desalento. Também não é a hora da resignação ou da fuga. A ideia de Jesus é outra. Precisamente nestes tempos de crise "tereis oportunidade de dar testemunho". É então que se nos oferece a melhor oportunidade de dar testemunho de nossa adesão a Jesus e ao seu projeto.

Já estamos há muito tempo sofrendo uma crise que está atingindo duramente a muitos. O que acontece neste tempo já nos permite conhecer com realismo o dano social e o sofrimento que ela está produzindo. Não chegou o momento de apresentar como estamos reagindo?

A primeira coisa a fazer talvez seja revisar nossa atitude de fundo: será que nos posicionamos de maneira responsável, despertando em nós um sentido básico de solidariedade, ou estamos vivendo de costas a tudo o que pode perturbar nossa tranquilidade? O que fazemos a partir de nossos grupos e comunidades cristãs? Traçamos para nós uma linha de atuação generosa ou vivemos celebrando nossa fé à margem do que está acontecendo?

A crise está provocando uma fratura social injusta entre os que podemos viver sem medo do futuro e aqueles que estão ficando excluídos da sociedade e privados de uma saída digna. Não sentimos o chamado a introduzir "recortes" em nossa vida para poder viver os próximos anos de maneira mais sóbria e solidária?

Pouco a pouco vamos conhecendo mais de perto os que vão ficando mais indefesos e sem recursos (família sem renda nenhuma, desempregados há muito tempo, imigrantes doentes...). Preocupamo-nos em abrir os olhos para ver se podemos comprometer-nos em aliviar a situação de alguns? Conseguimos pensar em alguma iniciativa realista a partir das comunidades cristãs?

Não devemos esquecer que a crise não só cria empobrecimento material. Produz, além disso, insegurança, medo, impotência e experiência de fracasso. Rompe projetos, arrasa famílias, destrói a esperança. Não devemos recuperar a importância da ajuda entre familiares, o apoio entre vizinhos, a acolhida e acompanhamento a partir da comunidade cristã...? Poucas coisas podem ser mais nobres nestes momentos do que aprender a cuidar uns dos outros.

Lembra-te de mim

Lucas 23,35-43   Jesus Cristo, Rei do universo

De acordo com o relato de Lucas, Jesus agonizou no meio das chacotas e desprezos dos que o rodeiam. Parece que ninguém entendeu sua vida. Parece que ninguém percebeu sua entrega aos que sofrem nem seu perdão aos culpados. Ninguém viu em seu rosto o olhar compassivo de Deus. Parece que ninguém agora intuiu naquela morte mistério algum.

As autoridades religiosas zombam dele com gestos depreciativos: Ele pretendeu salvar a outros, salve-se agora a si mesmo. Se Ele é o Messias de Deus, o "Escolhido" por Ele, Deus já virá em sua defesa.

Também os soldados se juntam às zombarias. Eles não acreditam em nenhum Enviado de Deus. Riem do letreiro que Pilatos mandou colocar na cruz: "Este é o rei dos judeus". É absurdo que alguém possa reinar sem poder. Que demonstre sua força salvando-se a si mesmo.

Jesus permanece calado, mas não desce da cruz. O que faríamos nós se o Enviado de Deus buscasse sua própria salvação escapando dessa cruz que o une para sempre a todos os crucificados da história? Como poderíamos crer num Deus que nos abandonasse para sempre à nossa sorte?

De repente, no meio de tantas zombarias e desprezos, uma surpreendente invocação: "Jesus, lembra-te de mim quando vieres como rei". Não é um discípulo nem um seguidor de Jesus. É um dos dois delinquentes crucificados junto com Ele. Lucas o propõe como um exemplo admirável de fé no Crucificado.

Esse homem, a ponto de morrer justiçado, sabe que Jesus é um homem inocente que não fez outra coisa senão o bem a todos. Intui em sua vida um mistério que lhe escapa, mas está convencido de que Jesus não vai ser derrotado pela morte. De seu coração nasce uma súplica. Só pede a Jesus que não o esqueça: algo poderá fazer por ele.

Jesus lhe responde imediatamente: "Hoje estarás comigo no paraíso". Agora estão os dois unidos na angústia e impotência, mas Jesus o acolhe como companheiro inseparável. Morrerão crucificados, mas entrarão juntos no mistério de Deus.

Em plena sociedade descrente de nossos dias, não poucos vivem desconcertados. Não sabem se creem ou não creem. Quase sem saber trazem em seu coração uma fé pequena e frágil. Às vezes, sem saber por que nem como, curvados pelo peso da vida, invocam Jesus à sua maneira. "Jesus, lembra-te de mim", e Jesus os escuta: "Estarás sempre comigo". Deus tem seus caminhos para encontrar-se com cada pessoa e eles nem sempre passam por onde nós pensamos. O decisivo é ter um coração para abrir-nos ao mistério de Deus encarnado em Jesus.

Índice dos textos bíblicos

Ano A

		página
Mateus 1,18-24	IV Advento	17
Mateus 2,1-12	Epifania do Senhor	27
Mateus 2,13-15.19-23	A Sagrada Família	21
Mateus 3,1-12	II Advento	13
Mateus 3,13-17	Batismo do Senhor	29
Mateus 4,1-11	I Quaresma	31
Mateus 4,12-23	III Tempo Comum	65
Mateus 5,1-12	IV Tempo Comum	67
Mateus 5,13-16	V Tempo Comum	69
Mateus 5,17-37	VI Tempo Comum	71
Mateus 5,38-48	VII Tempo Comum	73
Mateus 6,24-34	VIII Tempo Comum	75
Mateus 7,21-29	IX Tempo Comum	77
Mateus 9,9-13	X Tempo Comum	79
Mateus 9,36–10,8	XI Tempo Comum	81
Mateus 10,26-33	XII Tempo Comum	83
Mateus 10,37-42	XIII Tempo Comum	85
Mateus 11,2-11	III Advento	15
Mateus 11,25-30	XIV Tempo Comum	87
Mateus 13,1-23	XV Tempo Comum	89
Mateus 13,24-43	XVI Tempo Comum	91
Mateus 13,44-52	XVII Tempo Comum	93
Mateus 14,13-21	XVIII Tempo Comum	95
Mateus 14,22-33	XIX Tempo Comum	97
Mateus 15,21-28	XX Tempo Comum	99

Mateus 16,13-20	XXI Tempo Comum	101
Mateus 16,21-27	XXII Tempo Comum	103
Mateus 17,1-9	II Quaresma	33
Mateus 18,15-20	XXIII Tempo Comum	105
Mateus 18,21-35	XXIV Tempo Comum	107
Mateus 20,1-16	XXV Tempo Comum	109
Mateus 21,28-32	XXVI Tempo Comum	111
Mateus 21,33-43	XXVII Tempo Comum	113
115Mateus 22,1-14	XXVIII Tempo Comum	115
Mateus 22,15-21	XXIX Tempo Comum	117
Mateus 22,34-40	XXX Tempo Comum	119
Mateus 23,1-12	XXXI Tempo Comum	121
Mateus 24-37-44	I Advento	11
Mateus 25,1-13	XXXII Tempo Comum	123
Mateus 25,14-30	XXXIII Tempo Comum	125
Mateus 25,31-46	Jesus Cristo, Rei do universo	127
Mateus 26,14–27,66	Domingo de Ramos	41
Mateus 28,1-10	Páscoa da Ressurreição	43
Mateus 28,16-20	Ascensão do Senhor	55
Lucas 2,1-14	Natal do Senhor	19
Lucas 2,16-21	Santa Maria, Mãe de Deus	23
Lucas 24,13-35	III Páscoa	47
João 1,1-18	II Domingo depois do Natal	25
João 1,29-34	II Tempo Comum	63
João 3,16-18	Santíssima Trindade	59
João 4,5-42	III Quaresma	35
João 6,51-58	Corpo e Sangue de Cristo	61
João 9,1-41	IV Quaresma	37
João 10,1-10	IV Páscoa	49
João 11,1-45	V Quaresma	39
João 14,1-12	V Páscoa	51
João 14,15-21	VI Páscoa	53
João 20,19-23	Pentecostes	57
João 20,19-31	II Páscoa	45

Ano B

		página
Mateus 2,1-12	Epifania do Senhor	263
Mateus 28,16-20	Santíssima Trindade	175
Marcos 1,1-8	II Advento	133
Marcos 1,7-11	Batismo do Senhor	147
Marcos 1,12-15	I Quaresma	149
Marcos 1,14-20	III Tempo Comum	181
Marcos 1,21-28	IV Tempo Comum	183
Marcos 1,29-39	V Tempo Comum	185
Marcos 1,40-45	VI Tempo Comum	187
Marcos 2,1-12	VII Tempo Comum	189
Marcos 2,18-22	VIII Tempo Comum	191
Marcos 2,23-3,6	IX Tempo Comum	193
Marcos 3,20-35	X Tempo Comum	195
Marcos 4,26-34	XI Tempo Comum	197
Marcos 4,35-41	XII Tempo Comum	199
Marcos 5,21-43	XIII Tempo Comum	201
Marcos 6,1-6	XIV Tempo Comum	203
Marcos 6,7-13	XV Tempo Comum	205
Marcos 6,30-34	XVI Tempo Comum	207
Marcos 7,1-8.14-15.21-23	XXII Tempo Comum	219
Marcos 7,31-37	XXIII Tempo Comum	221
Marcos 8,27-35	XXIV Tempo Comum	223
Marcos 9,2-10	II Quaresma	151
Marcos 9,30-37	XXV Tempo Comum	225
Marcos 9,38-43.45.47-48	XXVI Tempo Comum	227
Marcos 10,2-16	XXVII Tempo Comum	229
Marcos 10,17-30	XXVIII Tempo Comum	231
Marcos 10,35-45	XXIX Tempo Comum	233
Marcos 10,46-52	XXX Tempo Comum	235
Marcos 12,28-34	XXXI Tempo Comum	237
Marcos 12,38-44	XXXII Tempo Comum	239
Marcos 13,24-32	XXXIII Tempo Comum	241
Marcos 13,33-37	I Advento	131

Marcos 14,1-72;15,1-47	Domingo de Ramos	158
Marcos 14,12-16.22-26	Corpo e Sangue de Cristo	177
Marcos 16,15-20	Ascensão do Senhor	171
Lucas 1,26-38	IV Advento	137
Lucas 2,1-14	Natal do Senhor	139
Lucas 2,16-21	Santa Maria, Mãe de Deus	142
Lucas 2,22-40	Sagrada Família	141
Lucas 24,35-48	III Páscoa	164
João 1,1-18	II Domingo depois do Natal	144
João 1,6-8.19-28	III Advento	135
João 1,35-42	II Tempo Comum	179
João 2,13-25	III Quaresma	153
João 3,14-21	IV Quaresma	155
João 6,1-15	XVII Tempo Comum	209
João 6,24-35	XVIII Tempo Comum	211
João 6,41-50	XIX Tempo Comum	213
João 6,51-58	XX Tempo Comum	215
João 6,60-69	XXI Tempo Comum	217
João 10,11-18	IV Páscoa	166
João 12,20-33	V Quaresma	157
João 15,1-8	V Páscoa	168
João 15,9-17	VI Páscoa	169
João 18,32-37	Jesus Cristo, Rei do universo	243
João 20,1-9	Domingo de Ressurreição	160
João 20,19-23	Pentecostes	173
João 20,19-31	II Páscoa	162

Ano C

		página
Mateus 2,1-12	Epifania do Senhor	146
Lucas 1,1-4; 4,14-21	III Tempo Comum	301
Lucas 1,39-45	IV Advento	253
Lucas 2,1-14	Natal do Senhor	255
Lucas 2,16-21	Santa Maria, Mãe de Deus	259
Lucas 2,41-52	Sagrada Família	257
Lucas 3,1-6	II Advento	249
Lucas 3,10-18	III Advento	251
Lucas 3,15-16.21-22	Batismo do Senhor	265
Lucas 4,1-13	I Quaresma	267
Lucas 4,21-30	IV Tempo Comum	303
Lucas 5,1-11	V Tempo Comum	305
Lucas 6,17.20-26	VI Tempo Comum	307
Lucas 6,27-38	VII Tempo Comum	309
Lucas 6,39-45	VIII Tempo Comum	311
Lucas 7,1-10	IX Tempo Comum	313
Lucas 7,11-17	X Tempo Comum	315
Lucas 7,36–8,3	XI Tempo Comum	317
Lucas 9,11-17	Corpo e Sangue de Cristo	297
Lucas 9,18-23	XII Tempo Comum	319
Lucas 9,28-36	II Quaresma	269
Lucas 9,51-62	XIII Tempo Comum	321
Lucas 10,1-12.17-20	XIV Tempo Comum	323
Lucas 10,25-37	XV Tempo Comum	325
Lucas 10,38-42	XVI Tempo Comum	327
Lucas 11,1-13	XVII Tempo Comum	329
Lucas 12,13-21	XVIII Tempo Comum	331
Lucas 12,32-48	XIX Tempo Comum	333
Lucas 12,49-53	XX Tempo Comum	335
Lucas 13,1-9	III Quaresma	271
Lucas 13,22-30	XXI Tempo Comum	337
Lucas 14,1.7-14	XXII Tempo Comum	339
Lucas 14,25-33	XXIII Tempo Comum	341

Lucas 15,1-3.11-32	IV Quaresma	273
Lucas 15,1-32	XXIV Tempo Comum	343
Lucas 16,1-13	XXV Tempo Comum	345
Lucas 16,19-31	XXVI Tempo Comum	347
Lucas 17,5-10	XXVII Tempo Comum	349
Lucas 17,11-19	XXVIII Tempo Comum	351
Lucas 18,1-8	XXIX Tempo Comum	353
Lucas 18,9-14	XXX Tempo Comum	355
Lucas 19,1-10	XXXI Tempo Comum	357
Lucas 20,27-38	XXXII Tempo Comum	359
Lucas 21,5-19	XXXIII Tempo Comum	361
Lucas 21,25-28.34-36	I Advento	247
Lucas 22,14–23,56	Domingo de Ramos	277
Lucas 23,35-43	Jesus Cristo, Rei do universo	363
Lucas 24,46-53	Ascenção do Senhor	291
João 1,1-18	II Domingo depois do Natal	261
João 2,1-11	II Tempo Comum	299
João 8,1-11	V Quaresma	275
João 10,27-30	IV Páscoa	285
João 13,31-33a.34-35	V Páscoa	287
João 14,23-29	VI Páscoa	289
João 16,12-15	Santíssima Trindade	295
João 20,1-9	Domingo da ressurreição	279
João 20,19-23	Pentecostes	293
João 20,19-31	II Páscoa	281
João 21,1-9	III Páscoa	283

Índice dos domingos

Ano A

		página
I Advento	Mateus 24,37-44	11
II Advento	Mateus 3,1-12	13
III Advento	Mateus 11,2-11	15
IV Advento	Mateus 1,18-24	17
Natal do Senhor	Lucas 2,1-14	19
A Sagrada Família	Mateus 2,13-15.19-23	21
Santa Maria, Mãe de Deus	Lucas 2,16-21	23
II Domingo depois do Natal	João 1,1-18	25
Epifania do Senhor	Mateus 2,1-12	27
Batismo do Senhor	Mateus 3,13-17	29
I Quaresma	Mateus 4,1-11	31
II Quaresma	Mateus 17,1-9	33
III Quaresma	João 4,5-42	35
IV Quaresma	João 9,1-41	37
V Quaresma	João 11,1-45	39
Domingo de Ramos	Mateus 26,14–27,66	41
Páscoa da Ressurreição	Mateus 28,1-10	43
II Páscoa	João 20,19-31	45
III Páscoa	Lucas 24,13-35	47
IV Páscoa	João 10,1-10	49
V Páscoa	João 14,1-12	51
VI Páscoa	João 14,15-21	53
Ascensão do Senhor	Mateus 28,16-20	55
Pentecostes	João 20,19-23	57
Santíssima Trindade	João 3,16-18	59

Corpo e Sangue de Cristo	João 6,51-58	61
II Tempo Comum	João 1,29-34	63
III Tempo Comum	Mateus 4,12-23	65
IV Tempo Comum	Mateus 5,1-12	67
V Tempo Comum	Mateus 5,13-16	69
VI Tempo Comum	Mateus 5,17-37	71
VII Tempo Comum	Mateus 5,38-48	73
VIII Tempo Comum	Mateus 6,24-34	75
IX Tempo Comum	Mateus 7,21-29	77
X Tempo Comum	Mateus 9,9-13	79
XI Tempo Comum	Mateus 9,36–10,8	81
XII Tempo Comum	Mateus 10,26-33	83
XIII Tempo Comum	Mateus 10,37-42	85
XIV Tempo Comum	Mateus 11,25-30	87
XV Tempo Comum	Mateus 13,1-23	89
XVI Tempo Comum	Mateus 13,24-43	91
XVII Tempo Comum	Mateus 13,44-52	93
XVIII Tempo Comum	Mateus 14,13-21	95
XIX Tempo Comum	Mateus 14,22-33	97
XX Tempo Comum	Mateus 15,21-28	99
XXI Tempo Comum	Mateus 16,13-20	101
XXII Tempo Comum	Mateus 16,21-27	103
XXIII Tempo Comum	Mateus 18,15-20	105
XXIV Tempo Comum	Mateus 18,21-35	107
XXV Tempo Comum	Mateus 20,1-16	109
XXVI Tempo Comum	Mateus 21,28-32	111
XXVII Tempo Comum	Mateus 21,33-43	113
XXVIII Tempo Comum	Mateus 22,1-14	115
XXIX Tempo Comum	Mateus 22,15-21	117
XXX Tempo Comum	Mateus 22,34-40	119
XXXI Tempo Comum	Mateus 23,1-12	121
XXXII Tempo Comum	Mateus 25,1-13	123
XXXIII Tempo Comum	Mateus 25,14-30	125
Jesus Cristo, Rei do universo	Mateus 25,31-46	127

Ano B

		página
I Advento	Marcos 13,33-37	131
II Advento	Marcos 1,1-8	133
III Advento	João 1,6-8.19-28	135
IV Advento	Lucas 1,26-38	137
Natal do Senhor	Lucas 2,1-14	139
Sagrada Família	Lucas 2,22-40	141
Santa Maria, Mãe de Deus	Lucas 2,16-21	142
II Domingo depois do Natal	João 1,1-18	144
Epifania do Senhor	Mateus 2,1-12	263
Batismo do Senhor	Marcos 1,7-11	147
I Quaresma	Marcos 1,12-15	149
II Quaresma	Marcos 9,2-10	151
III Quaresma	João 2,13-25	153
IV Quaresma	João 3,14-21	155
V Quaresma	João 12,20-33	157
Domingo de Ramos	Marcos 14,1-72; 15,1-47	158
Domingo de Ressurreição	João 20,1-9	160
II Páscoa	João 20,19-31	162
III Páscoa	Lucas 24,35-48	164
IV Páscoa	João 10,11-18	166
V Páscoa	João 15,1-8	168
VI Páscoa	João 15,9-17	169
Ascensão do Senhor	Marcos 16,15-20	171
Pentecostes	João 20,19-23	173
Santíssima Trindade	Mateus 28,16-20	175
Corpo e Sangue de Cristo	Marcos 14,12-16.22-26	177
II Tempo Comum	João 1,35-42	179
III Tempo Comum	Marcos 1,14-20	181
IV Tempo Comum	Marcos 1,21-28	183
V Tempo Comum	Marcos 1,29-39	185
VI Tempo Comum	Marcos 1,40-45	187
VII Tempo Comum	Marcos 2,1-12	189
VIII Tempo Comum	Marcos 2,18-22	191

IX Tempo Comum	Marcos 2,23-3,6	193
X Tempo Comum	Marcos 3,20-35	195
XI Tempo Comum	Marcos 4,26-34	197
XII Tempo Comum	Marcos 4,35-41	199
XIII Tempo Comum	Marcos 5,21-43	201
XIV Tempo Comum	Marcos 6,1-6	203
XV Tempo Comum	Marcos 6,7-13	205
XVI Tempo Comum	Marcos 6,30-34	207
XVII Tempo Comum	João 6,1-15	209
XVIII Tempo Comum	João 6,24-35	211
XIX Tempo Comum	João 6,41-50	213
XX Tempo Comum	João 6,51-58	215
XXI Tempo Comum	João 6,60-69	217
XXII Tempo Comum	Marcos 7,1-8.14-15.21-23	219
XXIII Tempo Comum	Marcos 7,31-37	221
XXIV Tempo Comum	Marcos 8,27-35	223
XXV Tempo Comum	Marcos 9,30-37	225
XXVI Tempo Comum	Marcos 9,38-43.45.47-48	227
XXVII Tempo Comum	Marcos 10,2-16	229
XXVIII Tempo Comum	Marcos 10,17-30	231
XXIX Tempo Comum	Marcos 10,35-45	233
XXX Tempo Comum	Marcos 10,46-52	235
XXXI Tempo Comum	Marcos 12,28-34	237
XXXII Tempo Comum	Marcos 12,38-44	239
XXXIII Tempo Comum	Marcos 13,24-32	241
Jesus Cristo, Rei do universo	João 18,32-37	243

Ano C

		página
I Advento	Lucas 21,25-28.34-36	247
II Advento	Lucas 3,1-6	249
III Advento	Lucas 3,10-18	251
IV Advento	Lucas 1,39-45	253
Natal do Senhor	Lucas 2,1-14	255
Sagrada Família	Lucas 2,41-52	257
Santa Maria, mãe de Deus	Lucas 2,16-21	259
II Domingo depois do Natal	João 1,1-18	261
Epifania do Senhor	Mateus 2,1-12	146
Batismo do Senhor	Lucas 3,15-16.21-22	265
I Quaresma	Lucas 4,1-13	267
II Quaresma	Lucas 9,28-36	269
III Quaresma	Lucas 13,1-9	271
IV Quaresma	Lucas 15,1-3.11-32	273
V Quaresma	João 8,1-11	275
Domingo de Ramos	Lucas 22,14–23,56	277
Domingo da Ressurreição	João 20,1-9	279
II Páscoa	João 20,19-31	281
III Páscoa	João 21,1-19	283
IV Páscoa	João 10,27-30	285
V Páscoa	João 13,31-33a.34-35	287
VI Páscoa	João 14,23-29	289
Ascensão do Senhor	Lucas 24,46-53	291
Pentecostes	João 20,19-23	293
Santíssima Trindade	João 16,12-15	295
Corpo e Sangue de Cristo	Lucas 9,11-17	297
II Tempo Comum	João 2,1-11	299
III Tempo Comum	Lucas 1,1-4; 4,14-21	301
IV Tempo Comum	Lucas 4,21-30	303
V Tempo Comum	Lucas 5,1-11	305
VI Tempo Comum	Lucas 6,17.20-26	307
VII Tempo Comum	Lucas 6,27-38	309
VIII Tempo Comum	Lucas 6,39-45	311

IX Tempo Comum	Lucas 7,1-10	313
X Tempo Comum	Lucas 7,11-17	315
XI Tempo Comum	Lucas 7,36–8,3	317
XII Tempo Comum	Lucas 9,18-23	319
XIII Tempo Comum	Lucas 9,51-62	321
XIV Tempo Comum	Lucas 10,1-12.17-20	323
XV Tempo Comum	Lucas 10,25-37	325
XVI Tempo Comum	Lucas 10,38-42	327
XVII Tempo Comum	Lucas 11,1-13	329
XVIII Tempo Comum	Lucas 12,13-21	331
XIX Tempo Comum	Lucas 12,32-48	333
XX Tempo Comum	Lucas 12,49-53	335
XXI Tempo Comum	Lucas 13,22-30	337
XXII Tempo Comum	Lucas 14,1.7-14	339
XXIII Tempo Comum	Lucas 14,25-33	341
XXIV Tempo Comum	Lucas 15,1-32	343
XXV Tempo Comum	Lucas 16,1-13	345
XXVI Tempo Comum	Lucas 16,19-31	347
XXVII Tempo Comum	Lucas 17,5-10	349
XXVIII Tempo Comum	Lucas 17,11-19	351
XXIX Tempo Comum	Lucas 18,1-8	353
XXX Tempo Comum	Lucas 18,9-14	355
XXXI Tempo Comum	Lucas 19,1-10	357
XXXII Tempo Comum	Lucas 20,27-38	359
XXXIII Tempo Comum	Lucas 21,5-19	361
Jesus Cristo, Rei do universo	Lucas 23,35-43	363

Índice geral

Sumário, 5

Apresentação, 7

Ano A, 9

    Com os olhos abertos, 11

    Percorrer caminhos novos, 13

    Curar feridas, 15

    Experiência interior, 17

    Um Deus próximo, 19

    Abertos ao projeto de Deus, 21

    A Mãe, 23

    Recuperar o frescor do Evangelho, 25

    Responder à luz, 27

    Uma nova etapa, 29

    Nossa grande tentação, 31

    Escutar Jesus, 33

    À vontade com Deus, 35

    Para excluídos, 37

    Quero morrer assim, 39

    Nada pôde detê-lo, 41

    Voltar à Galileia, 43

    Jesus salvará sua Igreja, 45

    Acolher a força do Evangelho, 47

    Nova relação com Jesus, 49

    O caminho, 51

    O Espírito da verdade, 53

    Abrir o horizonte, 55

Viver Deus a partir de dentro, 57

A intimidade de Deus, 59

Estagnados, 61

Com o fogo do Espírito, 63

Algo novo e bom, 65

Uma Igreja mais evangélica, 67

Sair para as periferias, 69

Não à guerra entre nós, 71

Um chamado escandaloso, 73

Não à idolatria do dinheiro, 75

Construir a vida sobre o Evangelho, 77

Não excluir ninguém, 79

Sem complexos de inferioridade, 81

Nossos medos, 83

A família não é intocável, 85

Três chamados de Jesus, 87

Semear, 89

Importância do pequeno, 91

A decisão mais importante, 93

Dai-lhes vós mesmos de comer, 95

No meio da crise, 97

Jesus é de todos, 99

O que dizemos nós, 101

Aprender a perder, 103

Ele está entre nós, 105

Viver perdoando, 107

Não desvirtuar a bondade de Deus, 109

Antes de nós, 111

Crise religiosa, 113

Convite, 115

Os pobres pertencem a Deus, 117

Crer no amor, 119

Não fazem o que dizem, 121

Acender uma fé gasta, 123

Busca criativa, 125

O fator decisivo, 127

Ano B, 129

Uma Igreja desperta, 131

Com Jesus começa algo bom, 133

Abrir-nos a Deus, 135

Com alegria e confiança, 137

Num presépio, 139

Lares cristãos, 141

Hoje, 142

Deus está conosco, 144

Orientar-nos para Deus, 146

O Espírito de Jesus, 147

Entre conflitos e tentações, 149

Libertar a força do Evangelho, 151

O culto ao dinheiro, 153

Aproximar-nos da luz, 155

Confiança absoluta, 157

Identificado com as vítimas, 158

Mistério de esperança, 160

Agnósticos?, 162

Testemunhas, 164

Procurar a partir de dentro, 166

Acreditar, 168

Uma alegria diferente, 169

Novo começo, 171

Renova-nos por dentro, 173

O melhor amigo, 175

Eucaristia e crise, 177

O que procuramos?, 179

Outro mundo é possível, 181

Curador, 183

À porta da nossa casa, 185

Amigo dos excluídos, 187

Saber-nos perdoados, 189

Quando a alegria morre, 191

Comover-se, 193

O que é mais sadio?, 195

Com humildade e confiança, 197

Por que tanto medo?, 199

A fé grande de uma mulher, 201

Rejeitado entre os seus, 203

Nova etapa evangelizadora, 205

O olhar de Jesus, 207

O gesto de um jovem, 209

Pão de vida eterna, 211

Atraídos pelo Pai para Jesus, 213

Alimentar-nos de Jesus, 215

Pergunta decisiva, 217

A queixa de Deus, 219

Curar a surdez, 221

Levar Jesus a sério, 223

Por que esquecemos isso?, 225

Ninguém tem a exclusividade de Jesus, 227

Contra o poder do varão, 229

Com Jesus em meio à crise, 231

Nada disso entre nós, 233

Com novos olhos, 235

Ateísmo superficial, 237

O melhor da Igreja, 239

Ninguém sabe o dia, 241

O fator decisivo, 243

Ano C, 245

Indignação e esperança, 247

Abrir caminhos novos, 249

O que podemos fazer?, 251

Mulheres crentes, 253

Diante do mistério da criança, 255

Uma família diferente, 257

Oração para a véspera do ano-novo, 259

Escondido, mas não ausente, 261

Relato desconcertante, 263

Iniciar a reação, 265

Não nos desviar de Jesus, 267

Escutar Jesus, 269

Antes que seja tarde, 271

Com os braços sempre abertos, 273

Todos nós precisamos de perdão, 275

Diante do Crucificado, 277

Encontrar-nos com o ressuscitado, 279

Da dúvida à fé, 281

Ao amanhecer, 283

Escutar e seguir Jesus, 285

Amizade no interior da Igreja, 287

Últimos desejos de Jesus, 289

A bênção de Jesus, 291

O espírito é de todos, 293

Mistério de bondade, 295

No meio da crise, 297

Um gesto pouco religioso, 299

Profeta, 301

Privados de espírito profético, 303

A força do Evangelho, 305

Felicidade, 307

Sem esperar nada, 309

Fazer uma pausa, 311

Fé humilde, 313

Recuperar a compaixão, 315

Defensor das prostitutas, 317

Quem é Ele para nós?, 319

Como seguir Jesus, 321

A paz de Deus, 323

Não passar ao largo, 325

Não há nada mais necessário, 327

Três apelos de Jesus, 329

Contra a insensatez, 331

Viver como minoria, 333

Sem fogo não é possível, 335

Confiança sim; frivolidade não, 337

Sem excluir, 339

Não de qualquer maneira, 341

O gesto mais escandaloso, 343

Não só crise econômica, 345

Romper a indiferença, 347

Será que somos crentes?, 349

Crer sem agradecer, 351

Continuamos acreditando na justiça?, 353

Quem sou eu para julgar?, 355

Para Jesus não há casos perdidos, 357

Decisão de cada um, 359

Tempos de crise, 361

Lembra-te de mim, 363

Índice dos textos bíblicos, 365

Índice dos domingos, 371

CULTURAL
Administração
Antropologia
Biografias
Comunicação
Dinâmicas e Jogos
Ecologia e Meio Ambiente
Educação e Pedagogia
Filosofia
História
Letras e Literatura
Obras de referência
Política
Psicologia
Saúde e Nutrição
Serviço Social e Trabalho
Sociologia

CATEQUÉTICO PASTORAL
Catequese
　Geral
　Crisma
　Primeira Eucaristia

Pastoral
　Geral
　Sacramental
　Familiar
　Social
　Ensino Religioso Escolar

TEOLÓGICO ESPIRITUAL
Biografias
Devocionários
Espiritualidade e Mística
Espiritualidade Mariana
Franciscanismo
Autoconhecimento
Liturgia
Obras de referência
Sagrada Escritura e Livros Apócrifos

Teologia
　Bíblica
　Histórica
　Prática
　Sistemática

REVISTAS
Concilium
Estudos Bíblicos
Grande Sinal
REB (Revista Eclesiástica Brasileira)

VOZES NOBILIS
Uma linha editorial especial, com importantes autores, alto valor agregado e qualidade superior.

PRODUTOS SAZONAIS
Folhinha do Sagrado Coração de Jesus
Calendário de mesa do Sagrado Coração de Jesus
Agenda do Sagrado Coração de Jesus
Almanaque Santo Antônio
Agendinha
Diário Vozes
Meditações para o dia a dia
Encontro diário com Deus
Guia Litúrgico

VOZES DE BOLSO
Obras clássicas de Ciências Humanas em formato de bolso.

CADASTRE-SE
www.vozes.com.br

EDITORA VOZES LTDA.
Rua Frei Luís, 100 – Centro – Cep 25689-900 – Petrópolis, RJ
Tel.: (24) 2233-9000 – Fax: (24) 2231-4676 – E-mail: vendas@vozes.com.br

UNIDADES NO BRASIL: Belo Horizonte, MG – Brasília, DF – Campinas, SP – Cuiabá, MT
Curitiba, PR – Fortaleza, CE – Goiânia, GO – Juiz de Fora, MG
Manaus, AM – Petrópolis, RJ – Porto Alegre, RS – Recife, PE – Rio de Janeiro, RJ
Salvador, BA – São Paulo, SP